• 国家社科基金重大项目“推动青年理想信念教育常态化制度化研究”（项目号：20ZDA054）
• 四川大学中央高校基本业务费项目“马克思主义思想政治教育文献资料整理与研究”（项目号：SQ2019-MY04）阶段性成果
• 四川大学研究生培养教育改革创新项目（项目号：GSALK2020008）

新中国70年榜样人物先进事迹

文献选辑(上)

李辽宁　邢海晶　主编

四川大学出版社

项目策划：梁　平
责任编辑：陈克坚
责任校对：傅　奕
封面设计：璞信文化
责任印制：王　炜

图书在版编目（CIP）数据

新中国70年榜样人物先进事迹文献选辑 / 李辽宁，邢海晶主编. — 成都 : 四川大学出版社，2020.12
ISBN 978-7-5690-3853-8

Ⅰ. ①新… Ⅱ. ①李… ②邢… Ⅲ. ①人物－先进事迹－中国－现代 Ⅳ. ①K820.7

中国版本图书馆CIP数据核字（2020）第178278号

书名　新中国70年榜样人物先进事迹文献选辑

主　　编　李辽宁　邢海晶
出　　版　四川大学出版社
地　　址　成都市一环路南一段24号（610065）
发　　行　四川大学出版社
书　　号　ISBN 978-7-5690-3853-8
印前制作　四川胜翔数码印务设计有限公司
印　　刷　郫县犀浦印刷厂
成品尺寸　185mm×260mm
印　　张　36.5
字　　数　880千字
版　　次　2021年3月第1版
印　　次　2021年3月第1次印刷
定　　价　150.00元（全两册）

◆ 读者邮购本书，请与本社发行科联系。
电话：(028)85408408/(028)85401670/
(028)86408023　邮政编码：610065
◆ 本社图书如有印装质量问题，请寄回出版社调换。
◆ 网址：http://press.scu.edu.cn

四川大学出版社
微信公众号

前　言

伟大时代呼唤伟大精神，崇高事业需要榜样引领。新中国成立以来，我国经济社会发展的各个领域都涌现了无数榜样人物和先进事迹，这些人物及其事迹激励着更多的人为我国社会主义现代化建设事业奋勇拼搏，成为广大民众特别是党员领导干部和青年加强理想信念教育的生动教材。中国共产党榜样人物和榜样文化是思想政治教育学科的一个重要研究领域，近年来取得了较为丰富的研究成果。但是由于对历史文献资料整理不够，在教学和研究工作中存在诸多不足。为适应马克思主义理论学科特别是思想政治教育学科的广大教师、研究人员和相关专业的本科生、硕士生和博士生培养的需要，我们组织编写了这套教学研究参考资料。

本书收录了中华人民共和国成立以来近200位榜样人物及其先进事迹，按时间顺序收集整理。部分文献资料在收入本书时，对其标题进行了优化处理，使读者更加方便从标题中了解人物姓名。内容根据选辑的需要进行了节选或摘编。

本书出版的目的是教学研究的需要，收录的所有作品均来源于人民数据库，在此深表谢意。

本书由李辽宁、邢海晶主编，研究生肖艾娟、李丹琪、何玉洁、张惠颖、杨小丽、马红莲、李青彦、胥又齐、李肖瑶、刘萍、万晟、闫欣秀、郝莲等先后参加了文献的收集整理工作，马睿、杨钒、唐诗怡、雷凤仪、万晟参加了文献校对工作。在选辑过程中，我们得到了四川大学马克思主义学院熊瑜教授、纪志耿教授、黄丽珊副教授等的热情指导和大力帮助。本书是国家社科基金重大项目“推动青年理想信念教育常态化制度化研究”（项目号：20ZDA054）、四川大学中央高校基本业务费项目“马克思主义思想政治教育文献资料整理与研究”（项目号：SQ2019－MY04）阶段性成果。本书的出版得到了四川大学研究生培养教育改革创新项目资助（项目号：GSALK2020008）和马克思主义学院的经费资助，四川大学出版社梁平主任对本书的出版给予了大力支持。谨此一并致谢！

由于文献太多，本书又限于篇幅，我们只能辑选其中拥有国家级称号或具有全国影响力的榜样模范人物和他们的先进事迹。即便如此，仍然有很多榜样人物和先进事迹没有收录进来，至于具有行业性和区域性光荣称号的榜样人物及其先进事迹就更多了。我们希望在后续工作中进行更加全面系统的整理和编辑，更好地为马克思主义理论学科建设服务。

编　者

2020年7月

目　录

1949—1956 年

1957—1977 年

1978—1991 年

1992—2000 年

2001—2011年

1949—1956 年

李永——光荣的“毛泽东号”机车司机长（节选）

铁路行车最讲求两点：安全和效率。以司机来说，要保证开车的安全和效率，必须具备两个条件，就是工作细心谨慎和操纵技术熟练。

全国机车旗帜——“毛泽东号”的司机长李永，之所以成为全国铁路工人的模范，首先在这方面表现得非常突出。

在铁路说来，这个优点是有头等重要的意义的！

“毛泽东号”机车，从一九四八年六月九日李永上车起一直到现在，已经安全走行了十八万二千四百公里，没有出过一次责任事故，却防止了事故十三件，并先后得了十九面奖旗。这个成绩，是和李永掌握技术细心谨慎的优良作风分不开的。

细心谨慎，绝对负责，屡次防止了恶性事故

在哈尔滨解放后，他还没有到“毛泽东号”以前，就由于他的积极负责，细心谨慎，避免了不少事故，特别是机警地避免了三次恶性事故：

在一个漆黑的夜里，没有月亮也没有灯光，李永由于一天紧张的工作，人已极度疲乏了。这时，他送客车到三棵树入了库，单机回哈尔滨。站上给了信号，他开车了，但是越疲乏他越警惕，振作精神，极力注视着前方。他突然发现前面黑乎乎一大片，压着道岔子。“不好！”他捉摸着立刻撂了闸。下车一看，原来一台机车过了停车挡，只差两米没撞上去。

再一次，他乘务二十二次旅客列车，从王兆屯到哈尔滨。这一段是弯形道，下坡，又和另外一条从顾乡屯到马家沟的线路成十字形。道旁土崖很高，看不见前面的拐角。车到十字岔附近的时候，他知道更要注意了，他聚精会神地倾听着，凭着经验，他听到一种“轰轰”的声音，他断定对面有机车过来了，立刻拉响危险笛，同时让车徐行。果然对面那台机车也拉响危险笛，双方都停下了，又避免了一次正面冲突的恶性事故。

第三次是搬道的把道搬到死岔上去了，由于他的细心谨慎，及早停车，没有开过去。那天是单机挂着一辆宿营车，车里的乘务员们还正睡觉呢！

这样接二连三地避免恶性事故，一九四六年年底李永就当选了劳动英雄。

人们亲切地称呼他为老英雄，领导特意让他担任“毛泽东号”司机长。

李永今年五十岁了，所以人们都亲切地称呼他为“老英雄”。他是吉林省永吉县人。因为家里穷，当过雇农。十七岁就到哈尔滨铁路上做工，细心谨慎，勤学苦练，熬到三十七岁才当了司机。伪满时期他跑车，机务段的头子都是日本人，一句话不对就挨嘴

巴，一件事不顺眼就吃耳光子。如果想讲理，大皮靴、枪托、刺刀就是理！他一提起过去这些，至今还是难受地说："有话憋在心里，有眼泪咽到肚里，那三十年的日子真不容易过呀！"正因为把这些苦难和解放以后的自由、愉快、当主人的生活一对比，这三四年来他是分外地积极和努力，他今天所以成为全国铁道系统的特等劳动英雄，不是偶然的。

他的"特等劳动英雄"，是在去年全国铁路机务会议上，和"毛泽东号"被选为全国机车旗帜的同时当选的。

"毛泽东号"原是哈尔滨机务段的一台Ⅰ型机车，在解放以后修复起来的。领导特意挑选了李永担任"毛泽东号"的司机长，至今已三年多。李永和另一司机郭树德合作，领导"毛泽东号"乘务组实行包乘负责制、新行车制、循环运转制，在小组内订计划，按时检查工作，展开批评与自我批评，工作效率就显著地提高了。省煤省油，机车认真擦洗检修，全组人员都学会了乙丙检，并带动其他机车也这样做。从一九四七年一月至一九四九年二月，"毛泽东号"共安全走行了十三万九千二百一十八公里，每月走行平均超过六千公里，有时达到七千五百公里。甲检公里由局定标准三万五延长到五万四千六百多。一九四八年底带头推行新行车制时，"毛泽东号"创造了技术速度四十一点八公里的纪录。一九四九年一月份，走行公里竟达到一万零四十七点六。在试行循环运转制当中，又创造了九天走行四千二百公里的新纪录。一九四九年三月二十七日，"毛泽东号"调到天津路局丰台机务段推行负责制，把包乘包检包修的经验，耐心传授给丰台全机务段。因此，丰台机务段出现了"五一劳动号"及"一九三九"号典型机车。一九四九年十一月，又去郑州推行负责制，一开始遇到路局领导的不重视与工友保守思想的抵抗，几经努力，跑车给他们看，开技术轮训班讲负责制的好处给大家听，同时在定计划、省煤省油、爱护机车、开会检讨等方面做出真正的成绩与榜样后，终于扭转了僵局，打破了严重的保守落后思想，改变了无人负责的轮乘制为包乘制，帮助包乘组建立了各种制度，乘务员百分之八十动手自己擦车，认真学习技术，学订计划，并学会了使用大闸，司炉能担任日常及乙丙检给油，大部分机车实行了三锹焚火法，责任事故减少了百分之六十五以上。

到苏联去参观，带回来宝贵的建设经验

李永老英雄在一九四九年十月，作为中国代表之一参加苏联伟大的社会主义革命三十二周年纪念活动归国后，到处宣传苏联建设的伟大成就，认为苏联是全世界最好的榜样。他常说，"毛泽东号"将走遍全中国的铁路，不论到那里，他要把在苏联见到的一切，特别是苏联铁路建设的各种宝贵经验介绍给全中国，介绍给每一个铁路员工，使中华人民共和国人民铁路的建设获得更迅速的发展与辉煌的成就。

总结李永的工作经验与领导方法，据他自己说有如下三点：一、细心谨慎，绝对负责。比如开车，不仅发车后要认真操纵全面照顾，在交班接班时也要早到晚走，共同整理机车，仔细检点，交代清楚（交清接清）。发车后发生责任事故，常常是发车前检点不够，或交接班交代不清所致。二、要努力向苏联学习先进的铁路技术，要把自己已经

掌握的技术和经验不厌麻烦地传授给年青的一代。三、同志们要团结，有意见互相提，遇到困难大家出主意想办法，不能一人包办，不能闹别扭。

“今后我不服老，还要更加努力地学习!”

你如果再问他解放以来对力求进步的体会怎么样？他马上会脸红红地对你说：“我进步得太慢，入党太晚！一个人不入党，就好比一匹野马，任着性子乱跑没人管教，一不小心就跑到斜岔上去了……今后我不服老，还要更加努力地学习!”

（人民数据库资料）

【作者：辛辑】

【《人民日报》1950年9月24日第6版】

空军学习模范曲以祯

光荣地被选为人民空军出席全国战斗英雄会议代表的曲以祯，曾经是人民解放军陆军第四野战军的著名“神勇射击手”。在陆军里面他立过四次大功。他在解放东北的战役里，零下四十度的冰雪严寒中，发挥了英勇艰苦作战的精神。战役结束后，他荣誉地获得了一枚“艰苦奋斗”的奖章。

二十五岁的曲以祯，出生在山东蓬莱县的一个贫农家里，父亲农忙时种田，农闲时还要到码头上去做工。家庭的贫困，使我们的战士十四岁就流浪到东北去做苦工。当他在长春一家粮店里给人扛粮袋的时候，受尽了主人的气，他想：“庄稼人力气是使不完的，就是不能受气”，于是他走了。

“八一五”后，他在长春附近的乡下参加了民兵队，在与敌人不断的战斗中，他正式参加了当时活跃在南满一带的民主联军，当机枪连的战士。在人民的队伍里，他不但得到了温暖，并且在战斗里逐渐坚强地成长起来。在战斗中他光荣地被批准参加了共产党。在艰苦的战斗里，曲以祯永远不怕困难，坚定地完成党给予他的一切任务。

当组织上决定调他学习空军后，他感到这是一个无上光荣的任务。像他这样一个只有高小文化程度的战士，要学习掌握航空技术，很显然是会有许多困难的。开始时，他曾感到有些苦恼，但当他想到一个共产党员是不应该在任何困难面前低头的时候，他就下决心要努力克服在学习中的困难。为了建设人民的空军，为了把自己变成一个有良好技术的人民空军战士，他在短短的几个月中，抓紧时间，苦心地钻研着，一切困难都没有使他失去学习的信心，他终于提高了自己的文化水平，开始能算代数、三角、几何，也懂得了物理、无线电通讯和一些航空机械的原理。

尽管他调到空军的时间比较晚，许多理论课都没有赶上，但他连续在三个月中，连假日也不出去玩和休息，终于把功课慢慢给补上了。他吃力地记着笔记，下课后，他把笔记再用红蓝铅笔在重要的地方画上记号。开始学代数时，他根本不懂得教师在讲什么，后来逐渐懂得了一些。他曾用不同颜色的火柴来回搬弄，以求出 X 和 Y 的值来。就这样他的成绩很快地便进步了。每次考试，他的成绩都是全班最好的同学中的一个。

他先是学驾驶，后来又被调去学习飞行射击，他对这个学习非常感兴趣。他的射击技术在陆军的时候就是著名的，现在他更发奋要学成一个人民空军的飞行射击手。在理论学习上，他虚心地请教知识分子出身的同志。打靶射击是他的拿手，因此在这方面他可以帮助那些知识分子出身的同志进行练习。有些从陆军调来的同志最初不能安心克服困难进行学习，但经过他的鼓励和他的学习榜样，大家对学习空军都有了信心。在政治上，他更关心每一个同志。他的这种高尚的革命品质，深深地得到全校同志们的敬爱。他光荣地被评为全校的学习模范，但他自己却谦虚地感到什么都还不够，在年青的人民空军队伍里，还没有立下战功。

当美帝国主义疯狂地发动侵略我国台湾和朝鲜的时候，他愤恨极了，他决心努力学习，掌握现代科学技术，站在保卫世界和平捍卫祖国的最前线，把自己贡献给人民的祖国。

（人民数据库资料）

【作者：柏生】

【《人民日报》1950年9月28日第5版】

于松如：工程技术界的光辉榜样

一、于松如对生产的贡献

于松如是天津市中纺一厂原动部的工程师，因为充分地发挥了技术人员的作用，光荣地被全国总工会直接评选为全国工农兵劳模代表会议的代表。

天津解放以来，于松如的贡献很大：他改进了中纺一厂锅炉设备，提高了工人的操作技术，建立定期检修制度，使一厂锅炉效能显著提高，煤耗逐日下降。据中纺一厂一至七月的统计，该厂燃煤已节约两千六百多吨，价值合小米六十万斤。今年七月，天津市总工会为了使生产竞赛运动提高一步，决定召开全市锅炉专业会议，有组织有领导地交流先进经验，推动技术学习。于松如被选为锅炉技术研究会的主席，积极参加和支持了这个组织，公开了自己多年苦心钻研积累的心得，完整地发挥了技术人员在生产竞赛中的技术指导作用。在他的帮助和指导下，天津市已有天津造纸厂，寿丰、福星面粉厂，恒源、中纺四厂，永利碱厂等单位，对改进锅炉加强信心，仅仅天津造纸厂，根据他的建议，停了低压炉，用开滦一号后每天节煤便达十吨。中纺一厂检修一号、二号透平机时，他又克服了工具、原料、技术操作方面的各种困难，设计制成了透平机上的重要配件如汽口、汽叶等，为国家节约了八千元美金的外汇，因为这些重要配件一向是依靠外国进口的。

二、技术指导和群众智慧相结合

于松如是一个已有二十五年工龄的工程师了，今年四十九岁。历任上海、芜湖、石景山、保定各发电厂厂长及工程师，对于电机、锅炉有很丰富的理论修养及实际经验。他有一个很大的特点：技术指导善于和启发工人群众的智慧相结合。中纺一厂锅炉燃烧的改进，就是一个明证。

中纺一厂的锅炉为链子炉，和当时国内所有的链子炉一样（新式炉为煤粉炉），是根据“炉膛内部隔断（弯曲）多，瓦斯的热能才可充分利用”的陈旧理论设计的。于松如根据最新的理论，改进了锅炉建筑中不合理的部分，将炉膛隔断从四段改为二段，相对地增加了炉膛的空间，增强了煤炭的充分燃烧。他又研究了操作过程，发现了过量通风的缺点，便和工人们详细讲解煤炭燃烧与空气的关系，指出一斤煤在十六斤空气中，燃烧最完全：空气不足，燃烧不好，空气过量，也会降低炉的温度的道理，耐心启发工人结合实际经验。经过一段时间的摸索，工人们最后终于掌握了正确的通风技术：“风闸的开启要前部较小，中部大，逐渐向后部减小，最后部不需开启。”使过量通风由过去的百分之五十，降到百分之二十五。他又和工人们共同研究怎样使煤炭进炉均匀，含水适中等等问题，建立了系统的科学操作方法，并规定严格的定期检修制度，加强锅炉房和各有关部门的联系。这些努力，创造了辉煌的成绩，现在一厂锅炉效率已超过了“制造商”规定的效率定额，煤耗则由每度电一点二〇二公斤，降低到每月平均〇点六六四公斤，较建厂以来最低的煤耗量，降低了百分之四十三。

透平机汽口、汽叶的设计，制造到完成，更完整地表现了技术指导和群众智慧结合的特点。汽口、汽叶的制造困难很多，材料缺，工具缺，工人们的技术经验也缺。制造汽口，根据所能购买到的镍铬钢原料过小的条件，只有焊接一途，于松如从理论上，肯定镍铬钢可用中性焰焊接，技师萧南昆又补充了中性焰的含义，最后由有二十多年经验的老焊工唐彦章，经过五次失败后创造了两面反履同时焊接的方法，终获成功。汽叶的制作，经过技师、工人及于松如本人共同制造了十四件特种工具以后，才最后制造成功。因为他善于用他的理论修养，启发工人，提高他们的技术，因而他在工人中的威信很高。中纺一厂原动保全工人纪鸿宾说：“过去我不愿干原动保全，修锅炉，钻炉膛，又脏又累，实在没劲。跟于工程师干，觉着有很多东西可以学，又明白了电机的重要，思想就通了。”

于松如在解决技术问题时，时常事先充分征求工人群众的意见，同时也尽可能地征求别的有关部门专家的意见。集中了大家的意见后，才系统地提出决定意见，并反复地向工人们解释，直到工人完全明了为止。

三、关心工人，和工人打成一片

虽然有不少成绩，但于松如却没有一点工程师的架子，平时，经常穿着和工人一样的布制服和小棉袄，工人叫他“小棉袄工程师”。一厂原动部工人张万芳说：“过去职员在办公室呆着，工人在机器房呆着，谁也不接近谁。于工程师却老和我们待在一起。”工人开娱乐晚会，于松如参加，和工人一起扭秧歌，唱《咱们工人有力量》。工人在生产上获了胜利，他便自动地打着鼓和工人送红旗，工人也不另眼看他。下了班，时常有三两个工人到他家聊闲天，谈工作，他们之间毫无拘束，工人们很亲热地叫他“于头”，他也真心实意地和工人靠近。解放前，他教工人的时候，和其他技术人员一样，留了一手，或要个障眼法。解放后，思想打通了，立刻告诉工人：“过去我说的一套，其中有假，现在是真的了。”检修透平机时，他笑着告诉工人说：“过去装汽叶，只是叫你们这里打两下，那里敲两下，骗得你们晕头转向，现在得告诉你们透平机安装的原理了。”锅炉工人，为了使煤炭进炉均匀，曾自动地爬到炉上，不断地捣煤，十分劳累，于松如就和工人们共同合计，设法改进了下煤装置，取消了捣煤工作，大大减轻了工人的劳动强度。因为他真心地关心工人的利益，所以也得到了工人的热烈爱戴。他当选为全国劳模的消息刚一发表，全厂立刻欢腾起来，木工房工人自动搭了一个彩牌坊，上面写道：“工程师光荣（上联），我们也光荣（下联），全厂都光荣（横联）。”报喜的红条，从厂内贴到宿舍。九月七日，厂子里开了一个庆祝晚会，工人们送的鲜花把他的客厅都塞满了。送给他的匾，足有三十余块。工会同志说："我们事先也没叫大伙送，大伙自动就送了这许多。"

（转载自《工人日报》）（人民数据库资料）

【作者：王源】

【《人民日报》1950年9月28日第7版】

舍身炸碉堡的三烈士

——忆董存瑞等烈士的光荣事迹

在我国人民解放战争中，中国人民解放军内无数优秀的共产党员，为了人民幸福的将来，献出了自己最宝贵的生命。特别是第四野战军董存瑞、梁士英、徐汉林三位烈士的事迹，更明显地表现出了共产党员的伟大品质。他们的名字将永远被全国人民记得。

一九四八年五月二十五日，解放热河省隆化县的战斗开始了。蒋匪军依托着筑在险要地势上的桥形碉堡，顽抗着解放军前进。一贯是模范的共产党员董存瑞接受了爆破任务。当他抱着炸药，穿过火网，冲到桥下的时候，发现如果没有炸药架把炸药托起，就不能炸毁碉堡。这时，他想到战斗的胜利、隆化人民的解放，都在他一个人身上，为人民牺牲，正是共产党员的光荣。他把牙一咬，左手托起炸药，右手拉着了火，轰隆一声，英雄的董存瑞和碉堡同归于尽，部队踏着他的血迹，突进隆化。

在董存瑞伟大自我牺牲精神的感召下，同年九月解放锦州的战斗中，又出现了共产党员梁士英舍身炸地堡的英雄事迹。突破时，突击部队被敌人地堡里射出来的火力封住了。这时梁士英拿起爆破筒，从密集的弹雨里冲了上去，把爆破筒插到地堡里。当他拉着雷管，正想转身回来的时候，他看到爆破筒被敌人推出来了。班长看到爆破筒已经冒烟，急得直喊："回来，要炸了。"但他想到炸不开地堡，就冲不进锦州，为了人民事业的胜利，梁士英应该牺牲自己。他不顾班长的叫喊，用尽全身的力量，把爆破筒死劲按在枪眼里。惊天动地的一声巨响，梁士英牺牲了，地堡也炸成粉碎。突击部队像一把尖刀，插进锦州。

董存瑞、梁士英的英雄伟绩，迅速传遍全军，他们的精神激励着每个共产党员和非党群众。在一九五〇年九月二十七日，广东省灵山县盘古村的剿匪战斗中，又出现了和董、梁二烈士同样的优秀党员徐汉林。部队在开始攻击时，土匪利用碉堡封锁着部队前进，徐汉林抱起一包炸药，奋勇冲上去。当他冲到碉堡跟前，发现炸药包上没有导火索，要回去再拿，就会延误战机。这时，他想起了董存瑞和梁士英，就毫不犹疑地拔出手榴弹，代替导火索，一声巨响，手榴弹炸响炸药，把碉堡炸塌了，徐汉林也牺牲了。

这三位烈士的英雄行动，给共产党忠心耿耿为人民事业奋斗的史册上，更加添了光荣的一页。他们的精神，成为四野千万个共产党员学习的榜样。拿自己的肉体堵住敌人枪眼的共产党员王玉山，就是学习烈士精神中一个典型例子。

四野党组织为了纪念他们不朽的功勋，把他们的事迹画成画传，写成文章，陈列在烈士博物馆内，让全国人民永远纪念着他们的伟绩，让全体党员永远学习他们的精神。

（四野新闻科）（人民数据库资料）

【作者：四野新闻科】

【《人民日报》1951年6月30日第3版】

钢铁是这样炼成的

——介绍中国的保尔·柯察金兵工功臣吴运铎

中南工业部兵工局副局长吴运铎，光荣地被邀请到北京来参加国庆大典了。他是一位在抗日战争和解放战争中功勋卓著的人民功臣。他在过去十几年的兵工生产中，曾负伤一百余处，手足残废，但仍坚持为革命事业英勇奋斗，因而被称为中国的保尔·柯察金。

吴运铎出生在江西老根据地，后来在湖北大冶源华煤矿当电机工人。抗日战争爆发后参加新四军，作兵工生产工作。一九三九年，他参加了中国共产党。

一九四一年以后，日寇大举向我抗日根据地进攻，他和其他工人一起自皖南抗日根据地转移到了淮南抗日根据地。当时，部队的武器弹药非常缺乏，战士们每人只有三粒子弹，打完了还要把弹壳捡回来。在这样艰苦的环境下，吴运铎接受了创造枪炮和弹药的任务。那时他领导的只有八个工人和学徒，工具是一部四尺车床、两把老虎钳、一部摇钻和其他一些零星工具，工作非常困难。但是，吴运铎白天绘图设计，夜晚与工人一起努力工作，终于在一年左右翻造出足够的机器和工具。他们制造出很多枪炮弹药供给了前方部队。在日寇猛烈进攻的时候，他带领工人们抬着机器打游击，仍然坚持工作，按时完成了历次任务。有一次，前方送来一批旧炮弹，急待修好了以供战斗需要，但是缺乏雷汞，无法工作。他就设法收集了一些废炮弹的雷管，想从这里面取出雷汞来。当他正从水浸过的雷管中挖取雷汞的时候，不幸引起了爆炸。他负了重伤，左手四个指头被炸掉，左腿膝盖被炸伤，左眼的水晶体也被碎片炸破了。但是当他在医院里听说前方非常缺乏弹药的时候，他就等不及伤痊愈，一颠一踛地回到了自己的工厂。

吴运铎积极带领全厂工人研究改善武器装备，使前方部队得到更多的新的武器打击敌人。在抗日战争期间，他先后制成了射程达五百四十米的枪榴弹和攻打碉堡的平射炮，这些武器在战斗中发挥了很大威力。

一九四七年，吴运铎奉命去某地建立炮弹厂和引信厂，并担任厂长。在一次实验弹药爆炸力的时候，他不幸又被炸得浑身负伤，左腕也被炸断，而且炸掉了右脚。当他精神稍微清醒过来的时候，他看看自己已成残废，想到从此再也不能拿起铁锤和锉刀继续为党工作了，他伤心得要哭起来。党的负责同志不断去慰问和鼓励他，使他明白一个布尔什维克是能够克服身体残废的困难、继续为党工作的。他又翻开了苏联小说《钢铁是怎样炼成的》。保尔·柯察金的英雄行为鼓舞了他。他反复地念着书上的这几句话："我只要求给我留下一点能够维持生命的东西，一颗心脏和一叶肺，我还要顽强地斗争下去。"两个月以后，他身体刚可以坐起来，就又撑在木板上，从事关于引信制造的著述，并学会了日文。七个月后，他才能够下床。他说："能动就能工作！"于是，他又请求上级买了一套化学仪器，把病房变成实验室，专心致力于兵工研究，创造了一种高级炸药。一九四九年八月，他扶着双拐回到厂里。同年冬季，解放战争取得了全国性的胜利，他被送到苏联去诊治他里面还有着弹片的眼睛。

在莫斯科，《钢铁是怎样炼成的》作者奥斯托洛夫斯基的夫人听到了关于他的英雄事迹，到医院里看望他。苏联朋友对这位"中国的保尔"表示了无限的热爱和崇敬。在苏联医生的悉心治疗下，吴运铎的左眼终于在一九五〇年恢复了光明。

现在，他埋头在实验室里进行着研究工作。他时常说，当他想到一个残疾的人还能为保卫祖国和世界和平贡献出一分力量的时候，心里就感到无限的愉快。

（新华社）（人民数据库资料）

【《人民日报》1951 年 10 月 5 日第 2 版】

马特洛索夫式的英雄黄继光

在光辉的上甘岭地区的战斗中，中国人民志愿军出现了许多可歌可泣的英雄人物和英雄事迹，其中首先传遍全军、鼓舞着全军更加奋勇斗争的就是马特洛索夫式的英雄黄继光，他已经成为志愿军爱国主义、国际主义和革命英雄主义的一面新的旗帜。

英雄黄继光生在四川省中江县第九区第四村的一个贫农家庭里。他在三岁时就死去父亲，全靠他母亲帮人缝缝洗洗，一把汗一把泪地把他养大。他从七岁起就受地主的残酷剥削，他给地主做了十一年长工，放牛、砍柴、挨打受骂，受尽了苦难和折磨。一九四九年，毛泽东主席的队伍——中国人民解放军解放了四川，给这个苦孩子带来了温暖和幸福，他和他的母亲在土地改革中分到了房屋和土地，从此他结束了牛马般的奴隶生活。他当了儿童团团长，后来参加了民兵，与残余的封建势力进行坚决的斗争，他积极，热情，青春的火焰在他身上燃烧。

美帝国主义发动侵朝战争，把战火烧到中国的大门。黄继光为了保卫给他带来幸福的祖国，就在一九五一年七月参加了中国人民志愿军。在全村欢送大会上，黄继光的母亲把一朵大红花挂在她爱子的胸上，对他说："光儿，为了我们的好日子，为了救命恩人毛主席，去吧，到朝鲜前线多杀死几个美国鬼子!"

到了朝鲜，黄继光参加的那个志愿军部队正在开庆功大会。战斗英雄崔建国、苗族英雄刘兴文以及许许多多功臣模范们的英雄事迹，都给了他很大的教育。他深深地感到：战斗在保卫祖国、保卫世界和平的前线上的英雄是万分光荣的。在前线阵地上的坑道里，他看了苏联影片《普通一兵》。苏联军队的英雄亚历山大·马特洛索夫英勇地以自己的肉体堵塞敌人枪眼的英雄形象，始终活在他的心头。在战壕里，在阵地上，在战斗中，他的口袋里总是装着几本描写战斗英雄的连环画册，他一有空就和战友一块儿热心地读着，他拿郭忠田、杨根思……作为自己的榜样，他决心要做一个人民英雄。

他被分配在一个步兵营营部当通讯员。他知道：要做一个人民英雄必须首先全心全意地为人民服务。他经常穿过敌人层层的炮火封锁线到前线阵地去传命令、送弹药，并且在战场上主动地参加各种工作。电线断了，他就成了接线的电话员；战友负伤了，他就成为救护他们的担架员和卫生员；他还常常帮助前线的狙击手们洗衣服。他飞快地进步着，不久便成为一个光荣的中国新民主主义青年团团员。

一九五二年十月十九日——范佛里特用两个多师兵力向金化以北上甘岭地区发动攻势的第六天的晚上，黄继光所在的营在激烈地战斗了四天四夜之后又奉命反击上甘岭右翼的五九七点九高地。我军炮火进行猛烈轰击之后，勇士们很快地攻下了高地的一半。在继续战斗中，突然在山顶附近出现了一个敌人的中心火力点，那里有三挺重机枪、四挺轻机枪在凶猛地扫射着，我军攻击部队暂时被阻止了。要打上去必须首先打掉这个火力点。指挥战斗的营参谋长接连几次派爆破手去爆破，但是爆破手都在途中伤亡了。离天亮只有四十分钟了，上级的命令是要在天亮前把高地攻占。营参谋长焦急地考虑着，他在想："谁能够完成这个任务呢？"

这时站在旁边的黄继光伸手向营参谋长递过一份参战决心书和一封他母亲寄来的信。母亲的信上说："光儿：人民政府对我们人民志愿军家属照顾得太好了。现在我什么都不想，就只想你有没有立功当英雄。告诉我你杀死了多少敌人？"保卫祖国的意志、母亲的期望、青年团员的荣誉感……在黄继光的身上汇成了一股不可抑制的力量，他向营参谋长表示了自己的决心。营参谋长批准了他的请求，命令他当组长，带领战士吴三羊、萧德良去执行爆破火力点的任务。

在战斗开始以来，黄继光就随着营参谋长不分昼夜地跑前跑后，眼睛熬红了，腿也跑酸了，但他接受了这个艰巨的任务之后，全身又来了一股新的劲头，他提起两个手雷，带领着两个战友，勇敢地跨出了坑道口。临走时，他对营参谋长和坑道里的战友们说："让祖国人民听我的胜利消息吧！"

敌人火力点里的七挺机关枪撒开一个稠密的扇形的火网，越打越疯狂，子弹大雨一样地打在被炮弹炸起的山坡上的虚土里。在照明弹的光亮下，黄继光提着手雷，带领着两个战友跳跃着前进。当冲到离敌人的火力点三四十公尺的时候，忽然吴三羊扑倒了，接着萧德良也倒了下去，紧接着黄继光也跌倒在地上了。

倒下的黄继光并没有牺牲。他的左臂和左肩被射穿了两个洞。他回过头来望了望，看见他的两个战友都一声不响地躺在那里，爆破的任务就完全落在他的身上了。于是他忍着痛，用脚蹬着山坡上的虚土、碎石和敌人的尸体，向着火力点一步又一步地爬去。机枪子弹成群地落在他的头前、脚后和身边，溅起的碎石打到他的身上。但是他不顾这些，他继续慢慢地向火力点爬去，直爬到离火力点只有八九公尺的地方，他就挺起胸膛，举起右手，准备把手雷扔向敌人。正在这时，一梭子机枪子弹又射进了他的胸膛，他又倒下了。他的握着手雷的右手，向前伸着平放在地上，他胸膛上被射穿了五个洞，鲜血汩汩地流着，他昏迷过去了……

一阵阵的冷雨落在黄继光的脖颈上，敌人的机枪仍然嘶叫着，他从极度的疼痛中醒来了。他每一次轻微的呼吸都会引起胸膛剧烈的疼痛。他四肢无力地瘫痪在地上。他挣扎着用负伤的左臂半支起身体，然后用最后的力气举起右臂，把手雷向火力点扔过去。轰然一声，手雷在距离火力点不远的地方爆炸了。火光夹着黑烟冲天而起，敌人的机枪不响了，黄继光也被这巨大的爆炸震得昏迷过去。

在一刹那的寂静之后，忽然火力点里的机枪又叫了起来。那里的地堡是被打塌了，但没有被炸坏的两挺机枪还在一个枪眼里发射着，虽然火力没有以前那么猛，但刚刚发起冲锋的反击部队又被它压在山坡上。在这时候，黄继光又醒过来了，这不是敌人的机枪把他吵醒的，而是为了胜利而战斗的强烈意志把他唤醒了。黄继光向火力点望了一眼，捏了捏右手的拳头。他带来的两个手雷，有一个已经扔掉了，另一个也在左臂负伤时失掉了。现在他已经没有一件武器，只剩下一个对敌人充满了仇恨的有了七个枪洞的身体。这时天快亮了，四十分钟的期限快到了，而我们的突击队还在敌人的火力压制之下冲不上来。后面坑道里营参谋长在望着他，战友们在望着他，祖国人民在望着他，他的母亲也在望着他，马特洛索夫的英雄行为在鼓舞着他。这时，战友们看见黄继光突然从地上一跃而起，他像一支离弦的箭，向着火力点猛扑过去，用自己的胸膛抵住了正在喷吐着火焰的两挺机关枪……

我军的反击部队像海涛一样地卷上山头，很快就占领了阵地。在激烈的近战中，守在上面的敌人的两个营——一千二百多人被全部歼灭了。

战斗结束以后，中国人民志愿军政治部追认黄继光烈士为特等功臣，并授予他二级战斗英雄的光荣称号。

新华社编者按：十一月二十日发《马特洛索夫式的英雄黄继光》，系前线通讯员在战斗中仓促写成，与实际战斗情节略有出入。此稿是经各方仔细核查最后判明的情节。

（人民数据库资料）

【作者：石峰、王玉章】

【《人民日报》1952 年 12 月 21 日第 1 版】

杨振玉：一个英雄的僚机飞行员

志愿军空军某部僚机飞行员杨振玉的胸前，挂着一枚耀眼的“二级自由独立勋章”。这是他在打击侵朝美军空中强盗的战斗中，立过特等功的标志，是朝鲜民主主义人民共和国给予他的光荣的奖励。这位“中国人民志愿军空军二级战斗英雄”，屡次在紧急的情况下，奋不顾身地援助战友，并且在援救战友时，给敌人以致命的打击，先后击落F八十六型敌机三架，击伤F八十六型敌机一架。

杨振玉是孙景华大队长的僚机飞行员，作为一个具有集体英雄主义教养的志愿军空军战士，他清楚地知道：在空战中，为了保证战斗的胜利，作为不可分离的一个战斗单位——长机和僚机，他们作战的动作要像一个人一样，他们的胜利是共同的，他们的荣誉是共同的。杨振玉时常这样想：我的责任就是在保护领队长机的前提下，协力打击敌人，我不仅应当是一个空中战斗员，而且应该是一个空中警卫员，只有这样，才能保证自己的领队长机全神贯注地指挥作战，毫无顾虑地打击敌人。在一次党的小组会上，他严肃地说：“党把我放在僚机的岗位上，就是叫我在战友安全进攻的时候，不使战友受到威胁；在战友受到威胁的时候，保证战友的安全。哪怕用生命来完成这个责任，我都愿意。”

在激烈的空战中，杨振玉一直忠实而勇敢地履行着一个好僚机的职责。有一次，孙大队长率领着他的大队出发迎击敌人，一群美国空中强盗正在向朝鲜的和平村庄进行野蛮的轰炸，地面上冒起一片片浓烟烈焰，这时，被复仇的意志激励着的我们的空军战士们，立即加大速度冲向敌群。平时对朝鲜人民是那样凶恶的美国空中强盗，看到人民空军整齐的编队迎面扑来，却掉头就跑。我们哪能叫这群杀人的刽子手白白溜掉？全队飞机跟踪追了上去。对于敌人的高度的仇恨，使孙大队长在追击敌人中没有及时注意飞机距离地面的高度。复仇的情绪虽然也使杨振玉紧张起来，但他并没有忘记自己更重要的职责，密切地注意着长机的动作，所以他能及时发现大队长的飞机有撞地面的危险，立即提醒他：“注意高度!”孙大队长一看，可不是，离地面很近了，于是就很快飞平，继续向敌机追去。当孙大队长追上了那批敌机，猛烈地向敌机展开攻击时，杨振玉突然发现后侧方一千公尺左右，有四架敌机绕到孙大队长背后。这对于正在向敌机攻击的长机是一个威胁，杨振玉马上掉转头来，飞快地冲到敌人机群前面，把四架敌机驱逐掉了，保卫了领队长机安全指挥和放手攻击。仅仅这一次战斗，整个大队一共击落和击伤敌机八架。

又是一个大好晴天。孙大队长带着部队向战区挺进。正在大家十分机警地搜索敌机时，副大队长汪永楼发现了八架F八十六型的敌机。“今天可有了惩罚美国空中强盗的机会了!”大家的精神格外振奋起来，注意力都集中到前面的目标上。杨振玉的眼睛也狠狠地监视着被发现的敌机，准备跟长机一起投入攻击。这时，一个好僚机惯有的警觉性提醒了他：“当你攻击的时候，应该看看后面有没有敌机。”他压着坡度回头一看，果然有两架敌机已经偷偷摸摸地从后下方爬高起来，咬住偏左后侧方我们的一对双机组，而且，相隔只有二百公尺了，情况是很紧急的。要从前面掉过头来，转一百八十度的大弯来援助后面的战友，对杨振玉是很危险的，因为转弯速度小，机身暴露给敌人的面积大，很容易被敌人击中。但是，这时如果稍一怠慢，不仅自己的战友会遭受敌机的偷袭，连整个部队也会直接受到威胁。勇敢机警的杨振玉，不仅是大队长的好僚机，而且也是全体战友的好伙伴。他一面报告长机：“后面有敌机！我去援助！”一面用尽全力拉了个非常猛烈的左上升转弯，火急地冲向敌机。他用自己的实际行动来响应党的号召：“在空战中援助一个战友，比打下一架敌机更重要！”孙大队长听到杨振玉的报告后，也毫不犹豫地放弃了转瞬就可攻击的目标，掩护着杨振玉向敌人反击。正在向我们一对双机组攻击的敌人，料不到杨振玉会跟它打对头，吓得惊慌失措，没等杨振玉开炮，这个怕死鬼就做错了动作，进入“螺旋”，栽到深谷里去了。这架敌机的僚机见势不好，企图加大速度逃命，杨振玉紧紧地咬住了它，一等套进瞄准镜，一按炮钮，这架刚才还横冲直撞的敌机拖着一股浓烟，一头钻到海里去了。

英雄僚机飞行员杨振玉奋不顾身地援助战友的英雄事迹，在志愿军空军部队里传颂着。人人都称赞他这种共产党员的高贵品质，服从整体利益的集体英雄主义精神。许多僚机飞行员纷纷表示要学习他的榜样，积极、勇敢、机智地掩护长机，密切协同地去打击美国空中强盗。

（人民数据库资料）

【作者：海天、梁南】

【《人民日报》1953 年 5 月 17 日第 6 版】

林中尖兵

——访林业调查设计一等劳动模范刘田奎

林业部直属森林调查第二大队里，有个老年工人，他的名字叫作刘田奎。年轻的调查队员们都亲热地叫他“刘大爷”。我最近在全国林业调查设计工作首届劳动模范代表大会上看到他时，他已经被评选为一等模范。他穿着一身农民的服装，口里抽着旱烟，和大家在一起，总是笑眯眯地听别人讲话，自己却很少开口。

刘田奎参加森林调查队已经三年了。他随着调查队，走遍了长白山和小兴安岭、大兴安岭南坡的深山密林。他经常要在茫茫的树海中、深雪覆盖的群山上，识别山脉、河流的走向，找出分水岭来，依着自然的地形，划出一个调查中队合理的调查境界，为以后森林合理的采伐打下基础。这种工作就叫作“拉岭”。他是在原始森林里开辟道路的人，他走的路都是别人没有走过的。有许多地方森林密得通不过去，他得用斧头砍出一条路来；为了寻找合理的境界，有多么深的河也得过，有多么高的山也得爬，在没膝的深雪里往往一走十几天。这种工作在人们看来是很艰苦的，但是刘田奎却说：“党交给我什么任务就完成什么任务，我感觉不到有什么苦。”别人在遮天蔽日的森林里经常迷失方向，找不到路，刘田奎却像一般人走在城市里的大街上，溜一趟就记住了。

一九五二年，森林调查队到了原辽东省的抚松县，因为对当地林区情况不熟悉，招收了一部分农民做临时工，刘田奎就是其中的一个，他被分配担任了“拉岭”工作。一天，一个干部拿着山区略图，一个工人背了一口袋馒头，就跟着他出发了。在出发以前，一位姓宋的业务股长问他：“你领着他们出去，能够回来吗?”他保证一定完成任务。他们一出去就是二十一天，白天在长满森林的复杂的丘陵地里转一天，晚上就露宿在森林里。眼看吃粮就要完了，但是境界线还没有划完，他们把两天的吃粮匀成了四天吃。到最后划完境界线时，他们已经有一天多没有口粮了。因为刘田奎熟悉当地情况，又很仔细地研究和观察地形，所以这次境界线划得很合乎要求。

调查队在调查完那个地区的森林以后，就要出发到别的地区调查。这时，临时工都回去了，但是刘田奎不愿意走。他想起了自己过去的一切：在二十年以前，他因为忍受不了地主的压迫，从山东跑到东北，到了东北又遇上了日本鬼子抓劳工，把他抓到大栗子沟的煤窑洞里，做了好几年的苦工。一九四〇年，他才冒着生命危险逃出了煤矿，进入长白山。但是他没有居民证，不但得不到食物和布匹的配给，白天连面都不敢露。他在山里挖个洞住起来，没有吃的，就自己种菜，拣蘑菇，打野兽肉吃；没有穿的，就缝兽皮衣穿，夜间偷偷地摸到山边的小村里，用兽肉换点盐吃。他因为要在山林里找生活，不管下雨下雪，整天在山林里转，所以把山林的情况摸得透熟。抗战胜利以后，他才下了山；之后，参加了土地改革的斗争，分了土地和房屋，他觉得自己新生了，他对共产党有说不出的感激。现在，他知道森林调查队的工作很重要，决心要在调查队里好好为国家服务。

刘田奎当了长期工人以后，积极性更高了。

一九五三年，调查队从长白山移到小兴安岭。刘田奎所在的中队，因为怕他不熟悉当地山林情况，所以在黑龙江铁骊县（今铁力市——编者注）雇了三个在当地森林里工作过的工人，和其他五个人组成两个小组，进行“拉岭”。他们工作了三十七天，也没有把境界线划出来；同时由于划错了境界，浪费了一万四千公尺的测线，大大影响了调查小队的工作。刘田奎看到这种情况，十分着急。他想着：我对当地情况不熟悉，要把境界线划出来不是容易的事，但总得找出个办法来才行。他根据自己的经验推想着，河流必在两山之间的驼腰处（凹地方），如果溯河向上游走，一定可以到达分水岭的正岭，如果拿河流的一点作起点，顺着两边山脉的里坡向河流上游的方向走，最后也都能找到分水岭的正岭，这样，从山下往上“拉”，就可把境界线划出来了。他把这个道理讲了出来，领导同志觉得他讲得有理，就派他和另外两个干部去“拉岭”，终于找到了呼兰河和伊吉密河的分水岭，划出了调查队的境界线。

一九五四年，调查队又转移到了大兴安岭。在调查队没有上山以前，必须趁冰雪还没有融化，把几个月所需的食物和其他物资运进山里设库的地方。刘田奎所在的八中队的仓库设在贝尔赤河上游的一个地方，物资起运地点则是根河。走原有的道路，从根河到贝尔赤河上游设库的地方，必须绕行金河，全长四百五十华里，不但路途遥远，而且十分难走，据估计，来回须走二十多天。要运完十九万斤粮食和其他物资，需要一百辆大车、两个月的时间，运费八亿多万元。这样，在冰雪融化以前，就不可能完成运输任务。刘田奎为这件事情担起心来。他随着最前边的几辆车，做了一次押运的工作，在沿途细致地观察了地形，注意山脉河流的走向，沿途他还向赶车工人请教。最后，他根据地形判断，从根河到贝尔赤河上游设库的地方，不绕金河，走直线是有可能的，那条路一定要比这条路近。可是，当时大兴安岭刚刚下了三尺多深的雪，大地都被雪掩盖了，找寻一条新的道路是十分困难的。刘田奎向领导方面坚决表示：“这个任务我能完成。”在取得领导方面的同意以后，他就带上一个年轻的同志陈殿英出发了。

他们背着冰冷的馒头，带上罗盘针、火炉子和帐篷，爬过三十多个高山，经过二十多条大河，沿途每天都露宿在野外。经过十五天的踏查，他们终于到达了贝尔赤河上游设库的地方。往回走时，又把所测路线作了一次修正，在二十多天里终于找出了这条道路。这条新的道路全长才二百三十华里，比原来的路线缩短了二百多里，而且比较好走，马车经过时困难也不大。道路经过修改后，八中队的运输问题就解决了，提前四十六天完成运输任务，共节省了二亿三千多万元的费用。

刘田奎把调查队真正当成了自己的家，处处关心同志们。在找根河到贝尔赤河上游的运输路线中，来回走了二十多天。每天露宿以后，他就用树枝填在雪地上，把火炉生起，让陈殿英睡觉，自己坐着看火。他出去工作时，除背自己的工具和行李外，还经常给小队背米面和日用品。到了小队里时，他每晚督促别人烤火，使大家免除风湿、腰腿疼痛的毛病。在“拉岭”任务完成后，刘田奎本来应该好好休息了，但是他却又送粮，又捕鱼，队里有什么工作需要人做，他都去做。同志们都为他的主人翁精神所深深感动，大家都说："刘田奎真是我们的好榜样！"

【作者：于明】

【《人民日报》1955年2月2日第2版】

冼星海：热情的人民歌手

——纪念冼星海逝世十周年

人们常把他们喜爱的作曲家称为自己的歌手，这是很有道理的。这样的作曲家把人们心里共同的爱、恨和对未来生活的美好理想变成了歌声，这歌声在欢乐的和艰苦战斗的日子里永远陪伴着他们，鼓舞着他们。冼星海就是这样的作曲家。虽然他离开我们已经整整十年了，但是他的歌曲一直是亲切地鼓舞着我们。

为什么冼星海的音乐经得住时间的考验，表现出了这样强大的艺术魅力？我们要从他的作品中继承哪些东西呢？

首先，冼星海的作品深刻地反映了当时的革命斗争。

冼星海一生（实际上从他一九三五年自法国回来参加救亡工作到一九四五年病逝在莫斯科，主要的创作活动时期不过短短的十年）写了大约五百首歌曲、两部交响乐、六部大合唱、一部歌剧和几十首管弦乐曲及独奏曲，这些作品大部分都是反映现实生活的。他的声乐作品，不论是大合唱、进行曲或抒情歌曲，可以说全部是反映当时最尖锐的革命斗争，反映人民生活中最重大的事件。和聂耳一样，冼星海热情地投身于当时的抗日救亡运动，站在斗争行列的前面，贡献自己一切力量为民族解放服务。他的作品带有强烈的战斗性和政治性，那些年代里我们民族生活中的重要事件都可在他的歌曲中找到反映。例如在抗战前夕我们听到他“枪口对外，齐步前进”的呼声；抗日战争一开始，他就响亮地唱出“敌人从哪里来，把他打回哪里去”；他歌唱太行山上的游击队，响应着党的号召“到敌人后方去”；他到了解放区后，以激情的、动人的音乐描画了解放区军民的生产建设和紧张的战斗生活……人们从他的歌曲中听到整个时代脉搏的跳动，并且从中感染到巨大的战斗力量。器乐作品，一般人认为是最难与现实生活发生联系的，可是在冼星海看来却不然。他的“中国狂想曲”描写祖国美丽的山河、勤劳的人民以及对于祖国的怀念（写这作品时他在苏联）。他的“民族解放交响乐”以史诗般的笔触写出中华民族百年来争取自由解放的道路并预示了新中国的远景。德国法西斯进攻苏联以后不久，他曾到共产国际总部会见季米特洛夫同志，季米特洛夫同志建议他写些作品献给红军和斯大林，不久他就以按捺不住的激愤心情写了以反映苏联人民保卫祖国战争为主题的“神圣之战交响乐”……从他的作品看来，好像是没有什么东西不能够用音乐来表现的，对他来说，似乎音乐是比语言还重要的表达自己思想情感的工具。

这些在今天看起来好像都是理所当然的了，但是在当时，或者说在冼星海学习音乐的年代，传统的观点却不是这样。过去的音乐美学认为音乐只能模糊地描写人们内在的某种心灵活动，音乐是不能反映现实生活的，也不可能为广大人民所接受。所以在过去一般受过专业训练的音乐家们同时也被灌输着“为艺术而艺术”的唯美主义思想。但是，在民族危机日益深重，人民的斗争要求空前高涨，并且工人阶级及其政党——共产党已经登上了政治舞台领导着人民进行解放斗争的历史时代，那种颓废的美学思想与活生生的现实显得那样不相称，所以一些有着爱国主义和民主思想的音乐家们开始冲破落后的艺术偏见而用音乐去反映现实生活，因此他们的这些作品都带有一定的现实主义倾向，但同时又受他们的世界观和创作方法的局限，因此他们的作品还不能更深刻地反映现实和在广大群众中发生影响。只有聂耳，继承了我们民族音乐发展中的现实主义传统，在我国音乐上开辟了社会主义现实主义的道路。冼星海在聂耳之后，以他更丰富的创作进一步巩固了并且发展了聂耳的事业。

和聂耳一样，冼星海不是在他的作品中“客观”地反映现实中的斗争，而是站在工人阶级的立场以表现劳动人民为主体这样具体地反映现实斗争。如果说中国工人阶级的形象第一次在聂耳的音乐作品中反映了出来（如《大路歌》《开路先锋》），那在冼星海的作品中以更广博的表现手法从更多的方面继续发展了这个主题。我们在他的作品中看到了中国工农群众丰富多样的精神面貌。《拉犁歌》那样的沉重坚忍，《顶硬上》那样的顽强乐观，《路是我们开》《满洲囚徒进行曲》那样的雄伟豪迈，以及在《黄河大合唱》中所精心刻画的那种勤劳、勇敢、坚强、自信的浑厚气魄和战斗精神……这样一些亲切、真实、历历在目的劳动人民的音乐形象是在过去的作品中找不到的，聂耳和冼星海首先在这方面表现出了社会主义现实主义音乐的一个特征。

其次，冼星海在他的作品中不是消极地反映现实，而是积极地用共产主义的精神教育着提高着人民的思想和斗争。

我们怎样来理解音乐形象中的共产主义精神呢？不消说，这是不能仅靠歌词或乐曲标题来作诠释的。我以为，主要的是作曲家把握住这一时代的最本质的事物，创造出代表历史前进方向的典型的音乐形象，依照党的政策精神，推动人们在革命的道路上前进。我们知道冼星海并不是一开始就解决了这个问题的。他在法国时的作品还受着印象派的影响，回国以后初期的作品也并不是每首都成功的，有不少的歌曲还带有不应有的沉郁，有些歌曲的表现方法也是比较表面化的。但是当他接受了先进的世界观，尤其是到了延安经过对马克思主义的学习以后，诚如他自己所讲的“竟发现了音乐上许多的问题过去不能解决的，在社会科学的理论上竟得到了解答”。这就大大提高了他的创作思想。他的几部主要作品都是到延安以后写出，那绝不是偶然的。以《黄河大合唱》为例，可作一个最好的说明。这个作品的产生正在抗战进入相持阶段，正是中华民族生死存亡的关头。我们能不能战胜，通过什么样的道路才能走向胜利，这是每一个中国人生活中最重要的问题。有些人盲目乐观，以为胜利会轻易地从天而降，有些人悲观失望，丧失了自信。只有中国共产党领导的抗日民族统一战线和持久抗战的政策才是唯一正确的出路。毛泽东同志《论持久战》一书在政治上和战略思想上具体解决了这个问题。冼星海在党的政策精神的鼓舞下，在《黄河大合唱》这部不朽的作品中创造了概括我们民族精神的许多优美的形象，描绘了祖国壮丽的河山，勤劳勇敢的人民和人民必胜的斗争。它使人们提高了民族自尊心，增强了胜利的信念，并在我们面前展开一幅波涛壮阔的远景。这个作品的音乐形象所概括的现实是这样深切，以至十年来我们每次听它都不感到它已成为历史的陈迹而被深深激动。

冼星海作品的特点是深厚的人民性。这一方面表现在他所有的作品都使用着平易、浅近的音乐语言，追求着最容易被群众所了解的表现形式；另一方面也表现在他十分注意作品的思想性和艺术性，十分注意艺术作品对人民的教育作用。他的作品中充满着人民生活的音调，他也熟练地使用着、提炼着人民的音乐语言，因此他的作品真正做到了雅俗共赏，妇孺能解。抗战期间不论是在大城市或穷乡僻壤到处都传遍了他的歌曲，产生了巨大的社会效果。他的几部大合唱只要是稍有基础的群众性合唱团也都能演唱。但是他的作品绝不像那些粗鄙的市井小调。冼星海的作品一方面是浅近易解的，一方面是丰富深刻的，在人民中间有着长久的生命。冼星海的创作实践打破了过去把作品的艺术性和易解性对立起来的错误看法，按照这种看法仿佛越是高深的音乐越是难以为群众接受。所谓“曲高和寡”，不少人是以作品的难唱、难奏和难懂来判定其技术性和艺术性的高低的，然而这正是形式主义的美学观点。按照现实主义的创作原则，作曲家应该去追寻那最能打动大多数人的心弦的东西，并采用大多数人能够理解的形式。自然，不能说凡是在群众中流行的都是好作品，但是好的作品一定是为广大群众所理解的。冼星海的作品在这方面留下了光辉的榜样。

冼星海作品中的人民性是有着深刻的思想基础的，这就是承认艺术是人民创造的，艺术应该属于人民，服务于人民，教育人民。正如斯大林所说：“艺术属于人民。它必须深深生根于广大的劳动群众中间。它必须为这些群众所理解，为他们所喜爱。它必须结合劳动群众的感情、思想和意志，把它们提高。”这种观点在冼星海早期的思想中已经有了萌芽，因为他贫困的家庭和劳苦的生活遭遇，使他对于劳动人民有一种本能的同情。当他接受了革命思想以后，他的作品便取得了高度的人民性和思想性。

冼星海在作品的民族风格上所达到的成就也是值得我们学习的。自然，我们在这里说他作品的民族风格并不是只指他在哪些地方引用了民歌主题，哪些地方采用了中国的调式或五声音阶。这些远不是民族风格的全部内容。冼星海作品的民族风格首先决定于表现出了我们民族的气质和性格。冼星海是一个十分热情的爱国者，他没有一次提到自己的祖国不是充满着骄傲和激动的。他出自衷心地热爱祖国的历史、山河、文物，热爱勤劳勇敢的人民，对于祖国的这种情感不能不在他的音乐中表现出来。“黄河颂”的音乐令人想起北方高地和平原上的名山大川，气象万千，而几千年来千千万万人民在这里生息养聚，将山河改造得如此美丽，这种浑厚的气质，这种自豪感正是我国人民在长期共同的社会生活中形成的一种共同的心理状态。我们听了“黄河颂”感到亲切，首先就是因为它表现出了这种共同的心理状态的缘故。

冼星海在他的作品中常常善于使用画风景画一样的手法表现我国各种地方和自然环境的特点，例如《二月里来》《江南三月》描绘出江南的秀丽风光，《九一八大合唱》中描写东北起伏的大草原，《生产大合唱》中描写陕北风光，等等。这种融会在表现人物表现斗争中的对于祖国自然环境的描写，也都增加了听者的亲切感，增强了作品的民族风格。

冼星海作品的民族风格还表现在对于祖国语言的处理上。他早期的作品在这方面还有不够的地方（因为他的普通话讲不好），但经过了他的努力，在他以后的作品如《在太行山上》《游击军》《祖国的孩子们》及几部大型声乐曲中对语言的处理达到了精妙的地步，使人觉得中国语言是一种美丽的、富有音乐性的语言。

冼星海作品的民族形式表现了民族生活的特定内容，表现了民族的风格特点。他从我国丰富的民族音乐遗产中吸取各种音调、乐汇和表现方法，同时又不拒绝借鉴先进的世界音乐文化。因之在他的作品中形成一种新的风格，它首先是民族的，但同时又是与世界音乐文化相贯通的。它与传统的音乐有着密切的联系，但同时又恰如其分地反映着新的生活。冼星海的音乐是提高了和发展了的民族新音乐。

冼星海给我们留下了丰富的遗产，我们对他的研究是很不够的。今天纪念他逝世十周年，我们一定要更好地学习他，继承他的优良传统，更好地为我国人民的音乐事业努力工作。

【作者：马可】

【《人民日报》1955年10月30日第3版】

聂耳的道路

——纪念人民音乐家聂耳逝世二十周年

一、“天才就是劳动”

聂耳是中国人民的天才的作曲家。聂耳的一生，是战斗的一生，是顽强劳动的一生。聂耳是一个出身穷苦家庭的青年，他不仅没有机会受正规的音乐教育，就连普通的教育也不得不用母亲的辛勤劳动、到处借钱和自己的刻苦学习——甚至手抄课本——换来的。

对于先进思想和新鲜事物的敏锐感觉和勇敢的追求，是聂耳从少年时代起就表现出来的优秀素质。他生长在中国共产党所领导的人民民主革命的大风暴中，新的时代给他的影响是很强烈的，他大大不满足于从学校教育中所能获得的有限的知识，因此他用功阅读各种有意义的书籍。他的强烈的求知欲望，说明他急切地要认识现实生活中新生的东西，并且要求自己在大时代中成为一个具有先进思想和品质的人。

学习——提高自己的思想修养——成了聂耳从不间断的劳动习惯。因为他认识到：“不论你从哪一条路跑，你对于哲学的基础不稳定，终于是难得走通的。”——（聂耳的日记）——“脑筋若无正确的思想的培养，任它怎样发达，这发达总是畸形的发达，那么一切的行为都没有稳定的正确的立足点。”当他离开学校到社会上做事情以后，不管工作多么繁忙，他仍然能经常阅读马克思列宁主义的经典著作。因为他认识到学习是没有止境的，“新的脑子的培养不是用一个模型一套便一次铸成永不会腐破的，它正如一棵嫩小的植物随时需要合理的灌溉，你若天天不给它应得的养料，或不平均地给它忽饿忽饱，它的一生总是枯萎不正的。”当他在“明月”歌舞团时，实在忙得抽不出工夫来读书，但他从不因此而原谅自己，他问自己说：“我感觉到我最近在读书方面实在太退步了，是不是一天这样疏懒下去便可了事呢?”他是如此严格地要求自己思想的进步，他不懈地辛勤学习，并积极地参加革命斗争，他终于成为一名工人阶级的坚强战士。

聂耳从小就显露他的艺术才能，他的天才是多方面的。他很小就接触自己民族的音乐，十岁时就学会了各种中国乐器——笛子、二胡、三弦和月琴。他也是一个天才的演员，而曾经一度（十八岁）还以为自己可以当文学家呢！他对于音乐具有更高的兴趣，他从小就具有对音调的敏锐的感觉力，他的顽强学习、刻苦钻研的艺术劳动使他成为中国人民的天才作曲家。

聂耳的创作生活是从二十二岁才正式开始的，这一年也正是他确定了共产主义的人生观，参加了中国共产党。从此他的创作生活很快就进入了异常丰富而活跃的时期。他的大多数作品——也就是他最优秀的作品——都只是在一九三四年到一九三五年四月以前产生的。在这短短的一年多的时间里，他能写出这样多卓越的歌曲，就充分显露出他具有丰富的生活体验，对于新鲜事物的敏感和优越的创作才能。他以极严肃的、审慎的、对人民和革命事业的高度责任感来从事他战斗性的创作劳动，每一首歌曲的创作，都经过深思熟虑，而且经常步行很远去体验、观察劳动人民的生活。一曲既成，还得仔细地反复推敲，征求并虚心听取朋友们的意见。

“天才就是劳动”（高尔基语），这句话在聂耳的战斗的一生里得到了证明。

二、光辉的道路

聂耳对于先进思想的不间断的追求、钻研，以及对现实生活的视野的不断扩展，是他成为革命的人民作曲家的基础。在“聂耳年表初稿”（洪遒作）中记载说：“二十足岁的生辰那一天，他感触很深，决心要赶上时代，对于自己单纯追求音乐、脱离实际革命斗争的生活，作了无情的批判。他问自己：‘这样的刻苦练习，几年、几十年后成为一个提琴家又怎样呢?’‘你能够兴奋起、鼓动起劳动群众的情绪吗?’他自己回答自己说：‘不对，此路不通，早些醒悟吧！’（二月七日日记）从这开始，给自己提出重要的课题：‘怎样去做革命的音乐?’”从此，他在艺术思想与艺术创作上都努力表明了他是如何去实践他为自己提出的课题。

他写了一些战斗性的短文，尖锐地批评“明月歌剧社”的黄色艺术的颓废作风，提出了：“我们所需要的不是软豆腐，而是真刀真枪的硬功夫！”（《中国歌舞短论》）因为他目睹阶级的矛盾是如此尖锐：“资本家住在高楼大厦大享其福，工人们汗水淋漓地在机械下暗哭。”（同上）艺术要反映这个时代，就必须真实而深刻地反映现实生活中的尖锐的阶级矛盾，仅只有一点反封建意识是大大不够了的。艺术该向何处去呢？聂耳看得十分清楚：“你不听见在这地球上，有着无穷的一群人在你周围呐喊、狂呼；你要向那群众深入，在这里面，你将有新鲜的材料，创造出新鲜的艺术。喂！努力！那条才是时代的大路！”这号召多么响亮，思想多么明确。他在一九三三年六月三日的日记中写道：“音乐和其他艺术一样，是代替大众呐喊，大众必然要求音乐的新的内容和演奏，以及作曲家的新态度。……接受革命的作曲家们，要编出革命的、同时保持高度艺术水准的音乐。”

就在这一年，聂耳以“饥寒交迫之歌”和“开矿歌”开始了他的战斗的创作生活。在中国近代音乐史上，聂耳是第一个如此充满热情、充满着光辉的信念来歌颂劳动人民，歌颂工人阶级的力量的人。

在聂耳之前，有哪一个作曲家像他这样勇敢地擎起人民革命的大旗，投身于工人阶级先锋队的行列中，把音乐的事业同革命的事业紧密地联结起来，让音乐服从于革命斗争的需要，以音乐作为阶级斗争和民族解放斗争的有力武器？聂耳用歌曲的形象真实而深刻地刻画了被压迫的工人阶级和广大人民的生活和斗争，从来不是站在旁观者的角度。所以他的作品总是充满了豪迈的工人阶级的主人翁的感情，在“开路先锋”中那样自豪地歌唱着："我们是开路的先锋。"总是满怀信心地预示着革命斗争的胜利，像他在"自卫歌"中那样坚定地唱着："今天是被压迫的民族，明天一切属于我们自己！"

聂耳正确地理解到以工人阶级为领导的中国革命群众的壮大的力量。在他的作品中是那样广阔地表现了各个阶层的被压迫的人民大众，包括广大的贫苦农民、城市手工业工人、苦力、卖报童和歌女等，还有与聂耳自己一样出身的革命知识青年。人民大众的命运是连接在一个反帝反封建的共同斗争目标上，他们汇合成一支不可战胜的、广大强壮的革命队伍，就像他表现在《前进歌》和《义勇军进行曲》中那样浩大的气魄。这样，聂耳的歌声成为时代的号角，成为中国人民民主革命斗争中的强大的鼓舞和组织的力量。

聂耳的创作道路是现实主义的道路，他总是细心地倾听生活的音调，倾听劳动群众的生活音调。他在日记上写道："不同生活接触，不能为生活的著作，不锻炼自己的人格，无由产生伟大的作品。"因此他经常到工厂和码头及各种劳动人民的工作场所去体验、观察。在郑易里的《回忆聂耳二三事》一文中记述了聂耳创作《新女性》的情况："《新女性》的创作是相当艰苦的。他为要体会纱厂女工上日班的情景，不得不在清早从霞飞路赶到沪西路大自鸣钟一带去观察。需要去得很早，又没有电车，他就不得不趁着星星在天、寒霜遍地的秋夜，步行一个多钟头，赶到纱厂附近去。同时，他又找他教歌的女工们谈话，到她们住处去访问，到她们的车间去观察，然后心中有了谱才开始创作。"

由于聂耳是这样热切地追求对于广阔的现实生活的认识，对于人民的劳动与斗争有着无比的热情，他才有可能把现实生活的音调构成他作品中的音调基础。更由于他正确地理解人民，他已经把自己和革命群众的思想感情融然无间地结合起来，这样，他成功地创造了歌曲音乐中的革命群众的典型形象。他的曲调是本质地体现着中国人民在为争取自由和独立的斗争中，所具有的英雄的、崇高的品质和精神面貌的。

三、深刻的人民性

聂耳为中国近代的音乐创作开辟了社会主义现实主义的道路。聂耳是中国第一个能够正确地继承民族音乐传统中的优秀素质，并创造性地发展了它的作曲家。聂耳从小就接触自己民族的音乐，他对音乐的热爱越来越强烈的时候，也就是他对民族音乐的学习和研究越来越深、越来越广的时候。从他的日记和书信中可以看出：聂耳是一贯地重视民族音乐的，他学习和记录民间歌曲，他熟悉多种民间乐器的演奏技巧。当他在上海百代公司任职时，他还整理了四首民间器乐曲并灌制成唱片。他在音乐的气质方面，是深深地扎根在民族的音乐传统中的。因此，民族音乐的音调体系和现实主义的美学原则给予他在构思音乐形象时重要的影响。

如果把聂耳的全部作品仔细分析一下，我们不难发现民族的音调特征并不是偶然地出现，而是一个普遍而鲜明的特征。不论是他的战斗性的进行曲和劳动歌曲，或者是抒情性的民歌和戏剧性的独唱曲，他都能按照不同的体裁构成鲜明的民族特点。聂耳作品中对各种民间调式——re 调、ea 调、do 调和 sol 调等——的广泛的应用，民间劳动歌曲的节奏和音调的经常出现，更是非常突出的现象。《大路歌》所用的调式，绝不是欧洲型小音阶的再版，它的减四度音程的跃进，不但构成了劳动呼声中自然语势的特征，而且增强了劳动情绪的力量。我们还可以找出他的许多曲调是和民歌的曲调近似的。民间音乐对他创作的深刻影响是很显然的。

民族的音调体系在聂耳的创作中表现得十分富于生命力，具有新鲜活泼的特质。我们不必要过多地寻找例证去说明聂耳的曲调出自哪一首民间曲调，仅只这样并不能本质地说明他在音乐的民族形式上的创造性工作。

民族的音调体系是每个民族在特定的历史发展中形成起来的，体系本身固然有它比较稳定的一些因素，如调式、节奏、体裁、语言的表现、语言的装饰、民间乐器的演奏技巧及音色等，但这些因素只能作为音调体系还要向前发展的基础。体系本身总是向着越来越丰富、越来越多彩的方面去发展的。这个事实从音调体系形成的历史过程就已得到了充分的证明。同时，民族音乐的音调总是以人民的生活作为它无限丰富的源泉，在现实生活中就存在着丰富多样的音调形象，这是构成音乐形象的声音原型。历代人民及其音乐家在特定的经济生活的条件下，发挥其创造的才能，把现实生活的音调提升为音乐的形象，而在久远的历史发展中形成了比较稳定的音调体系。在这过程中，各个民族在物质生活与精神生活的互相交流，也成为民族音调体系构成上的重要影响。

聂耳的创作实践，证明了他十分懂得民族音调体系中的现实主义的美学原则，他就是正确地继承了中国人民音乐传统中的现实主义的原则和方法。他一方面十分尊重自己民族的音乐传统，另一方面他也努力钻研并借鉴世界革命音乐及古典音乐的成就。而人民革命的现实生活中的丰富的音调——包括诗的语言的新特质、战斗的号召，劳动者抗争的呼声等——总是聂耳歌曲创作的音调基础。因此，聂耳的创作不为民族固有的音调体系所局限，他从音阶、节奏和节拍等方面吸收西欧的先进因素，尤其是苏联革命歌曲的战斗性的表现方法。这样他在自己民族固有的音调体系中增加了新的因素，创造了民族的战斗性进行曲的新音调，扩展了抒情歌曲的表现形式，同时他从革命诗歌的热情的语言中，寻找到能够发掘诗的语言的美的音调。

聂耳就是这样优秀地继承了民族音乐的现实主义传统，创造了和中国人民新的生活面貌相适应的音乐风格和形式。这些使聂耳的歌曲具有深刻的人民性。

四、明朗的音乐形象

聂耳在曲调创作上是有很高的才能的，他的歌曲都有着鲜明动人的音乐形象。

聂耳对于音调的感觉非常敏锐，他的音乐形象的构思因而也十分丰富。他善于根据不同的诗歌所反映的不同的生活感情内容，去创造不同的音调特征，构成非常明了的音乐形象。因此，他的每一首歌曲的性格是异常鲜明的，它所反映的生活内容是异常集中而突出的。譬如在他的许多劳动歌曲中，我们很难找出它们互相雷同而陷于一般化的状况。只要把《码头工人》《大路歌》《打长江》《打桩歌》《打砖歌》和《新女性》中的《回声歌》等比较一下，就可以了解到聂耳的音乐想象是多么丰富，它们不论在旋律和节奏方面都创造了劳动人民的音乐形象的多面性。

他的战斗性的进行曲也都是各具特点，譬如《义勇军进行曲》具有严正不容侵犯的雄伟的音调特征；《自卫歌》具有斩钉截铁的沉着坚定的音调特征；《前进歌》具有巨人般的无坚不摧、勇往直前的气势；《开路先锋》是具有自豪的、有信心的排山倒海般的气势；《毕业歌》创造了热情而富于理想、朝气蓬勃的青年人的形象；《奴隶们起来》却表现了英勇不屈、顶天立地的工人阶级的伟大气魄。

聂耳的优异的曲调创作才能，是从什么地方得到的呢？我想除了他具有一定的音乐素养之外，就是因为他有着丰富的生活实践，有着对生活的深刻观察力。他的每首歌曲的创作过程都是经过对生活的反复体验和深刻的观察，直到心中有数，音乐形象的构思才有了根据。他喜爱倾听生活中的音调，善于透过种种生活的现象去捕捉生活中本质的特征，去发掘人们感情生活的深处。他的劳动歌曲的形象，都十分鲜明地具有劳动生活的音调特征，譬如《打砖歌》中那种不间断的节奏（全曲没有一个休止符），《码头工人》中那种生活在重压下的沉重的足音，那种对被剥削生活的呼唤和抗议；《回声歌》中那种在黎明前的朦胧夜色中，工人们被那冗长的汽笛声一声紧似一声地催促着上工去的生活景象和心情；《卖报歌》中那种日夜在大街小巷为生活而奔走呼号的音调和节奏——这些都雄辩地证明了：生活是曲调创作的无比丰富的源泉。

聂耳善于运用简洁精练的音乐语言来塑造形象，他的乐旨都是十分明了，不随便用过多的音和过广的音域，节奏的处理也十分集中而有组织。对于诗的语言的音调，他也都经过仔细的推敲和体味，他并不停留在表面的抑扬顿挫的安排，而用独创性的丰富的音乐想象来更广阔、更深刻地发挥诗的内在的美。所以他的曲调和诗的结合是融然一体，但却不是千篇一律的。

在处理歌曲的结构上，聂耳也具有高度的组织才能，他善于按照诗的情绪内容的发展，安排着对比的音乐形象。他在《打长江》《打桩歌》《大路歌》和《自卫歌》等那样统一而富于变化。而对于一些在形式上不很整齐的诗歌，更表现出他的十分完美的结构技巧，譬如《毕业歌》是一首没有落段的重复，词句也长短不一，但聂耳在音乐的章句法上那种流畅性和完整性是十分令人折服的。对于奇数的小节或乐句，聂耳不仅从不忌讳，而却应用得十分频繁，他不会为了要构成豆腐块一样的格式而人为地让奇数的小节或乐句弄成偶数。譬如在《毕业歌》中间乐段的三个乐句："我们是要选择战……青云直上。"这是用一个问句和两个答句构成的乐段，由于中间终止的妥善安排，使三个乐句显得十分均衡。又如《打桩歌》中间乐段的三个短乐句："哎哟！太阳……惬意啊。"它的第二个短句以向上的进行作为第一个短句的引申，继而用中间终止式构成了十分肯定的语气的停顿。还有"码头工人"中的短乐汇群的连续："笨重的麻袋，钢条……为了两顿吃不饱的饭。"四个短乐汇所积累下来重量，都集中到两个强硬的第四度音（"压吧"）上，接着停顿在愤慨不平的第三度音上作为中间终止。

这些乐段的处理，都表现了聂耳的巧妙的组织才能。他从诗的朗诵的音调中，体会到那种感情毫无拘束地奔流的纯朴性，因此，他能把这些不整齐的句子毫不费力地组织成非常流畅的乐段。

聂耳在歌曲形式和体裁上，创造了新时代的风格。他是这样具有高度的集中性而毫不拘谨；他又是这样自由、奔放而毫不夸大，他的音乐形象是典型地概括了中国劳动人民的纯朴、爽朗、明快、自由而热情的气质。

五、结语

聂耳以他短暂而勤奋的一生，以他战斗的创作劳动，为中国人民革命的音乐事业开辟了道路，树立了以社会主义现实主义为创作原则的光辉榜样。他的三十余首遗作是具有划时代的意义和非凡的价值的。

今年是聂耳逝世二十周年纪念，中国人民已经从艰难困苦的革命斗争中站立起来，取得了史无前例的光辉胜利，现在正进入第一个伟大的五年计划建设的第三个年头。让我们回顾一下二十多年来人民革命音乐事业的成长——那是聂耳、冼星海以及许多在革命斗争中牺牲了的优秀的作曲家音乐家们的血汗所培育的。还有我们广大的忠实于人民的音乐工作者用艰巨顽强的战斗和劳动所建树起来的。我们应当更加切实地遵循聂耳所开辟的道路，加强我们的战斗，让我们的创造工作无愧于二十多年来人民革命音乐事业所获得的成就，无愧于我们的先行者聂耳和冼星海的不朽的业绩，无愧于伟大的中国人民用无可估量的血汗所建造起来的美丽的祖国！

【作者：焕之】

【《人民日报》1955年10月30日第3版】

1957—1977 年

磊落光明向秀丽

磊落光明向秀丽
扶危定倾争毫厘
一身正比泰山重
风格如斯世所师

这是林伯渠同志为纪念抢救国家财产而光荣牺牲的女共产党员向秀丽的题词，正陈列在“向秀丽同志事迹展览会”上。

向秀丽是广州市何济公联合制药厂化工车间的女工。去年 12 月 13 日，这个车间里一个酒精瓶不慎被打翻了，大量酒精给煤炉蒸发的热气燃烧起来，附近堆放着四箱遇火就要爆炸的金属钠，烈火迅速向金属钠烧去，眼看一场严重的事故就要发生了。在这万分危急的关头，向秀丽挺身去扑灭那冲向金属钠的烈火，她的鞋、裤着火了，身上冒烟，火舌紧紧缠着她，她仍然纵身上前扑救。当工厂党支部书记，车间主任闻讯率领工人赶来抢救时，向秀丽已经成了一个火人，他们扑过去为她灭火，她在奄奄一息中仍然挣扎着说：“别管我，快去抢救金属钠……”

这一场严重的事故被抢救过来了，但是，年轻的共产党员向秀丽受了严重的烧伤。她的上衣烧得只剩下衣领，外裤只剩下裤头和左边的口袋，全身皮肤除了颈部以上和裤带部分外，全都烧伤了，双腿和左手的肌肉烧得焦黑。当人们在“向秀丽同志事迹展览会”里看到她被烧毁的衣、裤和她烧伤后的照片时，许多人不禁热泪盈眶。

在身负重伤到医院里后，向丽秀也处处表现了共产党员崇高的品质。她清醒后看到党支部书记，第一句话就问：“金属钠有没有爆炸，工厂有没有受到损失?”她的妈妈去探望她时，她轻声安慰妈妈说：“没有烧到工厂，我就安乐了。”她的丈夫是个火车司机，当他去探望她的时候，她总是追问：“你怎么还不上班? 不要常来看我，行车时不要为想我而思想开小差，免得发生事故。”当她知道党正在全力抢救她，有几百人排着长长的队伍要求为她输血、捐皮，就常常说：“党和同志这样关心我，我用什么来报答呢?”

曾经日夜护理过向秀丽的外科医生邝宇同，在一篇文章中描述了向秀丽在生命垂危的时候，仍然关心别人进步的情形。这是一个晚上，向秀丽的创伤正发生剧痛，邝宇同和她谈起了上海钢铁工人丘财康同严重烧伤作斗争的事迹，她听了感动地说：“我要向丘财康同志学习。”邝宇同说：“我也要向他学习，同时要向你学习，我还是个共青团员!”向秀丽兴奋而恳切地对她说：“邝医生，那你就好好努力，创造条件，争取早日入党吧!”这些话像一股暖流渗透这位年轻医生的全身，她激动地回答：“秀丽，我一定朝这个方向努力！”

在医疗中，向秀丽的创面只要一被触动，就比刀割还要痛，为了不让大家为她的创伤难过，她顽强地忍受着。去年除夕，医院里举行晚会，向秀丽听到舞曲声，就对医生、护士说：“过新年啦，你们跳舞吧。我现在起不来，将来好了一定跟你们跳。”当医生、护士们果真跳起舞、唱起歌来的时候，向秀丽也高兴地唱起来了。在她生命中最后的一个早上，她凝望着窗外透进来的阳光，仍然满怀希望地问：“医生同志，还有几天我能下床走路，再过几天我能出院工作呢？”护理过她的医护人员都说：只有共产党员，才能有这样坚强的意志和革命的乐观精神。

经过三十三天的全力抢救，这位无产阶级的坚强战士、党的好女儿，终于因伤势过重而光荣牺牲了。在她停止呼吸的前一刻，她用十分微弱的声音，叮嘱丈夫说：“要依靠党……听党的话，永远跟党走。”

向秀丽是在党的培养、教育下，成长为一个无产阶级的光荣战士的。她出生在一个非常贫困的工人家庭里，九岁就给地主当婢女，十一岁就靠做童工过活。解放初期，她才十六岁。党派出工作队到她做工的私营和平制药厂做群众工作。经过工作队的启发、教育，她开始懂得了剥削制度是穷人受苦受罪的根源，认识到共产党是为人民谋幸福的。于是，她在厂里第一个申请参加了工会。1952年，她被选为和平药厂的工会组织委员和基层工会女工委员。她在工会组织的帮助、鼓励下，提高了工作信心，在“五反”运动中积极参加斗争。“五反”后，不法资本家消极对待生产，工厂原料缺乏，工人生活受到威胁，开展工作有困难，向秀丽这时曾有过消极想法，但在党和工会组织的帮助下，她大胆地向群众揭发不法资本家的阴谋，同职工一起设法开展增产节约运动，使工厂生产恢复正常。她在工厂里是计件工，担任工会干部后，常要占用生产时间做工会工作，因此每月工资由四十多元降为二十多元，上级工会决定设法照顾她，她却坦然地说：“工会工作是为大家的，多困难也得做好，我的工资虽然减少了，但总比解放前好多了。”

在展览会上陈列着一些向秀丽生前阅读过的书籍和她的笔记。两本旧了的书《把一切献给党》《钢铁是怎样炼成的》，是向秀丽在团组织举办的青工学习班时看的。在这个学习班里，向秀丽第一次听到了读到了卓娅、保尔、吴运铎等人的故事。向秀丽从这些英雄人物的身上，受到了深刻的教育。她决心要向他们学习，把自己的青春献给祖国。

不久，她就参加了青年团。

1958年，向秀丽在党、团和工会组织的培养、教育下，更加迅速地成长起来。这时，她已被调到何济公制药厂做包装工人。工厂里决定试制一种“甲基硫氧嘧啶”新产品，制造这种东西需要使用有强烈爆炸性能的原料金属钠。党支部决定调向秀丽参加试制，她毫不犹豫地接受了。从包装工转为制药工，需要学习相当复杂的制作技术，这对只上过三年多夜校的向秀丽是异常困难的。但她用顽强的精神去苦心钻研，经常虚心请教师傅，只一个多月就初步掌握了各种操作规程。在全市人民大搞钢铁运动中，工厂抽调了部分工人去支援炼铁生产，这时向秀丽带头搬到工厂里来食宿，并和另一个女工罗秀明两人担负起了原来三个人的工作。她们出色地完成了任务，在去年第三季度获得了优胜红旗奖，向秀丽还先后两次被评为季度的优良工作者和先进生产者，10月份又立了一小功。

在大跃进中，党组织经常关心着向秀丽的进步，她自己也有入党的要求。经过党的培养和考察，她在 1958 年 10 月 31 日，光荣地被接收为中共预备党员。她入党后更加严格地要求自己，更注意联系群众、关心群众。她的同伴罗秀明回忆说：“秀丽入党后更加关心我的入党问题了，她对我说：你虽然还有一些缺点，但只要有决心改正，就可以争取入党。”

向秀丽虽然光荣牺牲了，但是她给予人们的影响却一天天在扩大。许多工厂、学校举行了向秀丽的追悼会、事迹报告会。到广州市何济公制药厂向党支部表示悼念向秀丽的人们络绎不绝。许多单位和学校开展了学习向秀丽的活动。中共广州市委宣传部、共青团广东省、广州市委负责人，都号召广州市的共产党员、共青团员学习向秀丽的高贵品质。林伯渠、董必武、郭沫若等同志都为纪念向秀丽题词。向秀丽崇高的共产主义精神和舍己为群的英雄形象，将永久活在人们的心上。

【作者：岑荔丹】

【《人民日报》1959 年 3 月 7 日第 6 版】

光荣的劳动　崇高的荣誉

——记工人时传祥的事迹

两个时代

北京市崇文区粪便清洁工人时传祥，被选入全国群英会主席团，同党和国家领导人、全国最杰出的先进生产者坐在一起主持这一有历史意义的大会。刘少奇主席、朱德委员长、周恩来总理和他握手，问他的工作、学习和生活。一个掏粪的工人获得这样崇高的荣誉，不但旧社会里没有见过，就连参加大会的六千先进生产者也感到异常兴奋。光荣呀，劳动！大会的英雄们向他祝贺，时传祥更是喜得合不拢嘴来，胸前的奖章把黑红的脸映得更光辉。他看着党和国家领导人的亲切面容，心里想："如果没有党和毛主席的领导，我这个掏粪的怎么能坐在这儿呢！"

时传祥工作地段的居民，都清楚他的先进事迹。他背着大木桶，把一家家的厕所掏得干干净净，并且主动地关心居民家里其他卫生问题；不断地改变劳动组织，提高背粪桶的数量；不但自己工作好，还关心班里其他清洁工的进步，使班里没有落后的人。从1954年起，时传祥年年被评为先进工作者，1956年被选为区人民代表，今年又当了北京市政协委员，出席了全国群英会。

时传祥，今年四十五岁，已经整整当了三十年的粪便清除工人，新旧社会对待他的劳动完全是截然不同的两种态度。旧社会里，他推着沉重的粪车，由六部口到广安门外，无论刮风下雨一天往返四趟。从晓星出走到太阳落，把有钱人家的厕所掏得干干净净，还被这些人辱骂为"屎壳郎""夜猫子"。夏天渴得难受，伸手向住户要碗水喝，有一家"阔太太"竟捂着鼻子，忙着盖水缸藏水瓢，叫老妈子拿个喂猫的碗给他。碰到这些情况，时传祥回到屋里真想大哭一场，但是当时掏大粪的一月三块钱工资还拿不到手，"吃马路，睡马路，铺着地，盖着天，脑袋枕着半块砖"。一条棉裤穿了八年，然而哭死了又有谁同情呢？时传祥就这样，在旧社会里整整过了二十年牛马不如的掏粪生活。

1949年全国解放了，劳动人民成了国家的主人，在党的领导下，粪便工人斗倒了粪霸，压在他身上的石头被掀掉了，时传祥扬眉吐气，心情舒畅。1952年他转到市卫生局领导的粪便清除队工作，卸下了套在脖子上的手推车，换了畜力车，坐在车上吆喝两声牲口就把粪送下了乡。不久，畜力车又换上了大汽车，时传祥只要背着个桶从住户那里把粪便掏出来，装进汽车就行了。妻子在山东老家来信说，全家入了高级社，儿子和姑娘上了学。暑假，儿子由家乡来看他，从头到脚一身新，打火车上下来，和北京市里的中学生没差别。看到这些情景，时传祥恨不得立刻把全身的劲都使出来，跑去找队长："让我每天再多背几桶粪吧！"

队长问他怎样能多背，他提出一个办法：每班增加一部汽车，由三部汽车轮流运，减少背粪工人等车时间。这样每个人就可以由背五十桶增加到七十桶。队长同意了他的意见，第二天时传祥就在班里调整了劳动力，工作时间没有延长，还节约出两个人。别的班也跟着他们学习，全队抽出了十三个人支援基本建设去了。

觉　醒

病痛是人人难免的事。1955 年春天，时传祥得了重感冒，党支部委员陪着他到前门医院就诊。那时患流行性感冒的人比较多，急诊室里坐着一百多个病人，时传祥忍着高烧躺在椅上等。前门区的区长也来看病，他一看时传祥烧到四十度，神志也有些昏迷，转身就对护士说：

"这是我们区的工人，病势危险，快给他先看吧！"

"按次序他来得晚，给他先看了其他病人可能有意见。"护士说。

区长立即向在座的候诊病人解释，大家听说他是个先进工人，也都同意让他先看。区长守在时传祥的身边，给他拿药，扶他打针，最后雇了三轮车送他回家。两天后，时传祥退了烧，全身轻松。忽然，十多年前的老同事施加泽的面影在他脑中出现了。施加泽是和他一样的掏粪工人，解放前给粪霸干了三十多年活，老了病得不能起床，粪霸恶毒地在一个下雨天的晚上，把他撵出了屋，施加泽抖抖索索地顶了个破席子，走出门没几步就倒在大槐树下死去了。时传祥由今思昔，立刻跳下床去找到了党支部书记说：

"党处处关怀我，我也要拿出全力来报答党！只要党说句话，就是跳火坑我都干。"

党支部书记先扶他在椅上坐下，然后对他说："党欢迎你，可你想的不全对。党关怀你教育你，不是为了要你报恩，是希望你更好地为人民服务，和全国人民团结一条心，加快社会主义建设，让全国人民都生活得更幸福。"

"不要表扬我"

时传祥听了这席话，心里明亮了。他背着粪桶处处为住户着想，走进东厅儿胡同三十四号，这个院里的茅坑浅，常常漫出来。时传祥掏完粪后就搬来一叠砖，把这家茅坑加高了。花市二条一家新砌了茅坑，留下个马桶没地方放，可是头条胡同里另有一户人家的马桶却坏了，他就自动地把马桶捎给这一家。大雨后，花市下四条有一家厕所的墙塌了，许多砖块倒在粪坑里，时传祥弯下腰用手把茅坑里的砖头一块块地拣出来，掏完了粪又用水把砖和地面冲刷得干干净净。这家的老大爷出来一看，感激得不知说什么好，直问时传祥叫什么名字：

"你告诉我吧，好让我写信表扬表扬你。"

"老大爷你不要表扬我了，这是我的责任。"时传祥任他怎样说也不把名字告诉他。

1956年6月，时传祥的愿望实现了，他被批准加入了中国共产党，他感到无上的光荣。这一来，他变得更加乐呵呵了，工作的干劲也更足了，今天想办法背八十桶，明天又想办法背九十桶。大炼钢铁的时候，白天出去掏粪，晚上回来又帮助炼钢的打杂。市委号召积肥支援郊区农业生产。他掏完住户的厕所，休息时间又带着全班人去掏化粪池。有些化粪池的粪肥掏不上来，时传祥就跳进池里去用铲子铲，在他的带头下，他们班送给农民的粪肥在全队数第一。花市一、二、三条胡同都修下水道，路全挖了，装粪的汽车进不去。每条胡同都有三里多长，家家的粪便全得靠人背出胡同装车。时传祥和全班一讨论，每天增加四小时保证了这个地段的厕所个个卫生。

勤勤恳恳的劳动不但受到组织上的表扬，也受到群众的尊敬。许多居民请他进屋喝茶、洗手。一天，花市头条胡老太太递给他一碗茶。时传祥想起自己刚掏完粪，忙说："不喝了，我的手脏，把你的碗也给弄脏了！"

老大娘急忙说："啊哟你怎么说这话，不是你们来，我们的卫生哪能搞得这样好。你为我们服务，我给你倒碗茶算啥，以后再别这么说啦。"从此，时传祥更清楚地感到无论做什么工作，只要是为人民服务就是光荣的。

学"天桥"

一次，组员巩宝珠提议："现在服务行业都在学天桥商场，我们也去学学，改进服务态度吧！"全班七个人从天桥商场参观回来正在商量改进办法，组员钟晋有了不同的意见。他说："整天和大粪打交道，没出息，做天和尚撞天钟得了，还要改善什么服务态度，我不干。"时传祥知道钟晋有这个看法不是一天了，立即要大家讨论。大家给他讲了好多道理，时传祥说："掏大粪的没有出息你要干什么呢？如果大家都干别的，城市里没掏粪的能行吗？"钟晋听大家说的有道理，嘴里没话说，心里还不服。党支部把时传祥找去要他帮助钟晋进步，他知道钟晋的性子躁，一方面帮助他改正认识，一方面在生活上照顾他。不久，钟晋工作积极起来了。

思想比较落后的人转变过来以后，全班展开了改进服务态度的竞赛。清晨住户还没有起床，他们轻轻地推开门，掏完粪再轻轻地把门带上，不惊动住户的睡眠。看到院里晾着衣服，先给住户打个招呼，或者自己主动地把衣服拉开，免得粪桶蹭到衣服上。掏完粪，回过身来再看看，有洒在地上的，立即用扫帚把地面扫干净。看到住户在吃饭，就先去掏公共厕所，等住户吃完饭再去。党的八中全会决议公布以后，时传祥又和全班工人提出六项条件向各班竞赛：赛完成任务多，时间短，对群众态度好，班里出勤率高，不出事故，节约工具和防护用品。全队十三个班，你追我赶，热闹极了，居民们的表扬信纷纷传来，崇文区粪便清除队成了北京的红旗队。

【《人民日报》1959年11月4日第10版】

杜凤瑞：书写鲜红的历史（节选）

在我们英雄辈出的国家里，出现了一颗新的亮星：这就是杜凤瑞。他是人民空军战士的卓越榜样。

什么样的人才能做一个好的空军战士呢？据我想，他首先必须具有非凡的勇敢。一个软弱怕死的人，在任何兵种里都不会是一个合格的战士，而在空军里，在我们铁鹰的战列中，就更是这样。试想，在那云海茫茫的高空，一刹时风雷万里，离开上级的监督，如果没有英雄的气概，没有真正的勇敢，就决难完成人民的信托。去年 10 月 10 日，在福建龙田上空的激战中，我们看到杜凤瑞是一位怎样的勇士。当他的长机遭到攻击，他奋不顾身地冲入敌阵，扑杀了一架敌机，随后他的飞机负了重伤。在这危急的时刻里，他毫不犹豫，驾驶着冒烟的战鹰，迅猛地追迫敌人，终于将敌机打得凌空爆炸。直到他的飞机再也不能操纵的时候，他才决定跳伞。这是多么勇敢无畏的战士！烈士生前的言行证明，这种勇敢，来源于高度的觉悟，来源于对敌人高度的憎恨与对党、对人民、对战友的无限热爱。只有建立在这种思想基础上的勇敢，才称得起真正的勇敢，也才是最坚实、最牢固的。

我们看到，烈士最显著的精神特征，就是他那伟大的集体主义精神，以及舍己救人的崇高品德。集体主义精神，对于我们的空军鸷鹰们是多么必要！我们不仅需要善于搏击的猎手，而且尤其需要被共产主义精神所武装的百战百胜的鹰群！

在向杜凤瑞同志学习中，大家一致指出他对党的路线的坚定和忠诚。他不但自己身体力行，而且时刻劝导、鼓舞自己的家庭走社会主义道路。这说明杜凤瑞同志没有停留在翻身农民的觉悟水平，而已经是具有共产主义觉悟的、无产阶级化了的坚定战士。有些同志，在民主革命阶段，是勇敢坚决的，但是当革命更加深入的时候，当我们多年渴望的社会主义到来的时候，却反而张皇失措，犹疑动摇，甚至过不了社会主义这道关口。而杜凤瑞同志则与此相反，他是满腔热忱拥护总路线的鲜明榜样。

在我们人民革命的历史上，在我们的革命军队里，曾经出现了多少英雄人物！他们那压倒一切敌人的英雄气概，简直像巨人一般的勇敢；他们那毫无自私自利的心，简直像水晶石一般的透明。每当我们听到他们的事迹，谈起他们的品质，总给人以深深的感动。现在，让我们来想一下，这些英雄人物，他们那种崇高的道德品质，究竟是怎样铸成的呢？难道他们那种巨人般的高度是永远不可企及的吗？我们一般人能不能获得他们那样的品质，也成为像他们那样的人呢？

世界上并没有天生的英雄，像董存瑞、刘胡兰、黄继光、邱少云、向秀丽、安业民、杜凤瑞等等英雄人物，他们都是普通人，是我们昨天的伙伴。他们那种崇高的道德品质，也不是生来就具有的，都是由种种的客观原因和主观原因所造成的。所谓客观原因，这里包括生长他的阶级土壤，他所处的环境，他所受到的教育和影响；所谓主观原因，就是他对这种客观环境影响，所采取的态度，所作的努力。客观环境的影响，毫无疑问，关系是异常巨大的。例如杜凤瑞同志，假若不是他参加了革命斗争，假若没有党的教导，假若不是共产主义的理想煽起了他心灵的火花，他决不可能成长为现在这样的英雄。也许有可能成为英雄，但只能是农民类型的英雄，却不会是无产阶级式的英雄人物。拿我们自己作比，也是一样。假若不是党的教导，革命部队作风的影响，同志们的帮助，仍然是生活在旧社会的泥淖中，到现在我们自己都难以想象会变成一个怎样的人。因此，我们说，客观环境及其影响，从总的方面说是有决定作用的；但是，在同样的环境之下，一个革命者进步与落后，却取决于个人的主观努力。请看许多出身大体相同，环境大体相同，参加革命早晚也差不多的人们，他们同样受到党的教育，为什么若干年后会有极大的差异呢？其所以发生这种情况，这是革命者个人主观努力的问题，也就是他们每个人对党的教导采取什么态度的问题。

杜凤瑞同志的历史，可以帮助我们找到这种答案。他在日记里写道："我深刻认识到，做每一件工作，完成每一项任务，哪怕是进行每一次学习，都十分需要听党的话，听领导的话，争取领导的帮助和支持。党和领导叫怎样去做，就不折不扣地按党和领导上的指示去做。"他又说："有些人思想进步慢，工作成绩差，是什么原因造成的呢？我认为，原因只有一个，这就是自以为正确，不靠拢领导，不听从领导，明明自己看法错了也不能改正，明明领导的意见正确也不能诚恳接受。我深深体会到，依靠党才能进步，否则就要落后。"这就是杜凤瑞同志对党的教导采取的态度。有了党的领导，有了他对党的忠诚，因此，他在生活的道路上，才乘风破浪勇猛直前，在陆军中是好战士，在学校是好学员，最后成长为一个伟大的共产主义战士。

我们成熟的、英明的党，时时刻刻在关怀和教导着我们；劳动人民的优美品质，时时刻刻在影响着我们；伙伴们的英雄模范事迹，不断地在鼓舞着我们；社会主义建设和社会主义的革命运动，在我们面前像波浪一般地展开；旧社会遗留的污毒，纵然还有很大的影响，但它们早已成为被蔑视的不合法的东西：难道这样的环境不是很好的环境吗？难道这样的条件不是很好的客观条件吗？问题是道路虽好，还要我们自己的双脚来走。共产主义思想虽好，也不会自己飞到我们的头脑里扎根。不会有任何一种物理、化学的方法，会一股脑儿地使我们头脑里的个人主义的污垢消失。一句话，主观努力是一个重要问题。我们看杜凤瑞同志，在生活实践中是抱着多么严肃的态度。他在另一篇日记里写道："每个人从成年以后一直到停止呼吸的时候，几十年的生活，就构成各人自己的历史，至于各人自己的历史画面上所涂的颜色是白的、灰的、粉红的或者是鲜红的，虽然客观因素起一定作用，但主观因素却起决定性的作用。每个人每时每刻都在写自己的历史，每个党员和共青团员都应当好好地想一想，怎样来写自己的历史。每个党员和共青团员时时刻刻都要以马克思列宁主义、毛泽东思想来作自己的思想行动的指导，真正做到言行一致。我要永远保持自己历史的鲜红颜色。"这段话说得多好！真是叫人惊醒，叫人振奋！从这段话里，我们仿佛看到一个伟大的形象，一个头脑异常清醒和坚定的战士迈开大步严肃地走着人生的道路。现在我们可以告慰烈士的英灵说：亲爱的同志，你已经完全实现了你生前的誓言。你的历史，是一页鲜红的历史！你的一生，是红色的一生！它红得像鲜花，红得像烈火，红得像你在祖国的碧空洒下的忠实于党忠实于人民的热血！

同志们！让我们想一想，我们的历史是涂了些什么样的颜色呢？是鲜红的呢，还是颜色浅淡的粉红的呢？或者是还夹杂着一些白色和灰色的斑点呢？我不知道每个人将怎样来回答这个问题，也许在回忆中，会感到兴奋，也许会感到惭愧。但是沮丧和叹息都无补于事，过去的日子已经像流水般地逝去。只有下定决心，诚诚恳恳，兢兢业业，用自己的赤诚和忠心来书写今后鲜红的篇章。但是，如果不解决一下根本问题，纵然下了决心，那些白色和灰色的斑点，也许还会玷污我们的历史。这个根本问题，就是人生观问题。也就是说，在我们的内心深处，究竟是为个人、为少数人而生活呢？或者是为集体、为大多数人、为我们伟大的人民事业而生活？我们的脑瓜，究竟是让它变作“国营”的好呢？变作“私营”的好呢？或者是弄成一个“公私合营”的小杂货店好呢？同志们！只有我们牢固地树立起共产主义的人生观，生命的航船才算有了正确的方向，纵然有弥漫的云雾，也不会迷失航路，我们的历史也才能写得鲜红。让我们每个红色的革命战士，都用赤胆忠心的大笔来书写鲜红的历史吧！这就是向杜凤瑞烈士学习中应该得到的结论。

【作者：魏巍】

【《人民日报》1959 年 12 月 7 日第 8 版】

郅顺义：永不褪色的老英雄

郅顺义是全国特级战斗英雄，董存瑞生前的亲密战友。1948 年春天隆化战斗中，他和董存瑞两人一直冲在最前面，之后又掩护董存瑞舍身炸毁了敌人的碉堡，保证了部队迅速攻进城内，全歼了敌人。现在，这位老英雄在解放军某部任管理科副科长，在平凡的岗位上他又表现出不平凡的英雄风格。

平凡与不平凡

管理工作琐碎、繁杂，部队官兵的衣食住行以至个人卫生几乎都得管到。郅顺义从 1956 年到管理科以来，把这些工作管得有条不紊，样样都好。人们最愿用这句话来称赞他：我们的老英雄，上管天文地理，下管洗衣淘米，处处是我们的表率。原来在管理科当会计的王立元，曾经嫌过管理工作麻烦、平凡，要求调动工作。郅顺义来了以后，他看到这位全国闻名的英雄，不仅不嫌麻烦，反而去找更多的“麻烦”事情做，他很感动，找副科长谈，郅顺义亲切地对他说：“干革命可不能挑肥拣瘦，不论是多么艰险，多么麻烦的工作，都要以自己的全部精力做好它!”

郅顺义在工作中，一向是以身作则，身先士卒。人们常常发现他不是帮助伙房摘菜、淘米，就是在猪棚里帮着温食、起粪；不是在仓库里清点物资，就是跑到菜地帮助灌溉、锄草……他说，一个领导干部不热情地做具体工作，就不能及时发现问题，不便和大家一起商量，迅速解决问题。去年初冬，下了一场大雪，猪棚有些漏水，他和饲养员商量好，猪床湿漉漉的容易影响猪的健康，雪一过就打扫，不让棚顶积雪。以后，饲养员把这件事忘了。可是，每次下过雪，猪棚顶盖都干干净净。饲养员知道这是郅顺义打扫的，很受感动，以后就加强了饲养管理。现在，这个猪场成了没有猪瘟的先进单位。

有一次，部队外出演习，出发时，他考虑指挥所人不多，只带一个炊事员。以后人增多了，首长和同志们都关切地对他说：这一大摊子事，你和一个炊事员哪能忙得过来，再调个人来吧！他说：“现在大家都忙，我和炊事员商量商量大概可以干下来。”随即，他就找炊事员袁俊良说：“老袁，你我都是共产党员，这一台子戏，连唱带打咱俩包下来行不行?”于是，两人在草原上整整忙了两个月。他买菜、做饭、招待来往人员，每天干到深夜。

郅顺义对公家的一针一线都非常爱护。他走路时经常注意搜索被人看不在眼里的点滴东西。不管是一根钉子、一块铁皮、一条木棍，只要他碰到，都要捡起来。东西捡得多了，他就送到仓库里。他说：“别看它破，这都是劳动人民的血汗，有用的就是好东西。在过去的艰苦年月，董存瑞同志在行军时见一块破皮子、一缕麻都要拾起来。宿营时，他就用这些东西给战士们补鞋，不然，就不能继续行军作战。现在，我们虽然家大业大了，也不可大手大脚。”几年来，他拾了许多被人遗弃的物资，为国家节省了不少经费。许多人感动地说：“郅顺义副科长真是一个永不褪色的老英雄！”

克己为公舍己为人

从董存瑞英勇牺牲以后，郅顺义就经常说，董存瑞之所以能为了全局、为了战斗胜利，举起炸药包舍身炸敌人的碉堡，就是因为他对革命事业无限忠诚。他处处以董存瑞为榜样，不管干啥，总是先从集体着眼，先替人家打算，从不计算自己的得失。

今年春天部队要修一个养鱼池，因为工具不足，工地太小，施工部队不能同时作业，每天必须分三班轮换劳动。那时，全体干部正集中时间学习文化。郅顺义想：学文化是件大事，多抽一个人就影响一个人的功课。于是，他自告奋勇领导这一工作。其实，他更迫切需要学习文化。他参军前没有念一天书，现在也只是能写写信，看看文件。可是他没有想到这些，只觉得照顾更多人学习，比自己一个人学习重要得多。

按说一个人指挥三班作业，每天跟一班、两班劳动就不少了，可是他在工地上搭了个小窝棚，每天三班都跟战士们一道劳动。他知道新战士没有爆破经验，下炸药他领着干，危险的活自己包下来，免得士兵遭到意外。他看到战士们干活很累，歇活后顾不得修理工具，他就利用自己休息的时间把土筐修好。人们看他一天难得有六个小时睡眠，常常劝他早下工多休息一会。他说：“一个人休息是小事，全工地的活计是大事。”为了全工地，他不辞劳苦地和大家一起劳动。

有几次，他睡到半夜，听到外面的风雨声就猛然爬起来往外走。他爱人问他到哪儿去，他照例说声“有事”。在雨中，他走遍营房，把没关严的门窗关严，把没收起的东西收好。在平时，他总是睡在别人后头，把别人没有关的门窗关好，把别人没拧好的水龙头拧好，把该关的电灯关上，然后才安心地去睡觉。

谦逊的美德

在解放战争中，郅顺义南征北战，为人民建立了功勋。华北解放后，他从南下进军、抗美援朝直到现在，他几乎年年立功，事事受表扬。党和国家给了他崇高的荣誉，他是毛泽东奖章获得者、出席全国战斗英雄代表大会代表、模范共产党员。在他所属的部队里，从首长到士兵，人人都叫他“老英雄”。逢年过节，许多地方机关、学校请他做报告；每月都有几十封来自祖国各地的信，向英雄表达自己的进步决心。

郅顺义对党、祖国和群众给他的荣誉有着十分正确的认识。他不止一次对人说：“这绝不是我一个人的荣誉，没有党和群众的力量，我一个人又能做些啥！”

有一次，有一支部队邀请他去作报告。官兵们听到了英雄要来部队的消息，打扫营房，张贴标语，还准备第二天敲锣打鼓欢迎他。可是郅顺义头天晚上就乘火车去了，下火车正是半夜时分。这时，他原可以在车站附近找家旅馆住下，第二天早上再到邀请他的单位去。但他仍像每次外出一样，连夜步行到离车站很远的营房。进了值班室，他见值班员正睡着，就悄悄地和衣倒在一条长条凳上睡下了。天一亮，值班员发现郅顺义的时候，感动得握着他的手不知说啥好："哎呀，老英雄，我们还正准备欢迎你，你来了怎么不叫我一声?"郅顺义说："这多好，你休息了，我也休息了，也免得大家耽误时间，影响训练。"

（人民数据库资料）

【作者：佟希文】

【《人民日报》1960年9月19日第4版】

拖拉机手侯正元

机耕战线上的奇迹

1959年6月，新疆生产建设兵团玛纳斯垦区石河子总场的先进拖拉机手侯正元，驾驶苏联“莫特兹”牌拖拉机，运行一万三千多小时无大修，三年半完成十七年工作量十三万零九百标准亩的事迹，震动了机耕战线。这个消息传到“莫特兹”牌拖拉机制造者——苏联明斯克拖拉机制造厂时，职工们认为这是一个没有先例的奇迹，是他们制造厂的荣誉，特派代表到石河子总场，把一个荣誉奖状授给了侯正元。苏联机械专家克希洛夫在详细检查了侯正元的机车后说：“再努一把力，这部车有可能达到两万小时无大修。”“两万？”许多老驾驶员抱着惊疑的心情等待着侯正元继续运行的消息。一年过去了，当记者最近来到石河子总场的时候，侯正元的机车已把修理间距延长到二万二千多小时，延长了四个大修间距；在四年半中，完成了二十一万八千多个标准亩的工作量，相当于国家1960年定额十八年的任务（每个标准台年工作量为一万二千标准亩）。

勤勤恳恳四年如一日

侯正元之所以能创造这样惊人的成绩，是因为他热爱党的事业，时时刻刻都以高度的责任心，一丝不苟地从事自己的工作。他从1956年接车到现在，每天定时保养，不管刮风下雨，雪地寒天，从未中断过一次，也从未错过规定的时间。今年1月间，机车刚到莫索湾工地，就到了保养时间。当时正是零下三十多度的数九寒天，旷野寒风凛冽，手指不能屈伸，副驾驶说：“咱们改一次时间保养吧！”侯正元说：“不能这样，只有坚持定时保养才能延长机车的寿命。”他们在旷野燃起火堆，烤化了机油，顶着寒风，像往常一样，直到各部件都保养妥帖了才开始行车。靠着这种高度爱护国家财产的责任感，他驾驶的“莫特兹”牌拖拉机，在运行一千多个昼夜里，没发生过一次故障。机车每天风里来，泥里去，除换了一个小弹子盘，没坏过一个零件，没碰过一个伤疤。各地拖拉机手们参观了侯正元的机车后，惊叹地说：“只有超人的责任感，才能创造这样的奇迹。”

翻开侯正元的考勤簿，找不到一个没记工的空格。四年半他没缺过一次勤，也没请过一次假。大雨大雪天不能出车，正是他保养机车的好时机。去年除夕，侯正元因为赶任务，回来已经很晚，俱乐部里新年晚会开得正热闹，队长特意请他去看电影，侯正元却说：“人过年，车也要过年！”他和全组同志利用除夕，把机车彻底检查和保养了一遍，擦洗得干干净净才回去睡觉。元旦过后，别人正保养机车，他的车早在田野上驰骋起来。正因为如此，侯正元的出车率特别高，从今年元旦到 10 月中旬二百九十天中，他的机车却出勤六百一十六个班次（规定每十小时一班，每天两班）。

侯正元是个爱车如命的人，不管一天工作多么紧张，多么劳累，他的机车总是干干净净。他说："我们国家生产的拖拉机还不多，党把这样宝贵的财产交给我，应该像爱护自己的眼睛一样爱护它。"去年 11 月间，侯正元在北京参加群英会时，真是人在北京，心在石河子，睡觉也梦到自己的拖拉机。会议下午结束，晚上就买了票往新疆赶，回到农场的那天，顾不得回家就奔向田野。当他一听见拖拉机的声音，一边跑，一边喊叫驾驶员停车，跑到车前立即检查了机车的各部机件，调整了油门和输油系统，又仔细听了听机车发动的声音，才见他脸上露出轻松愉快的笑容。原来他在很远的地方，就从声音中听出机车有毛病，因为心里着急，竟忘了和久别的同志们打招呼。

共产党员的高度责任感一旦和技术结合起来，就会发挥出强大的威力。侯正元依靠刻苦钻研，创造出保养三大净（油净、水净、空气净）。出车四查（查转向是否灵活、查刹车、查照明、查道路桥梁），行车八慢和八不许一整套操纵、保养经验……他驾驶的拖拉机行驶了二万二千多小时，连一次也没有大修过。四年半来，不算他为国家创造的财富，光是节约的维修费用和油料，就可以再购买五台"莫特兹"牌拖拉机。

处处为生产着想

如何使自己的机车更好地为生产服务，是侯正元考虑一切问题的出发点。

在农场大面积的耕作中，生产上要求拖拉机手们既要多耕、快耕，保证耕作次数，又要耕深、耕细，保证质量，争取丰收。但并不是所有拖拉机手都能正确地解决这个矛盾，有些人往往强调工效而忽视质量，引起生产队的不满。侯正元牢记着农场党委的指示："质量就是产量"，他说："我们都是为丰收工作，要在质量中求工效。"因此他处处为生产队着想，耕作非常细致，即使地头地角拖拉机难活动的地方，他也设法耕透。生产队的人说，侯正元耕作的地用不着检查。有一次组里一个驾驶员给三队的葵花地开沟，生产队负责人没来，侯正元便自己逐垄检查，发现漏了几沟，他立刻批评了驾驶员，主动向生产队作了检讨，并叫驾驶员用砍土镘开漏掉的沟。两个驾驶员挖了一个上午，只开出一个沟。侯正元便用这个事教育大家："用拖拉机开这几沟不过十几分钟，我们图快省这点时间，却要一个农工辛辛苦苦挖一天，还耽误了生产。"侯正元每遇到耕作不合格时，他总是主动返工，使生产队满意。在他的影响下，全组驾驶员都树立了全心全意为生产服务的思想，他们把生产队的困难看作是自己的困难。

帮助别人赶上自己

把别人的困难当作自己的困难，帮助别人赶上自己，已经成了侯正元一贯的风格。一个叫陈启平的老拖拉机手热诚地对我说："侯正元不仅在工作上是我们的标兵，在思想风格上也是我们的榜样。"他是侯正元竞赛的老对手，几年来，他总是紧紧追赶着侯正元，侯正元出车，他也出车，侯正元怎样保养，他吸取着经验，两人成绩也差不多。

在一次党支部会上，陈启平提出要赶过侯正元，侯正元立刻站起来说：“我们要继续走在你们前面!”两个机车组从此展开了竞赛。会后不久，为了突击中耕，陈启平担负了从来没干过的中耕棉花的任务。拖拉机开在地头，因为技术不熟练，几个钟头过去了，中耕机总是调整不好，陈启平站在地头干着急。这时，突然传来一声招呼：“老陈，怎么样?”他回头一看是侯正元。原来侯正元刚干完夜班，听到陈启平中耕棉花，没睡觉就赶来了。“你该休息了，晚上还有班。”陈启平关心地说。侯正元摆了摆手：“你开车，我给你当中耕手!”不待陈启平反对，他已坐到农具手坐位上。他帮助农具员调整好中耕机的深度、行距。到黄昏时候一算，这一天的成绩和侯正元机车组差不多。陈启平握着侯正元的手，两人都会心地笑了。

侯正元从 1949 年参加革命起，几乎是年年功臣、岁岁模范，在艰苦开荒的 1950 年，他被誉为“砍土镘英雄”，现在是全国拖拉机手标兵，新疆生产建设兵团一级劳动模范，1959 年在北京群英会上见到了毛主席。人们曾不止一次地问侯正元：“是什么力量促使你飞快前进，使你永远走在时间的前面呢?”侯正元每一次都用这样的话来回答：“是亲爱的党给了我无穷的力量!”

（人民数据库资料）

【作者：谈风】

【《人民日报》1960 年 11 月 28 日第 2 版】

耿长锁是怎样做领导工作的

在我们公社，五公大队是生产发展最快的一个大队。原来这是个“大风刮，流沙跑，旱地多，土质薄”的低产队；现在 90％耕地有水浇了，80％能够机耕。从 1957 年起，粮食、棉花每年增产，四年来仅卖给国家的棉花就有四十二万斤。

这个大队是全国农业劳动模范耿长锁同志直接领导的。

虚心听取各种意见

不论办什么事，耿长锁都和干部虚心商量，从不自己草草作出决定。他对我讲过这样一件事：1961 年初冬，他打算组织各队把二百亩高低不平的地平整好，来春好浇地。召开管委会之前，他就把这个想法和支部书记张端念叨。张端说：“这事你看着好，就组织人去干吧。”他觉得不听听大伙的意见不妥当。就决定在管委会上提出这件事，请大家拿主意。副队长乔利广说：“这二百亩地有红土也有白土，天冷了，红土冻实了，要平好太费工；不如今年冬前，先平北头那一百亩白土地，明年开春再平南头那一百亩红土地。”管副业的副队长徐满堂也说：“咱队正在开展副业活动，给明年生产筹备资金，要是拿主要力量平地，就得抽搞副业的劳动力，就会影响收入。我赞成先平白土地，不抽搞副业的劳力，这样就可以两全其美。”大伙觉得这个办法好。结果做到冬前把白土地平完，今年一开春又把红土地也平了，副业没有受影响。耿长锁说：“要不是靠大伙的主意，我怎么也看不了这样周全。”

他不光认真听取大队干部的意见，而且越是下层干部的意见，他越注意听。对生产队或作业组的工作，他总是尊重队长和作业组长们的意见。他说：“事情由哪一层办，哪一层的意见就越宝贵，听听下层干部的意见，就能少走弯路，没一点坏处。”1960 年种春薯时，天旱地干，种上以后保活是个大问题。他找二队队长李瑞申商量，李瑞申说：“今年俺们队种甘薯推行了‘三包’（包工、包质量、包地块），保证活没问题。”他又找作业组长李文学去商量。李文学说：“按俺们队先插秧后浇水的规定，甘薯成活率只能到 70％；俺们组试验着先浇水，后插秧，再浇一次水，成活率达到 90％以上，增加了工序，队上得添工。”别的作业组长也有这个意见。耿长锁把这些意见告诉各队的干部，又建议大队帮助各队改进种甘薯的包工办法。这一年，土地虽然特别干，但春薯秧成活率超过任何一年。

在周围一些大队干部们的眼里，耿长锁的工作方法又多又好。有人说：“老耿干工作时间长，经验多。”也有的说：“上级帮助得具体。”这些看法都对。可是，耿长锁的工作方法所以又多又好，大家认为最重要的有两条：一是他能在社员当中找办法，一是虚心向外地学经验。这些年来，他一直坚持和社员们一样干活。老社员张近仁等人是最好的见证。他们说：“别看俺们老耿六十二岁了，除了生病、到外村开会，他总是和大伙一块干。”为这事公社党委也考虑过：耿长锁同志上年纪了，身体又不太壮实，工作很繁重，劝他少参加些劳动。可是他说：“我干活多少是次要的，离开了劳动我就离开了群众，万万不能那么办。”因为耿长锁同志天天和社员一起干，社员们了解他，不论大小事，有什么心思也愿意和他念叨。这样一来，五公大队的工作，就不再是他们几个大队、生产队干部挑担子了，而是五公大队两千多人一起挑担子。

耿长锁同志还有个长处，不管是顺耳的还是不顺耳的话，都认真听。他从许多不顺耳的意见中，得到很多重大的启示。去年春天，队上准备再开两条渠，扩大浇地面积时，倔脾气的老社员耿文瑞对耿长锁说：“还开渠干啥，再开就把地全浇碱了。”这句话说得硬，很不受听，可一下子提醒了耿长锁。他想：开渠虽然不一定会形成碱地，可也有一面理：有了水，灌溉不合理，就容易碱地。他就和干部们商量，从积极的方面接受这个意见，一边开渠，一边改善灌溉条件，这样就避免了土地返碱。

处事慎重　实事求是

和耿长锁在一起工作的干部都说：老耿领导生产走得稳，从不冒失。这话千真万确。他办事有个主心骨：没有把握的事，一定先试试，试准了才动手去干。1959 年春天，大队技术员周元九根据本地土质情况提出：棉花和甘薯间作可以发挥地力，能增产。有的干部主张立即推广这个增产措施。耿长锁觉得这件事还没把握，就和大家研究，坚持先试验后推广。这一年试种了一亩，秋后单作的棉花摘了籽棉一百七十多斤，间作的摘了籽棉一百八十多斤，还刨了二千多斤甘薯。社员们看到这个措施确实能增产，要求 1960 年普遍推广。耿长锁想：1959 年风调雨顺，棉花行宽，甘薯棵数少，如果按一般棉田种植还能不能多增产呢？为了搞清这个问题，他建议管委会再试验一年。结果 1960 年又试种了一亩，间作的棉花比单作仍不少摘，每亩还刨了二千三百斤甘薯。两次试验成功后，全大队才大面积推广了这一增产经验。这是一件很能说明问题的事，耿长锁就是这样对人民高度负责的。

平时，他做任何工作，都是想了又想，每拿一个主意，都是再三考虑。对上级布置的工作，他也总是用心想来想去，考虑如何积极执行，不合乎本大队实际情况时，就老老实实地向上级反映。今年公社根据大部分队送肥任务重的情况，提出当前春耕生产的中心工作要集中力量送肥。可是五公大队去冬就把肥送得差不多了。耿长锁就把情况反映给公社，并说明五公大队的工作中心应当是精细平整土地，这样就使公社的领导更符合各队的实际了。

有一说一　有二说二

不务虚名，注重实效，是耿长锁同志工作作风的一个鲜明特点。他对上有一就说一，有二就说二。1960 年 7 月，全社各大队开展除草灭荒竞赛，有的大队为了“争先进”，还没有完成任务就向公社汇报荒草除完了。耿长锁却不是那样，他把五公大队还有一百多亩地没锄完的情况，实实在在地汇报给公社。

也许有人说，耿长锁这样做是因为五公大队离公社近，假报容易被察觉。真是这样吗？不，耿长锁同志不仅如实向上级反映情况，也教育群众实事求是。去年冬天公社发动各队积肥时，有人主张把积肥原料堆起来就说完成了任务。耿长锁说：“积肥要积极干，可不能只追求数量、不重视质量，欺骗上级，最后还是害自己。”大家觉得耿长锁说得对，采取了层土层肥层水“高温堆肥”的办法。这一年冬天积的九千多车肥，圈圈又黑又臭，质量很好。耿长锁之所以这样做，目的只有一个：对群众负责和对上级负责。他常对干部、社员们说：“咱们争的应当是多给社会主义建设贡献力量，这是最大光荣。除了这一条，什么也不应当争。”

把国家利益放在第一位

这些年来，五公大队始终是我们全公社坚持按国家计划办事的榜样。耿长锁识大体顾大局，把服从国家计划看成是自己应尽的责任。1960年春雨雪少，播种棉花时地干墒不好，有四十多亩棉花没出全苗。当时有的干部建议改种成粮食作物。耿长锁说：“国家的植棉计划是根据全国需要安排的，一个队少种四十亩，虽然数量有限，大家都这么办，国家计划就没保证了，我们不能这么办。”当时快到小满了，他仍然耐心地说服大家把缺苗补齐。苗子出得晚，他和支部书记张端等分头深入到队，帮助社员对晚苗多追肥，勤浇水，促使晚棉苗很快追上早苗，这几十亩晚播棉花，秋收同样超了产。

耿长锁这种胸怀全局的思想，深深地感动了干部，教育了社员。五公大队每年的粮食产量总是报得实实在在，年年带头完成国家征购任务，向国家交售最好的粮食和棉花。1961年他们按计划完成了征购任务后，听说国家号召各地多卖余粮，支援灾区、支援城市，耿长锁和社员们商量后，又主动提出再卖给国家四万斤余粮。

（原载《河北日报》，本报有删节）

（人民数据库资料）

【作者：黄玉成】

【《人民日报》1962年3月27日第2版】

良师得好徒：曲耀离带徒弟种棉花的故事

全国植棉劳动模范曲耀离，带了一个好徒弟。师傅诲人不倦、徒弟学而不厌的佳话，在山西运城县龙居公社南庙生产大队被人们传诵着。

拜师收徒

几年来，曲耀离有这样一个心愿，想把几十年的植棉经验传给年青的一代。去年夏天，村里回来了一批高小、初中毕业生，曲耀离就想在这些青年中挑个好秧苗。一天，天色已经漆黑了，只见地里还有个人影，曲耀离走近一看，是个学生打扮的年青人。又一天，天刚亮，他查看棉田时又碰着那个小伙子带着满身露水挎着喷雾器正在给棉花打药。曲耀离心里想："这孩子，不知是谁家的，真是个好苗苗。"

曲耀离看中的人名叫许官海，出身贫农家庭。初中毕业后回乡参加农业生产，他便把全国劳动模范曲耀离当作自己学习的榜样。一天，曲耀离和大队干部在办公室研究工作，官海也进来了。官海说出了自己求师的心愿，大队干部都很赞成，曲耀离便收下一个十九岁的徒弟。这是去年 8 月的事。

田间是课堂

曲耀离带着许官海干活，做什么，就教什么。曲耀离对官海说："学种庄稼跟你坐在课堂里听讲不一样，全凭实际干。做啥学啥，田间当课堂，土地是书本，棉花作教材。现在你要分两步走：头一步，学种棉花基本知识和田间实际操作，知道怎么种、怎么锄，怎样浇水、追肥、治虫；第二步就得靠自己找问题，多想、多看、多问。

一天许官海和曲耀离去浇棉花，官海负责开沟回畦。他想：这种活比较简单，拿上锹就铲沟引水。可是，干了一阵，水都溢出来了；有的地方水还流不过去。他弄得满身泥水，水还是不听话。曲耀离看见了，忙说："官海：你不要干这瞎事！"说着就接过铁锹来，在地里打了个短埝，做了个小畦子，水顺着垄沟慢慢地流到每一株棉苗的根下，浇得很均匀。接着就对官海说："别看这个活简单，闹不好就浇不好棉花。要想种好棉花，万丈高楼从地起。"就这样，曲耀离口传口、手把手地教许官海，每逢干活时，曲耀离前面干，许官海后面瞧；曲耀离讲，许官海听。从去年 8 月到现在，官海已经学会不少有关种植棉花的耕作技术。

处处留心皆学问

曲耀离种植棉花是从种到收，两眼看着棉花生、双手扶着棉花长。这个徒弟好像也“传染”了这股子钻劲，成了“小棉花迷”了。

就拿去年秋天的几件小事来说吧：有一次，官海在浇棉花，发现有几株棉苗长得低，有些发黄，脑子里就出现了几个问号。可巧，这时曲耀离检查棉田回来，官海就向师傅请教。曲耀离站在地头看了一看说：“你看！那几株长得低的棉苗叶子发黄，摸着光滑，是缺少肥料；叶子往下耷拉，不舒展，颜色发黑，是缺水。”官海走到跟前一检查，果然不错。接着又问道：“您站得那么远怎么就知道了呢?”曲耀离说：“只要你费心机，要想掌握它也不难。”为了取得经验，官海就找了些布条，结到缺水、缺肥的棉苗上，并且分别给它们浇了水，追了肥。过了几天，这些“吃偏饭”“喝偏水”的棉花果然生长正常了。

一次，他在治虫的时候，看着高大的棉株想道：棉花已长得这么高，怎么还不打顶呢？干完活，放下喷粉器，就来到了曲耀离家里，向师傅提出了这个问题。曲耀离说：“打顶这个问题很复杂，要看土质，还要看肥力，如果打早了抓不住梢花，结桃少，容易聚下子芽，桃子小，产量不高。不过这说的是水地。旱地还是要早打顶，多结伏前桃，打晚了反而结桃少。这些都要看具体情况，不能一概而论。”几个月来，官海有了空就到曲耀离家里，有时帮助师傅干点活，顺便提出自己的疑问，请师傅解答。曲耀离满意地说：“官海这娃腿勤嘴勤，进步很快。”

学然后知不足

去年 8 月，正是三伏天，火辣辣的太阳晒着棉田。曲耀离吩咐官海七天要浇一次水。但因机器坏了，过了十八天还没浇完头一遍。官海看到棉株开始有些萎缩，就放了大水。正在浇水时，曲耀离看见急忙制止他道：“水得放小点，可不能饱浇。”官海听了很是诧异。他说：“土地干旱，棉花需水多，水分蒸发大，应饱浇一场水。”曲耀离说：“你看到的这些现象是对的，可是还得从棉花的需水规律、生理特点上想。因为旱了十几天没浇水，棉花的吸收器官已经萎缩，这时候你要猛浇水，就要破坏棉花器官，不但要落铃，还会狂长。”曲耀离还打了个比喻说：“人饿极了，吃得过饱就会撑坏胃口，小孩睡熟了，要慢慢唤醒，猛叫一声就会受惊……”官海想：多亏师傅发现得早，不然就会造成损失。

棉花生了严重的“造桥虫”，半寸长的虫子像蚕一样，把棉叶咬得满是疮口。大队决定突击治虫，官海也参加了。他和几个伙伴，天不明就起来打药，吃过午饭，午觉也不睡，连续打了好几天药，虫子竟没打下去。曲耀离看见他们便说：“打药好几天了，怎么还消灭不了虫。”官海听了委屈地说：“几天不歇晌，一直在打，不知怎么就是不行。”曲耀离想了想说：“毛病就出在你们中午打药上了。别看你们晌也不歇，这是费力不讨好，这种虫子一到晌午跑到叶子底下去了，喷多少药粉，也不顶用。”以后，他们改变了时间，几天就把虫子扑灭了。

学习踏实的作风

曲耀离对官海这个徒弟是满意的，经常夸奖说："官海是个好苗苗。"他在这年轻人身上确实也花费了不少精力。

今年官海被选为大队管委会委员，当上了作业组长。有一个时期工作放松了一些，曲耀离看了出来，及时给他指出说："群众选你当干部，你就应该勤勤恳恳，一心一意地搞工作。"官海听了引起了警惕。他想：不光要向师傅学技术，还要学他踏踏实实的工作作风。现在，他在工作上很负责任，劳动工分也是青年中最多的一个。社员们都夸奖他干活认真，办事公道。有一次，社员在棉田破"板结"(打硬土层)，官海检查质量时，发现有两垄质量不好。有人说是冯漂亮打的，官海就给冯漂亮扣了一个工分。当时，冯漂亮没有言语。回家后，她就找到曲耀离说："官海平时待人也不错，今天不问清楚就扣我的工分。"曲耀离说："官海刚当干部免不了出个差错，你先回去，弄清楚了，再给你补上。"当天晚上官海去开会，曲耀离对他说："你给冯漂亮扣的分对不对?"官海说："有人说是她干活质量不好。"曲耀离说："你验收质量是对的，但是处理事情不能光听人说，应该先作调查，把事情了解清楚再处理。"官海回去调查以后，果然是扣错了，就给冯漂亮补上了工分。这件事给了官海很深刻的教育，他说：我师傅像我亲生的父母一样关心我、爱护我。我决不辜负他老人家的希望，一定要努力学习好农艺，做好工作，为发展农业生产贡献自己的力量。

(人民数据库资料)

【作者：健民、承禄】

【《人民日报》1962年6月9日第2版】

毛主席的好战士——雷锋

每个人每时每刻都在写自己的历史。每个共产党员和共青团员都应好好地想一想，怎样来写自己的历史……我要永远保持自己历史鲜红的颜色。

——摘自雷锋日记

在沈阳，在辽宁的每个城市，在中国人民解放军沈阳部队每个连队里，人们都在谈论着一个普通战士的名字——雷锋。这位被誉为毛主席的好战士、无产阶级革命战士的解放军某部班长，正当生命火花四射的时刻，竟与世永诀了。他的整个生命还不到二十二年，可是，他却给人们留下了一部鲜红鲜红的历史。

雷锋——这个贫苦农民的儿子，从小生活在非人的极端贫困和饥饿里，直到解放，他才第一次感到人间的温暖。党从死亡中救了他，他热爱党，热爱毛主席，热爱解放军，而对旧社会的压迫者和剥削者怀着无比的仇恨。十岁，他参加了对敌人——地主阶级的斗争，十六岁起，投入了建设社会主义祖国的行列，当过国营农场的拖拉机手，参加过鞍钢的建设，一九六〇年，他又成了保卫祖国的中国人民解放军的一员。在革命部队里，他光荣地参加了中国共产党。在党的教育培养下，他坚定地树立了终身为共产主义事业奋斗的伟大理想。在日常生活中，他一直把革命利益放在第一位，他听党的话，他努力学习毛主席的著作，他关心别人胜过自己，他英勇顽强而又艰苦朴素……这些年来，他为党和人民做了许多有益的事情。雷锋的历史是一部深受民族压迫、封建剥削和资产阶级压榨的劳动人民的血泪史，是一个工农兵群众自觉的革命斗争的历史。

牢记阶级敌人杀亲之仇

雷锋生在湘江畔望城县安乐乡的一个雇农家里。当他刚刚懂得想念爸爸的时候，爸爸因为参加抗日斗争，被日本强盗活埋了。扔下母子四人，饥饿难当，妈妈让刚满十二岁的哥哥进工厂当了童工。可是，机器把哥哥的小胳臂轧断了，资本家一脚把他踢出了工厂。哥哥回家没钱医治，活活疼死在妈妈的怀里。接着，小弟弟也饿死在床上。苦命的妈妈为了保全这最后一条命根，忍气吞声地给一家姓谭的地主帮工。哪知道，妈妈在这地主家里，竟被少东家强奸了。这位饱受摧残的善良妇女，终于在一九四六年七月十五日的晚上，含恨悬梁自尽了。她留给了雷锋两句遗言：愿老天保佑你自长成人，给全家报仇！

这时，雷锋还不满七岁。他在失掉一切亲人之后，地主又强迫这个孤苦伶仃的儿童给他放猪。住的是猪栏、吃的是霉米。冬天，衣不遮寒，他挤在猪仔窝里，偎着母猪肚皮取暖。一天，地主的狗偷吃了他的饭，雷锋打了这条狗一下，不料惹出大祸，地主谭老三挥起一把剁猪草的刀，朝雷锋左手连砍三刀，把他赶了出来。

小小年纪的雷锋并没有因此而失去生活的勇气。他记着妈妈死前的话，一心要活下去，为全家报仇。他用泥土糊住刀伤，逃进深山，拾野果，喝山水，有时用手攀些树条，到村中换饭吃。夏天让蚊虫咬烂了全身，冬天在山庙里冻得难熬，但他还是顽强地生活着。不过，经过两年非人生活的折磨，他已经枯瘦不堪了。正在雷锋濒于死亡的时刻，他的故乡解放了。人民政府的乡长彭德茂，从深山破庙里找到了遍体鳞伤的雷锋，送他进了医院，治好了满身的脓疮。当彭乡长拿着给他做的新衣裳，接他出院的时候，雷锋双膝跪在彭德茂的脚下，喊着“救命恩人哪!”从妈妈死后，他第一次流下热泪，也是第一次下跪。彭德茂急忙扶起他，抚摸着他的头说：“我们的救命恩人，是毛主席，是共产党，是解放军，现在，可以给你的父母兄弟报仇了!”从此，雷锋苦尽甜来。他怀着对压迫者和剥削者的深仇大恨，十岁那年（一九五〇年）便手执红缨枪，投入了反封建的斗争。当时他是儿童团长，和一队同命运的小伙伴，押着恶霸地主游街。在斗争大会上，他用被砍伤的手，揪着害死妈妈的地主问罪。他亲眼看到人民政府枪决了那地主，为他，为千百万穷人报了仇。

人民政府免费供这个苦孩子上了小学。他最先学会了“毛主席万岁”五个字。他默默地对死去的妈妈说：“老天没有保佑我，是毛主席，是共产党救了我的命。”他用六年时间便学完了从小学到初中的九年功课；尽管人民政府决定供他念完大学，他却急不可耐地要为祖国社会主义建设添砖加瓦。这时，他才十六岁。

发无产阶级之愤

雷锋从十岁就想当兵为亲人报仇。可是，当时他年纪太小，解放他的家乡的一位解放军连长对他说：“你的仇，大家替你报！等你长大了，建设咱们的新中国吧!”雷锋长大了，果然献身于祖国的社会主义建设。不论参加农业生产，当国营农场拖拉机手，还是从温暖的南方来寒冷的东北鞍钢开推土机，他都恨不得把自己的手臂变成顶天立地的钢梁，把祖国的社会主义大厦赶快支撑起来。

在一九五八年秋天，在党中央发出大办钢铁的号召不久，鞍钢派人到雷锋所在的团山湖农场招收青年工人。因为雷锋懂得钢铁同祖国建设的关系，便毅然报名应招。到了鞍山，他驾起了推土机。他驾驶的“斯大林 80 号”推土机，车体高大，一位老师傅怕累坏了他，要给他换个小型的机车。他说：“开大车干大活，再困难，我也能够克服。”不久，鞍钢为了发展钢铁生产，化工总厂要在弓长岭建一个化工分厂，动员一批工人去搞基本建设，雷锋第一个报了名。有人对他说，那里吃没好吃，住没好住，劝他不要去。雷锋听了非常生气，他说：“正因为那里是这样，我才情愿去!”他去了，什么活重干什么活，不管多么艰苦，他都毫不畏惧地迎上前去。

这个贫苦农民的儿子，经过工人阶级队伍的锻炼，视野更加宽阔了，革命责任感更加强烈了。在一九五九年十二月三日，他听了征兵报告之后，第二天一大早，就到征兵站报名应征。他知道自己的身材太矮，很担心身体检查不及格。在兵役局量身高的时候，他偷偷地踮起了脚，军医发现了，笑了笑，让他再量一次，结果只有一百五十二厘米高；量体重时，尽管他站在磅秤上用力往下压，也只有四十七公斤；身高、体重都不合格。医生又发现他身上有许多伤疤。提起这伤疤，他立刻流下了泪水，跟医生讲述了自己的苦难童年。他说："记起过去的仇恨，我非参军不可。"医生很同情他，让他去找兵役局再谈谈。他跑到兵役局找到了来接新战士的荆营长，他拉着荆营长的手，诉说了自己过去的一切。他说："想起过去，想到咱们国家周围还有美帝国主义，我的心就催促我拿起武器保卫祖国……"他讲着讲着哭了，荆营长也流下了热泪。荆营长以老战士的名义，收下了这个新兵。

作为一个战士，雷锋深知战士的责任。这里有一段与洪水搏斗的故事，可以反映这个革命战士的责任感是多么强烈：

一九六〇年八月，当百年不遇的大洪水袭击抚顺的时候，雷锋所在连队接受了参加抗洪抢险的命令。当时，雷锋身体不好，连长让他留下来休息。他却找到连长恳求说："洪水正威胁人民的生命财产的安全，我在家待不住，我请求和连队一块儿去！"由于他百般要求，连长和指导员最后同意了。

情况很紧张，昼夜不停的大雨，倾满了上寺水库，中共抚顺市委决定开掘溢洪道以防万一，并把这个艰巨任务交给了部队。雷锋同他的战友们，顶着大雨，踏着泥浆，连夜挖掘溢洪道。他挥锹猛挖，突然锹板脱落了，天黑看不见，找不到，他就甩掉手中的锹把，用手挖泥。时间长了，手指磨破了，鲜血掺着稀泥，溅满了他的军装。卫生员让他下去上点药，他说："眼前的洪水，岂不和万恶的敌人一样，哪能为点轻伤误了大事！"

天快亮了，当部队集合被换下要去休息时，雷锋突然晕倒在地。连长立刻命人把他扶到老乡家去。打针，服药，护理了一天，雷锋觉得轻松了许多。傍晚，外边一响起集合的哨音，他趁卫生员没留神，拔腿就跑，又闯进了夜雨蒙蒙的工地。

在这以后不久，在部队党组织的教育下，他光荣地参加了中国共产党。

活着就是为了使别人过得更美好

共产党员雷锋，在他的一言一行中，都闪耀着灿烂的共产主义光辉。他在日记中曾经写道："我觉得要使自己活着，就是为了使别人过得更美好。我要以黄继光、董存瑞、方志敏等同志为榜样，做一个热爱祖国、热爱人民，永远忠实于党、忠实于人民革命事业的人。"

这就是他的人生观，这就是他的生活目的。他是个运输兵，是个班长，但他不满足于仅仅完成自己的本职工作，总想多做些事。连队各项活动他几乎全部参加了。连队俱乐部的学习委员是他，他热心地帮助大家学习毛主席著作，买书、借书给大家看，给大家读报，宣传党的方针政策和国内外大事。开展文化学习时，他主动请求担任兼职教员，在业余时间里，给大家讲课，批改作业。他是技术学习小组长，也是连队的教歌骨干，他还担任了部队驻地附近小学少年先锋队的辅导员。对他来说，事情越多越好，为党为人民工作，他有无限的热情和精力。和他生前一起相处的战友告诉我们，什么个人打算呀，情绪不高呀等等，根本和雷锋沾不上边，他整天笑容满面，心里想的除了工作就是学习。他认为那些“闹名誉，闹地位，闹出风头”的人一个个都是“没出息”！

这里记述的是雷锋的一些小事：

有一次，他到安东去参加军区体育运动大会，从抚顺一上火车，就主动做了义务列车员，擦地板，擦玻璃，帮妇女抱孩子，给老人找坐位，冲茶倒水，忙个不停，稍一有空，又拿出报纸，给旅客读报。

另一次，他外出在沈阳换车时，看见一个从山东来的中年妇女，急着要到吉林去探亲，可是车票在中途丢了。他看她情真意切，二话没说，就领着这位大嫂到售票口，自己掏钱买了张车票，又带着她上了车。

一个星期天，他肚子疼，到医务所去看病，经过一个建筑工地，那火热的劳动场面，立刻吸引了他。他忘了自己是个病号，奔到推砖场，操起一辆小车就推起砖来了，心想：能为社会主义建设添一块砖也是好的。这个来历不明的解放军战士，越干越欢，车子推得飞快，脸上流着汗水，使全工地的建设者受了很大的鼓舞，不久工地广播站传出了“向解放军学习”的声音。最后当工人们知道他是个病号时，都万分感动，大家写了表扬他的大字报，敲锣打鼓把他送回营房。雷锋每月的津贴除了交党费、买肥皂、理发和买书而外，全部存入银行。班里有的新战士问他：“你就是一个人，何必这样熬苦自己呢?”雷锋回答说：“谁说我熬苦自己，现在的生活比我过去受的苦真是好上天了。”雷锋存那些钱准备干什么用呢？谜底到底揭开了：部队领导机关先后收到了中共辽阳县委办公室、抚顺望花区和平人民公社的来信，感谢雷锋在辽阳遭受特大洪水灾害和城市人民公社刚成立的时候，分别寄来了一百元钱。雷锋同志的一位同班战友更接到一封奇怪的家信，这位战友的父亲在信中说：寄来的二十元钱已经收到，我的病已经好转，望你在部队安心。后来一打听，又是雷锋做的。为什么要这样做？雷锋在日记上写道：“有些人看我平时舍不得花一个钱，说我是‘傻子’。其实，他们是不知道我要把这些钱攒起来，做一点有益于人民、有利于国家的事情。如果说这就是傻子，我甘愿做傻子，革命需要这样的傻子，建设祖国也需要这样的傻子，我就是长着一个心眼：我一心向着党，向着社会主义，向着共产主义。”

雷锋这样处处表现出毫不利己、专门利人的高尚风格，是为了夸耀于人，求得领导的表扬和同志们的称赞吗？不是。运输连的指导员高士祥同志告诉我们说，雷锋丝毫也没有这样的思想，他做了好事从来也不对人讲。那次抱病在工地运砖，人们再三问他的名字，他始终不说，只说是附近部队的。人们握着他的手对他表示感谢时，他却说“这是我应该干的”。在沈阳车站给那位山东大嫂买了车票，她问他在哪个部队、叫什么名字时，他却幽默地说：“叫解放军，住在中国。”

严格要求自己，努力锻炼自己

雷锋同志的革命品质之所以可贵，就可贵在“自觉”这两个字上。在毛主席发出迎接合作化高潮的伟大号召的时候，他响应号召，参加合作社当了一个有文化的农民；当祖国号召要建设社会主义新农村的时候，他当上了第一批拖拉机手；当祖国号召大办钢铁的时候，他又报名投入了鞍钢工人的先进行列；当祖国处在帝国主义、反动派、现代修正主义的进攻之下，他又积极争取当上了一名祖国的保卫者、人民解放军的战士。入伍那天，他在自己的日记上写道："我要坚决发扬革命部队里的优良传统，向董存瑞、黄继光、安业民等英雄们学习，头可断，血可流，在敌人面前决不屈服。我一定要做毛主席的好战士！"参军以后，他又以自己的行动实践自己的诺言。虽然旧社会留给他三条刀痕和一个有胃病的身体，但他严格地要求自己，努力锻炼自己。当他刚入伍投掷手榴弹不及格的时候，在全班同志帮助下，他以勤学苦练来弥补，终于在正式演习时达到"优秀"的水平。党的艰苦朴素的优良传统，他时刻牢记在心头。按规定，部队每年夏天发两套军装，他却领一套。他说："我一套就够穿，破了可以补一补，给国家能省一点是一点。"他用的搪瓷脸盆、口杯，上面的瓷几乎全脱落了，像是用黑铁做的。他穿的袜子补了又补，完全改变了原来的模样。他看到有的人吃饭时掉了一粒米在地上，乱花了一分钱，他都善意地提出批评，耐心地进行帮助。

革命的自觉性决不同于盲目的自发性。雷锋的自觉性是建立在活学活用毛主席思想的基础上的。参军后的这几年，他响应部队党组织的号召，在人民解放军这个大学校里抓紧了一切学习时间，读完了毛泽东选集一至四卷，其中有些文章更反复阅读过好多遍。在学习中，他深深体会到学习得越多越深，思想越开朗，胸怀越开阔，立场越坚定，理想越远大。

在雷锋同志一生的前进道路上，并不是没困难的，他是在不断克服困难的过程中，依靠党和群众，自觉地锻炼自己的革命意志。农业战线上的治水模范，工业战线上的先进生产者、红旗手，解放军中的五好战士，团组织中的模范团员，抚顺的人民代表等光荣称号，就是雷锋以自觉的主观努力，克服各种客观困难的最好证明。

雷锋在一九六二年八月十日的日记中写道："今天我又认真学习了毛主席在中国共产党第八次全国代表大会上的开幕词，其中有两句话：'虚心使人进步，骄傲使人落后'。这是千真万确的真理。过去按毛主席的教导做了，所以进步了；现在，我仍要牢记毛主席的这一教导，更好地做到这一点，永远做群众的小学生，做人民的勤务员。"

就在写出这些思想，并准备更加奋发为党工作后的第五天——一九六二年八月十五日，雷锋同志在执行勤务中，不幸牺牲了。

雷锋同志的生命的火花是熄灭了，然而他的思想的火花将永远放射光芒。正如中国人民解放军总参谋长罗瑞卿和中共中央东北局第一书记宋任穷同志题词中说的："伟大的战士——雷锋同志永垂不朽！""革命精神永垂不朽！"

【作者：甄为民、佟希文、雷润明】

【《人民日报》1963年2月7日第2版】

为人民赴汤蹈火

——记消防战士韦必江的英雄事迹

在广西僮族自治区（1965 年 10 月 12 日，经国务院批准，改为“广西壮族自治区”——编者注）柳州市，提起韦必江，人们都热烈赞扬他是个赤胆忠心的人。韦必江是柳州市的一位消防战士，他在一次扑灭柳江河面油船火灾的战斗中，为抢救国家财产、掩护同志撤退，壮烈牺牲。

这是个平凡的战士，也是个光荣伟大的革命英雄。

中华人民共和国公安部不久前曾发布命令，追认韦必江为“模范公安人员”，并号召全体公安人员学习韦必江的全心全意保卫人民利益的革命精神和崇高的共产主义风格。同时，公安部还授予韦必江所在的鱼峰消防中队为“四好消防中队”的光荣称号。全国公安人员还广泛开展了学习韦必江模范事迹的活动。人们以韦必江为榜样，决心让韦必江的共产主义精神发扬光大。

当人民需要时候

那是一天的晚上，停泊在柳江河车渡码头的一艘满载着九十多桶汽油、柴油和煤油的大木船失火了，熊熊的火苗直冲上天。紧挨着的另一只油船的尾部也着火了，岸上堆放的八十多桶汽油受到严重的威胁。

柳州市公安局消防大队鱼峰中队副中队长韦必江闻讯后，立即带领队员赶到火场，投入战斗。韦必江一面指挥，一面和队员快速地用泡沫管枪强力喷压火头。当火势稍为减弱时，韦必江就立刻带领队员冒着浓烟冲进烘烤得令人窒息的船舱，抢救舱内的油桶。大家奋力滚动烫手的油桶，一桶一桶地推下河里或搬到岸上。经过一阵紧张的战斗，大部分油桶已抢救出来了。但这时在现场指挥救火的副市长林英等突然发现油船后舱火焰逐渐升高，颜色变白，有爆炸危险，便立刻下令叫大家撤退，韦必江接到命令后，自己用手电筒给大家照路，让大家先走。队员们撤走后，他还没有来得及走下船来，忽然一声巨响，船舱里的一桶汽油爆炸了，一股猛烈的火焰把韦必江冲下河去。当同志们从河里把他抱上来的时候，他手里还紧握着闪闪发光的手电筒。

韦必江英勇地牺牲了，但是，他的名字和模范事迹却永远记在人们的心里。韦必江参加消防工作十三年以来，经过无数次的灭火战斗。每一次他都表现得英勇顽强，奋不顾身，是个有名的救火英雄。韦必江常说：“人总有一死，不能无谓地死，要为共产主义事业而生，为无产阶级利益而死”。他曾在日记中写道：“遇难挺身而出，遇利克己让人。”正是在他的这种闪闪发光的共产主义精神鼓舞下，他为了保卫国家和人民生命财产的安全，总是不顾个人安危，不怕一切牺牲。

有一次河南码头发生大火，一座楼的底层全烧着了，那时韦必江站在楼上，奋力灭火，突然楼房倒塌了，他从楼上摔下来，头被砸破，口吐鲜血，昏倒在地，可是他一醒过来，看到大火还在猛烈燃烧，又爬起来继续战斗。

只要群众和同志们的生命遭到威胁，无论怎样危险，韦必江总是挺身而出，冒险抢救。一次文笔路发生火灾，有几个居民被大火包围，他听到呼救后，不顾一切地冲进火海，穿过浓烟烈火，冒着坠木落砖，把这几个居民抢救出来。事后有人问他："冲进大火你不怕吗?"他说："怕什么，我们是为人民服务的，当人民需要的时候，我们就应该挺身而出，不能贪生怕死。"

有一次，柳州火车站南站一节装有药品的车厢失火。经过大家奋力扑救，火焰逐渐被压了下去。但是车厢里角还在继续燃烧，水枪打不到，火钩也钩不到。如果不迅速把它灭掉，很有继续烧起来的危险。这时，韦必江虽然知道里面烧的是有毒性的药品，但他不顾自己的安危，跳上车厢，和班长黄仲斌两人钻了进去，结果很快把火灭掉，他和黄仲斌却中了毒。

韦必江对党对人民的忠心，竟达到这样的忘我境地：有一次他在救火中从房上跳下来，一只脚踏在一根钉子上，把脚掌都扎穿了，可是他没有理会，拔腿又跑去救火。他念念不忘的是国家和人民生命财产的安危。

忠于职守　一丝不苟

韦必江在战斗中是个勇往直前出生入死的英雄，在日常工作中是个勤勤恳恳、一丝不苟的人。

平日早上，当大家还没起床，他已经把院子打扫好了；队上还没吹哨集合，他已经先站在操场上了。晚上，当大家都睡下时，他还在车库里一件一件精心地检查着消防器材，或者在办公室里继续他白天的工作。为了提高灭火技术和战斗本领，韦必江带领着队员们日夜勤学苦练。大风大雨时人们都休息了，他还带领队员们在操场上、街道上操练。夏日炎炎，人们都愿找一个凉快的地方休息，他却带领大家爬墙跳楼。夜深了，人们早已熟睡，他又和队员们出现在没有灯光、坎坷不平的街巷，作假想的灭火战斗。在每次操练中他都是一丝不苟，严格要求自己。有一次操练时，他因腿患风湿症，行动不便，队员们都关心地说："韦队长，你腿怎么跛了？休息休息吧！"他说了声"没关系"，就又和大家一起操练，一直坚持到最后。他特别注意做好平时的战斗准备，每天都检查一、二次消防器材，冬季每天都要司机发动几次消防车。每次灭火回来，他总要立刻检换器材，做好下次战斗准备。他深刻地了解自己的职责，时刻准备着，他是一个对革命事业永不疲倦的人。

韦必江常常在休假日深入街道，逐门逐户检查防火工作，耐心地向群众进行防火宣传。看到群众的炉灶设置不安全，就亲自动手帮助改建。只要他发现任何一件容易引起火灾危险的事情，不论大事或小事，他都不肯轻易放过。有一次，他发现居民罗玉珍家的炉灶很容易失火，而罗玉珍正在生病，他就动手把炉灶给修好了。他到木器社检查防火工作时，发现工人们在车间里生火取暖，火堆旁边就是木头碎片和各种木器，他立即向木器社领导人提出意见，请他们改进。回来后，他总是放心不下，接连又去了几次，直到他们认真改了，他才放心。

韦必江把所管辖地区的每条街道的情况都仔细调查研究过。哪里有工厂，哪里有水源，房屋结构怎么样，消防设施怎么样，他都了如指掌。一旦什么地方发生火灾，他能根据平时掌握的情况，迅速布置战斗任务。在他牺牲前的那天下午，他还和四个队员深入谷埠街东一巷调查当地的水源和房屋分布等情况，画了一张《东一巷防火作战图》。可是，他怕画得不够准确，又冒雨登上鱼峰山顶，仔细地观察校正。当天晚上，油船火灾发生前，韦必江正和队员在灯下修改图样呢。

做一个社会主义的“管家婆”

在鱼峰消防中队，大家都称韦必江是个好“管家婆”，这实在名不虚传。韦必江对国家财产十分爱护，在他的办公室里放着一个小匣子，里面装着大大小小的钉子和螺丝，谁用钉子都到这里来找。这些钉子都是从哪里来的呢？原来这都是韦必江随时随地捡来的，每逢操练时他总是提醒大家小心使用器材，不要弄坏了。有的器材坏了，他就想方设法，自己动手修理，为国家节省开支。有一次，他们队上一条水带破漏得很厉害，班长欧少衫要求换条新的，韦必江仔细地看了看说：“补一补还能用一段时间，还是补补吧！”欧少衫说：“不好补了，再补也用不了多久。”他说：“能多用一个月也是好的，来！咱们一起补。”说着就动手补起来。在他的带动下，大家很快就把这条水带补好了。有一次，队里有一个分水器坏了，有人主张买新的，有人主张拿到工厂去修理。韦必江却拿起那个分水器来左看右看，认为自己还可以修理，就到仓库找了个过去坏得不能用的分水器，把两个拼凑成了一个好的。在他的影响和带动下，现在全队同志对消防器材也都十分注意保管和使用。一九六二年全中队就补好了十几条水带，为国家节省了开支。

韦必江对国家发给他的衣服、皮鞋等工作服装也非常爱护。他每次上缴的衣服没有破的，而且在上缴前一定洗得干干净净，叠得整整齐齐。有一次公家分配给他一辆自行车，他爱如掌上明珠，自己规定了四不骑：下雨天不骑，上坡路不骑，路不平不骑，办私事不骑。有时中途遇雨，他就推着车子回去，回家后总是先把车子擦干净后，才去换衣服吃饭。有一次别人看到他的车子很新，问他是私人的还是公家的，他说：“私人的和公家的有什么两样？私人的应该保管好，公家的更应该保管好。”

韦必江对公家的东西从不私自动用一点，从不多吃多占。他在管理伙食的六年间，没有私自动用过食堂的一分钱，没有私占过一点东西。交账时，账目清清楚楚，分文不差。有一次，班长欧少衫到菜园给伙房摘菜，看到有几个丝瓜过两天就要老了，心想：“就这么几个，摘回去怎么吃呢？把它送给韦队长家吃吧！”回来后就把几个丝瓜丢到韦必江家的水缸里。韦必江下班回家，看到水缸里漂着丝瓜，问他爱人：“哪来的？”他爱人说：“是欧少衫同志送来的。”他立刻对爱人说：“这是大家种的，咱们不能要。”随后，他向欧少衫说：“这瓜是大家种的，是为了改善大家的伙食，怎么能给我一个人吃呢！这样不好。”他把丝瓜拿到厨房，做给大家吃了。

火热的阶级感情

韦必江对待同志、对待劳动人民，都能关心体贴，亲如兄弟。一个夏天的早晨，队员杨志明一睁眼，看见床上的蚊帐放了下来，边上压得紧紧的。他想：我清清楚楚记得昨天晚上太疲乏了，一头倒下就睡着了，没有放蚊帐呀！怎么蚊帐放下来了？他向别人查问，才知道是韦必江给放的。

韦必江常常在夜里到队员宿舍给同志们盖被子、下蚊帐。遇到队员们上课学习时，他就代替他们值班站岗。星期天，为了让炊事员休息，他去厨房帮厨做饭。同志们病了，他亲自端茶送饭，问寒问暖。队员的家属来探望时，他给他们打扫房间，铺床送被，做饭炒菜，还介绍队员的工作、生活和思想情况，鼓励家属回去好好参加生产。

有一次在灭火战斗中，队员蒋伍仔负了重伤，有生命危险，韦必江立刻派人用担架把他送进医院。扑灭火灾后，韦必江顾不得换下一身湿淋淋的战斗服，就急忙赶到医院。当时蒋伍仔伤势很重，医生决定动手术，韦必江就守在医院，一直等到第二天早晨，医生做完手术，没有危险了，他才放心地回家。在蒋伍仔动手术后的一个月里，他天天都去看望。还给蒋伍仔的爸爸妈妈写信，主动找蒋伍仔的未婚妻介绍情况，进行安慰。他又亲自把蒋伍仔住院前留下来的脏衣服、被子、蚊帐等都洗得干干净净。后来他看到蒋伍仔能吃些东西了，就悄悄地买了水果送来。蒋伍仔知道韦必江家庭负担重，要他到银行取自己的存款买东西，他当面笑着答应了。可是蒋伍仔出院后，一看自己的存折分文没动。蒋伍仔深深感动地说："革命大家庭真温暖，韦队长比自己的亲兄弟还亲。"在韦必江的心中，只有革命的利益，群众的利益，他时时刻刻关心群众的疾苦，热心为群众办事。一九六二年夏天，大雨下个不停，河水暴涨，靠近江边和住在洼地一些居民的房子要被水淹没，居民的生命财产将遭到很大危险。韦必江立刻请示大队批准，出动消防车载着队员前往抢救，把受灾居民救到安全地方，受到了居民的赞扬。他向队员们说："消防队不仅要救火，群众被水淹了我们也要抢救，凡是群众受到灾难，我们就不能不管。"

有一次柳州市下了一场冰雹，接着下起暴雨，鱼峰中队附近很多居民的房子被打坏，居民的衣服、被子都被淋湿，有的连做饭的地方也没有了。韦必江知道后马上找大家一起商量，腾出三个车库、几间宿舍，打扫干净后把十多家遭灾严重的居民接来，并且帮助他们烧水、做饭，热情招待。居民们感激地说："你们真是毛主席教导出来的好民警！"

一个星期天，在下午四点钟的时候，韦必江从大队部办公室走出来，见到一位六十多岁的老婆婆正向值班民警问话，他走上前去，听老人在打听去露塘农场怎么走法。韦必江热心地询问了老人的情况。原来这位老人是从河南省来到这里探亲的，她女儿在露塘农场工作。老人刚到柳州，身上的钱就用完了，现在又找不到女儿，心里万分焦急。韦必江听了老人这么说，立刻热情地扶老人到里边坐下。听说老人还没有吃饭，他立刻去弄饭给她吃。露塘农场离柳州六十多里，他想，老人这么大年纪，人地两生，天又快黑了，叫她自己去实在放心不下。他就向大队领导同志作了汇报，说自己今天休息，可以送老人到露塘农场去。经大队同意后，当天下午韦必江把老人送到露塘农场她女儿家里，母女俩一再向他表示感谢。他说："这是我们公安人员应该做的事情，不要谢。"留他吃饭，他也婉言谢绝了。当他回到柳州时，已快半夜了。他不仅在群众有了疾苦的时候挺身而出，就是平日也尽量争取给群众多办些好事。他常常和同志们推上砖头、石灰，深入街道，帮助群众修炉砌灶，抽空为居民挑水、修路。在路上经常帮助群众推板车、担东西。

城站路饲养场旁边，有一间茅草房，住着一对夫妇和两个孩子，他们在屋里做饭，很容易引起火灾。韦必江和大家商量，决定给他们盖一间新房子。没有砖，就自己做土坯；没有木料，就到十几里外的郊区去搬运。经过两天劳动，盖起了一间又新又安全的瓦房。老两口搬进新房的时候，感动得流下了眼泪。

旧社会的路我走过

韦必江是一个饱受旧社会苦难，受尽阶级压迫的苦孩子。他出生在一个雇农家庭里，父亲从前租种地主的田地，一年到头累死累活，收的粮食还不够交地主的租子。韦必江两岁的时候，他妈妈连累带饿，重病死去，从此生活更困苦了。为了活命，他父亲含泪把他的十四岁的大姐和十岁的二姐送给人家当童养媳，小小的韦必江整天跟着父亲打柴、割草，下田干活，生活还是越来越不好过。他十四岁那年，万恶的地主把他家的田收了回去。生活逼得他只好含着眼泪离开父亲去给地主放牛，那时一天累到晚，地主也不给顿饱饭吃。他受不住那苦难的生活，不久就从地主家逃了出来。以后，他在饼铺当过半年徒工，在旅店当过两年茶房，在国民党军队里当过两年仓库看守兵，但照样受苦受压迫。

柳州解放了，韦必江才开始了新的生活。他参加了柳州市公安局消防队工作，刚刚走进革命队伍，立刻强烈地感到革命队伍的温暖，旧社会人压迫人的现象没有了。解放前他连自己都养活不了，现在一家三口生活很好。他越干越有劲，当时有的人不安心工作，他就对他们说："旧社会的路我走过，哪条也走不通，干什么都受压迫。"他鼓励同志们好好工作。他自己呢，心里总想要为受苦受难的人们做一点有益的事。他参加工作的第一个年头，就被评为全市公安系统的模范。

土地改革时，韦必江的家里分得三亩田、半头牛，摆脱了地主的剥削，那时他激动得成夜睡不着觉，他想想过去受的压迫，比比现在的美好生活，深深感激党和毛主席。他暗暗下决心，一定要好好工作，来报答党的恩情。

在党的教育下，韦必江的觉悟提高很快，一九五六年，他参加了中国共产党。从此，他把整个心都交给了党，他事事听党的话，认真学习政治理论，努力改造思想，在工作中勤勤恳恳，认真负责，处处严格要求自己。在十三年中，他曾先后十一次被评为功臣、模范、先进工作者、五好民警，出席过自治区和全国公安系统民警、治保委员功臣模范代表大会，他还曾连续被选为柳州市第三、第四届人民代表大会代表。韦必江生前受到人民的尊敬，死后更英名远扬。正如公安部的命令中指出的，他不愧是一个忠于革命、热爱人民、赴汤蹈火、英雄顽强的光荣的共产党员。

（新华社南宁十九日电）

【作者：吴庆石】

【《人民日报》1964 年 2 月 20 日第 2 版】

毛泽东思想武装的钢铁战士

——记“海上英雄艇”轮机兵麦贤得

毛泽东思想武装起来的战士，有最大的勇敢，最硬的骨头。

在炮火纷飞的革命战争年代，在翻天覆地的社会主义建设时期，战无不胜的毛泽东思想哺育了多少大智大勇的革命战士！他们用自己的英雄行为，写成了一首首壮丽的诗篇。如今，又一个坚强的英雄战士的形象树立在我们面前。“海上英雄艇”轮机兵麦贤得，头部负了重伤，脑脊液外流，竟然坚持战斗达三小时之久。只有用毛泽东思想武装起来的战士，才能有这种革命硬骨头！

一往无前的战斗精神

事情发生在一九六五年八月六日。

凌晨，夜海茫茫，渔火点点，“海上英雄艇”和兄弟舰艇一起警惕地巡逻在海面，担任护渔任务。

就在这时，美制蒋舰“剑门号”和“章江号”又贼头贼脑地闯进了东山岛附近的渔场。水兵们的心里激起了万丈怒火，纷纷表示：一定要狠狠地惩罚敌人，保卫人民生命财产，为受害的渔民兄弟报仇。

轮机兵麦贤得挺立在主机操纵台，两眼注视着仪表。突然，机舱里的铃声响了，指挥员下达了作战命令。他一拉操纵杆，炮艇昂首破浪直奔敌舰。

在蓝色指示灯光的照映下，写在机舱正面小黑板上的一句话，清晰地映入了麦贤得的眼帘：“下定决心，不怕牺牲，排除万难，去争取胜利。”在这战斗即将到来的时刻，毛主席的教导，使他感到格外亲切，全身更加激起无穷的力量。

麦贤得，这个船民的儿子，对祖国的海洋怀有深厚的感情。他永远忘不了帝国主义和国民党反动派在祖国的海洋上犯下的滔天罪行。对人民的爱，对敌人的恨，为祖国杀敌立功，为阶级兄弟报仇雪恨的决心，一起涌上心头。他那乌亮的眼睛睁得更大了，双手紧紧把着操纵杆，脑子里只有一个念头：“坚决消灭敌人！”

“海上英雄艇”和兄弟艇一起，发扬“刺刀见红”的精神，像一把利剑似的，奋勇地插向敌阵，把敌人的双舰编队，一下分割成两条孤舰。我英勇的舰艇编队，首先抓住了敌舰“章江号”，一串串愤怒的炮弹准确地飞向敌舰，炮火映红了半边海空。“章江号”被打得燃起了熊熊烈火，轮机兵们听着一阵阵响亮的炮声，兴奋地互相打着手势，表示要坚决打掉它！

正在战斗激烈进行的时刻，“海上英雄艇”主机舱的后左机意外地停车了，麦贤得立即跑过去帮助启动机器。就在这时，一块弹片打进麦贤得的右前额，插到左侧靠近太阳穴的额叶里。他顿时失去知觉，跌倒在机舱里。

敌人的炮弹可以损伤一个战士的肉体，却摧毁不了用毛泽东思想武装起来的战士的杀敌决心和战斗意志。麦贤得一心想着战斗的胜利。副指导员替他包扎伤口的时候，他苏醒过来了。但他嘴里发不出声音，腿也站不起来。他着急了，用右手推着副指导员，左手吃力地指着机器，战友们立刻明白了麦贤得的意思：“机器，现在最要紧的是照管好机器!”副指导员把麦贤得搂在怀里，激动地说：“要听话，要服从命令!”麦贤得放下双手顺从地让包扎了。可是，副指导员刚刚转身离开机舱，他就用左手按着身旁的机器，支撑着站了起来。他以惊人的毅力，实现着他在学习毛主席著作心得笔记上表示的决心：“只要我的气还在喘着，我一定斗争下去!”

麦贤得又站到战斗岗位上来了。他发现后左机早已启动，机器在正常地运转。于是他又向前机舱走去。从后机舱到前机舱，只有四十厘米宽、六十厘米高的椭圆形舱洞，即使是四肢完好、神志清醒的人，要钻过去也不太容易。可是，头负重伤的麦贤得却钻进了前机舱，并且一到那里就一刻不停地检查机器。

在我舰艇的猛烈炮火轰击下，敌舰“章江号”已奄奄待毙，敌舰“剑门号”胆怯地躲在远处，向这里放着冷炮。麦贤得额上的鲜血，粘住眼角和睫毛，阻碍了视线。但是，他凭着平时练就的一手“夜老虎”硬功夫，顽强地坚守着战斗岗位。在剧烈摇摆的机舱里，他穿来绕去摸索着检查一根根管路，一个个阀门，一颗颗螺丝钉。他知道：敌舰还没有彻底歼灭，战斗决不能停止。

时间一刻一刻过去了，是血流得太多了吧？是打进前额的弹片把他折磨得太久了吧？麦贤得的脚步虚浮了，动作迟钝了。但是，他那战斗的意志仍然十分坚强。看吧，就是在这种情况下，他居然能在几十条管路、千百个螺丝里检查出一个只有拇指大的螺丝被震松了；他居然能够用扳手把螺丝拧紧，保证了机器正常运转。就这样，麦贤得以有我无敌的精神，坚持战斗了三小时。当战友陈文乙把他按在一条毯子上，让他躺下休息时，他朝着陈文乙竖起两个手指，便昏迷过去了。不知道是在告诉战友前机舱的两部主机运转正常，还是在询问两艘敌舰是否已经全部被击沉？……

敌舰“章江号”和“剑门号”先后葬身大海，战斗胜利结束了。一道金色的阳光从窗口射进来，投到麦贤得刚毅的脸上。陈文乙怀着无比崇敬的心情，凝视着自己亲密的战友，脑海里回响着毛主席的教导：“这个军队具有一往无前的精神，它要压倒一切敌人，而决不被敌人所屈服。”

懂得了剥削才能懂得革命

年轻的水兵麦贤得，出生在一个贫苦的船民家里。从记事的时候起，祖母和父母就经常给他讲一家几代的悲惨遭遇：日本鬼子烧掉他家的船，爷爷被活活饿死，父亲受尽了反动派的欺压，母亲带着哥哥到处逃荒，他刚出生，家乡就遭到敌人飞机的轰炸……苦大仇深的家史，在麦贤得幼小的心灵中，深深地埋下阶级仇恨的种子。

党的教育，新社会的熏陶，更使麦贤得懂得了阶级爱憎。麦贤得上小学的时候，老师给他们讲革命先烈的故事。麦贤得听了很受感动，他问老师："先烈们搞革命是为穷苦人，这样的好人，国民党为什么要逮捕他们呢？国民党究竟是什么东西？"经过老师耐心的解释，他知道了：国民党是地主恶霸的代表，是长期统治中国人民的反动派。麦贤得读到初中一年级的时候，又从课本上知道了阶级是怎样产生的，人剥削人是怎么回事，同时也明白了自己家庭祖祖辈辈受穷受苦的根子。以后，他回家参加渔业生产，当了民兵。通过民兵营进行的忆苦教育，他看到同船上的老渔民麦细弟右腿被日本鬼子打的伤疤；又听到朱时玉控诉日本侵略者一枪打死了他的妈妈，还听到许许多多的民兵的血泪史……他进一步懂得了，在旧社会有千千万万个家庭像他的家庭一样，被帝国主义和国民党反动派害得家破人亡，妻离子散；千千万万受苦受难的人，就像结在一条藤上的苦瓜。他把家庭的苦和整个阶级的苦融汇在一起，胸中燃起了仇恨敌人的怒火。不久，民兵营展开向雷锋学习的活动，麦贤得就以雷锋为榜样，开始学习毛主席著作。至今民兵营部还保留着麦贤得学习后写的一份心得笔记，上面写着："今后我一定听党的话，听毛主席的话，做毛主席的好民兵。"

不管是当学生还是当民兵，麦贤得为了集体的利益，敢闯敢干，勇于承担重担。在学校里，有一次帮助公社送秧苗，当时风大雨大，沟宽水深，水蛇又多，麦贤得第一个自告奋勇去送，一直在水里干了近两个钟头。当民兵的时候，不管海上劳动多么紧张，他一回到家里，就扛着枪在海岸上巡逻。在一个暴风雨的晚上，他曾经蹚着齐胸的潮水，一个人用船从被淹的公社粮仓里抢救出三千多斤粮食。在盐田受到潮水威胁的紧急时刻，他曾经和渔民一起，奋不顾身地投入堵堤坝的战斗！麦贤得当了两年民兵，两年被评为五好民兵，受到六次表扬奖励。

一九六三年十一月，青年们热烈应征入伍，麦贤得急不可待地三次申请参军。他在一份申请书上写道：国民党残害我们，日本帝国主义过去残害我们，美帝国主义这样欺侮我们，我下定决心报名参军，我一定学习雷锋，做毛主席的好战士！

麦贤得终于被批准入伍了。父母、乡亲们来送他，父亲嘱咐他："我们代代受苦，到了部队上要好好听首长的话，好好干！"民兵营长麦克服也嘱咐他："到了部队上，特别要学习《为人民服务》这篇文章。我们是为解放全人类去当兵的，为了保卫人民利益去当兵的。"小麦兴奋地回答道："我一定不辜负大队党支部和民兵营对我的教育，我一定尽我的力气，为祖国、为人民，在部队上干到底。"

思想上有了舵才能乘风破浪

麦贤得穿上崭新的军装，跨进了海军学校的大门。

学校住在祖国南方的门户珠江口。入伍第一课，他就受到了中国人民反帝斗争传统的教育。他跟随老班长，来到一百多年前鸦片战争时中国人民抗英作战的阵地，来到痛歼英国海盗的虎门炮台。听着老班长的介绍，他仿佛看到了帝国主义的炮舰，疯狂轰开中国南大门，野蛮屠杀中国人民的累累罪行，看到了中国人民气壮山河的反侵略战斗场面。从这里，他认识到，帝国主义对中国的侵略，常常是从海上进攻开始的。他面对滔滔南海，俯视珠江口客货巨轮乘风破浪，心中充满了水兵保卫祖国海洋的自豪感。他对着海洋立下誓言：坚决保卫祖国的海疆，决不让帝国主义豺狼的侵略魔爪再伸进来！

在学校里开始学习的时候，麦贤得遇到了一个又一个的“拦路虎”：艰深的机电专业，生疏的术语，复杂的原理，无尽的数据……麦贤得的文化底子薄，拼命地记呀，背呀，放弃了多少个午睡、假日，一个人躲在山顶上啃专业书，这真是比蚂蚁拖猪尾巴还难啊！

一九六四年五月，有一次考试，麦贤得得了两分。他难过极了，正在树下发呆，副指导员来找他谈心。他拉着副指导员的手含着泪水说：“我犯错误了！保卫祖国，学不好技术，怎么去消灭敌人？”

副指导员问他：“你想过吗？打仗主要是靠什么？”

“过硬的本领呗！”

“对，是要有过硬的本领，但是首先是思想过硬，还是技术过硬？”

麦贤得愣住了。副指导员让他向毛主席著作请教，还把《共产主义战士安业民》那本小册子交给他：“看看安业民是凭什么过硬的。”

他如饥似渴地读毛主席著作：《愚公移山》《为人民服务》《关于重庆谈判》……他爱不释手地读英雄故事，董存瑞、黄继光、安业民、雷锋……

毛主席的话，英雄人物的行为，在他脑海里逐渐地扎下了根：要革命，只有以毛泽东思想为指针，才不会走错路线；打仗主要凭勇敢，凭大无畏的革命精神。麦贤得的思想上有了舵，头脑里的电机启动了。

在麦贤得战斗生活刚刚开始的时候，党就是这样给他指明了方向，帮他迈出了关键的一步。

多么重要的第一步！麦贤得的胸怀从此日益开阔起来。在他脑海里翻腾的已经不只是电路、管道、两分、三分，更多的是人民的大事，世界的大事。美帝国主义拼命扩大侵略越南的战火，麦贤得按不住满腔的愤怒说：“战鼓一响，命令一下，我就毫不犹豫拿起枪杆，跑上战场，怀着阶级仇恨来打敌人，决不留情！”他想：为了消灭敌人，革命战士在思想上要做什么准备呢？他带着这个问题，学习毛主席著作，写下了很多心得：“战争的目的，消灭敌人是主要的，保存自己是第二位的，而保存自己是为了更好的消灭敌人。为人民利益牺牲自己是最光荣的。”从那些密密麻麻的字里行间，可以看出，压倒一切敌人的英雄气概，开始在麦贤得的脑子里形成了。

有了这种英雄气概，什么困难都不在话下。生动地说明麦贤得思想成长的，是一次损坏管制训练。在特设的训练场上，假设艇的机舱被敌人打穿了，海水猛烈地从弹洞里涌了进来。班长喊道：“堵漏！”麦贤得两手捧起堵漏箱，冲向前去。水流太猛，堵不住，他又举起堵漏垫。班长临时出了一个情况：“堵漏垫坏了！”麦贤得着急地向周围搜索了一遍，没有可用的器材了，怎么办？只见麦贤得张开两臂，一转身，用脊背堵住了弹洞。汹涌的激流猛烈地冲击着他，他纹丝不动。

一个没有一点舰艇生活经历的新战士，在这个紧要关头，能果断地用自己的身体去堵漏，去保护舰艇，这种大无畏的革命精神，怎能用评定专业技术的四分五分来表示呢?！真正反映麦贤得学习成绩的，不是鉴定中的“各项课目良好”，而是无法估量的

“政治因素”。

一年的学习生活结束了，领导上征求麦贤得对工作的意见，他直截了当地回答：“党分配我的工作就是我的志愿。党指向那里，我就奔向那里，一定要像张思德同志那样，为人民利益贡献自己的一生，为革命事业奋斗到底！”

麦贤得被分配到一个有英勇战斗传统的炮艇上。上艇不久，就遇上了第一次难忘的远航。海面上刮着五六级大风，炮艇顶风劈浪，快速前进，连饱经风浪的老轮机兵都头昏呕吐了，对一个新战士来说，就更是一次严峻的考验。麦贤得硬要跟着老战士去值更。一个老同志见他呕吐，问他：“你能顶得住吗？”他说：“能！大风大浪正是考验的时候，吐点酸水算不了什么！”十几个小时的远航，他没有离开过机舱，战友们夸他是“新兵老战士”。麦贤得在总结这次远航的思想收获时写道：“不怕苦，不怕累，不怕艰险困难，是我军的优良传统。毛主席说：‘什么叫工作，工作就是斗争。’‘越是困难的地方越是要去。’我今后一定要在暴风雨中锻炼成一个坚强的革命战士。”

麦贤得通过不断的学习毛主席著作，吸取了无穷无尽的力量，在革命实践中锻炼得愈来愈坚强了。他在自己成长的过程中，也愈来愈热爱毛主席著作了。他写道：“主席著作值千金，越学越觉主义真。教我爱憎倍分明，教人越学越精灵。为求真理来当兵，掏尽红心来为民。甘当革命螺丝钉，坚守海疆歼敌人。”这是他的切身体会，也是他的毕生志愿。

永远做革命的义务兵

敌人的炮弹片严重地伤害了麦贤得的脑神经，他被送到广州部队总医院。党决定用一切办法抢救这位英雄战士的生命。全国一些著名的医疗单位都在为他出力。大家一个意志一条心：一定要把麦贤得救活，一定要把麦贤得的伤治好。

麦贤得初到医院，神志昏迷，不会说话，不能活动，血压升高，右侧肢体呈现瘫痪。但是就在这生命垂危的时刻，他仍然处处表现了一心为革命，心向毛主席的崇高感情。

他刚刚能发音吐字，护士就听到他咿咿唔唔地唱起了《东方红》。

他神志稍一清醒，就久久地望着床头挂的毛主席语录板，要护士拿给他看。

他翻开《毛泽东选集》，一看到毛主席的照片，就激动得嘴唇微微颤抖。

他右手不能动了，就用左手艰难地学习握笔写字。最先写的五个大字是“毛主席万岁”。

一九六五年八月三十日，他被批准为中国共产党预备党员，护士把部队转来的党员介绍信送到他手里，同志们热烈地向他祝贺。他眼里闪动着激动的光芒，把介绍信翻来覆去看了十几分钟。这时，麦贤得神志还不十分清醒，护士们在纸上写字问他一些日常生活问题，他写的回答常常是错乱的，但是他那革命的战斗意志却十分强烈。护士写道：“麦贤得，你是个战士吗？”他一笔一画地写道：“答：随时准备消灭来犯的敌人。”

麦贤得在稍稍能起床走动的时候，就以压倒一切的顽强精神，与创伤展开了搏斗。右手瘫痪了，他在体疗室里咬紧牙关，用左手抬起右手，搭到攀杆上，逐级往上抬高，进行锻炼，直到汗流浃背还不肯罢休。右腿不灵便，他要求护士搀着练习走路。每走一步都非常艰难，但他忍着疼痛走了一圈又一圈。在病房里他还苦苦练习算术，恢复思索能力。有时伤痛实在难忍了，他便静静地注视着病房里的毛主席语录板：“……对于病，要有坚强的斗争意志……”他全身立刻增添了战胜伤痛、坚持锻炼的无穷力量。就这样，他每时每刻从毛主席著作中吸取力量。在与伤势作斗争中，他总是一个胜利者。

毛泽东思想哺育起来的这位英雄战士的行为，深深感动了医院的所有同志。大家都把他当作自己学习的榜样。有的护士情不自禁地在纸上写字赞扬他：“麦贤得是中国人民解放军海军战斗英雄”，麦贤得看了，拿起笔来涂掉“战斗英雄”四个字，在旁边工工整整填上“义务兵”。

多么好的一个义务兵呵！麦贤得在医院中的种种行动，在人们面前展示出一个用毛泽东思想武装起来的战士，具有多么崇高，多么开阔，多么明朗的精神境界！这不能仅仅理解为一个英雄战士谦虚品质的流露，也不能仅仅理解为一个战士对服役有深刻认识的反映。“义务兵”这三个字和麦贤得的战斗历程看，它的涵义更深更远。麦贤得把自己看成是无产阶级的义务兵，革命的义务兵，为共产主义事业奋斗的义务兵。

（《解放军报》、《中国青年报》和新华社记者）

（新华社广州十七日电）

【《人民日报》1966年1月18日第1版】

县委书记的榜样——焦裕禄

一九六二年冬天，正是豫东兰考县遭受内涝、风沙、盐碱三害最严重的时刻。这一年，春天风沙打毁了二十万亩麦子，秋天淹坏了三十多万亩庄稼，盐碱地上有十万亩禾苗碱死，全县的粮食产量下降到了历年的最低水平。

就是在这样的关口，党派焦裕禄来到了兰考。

展现在焦裕禄面前的兰考大地，是一幅多么苦难的景象呵！横贯全境的两条黄河故道，是一眼看不到边的黄沙；片片内涝的洼窝里，结着青色的冰凌；白茫茫的盐碱地上，枯草在寒风中抖动。

困难，重重的困难，像一副沉重的担子，压在这位新到任的县委书记的双肩。但是，焦裕禄是带着《毛泽东选集》来的，是怀着改变兰考灾区面貌的坚定决心来的。在这个贫农出身的共产党员看来，这里有三十六万勤劳的人民，有烈士们流鲜血解放出来的九十多万亩土地。只要加强党的领导，一时有天大的艰难，也一定要杀出条路来。

第二天，当大家知道焦裕禄是新来的县委书记时，他已经下乡了。

他到灾情最重的公社和大队去了。他到贫下中农的草屋里，到饲养棚里，到田边地头，去了解情况，观察灾情去了。他从这个大队到那个大队，他一路走，一路和同行的干部谈论。见到沙丘，他说："栽上树，岂不是成了一片好绿林！"见到涝洼窝，他说："这里可以栽苇、种蒲、养鱼。"见到碱地，他说："治住它，把一片白变成一片青！"转了一圈回到县委，他向大家说："兰考是个大有作为的地方，问题是要干，要革命。兰考是灾区，穷，困难多，但灾区有个好处，它能锻炼人的革命意志，培养人的革命品格。革命者要在困难面前逞英雄。"

焦裕禄的话，说得大家心里热乎乎的。大家议论说，新来的县委书记看问题高人一着棋，他能从困难中看到希望，能从不利条件中看到有利因素。

"关键在于县委领导核心的思想改变"

连年受灾的兰考，整个县上的工作，几乎被发统销粮、贷款、救济棉衣、烧煤所淹没了。有人说县委机关实际上变成了一个供给部。那时候，很多群众等待救济，一部分干部被灾害压住了头，对改变兰考面貌缺少信心，少数人甚至不愿意留在灾区工作。他们害怕困难，更害怕犯错误。

焦裕禄想："群众在灾难中两眼望着县委，县委挺不起腰杆，群众就不能充分发动起来。'干部不领，水牛掉井'，要想改变兰考的面貌，必须首先改变县委的精神状态。"

夜，已经很深了，焦裕禄躺在床上翻来覆去睡不着。他披上棉衣，找县委副书记张钦礼谈心去了。

在这么晚的时候，张钦礼听见叩门声，吃了一惊。他迎进焦裕禄，连声问：“老焦，出了啥事？”

焦裕禄说：“我想找你谈谈。你在兰考十多年了，情况比我熟，你说，改变兰考面貌的主要问题在哪里？”

张钦礼沉思了一下，回答说：“在于人的思想的改变。”

“对。”焦裕禄说：“但是，应该在思想前面加两个字：领导。眼前关键在于县委领导核心的思想改变。没有抗灾的干部，就没有抗灾的群众。”

两个人谈得很久，很深，一直说到后半夜。他们的共同结论是，除“三害”首先要除思想上的病害；特别是要对县委的干部进行抗灾的思想教育。不首先从思想上把人们武装起来，要想完成除“三害”斗争，将是不可能的。

严冬，一个风雪交加的夜晚，焦裕禄召集在家的县委委员开会。人们到齐后，他并没有宣布议事日程，只说了一句：“走，跟我出去一趟。”就领着大家到火车站去了。

当时，兰考车站上，北风怒号，大雪纷飞。车站的屋檐下，挂着尺把长的冰柱。国家运送兰考灾民前往丰收地区的专车，正从这里飞驰而过。也还有一些灾民，穿着国家救济的棉衣，蜷曲在货车上，拥挤在候车室里……

焦裕禄指着他们，沉重地说：“同志们，你们看，他们绝大多数人，都是我们的阶级兄弟。是灾荒逼迫他们背井离乡的，不能责怪他们，我们有责任。党把这个县三十六万群众交给我们，我们不能领导他们战胜灾荒，应该感到羞耻和痛心……”

他没有再讲下去，所有的县委委员都沉默着低下了头，这时有人才理解，为什么焦裕禄深更半夜领着大家来看风雪严寒中的车站。

从车站回到县委，已经是半夜时分了，会议这时候才正式开始。

焦裕禄听了大家的发言之后，最后说：“我们经常口口声声说要为人民服务，我希望大家能牢记着今晚的情景，这样我们就会带着阶级感情，去领导群众改变兰考的面貌。”

紧接着，焦裕禄组织大家学习《为人民服务》《纪念白求恩》《愚公移山》等文章，鼓舞大家的革命干劲，勉励大家像张思德、白求恩那样工作。

以后，焦裕禄又专门召开了一次常委会，回忆兰考的革命斗争史。在残酷的武装斗争年代，兰考县的干部和人民，同敌人英勇搏斗，前仆后继。有一个区，曾经在一个月内有九个区长为革命牺牲。烈士马福重被敌人破腹后，肠子被拉出来挂在树上……焦裕禄说：“兰考这块地方，是同志们用鲜血换来的。先烈们并没有因为兰考人穷灾大，就把它让给敌人，难道我们就不能在这里战胜灾害？”

一连串的阶级教育和思想斗争，使县委领导核心，在严重的自然灾害面前站起来了。他们打掉了在自然灾害面前束手无策、无所作为的懦夫思想，从上到下坚定地树立了自力更生消灭“三害”的决心。不久，在焦裕禄倡议和领导下，一个改造兰考大自然的蓝图被制定出来。这个蓝图规定在三五年内，要取得治沙、治水、治碱的基本胜利，改变兰考的面貌。这个蓝图经过县委讨论通过后，报告了中共开封地委，焦裕禄在报告上，又着重加了几句：

“我们对兰考的一草一木都有深厚的感情。面对着当前严重的自然灾害，我们有革命的胆略，坚决领导全县人民，苦战三五年，改变兰考的面貌。不达目的，我们死不瞑目。”

这几句话，深切地反映了当时县委的决心，也是兰考全党在上级党组织面前，一次庄严的宣誓。直到现在，它仍然深深地刻在县委所有同志的心上，成为鞭策他们前进的力量。

“吃别人嚼过的馍没味道”

焦裕禄深深地了解，理想和规划并不等于现实，这涝、沙、碱三害，自古以来害了兰考人民多少年呵！今天，要制伏“三害”，要把它们从兰考土地上像送瘟神一样驱走，必须进行大量艰苦细致的工作，付出高昂的代价。

他想，按照毛主席的教导，不管做什么工作，必须首先了解情况，进行调查研究。“没有调查就没有发言权。”要想战胜灾害，单靠一时的热情，单靠主观愿望，事情断然是办不好的。即使硬干，也要犯毛主席早已批评过的“闭塞眼睛捉麻雀”、“瞎子摸鱼”的错误。要想战胜灾害，必须照毛主席的指示办事，详尽地掌握灾害的底细，了解灾害的来龙去脉，然后作出正确的判断和部署。

他下决心要把兰考县一千八百平方公里土地上的自然情况摸透，亲自去掂一掂兰考的“三害”究竟有多大分量。

根据这一想法，县委先后抽调了一百二十个干部、老农和技术员，组成一支三结合的“三害”调查队。在全县展开了大规模的追洪水、查风口、探流沙的调查研究工作。焦裕禄和县委其他领导干部，都参加了这场战斗。那时候，焦裕禄正患着慢性的肝病，许多同志担心他在大风大雨中奔波，会加剧病情的发展，劝他不要参加，但他毫不犹豫地拒绝了同志们的劝告，他说：“吃别人嚼过的馍没味道。”他不愿意坐在办公室里依靠别人的汇报来进行工作，说完就背着干粮，拿起雨伞和大家一起出发了。

每当风沙最大的时候，也就是他带头下去查风口、探流沙的时候，雨最大的时候，也就是他带头下去冒雨涉水，观看洪水流势和变化的时候。他认为这是掌握风沙、水害规律最有利的时机。为了弄清一个大风口，一条主干河道的来龙去脉，他经常不辞劳苦地跟着调查队，追寻风沙和洪水的去向，从黄河故道开始，越过县界、省界，一直追到沙落尘埃，水入河道，方肯罢休。在这场艰苦的斗争中，县委书记焦裕禄简直变成一个满身泥水的农村“脱坯人”了。他和调查队的同志们经常在截腰深的水里吃干粮，有时夜晚蹲在泥水处歇息……

有一次，焦裕禄从杞县阳堌公社回县的路上，遇到了白帐子猛雨。大雨下了七天七夜，全县变成了一片汪洋。焦裕禄想：“嗬，洪水呀，等还等不到哩，你自己送上门来了。”他回到县里后，连停也没有停，就带着办公室的三个同志出发了。眼前只有水，哪里有路？他们靠着各人手里的一根棍，探着，走着。这时，焦裕禄突然感到一阵阵肝痛，时时弯下身子用左手按着肝部。三个青年恳求着说：“你回去休息吧。把任务交给我们，我们保证按照你的要求完成任务。”焦裕禄没有同意，继续一路走，一路工作着。

他站在洪水激流中，同志们为他张了伞，他画了一张又一张水的流向图。等他们赶到金营大队，支部书记李广志看见焦裕禄就吃惊地问：“一片汪洋大水，您是咋来的?”焦裕禄抡着手里的棍子说：“就坐这条船来的。”李广志让他休息一下，他却拿出自己画的图来，一边指点着，一边滔滔不绝地告诉李广志，根据这里的地形和水的流势，应该从哪里到哪里开一条河，再从哪里到哪里挖一条支沟……这样，就可以把这几个大队的积水，统统排出去了。李广志听了非常感动，他没有想到焦裕禄同志的领导工作，竟这样的深入细致！到吃饭的时候了，他要给焦裕禄派饭，焦裕禄说：“雨天，群众缺烧的，不吃啦!”说着就又向风雨中走去。

送走了风沙滚滚的春天，又送走了雨水集中的夏季，调查队在风里、雨里、沙窝里、激流里度过了一个月又一个月，方圆跋涉了五千余里，终于使县委抓到了兰考“三害”的第一手资料。全县有大小风口八十四个，经调查队一个个查清，编了号、绘了图；全县有大小沙丘一千六百个，也一个个经过丈量、编了号，绘了图；全县的千河万流，淤塞的河渠，阻水的路基、涵闸……也调查得清清楚楚，绘成了详细的排涝泄洪图。

这种大规模的调查研究，使县委基本上掌握了水、沙、碱发生发展的规律。几个月的辛苦奔波，换来了一整套又具体又详细的资料，把全县抗灾斗争的战斗部署，放在一个更科学更扎实的基础之上。大家都觉得方向明，信心足，无形中增添了不少的力量。

“榜样的力量是无穷的”

夜已经很深了，阵阵的肝痛和县委工作沉重的担子，使焦裕禄久久不能入睡。他的心在想着兰考县的三十六万人和二千五百七十四个生产队。抗灾斗争的发展是不平衡的，基层干部和群众的思想觉悟也有高有低，怎样才能把毛泽东思想红旗高高举起？怎样才能充分调动起群众的革命积极性？怎样才能更快地在全县范围内开展起轰轰烈烈的抗灾斗争？……

焦裕禄在苦苦思索着。

他披衣起床，重又翻开《毛泽东选集》。在多年的工作中，焦裕禄已养成了学习毛主席著作的习惯，他从毛主席的著作中汲取了无穷的智慧和力量。县委开会，他常常在会前朗读毛主席著作中的有关章节。无论在办公室，或下乡工作，他总要提着一个布兜儿，装上《毛泽东选集》带在身边。每次遇到工作中的困难，他都认真地向毛主席的著作请教，严格地按照毛主席的指示去办。他曾对县委的同志们介绍自己学习毛主席著作的方法，叫作“白天到群众中调查访问，回来读毛主席著作，晚上‘过电影’，早上记笔记”。他所说的“过电影”，主要是指联系实际来思考问题。他说：“无论学习或工作，不会‘过电影’那是不行的。”

现在，全县抗灾斗争的情景，正像一幕幕的电影活动在他的脑海里，他带着一连串的问题，去阅读毛主席《关于领导方法的若干问题》那篇文章。目光停在那几行金光闪耀的字上：

“我们共产党人无论进行何项工作，有两个方法是必须采用的，一是一般和个别相结合，二是领导和群众相结合。”

“从群众中集中起来又到群众中坚持下去，以形成正确的领导意见，这是基本的领导方法。”

毛主席的话给了他很大的力量，眼前一下子豁亮起来。他决定发动县委领导同志再到贫下中农中间去。他自己更是经常住在老贫农的草庵子里，蹲在牛棚里，跟群众一起吃饭，一起劳动。他带着高昂的革命激情和对群众的无限信任，在广大贫下中农间询问着、倾听着、观察着，他听到许多贫下中农要求“翻身”、要求革命的呼声。看到许多队自力更生、奋发图强对“三害”斗争的革命精神。他在群众中学到了不少治沙、治水、治碱的办法，总结了不少可贵的经验。群众的智慧，使他受到极大的鼓舞，也更加坚定了他战胜灾害的信心。

韩村是一个只有二十七户人家的生产队。一九六二年秋天遭受了毁灭性的涝灾，每人只分了十二两红高粱穗。在这样严重的困难面前，生产队的贫下中农提出，不向国家伸手，不要救济粮、救济款，自己割草卖草养活自己。他们说：摇钱树，人人有，全靠自己一双手。不能支援国家，心里就够难受了，决不能再拉国家的后腿。就在这年冬天，他们割了二十七万斤草，养活了全体社员，养活了八头牲口，还修理了农具，买了七辆架子车。

秦寨大队的贫下中农社员，在盐碱地上刮掉一层皮，从下面深翻出好土，盖在上面。他们大干深翻地的时候，正是最困难的一九六三年夏季。他们说：“不能干一天干半天，不能翻一锨翻半锨，用蚕吃桑叶的办法，一口口啃，也要把这碱地啃翻个个儿。”

赵垛楼的贫下中农在七季基本绝收以后，冒着倾盆大雨，挖河渠，挖排水沟，同暴雨内涝搏斗。一九六三年秋天，这里一连九天暴雨，他们却夺得了好收成，卖了八万斤余粮。

双杨树的贫下中农在农作物基本绝收的情况下，雷打不散，社员们兑鸡蛋卖猪，买牲口买种子，坚持走集体经济自力更生的道路，社员们说：“穷，咱穷到一块儿；富，咱也富到一块儿。”

韩村、秦寨、赵垛楼、双杨树，广大贫下中农自力更生的革命精神，使焦裕禄十分激动。他认为这就是在毛泽东思想哺育下的贫下中农革命精神的好榜样。他在县委会议上，多少次讲述了这些先进典型的重大意义，并亲自总结了它们的经验。他说：“榜样的力量是无穷的，我们应该把群众中这些可贵的东西，集中起来，再坚持下去，号召全县社队向他们学习。”

一九六三年九月，县委在兰考冷冻厂召开了全县大小队干部的盛大集会，这是扭转兰考局势的大会，是兰考人民自力更生、奋发图强的一次誓师大会。会上，焦裕禄为韩村、秦寨、赵垛楼、双杨树的贫下中农鸣锣开道，请他们到主席台上，拉他们到万人之前，大张旗鼓地表扬他们的革命精神。他把群众中这些革命的东西，集中起来，总结为四句话：“韩村的精神，秦寨的决心，赵垛楼的干劲，双杨树的道路。”他说：这就是兰考的新道路！是毛泽东思想指引的道路！他大声疾呼，号召全县人民学习这四个样板，发扬他们的革命精神，在全县范围内锁住风沙，制伏洪水，向“三害”展开英勇的斗争！

这次大会在兰考抗灾斗争的道路上，是一个伟大的转折。它激发了群众的革命豪情，鼓舞了群众的革命斗志，有力地推动了全县抗灾斗争的发展。它使韩村等四个榜样的名字传遍了兰考；它让毛泽东思想的伟大红旗，在兰考三十六万群众的心目中，高高地升起！

从此，兰考人民的生活中多了两个东西，这就是县委和县人委发出的“奋发图强的嘉奖令”和“革命硬骨头队”的命名书。

“当群众最困难的时候，共产党员要出现在群众面前”

就在兰考人民对涝、沙、碱三害全面出击的时候，一场比过去更加严重的灾害又向兰考袭来。一九六三年秋季，兰考县一连下了十三天雨，雨量达二百五十毫米。大片大片的庄稼汪在洼窝里，渍死了。全县有十一万亩秋粮绝收，二十二万亩受灾。

焦裕禄和县委的同志们全力投入了生产救灾。

那是个冬天的黄昏。北风越刮越紧，雪越下越大。焦裕禄听见风雪声，倚在门边望着风雪发呆。过了会儿，他又走回来，对办公室的同志们严肃地说：“在这大风大雪里，贫下中农住得咋样？牲口咋样？”接着他要求县委办公室立即通知各公社做好几件雪天工作。他说，“我说，你们记记。第一，所有农村干部必须深入到户，访贫问苦，安置无屋居住的人，发现断炊户，立即解决。第二，所有从事农村工作的同志，必须深入牛屋检查，照顾老弱病畜，保证不许冻坏一头牲口。第三，安排好室内副业生产。第四，对于参加运输的人畜，凡是被风雪隔在途中的，在哪个大队的范围，由哪个大队热情招待，保证吃得饱，住得暖。第五，教育全党，在大雪封门的时候，到群众中去，和他们同甘共苦。最后一条，把检查执行的情况迅速报告县委。”办公室的同志记下他的话，立即用电话向各公社发出了通知。

这天，外面的大风雪刮了一夜。焦裕禄的房子里，电灯也亮了一夜。

第二天，窗户纸刚刚透亮，他就挨门把全院的同志们叫起来开会。焦裕禄说：“同志们，你们看，这场雪越下越大，这会给群众带来很多困难，在这大雪拥门的时候，我们不能坐在办公室里烤火，应该到群众中间去。共产党员应该在群众最困难的时候，出现在群众的面前，在群众最需要帮助的时候，去关心群众，帮助群众。”

简短的几句话，像刀刻的一样刻在每一个同志的心上。有人眼睛湿润了，有人有多少话想说也说不出来了。他们的心飞向冰天雪地的茅屋去了。大家立即带着救济粮款，分头出发了。

风雪铺天盖地而来。北风响着尖厉的哨音，积雪有半尺厚。焦裕禄迎着大风雪，什么也没有披，火车头帽子的耳巴在风雪中忽闪着。那时，他的肝痛常常发作，有时痛得厉害，他就用一支钢笔硬顶着肝部。现在他全然没想到这些，带着几个年轻小伙子，踏着积雪，一边走，一边高唱《南泥湾》。他问青年人看过《万水千山》这个电影没有？他说：“你们看，眼前多么像《万水千山》里的一个镜头呵！”

这一天，焦裕禄没烤群众一把火，没喝群众一口水。风雪中，他在九个村子，访问了几十户生活困难的老贫农。在梁孙庄，他走进一个低矮的柴门。这里住的是一双无依无靠的老人。老大爷有病躺在床上，老大娘是个瞎子。焦裕禄一进屋，就坐在老人的床头，问寒问饥。老大爷问他是谁？他说：“我是您的儿子。”老人问他大雪天来干啥？他说：“毛主席叫我来看望您老人家。”老大娘感动得不知说什么才好，用颤抖的双手上上下下摸着焦裕禄。老大爷眼里噙着泪说：“解放前，大雪封门，地主来逼租，撵得我串人家的房檐，住人家的牛屋。”焦裕禄安慰老人说：“如今印把子抓在咱手里，兰考受灾受穷的面貌一定能够改过来。”

就是在这次雪天送粮当中，焦裕禄也看到和听到了许多贫下中农极其感人的故事。谁能够想到，在毁灭性的涝灾面前，竟有那么一些生产队，两次三番退回国家送给他们的救济粮、救济款。他们说：“把救济粮、救济款送给比我们更困难的兄弟队吧，我们自己能想办法养活自己！”

焦裕禄心里多么激动呵！他看到毛泽东思想像甘露一样滋润了兰考人民的心，党号召的自力更生、奋发图强的精神，在困难面前逞英雄的硬骨头精神，已经变成千千万万群众敢于同天抗、同灾斗的物质力量了。

有了这种精神，在兰考人民面前还有什么天大的灾害不能战胜！

“县委书记要善于当‘班长’”

焦裕禄常说，县委书记要善于当“班长”，要把县委这个“班”带好，必须使这“一班人”思想齐、动作齐。而要统一思想、统一行动，就必须用毛泽东思想挂帅。

他是这样想的，也是这样做的。

县人委有一位从丰收地区调来的领导干部，提出了一个装潢县委和县人委领导干部办公室的计划。连桌子、椅子、茶具，都要换一套新的。为了好看，还要把城里一个污水坑填平，上面盖一排房子。县委多数同志激烈地反对这个计划。也有人问：“钱从哪里来？能不能花？”这位领导干部管财政，他说：“花钱我负责。”

但是，焦裕禄提了一个问题：

“坐在破椅子上不能革命吗？”他接着说明了自己的意见：

“灾区面貌没有改变，还大量吃着国家的统销粮，群众生活很困难。富丽堂皇的事，不但不能做，就是连想也很危险。”

后来，焦裕禄找这位领导干部谈了几次话，帮助他认识错误。焦裕禄对他说：兰考是灾区，比不得丰收区。即使是丰收区，你提的那种计划，也是不应该做的。焦裕禄劝这位领导干部到贫下中农家里去住一住，到贫下中农中间去看一看。去看看他们想的是什么，做的是什么。焦裕禄作为县委的班长，他从来不把自己的意见，强加于人。他对同志们要求非常严格，但他要求得入情入理，叫你自己从内心里生出改正错误的力量。不久以后，这位领导干部认识了错误，自己收回了那个“建设计划”。

有一位公社书记在工作中犯了错误。当时，县委开会，多数委员主张处分这位同志。但焦裕禄经过再三考虑，提出暂时不要给他处分。焦裕禄说，这位同志是我们的阶级弟兄，他犯了错误，给他处分固然是必要的；但是，处分是为了达到治病救人的目的。当前改变兰考面貌，是一个艰巨的斗争，不如派他到最艰苦的地方去，考验他，锻炼他，给他以改正错误的机会，让他为党的事业出力，这样不是更好吗？

县委同意了焦裕禄的建议，决定派这个同志到灾害严重的赵垛楼去蹲点。这位同志临走时，焦裕禄把他请来，严厉地提出批评，亲切地提出希望，最后焦裕禄说：“你想想，当一个不坚强的战士，当一个忘了群众利益的共产党员，多危险，多可耻呵！先烈们为解放兰考这块地方，能付出鲜血、生命；难道我们就不能建设好这个地方？难道我们能在自然灾害面前当怕死鬼？当逃兵？”

焦裕禄的话，一字字、一句句都紧紧扣住这位同志的心。这话的分量比一个最重的处分决定还要沉重，但这话也使这位同志充满了战斗的激情。阶级的情谊，革命的情谊，党的温暖，在这位犯错误的同志的心中激荡着，他满眼流着泪，说：“焦裕禄同志，你放心……”

这位同志到赵垛楼以后，立刻同群众一道投入了治沙治水的斗争。他发现群众的生活困难，提出要卖掉自己的自行车，帮助群众，县委制止了他，并且指出，当前最迫切的问题，是从思想上武装赵垛楼的社员群众，领导他们起来，自力更生进行顽强的抗灾斗争，一辆自行车是不能解决什么问题的。以后，焦裕禄也到赵垛楼去了。他关怀赵垛楼的两千来个社员群众，他也关怀这位犯错误的阶级弟兄。

就在这年冬天，赵垛楼为害农田多年的二十四个沙丘，被社员群众用沙底下的黄胶泥封盖住了。社员们还挖通了河渠，治住了内涝。这个一连七季吃统销粮的大队，一季翻身，卖余粮了。

也就在赵垛楼大队“翻身”的这年冬天，那位犯错误的同志，思想上也翻了个个儿。他在抗灾斗争中，身先士卒，表现得很英勇。他没有辜负党和焦裕禄对他的期望。

焦裕禄，出生在山东淄博一个贫农家里，他的父亲在解放前就被国民党反动派逼迫上吊自杀了。他从小逃过荒，给地主放过牛，扛过活，还被日本鬼子抓到东北挖过煤。他带着家仇、阶级恨参加了革命队伍，在部队、农村和工厂里做过基层工作。自从参加革命一直到当县委书记以后，他始终保持着劳动人民的本色。他常常开襟解怀，卷着裤管，朴朴实实地在群众中间工作、劳动。贫农身上有多少泥，他身上有多少泥。他穿的袜子，补了又补，他爱人要给他买双新的，他说：“跟贫下中农比一比，咱穿的就不错了。”夏天，他连凉席也不买，只花四毛钱买一条蒲席铺。

有一次，他发现孩子很晚才回家去。一问，原来是看戏去了。他问孩子：“哪里来的票？”孩子说：“收票叔叔向我要票，我说没有。叔叔问我是谁？我说焦书记是我爸爸。叔叔没有收票就叫我进去了。”焦裕禄听了非常生气，当即把一家人叫来“训”了一顿，命令孩子立即把票钱如数送给戏院。接着，又建议县委起草了一个通知，不准任何干部特殊化，不准任何干部和他们的子弟“看白戏”……

“焦裕禄是我们县委的好班长，好榜样。”

“在焦裕禄领导下工作，方向明，信心大，敢于大作大为，心情舒畅，就是累死也心甘。”

焦裕禄的战友这样说，反对过他的人这样说，犯过错误的人也这样说。

他心里装着全体人民，唯独没有他自己

县委一位副书记在乡下患感冒，焦裕禄几次打电话，要他回来休息；组织部一位同志有慢性病，焦裕禄不给他分配工作，要他安心疗养；财委一位同志患病，焦裕禄多次催他到医院检查……焦裕禄的心里，装着全体党员和全体人民，唯独没有他自己。

一九六四年春天，正当党领导着兰考人民同涝、沙、碱斗争胜利前进的时候，焦裕禄的肝病也越来越重了。很多人都发现，无论开会、作报告，他经常把右脚踩在椅子上，用右膝顶住肝部。他棉袄上的第二和第三个扣子是不扣的，左手经常揣在怀里。人们留心观察，原来他越来越多地用左手按着时时作痛的肝部，或者用一根硬东西顶在右边的椅靠上。日子久了，他办公坐的藤椅上，右边被顶出了一个大窟窿。他对自己的病，是从来不在意的。同志们问起来，他才说他对肝痛采取了一种压迫止疼法。县委的同志们劝他疗养，他笑着说："病是个欺软怕硬的东西，你压住他，他就不欺侮你了。"焦裕禄暗中忍受了多大痛苦，连他的亲人也不清楚。他真是全心全意投到改变兰考面貌的斗争中去了。

焦裕禄到地委开会，地委负责同志劝他住院治疗，他说："春天要安排一年的工作，离不开！"没有住。地委给他请来一位有名的中医诊断，开了药方，因为药费很贵，他不肯买。他说："灾区群众生活很困难，花这么多钱买药，我能吃得下吗？"县委的同志背着他去买来三剂，强他服了，但他执意不再服第四剂。

那天，县委办公室的干部张思义和他一同骑自行车到三义寨公社去。走到半路，焦裕禄的肝痛发作，痛得骑不动，两个人只好推着自行车慢慢走。刚到公社，大家看他气色不好，就猜出是他又发病了。公社的同志说："休息一下吧。"他说："谈你们的情况吧，我不是来休息的。"

公社的同志一边汇报情况，一边看着焦裕禄强按着肚子在作笔记。显然，他的肝痛得使手指发抖，钢笔几次从手指间掉了下来。汇报的同志看到这情形，忍住泪，连话都说不出来了，而他，故意做出神情自若的样子，说：

"说，往下说吧。"

一九六四年的三月，兰考人民的除"三害"斗争达到了高潮，焦裕禄的肝病也到了严重关头。躺在病床上，他的心潮汹涌澎湃，奔向那正在被改造着的大地。他满腔激情地坐到桌前，想动手写一篇文章，题目是：《兰考人民多奇志，敢教日月换新天》。他铺开稿纸，拟好了四个小题目：一、设想不等于现实。二、一个落后地区的改变，首先是领导思想的改变。领导思想不改变，外地的经验学不进，本地的经验总结不起来。三、榜样的力量是无穷的。四、精神原子弹——精神变物质。

充满了革命乐观主义的焦裕禄，从兰考人民在抗灾斗争中表现出来的英雄气概，从兰考人民一步一个脚印的实干精神中，已经预见到新兰考美好的未来。但是，文章只开了个头，病魔就逼他放下了手中的笔，县委决定送他到医院治病去了。

临行那一天，由于肝痛得厉害，他是弯着腰走向车站的。他是多么舍不得离开兰考呵！一年多来，全县一百四十九个大队，他已经跑遍了一百二十多个。他把整个身心，

都交给了兰考的群众，兰考的斗争。正像一位指挥员在战斗最紧张的时刻，离开炮火纷飞的前沿阵地一样，他从心底感到痛苦、内疚和不安。他不时深情地回顾着兰考城内的一切，他多么希望能很快地治好肝病，带着旺盛的精力回来和群众一块战斗呵！他几次向送行的同志们说，不久他就会回来的。在火车开动前的几分钟，他还郑重地布置了最后一项工作，要县委的同志好好准备材料，当他回来时，向他详细汇报抗灾斗争的战果。

“活着我没有治好沙丘，死了也要看着你们把沙丘治好！”

开封医院把焦裕禄转到郑州医院，郑州医院又把他转到北京的医院。在这位钢铁般的无产阶级战士面前，医生们为他和肝痛斗争的顽强性格感到惊异。他们带着崇敬的心情站在病床前诊察，最后很多人含着眼泪离开。

那是个多么阴冷的日子呵！医生们开出了最后诊断书，上面写道：“肝癌后期，皮下扩散。”这是不治之症。送他去治病的赵文选同志，决不相信这个诊断，人像傻了似的，一连声问道：“什么，什么？”医生说：“你赶紧送他回去，焦裕禄同志最多还有二十天时间。”

赵文选呆了一下，突然放声痛哭起来。他央告着说：

“医生，我求求你，我恳求你，请你把他治好，俺兰考是个灾区，俺全县人离不开他，离不开他呀！”

在场的人都含着泪。医生说：

“焦裕禄同志的工作情况，在他进院时，党组织已经告诉我们。癌症现在还是一个难题，不过，请你转告兰考县的群众，我们医务工作者，一定用焦裕禄同志同困难和灾害斗争的那种革命精神，来尽快攻占这个高峰。”

这样，焦裕禄又被转到郑州河南医学院附属医院。

焦裕禄病危的消息传到兰考后，县上不少同志曾去郑州看望他。县上有人来看他，他总是不谈自己的病，先问县里的工作情况，他问张庄的沙丘封住了没有？问赵垛楼的庄稼淹了没有？问秦寨盐碱地上的麦子长得怎样？问老韩陵地里的泡桐树栽了多少？……

有一次，他特地嘱咐一个县委办公室的干部说：

“你回去对县委的同志说，叫他们把我没写完的文章写完；还有，把秦寨盐碱地上的麦穗拿一把来，让我看看！”

五月初，焦裕禄的病情进一步恶化了。在这种情况下，他的亲密战友、县委副书记张钦礼匆匆赶到郑州探望他。当焦裕禄用他那干瘦的手握着张钦礼，两只失神的眼睛充满深情地望着他时，张钦礼的泪珠禁不住一颗颗滚了下来。

焦裕禄问道：“听说豫东下了大雨，雨多大？淹了没有？”

“没有。”

“这样大的雨，咋会不淹？你不要不告诉我。”

“是没有淹！排涝工程起作用了。”张钦礼一面回答，一面强忍着悲痛给他讲了一些兰考人民抗灾斗争胜利的情况，安慰他安心养病，说兰考面貌的改变也许会比原来的估计更快一些。

这时候，张钦礼看到焦裕禄在全力克制自己剧烈的肝痛，一粒粒黄豆大的冷汗珠时时从他额头上浸出来。他勉强擦了擦汗，半晌，问张钦礼：

“我的病咋样？为什么医生不肯告诉我呢？”

张钦礼迟迟没有回答。

焦裕禄一连追问了几次，张钦礼最后不得不告诉他说：“这是组织上的决定。”

听了这句话，焦裕禄点了点头，镇定地说道：“呵，那我明白了……”

隔了一会儿，焦裕禄从怀里掏出一张自己的照片，颤颤地交给张钦礼，然后说道：“钦礼同志，现在有句话我不能不向你说了，回去对同志们说，我不行了，你们要领导兰考人民坚决地斗争下去。党相信我们，派我们去领导，我们是有信心的。我们是灾区，我死了，不要多花钱。我死后只有一个要求，要求组织上把我运回兰考，埋在沙堆上，活着我没有治好沙丘，死了也要看着你们把沙丘治好！”

张钦礼再也无法忍住自己的悲痛，他望着焦裕禄，鼻子一酸，几乎哭出声来。他带着泪告别了自己最亲密的阶级战友……

谁也没有料到，这就是焦裕禄同兰考县人民，同兰考县党组织的最后一别。

一九六四年五月十四日，焦裕禄同志不幸逝世了。那一年，他才四十二岁。

在他生命的最后时刻，中共河南省委和开封地委有两位负责同志守在他的床前。他对这两位上级党组织的代表断断续续地说出了最后一句话：“我……没有……完成……党交给我的……任务。”

他死后，人们在他病榻的枕下，发现了两本书：一本是《毛泽东选集》，一本是《论共产党员的修养》。

他没有死，他还活着

事隔一年以后，一九六五年的春天，兰考县几十个贫农代表和干部，专程来到焦裕禄的坟前。贫农们一看见焦裕禄的坟墓，就仿佛看见了他们的县委书记，看见了他们永远不也不会忘记的那个人。

一年前，他还在兰考，同贫下中农一起，日夜奔波在抗灾斗争的前线。人们怎么会忘记，在那大雪封门的日子，他带着党的温暖走进了贫农的柴门；在那洪水暴发的日子，他拄着棍子带病到各个村庄察看水情。是他高举着毛泽东思想的红灯，照亮了兰考人民自力更生的道路；是他带领兰考人民扭转了兰考的局势，激发了人们的革命精神；是他喊出了“锁住风沙，制伏洪水”的号召；是他发现了贫下中农中革命的“硬骨头”精神，使之在全县发扬光大……这一切，多么熟悉，多么亲切呵！谁能够想到，像他这样一个充满着革命活力的人，竟会在兰考人民最需要他的时候，离开了兰考的大地。

人们一个个含着泪站在他的坟前，一位老贫农泣不成声地说出了三十六万兰考人的心声：

“我们的好书记，你是活活地为俺兰考人民，硬把你给累死的呀。困难的时候你为俺贫农操心，跟着俺们受罪，现在，俺们好过了，全兰考翻身了，你却一个人在这里……”

这是兰考人民对自己亲人、自己的阶级战友的痛悼，也是兰考人民对一个为他们的利益献出生命的共产党员的最高嘉奖。

焦裕禄去世后的这一年，兰考县的全体党员，全体人民，用眼泪和汗水灌溉了兰考大地。三年前焦裕禄倡导制定的改造兰考大自然的蓝图，经过三年艰苦努力，已经变成了现实。兰考，这个豫东历史上缺粮的县份，一九六五年粮食已经初步自给了。全县二千五百七十四个生产队，除三百来个队是棉花、油料产区外，其余的都陆续自给，许多队还有了自己的储备粮。一九六五年，兰考县连续旱了六十八天，从一九六四年冬天到一九六五年春天，刮了七十二次大风，却没有发生风沙打死庄稼的灾害，十九万亩沙区的千百条林带开始把风沙锁住了。这一年秋天，连续下了三百八十四毫米暴雨，全县也没有一个大队受灾。

焦裕禄生前没有写完的那篇文章，由三十六万兰考人民在兰考大地上集体完成了。这是一篇人颜欢笑的文章，是一篇闪烁着毛泽东思想光辉的文章。在这篇文章里，兰考人民笑那起伏的沙丘“贴了膏药，扎了针”①，笑那滔滔洪水乖乖地归了河道，笑那人老几辈连茅草都不长的老碱窝开始出现了碧绿的庄稼，笑那多少世纪以来一直压在人们头上的大自然的暴君，在伟大的毛泽东时代，不能再任意摆布人们的命运了。

焦裕禄虽然去世了，但他在兰考土地上播下的自力更生的革命种子，正在发芽成长，他带给兰考人民的毛泽东思想的红灯，愈来愈发出耀眼的光芒。他一心为革命，一心为群众的高贵品德，已成为全县干部和群众学习的榜样。这一切宝贵的精神财富，今天已化为强大的物质力量，推动着兰考人民在自力更生、奋发图强的大道上继续奋勇前进。兰考灾区面貌的改变，还只是兰考人民征服大自然的开始，在这场伟大的向大自然进军的斗争中，他们不仅要彻底摘掉灾区的帽子，而且决心不断革命，把大部分农田逐步改造成为旱涝保收的稳产高产田，逐步实现“上纲要”（达到农业发展纲要规定的产量要求），“过长江”，建设社会主义新兰考。

焦裕禄同志，你没有辜负党的希望，你出色地完成了党交给你的任务，兰考人民将永远忘不了你。你不愧为毛泽东思想哺育成长起来的好党员，不愧为党的好干部，不愧为人民的好儿子！你是千千万万在严重自然灾害面前，巍然屹立的共产党员和贫下中农革命英雄形象的代表。你没有死，你将永远活在千万人的心里！

【作者：穆青、冯健、周原】

【《人民日报》1966 年 2 月 7 日第 1 版】

---

① 这是焦裕禄生前总结兰考人民治沙经验说过的两句话。“贴了膏药”是指用翻淤压沙的办法把沙丘封住；“扎了针”是指在沙丘上种上树，把沙丘固定住。

“麦贤得式铁路工人”

——金熙正英勇跳车抢救阶级兄弟

伟大的毛泽东时代，是英雄辈出的时代。吉林省铁路工人金熙正在一次紧急的严重事故中，为了保卫阶级兄弟的生命安全和国家财产，临危不惧，舍身跳车，带伤坚持战斗，表现了无产阶级的钢铁意志和革命硬骨头精神。铁道部和中共铁道部政治部授予金熙正以“麦贤得式铁路工人”的荣誉称号，并发给他奖章；共青团全国铁道委员会授予他模范共青团员荣誉称号，并发给他奖状。铁道部还号召全国铁路职工、学生和家属向金熙正学习。

金熙正的英雄事迹，再一次生动地表明：一切英雄行为，无一不来源于伟大的毛泽东思想。只有认真地、刻苦地学习“老三篇”，学习毛泽东思想，在改造世界观上狠下功夫，才能把自己锻炼成为坚强的无产阶级革命战士。

事情发生在今年初夏。从牡丹江到图们的一段铁路正在紧张地进行养护施工。一天，金熙正随师傅驾驶铁路摩托车向作业地点运送枕木。随车前往的还有六名养路工人和三名搭乘儿童。车行至一个应该减速的下坡道上，由于车闸失灵，车速不但没有减慢，反而像脱缰的野马一样，飞快地沿着坡道向下冲去。车越跑越快，已经越过了预计的停车地点，眼看就要穿过一座山洞，闯入下一个车站的“死道”，一场危及十一个人生命和损坏国家财产的翻车事故，就要发生了。

就在这千钧一发的时刻，金熙正脑子里闪过一个念头：马上跳下车去，从山洞哨所给下一个车站打电话，联系开通正线，不进“死道”，这样，就可以避免事故的发生。但是，这一带是盘山铁路，沿线有树木、深沟、峭壁，两侧还有施工用的钢轨、枕木、工具……跳车有生命危险。车继续冲向山洞。在这紧急关头，金熙正周身热血沸腾。伟大领袖毛主席的教导在他耳边回响：“为人民利益而死，就比泰山还重”。毛主席的教导给了他无穷的力量。为了抢救车上的阶级兄弟，为了使国家财产不受损失，他把个人安危置之度外。这时车上的一个老工人也想跳车，但是被金熙正一把拉住。金熙正说：“你年纪大，危险!”话音刚落，他一个箭步窜到车门，从疾驰的车上跳了出去。

金熙正多处被摔伤，造成了严重的脑震荡。他觉得天旋地转，周身剧痛。但是，他牢牢记着毛主席的教导，记着“救人”“救车”的责任。他忍着剧痛挺起身来，越过铁路，跨过高栏，直奔山洞哨所。当他听到山洞哨所的战士打通了电话，就昏迷过去了。

由于金熙正勇敢地跳车，及时打通了电话，下连车站开通了线路；加上车上的人积极采取措施，使摩托车安全停下，终于避免了这场重大事故。

金熙正是吉林铁路局图们工务段摩托车工人，共青团员，今年二十四岁，出身于朝鲜族一个贫农家庭。他无限热爱党，热爱社会主义，热爱伟大领袖毛主席。他怀着深厚的阶级感情，活学活用毛主席著作。几年来，他不仅反复地学习了毛主席的《为人民服务》《纪念白求恩》《愚公移山》等光辉著作，还通读了《毛泽东著作选读》（乙种本）的三十多篇文章。他读毛主席的书，特别把“老三篇”作为座右铭来学，学一点、用一点，反复学、反复用，认真改造世界观。他在笔记中写道：毛主席说：“我们这个队伍完全是为着解放人民的，是彻底地为人民的利益工作的。”张思德同志是为人民的利益而死的，所以，他的死比泰山还重，他是真正的英雄，是我学习的榜样，我要像他那样，活着多做有利于人民的事情，做一个有益于人民的人。党和人民需要我献出生命，我就挺身而出，不怕牺牲。他还说：“张思德、白求恩等许许多多革命战士为了中国的革命事业牺牲了，我们年轻人就应该继承他们的事业，做到生为人民生，死为人民死。”金熙正是这样说的，也是这样做的。

金熙正受伤后，被送进医院。在党的关怀下，经过医务人员抢救和妥善治疗，现在外伤已痊愈，脑震荡也在逐渐好转。

【《人民日报》1966 年 11 月 3 日第 2 版】

沥尽肝胆为人民

——记十三年如一日奋战在巴颜喀喇山麓的白衣战士李培祥

一位怀揣革命宝书，身背保健箱的白衣战士，自从一九五六年以来，十三年如一日战斗在巴颜喀喇山麓，全心全意为藏族人民防治疾病，忠实地贯彻执行毛主席的无产阶级医疗卫生路线。他，就是青海省玉树藏族自治州曲麻莱县八一公社卫生所医生、共产党员李培祥。

哪里有困难就到哪里去

李培祥在抗日战争、解放战争中立过三次功、荣获过“战斗英雄”的光荣称号。一九五六年十二月，他从部队转业后，立即向组织上提出了一个要求：“哪里最困难就派我到哪里去!”根据他的要求，他被分配到藏族牧民聚居的曲麻莱县。

曲麻莱县位于黄河之源，海拔四五千米，空气稀薄，气候奇寒，终日风雪弥漫。刚到这里时，由于语言不通，身体不适应，生活又不习惯，工作中碰到了许多困难。同来的有些同志有点动摇了。李培祥想起了毛主席关于“越是困难的地方越是要去，这才是好同志”的伟大教导，对同来的战友说：“当人民需要我们牺牲自己的利益时，战斗就是幸福，逃避就是耻辱。这里一无医二无药，人民迫切需要除害灭病，我们应该安心扎根在这里。”

他说到做到。从此，李培祥以风雪高原为家，以艰苦奋斗为乐，为贯彻执行毛主席的无产阶级医疗卫生路线而战斗。不懂藏语，他努力学；生活不习惯，他刻苦锻炼；下乡没马骑，他就以红军长征的英雄气概徒步前进。有时大雪大雾，三更半夜迷途在沼泽草滩里，他忍受着零下三四十度的严寒，等着太阳从东方升起。有时碰见了熊或群狼，他就端着刺刀，挺身格斗。他常说：“共产党人为了解放全人类，死都不怕，还怕困难么?”

一不怕苦，二不怕死

一九六二年，李培祥被调到了巴颜喀喇山南麓的八一公社。这里山高谷深，水湍流急，居住分散，交通不便。他克服了重重困难，在这里创建了卫生所。李培祥一个人又盘炉灶，又拾牛粪；既当医生，又当护士，没明没黑地为患者热情服务，从不叫一声苦，说一声累。

有一次，他去团结大队注射防疫针。为了赶时间，他沿着一面是悬崖峭壁、一面是滚滚通天河的狭谷小路前往。咆哮的巨浪，把他连人带马打进奔腾的江水中。他同恶浪顽强搏斗，使尽全力拉马上了岸。他赶到团结大队，利用出牧前后时间，给一百三十多个社员注射了防疫针。第二天，他的衣服还没有干，又骑马回到公社。

还有一次，他出诊回来，遇上茫茫大雪，迷途在海拔四千多米的雪山上。不幸这时他又病了，腹痛如绞，下泻不止。他忍着病痛，从山顶拉马一步一跌地滑到山底，又忍痛爬在马背上，昏昏沉沉地被马驮回公社。藏族社员群众知道这件事后，非常感动，都热情赞扬他是不怕苦、不怕死的"好门巴"（医生）。

李培祥想的是人民，唯独不想他自己。平日，只要患者捎个口信，不论山再高，路再险，雪再大，他总是冒着严寒出诊。团结大队一队贫苦牧民达才的爱人早产，住院时什么也没有带。李培祥把病人当亲人，又打针，又送药，又烧水，用自己的酥油、白面为病人做饭。经过他二十多个日日夜夜的细心护理，母子平安出院，他才松了一口气。

全心全意为人民服务

十多年来，李培祥努力活学活用毛主席著作，不断以"老三篇"中的三个光辉形象为榜样，对照检查自己，狠斗思想上的"私"字一闪念，树立全心全意为人民服务的思想。

今年六月的一天，团结大队二队有个同志的头部，被山上的滚石砸开了一个四寸多长的伤口，伤势严重，要求李培祥立即前去医治。他急忙赶到那里，急救包扎，抬到卫生所。回到卫生所，李培祥正准备进一步消毒包扎缝合，发现病人的头骨裂缝深处夹着蚕豆大的一块小石子。这时，参加手术的两位青年医生有些紧张了，他们担心取石子时引起脑膜破裂或颅内出血，以至引起死亡，主张赶快缝合后送省里医院治疗。

怎么办？李培祥经过短暂的思想斗争，认为：这块小石子多一分钟不取出，病人生命的危险就增加一分。如果对革命负责，为病人着想，就应该立即动手取出小石子。于是，他斩钉截铁地对战友们说："不行！路上汽车颠簸，脑子稍有震动，病人就会'休克'。我们宁愿自己承担风险进行抢救，决不能让阶级兄弟出危险。"他们在取石子时，背诵着毛主席的教导："我们需要的是热烈而镇定的情绪，紧张而有秩序的工作。"终于战胜困难，胜利地取出了头骨裂缝里的石子，从危险的边缘挽救了阶级兄弟。

还有一次，李培祥去县上路过东风公社。那里有个小孩臀部深部脓肿，病情十分危急，孩子的家里人要求李培祥医治。同行的另外两个医生认为，草原上缺这少那，动手术"容易出事故"，"多一事不如少一事"。李培祥心想这里不是自己的巡诊地区，也有些犹豫，但他想起伟大领袖毛主席关于"一切从人民的利益出发"的教导，意识到怕担风险的想法是错误的。他说："这个孩子如果不立即动手术，就可能发生腹膜炎和败血症死去。我们应当想着怎样把病人看好，而不应当考虑自己。"于是，他把刮胡子刀在开水里煮了煮，给这个病孩做了手术，放出脓血，使孩子转危为安了。

紧跟毛主席干革命

李培祥出生在一个贫农家里。解放前，他父亲给地主扛长工，哥哥给资本家当徒工，他自己给人打短工，一家人受尽了地主、资本家的压迫和剥削。是伟大的领袖毛主席，是伟大的中国共产党把他们从苦难中挽救出来。李培祥常说：“伟大领袖毛主席给了我一切，我要生为捍卫毛主席的革命路线而战斗，死为捍卫毛主席的革命路线而献身。”他跨千山，涉万水，总是随身带着毛主席著作，走到哪里，学到哪里，宣传到哪里。

李培祥胸怀朝阳，红心向党，勤勤恳恳地为人民服务，迅速改变着当地缺医少药的落后面貌，但是，他想：全公社九个队，卫生所就只我一个人，这该怎么办呢？他带着这个问题，学习了毛主席关于“人民群众有无限的创造力”的教导，心里豁然开朗。从一九六四年起，他开始在贫苦牧民中选拔青年，培训半医半牧的不脱产的卫生员。他把毛泽东思想作为主课，组织不脱产的卫生员活学活用。他在巡诊中一个一个地带着他们实践，终于经过五年的努力，他为全社九个队培养了自己的不脱产卫生员。今天，这些卫生员普遍能治二十多种常见病，能做皮下、肌肉、静脉注射，有的还学会了针灸、拔火罐等疗法。他们以李培祥为榜样，不怕苦，不怕死，克服各种困难，为贫苦牧民治病，受到广大牧民的热情赞扬。

实行合作医疗制度的经验在报上发表后，李培祥心里乐开了花。他顶风冒雪，到处宣传，和广大群众一起学习毛主席的著作。经过一个多月的工作，全公社实行了合作医疗制度。在毛主席的无产阶级医疗卫生路线的指引下，李培祥和广大藏族人民一起努力奋斗，使草原上的医疗卫生条件改善了。贫苦牧民们拉着李培祥的手，激动地说：看着通天河的水，怎不思念高山上的源泉；想想今天的幸福日子，怎不思念伟大领袖毛主席的恩情！咱们贫苦牧民站在草原望北京，世世代代要跟着毛主席干革命！

【作者：新华社通讯员】

【《人民日报》1969年12月5日第3版】

中国工人阶级的先锋战士

——铁人王进喜

胸怀远大目标的革命先锋

王进喜从一个普通的石油工人成长为党的中央委员，完全是伟大的毛泽东思想哺育的结果。他出生在甘肃玉门赤金村一个贫农家庭，从小讨饭受苦。解放前，他在玉门油矿当了十来年徒工，没有上过钻台，没有摸过钻机的刹把，连一套铺盖都没有捞到。解放后，经过民主改革、反封建把头、诉苦等运动，他觉醒起来，打碎旧社会加在他身上的一切锁链，做了国家的主人。在党的培养下，他当了司钻和钻井队长，思想进步很快，不久，便成为光荣的中国共产党党员。

起初，王进喜对党有单纯报恩的思想。经过学习毛主席著作，他逐渐认识到，共产党员心里要有共产主义的远大目标。干革命，单纯报恩是远远不够的。从此，他更加自觉地把打井同伟大的社会主义革命联系起来，把井场当成革命斗争的战场，一个心眼就是要为国家多打井，打好井。

一九五九年，全国群英会奖给他一套《毛泽东选集》，他学习毛主席著作更加勤奋、认真。文化程度低，好多字不认识，不会写，这成了王进喜学习毛主席著作最大的一个难关。但是，他顽强地坚持一边学文化，一边学习毛主席著作。开始学习《矛盾论》的时候，他不会写“矛盾”两个字，就在本子上画了一个贫农、一个地主，用来表示矛盾的意思。一次，他用了几个晚上的时间写了一封信，请人帮助修改，改了他又抄，一连抄写了二十遍。别人说：“我替你写吧。”王进喜说：“我不是为了写信，我是想学文化，好读毛主席的书。”他经常用一个老工人的话，来表达自己的心情：“我学会一个字就像搬掉一座山，我要翻山越岭去见毛主席！”在大庆石油会战的几年间，他就是用这样惊人的毅力，边学文化边读书，刻苦地通读了全部《毛泽东选集》。

伟大的毛泽东思想给了王进喜无穷的智慧和力量，给了他压倒一切敌人、战胜一切困难的革命英雄气概。他把自己的一生，全部贡献给发展社会主义祖国的石油工业。五十年代，他率领钻井队，大战祁连山，七年间钻井进尺七万多米，等于旧中国从一九〇七年到一九四九年四十二年间全国钻井进尺的总和；六十年代，他奋不顾身投入大庆石油会战，为甩掉我国石油工业落后帽子建立了功勋……党的“九大”以后，他看到全国社会主义革命和建设事业迅猛发展，世界革命形势风起云涌，他满怀雄心壮志，设想着进一步发展我国石油工业的蓝图。他说：“现在，革命需要油，战备需要油，人民需要油，我们国家要有十个八个大庆油田才行。我这一辈子，就是要为国家办好一件事：快快发展我国的石油工业。”

铁人胸怀着发展我国石油工业的远大目标，做起工作来，却又是一丝不苟，扎扎实实地一步一个脚印。党的“九大”以后，王进喜在大庆革委会支持下，亲自组织了一个废旧材料回收队，他和工人们一起，风里、雨里、泥里、水里，连一颗螺丝钉、一小块废钢铁都拣起来，为国家回收散失的废旧钢材。

这件事，受到广大工人和干部的赞扬。但有些人不明白王进喜为什么要去关心这样一件“琐细”的事情，个别人还说什么“搞回收没出息，不光彩”。王进喜把回收队带到十年前会战的第一口井边，对大家说：“艰苦奋斗的传统永远不能丢。把散失的材料拣回来，重新用来建设社会主义，意义大得很!”人们理解了铁人的心情，铁人组织大家回收废钢铁，是为了进一步贯彻执行毛主席关于“艰苦奋斗”“勤俭建国”的伟大方针，迅速发展我国石油工业。在他的带动下，大庆油田许多单位都成立了回收小队或修旧利废小组。他们把回收来的许多钢材修好配好，重新安装成井架，有的废旧设备修复了再用。王进喜高兴地说：“这些井架、设备，不光大油田用得上，有的还可以交给地方，让大家都打井，都搞油。这样，我们国家石油工业的发展就会更快了。”

当我国发现新油田的喜讯传来，另一场石油会战就要开始的时候，王进喜兴奋得几夜没有合眼，恨不得立即带领队伍去摆开新的战场。在大庆革委会讨论支援新油田建设的会议上，他激动地说：“快快拿下新油田，这是落实毛主席‘备战、备荒、为人民’伟大战略方针的大事，我们要选精兵强将，把最优秀的队伍开上去。我主张：给人，要给思想觉悟高的；给物，要给优质的；给设备，要给成套的。保证调出的队伍，开上去就能打硬仗，打胜仗。”

大家一致赞同铁人的意见，很快便组织了一支优秀的队伍，配备成套设备送到新油田。可是，紧接着上级机关又在北京召开第二批支援新油田会战的会议。这一次，大庆油田担负的支援任务比第一次更繁重。有的同志扳起指头一算，大庆油田的人员设备大量减少，油田建设还要迅速扩大，担心将来完不成任务。铁人毫不犹豫地鼓励大家说：“担子越重越光荣，困难越大越有闯头，有毛主席、党中央的英明领导，有解放军的支持，就是千斤重担也敢挑。我们要把建设大庆、开发新油田的任务都承担起来。”

英雄的大庆工人说得到，做得到，他们坚决地完成了党交给的光荣任务。一九七〇年，大庆油田虽然人员设备都减少了，新建的生产能力却大大超过了前一年，原油产量提高百分之三十以上，革命、生产都打了大胜仗。

一九七〇年春，王进喜受大庆革委会的委派，率领代表团到新油田学习慰问。新油田丰富的资源和沸腾的景象，使王进喜非常激动。他抱病带领大家深入到各个井队、车间、工地，开座谈会，找老工人谈心，征求对支援工作的意见，日日夜夜都在紧张和兴奋之中。一天，他到一个钻井队，遇到了过去的老战友，他把大衣一撂，大步走上钻台，接过刹把就干起来。王进喜兴奋地对老战友说：“我们要想办法争取大钻机一个月在地球上钻它五个窟窿。我们会有那么一天，打着打着，钻头咕咚一声掉下去，掉到地下大油库里……”铁人的话说得老战友和工人们心里开了花，井场上一片欢笑。

慰问结束后，王进喜带领慰问团的同志立即赶回大庆。有个同志抱怨说：“老铁太不理解我们的心情了，路过北京，也没叫看一看。”王进喜拍着他的肩膀说：“小伙子，你不理解我的心情，快快拿下新油田是落实毛主席的指示，咱们可是一分钟也不应该耽误呀！”王进喜回到大庆以后，很快又派出“不卷刃的尖刀”一二〇二钻井队和大批物资，再一次支援了新油田建设。

多少年来，许多外国资产阶级“专家”一直在散布“中国贫油”的谬论。王进喜从来听不得这些谎言。他说：“我就不相信石油只埋在外国的地底下。”为了石油，王进喜日日夜夜思虑着，奔波着，战斗着。他身边经常带着一个小本子，每次上级机关开会，他都到技术部门细心地搜集世界各国石油发展情况的资料，详细地摘录：总产量多少，按人口平均数多少，以及打井、采油的新纪录、新技术等等。他仔细研究这些情况，一心想着怎样更快地把我国石油工业发展上去。他对人说：“井没有压力喷不出油来，人要没有压力就干不出好的工作来。”他曾反复地设想过应当组织多少个勘探队，多少个钻井队，要在多长的时间内把我国一切可能含油的地方统统普查一遍。

铁人王进喜，把远大的目标和求实精神结合起来。他整天想着党的需要，革命的需要，展望着我国石油工业发展的美好前景，设想着一个宏伟的目标。他豪迈地说：“总有一天，要使我国石油流成河！”

为革命鞠躬尽瘁，奋战终生

一九七〇年四月，王进喜在新油田学习慰问结束，立即又赶到玉门参加石油工业现场会。长时间的过度劳累，使他的健康状况越来越差了。玉门会议没有开完，领导上见他身体很不好，决定派一个医生送他到北京治疗。铁人坐上火车，却一心想着早些赶回大庆去传达会议精神。车过兰州时，医生担心他受不住旅途劳累，再三劝他留在兰州住一个时期，王进喜怎么也不同意。他忍着病痛坚持说：“没啥，病也是纸老虎，顶它一下就过去了，还是赶回大庆要紧。”

十多年来，严重的胃病和关节炎一直折磨着铁人，但他从不把自己的病痛放在心上。领导上多次要他住医院治疗，他总是那句话：“没啥，老病了，工作这么忙，哪顾得上这些?”有一年，他勉强到一个地方住院疗养，可是，没有多久就呆不住了。他觉得耳朵里听不见钻机响，眼前看不见井场沸腾的景象，生活中就像缺少了什么。最后还是提前出院回到了油田。

这一次，他病得很重，经过医生仔细检查，确诊是胃癌，而且已经到了晚期。同志们万分焦急，决定留他在北京住医院。在中央领导同志的亲切关怀下，有关部门集中了北京和一些地方的优秀医生为他治疗。动手术前，领导上把真实的病情告诉了他，铁人镇静地说：“请领导和同志们放心，这没啥了不起，我是共产党员，坚决听毛主席的话，一不怕苦，二不怕死。”他又鼓励医务人员说：“你们放心大胆治疗，治好了，我继续干革命，治不好，你们也可取得一些经验。”

手术以后，他的病情仍然没有好转，常常痛得吃不下饭，睡不好觉，但他一直用最大的革命毅力坚持学习，一天也不放松。他的枕边经常放着毛主席著作、各种文件和《人民日报》，往往一学就是三四个小时。在病情恶化以后，他还请别人把毛主席的重要指示写成拇指大的字，继续顽强地学习。他说："只要我还有一口气，就要学习毛主席著作。"

王进喜住院整整七个月。他身在医院，心里却时刻关怀着祖国社会主义革命和建设的发展，关怀着大庆油田。一天，他听说我国又发现一处新油田，兴奋极了，他对人说："我们这个国家就是块宝地，不是什么'贫油'，是'富油'啊！一定要抓紧勘探，我病好了拼命再干他几十年。"

中央有关部门和大庆的领导同志去医院看望他，铁人又反复提到新油田的事，并且建议大庆回收队成立一个修理车间，把收回来的废旧钢材、井架和钻机都修复起来，大力支持地方搞石油工业。他说："我们国家石油工业还不发达，我们要想办法多成立地质队、钻井队，把全国可能产油的地方都普查一遍，浅油层交给地方，深处油层由国家开采，这样上下一起办，大家都发挥积极性，我国石油工业的发展就更快了……"

医院里的医务人员和大庆来探望他的干部、工人们都说：铁人成天思念的、谈论的不是自己的病，而是国家的石油，大庆的生产，新油田的建设。直到他生命的最后一刻，他的心也没有离开我国的石油工业！

每次大庆的领导和同志们去看望他，他都要详细地询问：工人们学习怎样？打了多少新井？有什么新创造？还有什么困难问题？

在住院期间，他不仅经常考虑工作上的问题，连职工生活方面的许多细小的事情，也都想得很周到。雨季到了，他问职工家属住的房子漏不漏；冬天下雪了，他问油田边远地区家属住地的供水管线冻了没有；听说有的职工调往新油田工作，他又问他们的家属有没有人照顾；连因公牺牲八九年的工人张启刚远在陕西家乡的老母亲，他都一直挂在心上，问老人家生活上有没有困难。他还深情地对回收队的同志说："你们回去要养一二百头猪，盖个温室，多种些新鲜蔬菜，逢年过节给每个钻井队送一些去。他们常年在野外打井，最辛苦，流动性大，没有条件搞这些。"

同志们见他说话很吃力，劝他安心养病，先别想这些事。他说："我是共产党员，怎么能不想？……"说着说着，眼睛湿润了。

铁人时刻怀念着大庆油田的一草一木和大庆的阶级兄弟。在昏迷状态中，他经常断断续续地自言自语，讲的都是有关大庆油田的事，好像他已经回到了大庆，在井旁工作着，或和战友们亲切地交谈……一九七〇年十一月初，他的病情急剧地恶化了，已经不能起床，还恳切地对守候在他身旁的医护人员说："让我回大庆看看吧，我想看看同志们，看看大庆油田。"

铁人想念同志们，同志们也想念铁人。他住院期间，每天收到大庆和全国各地的来信，这些信充满了战友的阶级情谊，也带来了许多振奋人心的喜讯。铁人恨不得立即把病治好，和同志们一起去实现发展祖国石油工业的宏伟计划。

可是，正当全国石油工业战线高歌猛进、捷报频传的时候，正当大庆的工人们热切地等待着铁人回去的时候，王进喜的病一天天地更加沉重了。

周恩来总理和中央其他领导同志听到铁人病危的消息，曾先后来到医院看望他。

燃化部和大庆油田的领导同志、铁人的老战友们，日夜守候在他的身旁。

剧烈的病痛猛烈地折磨着他。铁人用他那顽强的意志，和病魔展开了最后的搏斗。

当他从昏迷中再一次苏醒过来时，这位工人阶级的钢铁战士，用他那模糊的眼神看着身边的领导同志和战友们，最后地握住他们的手，用断断续续的微弱的声音留下了自己的遗言：

“同志们！……要好好学习毛主席著作……

“要搞好团结，……团结起来，争取更大的胜利……

……

“大庆是毛主席树的红旗，一定要把大庆的工作搞好……”

铁人临终前的遗言，给了人们以巨大的激励和鞭策。在场的同志眼里闪着泪花，心情万分悲痛。

这时候，铁人又用颤抖的手从枕头下边摸出一个小纸包和一个小本子，交给守候在他身边的领导同志：“这笔钱……请组织上花到最需要的地方……我不困难……”当人们打开纸包一看，里面是党组织为他母亲、爱人、孩子长期生病，补助给他的钱。小本子上记着哪年哪月补助多少。这些钱一分也没有动。

看到这情景，同志们的眼泪再也忍不住了。一九七〇年十一月十五日夜，为我国石油工业奋战了一生的铁人，我国工人阶级的优秀儿子，毛主席的好工人、好党员、好干部王进喜同志与世长辞了。

铁人逝世的消息传到大庆，成千上万的大庆工人、干部、解放军指战员、职工家属和孩子们，无不万分悲痛。他们谁也不能相信，这个曾经为开发大庆、建设大庆、保卫大庆而英勇战斗的铁人，会永远离开了他那无限热爱的大庆。一连好多天，每天都有络绎不绝的人们来到追悼铁人大会的会场，一次又一次含着眼泪向铁人的遗像告别。人们怀念铁人，铁人永远活在大庆工人的心里。一个忆铁人、学铁人的群众运动，迅速地席卷了大庆油田。

伟大领袖毛主席教导说：“要有几百个最好的群众领袖。这些干部和领袖懂得马克思列宁主义，有政治远见，有工作能力，富于牺牲精神，能独立解决问题，在困难中不动摇，忠心耿耿地为民族、为阶级、为党而工作。党依靠着这些人而联系党员和群众，依靠着这些人对于群众的坚强领导而达到打倒敌人之目的。这些人不要自私自利，不要个人英雄主义和风头主义，不要懒惰和消极性，不要自高自大的宗派主义，他们是大公无私的民族的阶级的英雄，这就是共产党员、党的干部、党的领袖应该有的性格和作风。”

铁人王进喜就是这样一个在毛泽东思想哺育下成长起来的先锋战士。

当前，全国“工业学大庆”的群众运动正在蓬勃发展，千千万万的工人和干部，无不怀着崇敬和自豪的心情，立志“做铁人式的好工人、好干部”，他们把铁人的英雄的一生，当作自己学习的榜样。

让我们满怀豪情地重温铁人的事迹，缅怀英雄的风貌，使“铁人精神”在千百万人民的心目中，更加发扬光大吧！

【作者：大庆革委会报道组；新华社记者】

【《人民日报》1972 年 1 月 28 日第 4 版】

廉洁奉公

——记耿长锁和五公大队的干部们

在重温毛主席的光辉著作《组织起来》的时候，人们很自然地想起全国农业劳动模范耿长锁。

耿长锁家住河北省饶阳县五公村。三十年前，他和另外三户贫苦农民热烈响应毛主席关于“组织起来”的号召，组织起“土地合伙组”，成为我国广大农民走社会主义道路的一个好榜样。

三十年过去了。当年的“土地合伙组”，经过农业合作化和人民公社化，发展成为五公人民公社的五公大队。耿长锁现在是这个大队的革命委员会主任。

在党的领导和教育下，耿长锁和五公大队的干部们，热爱社会主义，深信“只有社会主义能够救中国”。他们一心为革命，艰苦奋斗，廉洁奉公，始终保持着无产阶级的政治本色，带领群众坚定不移地向着社会主义方向阔步前进。

一尘不染

五公村原是一个贫穷落后的村庄。在毛主席革命路线的指引下，经过三十年的艰苦奋斗，现在这里已经变成了一个欣欣向荣的社会主义新农村。和三十年前相比：全村三千六百多亩瘠薄的沙地，已经变成了旱涝保收的肥沃良田，粮食亩产量由一百来斤上升到了一千一百多斤。“土地合伙组”时，他们只有三把大镐，提水用辘轳，打场是牛拉碌碡；现在全大队已拥有两台拖拉机，一百多台电动机、柴油机，八十多台脱粒机、扬场机和其他农业机械。

没有组织起来以前，这里是“一穷二白”；如今，全大队共有公共积累一百多万元，集体和社员有储备粮五十四万斤，社员收入年年增加，生活水平不断上升，大部分社员住上了新砖房，百分之六十的户有自行车。

五公村从走上社会主义道路以来，特别是开展农业学大寨运动以后，各方面的变化是巨大的。但是，唯有耿长锁和其他干部们那种克勤克俭、艰苦奋斗和廉洁奉公、一心为革命的思想作风没有变。这里的社员在谈起干部的时候，都津津乐道：没见过哪个干部借过公款，也没听说过哪个干部超支过生产队的财物。

五公大队和各生产队的干部都积极参加集体生产劳动，每年平均每人劳动二百七十多天。他们外出开会和接待参观者花的时间多，而要的工分补贴很少。七十三岁的耿长锁，现在担任着河北省革命委员会副主任和饶阳县委副书记、公社革委会主任等职务。

可是他一如既往，严格要求自己。有一次，他到县里开会，第二天就病了，但他说什么也不愿住医院治疗。他半躺在床上，请别人把住处和礼堂的窗子打开，让他听礼堂里的大会发言。小组讨论时，他带病参加，积极发表个人意见。会开了八天，他带病坚持了八天。回来后，会计按照规定，给他记了八天工。他知道后，就要求会计把这八天的工分补贴退掉。他说："我病了，在县上没有开好会；就是在家，也参加不了劳动；那八天不能给我记工。"就是这样，耿长锁在处理集体和个人的关系上，以身作则，一丝不苟。

在五公大队的干部当中，时刻关心集体利益，克己奉公的事迹是很多的。即使个人在经济上有了困难，也不轻易借队上的钱。有一次，队干部李三偏家中有病人，当时又盖房子，手里不宽裕。耿长锁便对其他干部说："咱们干部给他凑凑吧，不要叫三偏借队上的钱了。要不，干部带头借，社员跟着学，发展下去，就会影响社员分配兑现，不利于巩固集体经济。"干部都同意耿长锁的意见，大伙帮助李三偏解决了困难。

所有五公大队的干部，没有一个人多占过队上一分钱，也没有一个人分外地吃过队上一粒粮，更没有人在集体的果树园里摘过果子吃。他们有时开会开到半夜，守着队里的花生囤子，却没有一个人动过一粒花生。

社员们夸奖说："把家当交给俺们队的干部，比锁在自己柜里还放心哩！"五公大队的干部这种克己奉公的好作风，是在复杂的阶级斗争中锻炼出来的。早在初级合作社时，有一个外地来的披着"干部"外衣的奸商，妄图拉拢社里跟他一起做生意，用种种卑鄙伎俩请客送礼，都被耿长锁拒绝了。当时，有人说耿长锁"死巴"，耿长锁却对大伙说："我们贫下中农，要听毛主席的话，走社会主义道路，为革命种田。做生意，发横财，那是邪路，咱们不能走！"不久，那个奸商因为投机倒把，罪行严重，被人民政府法办了。有人深受教育地说："人家老耿就是觉悟高。当初要是接受了那个家伙的'好意'，中了糖衣炮弹，可就糟了！"

经过社会主义教育运动的锻炼，五公大队的干部们路线觉悟更高了，更加自觉地发扬艰苦奋斗、克己奉公的优良传统，时刻警惕着不让资产阶级的脏东西沾染自己。附近社队的干部和社员一提起这些事，都说："人家五公大队的干部，真是一尘不染呵！"

克勤克俭

走进五公大队，你会看到一排排整齐的青砖新房子。一打听，不是社员的，就是集体的，很少是大队干部的。大队办公室大门的门脸早已掀了，只剩下两边的两堵墙，两扇大门也破旧不堪了。办公室的墙壁裂了好几道缝，前前后后用铁丝、木片把着，一丈多长的房梁，一溜三根木头顶着。屋里的摆设，除了自制的没有上漆的白板桌子、凳子外，唯一的像样的家具是个文件橱，那是土改时的胜利果实。

五公大队这么富，怎么连个办公室也不盖呢?

原来，大队办公室这所房子是抗日战争时期的村公所。一九五二年成立大社时，社员们提出要翻盖一下，耿长锁等领导干部不同意盖，说："等等吧，等咱队富裕了再盖吧。"后来，生产发展了，公共积累多了，社员们又提出要给大队盖个新的办公室，干部们还是不同意，说“等等吧，等到社员都住上了新房子，再盖吧”。又过了几年，大部分社员都盖了新房子，这个问题又提出来了，干部们还是不同意，说：“等等吧，等到大队医疗站的房子盖好以后，再盖吧。”

就这么等啊，等啊，大队医疗站的房子整整齐齐地盖起来了，连牲口棚都换上了红砖新房子，社员们说：“还等吗？这回该盖办公室了吧？”干部们说：“着什么急呀！”有的人说：“不盖办公室，也该把大门脸修整一下。要不太不好看啦！”干部们说：“盖个门脸得花不少钱，要是拿来买成化肥能买多少啊？庄稼长得强，那才真叫好看哩！”

在这个大队，凡是有关干部们福利的事，就像盖大队办公室那样，干部们总是先让社员，自己靠后站。

一九六六年春天，邢台地区发生了大地震，五公大队十有八九的房子，墙壁都震裂了。国家发放了一部分救济款和物资，帮助群众翻盖房屋。对于这笔救济款和物资，五公大队的干部没有一个要的，而且盖房的时候先给群众盖。耿长锁家里人多，房子不够住，他家里人早就想盖新的，但是耿长锁硬是顶住不盖。大队党总支副书记乔利广负责安排全队翻盖房屋的事。从那时到现在，七、八年过去了，全村六百户社员中有二百多户盖了七八百间新房子。可是，乔利广那幢早已震裂、用铁丝把着的老房子，仍然没有翻盖，只垒了个小土坯房做饭用。有人劝他盖新砖房，他说：“等社员们没人盖了，再说我的吧。”

今年五月，五公公社党委组织全社一百六十名农村干部到石家庄地区栾城县参观。栾城县的有关部门给他们预备了饭菜。吃饭的时候，食堂里唯独不见五公大队的人。原来，五公大队的二十多名干部正在对面的房荫凉里，吃自己带来的干粮。有人问了问，才知道他们外出办事，只要不过夜，都是这么着，不向集体领取伙食补助费。

大队会计耿联民，六十多岁了，社员称他“红管家”。每年冬天生火取暖时，他就在大队办公室院子里冒着寒风筛炉灰，拣煤渣。就靠老会计这一手，大队办公室的煤炉，每年可节约几百斤煤。老会计经管着集体的大事业，从他手里经常几十元、几百元甚至上千元的钱出出进进，可他却不放过混在炉灰里的一块块小煤渣。他常说：“集体的家业虽大，那是社员们劳动来的，一星一点都不能糟蹋。”

在耿长锁的带动下，五公大队的干部和社员一方面克勤克俭；一方面经常发扬爱国家、爱集体的共产主义风格。一九六三年，这里发生了大水灾，庄稼被淹，一些房子被冲倒。地委要发给五公大队一部分救济物资。耿长锁说：“先救济别处的阶级兄弟吧，我们的困难自己能够解决。”他们动用了一部分集体储备粮，安排社员生活，积极领导群众进行生产自救，不仅自己战胜了困难，还拿出十二万斤柴草、二十万斤白菜，支援了重灾区。

这么多年来，年年粮食上场时，五公大队各生产队都把打场的好把式派到场里去，把头场的粮食，扬了簸，簸了筛，拣最好的交售给国家。去年，这里遇到大旱，邻近有的生产大队因灾减产，完不成粮食征购任务。五公大队在完成三十万斤征购任务以后，主动给自己一再追加任务。最后听说全公社还差十万斤，他们说：“我们包了。兄弟队有困难，我们应该少储多卖。”结果，这一年他们交售了八十万斤公余粮。今年，他们又交售公余粮九十万斤，超过征购任务两倍。

蔚然成风

在五公大队第三生产队牲口棚那个院里，有几棵枣树，每天不知从树下走过多少人，可是树上的枣子，从青到红，伸手可及，却看不见一个人摘个枣尝尝。一直到中秋节，人们才把枣子打下来，分给各户。

五公大队的社员这种热爱集体、自觉地维护集体利益的好作风，是同干部艰苦奋斗，克己奉公，以身作则，严格要求自己的影响分不开的。

在五公村，有这样一件事：一年夏天，耿长锁路过第一生产队的瓜园。看瓜的青年社员小李对另一个看瓜的老年社员李仲升说："摘个瓜让老耿尝尝鲜吧。"李仲升知道耿长锁的脾气，便说："你不用摘！摘了，他也不吃。"小李说："我非让他吃了不可。"等耿长锁走近了，他就摘了一个透熟的甜瓜送给耿长锁，说："尝个瓜吧，有名的'老头乐'！"耿长锁笑着说："'老头乐'？瓜是不错；是不是每个社员来了都能这样'乐'一个？"小李说："那可不行，那得吃多少呀？"耿长锁说："别人不能吃，我能吃？我比社员们还高一节？"他说着把"老头乐"交给了小李。

这样的事，在社员中广为传颂。社员们也学干部们的样子，处处维护集体利益。譬如刨花生吧。大宗的已经刨完、晾干运走了，一伙社员去拾"明漏"，没有谁边拾边吃的。他们说：这是集体的花生，收下一颗也要交给集体。

有一次，一群男女民兵搞了几晚上义务劳动，把公路修整一新。有关方面奖给他们三十元现款、三十斤白面，他们一个也不要，钱交给大队入了账，白面都分给了烈军属。

在五公大队，为私损公是耻辱，公而忘私是光荣，这种新的"荣辱观"已经蔚然成风。

（人民数据库资料）

【作者：新华社通讯员、新华社记者】

【《人民日报》1973年11月29日第2版】

“爱民模范”洛桑单增

在学习无产阶级专政理论的热潮中，西藏高原上传颂着共产主义战士洛桑单增的模范事迹。

共产党员洛桑单增，生前是人民解放军西藏军区某部工程团五连副连长。他出生在一个受尽苦难的农奴家庭，自参加革命以来，在党的培养教育下，努力学习马克思主义、列宁主义、毛泽东思想，发扬我军“紧紧地和中国人民站在一起，全心全意地为中国人民服务”的光荣革命传统，不为名，不为利，不怕苦，不怕死，胸怀大目标，忘我为人民，曾经十八次奋不顾身地抢救战友和人民的生命财产，最后为抢救掉入冰窟的溺水藏族儿童，献出了生命。

中共中央军委最近发布命令，授予洛桑单增以“爱民模范”的光荣称号，并且号召全军指战员向洛桑单增同志学习，为巩固无产阶级专政而努力奋斗！

不忘农奴苦，一心干革命

一九四六年秋天，洛桑单增诞生在父母逃荒的途中——澜沧江畔。他不满周岁，阿妈就被万恶的封建农奴制度逼死在拉萨街头；阿爸把他交给当农奴的妹妹代为抚养，自己也被迫流落他乡。

小单增在少年时就成了雅鲁藏布江河谷一家领主的小牧奴。他每天上山放牧牛羊，受尽了饥寒，挨尽了鞭打。一天，因为有一头小牦牛突然死了，凶恶的领主硬要小单增抵命。他们用皮鞭把小单增打得皮开肉裂，又用牛毛绳把小单增捆在那头死牦牛身上，关到牛圈，要让挤来挤去的牛踏死他。小单增左脚的一个脚趾被牛踩掉了。他怀着对农奴主的深仇大恨，顽强地进行反抗。庄园里的农奴们气愤地抱回了小单增，帮助他离开了这个吃人的魔窟。

可是，在万恶的封建农奴制度统治下的西藏，到处是领主的庄园，哪有农奴的活路？小单增刚刚离开虎口，又被迫当了喇嘛寺里的小奴隶。小单增依然终日劳累，忍饥受寒，挨打受骂。生活使他渐渐明白：在这虎狼横行的社会，“雪山即使变成酥油，也是贵族们享受；大河就是流着奶子，农奴也喝不着一口！”小单增的心里充满了对封建农奴制度的阶级仇恨，他盼望着解放。

“一唱雄鸡天下白”。红太阳的光辉照亮了西藏高原。在毛主席、共产党的英明领导下，伟大的民主改革运动在西藏展开了，最反动、黑暗、残酷、野蛮的封建农奴制度被摧毁了，受尽苦难的百万农奴，翻身做了主人。西藏高原上到处是欢笑的人群，翻身农奴热烈欢呼“毛主席万岁”“共产党万岁”。苦水里长大的小单增更是激动万分。他从新旧社会的对比中，深深感到，毛主席、共产党是受苦人的大救星，只有跟着毛主席，跟着共产党，才有光明！他挺起胸膛，以当家做主的革命豪情，立即请求参加建设新西藏的工作，成了西藏的第一代工人。在建设纳金电站的工地上，他背起装满石头的背筐，快步行进在各族工人的行列里，每天都超额完成任务。人们关切地对他说：“小同志，少背点!”他笑着回答：“为了让纳金电站早放光明，就是背座山，我还嫌轻呢!”

洛桑单增就这样走上了革命的征途。他在马克思主义、列宁主义、毛泽东思想哺育下，积极参加三大革命运动的实践……满腔热忱地为建设新西藏出力，先后五次被评为先进生产者，成了优秀的共青团员。

一九七二年一月，洛桑单增参加了人民解放军。不久，他又加入了中国共产党。一颗红星头上戴，革命的红旗挂领边。他心情激动，久久不能平静。他觉得这是党在召唤他走向新的征途，下定决心，奋勇前进，努力做无产阶级专政下继续革命的先锋战士。

斗争需要革命的理论。洛桑单增在学习上表现了惊人的革命毅力。他没有上过一天学，不识藏文，更不懂汉字。他当工人以后，曾自学了一些藏文。入伍以后，他学习革命理论的要求更迫切了，更加刻苦地一边学习藏文和汉文，一边攻读革命理论。他在书上画图标音，帮助记忆，遇到问题，就反复向同志们请教。不论走到哪里，也不论工作多忙多累，每天晚上他都要坚持完成自学计划才休息。入伍三年，他通读了《毛泽东选集》一至四卷，读了《共产党宣言》《哥达纲领批判》《国家与革命》《关于正确处理人民内部矛盾的问题》等马列著作和毛主席著作，抄了七百多条马列语录和毛主席语录，写了许多心得笔记。

……

“共产主义是等不来的，必须革命加拼命地干”

在保卫和建设祖国边疆的日日夜夜里，洛桑单增把自己所做的工作，同巩固无产阶级专政的战斗任务、同实现共产主义的伟大革命目标紧密联系起来，争分夺秒地拼命工作。他常说：“共产主义是等不来的，必须革命加拼命地干!”“为了党的工作，我能挑一百斤，决不挑九十九。”

一次，洛桑单增奉命带领战士执行一项施工任务。一进入工地，洛桑单增就给大家介绍在修建这个工程中两个阶级、两条路线斗争的情况。他说：“这项工程由于林彪反党集团的破坏和干扰而推迟了。为了保卫铁打的红色江山，我们要排除万难，提前完成任务，把被林彪反党集团耽误的时间抢回来!”他把工地当战场，哪里险情多，哪里活重，就出现在哪里，带领战士们苦干巧干。结果，他们不但提前完成了原定的任务，还调出两个排去支援施工的兄弟连队，使兄弟连队也提前完成了任务。

又一次，部队帮助兴修一所小学。洛桑单增回想自己苦难的童年，再看看今天党对藏族人民的关怀，更是激情满怀。他带领战士头顶烈日，面迎狂风飞沙，在灼热的沙滩上刨取卵石。工具一时不够用，他就用手刨。滚烫的沙石磨破了他的双手，他就用胶布贴上继续干。战士们劝他：“等工具运来了再干吧!”他说：“不能等，共产主义是等不来的，必须革命加拼命地干。”在他的带领下，全连提前八天完成了任务。

洛桑单增就是这样为保卫和建设社会主义祖国而拼命地工作着。

有一年冬天打井，打到五米左右，井里出水了。洛桑单增和战士们一起穿着防护衣，跳进刺骨的水里继续往下打。他的防护衣破了，凉水浸透了棉衣，但他坚持着干。战士们把他拉了上来，他喝了一口酒，又下去干了起来。

又一次下大暴雨，山洪咆哮着扑向五连工地，眼看就要将一堆重要建筑材料冲走。正患胃病的洛桑单增抓起一把圆锹就向工地跑去，和同志们一起在大雨中奋战了两个多小时。战士们激动地说："咱们的副连长真是铁打的筋骨，火红的心啊！"

"民族不同阶级亲，语言不通心连心"

洛桑单增对革命事业无限忠诚，对同志对人民无比热爱。他牢记毛主席关于"我们这个队伍完全是为着解放人民的，是彻底地为人民的利益工作的"这一光辉指示，以伟大的共产主义战士雷锋为榜样，走到哪里，就把军民一致、官兵一致的光荣传统带到哪里，就把毫不利己、专门利人的好事做到哪里，就使哪里人与人之间那种革命的真诚的同志关系更加亲密无间。他说，毛主席号召我们要完全、彻底地为人民服务。我们就要一辈子做人民的"克秋"（藏语，意为驮牛）。

平时外出，只要对人民有利的事，单增就主动去做。遇到车子上坡，单增就帮着推；看见路旁的庄稼被踩倒了，单增就一株株地扶起来；看到老阿妈背东西行走困难，单增就抢过来背。节日假日，洛桑单增比平时更忙，不是帮助生产队积肥，就是给缺少劳力的翻身农奴背水。谁家的房子需要修，他就去担水和泥；谁家的院墙需要补，他就去担土做坯。他得知附近有一个印刷厂要为工人修浴池，主动跑去搬砖抬石。他听说附近有个工厂耗煤太多，马上赶去帮着改了两口灶。

一天夜里，寒风呼啸。洛桑单增听说雪洞村的翻身农奴土登曲珍阿妈心脏病复发了，就摸黑到了老阿妈家里，送去一包药。老阿妈感动得热泪盈眶，握着洛桑单增的手说："毛主席教育出来的金珠玛米真比亲人还亲啊！"

在连队，洛桑单增对战士怀有极其深厚的无产阶级感情，他同大家亲密地团结在一起，为着一个共同的革命目标并肩前进。他当战士时，处处把困难留给自己，把方便让给战友。当干部后，他始终保持普通一兵本色，尊重战士，爱护战士，把阶级的温暖送到每个战士的心上。一有空，他不是帮战士补衣缝袜，拆洗被褥，就是到厨房去帮厨。慰问团来给部队演出，他主动要求留下看家、站岗，尽量多让其他同志去看戏。

他原来在七连当排长，排里绝大部分是藏族战士，汉族战士只有五个人。藏族战士文化比较低，学习理论遇到困难，他就亲自给他们当辅导员。汉族战士从内地初来高原，生活不适应，洛桑单增对他们更是关心，带着大家访贫问苦，加深对翻身农奴的阶级感情，树立扎根高原，保卫边疆、建设边疆的思想，还拿出自己的钱为汉族战士买茶缸，要他们每天多喝水，以适应高原气候。他鼓励汉族战士说："雄鹰没有飞不过的雪山，革命战士没有闯不过的难关。只要加强锻炼，很快就会适应高原生活！"

后来，他到五连当副连长。五连汉族战士较多，他处处体贴汉族战士。他经常召集藏族战士开座谈会，要他们和汉族干部、战士搞好团结。他说："咱连汉族同志都是工人、贫下中农的子弟，是我们的阶级兄弟。他们从内地来到高原，建设边疆，保卫边疆，生活不习惯，我们要多关心他们，体贴他们，帮助他们。”在他的带动和影响下，全连藏、汉族干部、战士团结得像一个人一样，各项工作都完成得很出色。

有一次施工，遇到连续大塌方，汉族战士罗华被塌下的沙石埋住了大半个身子，昏了过去，洛桑单增冒着哗哗下落的沙石猛冲过去，用双手扒开沙石，抱起罗华就往外跑。一块方桌大的石块劈头砸来，他用身体护着罗华往旁边一闪，自己的脸被大石块擦伤了，鲜血直流。他毫不理会，背起罗华直向卫生队奔去。罗华醒来，望着副连长受伤的脸，激动得流下了眼泪。他对洛桑单增说：“要不是你豁出命来救我……”洛桑单增紧握着罗华的手，笑着说：“不要这么说，民族不同阶级亲，语言不通心连心。在我们革命队伍里，互相关心，互相帮助是应该的。”

“为了人民的利益，我愿豁出一切”

洛桑单增为人民利益忘我地战斗，无私而又无畏。每当人民的生命财产受到威胁的紧急关头，他总是挺身而出，公而忘私，舍己救人，表现了一个无产阶级先锋战士的高尚品质。十几年来，他曾先后十八次奋不顾身地抢救战友和人民的生命财产。他说：“为了人民的利益，我愿豁出一切！”

他曾冒着生命危险，跳下波涛汹涌的尼洋河，救出一名落水的儿童；冲向即将倒塌的山墙，保护了一个工人的生命。

他曾上悬崖，救惊马；下水塘，救耕牛；多次参加抗洪、灭火战斗……

一九七四年十二月三十日下午四点多钟，朔风呼啸，寒流滚滚。八个天真活泼的藏、汉族儿童，在拉萨市人民公园南侧河冰面上滑冰。十一岁的藏族儿童咪玛，忽然失足滑到河心，压碎薄冰，跌入了冰窟窿。

“快救人啦！”

“咪玛掉下水啦！”孩子们急促地哭喊着。

洛桑单增正好路过这里，听到喊声，他立即飞奔过去，只见一个男孩正在冰窟窿里奋力挣扎。他边跑边喊：“不要慌，叔叔来救你！”

他迅速跳上冰面，跑到冰窟边沿，探身抓住孩子的手就往上拉。“咔嚓”一声，脚下的冰层塌落了，两人一起掉进了冰窟。

河水六米来深，冰冷刺骨。洛桑单增全身浸在水中，吃力地用双手把咪玛托到冰沿。但是冰窟窿四边的冰太薄，咪玛抓住冰沿，使劲一扒，冰块又塌了。洛桑单增再次把咪玛托向冰沿，但都没有能够把孩子送到冰上。这时，岸上的几个孩子拿来绳索和木板，想把他们拉上来，洛桑单增忙喊：“别过来，危险！”

话音刚落，小咪玛又滑落下去。

洛桑单增再次使尽全力，把咪玛顶出水面，推到冰沿……

咪玛得救了。洛桑单增却再也没有浮出水面，他被河水冲到冰层下面去了。

“快救解放军！”

“快救金珠玛米！”

坐落在河岸上的西藏自治区第一工人医院和江苏省赴藏医疗队的同志们，听到孩子们的呼喊声，立即抬着门板，带着医疗器材，一齐拥向河边；驻在附近的人民解放军某部五连也紧急集合，跑步赶来。

几百双手一起挥动，凿开冰层；几百双眼一齐盯着河水，寻找着自己的战友。

下午七时二十分，洛桑单增终于被找到了。人们一起围过去，争着把英雄的身躯抱到怀中，用自己的体温温暖着他往医院送。

党和人民进行着紧急的抢救，各种急救药品、急救器材源源不断送来。西藏自治区卫生局和医院党委的领导同志亲自指挥抢救。驻军领导同志和干部战士，以及各族群众，围在急救室外，焦急地期待着洛桑单增的心脏恢复跳动。可是，由于溺水时间太长，洛桑单增为人民的利益英勇牺牲了。

人们打开烈士生前反复读过的《毛泽东选集》，看到在“为人民利益而死，就比泰山还重”这一行闪光的文字下面，画了一道红线。

被救儿童小咪玛的父亲、翻身农奴益西，含着泪水说：“洛桑单增用生命抢救了小咪玛。我一定要教育小咪玛，长大做洛桑单增那样的人。”

广大翻身农奴和解放军指战员，深入开展向洛桑单增同志学习的活动。人们纷纷拥向烈士英勇牺牲的地方，拥向单增生前所在的连队，悼念他，学习他！洛桑单增一心为革命，一心为人民的英雄事迹，正激励着边疆军民沿着毛主席的无产阶级革命路线奋勇前进！

【作者：新华社记者】

【《人民日报》1975 年 7 月 11 日第 2 版】

1978—1991 年

又红又专为人民

——记“雷锋式的模范军医”陈大新

陈大新，是一位又红又专的人民军医，是伟大的毛泽东思想哺育下成长起来的一位共产主义新人。他在医疗战线上为革命忘我地学习、战斗，为解除人民病痛不断攀登医学高峰，就像雷锋同志那样，把自己的年轻生命献给人民，献给祖国。中央军委决定授予他“雷锋式的模范军医”的光荣称号。

（一）

陈大新原在福州部队某部医院担任军医。八年前，他在一个团的卫生队当卫生员时，就在医疗岗位上为人民作出了优异成绩。

那是一九六九年初夏的一天，陈大新和战友们正在接诊一个名叫施忠的男孩。陈大新见这病儿头大得出奇，心里十分纳闷：这是什么病？病儿的母亲、福州棉织厂女工林游急切地介绍了儿子的病情。原来，施忠出生后七个月的时候就出现脑积水症状，经过一段时间的医疗，仍未治愈。

卫生队从来没有治过脑积水，医疗设备又差，能够治好病儿吗？陈大新想：路是人走出来的。我们的责任，是向人民负责，也要为祖国下一代人的健康负责。他向党组织表示了攻克脑积水的决心，党组织非常支持，并立即派几个同志协助他研究。

脑颅为什么积水？这是研究医治脑积水的主要问题。陈大新日夜翻阅有关医书，学习前人有益的经验，还走访了一些有医疗经验的同志。人的脑颅积水和水库水位上涨的原因一样，都是由于排水管道堵塞和来水过多。他把自己对造成大脑积水原因的分析，告诉战友，并和大家一起分析以往中西医治疗的情况，研究新的治疗方案，决定用新针疗法刺激大脑皮层，调节功能，改善脑积液循环，同时辅以利尿，排除积水。

陈大新从人体各部分穴位中选出了“哑门”“风池”“大椎”等刺激大脑皮层最有效的穴位。

这部分穴位，有一些是针灸书上的“禁穴”，稍一不慎，就有生命危险。陈大新毫不迟疑，对着镜子，在自己的“哑门”穴试针。一个“禁穴”闯过来了，他又冒着危险，闯过其他“禁穴”，才开始给小施忠扎针。针了一段时间，果然见效，患儿尿次增加一倍，眼球也转动了。他喜出望外，给患儿逐步增加针刺强度。经过两个月的精心治疗，小施忠头围从原来的六十二厘米缩小到五十二厘米，不久便痊愈出院了。

（二）

陈大新，入伍前在江西农村只读过一年农中，入伍后也只是当了三年多卫生员，为什么能够在医疗岗位做出显著成绩？他的战友们说，那是因为陈大新有一颗全心全意为人民服务的红心，以惊人的毅力学习医疗技术得来的。看看他那独特的针刺手法，就可以知道他在医疗技术上下了多少功夫，花了多少心血！

针刺“副哑门”穴，是在颈椎与颈椎之间进行的。稍不注意，或是病人在强刺激下反应跳动时，很容易发生危险。为了练就精湛的针刺手法，他不知在自己的颈椎之间试扎过多少次。通过亲身的针感，他体会到针灸这一穴位，不掌握好“落空感”和“反跳感”是不行的。当他发现南瓜肉和瓤的结合部同人的头颅和脑室的结合部很相似，便抱回一个南瓜练针，体验落空感。还抓来蛤蟆，在鼓囊的蛤蟆肚子上练反跳感。就这样，日复一日，年复一年，他捻针的手指上磨起了血泡，长起了厚茧。他精湛的针刺手法，做到了当他给病人扎针，病人还没有感觉时，已经进针了；偶尔遇到血管，他手里的针就不动了；病人因受强烈刺激将要反跳起来时，他已经拔出针了。

他经过十年努力，结合医疗实践，自学了古代的《针灸大成》、现代的《新针疗法》，以及国内外有关神经内科学方面的几十本医学书籍，联系实际写下和摘录了三十多万字的针灸资料和医学札记。他还拜访了许多的专家、教授、名医、土医，收集、整理了三百多个民间单方、验方，学会了脑室穿刺、脑室造影、测量脑压等技术。此外，他还写了一篇《用毛主席的哲学思想治疗脑积水》的体会文章。他总结的治疗脑积水的《针刺疗法》，已被上海第一医学院编入《实用内科学》。

（三）

一九七二年秋天，陈大新被党组织选送到军医大学学习。谁也没有料到，他入校一年后，右眼患了“睑板腺癌”。

这意外的消息传到福建前线，战友们日夜担心。他们想起，陈大新在卫生队工作的时候，没日没夜地给病人扎针，常常顾不上吃饭、休息。

战友们记得，陈大新在从州部队被调到北京某部医院开设新医门诊以后，全国各地送来的脑积水患儿逐日增多。他白天给患儿针刺治疗，写病历，夜里巡视病房，看书做笔记，还给患儿家长写回信，经常一天工作达十五、六个小时。一次，有个脑积水患儿因脑压过高，引起心跳微弱，呼吸停止。两天两夜没有合眼的陈大新闻讯赶来，迅速给患儿进行脑室穿刺，使患儿呼吸逐渐恢复，转危为安。可是，陈大新由于疲劳过度，双手发抖，汗水直流，出现低血糖症。他走出去喝了杯水，又回到急救室，继续观察守护患儿，直到天明。

战友们还记得，陈大新有一次为治疗一个视神经萎缩的病人，用八根长长的银针在自己的眼睛四周试扎。同志们见他进针到二寸半，急忙劝阻道：“大新，你这样拼命，不要命了？”陈大新深情地说：“命，是党给的。为人民负责，就是献出了生命，也值得啊!”

就是这样一位为了挽救病人的生命不顾自己的好同志，如今得了癌症，怎不叫人担忧呢!

陈大新身为医生，对癌症的后果是很清楚的。在死亡的威胁面前，陈大新非常坚强。他说：“其实，癌症也是纸老虎。你怕它，它就吃掉你；你和它斗，就可能争取更多的时间为人民服务。”

月光照进病房。他想着两次见到伟大领袖毛主席和敬爱的周总理的幸福情景，更增添了战胜疾病的信心。学校领导来看望他，他拉着领导同志的手说：“请转告党组织，只要我一天不停止呼吸，就要为人民继续探索治疗颅脑神经各种疾病的途径。”

一九七六年二月下旬的一天，陈大新听说脑外科要为一个病人做颅内插管抽脓手术，便忍着阵阵剧痛前去见习。手术后，还听取大家讨论、总结这次插管经验。

三月初，陈大新的右眼失明了，可他还是整天看书、写东西。一天深夜，陈大新侧身坐在床头，用视力很差的左眼，吃力地看着《神经病系统定位诊断》。查看病房的刘军医，走到他的身边，亲切地叫了声：“大新，早点休息吧!”陈大新放下书，深情地对刘军医说：“许多患脑积水的病儿在等着治疗，不学不行呀!”刘军医看看他的床头，忽然发现一份《谈谈用针刺治疗大脑积水的肤浅体会》。她明白了，原来陈大新在赶写论文。

四月下旬，由于癌肿加剧，陈大新已经不能起床。一天下午，他向医生李星星要了一支铅笔和一个病历夹，一字一行地给福建前线某部医院的战友写完了最后一封信：“亲爱的战友，目前我的病情发展很快，双目失明，多对颅神经损坏，自己感到十分虚弱，最近难以起床，据病情发展，看来难于返回福建和战友们一起参加革命工作。望战友们要像蜜蜂那样团结，不要像海滩上的泥沙，一冲就散，要团结战斗，为人民再建新功。”

在生命垂危的时刻，陈大新隐约听到隔壁病房一个患青光眼的孩子在痛苦地呻吟。他打开平时从不轻易按动的信号灯，招来护士，用右手指着自己眼上的“睛明”和“承泣”两个穴位，又用左手指了指隔壁的病房，焦急地比划了又比划。护士领悟后，含着泪水，跑去为这个病儿扎针，不一会，孩子安静了。五月上旬，陈大新的病情更加恶化，几乎全靠输液维持生命。他悄悄地拔掉针头，对医护人员说：“别给我用药了，留给最需要的阶级兄弟……”

五月十八日下午六时四十五分，人民的好军医陈大新同志，心脏停止了跳动，年仅二十八岁。

曾同陈大新一起治疗脑积水患儿的医护人员，回忆并肩战斗的日日夜夜，决心向陈大新学习，努力攀登医学高峰，为人民作出更大贡献。福州部队领导机关号召部队指战员以陈大新为榜样，全心全意为人民服务，做雷锋式的好战士，为加强部队革命化和现代化建设奋勇向前。

【《人民日报》1978年1月27日第2版】

壮丽的青春

——记“雷锋式好干部”姚虎成

地处祖国边疆的天山，群峰插云，终年积雪，磅礴逶迤，气象万千。多少有志气的青年，从全国各地赶来，参加保卫天山、建设天山的宏伟事业。他们胸怀宽广，青春壮丽，为我们树立了一代革命青年的光辉榜样。为修筑天山公路而英勇献身的基建工程兵某部副区队长、共产党员姚虎成，就是这许多有为青年中的一个突出代表。

一九七四年五月初，当时一班长姚虎成就和筑路先遣队的战友们乘车来到了天山脚下的巴音沟。这里是进疆筑路先遣队的第一个宿营地，空山幽谷，杳无人烟。姚虎成环视积雪初融露出黑色沃土的山丘，说：“哦，这里好开荒!”就在这里，他和战士们建营房，开荒地，种蔬菜，为连队进疆筑路准备了条件。

筑路大军进山了，在冰峰雪岭上摆开战场。他们要在这里修筑一条横跨天山的公路。这条公路对于沟通南疆和北疆的联系，促进边疆经济建设和国防建设具有重要意义。但是，公路要跨深涧，越冰河，翻冰大坂，许多地段气象恶劣，石质破碎，经常发生塌方、雪崩和泥石流，工程艰巨和施工条件艰苦的程度，都是我国公路建设史上所罕见的。但姚虎成却豪情满怀。他对战友们说：“越是艰苦的地方越光荣。我们要战天山为人民吃苦，筑公路替人民造福。”

天山的四月，还是冰封雪裹，漫山皆白。为了加快筑路进度，姚虎成和战士们斗风沙，抗严寒，常常在零下二十多度的气候下抡大锤，打炮眼，排烟尘，出石渣，绿军装冻成了银铠甲，大头鞋结成了冰疙瘩。由于气候恶劣，他患了关节炎等疾病，领导上一再劝他下山治疗，他总是婉言谢绝，一月月、一年年地坚持风餐露宿，忘我战斗。部队打导洞，放炮后烟尘一时排不出去，他冲进洞内，脱掉棉衣使劲地扇风排烟。导洞出现塌方，他挺身排险，连续四十二个小时没合眼。战士们把他推出导洞，强迫他休息，他从手腕上摘下手表交给身旁的通信员，嘱咐说：“半个小时后一定叫醒我!”他只打了一会盹，又进洞指挥排碎石，支护架，一直干到战胜塌方。为了抓紧时间施工，他忙得连饭都顾不上吃，开饭时从伙房抓了两个馒头就往工地上赶。

有一次，一批筑路机械需要通过一道山梁往前运，上级要求担任排长的姚虎成带领战士们炸开山梁，在七天内开辟出一条拉槽，保证机械按时运过去。姚虎成和战士们在狭窄的洞内作业，身子转不开，抡锤掌钎都得跪着、趴着，越往里打空气越稀薄，马灯灯光昏暗，还直冒青烟，人进洞不一会就熏成个“五花脸”。他迎着困难上，别人三班倒，他却“连轴转”。因过度疲劳和高山缺氧，他先后四次晕倒在洞里。战士们把他抬出洞外，他一醒过来就又跑进洞，连续干了三十多个小时才下工地。在他的带动下，战士们你追我赶，挥汗大干，七天的任务只用五天就完成了。

一九七六年，“四人帮”疯狂破坏国民经济建设，诬蔑搞生产是“唯生产力论”，这股妖风也刮到了天山。这时已经担任了副区队长的姚虎成，根本不理那一套，大干社会主义不动摇。他语重心长地对战士们说：“咱们干社会主义一定要大干，出满勤，干满点，开足马力，多拉快跑！”司机班拉石料供不上工地需要，他亲自跟车，调查研究，重新制定车辆运输指标，结果每辆车由一个工班拉五趟提高到拉九趟。

公路很快修到了哈希勒根冰大坂。哈希勒根，蒙古语的意思是“此路不通”。这里空气稀薄，高寒缺氧，水烧不开，饭做不熟，面条下到锅里变成了糊糊。在重重困难面前，姚虎成没有皱一下眉头。他跟炊事班一起想方设法办好伙食，依然天天跟班作业。

哈希勒根隧道进入了紧张的被覆阶段，往来的车辆必须改走翻越冰大坂的“之”字形便道。可是便道的许多地段被冰雪和崩塌的土石埋没，有些地方积雪达四五米厚。姚虎成带领两个班和一台推土机进行抢修。这里发生过雪崩，在这里打眼放炮、推雪铺渣很危险。姚虎成对战士们进行了动员。他说，没有无数革命先烈的流血牺牲，就没有我们今天的幸福生活。我们为实现四个现代化而奋斗，同样需要发扬老一辈那种勇往直前、不怕牺牲的精神。他和两个战士在最前面作业，一会儿装药点炮，一会儿指挥推土机推雪。经过三天的苦干，便道修通了大半。

一九七八年四月九日，姚虎成和战士们一大早就上了便道。他们铲雪铺渣，一口气干到中午。他看时候不早了，就让战士们先回去吃饭，自己和两个推土机手留下继续清除积雪。下午一点四十多分，当他们快要推完最后几个雪堆时，大坂高处突然传来一阵奇异的声响，推土机手黄君德疾呼：“雪崩啦！”姚虎成沉着地说：“不怕，冲过去！”他的话音刚落，一万多立方的冰雪从山上呼啸而下，腾起高高的雪柱，把推土机冲到便道外五十多米处，两个推土机手昏迷在变了形的驾驶室里，姚虎成被甩到雪堆里去了。

听到雪崩的“轰隆”巨响，正在隧道里施工的战士和在帐篷里休息的指战员，从四面八方向雪崩的地方奔去。大家把两名推土机手救了出来，又在一个两米多深的雪窝里扒出姚虎成，他的心脏已经停止了跳动。战友们站在姚虎成的遗体旁，想起他热爱边疆、争分夺秒建设边疆的桩桩往事，忍不住痛哭失声。

姚虎成牺牲时年仅二十八岁。他壮丽的青春，有如冰山雪莲，光彩照人。姚虎成生前学习毛主席的《做一个完全的革命派》一文后写道：要做一个完全的革命派，就必须能够“为革命赴汤蹈火，不怕牺牲；为共产主义奋斗到底，贡献一切！”他用行动实践了自己的誓言。

姚虎成出生在陕西省城固县一个贫苦农民的家里。他父母积劳成疾，刚走进新社会没几年，就相继去世了。公社幸福院把他抚养成人，他把公社当作自己的家。一九七五年，他回到阔别五年的家乡探亲，把在部队积攒的一千元钱送到公社，支援发展农业生产。公社党委书记关切地劝他说：“你单身一人，年龄也大了，这钱留下成家用吧。”他回答说：“社会主义祖国就是我的家，人民公社就是我的家。”人们纷纷称赞姚虎成“学雷锋，做雷锋，像雷锋”。

姚虎成自一九七一年入伍以来，先后荣立二等功一次，三等功两次，被树立为基建工程兵先进工作者和学雷锋的先进典型，光荣地当选为四届人大和党的十一大代表。他牺牲后，基建工程兵领导机关给他追记了一等功。

中共中央军委最近发布命令，授予他“雷锋式好干部”的荣誉称号，号召全军指战员向他学习。

姚虎成生前所在部队，开展了学习姚虎成献身祖国边疆，献身祖国“四化”的活动，加快了公路建设。目前，天山公路已经跨越了一个又一个“哈希勒根”，伸向美丽富饶的巴音布鲁克草原。

【作者：新华社通讯员】

【《人民日报》1979年4月27日第4版】

向党的好儿子吕士才同志学习

——吕士才同志事迹报告摘要

“入党不是为了一些什么，而是把自己的一切献给党”

吕士才同志是浙江绍兴人，十多岁时，因生活贫困，来到上海烟纸店和药房当了六年学徒，一九五一年考进第二军医大学。旧社会的苦难，解放后的欢欣，革命大家庭的温暖，我党我军优良传统的熏陶，使他逐步加深了对党和党的崇高事业的认识，决心做一名共产党员。他在入党申请书里明确说：“入党不是为了一些什么，而是把自己的一切献给党，投入森严的斗争行列，使人民的生活由痛苦、贫困而转向幸福。”一九五三年十二月，他光荣地加入了中国共产党。他把出色地完成学业，看作党交给自己的光荣任务，上大学五年，没有回过一次家，节假日都在学习室学习，甚至母亲病危、病故都没有回家。经过刻苦学习和钻研，他以优异的成绩，结束了自己的学业，五年中，他两次荣立三等功，还被评为“优秀团员”。

吕士才走上工作岗位后，就把全部心血和才能倾注在为病人解除痛苦上。他在日记里写道：“党给我们的榜样是焦裕禄、雷锋、王杰……他们一心为革命，一心为人民，唯独没有自己。这就是崇高的榜样，伟大的灵魂。”他立志像他们那样，牢记党的教导，全心全意为人民服务。长征医院开设了家庭病床。吕士才常常下了班骑着自行车，上门为病人复诊、治疗，有时要跑十几里。为了治疗一个先天性脆骨病人，他坚持定期上门治疗，不管刮风、下雨，还是酷暑严寒，一直坚持了十年。

一九七一年五月的一天夜里，工人丁振平不幸被机器轧断了右手食指，只有七分之一的皮肤连接着。吕士才细心地为丁振平做了接指手术，每天多次到病房给丁振平测量手指的温度，观察血液循环的情况，加强护理，使丁振平很快健康出了院。后来，他想到丁振平当机修工人，右手食指功能恢复得好，工作起来会更方便，又主动约他二次来院，做了肌腱手术。他这种主动为病人着想的精神，使丁振平万分感动。

一九七二年，吕士才率领一支医疗队到六盘山区，为山区农民治病，天天早起晚睡，翻山越岭，到山区农民家里送医送约。一大夜里，大家都已熟睡。有个老乡翻了几座山，走了几十里路，赶来医疗队，要求到他家里去给病人看病。吕士才一骨碌爬起来，准备跟老乡出发。医疗队有的同志主张先让老乡带点药回去吃，等明天一早再去给病人看病。吕士才说：“病情不容耽搁，深夜不出诊，党和人民还派我们来干什么?”于是，吕士才带着几个同志，连夜出诊，及时抢救了病人。当地人民赞扬吕士才，说他是党派来的贴心人。

“我们国家的科学技术这样落后，不学，怎么行呢！”

吕士才同志对工作满腔热忱，对医疗业务刻苦钻研，精益求精。在林彪、“四人帮”横行时，一些技术人员不敢学业务，图书馆冷冷清清。吕士才却是图书馆的常客。图书管理员老刘问吕士才：“难道你就不怕别人说你走‘白专道路’吗?”他回答说：“现在我们国家的科学技术这样落后，不学，怎么行呢！”

为了探索运用中西医结合的办法来治疗骨科病，他多次到秦岭山区采药，虚心向民间中医和药农学习，收集了中草药标本二百零八种，还有二百多种治疗骨伤、骨病的单方、验方。他综合学习中医的成果，研制成了一种定名为“081”的中成药，治疗腰腿痛有明显的效果。他在大学时学过俄文，后来又抓紧一切时间，自学了英文、日文和德文，还翻译了《关节病大全》等两本英文书。

吕士才一边学习，一边进行科研，早在一九六六年，他就在研究断肢再植的基础上，开始了断指再植的研究。为了提高小血管缝合术，他经常在白鼠和白兔身上进行练习。在“文化大革命”动乱期间，动物没人喂了，他就把白鼠、白兔带回家自己喂养，继续练习。后来，他的小血管缝合术在长征医院可以说是首屈一指。从一九六六年到一九七一年六年时间，在没有手术显微镜的情况下，他为十个断指病人接了十九个手指，成功率达到百分之七十三点七。这与当时国内外在同样条件下进行断指再植的成功率相比，他的手术成功率是比较高的。

一九六一年，吕士才开始了骨粘合胶的研究，目的是要使骨折病人早期愈合，减少病人的痛苦。当时，骨粘合胶的研究在国外也刚刚开始，在一无资料、二无经验的情况下，困难是可以想见的。化学知识不够用，他就从最基础的普通化学学起，一直学到高分子化学；遇到技术难点，他就到工厂去请教老师傅。在四年时间里，他边学边试验，写了八十次关于骨粘胶的试验记录，为了这项科研，他把家庭和个人的一切都丢在了脑后。妻子生第一个孩子时难产，他把她送到医院做手术，就跑回办公室去研究骨粘胶了。过了两天，他才拿着一份骨粘胶的总结材料，跑到病房里，笑呵呵地问：“你们好吗？我的骨粘胶总结写好了。”这就是他给头生儿子的见面礼。现在，骨粘合胶已经在体外试验中取得成功，在临床实践中用于手术后的皮肤粘合，也取得了初步成功。

一九七二年以来，吕士才对骨肿瘤的研究，也倾注了许多心血。他时时注意探索治疗骨肿瘤的规律，经常总结临床经验，收集整理病例，查找文献资料，并且自费购置一些照相器材，自己翻拍、洗印、放大一些骨肿瘤的病理切片、手术照片和X光片，先后积累了六百多张骨肿瘤资料图片和六百多张骨肿瘤病例资料图片，并且参阅了六百八十篇国外文献，动手编写一本《骨肿瘤》书，仅手稿就有四大本，约二十一万字。书稿对一百多种肿瘤分别作了综述。

他不愧是党的好儿子，不愧是一个又红又专、全心全意为人民服务的模范军医。

（人民数据库资料）

【作者：段文华】

【《人民日报》1980年3月18日第4版】

罗健夫

党的十二大精神，激荡着十亿人的心！许许多多共产党员在深思：怎样使自己的一言一行不愧为有共产主义觉悟的中国工人阶级先锋战士？千千万万职工群众也在想：怎样让自己的一举一动称得上“有理想、有道德、有文化、守纪律”的人？

就在这庄严时刻，本报 9 月 7 日报道了航天工业部陕西骊山微电子公司工程师、优秀共产党员罗健夫的事迹。不出几天，报社就收到全国各地数百封来信。大家迫切要求更详尽地了解罗健夫，更深入地学习他的共产主义精神！

遵照读者的意愿，我们前往骊山，同罗健夫生前共同战斗过的几十位同志作了一次次深谈。人们含着热泪追忆他的生平，用赞美的话语描绘他的心灵，怀着无限的敬意述说他在共产主义征途上的实践……

(一)

罗健夫在本单位出名，是从 1970 年当“国王”开始的。也正是从这时起，更多的人了解了他，敬佩他无私的献身精神和科学道德。

提起“国王”，说来话长。在那动乱的 1969 年，罗健夫接受了研制图形发生器的任务，并担任这个课题组组长。那些天，老罗紧皱眉头。他思忖着：这是个填补国家空白，赶超世界先进水平的项目。可眼下呢？一、自己过去是学核物理的，搞电子设备不在行；二、国外“禁运”这个产品，国内无图纸，无资料，无样机；三、这乱哄哄的日子，搞科研常受干扰。

怕干扰偏来干扰。就在研制组开始工作不久，当时的革委会领导突然决定：抽走组里搞计算机的技术员干别的去。老罗急了：“一铆钉一楔的活儿，没人搞计算机，还研制什么发生器？简直是釜底抽薪!”他找革委会领导申辩情由。不料，这竟成了“臭老九翘尾巴”的“罪状”。随后，“打倒独立王国国王罗健夫”的大字报、大漫画糊满了院墙。连续一两个月，他被大会名点，中会批判，小会勒令检查。从此，“独立王国国王”的名声，在全公司无人不晓。

眼见这拆台、挨整的冤屈，老罗苦闷，大家心里透凉，一致预感到：还研制个啥？吹啦！

出乎人们预料的是，罗健夫当真作检查了。

“好，我检查!”老罗一开口，大家都以为他是先做“检讨”后撂挑子。谁也没想到，罗健夫抛开“独立王国”的是非曲直不谈，真心实意地检查说：“我们研制图形发生器，不是为我，也不是为你，是国家急需，党的事业急需！作为一个党员，我为什么不替党着急？调走了一个人、没人搞计算机，我为什么没有担起双份工作的勇气，自己顶上去？……”

这短短数语，体现了罗健夫对党坚贞、严于责己的博大胸襟，并以他那凛然豪气、无所畏惧的共产党员高大身影，感动了周围的人！人们激动地赞叹道：“老罗，高哇！你那番话代表了咱一代人的心！”连那位革委会领导也不得不当众承认：“老罗是个好同志，他的检查说明了他的思想境界，我也受教育！”

一场“国王”的风波平息了，研制组的工作恢复了正常。但是，前进道路上仍然荆棘丛生。罗健夫要承担图形发生器电子电路的设计，要顶替别人搞计算机，作为课题组长还要懂一些机械制造、半导体应用等专业知识。老罗掂出了肩上担子的分量，出路只有一条：改变生活习惯，挤出足够时间。罗健夫果真这样忘我地拼搏了！

他，窗前的灯光经常是最后一个熄灭，而又最先一个亮起，一连多年，每天只睡四五个小时。全部业余时间用来刻苦读书、翻阅资料、思考设计、攻取第二外语，还要向爱人——一位计算机工程师请教计算机原理和应用技术。

他，常常连续三天、五天、七天，一头扎进工作室里。饿了啃块馍，渴了喝口水，困了在地板上躺一会儿，夜以继日，埋头不息。那年，当地闹地震，人心惶惶，他置个人安危于度外，同志们劝他、拉他，他硬是不离工作室。打倒“四人帮”后头一个春节，家家欢聚，他却独自在工作室用辛勤劳动庆祝这一历史性胜利。

他，为了事业把个人生活简化得不能再简化。两个馒头夹一块臭豆腐、一碗面条拌一点酱油就算一餐。身上穿戴的仍是当年部队发的军衣军帽。一家人准备添置衣物的钱，常常被他用来买了研制图形发生器需要的书籍。出差到外地，他从不游山玩水，不放过一刻学习、工作的时机。

他，专心致志，工作入迷。走出新华书店，登上公共汽车就看书，往往来时想不起到站，坐回去又忘记下车。半夜进厕所，边思考工作边脱上衣，乃至发现衣服没处搁，才猛想起这儿不是宿舍……

他就这样舍身忘我、奋发工作，终于带领全组同志于1972年研制成功我国第一台图形发生器，填补了电子工业的一项空白。三年后，又研制成Ⅱ型图形发生器，1978年获得全国科学大会的奖励。接着，他又和全组同志向“Ⅲ型”发起了进攻。

出成果了！大家欢悦，也自然想起老罗付出的宝贵心血。

然而，罗健夫在成果面前想什么？“在科学上，重要的是研究出来的‘东西’，而不是研究者的‘个人’。”这就是他的座右铭。

“哈，老罗，这下你可立了大功啦！”

遇到这种情况，老罗总是告诉人们，这一部分是某同志设计的，那一部分是某同志搞成的，从不提自己。

“电路、计算机总算你的功劳吧？”

“那是人家指导我干的，我那点作用，不值一提喽！”

在呈报科研成果的表格上，他要求不要写自己的名字。3000元奖金，他自己应得的那份儿一分不要，全部上缴组织。中国电子学会设备组邀请骊山公司一位有学识的同志参加学术指导活动，领导决定让他参加，他婉言谢绝，把这份荣誉让给了别人。这期间，一位同志到外单位搞协作，忘记了一个设计公式，写信向罗健夫请教，老罗不只告诉几句公式，而且把自己呕尽心血、积累多年的全部技术资料统统寄去。想起社会上存在的技术私有、相互封锁的不良现象，那位同志捧着厚厚的资料，嘴角颤抖，半天才说出一句："老罗呀老罗……你……你真是老罗！"

（二）

建设社会主义精神文明，犹如奔向共产主义前程的万里长征。这个长征，也有"雪山"、"草地"，也要克服艰难险阻，冲破围追堵截。党内不正之风、社会不良风气，就是"思想长征"路上的障碍。在一个一个的障碍面前，有人抱怨上苍，有人听天由命，也有人失足落水……然而，罗健夫这个普普通通的共产党员，1951 年参军时抱定的"牺牲个人的一切"的决心，1959 年入党时写下的"忘我无私地工作"的誓言，却矢志不移，本色不变。

一天，一位年轻工人来找他，说："老罗，我们两口子两地分居多年，听说走后门送礼才能调到一起，帮我参谋参谋，送点啥好？"

老罗一听，气得发抖："你这叫干什么？搞不正之风，做缺德事！送礼的腐蚀人，缺德；受礼的以权谋私，更缺德。依我说，宁可不调，也不搞这邪门歪道。"

年轻人羞愧地低下头，打了个唉声。

"叹什么气？与其埋怨，不如自己给周围人做个样儿看；与其叹气，不如想想自己为纠正不正之风出点什么力！"这就是罗健夫对待不正之风的坚定态度！

请看他是怎样做的：

报考高级工程师：这本来是每个科技工作者的正当愿望。但是，罗健夫看到个别人争职称的歪风，感到忿然。按他的水平和贡献，考取高级工程师应是不成问题的。但是，两次报考机会，他都有意避开了。领导动员他，他说："考职称不是选劳模、评先进，我水平不够，以后再说吧。"许多同志听了感动地说：讲水平、论贡献，咱们都比老罗差，人家不报，咱还争什么？

调工资：这关系到每个职工的切身利益。1978 年 2 月 10 日，公司党委作了一项决定：同意五名同志让出调资指标。五个人中，四名是领导干部，只有罗健夫一个"兵"。当时，公司正在进行 1977 年那次调资工作，老罗属于应调对象。但是，他看到有些人为此吵吵闹闹，于是提出："国家有困难，我家生活不困难，我不调！"其实，他们夫妇每月工资总共 130 元，两个孩子尚小，并要月月负担他插队的妻妹的生活费，还经常给老人寄钱，有时遇到周围同志生活有困难他又解囊相助。就在调资开始前，他的弟弟去世。他立即写信给弟媳，让她不要向国家伸手，以后自己月月寄钱给予补助。罗健夫带头让调资指标，一些干部、职工也纷纷找领导请求："不要调我。"公司领导除了批准四名领导干部做表率外，看到老罗态度最真诚、最坚决，特意批准了这个"兵"的要求。老罗知道这个消息后，异常激动地说："我感到这是党对一个党员的最大信任，是我精神上的最大安慰！"

晋升职务：罗健夫看到有的地方"官儿"太多，干起工作来扯皮划圈，不讲效率，他对这种现象早就不以为然。1978年，组织上准备提拔罗健夫任一个室的主任，他坚决不当！1981年，组织上又要提升他为公司制版中心副主任、主任工程师，决定做出了，他又一口谢绝。领导找他六次长谈，老罗摇摇头，坦率地说："我不是不服从组织安排。现在这里的'官'够多了。从党的科研事业考虑，我不当'官'比当'官'有利。"老罗的爱人看他如此固执，在家劝他："别让领导左一趟右一趟作难了，你就挂个名吧。"老罗笑笑说："共产党的干部是干实事的，我想通了，就会答应，答应了就会实干，当挂名领导，有啥必要？"

出国、去港：这本是难得的考察学习机会。但也有个别人却想乘机捞点"外快"。然而，在罗健夫的眼里，什么外快、实惠，糠粃而已！1978年，组织上派他去日本实习，他以手头忙为由，多次谦让。后因领导一再催促，他才服从决定。在国外期间，他是实习小组组长，一分一分地抠着开销，将节约下来的40%的费用全部上缴国家。1981年，组织上又派他去香港考察，他硬是把这趟差事让给了别人。

分配住房：1978年，公司盖了一批宿舍楼。按老罗的条件，完全可以分到采光好、楼层适中、离上班地点近的一套好房。但是，他看到有的人吵吵闹闹很不像话，便主动提出："我要离上班地点最远、最顶层、最边角上的。"有关同志劝他："还是按规定办吧。"老罗不依，自己挑了较远的边角的一间半房。他风趣地说："边角好，肃静，少干扰。"

教育子女：老罗严格教育孩子，在公司家属区早就出了名。他培养孩子从小要做正直的人，诚实的人，靠勤奋自立的人，不让孩子幼小心灵沾染灰尘。1981年，两个女儿面临升入大、中学问题。有一天，老罗把孩子叫到面前，严肃地说："我现在就把话说清楚，眼前的升学问题，将来的工作问题，都要靠组织安排，靠你们自己发奋，不要指望父母。我这个人没什么'后门'，就是有，也绝不干这种败坏风气，坑害你们的事！"孩子们点点头，并用行动回答了父亲的期望。大女儿思想要求进步，学习跳班升级，十五岁就以渭南地区第一名的优异成绩考上了大学。

公私之间：罗健夫十多年来，天天加班加点。但是，什么加班费、夜餐费，这个"补"那个"贴"，没见他领过一回。他廉洁奉公，从不侵占国家和群众的利益。

罗健夫就是这样，每时每刻用自己的行动抵制资产阶级思想的侵袭，带领群众树立新风；每时每刻向着更高的精神境界，进行着思想长征！

（三）

1981年10月，正当研制Ⅲ型图形发生器进入紧张阶段，罗健夫感到胸部隐隐作痛。这时，工作需要他去北京搞协作。一进北京，病痛加重。他抓了几服中药，晚上一边熬药，一边查阅资料。白天在工作室里，他一只手顶着胸部，一只手操作器械。同志们看他疼得厉害，劝他休息休息。他却笑笑说："没关系，贴块伤湿止疼膏就好了。"骊山公司领导得知他患病，多次写信催他回去检查治疗。他却说："这里需要我，我不能走。"就这样忍着病痛，坚持工作了3个月。直到春节前夕，才回到家里。

在组织的再三催促下，今年2月6日上午，他去西安看了病，下午又硬挺着上班了。傍晚，已知罗健夫确诊为癌症的公司门诊所大夫，匆匆来到罗家，约他第二天再去检查。不料，老罗仍未回来。

这是个周末，下班后已过两个小时了。车间主任家有人敲门，女主人一看，竟是老罗！只见他一只手顶着胸口，一只手拿着手电筒，腋下夹着一大卷图纸，呼哧呼哧地走进屋。

“你怎么才回来呀?”车间主任不安地问。

“啊，这份图纸，部里急着要审核，我晚上赶出来，请你看看。”车间主任夫妇想到老罗的病情，双双滚动着泪珠。

此时，人们对老罗瞒着病情。他从大家阴郁的脸猜出了大半。于是嗔怪车间领导：“要因人而异嘛，像我这样的人，应该早告诉我，我好安排一下工作。”不久，他在医院正式得知确诊：癌症，晚期！面对这沉重的打击，老罗异常镇定，他问医生：“我相信唯物主义，对癌症并不畏惧，请说吧，我还有多少时间?”随后嘱咐同去的同志：“不要告诉我爱人，也别作切片检查了，现在，每分每秒对我都宝贵!”这个已知自己的寿命屈指可数的人，没有哀叹人生的短暂，没有眷恋小家庭的温暖，没考虑给妻儿留下什么遗言，而只有一桩心事：“我还有许多工作没有做完。”此情此景，把一个共产党员的生死观、公私观活生生地体现出来，使在场的同志无不热泪盈眶。

2 月 20 日晚上，寒风呜咽，人们心情低沉。听说公司派人陪他去上海治疗，霎时，一二百人自动出来送行。老罗笑吟吟跟大家话别：“放心吧，我一定能回来!”

老罗面临死亡的威胁，却仍以更加顽强的拼搏精神，向着一个彻底唯物主义者的高度、一个纯粹的人的境界，冲锋!

在上海，他时刻想着工作，想着一个共产党员还应做些什么。白天，他抓紧治疗，抽空学英语；入夜，他辗转反侧，思虑工作：听说上海已经成立了大规模集成电路制版中心，人家搞上去了；我们制版搞得最早，设备又好，还能不能保住全国领先地位？那一个月，他憋坏了，也急坏了，实在住不下去了，3 月中旬折回骊山。

病情在急剧恶化！他胸腔的癌肿竟把胸骨顶得隆起。皮肤像烧灼那样剧痛。就这样，他还坚持去上班。组织上“命令”他在家休养，并叫爱人照顾他。

他终于同意养病，但不同意爱人照顾。他对她说：“我不能工作了，你再不工作怎么行?”硬是把爱人推去上班。而他自己，为修改Ⅲ型图形发生器的图纸，又一头扎进了资料堆。

组织上派人到西安医学院第一附属医院联系住院。医院听说老罗是对国家有贡献的专家，立即决定：有了病床，首先安排罗健夫。老罗知道了，反而生了气：“有那么多病人等床位，把我安排在前头，影响不好，我不能做那种事。请转告医生，我是个共产党员，应该按病情、按顺序安排住院。”因为一时不能住院，公司每天派救护车接送他看病。他开始执意不肯，一定要骑自行车跑七、八里路，直到手扶不住把、腿跨不上车，才不得不坐车。上了汽车还自言自语地嘟囔：“国家汽油这么紧，我一个人怎能坐一部车?”陪他的同志劝他：“救护车就是干这个的，你干吗对自己那么苛求?”他稍停片刻，又说：“那好，汽油钱我付。”

为了照顾他看病方便，组织上特地在西安为他找了一套房子。他扫视一下房间，摇摇头说："这房子还没住过人，以后有了住户，知道我这个癌症病人住过，会使人家不舒服！"他的后背已溃烂，无法躺卧，组织上派人从办公室搬去一只沙发，他生气地说："给我搬来了，人家坐什么？"一位青年同志劝他："老罗，你是对国家有贡献的人，照顾你，应该的。"罗健夫板起面孔说："可不能这么想，为党多做工作才是应该的。"他想得太远了，太细了。在这生死关头，他脑子里想着国家，想着集体，想着他人，唯独忘了自己的生命！

（四）

4月28日，罗健夫作为垂危患者住了院。从此，癌细胞在急剧扩散，他那钢铁意志在经受锤炼！一个多月光景，他的头顶、颈部、牙龈、胳臂、小腹、小腿等部位，都隆起一串串红枣大的肿块，胸部的肿块扣了个大碗，后背大面积溃烂，而且，扩散部位不断破坏着周围的骨组织。老罗承受着何等难以言状的折磨！他不由得皱皱眉，咬咬牙，全身冷汗湿透。

"健夫，打打止痛针、吃片安眠药吧？"他爱人心疼地劝慰道。

"不！那东西刺激脑神经，我要保持头脑清醒，还可以想想'Ⅲ型'研制中的问题，给大家当当参谋。"

老罗呀老罗，怪不得人家叫你"罗铁夫"！你宁忍裂身之痛，不失纯贞之心，你那高风亮节和钢铁意志，怎能不催人热泪滚滚！

一位和老罗共同研制图形发生器的同志要出差去，特意向老罗道别。这时，老罗的呼吸已相当困难，说话吃力，痰中有血，体质极虚。可他硬撑起身子，拼足气力，气喘吁吁地和这位同志谈了两个多小时，从Ⅲ型图形发生器的设计逻辑，到调试中可能出现的麻烦，以及怎样处理这些难题，讲得那么详细，思考得那么缜密。简直难以想象：一个没有工作任务在身的垂危患者，却对党的事业那么尽心，那么认真！直到他去世前几天，一位同志来探视他，随口提起一台进口设备出了点故障，需要查阅资料，那一大堆资料不知从哪儿查起。此刻，老罗说话极其艰难，话音微弱。那位同志见他嘴唇嚅动，趴在他身边断断续续地听到："那套资料……第×本，第×页上……有排除这……故障……说明，那本……在我……工作室……桌上。"在场的同志听到这，泪水夺眶而出！

过去人们常赞颂医务工作者中有"白求恩"，而今，罗健夫被人看作患者中的"白求恩"！直到最后一息，他还是那样毫不利己，专门利人。同室的病友都是癌症患者。有人长吁短叹，有人哭哭闹闹。老罗知道一位垂危病友发愁自己几个未成年的孩子，就劝说："要相信党组织会照顾好你家的。这就是咱们社会主义的优越性嘛！"他一住医院就说："我现在的任务就是少麻烦人。"因此，在病房的49天中，从未要求护士打一次止疼针，从未拉过一次信号灯，甚至从未呻吟过一声。夜里上厕所，他从不叫人，也不开灯，总是自己一点一点挪着去。

他的病势迅速恶化，什么药都不见效。医生打算采用一种烈性药物，但无把握，正在犹疑。老罗知道后，痛快地说："怕什么？征服癌症也是一场革命，就在我身上试验吧！假如还查不出结果，我死后把遗体交给国家，你们解剖了，好好分析分析。"

就在他去世的前几天，一位领导同志去看望他。老罗拉着这位领导同志的手，淌着热泪，艰难地说了一句话："可惜……我不能……为党工作了……"在场的同志听了，都忍不住背过身去。

1982年6月16日，罗健夫同志逝世了，终年四十七岁。按照他生前的遗愿，遗体做了病理解剖，医生们惊异地发现：他周身布满癌瘤，胸腔里的肿瘤比心脏还大；胸骨已酥脆，一碰就碎了。经化验："低分化恶性淋巴瘤"，是癌症中最凶的一种，潜伏期已在两年以上。医护人员都哭了，并用最凝练的语言评价了这个患者："很少见这样的病，更少见老罗这样的人，他真是特殊材料制成的！"

（五）

当罗健夫的战友们向他告别的时候，泣不成声地评说他的一生：老罗啊，你像一支透红的蜡烛，燃尽了自己，献出了光明！你为实践入党誓言，不惜牺牲个人的一切，直至宝贵的生命！

是的。看看罗健夫1959年4月16日在入党志愿书上写了些什么吧：

我决心把自己的一切（连同生命）献给党，献给党的事业，忘我无私地为人民利益工作。我要更加努力学习政治理论，彻底铲除一切资产阶级思想意识，确立共产主义世界观和人生观，使自己永远成为一个真正符合共产党员标准的人。我还要用共产党员的态度对待工作，掌握现代化科学知识和劳动本领，以便在建设社会主义和迈向共产主义的大道上，胜任党交给我的一切任务。

这段话语，并没有什么警句。但是，看看罗健夫一生的实践，他写的"献出一切（连同生命）""忘我无私"等等，哪一句没有兑现？哪一句经不起检验？

从罗健夫的入党誓言到他的一生实践，我们看到了一个真正共产党员的标准答卷！是共产主义的伟大理想召唤着他，使他义无反顾，一往直前，不断增强自己的人生信念。正是这个信念激励着他，不管时间过得多么久远，环境发生什么变迁，他总是自珍自重，力排尘染，毫无折扣地履行自己的入党誓言，毫不停顿地向着共产主义思想的高峰登攀！

这就是罗健夫留下来的最珍贵的精神遗产！

（人民数据库资料）

【作者：邱文仲、刘军、庞文清、唐正学】

【《人民日报》1982年11月30日第4版】

全凭这颗心

——记优秀共产党员朱伯儒

一

现在，朱伯儒的事迹已经广为传诵，对他的为人已有定论。然而有一个谜却尚未解开：在污风浊浪冲击和毁损着党和军队的肌体、给党群关系、军民关系造成严重伤害的那一整个历史时期，朱伯儒为什么能够屹然不动，长期地、主动地对群众扶危济困、排难解忧，鼓舞和抚慰了那么多人呢？他童年受过苦，对共产党有报恩之念，似乎不失为一个原因。然而不是有很多人比他更苦大仇深，也有过报恩思想，还受过战火考验吗？为什么有的人倒走上了与朱伯儒完全相反的道路呢？

朱伯儒的事迹在全国传开以后，早年跟他共过事的航空兵不免要回忆一下二十年前的往事，想不起他有过什么特别突出的异于常人的表现，但一致的反应又是：朱伯儒之成为今天的他，是不奇怪的，是有思想基础的。

这也许是件小事情：朱伯儒爱打篮球。爱打球的人都想上场。朱伯儒却常常不声不响地跑到球场划线去了。人一来齐，他就拿起哨子，作起裁判来了。好像他理所当然地要扮演谁都不愿意干的角色。他热心，有求必应。

人们哪里知道，那时候朱伯儒不声不响地做出的另一份牺牲，要比这大得多呢。在西安养病的时候，一位护士爱上了他。那是朱伯儒的初恋，而朱伯儒又是个很钟情的人。后来他才知道，当时对飞行员结婚，年龄上有个限制。掐指一算，那女的要足足等他六年！谁敢保险他朱伯儒在空中不出事故？人家等呀等呀，你叭嗒一下子摔下来，完了，可人家已经是二十八九岁的老姑娘了，到哪儿去找对象呀？朱伯儒横横心，写信劝退。那姑娘死也不肯。好说歹说都不行，朱伯儒只好来硬的了：“反正我从今往后不给你写信了。”可又心疼对方，便附加一句：“但是等你结婚以后，我们仍然可以做好朋友。”后来那姑娘结婚的时候，他还真送了一份重礼。但是二人重逢时，仍不免相对无言，大哭一场。

他为人老实巴交，与人无争，话也不多，可是一遇到大的是非问题，他就来劲了。操一口改不掉的广东乡音，很爱争论。1965年，报纸连续发表论“突出政治”的社论。三论五论还不够，一直搞到九论。少“论”几下子还好，“论”得越多，朱伯儒的反感就越重。他说话了：“噢，‘政治不能落实到业务上’。天花板上那个电灯泡脏了，能不能擦呢？不能。坏了，能不能换呢？不能。那都是‘业务’呀。可是那一来不就一片黑暗了吗?”林彪说，军事技术差没关系，一枪打不准敌人，还可以放第二枪、第三枪嘛。朱伯儒想不通，又发言了：“明明一枪可以打准，干吗非打两枪不可呢？三枪还打不着，可怎么办呢?”……有人说：这话出格了。

他不敢公开说了，就在私下跟要好的飞行员议论：“打枪，还好说。我们开飞机的，掉下来一架，还能再掉两架三架呀?”反正他朱伯儒不服，主意不变，照旧学习和钻研自己的技术。

他凡事先为别人着想，个人不怕吃亏，甚至主动吃亏；在原则问题上，却绝不含糊，死硬到底。这，大约就是航空兵们说的朱伯儒的那个“思想基础”吧。但是，并不是每一块基础上都自然而然地会出现一座壮丽的建筑的。

这就是我们还要继续讲朱伯儒的故事的理由。

二

在天空中飞行，总被说成是“自由翱翔”。其实何尝那么自由！一只鸟儿撞在飞机上，能产生一万公斤的冲击力。当机身驶入积云，便随时要提防雷电的袭击，还会陷入一片黑暗，迷失航向。夜航时，从地面上看，与繁星为伍，好美哟，岂不知此时天与地最容易在飞行员心中产生颠倒的错觉，潜伏着莫大的危险。

不过，除非是战争时期，在空中确实是遇不上人为的灾难的；飞行员离地面越远，地上的一切就越是显得宁静而美丽。

直到 1970 年，朱伯儒因耳疾停止飞行，永远降落到地面，他这才发觉他把地面情况看得太好了，原因是多年来收到的很多信息都是虚假的。

他在河南省内乡县看到的是什么？荒山秃岭，累累巨石。好像是为了同这风景相陪衬，人们穿的是黑衣裳，有的妇女头上还缠块白布。很多社员锅里煮的是清水加红薯干。他给妻子刘义文写信：“这里是一片青山绿水，鸟语花香……”半是安慰妻子，半是揶揄他多年来看到和听到的宣传。但是他的这宣传也不能不露点馅，下文就写着：“家里用不着的旧衣服，多寄几件来，大小皆可。”

他的联想机制有点特别，看见老人，他就想起南洋老公公（就是他小时候饿得要命，给过他一碗粥的老人)。见到中年妇女，他想起可怜的母亲。看见孩子呢，当然是回想起童年时的自己。

“这就是社会主义?”朱伯儒又不“驯服”了：“越搞越穷，是哪一家的社会主义呢?”

但他仍然是很好使的“工具”，只不过是属于人民而不属于林彪、“四人帮”罢了。白天，他和战士们一起打山洞，假日和晚上，就走家串户，宋沟村左近的几个村庄都常见他的足迹。越看百姓的生活，他越觉得内疚：他是共产党员，有一份儿责任哪。怎么办？他有力气，就担水挑柴，修墙补屋。身上多余的钱，买点穿的用的，再买来一批又一批笔记本和铅笔，分赠给孩子们。妻子寄来捎来的食品和补养品，分送到最需要的人家。此外，他还有张嘴，讲讲故事和笑话，逗人们乐一乐，也可以解解忧闷……

他最不忍心的，除了食不果腹的现象外，就是有病无人医。他不是医生，可是他可以去张罗弄点药，他可以把病人的居住环境弄干净，消消毒，他还可以天天给病人清洗伤口和涂药，还可以给病人擦澡，洗去身上的积垢。

于是，他常常听见人们说这话了："朱参谋，从来也没见过你这样的好心人呀。"看样子也不是故意捧他。朱参谋听了，心里不是滋味：不是有三千多万党员吗？不算少了，中国人二十五个里就有一个共产党员。怎么会"从来也没有见过"呢？

那个生产队长是个党员，他不干活，光喊口号。这些年口号真多，越喊越响。可惜口号不能当饭吃，反倒越喊越穷了。刘大娘家现在吃的是地瓜干加芝麻叶，再喊下去，吃啥呢？公社里办公的，少说也有十来个党员吧？他们就看不见门口卖茶水的老汉那双烂得不像样子的手。他朱伯儒没费多少事，老汉的病痛就解除了。可是这么多年，那些党员进进出出，怎么硬是看不见那双手呢？

三

1975年，内乡工程结束，朱伯儒被调到武汉空军的20号工地，作民工大队长。

他的外貌和风度，跟这个职务很协调，他浑身上下不仅一点儿飞行员的味道也闻不出，连军人也不像了。他成天和工人一起摸爬滚打，身上的泥水和汗水比民工只多不少。一次到车站卸两车皮水泥，收工的时候全成了水泥人儿。一位白白净净的青年军官倒抄着手走过来，把朱伯儒和民工放到一起大骂一顿。朱伯儒实在忍不住了，叫住那小青年，很想训他一顿，可是到开口的时候，又忽然温和起来，只说了一句："你呀，你太年轻了……"咽回去的话是："民工也是人，不是干活的工具。"

在20号工地上，人家眼里好像没有他这个人。人家越瞧不起他，他就越往工人堆里钻；他越跟工人近乎，人家越瞧不起他。工人家属来探亲了，没房子，朱伯儒让出自己的工棚，和工人挤在一起过夜；或者找个大卡车，在驾驶室里蜷缩几个晚上。觉是睡不好，可是心里觉得挺舒服，因为那小两口儿可以睡得暖烘烘的呢。朱伯儒觉得这是很平常的事，咱们军队多少年来的传统不就是"官爱兵"、"军爱民"吗！可是有人看着不顺眼了。放着自己的房子不睡，到处打游击——给他起个外号叫"李向阳"。这外号还有更广的内涵：朱伯儒的编制本来在武空某航空师，档案在那边，可是人呢，却一连九年在外头打杂儿。朱伯儒虽然有时心里也觉着自己好像被人遗忘了似的，但并不计较。可是有人却替他计较了：二十多年的军龄了，还当"临时工"，也没个官样儿，分明不是车马，是个"小卒子"！

"李向阳有什么不好？"朱伯儒又是一派逆来顺受的架势，"没有千万个李向阳，中国还解放不了呢。'小卒子'也很了不起，他过了河就只进不退呢！"

大吃大喝，他不参加。人家好意派他去北京散散心，他一见是送礼拉关系，不去。这就和某些人有点疏远了。他还尽干些让别人过不去的事儿："你天天和民工一块儿劳动，还净干重活儿；你把钱呀红糖呀肥皂呀随便送人；你又常常把房子让给民工、战士……这叫我们怎么办!?"于是又添了一层隔阂。

朱伯儒何尝有意和别人作对？不过，他心里憋着一股气倒是真的。怎么口口声声说人民这伟大那伟大，做起事来却既不把人民放在眼里，也不放在心上呢？有的人倒是自己骑到人民头上去了。难怪人家说有“假党员”“冒牌党员”呢！朱伯儒先是在肚子里念叨，后来索性在小范围里说起来，最后在大会上也不忌讳，简直是大声疾呼了：

“看人，不能光看他挂的是什么牌子，要小心上当。千人同行，一人引路，可要看清楚那人是谁。有一种乌鸦干部，天天唱高调不干正事。跟着乌鸦走，它非把你领到死尸堆里去不可！”

他好像看见各种不正之风吹着滚滚黄沙正在吞没祖国大地的万顷良田。“共产党应该把自己建设成一个大防护林带，一个党员就应当是一株阻挡不正之风的大树！”——朱伯儒这样想。他“官”卑职小，无权去管别人，那就尽自己力量减轻点群众的困难和痛苦吧。他这样做，也不是没有一点同那些“冒牌党员”“乌鸦干部”对着干的意思。

对着干，也得量力而为。20号工地上，木材多得不计其数。打家具，很方便。别人打，他管不了。他说过：“我扛着背包进工地，五年后还要扛着背包走出来。”果然是干干净净走出来了。后来，他当了管理股长，手里有点权了，也是官卑职小，来硬的不行，他就拐着弯儿和不正之风斗。招待客人要酒，这不合规定，不给。还要，他还不给。可是人家非喝不可，又来要了。朱伯儒想：“事不可过三，搞得太僵也不好。”可是也不能渎职呀！这么着吧，给他瓶酒，朱伯儒自己付了钱。私人用车要付费，早有规定了，就是实行不了。好，他老朱打个头炮，先坐一趟车，然后照章付费。从此，对不起，不管谁用了车，付款单随后就到。当然有时候也得来点硬的。油库给上边的干部做了一批家具，打算折价优待。朱伯儒把紧大门：不行！结果是不折不扣地付了钱。

自己行得正，就有发言权。有人做错了事，别人说话不灵，他一站出来，那人就服了。也难免有批评错了的时候。朱伯儒登门道歉，人家说：“不要紧。你老朱批评错了，我也服气。”

难免要得罪人，那还用说吗！可是朱伯儒不图升官；再一个，官小也有小的好处，罢了官也不心疼。有这两条，还怕什么？

四

时间，在冲刷人的记忆的同时，还善于偷走人们身上美好的东西。苦大仇深也常常经不住消磨，何况养尊处优、远离群众的生活会在人的心上织起厚厚的茧子呢？朱伯儒得天独厚，他始终生活在底层的劳动群众之中。不要以为他仅仅是支出——拿出日复一日的时间和一把一把的人民币。他同时也在收入——他在观察，在学习。每见有人在衣食无着的困境中仍然不失人的尊严，穷愁缠身而不减助人的热情，他就不禁要赞叹起来：“是个中国人！”他常从观察中作出精辟的提炼。一个农民写春节对联，表示了对不正之风的抗议。朱伯儒佩服他，问同伴：“你敢写吗？”“不敢。”朱伯儒感慨系之，说：“我也不敢。为什么呢？因为我们怕丢官。他农民就敢，因为他没有什么可以丢失的，所以他不怕，敢讲实话。就凭这一点，人民就伟大！”

就因为朱伯儒这样不断丰富着自己，而不仅靠忆苦思甜和背诵语录来维持他心中革命的老本儿，他才逐渐养成一种特殊的感觉能力。别人的一丝愁容，半点叹息，都会在他心中引起几倍于常人的反响。

他在武汉街头走过，忽见一对青年夫妇，女的怀抱婴儿在路旁哭泣。她怎么哭得那样伤心呢？朱伯儒不由得停下脚步，走过去细问端详。接下来就是奔走、交涉、费尽唇舌让孩子住了医院。还把这对夫妇接到家吃中饭。正赶上过中秋节，又买上月饼、蛋卷和罐头送进医院……

这是他常挑的那种担子，属于最轻量级的一种。至于重的，挑起来容易，放下就难了。

就说民工胡仕元，二十多岁的小伙子，聪明勤奋，砌砖一个人顶四个人。忠厚老实，可惜身体很弱，听说家里也很苦……屋漏偏逢连阴雨。1977年3月8日清晨，偏偏是这个胡仕元，一夜吐血不止！按制度，临时工病了，给几十元钱打发回家就完了。可是他的家那么穷！回去，一条命也就完了。朱伯儒想方设法让他住空军的广水医院。谁去送他？开放性肺结核，谁不怕传染？朱伯儒哈下腰，把胡仕元背起来了。

这一背，可就足足背了五年！

那天，朱伯儒发着38℃高烧，一点饭没吃，背着这一百多斤重的汉子，走几里路，上车，下车，又是几里路。病人不断把腥臭的血污吐到他的衣服上，汗水又从里头湿透了这全身衣裳。好几次，朱伯儒实在没有力气了，就停下步，把胡仕元放下来，扶好立着，喘几口气，再背负起来。这时鞭策朱伯儒行进的，只有一个念头："为了这一条命！这是一条命呀！"只要把胡仕元放下来，他这个人就完了。而他一完，他一家人也就完了。

八个月后，病人出院了。这时20号工地早已解散，其后住院医疗的费用自然只能由朱伯儒负担。事情可以结束了吧？没有。朱伯儒的方针一向是"为人为到底"，而胡仕元这个"底"可深得很。朱伯儒必须先后两次把他从自杀的路上拉回来。他还要继续生三次病惊扰朱伯儒。他家缺钱、缺粮也得靠朱伯儒不断接济。为了这一家人，朱伯儒操过多少心，说过多少话，写过多少信，跑过多少腿，花过多少钱，他们两人谁也说不清楚。

这个负担，本来是不会这样重的，如果不是必须吃黑市高价粮，不是连点灯的煤油都买不到，不是由于这一切而更加穷困，以致使发育中的胡仕元更加缺乏最起码的营养，使病弱不堪的胡仕元又必须拼命干活养家糊口，甚至不得不每日减掉一餐饭……

朱伯儒并没有想到，他是在偿还二十年来某些人欠下的债务。但有一点他却是自觉的：这些年党的威信、军队的形象遭到了破坏。他为人民做些好事，可以多少（哪怕是微小得难以计量）挽回一点损失。就是为着这个目的，他多次对人说："这是组织给你的补助。""你总说我好，你看，这是领导给你的照顾，不是比我强得多吗？"其实，拿出去的都是他自己的钱。

钱，朱伯儒倒真是花了不少，可是为人民办好事，有时候并不需要花钱，往往花钱还办不到呢。没有一颗热乎乎的心，你甚至没法儿感知别人需要你做些什么。别人的心事，就未必会真真实实地告诉你。

心的信号，只能在特定的心里唤起反应。那种感应是相互的，定向的。一个人的愁云，也许只会引起一些人转瞬即逝的同情，或礼貌性地劝慰。但是1975年的那一天，一个汽车兵脸上的愁云却在朱伯儒心中唤起一场风暴。真挚的心立即撞开了对方的心扉。那汽车兵把对亲娘老子都不能袒露的一个秘密，向朱伯儒托出了：他要杀人！朱伯儒惊呆了。便问明情由，讲清道理，并且答应保密，但有一个条件：“你得听我的话！”那青年听了。可是那个无端认定他贪污汽车零件、不听本人申辩还派人监视的连长，却不肯撒手。朱伯儒每天往返跑八里路，调解无效，无奈只好运用手中一点权力，还使了点计谋，还说了很多好话，才总算把汽车兵调离开了那个团队，来到他自己所在的20号工地。可事情还没有完。朱伯儒也依然关注着那个青年。一天早晨，无意中截留了他向别人发出的信号。朱伯儒见此人接连摸了三下帽檐，又发觉一个姑娘摸了三下衣袋。这是什么意思？找汽车兵来谈话，交代了：那姑娘看中了他，但他已结婚，她主张二人远走高飞，到新疆成亲。夫妇为什么不和？原来是由于女方不能生育，这可是朱伯儒解决不了的问题，但也不是无计可施。他把汽车兵的妻子接到他家，由他的妻子刘义文陪她去医治不育之症。就这样，朱伯儒先是防止了这个人走上绝路，又把他从另一条歧途上拦截回来，从而两次保住了一个家庭免于毁灭。

但是也不要以为朱伯儒的仁慈是不分对象的，他可不是一个普度众生的佛爷。

1975年那年，他在从内乡撤回湖北的路上为抢救一位素不相识的老人而一次献出300毫升的血，几乎晕倒，连杯红糖水也没喝，就改变计划护送那位老人回到家乡。他在汉口乘车去工地，见三个青年流里流气，售票员再三催促，硬是不肯买票，还口出秽语，侮辱那位姑娘。朱伯儒大眼圆睁，始终盯住那三个人，车中乘客竟无一人敢出头帮助刹一刹这些人的邪气，朱伯儒倒也不以为奇，只是胸中怒气难以压抑。正想大喝一声，过去跟他们讲理，车已到站，那三人不顾售票员阻挡，挤出车门。那位姑娘也不是好惹的，立即跳下车去，拦住那三个流氓不放，非要他们补票不可。朱伯儒心中暗暗敬佩这姑娘的勇气。他警觉地注视着车外的场面，浑身的神经和肌肉都做好“起飞”的准备——偏巧他那天正穿着一双飞行员的靴子。这时，三个流氓便调戏起售票员来，一个上去揪住她的头发，另一个上去就一把手紧紧抓住姑娘的胸部。朱伯儒喊了一声“同志们，跟我来！”一个箭步跃到车外，提起一只腿，狠狠向第二个歹徒的腿上踢去。那只很重很硬的飞行靴，加上老朱憋了半天的怒火全部化为冲力，那歹徒一声“哎哟”就跪倒在地喊娘。那揪头发的先是愣住了，后来就叫嚷：“解放军为什么打人！”朱伯儒接着飞起一腿，向他踢去，口里狠狠地说：“我解放军不打好人，专打坏人！”第三个流氓已经跑掉，这两个一见不妙，也爬起来撒腿就跑。朱伯儒余怒未消，哪里肯饶，拔腿就追，抓住一个，揪过来让他代三个人补足了该罚的票款，满车乘客，个个称快。开车了，售票员倒替朱伯儒担起心来，怕那几个流氓会跟上来报复。朱伯儒微微一笑，并不逞能，说：“你放心，反正这车一到武昌，我就上火车了，他们追不上的。”

也许，在朱伯儒的一生中，这是他第一次动武。这两脚踹出去，倒也真是解恨。不过事后一想，倒也添了一桩心事。那时，偌大的中国，到处恶浪滚滚，正制造着一批又一批流氓和罪犯，就是全国的飞行靴都动员起来，也踢不过来呀！于是心情又黯然起来。

五

朱伯儒的事迹公之于世以后，有一位认真的同志提出一个问题：“朱伯儒接受了别人赠送的一副金耳环，为什么当时没有缴公？这是不是违反了军人的纪律？”

好像是，可又不是。不过，揭开金耳环的秘密，倒可以帮助我们解开一个谜：朱伯儒做的那些好事，并不违禁呀，他为什么非隐瞒起来不可，而且一瞒就瞒了十多年呢？

那是因为朱伯儒碰到了一个矛盾。

1965年，他在旅途中遇到一位老太太身患重病，侍候了一路。老太太该换车了，他还不放心，索性改变行程，把她送到了桂林。这段故事，简直像是从雷锋那里抄来的。朱伯儒超假了，可是不敢照实说明原因。因为那位老太太是个华侨，耳环是老太太偷偷塞到朱伯儒的书包里的。上缴，就得把那老太太的阶级成分说个明白。怎么说？一来朱伯儒根本没有打听，二来，十之八九她不是贫下中农。你朱伯儒的阶级立场和阶级斗争观念跑到哪里去了？后果很难设想，因为有过可怕的先例呀。一位女飞行员，就因为护送一位病弱的老人回家，又去看望过几次，后来查明那人是个资本家，便被解甲还乡了。朱伯儒想；这位老太太更复杂，我可别闹个里通外国呀。于是他便索性不提这桩事，硬着头皮报告自己违纪超了假，请上级批评、处分！

就算朱伯儒受过训练，弄清了资产阶级人道主义、革命的和社会主义的人道主义之间的界限，他实行起来也有点困难。同行的老大爷忽然需要紧急输血，他来不及查清三代，就得把胳膊伸过去。汽车兵要拼命，他首先想到的是两个人的死活和两家老小的命运。按规矩，他应该汇报，可是那一来汽车兵就得被禁闭，甚至被打成“阶级敌人”，他就不是助人而是害人了。他抓住了企图偷他钱的扒手，又没扭送公安局，反倒带到家来，住了两夜，促膝长谈，寄予期望，效果还很好。……这一切，他能说吗？不能。怎么办？只好把半个自己隐蔽起来。

历史就硬是有这种不可思议的矛盾：在提倡全国人民学习雷锋助人为乐的共产主义精神的同时，却又把阶级斗争扩大到了整个社会，还一天比一天厉害，“助人”和“整人”并行不悖。就这么着，中国列车以全速向“文化大革命”的泥塘奔驰而去。

在郑州街头，一块从天而降的巨石将一卡车人砸得血肉横飞的场面，把朱伯儒惊呆了。掷石者和被砸者都高喊着共产主义口号。从震骇中醒来时，朱伯儒明白了一个道理：原来如此！崇高的革命口号是以如此野蛮而残酷的现实为内容的！朱伯儒是个现实主义者，自知无力扭转大局。但他又是个认真的人。从此他只好表演哑剧了。列队游行，他也得参加，语录本他也得高举，也得挥动；他的嘴也得一张一合，但他绝不呼喊支持打砸抢一派的口号。

你封得住人的嘴，可是锁不住人的心。朱伯儒不能大声疾呼制止武斗，反对人对人的冷漠和无情，他却还有点偷偷行善，默默以行动来实现自己信念的自由。恶人越是凶恶，小人越是得势，他朱伯儒越是要反其道而行，给人民送去点温暖和欢欣。这，就是对朱伯儒之谜的第二个答案。

现在，朱伯儒成了名人，“官”升几级，一个又一个荣誉落到他头上。一位年轻的同志对他说：“老朱，往后再出个吐血的胡仕元，你要背他可就不容易了。”朱伯儒紧紧抓住那人的手，说：“你这句话，我要永远记住！”

他记住了，而且常常为此犯愁。在北京开会的时候，人们要见他都不容易了。这可怎么办！有人又给他出了主意：“老朱你别慌。往后你不输血、不背人也行。只要好好运用你手里那点权为人民办好事就行了。”

“也对”，朱伯儒想。只要我们掌权的共产党人都把那颗心摆正，让它永远热热乎乎的，人民群众中的悲哀、痛苦和不幸就会少多了。

一点不假。朱伯儒为了救活胡仕元及其一家，费了多少力气！可是他权不在手，终究驱散不了二十年来压在胡家房顶上的那块乌云：这家人从1962年起忽然不再是中华人民共和国的公民了（由于得罪了人，1962年一家七口老、病、小，没一个劳动力，硬被遣送农村，农村不收，但城镇户口也吊销了，从此便成了“黑人”）。最近，胡仕元所在地湖北省孝感县的人民政府又忽然发出一封未盖公章的公函，说胡仕元本人已经同意放弃人民共和国的公民权了，急得胡仕元赶忙写信辟谣……

有人看了朱伯儒的事迹，产生一个疑问：朱伯儒有多少大衣（他曾把一件大衣给一位赤身裸体的疯女披上），这么大个中国，他送得过来吗？是呀，是送不过来。所以，最重要的，是大家都来学学朱伯儒，特别是党的干部要学，要给自己的心加一点温。无论是直接影响人的命运的人，或是间接影响人的命运的人，比如管信访的干部，对公民都讲点感情。那时候，需要朱伯儒送钱、送药、送大衣和送手表的人也就不多了。当然，朱伯儒式的人物还会有，甚至多得不可计数，但他们的事业却将不同了。比如，我们可以猜想一下，是不是会有很多干部出钱出力办很多很多学校和图书馆呢？大约会的，朱伯儒不是已经开始捐钱办图书馆了吗？

【作者：新华社记者】

【《人民日报》1983年7月28日第5版】

党的好干部——李建民

共产党员、模范指导员李建民出身于干部家庭，却不肯沾老子的光；有条件回大城市工作，却不愿离开艰苦的山沟；小家庭的温暖他不眷恋，个人的名利他不追逐，十五年如一日，戍边卫国，艰苦创业。1983年12月，李建民荣立一等功并提前晋级，出席了北京部队基层建设工作会议。

我是向党宣过誓的……

李建民是山西省太原市人，他的父母和岳父母都是“老革命”。15年前，初中毕业的李建民胸怀报国志，离开优越的生活环境，来到祖国北疆当兵，常年住在荒山野岭，过着“爆破硝烟伴青春”的艰苦岁月。他说：“艰苦容易使人充实，安逸容易使人空虚。没有我们在这里吃苦，哪有人民的安乐，祖国的富强!”

1980年，李建民和山西人民出版社编辑赵宏结了婚，第二年有了孩子。爱人上班，照料婴儿，还参加业余新闻学院学习，倍感艰辛，便写信给李建民诉苦。李建民何尝不懂得家庭的温暖！但是革命战士心里不能只装着一个家呀！他回信说：我是共产党员，是向党宣过誓的，立志为壮丽的共产主义事业而献身。党和部队培养了我，我不能在连队需要时离开。

时隔一年，李建民回到太原休假。一些亲友纷纷登门劝他转业，并保证在太原给他找一个理想的工作。李建民没有被这些美好的“小蓝图”所动摇。他说：“干革命各有分工，我的路走定了!”

不久，李建民被送进高级步校学习。在他入校一年半的时间里，一些同年入伍的战友多已担任了团、营领导职务，而李建民学习结业回团后，被分配到特务连当代理指导员。有些人说他“官运不亨通”，李建民却说：“我是共产党员，绝不能把自己当作存入银行的货币，不断向组织索取利息。”

李建民深感作为连队政治指导员担子的沉重。他一面任劳任怨地工作，一面刻苦自学，主动报名参加了北京语言文学自修大学和山西刊授大学学习。几年来，他先后买了500多本书，每到更深人静、查铺查哨归来，就潜心苦读。他猎取了大量知识，进一步提高了工作水平，被军、师评为“优秀政治教员”和“模范指导员”。

奋力为党的旗帜添光彩

1982年春，李建民被调到炮连任指导员、党支部书记。这是个有名的后进连队。

李建民到职头一个月，全团组织军事、政治、文化、纪律等全面检查考核，结果，十项评比，炮连有九项背了倒榜。

有人埋怨李建民“老实人吃亏”。因为过去考核时，连里有人能走后门摸考题，结果名次往往不在全团最后。这一次，李建民堵了后门，“宁顾实实在在垫底，也不要弄虚作假的第一。”在宣布考核成绩的全团军人大会上，他当众立下军令状：“下次考核，炮连如果再垫底，我李建民甘愿回山西当临时工！”台下掌声雷动。

回到连里，他趁热召开了党员大会，号召共产党员以模范行动为连队争荣誉，为党的旗帜添光彩！

不久，团里组织歌咏比赛，李建民指挥全连齐唱《解放军进行曲》夺得了第一名。接着，党支部带领全连扎扎实实地进行了作风纪律整顿，加强了教育训练，在年终考核中，炮连各项成绩都跃入全团前五名。

在这拼搏奋进的一年里，李建民的休息时间比战士少，汗流得比战士多。掏厕所，他第一个跳下粪坑；装卸车，他和战士个顶个地干；背水泥，别人一袋他两袋；搞训练，他以身示范，和战士一起摸爬滚打；节假日，他腰系围裙下伙房帮厨；看电影，他替战士站岗放哨。他以模范行动赢得了全连战士的爱戴。20 多名后进战士也在党支部的带动下团结前进了。

李建民既想到战士的今天，又想到战士的明天，帮助战士学会两套本领，成为军地两用人才。战士康洪爱好唱歌，李建民就教他识谱，学习乐理知识，使他成为连队的“小歌星”；战士谢广洪喜欢拉小提琴，李建民就给他创造练习的条件，培养成连队的文娱骨干；司机杜庆贵酷爱文学写作，李建民就送他练习写作的书籍，鼓励他把火热的斗争生活当作素材。三年前复员到秦皇岛造船厂当电焊工的战士邱进锋，两次高考落榜泄了气。李建民多次去信鼓励他，并让爱人从太原给他寄去辅导材料。小邱奋发进取，终于考上了轮船驾驶员。

李建民作为连队的党代表，时刻把战士的冷暖挂在心上。孤儿赵安臣退伍时，李建民想到他回家后寂寞，就把自己的收音机赠给他；战士李家金要退伍回到寒区，李建民就把母亲捎来的新驼绒背心让他穿上。退伍回到天津的战士王广英特意给李建民写来一封信，深情地说：你总像一盆炭火温暖着我们的心，你为我们做出了人生的榜样！

自觉保持共产党员的纯洁性

李建民不仅是模范政治工作者，而且是处处维护党的利益的优秀共产党员。

他从不以权谋私沾公家的半点便宜。有两个战士看到指导员至今连个箱子都没有，找来几块木板要给他钉箱子，李建民发觉后，马上让战士把木板送回工地。爱人来队探望，炊事员悄悄送来一只鸡。李建民得知后，找司务长论斤数两地付了款。

李建民对不正之风深恶痛绝。他结合连队的一些事例利用政治课给战士解剖“关系学”的丑恶实质，教育战士保持美好的共产主义道德和情操，提高了战士们抵制不正之风的能力。

李建民还以大无畏的精神同不正之风作斗争。在当战士时，他发现有个干部把施工的木材私自运走，就直接向营里报告，把木材全部追了回来。在当排长时，他发现有个别领导干部利用调动工作之机，把公家的营具窃为己有，就毫不留情地向党组织反映。

李建民就这样以高度的自觉保持着共产党员的纯洁性，无私地捍卫着党的利益，多次被评选为优秀党员。

【作者：张久忠、姜庆肇、叶旭林、杜殿文】

【《人民日报》1984年2月6日第1版】

深山女医生

——记全国卫生先进工作者万淑娟

修水，这是江西最大的一个县呐！方圆四千五百多公里，几乎都是起伏不平的山丘，山连峰、丘套岭。山上长满了茂竹、青樟和芭茅草，十步路外视线就被树草遮住，靠手电筒照亮。几十里路上常常没有一点人烟。一个女同志，走进崇山峻岭之中，那是要有一点"豁出来"的胆量的。她，一个女医师，此刻背了红药箱，急匆匆行进在去横山的小道上。这段路有四十里长。从小生长在南昌市郊，二十八年前，她才十八岁时在九江市的医士学校毕业，分她进这大山区，她二话不说，翻山越岭前来报了到。一干就是三年，没有回老家去探探父母。"病人那么多，医护人员这么少，我走了，病人怎么办?"她这样自问之后，主动放弃了探亲假。不知不觉在这大山里爬了十年。全县五十多个乡（公社）、几百个村子就都留下了她的足迹。走山间小道，不知什么时候会撞到豺、蛇和华南虎，她手里唯一的武器是电筒。现在，在去横山的路上，她拍拍电筒，怎么不亮了？摸了黑继续向前走！看看手表，已经是下半夜两点了。真累，真困哪！可是，病妇在难产，得坚持，坚持！"啊唷!"左腿怎么这样疼！她轻轻按摩着腿骨，然后忍着痛慢慢地一步又一步向前挪去，头上直冒汗。一直到凌晨四点，才看到前边茅草坑里亮着微黄的油灯。

她顾不得全身散了架似的疲劳，左腿刺心般疼痛，迎着病人家属激动的泪光，迅速给病妇作检查。"糟了！难产度大，不开刀孩子无法生下来！可是，没有必需的手术器械。"她忘了自己的一切，对病人家属说："抬病人到医疗队去!"

"万医师，你已经走了这么多路……"

"快，赶快——"万淑娟似乎突然来了力气，左腿也不疼了，几乎在下命令。她又和病人家属赶了四十里山路，才到医疗队。不知道饥饿了，对疲劳也麻木了，立即给产妇动手术。等到孩子呱呱坠地，母女平安时，已是次日下午三点了。万淑娟这时才觉得全身酥软，一头躺了下去……

谁知道就是这一次出诊扭伤的腿，疼痛加剧了。她敏感地发觉异样，一拍片检查，是破骨细胞瘤恶变，股骨下段骨质破坏严重。晴天一声霹雳，她的心一下子冷了半截。

"快去治吧!"爱人劝她。

"可不能再耽误了!"同行们警告她。

她点点头，说："我要去治。不过，我得把预约的病妇手术做完。"她忍着剧痛上手术台，给几个病妇做手术，豆大的汗珠往下落，实在支持不住，就稍稍靠一靠手术台，换口气继续干。

她去武汉住院。医生告诉她："要动手术。有两个方案，一是高位截肢，一是髋关节离断。"

"啊唷！不管取哪一种，我不就成了终身残疾了吗！那我怎么还能在山区为人民看病呢!"

"是啊，你还年轻……可惜，发现晚了。"

"医生，请你们一定保留我这腿，再想想办法吧!"

有高度责任感的医生，被万淑娟诚挚地为山区人民献身的精神所打动。她们反复查找资料，反复检查，各方共同会诊，最后采取挖除肿瘤、移植骨质填塞在左腿内的办法，四处开刀，进行植骨。手术整整做了十三个小时，终于保住了她的腿。她切身感受到："高尚的医德和精湛医术应该是我的好榜样!"她拖着用石膏固定了的腿出了院，不能干重活，就帮助护理室做棉签，空下来发奋读妇科方面的专著。她想："妇女疾病缠身，有苦难言。特别是在山区，妇女有了病，少医少药，轻病拖成了重病。我要用过硬的医术给她们解除痛苦，就像武汉医生为我解除病痛那样!"

"万医师，救救我吧!"一个才二十六岁的妇女叫车文英的，见到万淑娟就诉说：自己得了尿瘘病，去做了二次修补手术，都不见效，丈夫离了婚。尿瘘病是一种整天滴尿、长年裤湿的毛病，主要是因为山里缺医，接生婆在接生时，把膀胱或输尿管抓破而造成的。治疗这种病，只能进行手术修补，难度大，要求高。万淑娟听完车文英的诉说，又难过又激动。她努力克服自己的冲动，先检查车文英的病况，原来是左侧输尿管阴道瘘，这手术比一般尿瘘更复杂。有同志建议让她转院。万淑娟见车文英无亲无故，到外地治疗困难太大，就大胆提议："我们来治好她!"万淑娟反复研究有关资料，向老同志请教，终于做成了手术，术后病人的护理及吃用全由她和别的护理员包了下来。不久，车文英重新建立了家庭，生活得很幸福。从1976年起到如今，万淑娟先后使九十六位因尿瘘病而痛苦了多年的妇女重新有了生气，组织了家庭。

子宫脱垂给妇女带来的痛苦也是难以形容的，有的连凳子也不能坐。有个妇女实在忍不住了，自己用刀子去剪割脱垂的子宫。可见病人求治的心情何等迫切！万淑娟在山区，先后治疗二百多例，全部治愈，并且培训本地乡村医生，使她们掌握这门技术，可以随时为病痛的姐妹解忧。

计划生育在农村是不易开展的，特别是输卵管结扎。不少妇女担心扎坏了就苦半辈子。但是，在修水和永修两个县，只要听到万淑娟来了，妇女接受结扎的就没顾虑了。万淑娟共结扎了一万四千九百多例，没有一例差错事故。她还培训了九十九个同行，使她们成了当地的结扎能手。"计划生育的开展，本来就在农村有阻力；如果群众一旦相信了我们，要我们动手术，我想，在技术上精益求精，小手术当大手术干，把第一万例当第一例那么精心，例例做到稳、准、轻、好，那么，就不光是个技术问题，也是对于基本国策的推行尽了一份力量!"万淑娟经常这样对同行们说。由于她妇科治疗的技术精湛，已被晋升为妇产科主治医师。

从医二十八年来，万淑娟敢于"碰硬"。子宫颈癌手术，她也敢做，经过她手术的二十五例子宫全切除手术，都取得了成功。她还巧妙地用简易方法治愈了三百多例山区的大脖子病。

如今已有八年党龄的万淑娟，半年前，已被任命到另一个山区县永修县担任卫生局局长，但她一身二任，继续在当一名山区的妇科医生。近年来，她被评为全国“三八红旗手”、全国卫生战线先进工作者和省劳动模范。

【作者：赵相如、石晓文】

【《人民日报》1985年1月27日第3版】

当代“时传祥”

——记广州卫生处理厂厂长刘发

2月15日，中华全国总工会书记处作出决定，授予广州卫生处理厂五一劳动奖状和全国先进集体称号；授予广州卫生处理厂厂长刘发五一劳动奖章，并号召全国职工向广州卫生处理厂学习。

这一消息传到卫生处理厂，工人们都说：“刘发厂长得五一劳动奖章，是当之无愧的。”

人生的意义和价值是什么？刘发作出了最好的回答。他说：“一个城市没有我们这一行，三几天还可以过得去，十天半月，死畜就要腐烂发臭，社会环境就要被污染，甚至可能引起瘟疫。所以，我服从党的需要，宁愿一人脏，换来万人康。这工作光荣，有价值。”他干的是最脏、最累、最臭的活，可他的思想境界是最高尚的，灵魂是最净的。

五十三岁的刘发，从1951年开始就当清洁工人，他扫过马路，清理过粪便，在珠江里捞过死畜。

“你是怎么看待自己的工作？”在采访中，我们问他。

他说：“像我们这样的老工人，有着强烈的翻身感，对党有着朴素的阶级感情，党组织让我们干这一行，我们就干上、爱上了这一行。干活，就得干出工人阶级的样子。”

他说得那么平淡，既没有什么高深的理论，也没有什么惊人的语言。然而，这一思想正是我们工人阶级最高贵的品质之一，也正是我们今天的青年工人应该继承发扬的。

厂里最臭的活是剥死猪皮。刘发总是主动干。

厂里最呛人的活是一年一度的清烟道。遇到这一活路，刘发经常拿着小铲钻进炉膛。

厂里最笨重的活是到火车站抬死牛。三年前，刘发到火车站抬死牛时，不小心跌倒，至今每逢天阴下雨，左膝还隐隐作痛。可是一到需要肩抬死牛，他又拿起了竹杠。

随着岁月的流逝，卫生处理厂的老工人一批批退休了，一茬又一茬的新工人来到了工厂。他们与老环卫工人比，有着明显的优点：文化高，脑子灵，思想活跃。可是对又脏又累的工作，却有种种不正确的想法。刘发对青年工人怀有真挚的爱，几乎把大部分业余时间都用在对青年工人的家访谈心上，他启发青年工人继承老一代工人阶级的光荣传统，在卫生处理厂安心创业。为了和青年人交朋友，他常常参加共青团组织的活动。青年工人家中有困难，他总是最先了解，热情相助。在这个工厂，工人们亲切地喊他“发叔”。

前段时间派车外出收死畜时，有的青年工人争着上有吊机的汽车，有的青年工人争着坐在司机座旁边，刘发每次出车收死畜，总是上没有吊机的车，站在拖卡上。有时下大雨，青年工人们过意不去，纷纷请他坐在司机座旁边。他却笑着说：“我人老，骨头硬朗，淋点雨没什么大不了。你们年轻人要是淋了雨，生了病，妈妈会心疼的。”青年工人们听后都很受感动。他们纷纷学习老厂长，把困难留给自己，把方便让给别人。

工人卢睿奇，工作比较积极。但过去有段时间，如果逢年过节由于死猪太多而推迟下班，他就发牢骚。刘发了解到，他在广州市没有家，姑妈逢年过节都请他吃饭。知道这一情况后，刘发没有责备他，在一次过节时，主动提出替他顶岗，让他正点下班。事后，刘发又跟他讲了个人利益要服从生产需要的道理，使卢睿奇深受教育。往后，每逢加班，他总是尽可能由自己承担，让有急事的工人先走。他说：“年轻人误了约会，对象不高兴；当父母的误了接小孩，幼儿园阿姨有意见；家务多的误了买菜，会影响全家人吃饭。发叔过去牺牲休息时间替我顶班，我现在也要学习他的好榜样呵！”

刘发对又脏又臭的工作，总是抢着干，而对个人利益，对个人荣誉，他总是一让再让。

刘发的妻子是一名扫街工人。她多次要求刘发想办法把她由集体所有制单位转到国营单位，以便端上铁饭碗，获得好一点的待遇。刘发总是对她说：“够吃够穿就行了，要那么多钱干啥？”

刘发用自己的行动教育了青年工人，带出了一支有理想、守纪律的工人队伍。他被人们誉为“八十年代的时传祥”。

【作者：谢烽、蒋涵箴】

【《人民日报》1986 年 2 月 27 日第 4 版】

自信　自强　自尊

——记模范思想政治工作者熊元启

1985年7月30日，石油部江汉石油管理局仪表厂宣传科科长熊元启被癌症夺去了生命，年仅四十一岁。

仪表厂沉浸在悲痛之中。追悼会原计划只邀请一百名左右的职工参加，但冒着三十七八摄氏度炎热前来吊唁的却有四百多人。追悼会上，人们在低回的哀乐中潸然泪下。追悼会后，上百名职工又自动加入到送葬的行列。一位因出差未能见到熊元启最后一面的老工人，回厂后悲恸地呼喊："熊科长啊，原谅我吧，我来晚了！"

这位普通政工干部的逝世，为什么如此牵动人心？一位青年工人为熊元启写的两句诗可以作为回答："英雄不独疆场出，闪光尽在细微中。"

改革也需要另一种工程师

1979年底，江汉油田钢管厂喜庆投产之日，也是上级决定这个厂停工转产之时。一时厂里工资发不出，人们的笑脸变成苦脸。有人编出顺口溜："关停转，没活干，人心散。"机关干什么？有人提出要设法"自谋出路"，"宣传科有照相机，干脆摆摊照相吧！"

经济调整是国民经济从比例失调走向良性循环过程中的必要阵痛。在这转折关口，熊元启保持了清醒的头脑。他对科里的同志说："革命战争年代，有力的思想政治工作，保证了革命队伍艰苦奋战而不溃散。企业越是困难的时候，越是需要加强思想政治工作。"宣传科的同志齐心协力地投入到了转产的宣传中。

除夕之夜，家家都在吃团圆饭，熊元启却在凛冽的寒风中蹬着自行车，找到了八里外的政治处副主任任登美家里。任登美看到他气喘吁吁，以为出了什么事。熊元启说："开展经济调整的形势教育，需要写个材料，我想乘这个空跟你商量一下。""不行！叫花子也有三天年嘛！"但熊元启坐着就是不走。这一夜，他们商量了很久。临别，任登美嘱咐："过完年再赶材料。"可是初四一上班，一份万字讲稿送到了任登美面前。

形势教育有力地配合了工厂的转产，不久厂里生产出了畅销国内市场的新钢管。钢管厂的同志回忆往事，至今难忘熊元启拿着讲稿、扛着话筒在各车间奔走、鼓动的形象。

1983年10月，熊元启调到仪表厂担任宣传科长。当时，全党实现了工作重点的转移，思想政治工作中批判了"假、大、空"的"左"的影响，社会上流传着"技术干部硬邦邦，政治干部不吃香”一类的说法，出现了轻视、贬低政工干部的现象。在这种气氛中，仪表厂有四名政工干部改了行，连“老政工”、宣传科的一名副科长也说“宁可去守大门”都不愿再干下去。厂党委的一位秘书找熊元启谈心：“我们趁早改行吧！”熊元启的心情很不平静。他一连几晚登门找副科长谈心，讲十一届三中全会以来党中央关于加强思想政治工作的一系列指示：“我们政工干部可不能被轻视政工干部的风刮迷了眼啊！”对那位想改行的秘书，熊元启热情洋溢地说：“我看生产建设需要工程师，改革也需要另一种工程师。政治工作者是人类灵魂工程师，让我们都做这种工程师吧！”

1984年8月，熊元启和厂党委书记陶天录到工厂的上级机关油田制造公司参加思想政治工作汇报会。会上，他又听到了“过去知识分子是臭老九，现在政工干部变成了臭老十”之类的牢骚话。特别令他难受的是，这类话还往往出自政工干部之口。他不明白，政工干部为什么要自轻、自贱，往自己身上泼污水呢？本来，他是个比较内向的人，但在这次会上，他不禁挺身而出，列举事实，慷慨陈词：“只要共产党存在，共产主义运动在进行，思想政治工作就少不了”，“精神力量是我们的优势，只有充分发挥这个优势，才能更快地把经济建设搞上去……”

位卑未敢忘忧国。熊元启把近几年中遇到的事联系起来思索，感到轻视和自轻政治工作，不只是几个人、几个单位的问题。这种现象，影响政治工作作用的发挥，妨碍改革的进行。他觉得有责任向同一条战线上的战友们呼喊：

——我们要自信，相信自己所从事的事业是高尚的、光荣的，是社会主义物质文明和精神文明建设不可少的。经济改革绝不是要改掉思想政治工作，而是要通过改进和加强思想政治工作来为经济建设服务。

——我们要自强，以顽强的意志和开拓精神，用事实来提高思想政治工作在人们心目中的地位。

——我们要自尊，要作风正派，大公无私，这样才能加强思想政治工作的说服力和感染力，得到别人的尊重。

这篇题为《试论政工干部要自信、自强、自尊》的论文一问世，迅即在江汉油田、在石油战线、在湖北省、在全国政工研究会上引起强烈反响。人们评论：这篇文章切中时弊，对政工干部有振聋发聩的作用，“自信、自强、自尊”的精神，集中地概括了新时期政工干部所必须具备的思想和品德。

火炬，点燃自己，照亮别人

1985年4月的一天傍晚，湘西北的崇山峻岭中，一辆运毛竹的汽车，从山腰翻进深谷。司机跌断胳膊，搭便车的农民，三人摔死，九人重伤。一辆“东风”卡车路过，司机毫不迟疑地伸出了救援之手，忙碌了一夜。遇险的人得救了，这位司机却没有留下姓名。

人们根据车号，从4月寻访到9月，找到了仪表厂汽车队，给这位名叫陈怀义的司机送来一面锦旗和五十元酬金。这位四十七岁的老工人，把这笔酬金悄悄地送到了已经逝世一个多月的熊元启的家中。熊元启的妻子成已珍把钱退回他，陈怀义又把钱送过去，这样互相推让了三次，陈怀义只好把这笔钱“化整为零”，一次又一次地买东西，把钱花到了熊元启的孩子们身上。陈怀义说：“我送的是一片心啊！是熊科长给我树立了做人的榜样。”

汽车队的队长谈起这类感人的故事时，控制不住自己的感情，边说边抹眼泪：“熊科长活在我们工人心里，他生前对汽车队的帮助实在太大了！”

汽车队是熊元启的“联系点”。1984年底，汽车队实行经济承包，司机按吨公里计奖。端掉了“干多干少一个样”的“大锅饭”，司机们劲头大了，队里收入多了。但是，也有人以为“承包就是多捞”，干活挑肥拣瘦，把外出揽活捎脚的收入当“外快”装进了腰包。熊元启及时提醒队干部：“改革要坚持，但不能以为钱能够解决一切问题，政策越宽，越要加强思想政治工作。”又要放开搞活，又要严格纪律，具体应当怎样做？熊元启和他们一起调查新情况，研究改革中加强思想政治工作的“新招数”，并建立起每星期一检查纪律的制度。他又到司机中宣讲改革的目的、意义，讲如何处理国家富和个人富的关系。有一个青年司机，私留了捎脚费，熊元启专门抽空跟这位司机出车。熊元启身体瘦弱，一米七一的个子，体重不满百斤。跟车中，他坚持帮助装卸货物，累得汗水湿透了衣衫。行车间隙，熊元启讲开了故事，他讲到周总理的事迹，讲到雷锋节省生活费支援灾区，讲得这个青年激动地说：“熊科长，我知道该怎么做了！”不久，这个司机在外揽活，别人塞给他四百八十元“红包”，他马上分文不少地交到了队里。

这一年，汽车队坚持在承包中加强思想政治工作，不仅为工厂多盈利十五万元，而且全队四十八名司机，个个“单车千里，一路清风”，主动上交的外出“捎带费”就达一万四千多元，成了全油田物质文明和精神文明建设的模范单位。

在新形势下，熊元启就是这样勤于思考，积极探索，努力把思想政治工作做到实际工作中，做到职工的心坎上，保证生产和改革的顺利进行。他把这视为“思想政治工作改进的方向”。他说，只有变思想政治工作同实际工作“两张皮”为“哥俩好”，思想政治工作才能“由虚变实、由粗变细、由死变活、由弱变强”。

形势变了，熊元启坚持对职工进行系统的马列主义理论教育不变，但同时又善于结合变化的形势进行这项“基本建设”。人们介绍，他擅长于“集中讲大课”，用理论帮助职工“明理”，“治本”，让群众掌握真理，自己打开心头上的“锁”。他在仪表厂宣传科建立了“联系点”制度，规定每个同志一至二个月要下基层做一次专题调查，解剖“麻雀”，掌握“脉搏”，写出职工思想动向分析报告，然后有的放矢地开展理论教育。他在不到两年的时间内，就提出了十个针对性很强的专题教育方案，在职工中开展了改革形势、党风党纪、物价改革、法制教育、否定“文化大革命”、开发新产品等专题教育。他讲课，有理有据，深入浅出，工人们听得入耳。职工们还记得，有一次讲到如何看形势，他不仅讲道理、列数据，还一连举出了七个群众生活变化的例子。他诙谐地说：“过去呀，我们端个小板凳，走七八里路在露天看电影，还说形势大好。现在坐在家里的沙发上，一边喝茶嗑瓜子，一边看电视，有人还发点牢骚……”说得大家会心地笑起来，在笑声中提高了认识。

有人说，现在的小青年，重实惠，轻信仰，具有“抗药性”，很难向他们灌输马列主义。熊元启也曾为此犯愁。计划三十人参加的青工理论培训班，只有七个人报名。但熊元启没有因此却步，而是把培训班越办越活泼。他采用“感性启迪法”，组织学员到荆州地区博物馆、社会福利院、工农业展览馆等处参观；他采用“挂图教学法”，和宣传科副科长张树林一起，动手搜集、绘制了几十幅图表，使抽象的原理形象化。上哲学课，他用一颗葵花子由种子到发芽、开花、结果的一系列变化图，讲解否定之否定的规律；上政治经济学课，他用工厂生产、销售产品的过程图，讲解剩余价值的原理。培训班还举办智力竞赛、演讲会、赛诗会，寓教于乐，以乐促教。这样适应青年“求新、求知、求乐”的特点组织理论教学，不愿进班的来了，来了的要求延长培训时间。老工人们普遍反映，经过学习的小青年，“说话办事都好像多了一把尺子”。青工培训班一连办了十六期，一期比一期办得好。全厂三十五岁以下的六百多名职工，绝大部分得到培训，他们中大多数人要求入党入团。仪表厂因此一跃成为全油田青工培训的先进典型。

出色的政治工作赢得了职工的爱戴。1984 年，全厂各个党支部一致推选机关政工支部为模范支部，宣传科还夺得了机关科室中唯一的流动红旗。这年年底，油田宣传部到仪表厂调查，以“这里政治工作的威信越来越高”为题，总结他们的经验在全油田推广。经验是什么？熊元启说，关键还是要政工干部自己以顽强的意志和开拓精神做好工作，政治工作只有改进才能加强，要有作为才会有地位。

熊元启开拓精神的源泉是什么？宣传科的同志们认为，来源于他对马列主义的坚定信仰和刻苦钻研。请看一下党的十一届三中全会以后熊元启的部分学习笔记：学习党的十二大文件心得笔记约五万字，学习党史笔记十万字，学习哲学笔记约五万字。他还学习了政治经济学、心理学、法学、新闻学、国民经济管理学、现代汉语等。他只有初中文化基础，但去年夏季一次成人自学大学课程统考，仪表厂自修班总分考了全局第一，他个人的考试成绩在全局名列第二。

他家人口多，生活很简朴，但他买书却舍得花钱。有次外出，妻子叮嘱他买件好衣服。等他回来，孩子们打开提包，都惊讶地叫起来：“尽是书!”

熊元启的两个孩子，取名都带上了火字边。一个叫“焰焰”，一个叫“炜炜”。熊元启说：“我就要那个火字，火炬，发热发光，燃烧自己，照亮别人。”他自己正是一支熊熊燃烧的火炬，用马列主义的光源，点燃了自己，照亮了他人。

开发出人们心灵深处的精神能源

在群众的心目中，熊元启是一个可亲、可敬、可信的良师益友。

仪表厂青工小侯热衷于“结交好友，扬名江湖”，往往一个月干不了半个月的活。提起他，有人直摇头，说他“制度卡不住，奖金拴不住”。

但熊元启满怀信心去做小侯的工作，他看到了小侯的闪光点。

在一次车间会上，小侯听别人说他后进，顿时火冒三丈，拂袖离去。在自尊心的后面，不是潜藏着上进心吗？

小侯爱买书读书。知识，难道不正是启迪良知的益友？

熊元启从谈读书入手和小侯接近：“你爱读什么书？”这个有点傲气的小伙子心里好笑：我倒要难难这个“万金油”！他歪躺在床上，“我爱读《诗经》。”“《诗经》啊共有三百零五篇，分风、雅、颂，你喜欢什么？”小侯吃了一惊，从床上跳下来，两人越谈越投机了。

熊元启一次次主动上门，和小侯从读书谈到追求，从历史名人谈到人生的意义。他说：“青年要树立远大的革命理想，没有理想就像没有风帆的船。”小侯曾有入团的念头，但又缺乏勇气。熊元启开导他：“一个人有两条生命，一条是生物意义上的生命，另一条是政治生命，只有具备这两条生命才是完整意义上的人生。”

这样，小侯逐渐有了变化。他参加青工理论培训班，被评为优秀学员，熊元启给他送去了奖品。回到车间，小侯月月超额完成任务，还考进电大，入了团，带上了徒弟，成了生产骨干。熊元启又及时选派他参加了全公司青年培训班优秀学员演讲会。当小侯登上讲台，讲到自己的变化时，全场响起热烈的掌声。

小侯在掌声中受到震撼，他感受到了真正的信任、希望和深厚的爱。他牢记着：是熊元启点亮了他的心灵之灯，帮助他编织了理想的花环。熊元启逝世不久，小侯含着眼泪，写出了他的入党申请书。

熊元启曾经收藏的报纸上的一篇文章，他在其中的一段话下面划了粗粗的一道红杠：“短处人人皆有。我们政治工作者的天职，不是抠出别人短处，把人治住，而是在激发每个人的长处之中，把人人变成英雄。”他非常欣赏这段话，因为这也是他的指导思想。他说：“石油工人要千方百计地从地下开发出物质能源。我们是做人的工作的，就要像钻井工人那样，千方百计地去开发出人们心灵深处的精神能源。”

钢管厂有个青年党员，认为找个“理想情侣”是人生的最大幸福。他找对象有三条标准：一是家庭有权，叫“权力支柱”；二是有钱，叫“经济支柱”；三是漂亮，叫“精神支柱”。结果挑三拣四，犯了错误，受到党纪处分，从此一蹶不振。熊元启在车间蹲点，主动地接近、帮助这位自认为被人嫌弃的同志，以火热的赤诚，温暖了这颗冷却的心。这个青年振作起生活的勇气，把过去的“三条标准”改成了争当合格党员的“三条规划”，每月争取做三件好事，重新获得了群众的好评。

熊元启就这样时刻不忘开发精神能源，而且往往匠心独运，有所创新。仪表厂地处偏僻，有些青年因业余生活单调，跑到附近农村偷鸡摸鱼，寻求刺激。团委想举办舞会，但有人担心会“跳”出问题。熊元启积极赞成办舞会，理由是：“只有千方百计美化、活跃职工生活，才能有效地抵制不健康的东西。”他为准备舞会忙前忙后，同时建议在舞会中定标准，搞评比，办成一个“仪表美、舞姿美、旋律美”的“三美舞会”。连发的奖品也是美的：整洁的领带，别致的胸花，美丽的花卉。舞会开得青年心花怒放，也使一些爱美不识美的青年在娱乐中陶冶了情操。

在塑造别人又塑造自己的岗位上

仪表厂工人袁本新与熊元启同住一幢楼。经过十年内乱，他曾给自己“约法三章”，其中之一是不与政工干部为伍，因此对熊元启敬而远之。但通过观察，他发现熊元启平易近人，克己奉公，不是那种“嘴上呱呱叫，行动不对号”的干部。袁本新到熊元启家安装纱窗，进屋发现，在这位当了多年仓库管理员、指导员的家里，唯一像样的家具大衣柜，是别人转让的，长期没有上漆；翻箱倒柜竟然找不出一根木条、一颗钉子。他不由打心眼里敬佩熊元启。熊元启去世不久，国庆节连星期日休假三天，袁本新就到熊元启家当了三天义务油漆工，他默默地把那个大立柜漆了一遍又一遍……

熊元启把政工工作称之为“既塑造别人又塑造自己的岗位”。他说：“政工干部担负着培养人、教育人的重任，如果自己不作出表率，道理讲得再好也没有人听。”他是真理的宣传者，也是身体力行的实践者。他生活在群众中，群众听其言，观其行，把他视为楷模。他的老父亲拣回几块从包装箱上拆下来的破木板想拿来当柴烧，他请示父亲把木板送还到原来的地方。他在家乡石首县碰上本单位的过路车，顺便带回了几件箱柜，随后他就找会计，主动交了八元钱的汽油费。他说：“公家的便宜丝毫也不能沾。”他要求妻子成己珍“上班走在别人前头，下班走在别人后头”。有一次，成己珍在上班时买菜回家，马上受到他的责备。成己珍挑着家务重担，本来就委屈，气得同他吵架：“你当你的干部，我当我的工人，我不沾你的光，你也别管我！”熊元启耐心地说服他：“干部家属要注意影响，不然叫我怎么去做别人的工作？”

熊元启这种公私分明、严于律己、从不索取、只求奉献的品德，在他面临死神威胁、生命垂危之际，更是像聚光点一样集中地闪现出来。

1985 年 5 月中旬，熊元启发现腹部隆起一个肿块，经医院检查，是个不祥之物，急待确诊。当时厂党委安排全面否定“文化大革命”的教育补课，原定 22 日熊元启讲这一课。科里的同志都提出不要他讲了，催他速去武汉看病，但他还是硬撑着登上了讲台。听课的人看到，他额头冒汗，脸色发白，不到半小时便坐不稳了，常常用手压迫肝区，用桌子紧紧地顶住腹部。这一课，他竟坚持讲了整整两个小时。

5 月 31 日，熊元启的病在武汉确诊为晚期肝癌。谁知写着“癌转移”的诊断书落到了他本人手里。陪护的同志急得不知所措，熊元启却镇定地对他们说：“我是共产党员，我知道该怎样对待。”晚上，他依然靠在床上，聚精会神地看他带来的那本《国民经济管理学》。陪护的同志把书夺过来，逼他睡觉，他把书要回来，一直看到翌日凌晨。6 月 1 日，熊元启乘救护车回厂，又一路手不释卷。在路上颠簸了近六个小时，回到家里没等妻子发问，他微微一笑：“医生说可能是个良性瘤，问题不大。”吃完晚饭，熊元启又翻出一叠文稿，伏在桌子上改写起来。他改写的是一份在全厂开展“谈形势、议改革、顾大局、守纪律”的教育提纲。第二天一早，熊元启拿着这份提纲走进党委办公室，厂党委书记陶天录正和厂医研究他的治疗问题。熊元启急忙说：“我才四十一岁，一时半时不会出问题，我希望搞好这次教育再去治疗。”陶天录的眼圈红了：人，最宝贵的是生命。熊元启啊，你身患绝症，还一心扑在工作上，全然不顾自己！

熊元启第二次到武汉治病，住在他工作过的油田汉阳仓库，仓库领导给他派了几次车，他十分不安，要妻子陪他去乘公共汽车。看一次病，要换两次车，步行两里路，来回五个小时。时值盛夏，看病归来，他浑身汗透，瘫软在床上。成己珍求他：“现在不找领导不行了！”他坚决地说：“我不能工作了，不能再给组织上添麻烦！”

在生命的最后半个月，他住在油田职工医院，自己需要照顾，却要妻子去关照邻床的病人。剧烈的疼痛折磨着他。成己珍望着他因痛苦而扭曲的身躯，含着泪劝他：“你疼就喊吧，喊出来会好受些。”他怕影响别人休息，即使牙床咬肿了，嘴唇咬裂了，枕巾被汗水浸透了，也从不喊出声来。这是何等坚强的毅力！

熊元启中年谢世，膝下尚有未成年的孩子，最大的十五，最小的十岁，昏迷中，他呼喊着“孩子！孩子！”在武汉治病期间，他知道不久将与亲人永别，望着妻子深陷、忧郁的眼睛，他内心阵阵痛楚：“己珍，我这病难治好了，一起生活了十五年，我对你关心太少了……”他哽咽着，坚持要为妻子买一双称心的皮鞋。他摇摇晃晃，靠着妻子的搀扶，走几步，歇一阵，还没有走到商场，就蹲在地下起不来了。成己珍再也忍受不住了，自己跑进商场，随便买了一双皮鞋就匆匆转来。熊元启听到她说满意，痛苦的脸上泛起了笑容，而成己珍的泪珠止不住落了下来。

“无情未必真豪杰”。在熊元启的心底，埋藏着对妻子和孩子们最真挚的爱。他是一个共产党员，也是妻子的丈夫，孩子的父亲。弥留之际，他觉得为党工作得太少，给予亲人们的也太少了。

但是，当陶天录征询他身后对组织有什么要求时，他说，“党给我的够多了！”他没有提出任何一条个人要求。有几位同志私下对他说：“你是政工干部、共产党员，有些事不便同组织直接提，那就对我们讲吧。”熊元启坦然地笑笑：“我要有要求，早对组织谈了，何必要绕这个弯子呢？”他看到成己珍也在场，接着说：“你们，包括己珍，都不准向组织伸手，这就是我的要求。”

熊元启1944年出生于湖北省石首县乡林镇，二十二岁加入中国共产党。他以平凡而又光辉的一生，塑造了一个自信、自强、自尊的政工干部形象，塑造了一个无限忠诚于共产主义事业的共产党员形象。他的事迹迅速传遍江汉油田、石油战线。江汉油田的每个角落，都掀起了学习熊元启的热潮。石油部授予他“模范思想政治工作者”的光荣称号。中共湖北省委书记关广富专程到江汉油田调查熊元启的事迹后，称赞他是在开放搞活经济的新形势下，勇于和善于探索思想政治工作新路子的一名尖兵，是用马列主义照亮自己又照亮了别人的人。在中国职工思想政治工作研究会第二届年会上，中共中央书记处书记邓力群写下了“熊元启同志是思想政治工作队伍的忠贞榜样”的题词，号召全国政工干部向他学习。来自全国的几百位政工干部，无不为他的事迹所感动。参加会议的几位老一辈革命家听到他的事迹止不住热泪盈眶。

熊元启曾在他学习党的十二大文件的体会中写道：“共产主义一直在实践着，道路就在自己的脚下。”熊元启一直走在实践共产主义的道路上。这条光辉的道路，正在全国千百万政工干部、共产党员的脚下延伸……

（中共湖北省委宣传部江汉石油管理局党委　联合调查组）

【作者：黄发森、梁均贵、李永长、周东爱、龚达发】

【《人民日报》1986年5月5日第1版】

王风山：雷锋的学生

王风山今年 42 岁，1964 年从抚顺市入伍，现在是某部修理营志愿兵。他入伍 24 年来，坚持以雷锋为榜样，干一行爱一行，曾 35 次受嘉奖，四次荣立三等功、一次荣立二等功，多次被上级树为“学雷锋标兵”、“优秀共产党员”。

“只要工作需要，怎么安排都行”

王风山上初中时，雷锋是他们学校的校外辅导员。他经常和雷锋接触，不断受到雷锋的教育。“一个革命者应该把革命利益放在第一位，全心全意为人民服务。”雷锋这句话一直铭刻在王风山的脑海里。入伍后，他坚持用雷锋那全心全意为人民服务的精神指导自己的言行。每逢工作调动，领导找他谈话时，他总是憨厚地一笑：“只要工作需要，怎么安排都行。”24 年来，他当过卫生员、保管员、炊事员、饲养员、修理工、钳工，也当过副班长、代理排长，还随部队出国执行过援外任务。尽管工作换来换去，他却干一行爱一行，行行干得出色。有一年，王风山家里来信，说他父母同时患病，弟妹还小，无人照料，催他赶快复员。组织上根据他家的实际情况，批准他复员。就在王风山临上火车时，领导又追到火车站，让他继续留队。面对这突如其来的情况，他十分为难。送行的几位同志见状，连拉带推把他拥上车。经过短时间思考，他毅然决定留下来。以后，领导上又两次确定让他复员，但是根据工作需要又两次留他继续服役。每一次他都听从党安排。

1983 年，上级明文规定志愿兵服役满 15 年可以复员，而且和干部转业一样安排。他妻子来信说：“义务兵的服役期只有三年。你一干就是 20 多年，咱家七代人的义务都让你尽完了。你赶快回来吧。”他的一个亲属在抚顺市人事部门工作，答应王风山复员后，工作不成问题。王风山却只有一句话：“走和留是组织上考虑的事。”

24 年中，组织上曾六次决定把王风山提为干部，有三次已经填写了提干报告表，但是由于种种原因，都没有提成。修理营组建那阵子，他代理排长已经很长时间了。新排长到任后，王风山主动介绍了排里的详细情况，愉快地回到班里当了战士。不久排长离职学习，领导上让他继续代理排长。王风山从来没有因此闹过情绪。和他同期入伍的人，有的进了师的领导班子，或是走上了团的领导岗位，最低的也是营职干部。对此，人们难免有些议论。王风山每次探家，亲友们问他在部队是什么头衔，王风山总是爽快地回答：“当战士！”有的人劝他说：“四十多岁的人了，还是个大兵，有啥当头！干脆脱下军装回城算了。”王风山从不把这些话往心里搁。他认为不能辜负党的培养，不能辜负雷锋同志的教育。

“只要是为了工作，个人的事就得往后靠”

有的人年龄越大，干劲越差。王风山却认为，受党的教育时间越长，觉悟应当更高，干劲应当更大。有一次部队进行规模较大的演习，上级要修理营赶制100套“电动吊葫芦”。时间紧，要求高，而本营从来没有制造过。王风山“毛遂自荐”，主动把这项艰巨任务揽了下来。他向书本和内行人请教。为买材料，他一次次往返60多里跑市里，走了许多五金商店和36家工厂。时间不够，他加夜班总计达2000多小时。

正当王风山干得起劲的时候，他妻子来电报，说他岳父去世，催他回去处理丧事。他结婚后，妻子一直住在岳父家里，两个小孩也是岳父给拉扯大的。老岳父去世，他若不回去，似乎不近人情；要是回去吧，赶制“电动用葫芦”要受影响。他经过冷静思考，哪头轻、哪头重，哪该往前提，哪该往后放，心里明白了。于是，他把电报往兜里一装，又投入到了紧张的工作中去。直到工作完成，在领导的再三催促下，他才启程奔丧。等他到家，岳父的丧事已处理完10多天了。

王风山入伍后曾10多次探家，从没有超过假和续过假。妻子曾多次来队，他也没有因此影响过工作。他说：共产党员若是让个人的事缠住手脚，那党的事业怎么能干好。

“只要能加强连队建设，我甘愿多操心”

王风山周围不少干部，有的受过王风山的领导，有的是王风山看着成长起来的。这些同志对王风山很关心，很尊重。同志们这样做，更激发了王风山的工作热情。他对自己约法四章：当兵吃亏甘心；服从需要安心；为部队建设尽心；让党和人民放心。平时他看到连队有什么问题，干部有什么不足，都满腔热情地指点。连队新配的指导员缺乏经验，忽视抓骨干队伍，使连队建设进步幅度不大。在支委会上，王风山直截了当地提了出来，党支部采纳了他的意见，采取了许多有效措施，使连队成为先进连队。有的战士入党动机不够端正，有的战士纪律松弛，王风山总是积极协助连队干部做这些同志的工作，现身说法讲怎样当好战士，怎样尊重和支持干部工作。因此，许多战士亲切地称他是“编外指导员”，连队的“老顾问”。

【作者：邱天增】

【《人民日报》1987年3月2日第4版】

两袖清风　一身正气

——记模范检察长周公义

在吉林省检察系统采访，一提到蛟河县人民检察院检察长周公义，干部和群众总是欣喜地说：今年 2 月，最高人民检察院授予周公义同志“模范检察长”的称号，他是当之无愧的；吉林省委号召全省党员干部向周公义同志学习，这既是他本人的光荣，也是检察干警的光荣。

今年 54 岁的周公义，1984 年任县检察长。他从事政法公安工作三十多年来，多次立功受奖。先后被评为先进工作者、模范干部、优秀共产党员、省劳动模范。在检察长的岗位上，周公义用自己的言行，体现了人民检察官的高尚职业道德和优秀品质。

不打击罪犯就要得罪群众

1985 年 4 月，周公义到延吉市开会，蛟河县农业银行行长对他说：“老周，蛟河镇和天南乡信用社有以贷款谋私的问题，群众反映强烈。”

周公义听到这些议论后并不惊奇，早在 1984 年底，蛟河镇信用社的问题群众中就有反映，他决心把问题弄个水落石出。

周公义回到蛟河县，迅速组织办案力量，在县纪检委的配合下，深入全县 18 个乡镇，三十多个企事业单位调查，发现全县农行系统 23 个基层所、社中有 12 个存在严重经济问题。

周公义带领十几名检察干警来到蛟河镇信用社，一个问题一个问题地调查，查清了一件又一件的犯罪事实后立即依法逮捕了信用社会计权永男。权永男被捕后，支持的、反对的意见一起向周公义扑来：

“蛟河信用社肯定有问题，早就该查了。”

“权永男这样的人早就该抓起来。”

“权永男是行业的典型，能有问题吗?”

“那个地方是扯耳朵连腮动的，弄不好要翻车。”

面对这些议论，周公义并不在意。令人不解的是，当时的蛟河镇信用社主任马长林竟公开出面唱对台戏。他接连召开领导班子会、党员会和职工会。他在会上心虚地说：“权永男为大家搞福利被抓进去了，咱们可不能对不起人家。”并亲手安排人到权永男家“慰问”，四处活动。

周公义立即组织召开检察委员会，根据已经查清的犯罪事实，决定逮捕马长林。

马长林被逮捕后，县农行的一位副行长坐立不安，人前人后地散布说："给职工搞点福利有什么大惊小怪，无非是不正之风罢了，像马长林这样的就抓起来得抓多少？看他们怎么放人。"这位副行长还唆使在蛟河信用社工作的儿子说："检察院找你谈，你不说他们能怎么的？"

周公义得知这一情况后，找到那位副行长严肃指出："你儿子在蛟河信用社经常往家里拿东西，你就不问问来路？你为一个女人开假介绍信到广州冒充农业银行工作人员，用心是什么？还有你挪用白石山信用社4000元公款的事，都必须一一说清楚。"

周公义连珠炮似的提问，使那位副行长不得不低下头来。

当天晚上，周公义回到家中，老伴对他说："我支持你秉公执法，但有人对我说，你是50多岁的人了，要尽量少得罪人，可要考虑考虑退路。我看你应该想一想。"周公义对老伴说："党和人民把我放在检察长的位置上，就是要我保护人民，打击犯罪。在同犯罪作斗争中，不打击罪犯就要得罪人民群众。"

周公义排除干扰，带着办案人员进行着艰难的取证工作。

"实话说，马长林他们趁我贷9万元的低息贷款之机向我要了2000元现金。"这是周公义带领办案人员第三次找到证人曹秀兰时才获取的证言。

当周公义和办案人员第四次找到证人金允太时，他证实说："马长林、权永男一次就向我索要了现金3800元。"

慑于政策和法律的威力，在蛟河镇信用社工作的同案犯外勤组长全灿元也主动揭发马长林、权永男的犯罪事实。办案人员用了近两个月的时间，走访了9个乡镇，25个村屯，访问了136人，取证近千份，查清了马长林、权永男、全灿元贪污、索贿12.5万余元的犯罪事实。人民法院判处马长林、权永男有期徒刑各17年，判处全灿元有期徒刑三年。

执法不能掺私情

周公义经常教育全院检察干警："我们是执法干部，要执法严明，秉公办案。"

在查办另一起经济犯罪案件时，周公义在预审室里提审被告人，还没等他开口，被告人倒先说话了："周叔叔，你不认识我了？"

"认识。正是这样，我才有责任挽救你。"

"那我的问题你可以从轻从宽吗？"

"这要取决于你的犯罪事实。现在，你的唯一出路就是老老实实交待问题。"

这个被告人是蛟河县拉法乡信用社副主任孙明镐，他贪污现金一万元。他的父亲孙昌翼原是拉法公社的党委副书记，在"文革"中周公义和他的妻子曾被下放到拉法公社工作。周公义夫妇在那下放的三年里深得孙昌翼全家人的关照。孙明镐想到这些，才试探着向周公义提出了从宽处理的要求。

晚上，孙昌翼也来到周公义家。

"听说明镐的那个事是你办的？怎么样？"

"是我办的，问题很严重！"

"明镐身体有病，能不能处理轻点?"

"身体有病，看守所有药吃。关于犯罪的事按照法律该怎么办就怎么办。"

孙昌翼无言对答，闷闷不乐地离开了周公义的家。但是，没有过几天孙昌翼再次来到周公义家，仍然要求从轻处罚儿子孙明镐，周公义还是那句老话——"依法办事"。

周公义对老上级的求情不仅没有留面子，反而查出孙明镐受贿1500元的彩电和坤表等问题。接着，又发现孙明镐的哥哥还帮助弟弟转移赃物和订立攻守同盟的犯罪行为，经检察委员会讨论，决定以包庇罪对他的哥哥立案侦查。

几天之后，孙昌翼的老伴又来找周公义，她哭着说："你没有关照明镐，反倒把他哥也牵连上了，你就抓我吧，是我告诉他们干的。"看着这位老泪横流的妇人，周公义深情地说："老嫂子，咱们都是共产党员，党的政策、国家法律你也懂得，这不是我绝情，而是执法就不能掺私情啊!"孙的老伴失望地离开了周公义家。后来，法院判处孙明镐有期徒刑6年，判处孙明镐的哥哥拘役6个月。

为办案人员排忧解难

又是一个深夜，周公义仍然伏案翻阅案卷，核实证据。老伴心疼地说："老这样可不行，要把身子累垮的，你把案子交给年轻人办，你拍板就行了。"

"你先睡吧！光拍板怎么行，当检察长就要为办案人员排忧解难!"周公义习惯地说。

在办理经济案件中，当办案人员遇到"关系网""保护层"时，周公义总是态度鲜明地支持办案人员的工作，关键时刻他还自己上阵。

蛟河县拉法乡新民村党总支书记钟振山，利用职权之便，将村办砖场的红砖送人11.5万块，少收1.4万多元。此案涉及到县里十几个局、股级干部。有的人为被告人钟振山出主意想办法，让他四处告办案人员的状，诬陷办案人员。与此同时，有人找周公义说情，有人公开同办案人员吵闹，为办案工作设置障碍。

周公义得知这些情况后，立即和县委、县纪委联系，取得党委的支持。随后组织办案人员一个单位一个单位地走访。一天，办案人员找本县一位副局长级干部了解钟振山有关情况时，这位副局长竟和办案人员吵起来了，周公义找到那位副局长后严肃地说："红砖的差价，应该补交多少钱都要如数交齐。"

周公义和办案人员排除了种种干扰，深入侦查，终于查清了钟振山的犯罪事实。将横行乡里的钟振山以贪污、行贿、重婚罪起诉到人民法院，被法院判处有期徒刑14年。当地群众满意地说："检察院为我们除了一霸。"

榜样的力量是无穷的。在周公义的模范言行的影响下，全院干警团结一致，艰苦奋斗。过去的一年，蛟河县检察院办理各种案件670多起，其中经济案件60起，万元以上大案27起，为国家挽回经济损失120多万元；院内8个科室，在吉林市检察系统组织的业务工作评比竞赛中获得6个第一名，两个第二名；全院还有18名干警被评为先进工作者、模范干部和优秀党员；县检察院荣立集体一等功，成为检察战线的一面红旗。

【作者：胡文富、吴恒权】

【《人民日报》1987年3月10日第4版】

血染的风采

——一等功臣徐良在清华大学谈人生的价值与奉献

编者的话：在中央电视台的春节联欢晚会上，老山前线一等功臣徐良一曲《血染的风采》，使亿万电视观众为之动情！以后，团中央、中国科技大学、清华大学等单位，先后请徐良同志作报告。徐良同志以自己之所感所历，介绍了党和人民对大学生和前方将士的深切关怀和期望，介绍了前方将士及他们的亲属，对祖国和人民的无私奉献。他的独具风采的报告像一团火，燃烧在广大青年心中！我们这里摘发的是徐良同志在清华大学的报告。

今天，我带着老山前线战士的嘱托，带着长眠在南线烈士的夙愿，向祖国人民汇报我们在前线战斗和生活的情况。

一年多前，我和在座的一样，也是一位在校读书的学生，今天能到这里来，我感到非常高兴和激动。我并不是什么英雄，也并不是什么榜样，而是在座每一位同学的朋友。今天我是向在座的每一位同学汇报来了，如果我的讲话能使在座的每一位同学得到一点启示的话，作为你们的朋友，你们的同学，你们的同龄人，作为一个军人，我就满足了。

我出生在三年自然灾害时期，长在十年动乱时期，毕业于大批知识青年返城，城市待业青年急剧膨胀时期。1979 年 2 月份，我从玉渊潭中学高中毕业。毕业以后，失去了考大学的机会，成为社会上一名待业青年。党的十一届三中全会以后，社会发生了根本的变化，人们都知道了知识的重要性，每个青年人都在寻找着自己的出路，开始有自己的追求。我非常喜爱声乐，当待业青年那段时间里，我每星期到声乐老师家上两次声乐课。1982 年我以专业成绩第一名考上了西安音乐学院声乐系本科成为一个大学生。

上了大学以后，每当我在钢琴边上练声的时候，每当我拿着书本走进教室的时候，我感到这一切对于我来说，来得多么不容易。我珍惜在音乐学院的分分秒秒，崇拜声乐界的佼佼者，同时，也和每个同学一样，编织着成为一个艺术家的梦。我从来没有想过当兵，更没有想过当一名拿枪打仗的兵，但什么力量驱使我投笔从戎，放弃了大学生活，而到部队，到南疆，到战场上去呢？还得从 1985 年 10 月份讲起。

1985 年 10 月，当时我上大学四年级，我们学校来了一个老山英模报告团，他们在我们学校作了一场非常生动的理想主义、爱国主义的报告。我们同学听了以后，都非常受教育。同时，我们也想给老山前线的战士们干点什么，我们这些同学写了份申请书，申请到云南老山去慰问那些参战的将士们。申请书交上去以后，很快得到陕西省委高教局、学院党委的批准，首先我们去的是某部炮团。每个同学都使出全身技艺，抒发对战士的热爱和崇敬。演出成功极了，台上台下融为一情，战士们点什么我们唱什么，战士们唱什么我们伴奏什么。那天演出的情景我至今难忘。演出结束后，部队首长说了一句话：我们打仗是为了什么？就是为了让后方人民生活得好，让你们这些大学生有一个良好的学习环境，将来为我们祖国做出贡献。我想他的话不单单是对我们艺术院校的大学生说的，而是对我们全国大学生说的。这天演出结束时，一个小战士对我说：徐良，我们连一百多人没一个能教歌的。这位战士的话久久地回响在我的耳边，经过一番思考，我感觉我是他们的同龄人，只不过比他们多上了几天大学而已，难道说上了大学就没有保卫祖国的义务了吗？我认为一个大学生同样有保卫祖国的义务！我写了一份申请书："我在部队演出的几天里，深深被战士们的爱国热情所感动，我感到，战士们需要我的歌声，我更离不开战士，我愿我们同龄人的血能洒在一起。"我最后说："我没有过高的觉悟，也没有什么豪言壮语，我只想说一句，我是一个中国人。"申请书交上去以后，很快得到陕西省委高教局、学院党委的重视，终于在 1985 年 12 月份批准我入伍。组织上批准之后，最难办的是我如何跟家里说这些。我家在北京，爸爸妈妈都是北大五十年代的毕业生，他们都在北京工作。我们家只有两个孩子，哥哥长期不在国内工作，家里只有我一个孩子，父母早就希望我毕业后能早日回到他们身边。如何跟家里说呢？不打招呼太不近人情了，当时的时间也不允许我回北京跟他们告别了，怎么办？写封信吧，这封信我是这么说的："南疆必然要有人去守卫，你们的孩子不去，必然有千千万万个儿女要去，你们不受感情上的折磨，必然有千千万万个父母要受感情上的折磨。"我的父亲从北京往西安打了一个长途电话，他电话里只说了这么一句话："孩子，只要你选择的路是正确的，我们做父母的都支持你。"

我到部队第一天早晨，天还没有亮，外边就吹响了哨，当时我挺纳闷，问班长这是干吗？班长说，该出早操了。我感觉我好刚睡着，我看见战士们只穿着单衣单裤背着冲锋枪、子弹袋冲出去了。说句实话，我上了三年半大学，起码有三年零四个月没有出过早操。到部队第一天就要起早，看到外边天那么冷，心想多穿点，别冻着，我把棉衣棉裤都穿上了，由于刚到部队，我的解放球鞋还没有发，我还舍不得我那双三接头皮鞋，便把三接头皮鞋套上了，跟着战士们到院子里我才知道是跑操，排长把我放到队伍中间，让我跟着跑。跑到半路，我的眼睛都冒金花了，头也发大，衣服早就湿了，硬咬着牙跑回来了。那天，跑得还不算多，跑了五公里。跑回来以后，很多战友还夸我呢，说："大学生还不错呀，可以。"我跟他们开了个玩笑，我说："幸亏只跑了那么多，要是再多跑一二里的话，我徐良恐怕就提前牺牲了。"

我当兵三天以后，部队就开赴了云南。在云南的训练强度就更大了，每天早上的长跑增加到 10 公里，全副武装跑 10 公里，不像我们大学生锻炼时穿上运动衣，蹬上球鞋那样跑，我们得扎上武装带，背上枪，还要戴上钢盔跑 10 公里，够呛。但这么跑，还达不到作战的要求，就再加上砖头块儿，从两块砖开始加，四块、六块、八块，到临战前，每个战士可以背上 16 块砖。当时新发的作战服是用粗布做的，后来都被砖头磨出了大口子。但跑步还是轻松的，如果赶上爬山就更艰苦了。我们天不亮就起来爬山，南方的山石头块儿特别多，经过夜里的露水又很滑，小树枝还在后面勾住你，战士们就这样你扶我，我扶你一步一步走上陡峭的山峰，当太阳升起来的时候，我们的战友已经不知翻过多少大山了。战士们在训练强度这样大的情况下，没有一个人发牢骚，他们说，平时多流汗，战时才能少流血。他们就这样咬着牙，锻炼着保卫祖国的本领。

我到部队后，开始在步兵连，后来要把我安排到宣传队，因为部队里缺艺术院校的大学生。我非常理解部队首长对我的关心，但我说："我到部队来，一是要为战士们唱歌，更重要的是要拿起枪来，参加战斗，守卫祖国的阵地。我不是来当商标、当广告的，而是要当一个真正的战士。"在我一而再、再而三的要求下，终于被批准留在基层连队，当了普通一兵，每个月23元津贴费。

我到部队是个典型啊，大学生当兵嘛。但没想到，我这个典型到部队两个月就受了处分。我想把受处分的经过向大家谈一谈。大家从这里可以看出一个普通老百姓和一个军人的差距。

有一天吃过午饭后，下午还要继续训练，很枯燥，很苦。而我们的友邻部队下午要进行实弹演习，我当兵一个月了，还没见过枪呀炮的打起来是什么样子。我想去看看，当时有规定，训练时任何事不准请假，但我没有请假就偷偷跑出去了。看完演习回来，我们连训练也回来了。吃晚饭前，连长、指导员把我请去了，说：徐良，你下午干什么去了。我理直气壮地说：我去看实弹演习去了。他说：你错没错？我说：没错！就像大学生，下午没去上课，到图书馆看书去了，你说错了吗？同样是学习嘛！所以我感觉没错。指导员说："不管你今天干什么去了，反正你没请假，这一条就不对，就犯了错误，你回去吃完晚饭好好想一想。我吃完晚饭，就开始想了，我遛到山路上，看到一辆解放卡车下山拉水，我把车截住，递给司机一根烟，说你歇会儿吧，我来开车下山，因为我喜欢开车。晚上还有训练，可我又开着车下山了，这一开上车，就忘了。拉上水，漫山遍野地跑，足玩儿。开着开着油没有了，晚上又没有加油的地方，没办法，我截住一辆军车，在路上借了点儿油，就把车开回来了。这时已经夜里11点了。晚上训练集合时，连长找不到我，到睡觉时还见不到我，就有点儿吓坏了，说大学生感情可能比较脆弱，是不是吃晚饭时批评他有些受不了？就派人漫山遍野去找我。这当口我开车回到连队。一个战士发现我跳下车，就喊：徐良找着了！连长一听我又下山拉水，气就不打一处来，把我请到连队。大家可以想一想，我这是连续违反了两次纪律，下午的事还没完，晚上又没请假外出，耽误了训练，耽误了作息时间，可以算是罪上加罪，屡教不改了吧。连长把我叫到连部以后，连长和指导员对我进行了狠狠的批评，并让我第二天早饭前检查。回去后也没睡，点着了蜡烛，趴在床上写检查。第二天吃饭前，连长叫我到前面做检查，我把检查念了，连长听了之后更生气了！因为我那份检查，自己给自己戴了很多帽子，什么部队的绊脚石呀，破坏了连队建设呀，我都写上了。连长听了能不生气吗？但当时我确实是想写出点水平来，没想到写成那样了。连长转身到连部拿了一张处分表，宣布给予徐良警告处分一次，说句实话，当时，我懵了，我感觉这一切都不是真的，我是个典型，典型怎么受处分呢？但是，没多长时间我清醒了，我更加明白了，大学生从思想感情、从作风纪律上距离一个军人还有很大的差距，我认识到了自己的错误。从那以后，我处处严格要求自己，向战士们学习，很快和战士们的距离拉近了，跟战士们的感情更加深厚了。

上阵地之前，任务已发下来了，我们有沙盘，哪个阵地艰苦，代号我们都知道，战士们都抢着到危险、艰苦的阵地上去，我们那时也走“后门”：要求连长把他们分到最前沿的阵地上去。我很荣幸，由于我的申请，我个人的表现，给我分到最前沿的阵地一号哨位。上阵地前，我们每个人都做了充分的准备，很多战士都自发地给家里写了遗书，最感人的是我们的战士出发之前，想给家里录一盒磁带。我听了很多战士是这样说的：“爸爸妈妈，当您收到这盘磁带的时候，您的儿子可能回不来了，你们可能再也听不到儿子呼唤你们了，今天我借这个机会在这里呼唤你们——爸爸，妈妈”，整个一盘磁带录满了我们的战士呼唤爸爸妈妈，妈妈爸爸的声音。谁不想活着？谁不想自己的亲人、自己的家乡？但是战士为什么能够毅然决然地冲上战场？我想我们的战士最崇高的一点就是把祖国的利益、人民的利益放在前面。

我们很快就上阵地了，阵地到底是个什么情况呢？阵地条件是非常艰苦的。远看，我们阵地是座石头山，前沿阵地是个比较低的山头。整个石头山被越军的炮弹都炸酥了，看上去跟采石场差不多。仅有的几棵树，早就被越军的炮弹拦腰炸断了。剩下的半截树干上，嵌满了炮弹皮，已经看不出树以前的模样了。这个地方让人感到不可能再有生命存在了。但也就在这种恶劣条件下，我们的战士仍坚守着我国的领土，守卫着祖国的南大门。

我们是一个洞里三个战士，天一黑，一个战士守电话，一个战士看观察口，一个战士看洞口，谁也不许睡。第二天天亮三个战士吃上午饭、睡觉，睡到下午四五点钟的时候，起来吃下午饭，吃完饭离天黑还有一个多小时，这个时间是阵地上最快乐的时间，阵地上的娱乐活动就在这一个小时了。天一黑就立刻上哨，每天就这么生活。阵地上的罐头是有定量的，平时吃压缩干粮。有女同学吃过那个东西，说压缩饼干真好吃，能不能给我找点吃。我心说，给您提来一筒，让您吃上三天，您这辈子再也不会想它了。吃压缩干粮叫渴呵，没水吃不了这东西，而阵地上最缺的就是水。就拿我们这个猫耳洞来说，班长、狙击步枪手和我，上去没经验，没两天半，连喝带洗，稀里糊涂地都用完了。没水了，班长说，徐良你站哨，（他知道我的体力不如他们）我们俩去背水。他们俩擦着天黑就去背水了，我就趴在观察口站哨。这时就发现越军阵地后面亮起一片火光，这是越军向我们这打了一组炮。两位战友过一会跑回来了，我跑出去帮他们卸下水之后，发现他们的腿上，屁股上，已被炮弹皮打伤了。我们旁边的一个哨位，一次猫耳洞里只剩下少半水壶水了。一个小战士没注意，劲使大了，把这少半壶一下都喝光了。班长气极了，把小战士说了一顿，当时这位小战士眼泪就下来了，提起水桶就跑出洞去，说，班长我去背水。这班长急忙跑出洞去，他拦住小战士，眼泪也下来了，他说，你别生我气，我去背。二话不说就抢过小战士手中的水带，便向下山的军工路上跑去。结果就在这次背水的路上，班长牺牲了。许多战士就这样牺牲的，后来我们不能背水，只能靠老天爷下雨。天一下雨，我们拿塑料布，四个角一兜，接点水。接下雨水舍不得喝，天热，没几天剩水桶周围长上了一层青苔，而且水上面还长了一层小腻，就这种水，我们还是照旧喝，还节省着喝，舍不得喝。

去年 4 月 24 日下午，两位军工战士，（一位叫任如东，一位叫王安军），给一线阵地运送罐头，每个人身上背了五十斤，当他们通过“生死线”离我们阵地还有二三十米远的时，他俩同时被越军的狙击步枪击中，肚子打破了，肠子流了出来，如果他俩把背的罐头放下，相互包扎一下，不会有生命危险。但他们想的是阵地上的战友，顾不得包扎，仍坚持一米米地向前爬，当我们发现他俩时，他们已爬到猫耳洞口，爬在前面的人努力欠了欠身子，说了一句，“我把东西送到了，你们清点一下。”说完他们就牺牲了。我们出洞抬这两位战士遗体时，发现他俩爬过的这二三十米距离，染满了血迹。他们在临牺牲之前，没有什么豪言壮语，也没有什么惊天动地的作为，只是为阵地上的战友送罐头献出了自己宝贵生命。我们有多少战友，就是这样默默地长眠在祖国南疆。

前线住的条件也非常艰苦。很多人问我这猫耳洞什么样呀？我很难说这猫耳洞什么样，什么样都有，就是一立方米那么块空间，三个人呆在里面，白天我们只能蜷在里面，抱着腿坐着，躺不下，伸不直。猫耳洞阴暗潮湿是闻名了的。我们阵地上猫耳洞的最高气温是45℃，在里面战士又没有水喝，再赶上几天不下雨，身上的汗从早到晚流个不断。在这样艰苦的条件下，我们的同龄朋友打仗勇敢么？

我们有一个姓陈的战士，他是个班长，去年4月20日晚上他坚守的是李海星高地。当时越军向他们的阵地冲了上来，他带领全班战士打退了一次次的冲锋后，发现越军人数越来越多，自己班的兵力与敌人兵力悬殊太大，于是他端着冲锋枪，带着步话机，冲上阵地表面，给炮兵指示目标，消灭敌人，就在他拿着步话机在阵地上奔跑的时候，一发越军的炮弹落在他身边，弹片当时就把他右臂骨头炸断了，只连着一层皮和肉，但他仍用左手端着冲锋枪打击敌人。右手已经不听使唤了，随着他奔跑摆动。这时候，他毅然拿出匕首，把连着的皮和肉砍断了，把断手扔在了阵地上。就是这样，他还用左手击毙了一个敌人，打伤了两个。被我们前线战士誉为独臂英雄。

我们前线一位很有名气的摄影干事，我们之间很熟悉，我在阵地上有腿的照片，很多都是他给我拍摄的。这个战士非常爱好文学和摄影，他的摄影作品在全国一百多家报刊上发表过。一次，我们的连队上前线执行一次收复国土的任务。他主动调到这个突击队。他说，“我要用我的生命和鲜血，拍下我们的勇士英姿。”他对战友说，“我一定要活着回来，回来以后，我还要考大学，我一定能够考上大学。”他把自己的复习材料交给一位战友保管，等打完这仗后再交给他，准备考大学。没想到，就在这次战斗中，为拍下战场上战友杀敌的雄姿，自己却倒在了战场上，为国捐躯了。前线有多少这样的战友呀！我感到，军人的伟大就在于把奉献作为军人的天职，把索取当作耻辱，军人最可贵的就是这种无私的奉献。

我是去年5月2号晚上负的伤。越南人的子弹打断了我的腿骨动脉。骨动脉是大腿上最粗的血管，血不是在流，是喷，当时我就倒下了。当我醒来时，一睁眼，四周都是陌生的脸、陌生的地方，我问，这是什么地方，他们说这是昆明陆军总院，我又问今天是几号了，他们说是5月4号。就是去年你们过五四青年节时，我刚刚从昏迷中醒来。我醒来后，医生很高兴，他对我说，你要好好配合我们养伤，你的腿可能保不住，要想保住生命，腿就要高位截肢。当时我急了，说了一句不符合逻辑的话：我宁可不要命，也要腿。我想你们会理解我，以后回到前线，和战士们共同战斗需要腿，以后走上舞台为战士们演出，需要腿，我不能没有腿，今后的路还很长，我当时才25岁，我怎能没有腿呢？但是残酷的事实告诉我，由于动脉被打断了，无法接活，腿一天天坏死。这时我们部队首长每天往陆军总医院打电话，他们要求医院，保住我的命，保住我的腿。昆明陆军总院的医生为了保住我的腿，想尽了办法，我的主治医生在为我治腿的15天中掉了12斤肉！

我的腿这时肿得周长达到84厘米，腿比腰粗。为了减少腿的张力，在腿上开了5条30厘米长，4厘米深的口子，每天要换二次药，每次换药非常痛。在截肢前我已经动过四五次手术，就是为了保住这条腿，可惜却没有成功。5月16号晚上第六次把我推进手术室。5月17号当麻醉消失后，我发觉左腿不见了，只留下一团被血染红的纱布。这时部队首长、战友、同学、老师、家属都写来了信，安慰我。到现在为止，我已做过九次手术，九次全麻，就是睡过去，又醒过来的过程，输给我的血有25000cc，为了保住我的生命，部队首长、医生尽了最大努力。我截肢了以后，才知道在受伤后不久我晕过去后，战友们冒着枪林弹雨把我从阵地上抬下来，从阵地抬到医疗所，一般需要八个小时，而抬我只用了四个小时。这里我想说明，战士们冒着极大危险把我抬下来，并不是我个人人缘多好，战士们是把对大学生的爱都集中到我个人身上了！我在医院还收到一个空军护士的信，她说，我们5月3号刚运完伤员，就又收到指挥部的电话，要我们运伤员。当我们飞到前线医疗所时，运上来的只有你一个人，我们把你运到前线某机场，又改用大型客机把你运到昆明，在我们空运史上专机运伤员是不多见的，在运你的飞行长度上已创造了空运史上的记录。我就想，这一切都是因为我是个大学生，祖国人民多么爱护我们大学生呀，我们今后怎么做才能对得起祖国和人民呀，并不是说大学生的生命价值要比一般战士昂贵，而是说明人民对大学生感情的深。

有一次做手术，需要大量O型血，昆明市所有的O型血浆不够这次手术用，最后昆明陆军总院广播请医生、护士来为我献血。有一位老妈妈是病人，她对医生说，我的血没问题，我愿意为徐良献血。还有一位50多岁的老医生，她的爱人病危，非常需要她照顾，可她也排在了献血的队伍中。当我清醒后，我请医生把这二位老人请到床头，看着她们，我哭了，说道：我的父母给了我的身躯，是祖国、人民给了我第二次生命，我的生命不属于我个人。

真正振奋起我的精神的是战友的一封信。我截肢后，战友来了一封信，信中说，知道你高位截肢后，我们都很难过，虽然你今后走不上大舞台，为观众演出，但是我们欢迎你，还可以摇着轮椅，为战士们演唱！

作为军人是一种奉献，军人的妈妈也是一种奉献。我现在给你们讲一个军人的母亲。我有一个姓骆的战友，他是个排雷大王，曾经排过600多个地雷，在他最后一次执行任务时，双眼被炸瞎了，被送到昆明陆军总院，与我成了病友。有一天小骆高兴地告诉我，他的妈妈要来看他，我听了以后为他高兴，但他又说了一句，徐良你明天能陪陪我吗？我妈看了我这个样子一定很伤心。前线战士无时无刻不在想念自己的妈妈，但对伤员来说，又是多么害怕看到自己的妈妈，因为父母在送去我们时都是四肢健全的小伙子，而如今见到的就是缺肢少腿的残疾人了。我非常理解小骆的心情，我对他说，一定陪着你。

哪个母亲不疼爱自己的儿子呢？第二天早晨，我们几个伤残得比较厉害的人聚在小骆的床前，等待着他母亲的到来。快到中午，他的妈妈坐了三天三夜的火车来到了医院，我们很多战友这时对小骆说，妈妈来了，小骆从床上腾地站起来，双手向前摸着，他的妈妈看着眼前这个既熟悉，又陌生的人，向他扑了过来，娘儿俩的手紧紧地握在一起。还是我们的战士先开口了，妈妈，儿子看不见您了，还是先让儿子摸摸您吧。他把妈妈从头到脚摸了一遍，在场的战士都流了泪，我实在控制不住自己，对她说：妈妈，您哭吧，您知道您的儿子双目失明后，流了多少眼泪呀，今天您亲眼看到您的儿子，您就放声哭吧，在场的都是您的儿子呀，当时他的妈妈握着我们每个战士的手，笑了，说道："孩子们，虽然你们丢了胳膊、腿，丢了眼睛，但你们没有给妈妈丢脸呀！这时本应是我们安慰妈妈，现在却由妈妈来安慰我们了。"

我们八十年代的军人有这样的妈妈，我们感到骄傲！

军人的妻子也是一种奉献。我想介绍给大家的是自己的爱人。我和我爱人是中学时的同学，上大学期间我们的关系明确了，她一直希望的是大学毕业后回家、结婚。但当她知道我要当兵上前线时，她毅然来到西安为我送行。她找到部队首长要求给徐良开个结婚介绍信，她说，我的目的不是在这里住几天，或让徐良和我回去度蜜月，我只是想能更好地照顾徐良的父母，使他安心打仗。这样，经过特殊的方式我们办理了结婚手续。

她回北京后办好了结婚证，而我已在云南老山前线了，就是说，结婚后我们没有见过面。我到前线以后给她写过一封信，在信里我这样说的："如果我牺牲了，我希望你生活更幸福，如果我在战场上断胳膊断腿了，就真不打算活着回来了。"她收到这封信以后，很快我就一连收到她七八封回信，她信的大体内容都是这样的，她说，徐良如果知道你牺牲了，我会像亲女儿一样照顾你的爸爸妈妈，如果知道你在战场上断胳膊断腿就自寻短见，即便你死了，我也不会饶恕你。就是这样，去年5月21日，她从《中国青年报》上得知我负伤的消息，知道我高位截肢了。当时亲戚朋友老师同学知道这个消息后，都为我流下了眼泪，而我的爱人——她没有哭，也没有掉泪，她当时还安慰在场的人，说了这么一句话，她说，"徐良不是才断了一条腿么，哪怕他四肢都断完，只要带着口气回来，我就会照顾他一辈子。"第二天她就买了去昆明的飞机票，当她拿着结婚证，走进病房，见到她的新郎官的时候，新郎官已只剩一条腿了。但她见到我没有哭，也没有掉泪。有记者问，"陈燕，你怎么没有哭呀？"当时她对记者说，"徐良在那个时候需要的不是眼泪，而是一种力量。"我今天能这么快地恢复健康，也凝聚着她的心血。许多记者采访她的时候说，陈燕你的情操这么高尚，你的思想境界非常高。而她说，"你们不要说得这么多，我根本不是像你们所说的那样，我的情操没那么高尚，品德也没那么高尚，如果再让我找一个一条腿的人，我决不会再找了。我实实在在地说，就是因为我和徐良有感情，我尊重的是感情，所以我才这么做！"我希望人和人之间都要尊重真正的感情。最后我想说，亲人的爱、祖国的爱、人民的爱；妈妈的爱、战友的爱把我重新呼唤了起来，让我重新振作起精神，迎接新的生活，很多人问我，你明天打算怎么办？我说，军功章只能代表昨天，今后的路还要凭我今后自己来走。今后我还想在事业上，有一个新的提高，还想在舞台上为观众演出。

我最后想说这一句话，我才26岁，今后的路还很长，我还要凭自己的一条腿，走今后的路。自己的饭自己吃；自己的活儿，自己干；自己的路，自己走；不这样干，不是一条英雄好汉。

（中央电视台"电视论坛"供稿）

【《人民日报》1987年4月5日第5版】

开发“软件”的人

——记全国劳动模范张世伦

44岁的张世伦最早在天津出名，是因为他在8平方米的小阁楼里靠自学，艰苦奋斗，研制出67种规格的新产品，为他所在的天津五一化工厂创造了利润200万元。但是真正使他名声大振，并且连续获得了市特等劳动模范、优秀党员、全国优秀青年思想教育工作者称号和“五一劳动奖章”，这次又被推荐为全国劳模，则是因为他在改革中勇挑重担，于困境中先后和同伴们自荐承包了3个化工厂，并且总结创立了一个把党依靠群众的传统和现代经营管理意识结合起来的“群体经营工作法”，取得了显著成绩。他在五一化工厂任副厂长时，提前一年实现翻番。在欢庆承包任务胜利完成的锣鼓中，他悄然离去，自荐承包了两个亏损企业——海河塑料厂和劳保橡胶厂，前者当年扭亏为盈，后者仅用了5个月便创出利税200万元。他的“群体经营工作法”受到各方注意，并在天津市得到推广。

“我们是牺牲奉献的一代”

在张世伦所承包的两个厂子里，工人对他最佩服的是他没有私心，全身心地投入工作，累瘦了，累病了，从未拿过一分奖金。他有权而不以权谋私，一家三代人长期住在8平方米的小屋里。现在全厂职工住房改善了，他也只住上两间房，不足30平方米。他妻子仍在别的厂里当又脏又累的扫地工。他进厂的第一号厂长公告是：本厂长没有收礼习惯，全厂任何人不得以任何理由给本人送礼，也不得将礼物委托他人代转，如有违反，一律张榜公布批评。工人看得出来，张世伦来承包，一不为票子，二不为房子，为的是把厂子搞上去，为的是给职工谋福利。

张世伦对自己、对党员要求很严。他在一次会上说，请大家记住，我们是艰苦奋斗、牺牲奉献的一代，当党员就要准备吃苦奉献一辈子，谁不认这个理，就离开这个厂。

去年8月的一天，张世伦因车祸肋骨骨折，次日下午他强忍疼痛出现在厂里召开的竞争开标大会上，他是让人扶上台去的。那些日子，厂里正紧张着，张世伦没有休息一天，躺在办公室里办公。于是，那些在家泡病号的、小病大养的都来上班了，厂里出勤率剧增。榜样的力量是无穷的。

张世伦承包海河塑料厂3个月后扭亏增盈，实现利润10万元，可他分文未取。在劳保橡胶厂，他除了基本工资外，没有拿过一分奖金。他说，金钱无法计算出一个共产党员的胸怀，与索取相比，奉献更使人充实。

工人们对张世伦的廉洁奉献精神深为敬佩。

人们知道，张世伦发财的机会不是没有，但他都一一放弃了。他收到过260封高薪聘请他到外地任职的信，有的单位许愿给他买一套住房，有的厂家要送他一辆卧车，有的直接寄来聘金，他都回绝了。他也得过几次重奖：第一次900元，他全买了国库券；第二次国家奖励他自学成才给600元，他全部捐献给残疾人福利事业；第三次是他利用业余时间研制的科研技术成果转让费3万元，全部捐献给天津外环线建设。

有人问张世伦："这年头讲致富，你真不想富么？"张世伦笑了："怎么不想？做梦都想！但我必须富在群众之后。一个党员干部应该想人民富裕，念国家富强，如果自己先腰包塞饱，怎么要求群众去艰苦奋斗，共渡难关？"

"治厂的根本在于依靠群众"

张世伦创造过一个闻名全国的"群体经营工作法"，其基本思路就是依靠全体工人，尊重职工的主人翁地位。张世伦认为，要办好一个企业，首先必须相信职工有经营智慧和才干，确认职工既是生产者，同时又是岗位经营者，应该让职工真正以主人翁身份参与工厂的决策和管理。这就需要使每个工人都看到自己的潜力和创造性，并且创造相应条件把这种潜力和创造性激发出来。这样就把厂长个人的承包变成企业全员的承包，使包括厂长在内的全体职工和企业形成命运共同体。

张世伦有句名言："开发每个职工头脑中的软件。"在他所承包的厂子里，人人有权通过竞争选择自己的岗位，可以毛遂自荐、可以搞生产、可以办实体。劳保厂有300多名职工重新选择了满意的岗位，积极性空前提高。厂里100多名技术人员，多年来未开发出新产品。现在自由组合、自由选岗、自选科研项目，一个月就拿出10个新项目。通过竞争，原来20多名中层干部离岗，40多名工人当上中层干部。

海河塑料厂有个青年工人，上班三天打鱼两天晒网，却热心倒腾小买卖。张世伦进厂后发现他有销售才干，招聘他为业务员。不出所料，他推销的数量在业务人员中名列前茅，从后进一跃成为厂里搞活经营的先进人物。

劳保橡胶厂也是"藏龙卧虎"之地。张世伦进厂后贴出公告，号召有专长的职工出来挑大梁，组织新的多种经营的实体。没几天就有很多职工出来响应，有20多人成了新实体的负责人。这些实体中有生产组、开发组、信息组、审计组，人们各显神通，根据各自的特长捕捉信息，承揽原料……

越来越多的人关心和参与企业的经营管理，这就使厂长与职工的关系由单纯的"我决策你执行、我指挥你服从"变为平等协商、共同经营、共担风险，由一人说了算变为人人献计献策，改善了领导与被领导的关系，激发了工人的活力。这就是开发"软件"的威力。

张世伦说，治厂的根本在于依靠群众。一个厂长纵有天大的本事，如果失去了群众的支持，也只能是空有宏图而壮志难酬。

工人们则说，被工厂需要的感觉是一种神奇的力量，它激发着每一个职工释放自己的潜能。

【作者：孟晓云】

【《人民日报》1989年9月28日第4版】

“雷锋团长”刘德全

人民需要雷锋，社会需要雷锋。向雷锋同志学习，不仅部队干部战士要学，年青人要学，广大群众要学，各级领导干部更要带头学。

“雷锋团长”刘德全27年来一直坚持学雷锋，带头为群众做好事，带头做雷锋精神的播种人，带头树立新风，以自己的模范言行，带动了部队，影响了社会。只要我们各级领导干部像刘德全同志那样，带头从自身做起，努力净化周围的小环境，就能影响和带动社会大环境的改善，就一定会促进党风、社会风气的根本好转。

1990年1月25日，寒风凛冽。北京火车站人来人往，熙熙攘攘。候车大厅里，一位年近半百的海军干部热情地为旅客理发。他从上午一直理到傍晚，旅客感叹地说：“看到军官为百姓理发，我们又见到了‘活雷锋’，还是解放军里雷锋多呵!”

这位解放军军官就是特邀从旅顺来京参加中央电视台春节联欢晚会的全军英模代表、海军北海舰队某训练团上校团长刘德全。

（一）

刘德全1961年入伍。毛主席等老一辈革命家发出向雷锋学习的号召后，他身边一直带着“三件宝”：马列著作、理发袋、针线包，时时处处像雷锋那样为群众做好事。在北京、天津、上海、唐山、青岛的街头上，在外出途中的轮船、列车上，在候车、候船的车站、码头上，他走到哪，就把好事做到哪。

十年动乱期间，有人指责他：“光埋头拉车，不抬头看路。”即使如此，他没有动摇学雷锋的坚定信念。一次，刘德全出差乘船到海洋岛去。进了船舱，他就帮助船员扫客舱、倒垃圾。搞完卫生，他看有个老人头发很长，又拿出理发工具给他理起发来。他的行动，赢得了旅客一片赞扬声。

1984年，刘德全当上了团长。有人劝他：“你现在是一团之长，那个理发袋该放放了，老给群众理发，哪来的领导威信?”

刘德全笑着说：“当团长的不为战士服务，不给群众做好事，才失去威信呢!”

连队宿舍里，照样响起他那把电动理发推子的吱吱声；出差、开会，火车、轮船上仍然有他为群众做好事的身影。

1986年4月，刘德全到秦皇岛给部队作报告。一上火车，他又拿起扫把打扫车厢。

刘德全刚把车厢地板拖干净，往回走时，一个瘦高个子、留着大鬓角的青年在他身后“噗”地吐了一口痰。

刘德全看了一眼这个人的模样和神色，觉得是有意的。他掏出卫生纸，弯下身把这口痰擦掉。周围的旅客看到这一情景，向这个青年投去谴责和鄙夷的目光。

刘德全回到座位上刚坐下，这时坐在前排的那个青年转过身，内疚地说："解放军同志，你辛辛苦苦地把地板拖干净，我吐了这么一口痰，又让你亲手擦掉了，我心里不好受，对不起你。"

刘德全心里感到宽慰，因为毕竟用自己的行动教育了他。

在资产阶级自由化思潮泛滥、学雷锋遭到讥讽和嘲笑的日子里，刘德全在日记中写道："人民需要雷锋，社会需要雷锋，我要做雷锋精神的播种人。"

训练团驻地张家沟村有个失足青年盛武峰，打架斗殴，偷盗成性，几次被公安局拘留，后又被强行劳教一年半。1980年，他被解除劳教回村后受不了亲友和村邻们的冷眼，又旧病复发。事情传到了刘德全的耳朵里，他便主动登门与盛武峰交朋友。小盛对刘德全说："俺是公安局挂了号的，村里人都躲着俺，你个解放军大团长还敢和俺交朋友!"刘德全拿出自己的一双解放鞋送给他，一边给他理发一边语重心长地说："浪子回头金不换，你只要痛改前非，走雷锋成长的路，就是好小伙嘛。"第二天，刘德全又买了《人生的道路靠自己走》《青年修养》等好几本书送给他，和他一块学习，谈体会。刘德全用慈母心，兄弟情，融化了小盛一颗结了冰的心，他渐渐变得爱劳动，懂礼貌了。而且很快当上了鸡禽加工个体户，也找了个对象。如今，盛武峰完全变成了一个遵纪守法、勤劳致富的新人。这些年，刘德全就是这样一次又一次地向别人伸出温暖的手，把雷锋精神播撒在人们心中。他帮助驻地街道20名失足青年走上了雷锋成长的道路。有一名青年，他从8岁帮到30多岁，"小淘气"变"小雷锋"，以后又参了军，入了党，复员后成了工厂学雷锋的骨干。

刘德全以自己的行动传播雷锋精神。过去，他当班长时，带出了雷锋先进班；他当区队长时，又带出了雷锋先进区队；他当大队长时，大队许多工作名列全团第一；他负责抓的军民"共建"点，又成为精神文明先进集体。他当团长后，在全团大张旗鼓地开展学雷锋活动，建立了200多个学雷锋小组。新兵一入伍，他领着新兵学唱的第一支歌就是《学习雷锋好榜样》，学习的第一篇文章就是《为人民服务》。他带领干部战士学雷锋、争先进，去年全团军事训练、训练中政治工作和管理教育三项都成为旅顺基地的先进单位。在训练团，刘德全带的兵，身上都有雷锋的影子。在旅顺口的街头、车站、码头、军营，人们看到新战士拿着扫帚打扫环境卫生，给群众义务理发，总是说："这准是刘团长带出来的兵"。

（二）

刘德全走上领导岗位后，继续发扬雷锋精神，工作上高标准，生活上低标准。

一双部队发的咖啡色塑料凉鞋，已伴他度过20个夏天。鞋底都快磨穿了，他却一直穿着。有的同志逗他："团长，你的凉鞋该进博物馆了!"

一件海魂衫，刘德全多年来一直穿在身上。后来海魂衫破得实在无法再补了，刘德全就让爱人从商店里买。至今，他穿的衬衣仍然是海魂衫，他说："海魂衫一来是爱大海的象征，二来穿上它容易和战士打成一片，我就喜欢穿它。"

他的办公室兼宿舍，总共才6平方米，里面一张木床、一张桌子、一把椅子，连个沙发都没有。来人找他汇报工作、谈话、办事，就坐在床上，机关干部找他理发，也就坐在办公椅上。

他结婚17年，始终住在一间10平方米的屋子里。两个孩子一男一女都十几岁了，屋里半空是吊板，床底是“仓库”，写字台只好放在走廊里，饭桌和炉子也要随着气候的变化而倒换着位置。每逢他回家，大孩子只好离开父母去借宿。1981年团里来了一批城市入伍的新兵。有个大连籍的战士对他说：“我爸爸在房产部门工作，找个房子不成问题。”可是刘德全说：“不能这样做啊！城市里不少老百姓住房比我困难，共产党员吃苦在前、享受在后，有损于党的声誉的事不能干！”后来刘德全岳父有个很要好的朋友对他说：“只要你从部队开个住房困难的证明，房子就可以解决。”刘德全回答说：“用前门的证明拨开后门的栓，即使住上了宽敞的房子，心头也变窄了，这不是党员应该搞的门道。老婆孩子委屈一下，不算啥！”一次刘德全在大连接兵，有人又对他说：“利用权力活动活动，准行！”另一次，一个干部腾出两间住房，有人叫他搬进去住，先斩后奏。他却回答道：“不正道的事，咱不能干！”1987年，部队在大连购买了几套商品房，上级领导对他很关心，要分给他一套3间的住房，他又发扬风格让给了老干部，自己住进了2间房。

房子让了，有人说他“办傻事”。他却笑笑：“雷锋总是甘心情愿做这样的‘傻子’，我们当领导的，就应该像雷锋那样，为群众多办这样的‘傻事’。”

（三）

在训练团，干部战士每谈起刘德全团长，都说他一言一行来得正，思想“正统”，作风正派，为人正直，一身正气。他在学雷锋日记里就是这样写道：“党风正不正，全靠党员争。一滴水放到大海里，会形成海的世界。每个党员的一尘不染，会使党的事业兴旺发达。”

刘德全的四姐有个侄子在外地当兵，想调到训练团来，一则离家近，二则在刘德全手下当兵也好有个照顾。姐姐本来不太愿意给弟弟找麻烦，但是亲戚朋友纷纷劝她：“这年头有一官半职的哪个不为自己人办点事！”姐姐想想也是这么回事，弟弟当干部这么多年，自己从来没找他办过什么事，这回自己开了口，他怎么也得给个面子。于是托人捎信把这事提出来。

刘德全得知姐姐的意思后，心里很不安。论感情，姐姐情同母亲，自己从小就是姐姐带大的，这么多年又一直没有很好地报答过姐姐；现在姐姐求上门了，真不好说个不字，而且只要跟有关部门说一下就能给办。可是刘德全怎能办这样的事呢？这些年，他对党风不正，社会风气不好是痛心疾首的，难道今天自己也要给党抹黑吗？

他来到四姐家，姐姐正忙着张罗酒菜要招待弟弟。

“姐姐，调动的事不符合原则，我办不了。”

“你什么办不了，是你不给办吧？”姐姐脸上的笑容顿时消失了。

刘德全从椅子上站起来说：“姐姐，我不能这样。”

“行了，没想到你这么不近人情！”姐姐无力地坐到床上，抹起眼泪来，“你……你忘恩负义……”

姐姐的话似炸雷响在刘德全耳边。他强忍住嗓子里的酸涩，艰难地说：“姐姐，我可以跪下，向你说一声对不起，可我决不能办对不起党的事！”

有一年，刘德全的亲侄子也找上门来求叔叔办事了。那时，训练团正在大连地区接兵。侄子从大连郊区匆匆赶来找刘德全。一见面，他就拉着刘德全的胳膊说：“叔叔，这回我非当兵不可，你说一句话，我就参军了，正好在你手下干！”

刘德全笑着让侄子坐下，说：“孩子，当兵这个愿望挺好。但是你应该回去经过正当的组织手续办理。”

“哎呀，叔叔，我别的都合格，就年纪大1岁，要是你不给说说话，这兵可能就永远当不上了。”侄子焦急地说。

“这个话我可不能说，孩子，叔叔是党员又是干部，我过去没有那样做过，今后也不能那样做！”

侄子恼了，一个劲地数落叔叔：“咱们刘家就你官大，你不给大家伙张罗张罗，就谁也沾不上你的光了。现在社会风气你还看不透吗？有权不用，过期作废！”

刘德全也火了，说：“这样的事我再有权也不用！”

侄子带着一肚子怨气走了，终于没能当上兵。

刘德全常说：“共产党员只要对得起党，就不怕对不起任何人。”1983年整党期间，群众反映团里有人多占和抢占住房。团党委决定要解决这个“老大难”，专门成立一个收房小组。刘德全在常委会上自告奋勇揽了这个差事。会后有人劝他：“老刘，这个组长可是得罪人，当不得。”刘德全说：“得罪人也得干！”有一个老干部的儿子多占住房，领导多次做工作硬是不搬。刘德全和团党委经过研究，限他3天之内搬出，如果不搬就组织人员强行搬家。3天到了，这个老干部的儿子跑到团部，一脚踢开刘德全办公室的门，气汹汹地说：“你强行搬我的家，告诉你，我先把你‘铲’了，管你团长不团长的！”

“你铲我不怕，房子收定了！”刘德全理直气壮地告诉他，坐镇指挥对其强行搬家。事后，这个老干部找刘德全说：“老刘，你怎么拿我们开刀了！”

刘德全回答道：“我就是要向那些不正之风开刀！”

刘德全领着收房小组只用一个多月时间就把多占和抢占的8户住房全部收回了，重新分配给住房困难户。有的同志赞叹地说：“刘德全的硬腰板是从陋室里住出来的！”

刘德全就是这样，从自己做起，带动大家树立新风。全团上下，干部战士没有不佩服他的。“远学雷锋，近学团长”已成为训练团一句响亮的口号。他已22次被评为优秀共产党员、24次受到嘉奖、4次荣立三等功、一次荣立二等功。他先后被北海舰队和海军树为“建设社会主义精神文明标兵”，曾经出席全军英雄模范人物代表大会。在海军部队，在旅大地区，很多人都知道训练团有个“雷锋团长”。今年1月，《雷锋的故事》作者、老作家陈广生见到刘德全说：“雷锋入伍二年零八个月就牺牲了，你入伍后一直坚持学雷锋，用自己的言行为我们树起一面学雷锋的旗帜！”

2月27日，海军领导机关发出通令，授予刘德全“学雷锋标兵”称号。

【作者：黄彩虹】

【《人民日报》1990年3月1日第1版】

从舞台到讲台

——记全国优秀青年思想教育工作者彭清一

彭清一是全国著名的民族、民间舞蹈表演艺术家、国家一级演员。他曾代表我国出访欧、亚、美、非30多个国家，并和同志们一起以出色的表演为祖国赢得两枚金质奖章，受到毛泽东、周恩来、邓小平等党和国家领导人的接见。那么，他怎么走上了思想政治工作的岗位，成为一名净化灵魂的工程师的呢？

彭清一从1949年3月8日迈进华北大学艺术系，到1985年，在艺术舞台上度过了36个春秋。正当鲜花、掌声、荣誉与奖章一起向他拥来的时候，1985年，当他排练完大型音乐舞蹈史诗《中国革命之歌》后，在为青年演员做示范动作时，不幸摔伤了左腿，进了医院。他清楚地知道，再也不能重上自己热爱的舞台了。今后的路怎么走？他问自己：凭着资历、名气和关系，结班子“走穴”去当万元户吗？不、不能。党的多年培养，使彭清一没有忘记自己是一名共产党员。他想：作为共产党员，无论在多么艰难困苦的条件下，都应以党的事业为己任。人的自身价值，只有在为人民利益的奉献之中才能得到体现。

1985年，正是思想政治工作被贬低、政工干部难当的时候，彭清一却毅然选择了从事政治思想工作这条路，把满腔的爱集中在共和国的希望——青年人身上，把无限深情洒向了政工阵地，从舞台走上了讲台，向青年、向群众宣传理想、事业、人生、奉献。好心人提醒他：“你走这条路，图个啥？”他却平静地说：“我是个共产党员，也是一名战士。一个战士应有一种素质，当阵地上需要人时，就必须自动补位，我补上来了，我图个问心无愧。”背后戳他脊梁骨的人说：“改革、开放的80年代，居然还有这样的傻子，学什么雷锋，讲什么价值、奉献，放着金钵不端，却拾没人要的破碗。”彭清一不顾这些闲言碎语，他向党组织表示：“如果我能通过自己的工作增进青年人爱国、爱党、爱事业之情，我就心满意足了。我在经济上是贫者，但在精神上可以成为百万富翁。我心甘情愿做雷锋式的傻子。”

几年来，他怀着满腔热忱，带着一副充血的嗓子，一瘸一拐地奔赴厂矿、学校、部队、机关，足迹遍及22个省、市、自治区。他以一个艺术家的情怀和切身体会，向青年、向群众讲理想、信念、拼搏、奉献，在《艺术与人生》《人生的价值在于奉献》的演讲中，歌颂伟大的党，歌颂欣欣向荣的祖国，歌颂改革开放。

彭清一作的报告，听众常常报以热烈的掌声。4年来，他作报告700多场，听众达60多万人次。去年春天他被中宣部、团中央命名为“全国优秀青年思想教育工作者”，听众则称他为“净化灵魂的工程师”。许多来信说：“彭老师的报告不是豪言壮语的堆砌，不是干巴巴的说教，而是把深刻的哲理寓于丰富的、轻松的生活片段之中，使人感到回味无穷，给人以奋发向上的精神力量。许多人听了，重新振作起生活的勇气，燃起了奋发、拼搏之火。”西安有个政工干部听了报告，来信说：“听了您的报告，使我们看到了思想政治工作者的好榜样，感到了思想政治工作阵地，犹如百花园中的春天，生机盎然。我决心撤销准备离开政工岗位的请调申请，安下心来做好本职工作。”一些听众在留下的条子上写道：“谢谢您的教诲，是您让我全面认识了我们伟大的党、伟大的祖国，认识了自己，我将以此为转折，重新开始我的生活。”

【作者：田久玲】

【《人民日报》1990年4月9日第5版】

缘有核心好带头

——记河南省辉县市孟庄镇党委书记赵启忠

豫北太行山麓升起了一颗璀璨的“中国乡镇之星”，她就是河南省辉县市孟庄。她飞速增长的集体经济被专家誉为“孟庄模式”；她高度发展的社会主义精神文明建设，为全国乡镇树立了榜样。中顾委副主任薄一波、中顾委常委胡乔木挥毫为其题词：“中州名镇——孟庄。”中顾委委员、原中组部部长陈野苹热情洋溢地写诗称赞孟庄：“高举红旗往前走，物质精神两丰收，孟庄群众齐心力，缘有核心好带头。”

这个好带头人就是今年54岁的镇党委书记、全国优秀党务工作者、全国农业劳动模范赵启忠。

开拓“孟庄之路”

1983年春，孟庄镇第九任党委书记赵启忠上任了。第二天，他就带着工作队下了乡。全镇27个村的农舍里、场院旁、饲养棚内，到处印满了他的足迹。

“想富不会富，致富无门路；会富不敢富，富了怕露富。走一步，一回顾，既怕割尾巴，更怕吃大户。”这歌谣，是被“穷过渡”“穷革命”“穷光荣”折腾怕了的孟庄人余悸心理的真实写照。

鸡鸣头更，月上中天。镇党委会议一直开到深夜，会议议题只有一个：孟庄人稠地窄，人均最少的只有4分地，怎样才能消除顾虑，打破禁锢，让大批能工巧匠和富余劳动力走出黄土地，发展商品生产，实现孟庄由自给半自给的自然经济向商品经济转化，由封闭型经济向开放型经济转化？赵启忠一针见血地说：“贫穷不是社会主义，镇党委要理直气壮地为勤劳致富正名撑腰，鸣锣开道。对农民既给政策，又要扶持。”

几天后的一个早晨，赵启忠被一阵轻轻地叩门声惊醒。打开门，走进一位精明干练的中年妇女和一位朴实的老汉。不等赵启忠询问，中年妇女自报姓名：“俺是梁村的，叫胡春莲……”同来的老汉是她的助手。他们联合7户，想办座纸厂，特来向赵启忠求援。赵启忠当即打电话到村里，给他们划了地皮，解决了贷款，又借给砖和水泥。胡春莲造纸厂4个月建成投产，年产值达70万元，利润达13万元，她成了孟庄镇有名气的农民企业家。

支持了一个胡春莲，千百个胡春莲涌现出来，1.2万户的孟庄，个体、联办企业一下子发展到3000多个。

村镇企业发展了，集体的经济实力雄厚了，赵启忠和镇党委连续8年从村镇两级企业利润中拿出1400多万元补助农业。孟庄实现了统一机耕、统一用水管水、统一供应良种、统一防治病虫害、统一畜禽免费防疫的五统一。孟庄农业连续8年丰收。

随着工农业经济的飞速发展，能源不足的矛盾日益突出，孟庄所需的电力国家只能配给40%，这种状况严重制约着孟庄经济的腾飞。“有条件要上，没有条件创造条件也要上!”1987年，赵启忠和镇党委提出自己集资建1.2万千瓦的电厂。破土动工前20天，赵启忠带领4名镇党委委员，搬着行李住进了杂草丛生、蚊叮虫咬、临时搭起的工棚里。他们放下铺盖，就跳下了没膝深的积水里泥一身、汗一身，挥锹挖晾水池。领导带头实干，最有号召力，一时热风吹雨，影从云集，镇直机关，厂矿的党员干部职工汇成了700多人的义务劳动大军。面积12亩、足有1.8米深的晾水池，交给工程队需两个月，他们只干了20天。

主厂房已拔地而起，然而汽轮机却迟迟未到工地，赵启忠忧心如焚。农历腊月二十三的夜晚，他告别78岁的母亲和家中的亲人，冒着严寒，日夜兼程，赶赴山东。当熟人把脸色发青、瑟瑟发抖的赵启忠介绍给济南电机厂厂长时，这位疲惫不堪的镇党委书记使厂长大为感动：“哦，他一冬来济南不下10趟，这样诚心的人，我遇到的还是第一个。没说的，额外解决一台吧!”

算上这个春节，赵启忠已有3个春节没有休息了。

经过10个月零20天时间的苦战，孟庄火电厂一号机组运行发电。仅隔几个月，2号机组并网发电，创造了现阶段建造同类小火电厂高速度、高质量的奇迹。

孟庄在蛇蜕龙变。全镇1990年社会总产值达3亿多元，比1982年增长近10倍，人均收入1100多元，比1982年增长3.6倍。

干部必须能带领群众共同致富

孟庄有集体企业85个，年产值超亿元。面对七彩迷目、五声乱耳的商品经济大潮，镇党委书记赵启忠时刻警惕的是，共产党人的骨头不能瘫软，党的战斗堡垒不能锈蚀。他选拔使用干部的首要一条标准：必须坚持带领群众共同致富。

王俊有，东夏峰村党支部书记。他7次拒绝联合体企业拉他入股，并在全村党员干部会上宣布：支委、村委、村办企业厂长、会计、业务员一律不准干联合体、专业户。村干部腾出时间，集中精力搞集体工作，6年时间新办和扩建5个村办企业，工农业总产值超千万元，比大包干前的1982年增长8倍。

王俊有当支书7年，东夏峰群众的存款由19万元猛增到160万元。而他和几个村干部的收入仍靠镇里每月发的百十元工资。“这就是旗帜，就是凝聚力!”赵启忠号召全镇的党员干部：“都要学习东夏峰村党支部!”

迈出东夏峰地头，来到邻村村界，鸡犬相闻，禾苗相攀，同样好的政策，条件又大体相同，但景象迥异：一边机声隆隆，庄稼枝繁叶茂；另一边冷冷清清，庄稼禾瘦苗枯。赵启忠问上任三年的支书：“和周围几个村相比，你的工作能排第几?”那位支书不语，深深埋下了头。

镇党委很快作出改选几个工作平庸村支书的决定，有人替他们讲情。赵启忠说：

"这几个同志确实是好同志，但不是好干部。免他们的职，不是得罪了我赵启忠，是他们缺乏领导商品经济的能力，不会带领群众致富。"

"常败将军不能常挂帅。"孟庄干部都知道赵启忠这句口头禅的厉害。

公生明　廉生威

1987年6月，孟庄筹建1.2万千瓦的火电厂，镇党委决定考试招工，择优录取。考试期间，赵启忠外出开会。回来后，几位群众找他反映，考试中有人假报学历，找人替考……言谈中透露多为干部子女和亲属所为。

赵启忠一听火了，把负责招考的工作人员和镇里干部叫来，说："一事当前，先替自己打算，遇见好事，干部就往前挤，这不是好同志。现在老百姓对我们最不满意的是自身不清，自身不正。考试作弊的要严肃处理，不能麻木不仁。"之后，镇党委决定秘密出题，另设考场，对98名高分青年复试，赵启忠及党委成员亲自监考。

复试尚未开始，一些消息灵通人士，通过各种关系出面说情，写信递条子的接踵而来。手捏着厚厚一沓人情条子，赵启忠沉吟良久：条子、条子，由它编织起来纵横交错的关系网，葬送了我们多少事业。天堑易渡，"条子关"难越啊！

临考前，赵启忠把条子带到考场，三把两把撕得粉碎，狠狠摔在地上，郑重宣布："不管职权再高，门路再广，谁再递条子说情，要求照顾的考生不判卷，不录取。"

对考生进行资格复审，查出7名是外地户口和应届高中生，不符合招工规定，赵启忠宣布清出考场。赵启忠撕碎了人情条子，镇党委在群众中树立了一面公正的旗帜。

赵启忠对别人讲原则，对自己的亲属要求更加严格。有一年，他堂弟家里遭受特大洪灾，庄稼绝收，生活困难，孩子已经辍学，他想托二哥的门路，给孩子安排个工作。赵启忠语重情长地对弟弟说："按我现在的权力，在镇办企业里安排个把人，应该说不是问题，可不能那样做，孩子尚未成人，国家明文规定不能招收童工。再则，这么小的年龄，无论到哪儿都是白领工资，特殊的事咱不能干。否则，在群众中还有什么威信？"弟弟道理讲不过哥哥，便又搬动赵启忠的母亲说情，赵启忠死死咬定："不行！"惹得弟弟饭也不吃，送他的钱物也不带，领着儿子抹着眼泪回了老家。

一枝一叶总关情

1985年以后，赵启忠相继被提拔为副县长、县委党委、辉县市委副书记，但他仍兼任孟庄镇党委书记，工作一直没离开过孟庄。这位贫苦农民的儿子，始终深情地眷恋着黄土地，他有一颗与农民群众息息相通的心。

赵启忠关心群众疾苦的事，在孟庄有口皆碑。1982年冬，他作为县里派来的工作组长，在郭村蹲点，一个2000人的大村，合用两个水龙头，每天下晌群众排队挑水，下雨天小胡同踩成稀泥酱；三九天，滑溜溜的路面像条琉璃街，为吃水不知摔伤了多少人，这情景他深深地印在心里。

1983年春，他在上任后的第一个群众大会上提出要修路、治水、办学校，给群众办实事。一冬一春，全镇11227户，全部装上了自来水管。镇投资93万元，修建了49.6公里的水泥路。村村路路相通，实现了水泥路网化。1983年以前，全镇29所中小学，有28所分散在残破简陋的旧庙、祠堂、民房和饲养棚里。赵启忠亲自挂帅抓教育，全镇兴起办学热，短短5年，孟庄用于学校建设的资金达448万元。现在的孟庄，从幼儿教育到高中自成体系，学龄前儿童全部免费教育，初中达到普及。为了促进和发展孟庄经济，适应瞬息万变的信息社会，镇里还投资66万元，与省邮局合资，建成了800门程控电话大楼。目前，装机达600部，平均20户一部，祖祖辈辈握惯锄把，双手结满老茧的孟庄人，坐在自家炕头，可直拨城市，呼叫北京。

日渐富裕起来的孟庄，文化生活要求也越来越高。1984年春节后，镇里投资112万元，修建一座宏伟壮丽、雍容典雅，可容1700名观众的影剧院。在作出修建影剧院的决定时，赵启忠曾代表镇党委向群众许诺，影剧院建成后，让50岁以上的老人免费看头场名演员的戏。著名豫剧表演艺术家马金凤来孟庄演出了，赵启忠和他的助手们满面春风地站在剧院门口的台阶上，欢迎全镇8000多名老人……

1989年，孟庄镇被命名为“中州名镇”和“全国文明集镇”，最近又被中国乡镇百颗星评选委员会授予“中国乡镇之星”的光荣称号。赵启忠在一片赞扬声中和荣誉面前，没有丝毫的陶醉，他正描绘孟庄新的发展蓝图，带领孟庄人民走向更加灿烂的明天。

【作者：赵金德、傅江山】

【《人民日报》1991年3月10日第3版】

连万能：二五〇号证书获得者

刚刚开完全国先进基层党组织表彰大会的连万能，匆匆赶到灯火辉煌的人民大会堂，参加全国劳动模范和先进工作者表彰大会。当他双手颤抖着从中央领导同志手中接过红彤彤的荣誉证书时，不禁热泪盈眶。他激动地打开扉页，当证书号码“250”映入眼帘时，他又忍不住笑了。这是 1989 年 9 月 28 日。

“二百五”，在方言里是“傻子”的代称。江苏省泰县姜堰中学的党支部书记连万能确实“傻”过。抗美援朝时，他在部队荣立二等功一次、三等功两次。回国后，他无条件地服从组织分配，转业到当时还很穷、教学条件很差的泰县一所农村中学当教师。接着，又说服妻子从条件优越的上海调到泰县和他一起任教。1965 年 3 月，县里调他到现在的姜堰中学任教导主任，开介绍信时，连万能硬是要求开“教导处第一副主任”，说是留一个“考验期”。以后两次调工资，他执意将指标让给教学骨干和工资低的教师。谈到连支书的这类“傻”事，该校的党员和教师，扳着指头，一桩桩、一件件地唠不完。

其实，连万能是个精明强干的人。他主持学校党、政工作以后，该校从一所普通的农村中学，逐渐成为省内外知名度较高的重点中学。每年夏季，全国不少重点大学的招生人员，从四面八方赶到这里，希望多招几个。在校党支部办公室，各级党政组织颁发的和上海、浙江、安徽、湖南、湖北、四川、甘肃、贵州等省市重点中学赠送的匾、状、杯、旗，更使党旗熠熠生辉。1983 年以来，这个学校每年高考录取率均在全省名列前茅，最高达 96％。

要当好党支部书记，就得识才、爱才、用才。这个党支部班子中人才济济、群星璀璨。有全国优秀班主任唐静、全国中小学德育先进工作者陈凯，还有全国优秀教育工作者钱一武、全国优秀工会积极分子朱近新等。连万能常说，作为学校的党支部书记，首先必须了解和熟悉知识分子，还要注意提高领导的道德威信、业务能力。有位女教师，“文革”期间参加过批斗连万能的妻子。连万能担任支书和校长后，她心里惴惴不安。连万能便处处关心她，消除她的疑虑。她家房子紧，连万能主动要总务处为她调整了房子。1984 年工资调整，这位教师因为大学毕业时提前分配，档案里没有毕业证书，所以不能调资，她闷闷不乐。学校党支部经过研究，让她到母校补办了手续，调上了工资。这位女教师激动万分。

以“育人”为中心，是连万能对全校党员和教职工提出的要求。每年新生入学，连万能总要给学生作“理想、勤奋、方法和成才”的系列报告。这个系列报告洋洋万言，不要说对刚入学的新生是个深刻的教育，就连每年都听他报告的党支部委员、教师们都感到深有启发。这个系列报告，题目不变，但内容常新，令人百听不厌。近十多年，这所中学 2000 多名师生，没有一个触犯刑律，培养的学生合格率达百分之百。

连万能要求党支部一班人当好学生成才的“导航标”。1989 年，他从北京参加全国先进基层党组织和全国劳模、先进工作者表彰大会回来的那天，正好是 60 岁生日，老伴特意为他准备了寿面，做了不少菜，可是左等右等，仍不见他回来，原来老连正在和支部其他成员研究今后党建工作和学校工作。

1988 年夏天，胃已切除了 2/3 的连万能，突然发现尿血，下腹部也出现胀疼，直到次年 2 月底，他才在上级领导的多次催促下，到医院检查。手术后，连万能不等痊愈，就急着出了院。他感到自己已届花甲，须为今后学校的发展尽力，生病、吃药，这些小事经常被他忘了。老伴只好担任“护士”，经常把药送到办公室。他在加拿大攻读博士学位的儿子，每次从大洋彼岸挂电话来，总要再三关照爸爸的身体，请妈妈当好“监督员”。

榜样的力量，就是无声的命令。在连万能的带动下，这所中学的党员个个在工作中都是排头兵。

近十年，有 26 名教师和 3 名学生在党旗下宣誓，决心为共产主义奋斗终身，8 名教师走上了学校和县有关部门的领导岗位。

【作者：杨传春、王学东】

【《人民日报》1991 年 4 月 23 日第 3 版】

专拣“苦差”的杨凤祥

杨凤祥当兵30载，改变了5个单位的后进面貌，带出7个团结向上的班子。他先后被评为优秀党务工作者、学雷锋标兵，今年“七一”受到武警总部和中组部的表彰。

1984年，杨凤祥受命组建五支队。这个支队的15个中队，分布在茫茫无垠的北大荒，有的中队还没有营房。支队机关设在四处透风的破棚里，8个支队领导睡上下铺。杨凤祥带领官兵经过3年奋斗，全支队就有8个中队全面达标，总队两次在这里召开执勤和农副业生产现场会，漂亮的机关大楼也拔地而起。杨凤祥正干在兴头上，被一纸调令调到哈尔滨支队任政委。当时，这个支队教育训练跟不上，还出了不少事故。杨凤祥不负众望，任职3载，支队连续3年成为总队安全无事故先进单位，彻底改变了原来的落后面貌。

当时，有人以为劳苦功高的杨凤祥该提拔了，但迎接他的是组建机动支队的“苦差”。年近半百的杨凤祥，当然知道创业的艰辛。1000多人来自20多个单位，住的没窝、吃的没灶，可他来不及多考虑自己的屈伸荣辱，带着部队建设的蓝图规划走马上任了。

当过多年军政主官的杨凤祥，深知榜样的作用，他处处以身作则，为大家做出了表率。

去年夏天，黑龙江发生一起大案，5名罪犯行凶后钻入深山老林，机动支队奉命出击，与解放军和公安干警执行搜捕任务。

出发时，总队领导对他说：“你年岁大了，在家坐镇指挥就行了，让年轻同志去吧！”他回答：“我是1964年大比武的建制班班长，军事素质好，经验丰富，让我去！”追捕路上，人们给他找了件防弹背心，他却把防弹背心让给了战士：“你们年轻，命比我值钱。”

一次搜山，战士们发现一个山洞口还有刚刚烧过的残火，罪犯很有可能躲在洞内，几个战士想往里冲，被杨凤祥一把拉住：“你们没经验，还是看我的。”在杨凤祥的带领下，11名特勤队员与友邻部队一起，圆满完成了围歼任务，击毙罪犯3名，活捉两名。

机动支队组建后，很快在黑龙江省威名远扬，受到群众的高度赞扬。

【作者：潘仕明、许东辉、刘海山】

【《人民日报》1991年10月22日第3版】

1992—2000年

“领唱者”

——记郑州第二柴油机厂党委书记吴殿久

河南省委领导称赞郑州第二柴油机厂在改革开放的舞台上演出了“一台精彩戏”。西方一些国家的领事、参赞对这台戏的“领唱艺术”产生浓厚兴趣。“领唱者”——厂党委书记、厂长吴殿久声名鹊起。

1986年，吴殿久出任郑州第二柴油机厂党委书记、厂长。从前几年工厂挂“亏损”黄牌、“走麦城”，到打漂亮的翻身仗，再到如今晋升为国家重点企业，吴殿久愈加体会到，工人是企业改革和发展这个大舞台的主人翁，只有发挥职工的进取和创造精神，社会主义企业才会有巨大的活力。

过去，这个厂干部和管理人员超出职工总数的25%。囿于干部终身制的框束，厂里往往是在干部圈里选干部，有真才实学的工人很难跳入“龙门”。为解决这一问题，吴殿久首先带领党委一班人，在劳动人事体制上动手术。经过充分酝酿，提交职代会通过，一个打破“三铁”的方案出台了：在企业内部取消干部工人的界限，统称“二柴工作者”，管理人员一律实行招聘，在哪个岗位享受哪级待遇。方案一出台，立即在全厂上下形成冲击波。

人尽其才，如鱼得水。现在，二柴管理人员中，有60%是从政治素质高、工作能力强的工人中选拔上来的。职工认定，在二柴只要努力工作，有本领，有文化，必有机会施展才华。

为沟通上下感情，开启疏通智慧的闸门，造成秉公进谏、坦陈己见的民主氛围，吴殿久给自己约法三章。在他的提倡和努力下，厂里逐步建立了厂领导接待日制度，成立了有工人代表参加的工厂管理委员会，全体职工都可以通过职代会对企业的重大事项行使审议权、监督权和否决权。近年来，二柴虽然在经济市场中遇到种种困难，但没有一个职工发牢骚。相反，大家积极为企业献计献策，职工共向企业提出合理化建议300多条，有45%被采纳，技术革新实施30多项，创效益180多万元。

围绕培养企业精神，增强职工主人翁责任感，全厂开展了“榜样就在我身边”活动。党委书记吴殿久，立志在群众面前像焦裕禄那样做“官”。他领导的二柴，年年完成上级下达的经济指标。按照上级有关部门奖励厂领导的规定，吴殿久和其他领导可得1.5万元，但他们分文不取，带头把这笔钱上交企业。

厂办的同志记得，有一次吴殿久的妻子患重病，用厂里的车上医院，他主动补交了8元私人用车费。凡参加厂里的各种接待活动需要他陪餐的，他次次都交了陪餐费。这么多年来他从未拿过职务补贴。多年的劳累，吴殿久患了肺心病，医生多次让他休息，他总是吞几粒药片坚持继续工作。他常常一边输液，一边主持会议。

榜样的力量无穷。精神与物质的统一，使他的思想政治工作更具有魅力。这些年来，吴殿久带领党委一班人，着眼工人的长远利益和根本利益，先后建立了“职工生活保证金”、“劳动保险金”等20多项职工福利制度，逐步改善职工的福利条件。从解决职工住房、子女放学就餐到丰富职工文化生活，吴殿久不知花费了多少心血。

如今，二柴的产品增至四个系列十几种，主导产品多年蝉联国、部、省优秀产品奖，多项经济技术指标居全国同行业榜首，全员劳动生产率创4.3万元，企业连年被评为“河南省经济效益显著单位”，获河南省质量管理奖，并被省人民政府命名为“民主管理优秀企业”和“思想政治工作先进企业”。吴殿久本人也被全总授予“优秀经营管理者”、“全国优秀工会积极分子”称号，他的胸前戴上了一枚闪亮的全国“五一劳动奖章”。

【作者：闻有成、杨春】

【《人民日报》1992年3月15日第3版】

立志山区创业、无私奉献做人

——农民盘石

广东省清新县新洲镇梅仔坑村农民、村委会主任盘石长期坚持学雷锋，先后义务照顾、收养了12名孤寡老人、残疾人和孤儿，并且带领群众艰苦创业，先后荣获县劳动模范、广东省社会主义文明建设积极分子、学雷锋积极分子荣誉称号，今年被评为全国学雷锋先进典型。

今年42岁的盘石从青年时期起就立志做雷锋式的人。他无论清贫时还是后来富裕时，都能以雷锋同志为榜样，热心助人，扶贫济困，无私奉献。

1979年实行家庭联产承包责任制时，村里丧失了劳动能力的孤寡老人、残疾人和孤儿有10人。当时盘石家里上有老，下有小，只有他夫妻及弟弟3个劳力，担子已经够重的了，但是他自告奋勇承担了照顾这10个成员生活的责任。李青住在离盘石家一公里远的深山老林里，身患多种疾病，妻子下肢瘫痪。盘石长年累月地把粮食和生活用品送上山去。邻居盘继明兄弟患有严重肺病，人们都不敢接近。不沾亲带故的盘石却主动地照顾他们，天天送饭端水，这对兄弟相继病逝后，盘石又把一个孤儿带在身边，至今还在供他读初中。农民盘三桂不幸早逝，妻子丢下4个3至10岁的孩子改嫁他乡。这时盘石一家连同他收养的“困难户”已达19人。但他毅然把这些孩子领养回家。

带领群众共同致富，这是盘石的追求。80年代改革开放的春风吹进了他所居住的小山村，许多人为了摆脱贫穷，纷纷出外赚钱。盘石坚信只要勤劳开发，靠山也能够富起来。他带头承包了10多亩水田，承包了2300多亩山林，实行多种经营、种养并举，1984年率先成为当地的“万元户”。他又不断扩大经营项目，发展了种柚果和运输业，收入逐年增加。

盘石不仅为山里人脱贫致富树立了榜样，而且致富后不忘集体和乡亲。乡亲们搞种养没有苗种，他给；没有技术，他无私地教；缺少本钱，他借，甚至借贷款给他人；货物运输有困难，他也无偿地帮助运送。村民在盘石的帮助下逐渐富裕起来，现在全村人均收入超千元。

过去，梅仔坑村是一个与世隔绝的小山沟，从村里到镇上虽说只有10多公里路程，但只有一条又弯又陡的羊肠小道。盘石决心修筑一条公路，从1985年开始，他动员父母、妻子、弟弟和妹妹，以“愚公移山”的精神，苦干3年多，出钱3万多元，修成一条长8公里的简易公路。他又买来两台拖拉机为群众运送货物。

梅仔坑村祖祖辈辈没有用过电灯。为了改变这种落后状况，盘石集资近1万元，在村里建了小水电站，安装了水力发电机，让乡亲们用上电灯，不收一分钱电费；他还买了一台碾米机，义务为村民服务。

【作者：罗边】

【《人民日报》1993年3月2日第3版】

汗水智慧铸精神

——记太钢老工人、全国劳模李双良

一个人，尤其是一个功成名就的人，能否把自己放在一个恰当的位置上，无疑是一种内在人格的考验。太原钢铁公司老工人李双良的感人之处正在于此。

全国劳模、五一劳动奖章获得者、全国人大代表、联合国授予的人类治理环境“全球500佳”，一串串荣誉涌向李双良。但挂在李双良嘴边的，却常常是别人的名字，别人的事迹。

最近，太钢筹办“李双良治理渣山10周年庆祝大会”，准备为李双良立碑、塑像、颁奖。李双良急忙找上门说：“治渣的成绩，是渣场全体职工的心血，不能丢掉他们。”他的意见得以采纳。

李双良，仍是那个朴实、耿直的李双良，只是头上银发稀少了，脸庞的皱纹密厚了。

李双良，已不仅仅是李双良。江泽民总书记视察太钢时曾对他说：你的这种精神正是体现了我国工人阶级为国家、为人民做贡献，全心全意为人民服务的精神。这种勤俭持家、勤俭节约的中国人民的精神是很可贵的，体现了我们工人阶级的品质。我们都要向你学习，我建议全总推广这种精神。全国青年工人都学到你的这种品德和精神，我们的事业就攻无不克！

已在举行的“李双良精神理论研讨会”，正把这种精神加以展开、拓宽。

李双良，汗水和智慧铸成的精神。

物质有度，精神无价。

其实李双良极简单。

1949年他到解放军刚接管的太钢上班时还是个文盲。当时，每日1.5公斤金黄的小米使这位穷怕了的汉子说出“共产党让咱吃饱了饭，为共产党咱啥都能贴上”。凭着这种最朴素的感情，他在那极普通的爆破岗位上攻克了一道道难关。50年代他成为冶金系统人人皆知的“爆破大王”，其间，先后8次被评为省、市、冶金部劳模，并加入了梦寐以求的共产党。80年代，他创造的“钢锭一雷多管爆破”“梅花状爆破”新技术，被冶金部推广。每次，李双良都说“没啥，一个是吃点苦，一个是多钻研”。

然而，李双良又极不简单。

这种不简单的起点是他1982年退休后。“身上有绝活，好事不用磨”。有人出月薪1000元请他去海南炸山填海，他含笑拒绝了。面对他早已选定的理想，诱人的金钱黯然无色。

他的理想就是治理积在太钢南门外的工业垃圾堆——渣场。准确地说，那是一座从阎锡山时期就形成的占地2.3平方公里、高达20余米的渣山。排渣的火车头由一个加到两个，还常常喘着气爬不动。排渣不利，轻则影响十几座高炉冶炼，重则危及高炉平炉停产。更为严重的是，这座渣山，已越来越成为太原市的一个环境污染源。多少年来，太钢曾做出多次努力，但由于工程量浩大，一直未能治本。浑身仍有使不完劲的李双良，决定把余生用来治理这座人见人愁的渣山。这绝不仅仅是一种魄力。

1983年春节，一份《关于承包治理渣场的报告》，由李双良送到了太钢决策层。惊喜之余有人问“需要多少投资?”李双良异常平静，“钱不要，废渣里边有的是，只给个治渣权就行”。这位耿直的老钢铁工人只提了两个要求，“如果发生‘8分钱邮票’扰人的事，领导上主持公道作个主。购置些设备不必一层一层地批，太费事。”领导们高兴得合不拢口。

80多名退休工人陆续找到李双良请战，当年5月李双良领着大伙开始了当代愚公移山的艰辛历程。

李双良一点儿都不含糊，心里那本账一清二楚。1982年他和儿子虎森整整忙了一个冬天，用皮尺将渣山量了个遍，脚虽然被钢渣划破了，手虽然冻裂了，但脑子里却多了一串诱人的数字：渣山里大约有1840万吨废渣可以开采，有36万吨废钢铁能回收，按当时每吨200元的市场价算，会增收7000万元。据此他立下了“挖渣入手，以渣养渣，综合利用，7年搬掉渣山”的军令状。然而，他比谁都明白，这是需要用汗水和智慧共同铸成的事业。

——把废渣利用的好处讲了一遍又一遍，倒渣的地方有了，东山上一条深沟，填满渣，再垫上黄土，废沟能变113亩好地。

——把可能赚回的效益说了一条又一条，一支赊下的浩浩荡荡的多车种的运渣大军开来了。当月，运渣8万吨，回收废钢铁4000吨，收入47万元，盈利11万元。

——把废渣在建筑上的功能分析了个透，好多建筑工地纷纷用废渣用作回填料，一年处理掉70多万吨渣，节约运费60多万元。

——铲车装车费用大、效率低，一次偶然的发现启发了李双良，他与同伴一起设计，焊造了4个大漏斗，使用后，效率提高了9倍，每年节约装车费36万元。

——为了不让任何一块废铁漏网，他们自制了4台磁选机，在已过滤过的废渣里，回收碎块钢铁6000多吨，增收90多万元。自制了手携式磁选棒，连粉末铁屑都不放过。

10年过去了，除钢铁外，渣场回收耐火砖3878吨、镁砖12332吨、电极805吨、加热炉渣9196吨，回收价值竟达1018.81万元。这使李双良和他的同伴们既欣慰又心痛。巨大的渣山已搬走，好多转化为商品。

搬渣山艰难，用渣山更难。被树为劳模和榜样的李双良，时刻把渣场往市场上靠。造几个小化铁炉，把零碎粉末废铁直接转化为铁条子，每年能炼铁4000吨，放到市场，40多万回来了。1989年市场上不锈钢紧缺，渣场立即请人安装了不锈钢光谱仪，拣出不锈钢渣8179吨，成了众人抢的宝。李双良随身带着各种渣样，一个劲地往太原工大教授堆里跑，拜师傅、求计谋。他获知不同的渣能做不同的建筑材料后，激动万分。紧接着，用废钢渣制成的多方形水泥砖在渣场问世了。水泥厂一期工程竣工投产，年产10万吨钢渣水泥，同时渣场还能为省内7个矿棉厂提供产品原料。

昔日灰尘弥漫的渣场，在李双良们的手中成了变废为宝、招财进宝的宝地。

眼下，在渣山腾出的空地里，出现了22栋职工宿舍楼，新建了2所学校，还诞生了一个能安置几百名残疾人的福利工厂。

清波荡漾的鱼池，涓涓而流的喷泉，曲直相径的长廊，典雅别致的凉亭，郁郁葱葱的树木，香气袭人的花草，是渣场还是公园：很难说清。李双良的理论意味深长，“环境就是财，环境能生财”。

【作者：王艾生、安洋】

【《人民日报》1993年4月29日第1版】

“模范医学教授”的风范

——记姜泗长

解放军总医院一级教授、著名耳鼻喉专家姜泗长，在半个多世纪的从医生涯中，以精湛的医术为数以万计的患者解除了病痛；以诲人不倦的精神，为国家培养了数以千计的人才；以高尚的医德为同行树立了活生生的榜样。在姜泗长喜度 80 寿辰的日子里，中央军委主席江泽民签发命令，授予他“模范医学教授”荣誉称号。

用心血铸造医学殿堂

作为我国医学界的一代宗师，姜泗长在国内外享有极高的声望。这不仅因为他奠定了中国现代耳鼻咽喉科的基础，还因为他为人类在这一领域的进步踏出了不可忽视的足印。

聋人占了我国残疾人数的很大份额，国内聋哑患者达 300 万人。姜泗长在国内外率先提出关于开窗术后迷路反应的新见解，并应用于临床，使成千上万的患者听到了声音，开口说了话；他和助手在国内外首先将基础理论研究与临床实践结合，开展了镫骨切除手术，把世界镫骨切除术推向新的水平；他闯出国外学者对鼓室成形术分型的“误区”，创造了 2500 例鼓室成形术、鼓膜修补术疗效 93.1%的世界奇迹；作为中华医学会耳鼻喉科学会主席，他组织全国耳鼻咽喉学界开展的组织学、生理学、生化学、病理学的基础研究，走在了世界各国的前面，其广泛性、群众性，更是任何一个国家的研究者所难以企及的……

进入 90 年代后，姜泗长仍然奋斗不息，创新不止。他组织力量开展耳声发射、听力学、AP 调谐曲线等一批处于世界尖端课题的研究，为我国耳鼻咽喉学科的基础研究作出开拓性的贡献。

1990 年 4 月 26 日，是姜泗长一生中难忘的日子。

这一天，我军第一个耳鼻喉科研究所落成。这座洁白的四层建筑是姜泗长在晚年仍奋力攀登医学高峰的又一个里程碑。

1986 年，姜泗长患胃癌，胃切掉 3/4，躺在病床上。但他仍关心着研究所的建设。动过手术后不久，他便托人请来了总医院的领导。

总医院的院长、政委急匆匆赶往病房。一路上，两位院领导心情复杂。姜泗长一生中从不给组织添麻烦，不提任何额外要求，这次他想说什么？

病床上那双颤巍巍的手递过来的是一份建立耳鼻喉科研究所的报告。“我一生想做两件事，一件是治聋病，已经做了一些工作；另一件就是建立全军耳研所。我想在有生之年完成这件事……”两位领导落泪了。不等病情好转，姜泗长便投入了研究所的规划工作。很快，总后勤部批准了修建方案，一座现代化的四层楼房的研究所，终于在总医院院内拔地而起。几年来，先后有几十个国家和地区的专家前来参观，对这里的设施和工作赞叹不已。

甘作人才大厦的基石

1992 年全国耳鼻喉科首届青年论文报告会，共设 10 个论文一等奖，解放军总医院拿了 5 个，获奖者都是姜泗长的学生。

当“人才断层”的惊呼不断响起时，一个理想的人才梯次已在“姜氏门下”形成：有 50 多岁的科主任，有 30 至 60 岁上下的教授、副主任，还有 20 多岁的博士生和硕士生……“人才是有的，关键是看我们能否发现和大胆使用他们。缺的不是人才，是‘巨人的肩膀’!”姜泗长如是说。

1982 年，姜泗长决定退出科主任的位置，那时，总医院的科主任是清一色六七十岁的老专家。他向院党委举荐了杨伟炎担任科主任，消息传开，犹如平静的水潭里投下一块巨石。

“杨伟炎才 47 岁呀!”

“我做教授和科主任时，才 35 岁，本事还没他大呢。”就这样，姜泗长在全院第一个让贤。杨伟炎成了全院第一个年轻的科主任。

有一次，北京一家医院请姜泗长为一个患者切除听神经瘤。姜泗长临时决定由陪他去的杨伟炎主刀。杨伟炎从未在外面做过难度这么大的手术，十分紧张。“你能行！有我在，不要怕。”杨伟炎平静地拿起手术刀……

手术做得极漂亮。杨伟炎声名远播。

1986 年的一天，在美国费城天普大学医学院，一位中国人破了这里访问学者不能上手术台的规矩，被请上台为该院的青年医生和各国进修生作手术示范表演。这人正是杨伟炎。

杨伟炎走向了世界。走向世界的又何止杨伟炎一个!

韩东一，姜泗长的第一个博士研究生，三十出头就晋升为教授，他的论文《用 AP 调谐曲线客观测试人和动物耳蜗频率选择性的意义》获了国家级大奖，并应邀赴日本合作研究，被接纳为日本临床耳鼻喉科学会会员；石勇兵，又一位博士生，他的《诱发性耳声发射的观察与研究》，引起国内外学者的广泛关注，应邀赴美国做专题报告，并帮助他们开展这方面的研究。还有顾瑞教授、方耀云教授、张素珍教授……他们都是姜泗长的学生，也是我国耳鼻喉科的栋梁之材。

姜泗长用自己的生命和专长为共和国的医学大厦添砖加瓦，从他的身边走出了中国几代耳鼻咽喉学科专家。据统计：在我国，几乎所有的耳鼻咽喉科的主任、教授都曾到解放军总医院学习、进修或观摩，全中国 70 岁以下的耳鼻喉科专家，大多属“姜氏血统”……

一位在加拿大进修耳鼻咽喉专业名叫王荣光的中国留学生准备报考博士生时，加拿大教授对他说，“你应该回中国去，北京有个姜泗长，他才是世界一流”。

“医德是医生的灵魂”

姜泗长曾是毛泽东主席的保健医生，一直陪伴到毛泽东生命的最后时刻。在姜泗长诊治的病人中，有党和国家领导人，也有普通老百姓，他从来都是一视同仁。一次，一位双耳化脓的乡下病人前来就诊。面遮口罩的年轻女军医看了看，就要下诊断书。“不忙，再看看。”姜泗长拿起棉签擦出病人耳道中的分泌物，凑近鼻子闻，眉不皱，眼不眨。“这是胆脂瘤性中耳炎。这种病，只要闻一闻就能作出基本诊断。”病人感动地说：“我耳朵很臭，连家人都躲得远远的，姜教授却不嫌弃。”

姜泗长从业50多年，始终两袖清风。他常说：“医德是医生的灵魂。”他将价值数万元的藏书捐赠给研究所，他拿出自己积累多年的科技成果奖金奖励科里的年轻人……一位美籍华人带着患耳疾的儿子，跑了好几个国家的大医院，没有效果，又来到台湾。一家医院告诉他：“孩子的病，恐怕只有到北京找姜泗长这条路了。”姜泗长和弟子们没有让他们失望。这位美籍华人十分感激，要送姜泗长一大笔钱。姜泗长再三拒绝，对方坚持要送。最后，姜泗长只好说：“你真要帮助我们，就给我们耳研所订两份美国杂志吧。”

姜泗长曾写过一篇短文《行医苦行当》。文章写道：“要做一个好医生，不仅要钻研医学知识，还要具备良好的心理素质和品德修养。”姜泗长教授正是这样一位有高尚医德的人。

【作者：张东波、高福锁、乔军中】

【《人民日报》1993年9月15日第3版】

一腔热血铸忠魂

——记全国模范检察长叶子新

编者按：在深化改革、扩大开放、促进发展的新形势下，各条战线、各个地方都涌现出一大批勤廉兼优的党员和干部。他们廉于自身，两袖清风；廉于本职，掌权为公；廉于社会，无私奉献。他们勇于同社会上的丑恶现象作斗争。为了歌颂他们的优秀事迹，“廉政之光”专栏今天同读者见面了，但愿她能成为党风廉政建设航程中的一盏明灯，成为鼓舞千千万万党员、干部不断前进的榜样和动力。中央纪委、监察部宣教室将陆续提供有关典型材料，并与本报国内政治部一道办好这一栏目。

去年11月20日下午，湖北省荆门市殡仪馆大厅内充满悲痛和追思，党的好儿子、荆门市检察院检察长叶子新静静地躺在这里。几个月来，叶子新率领全院干警在反腐败斗争中冲锋陷阵，连战皆捷，战果累累。叶子新因长时间劳累过度，心脏病突发，以身殉职，年仅47岁。

反腐斗恶震荆门

去年8月，全国各地拉开了反腐败斗争的序幕。时任荆门市检察院检察长的叶子新，以检察院为前沿阵地，和全院干警一起，向贪污受贿的腐败分子发起进攻。市税务局局长章炜、副局长云昌杰等一伙人不顾党纪国法，利用手中权力，大肆贪污受贿，参与骗税、挪用税款等，给国家造成重大经济损失。一次，章炜、云昌杰等人压税1000万元，从中私分利息2.7万元。叶子新经与本院其他领导同志研究，决定以此为突破口，彻底解决市税务局的一系列严重经济问题。

章炜身居要职10年，是荆门市的实权人物。平时，他把谁也不放在眼里，又因其关系网盘根错节，人称是一只谁也奈何不得的“老虎”。叶子新不怕邪恶，毫不留情，对章炜的问题坚决立案查办。一天上午，叶子新下令传讯章炜，他面对面地对其进行了讯问。在正义之剑面前，章炜自知犯罪严重，几个回合便耷拉了脑袋，冒出冷汗。他不仅承认了压税1000万元和私分利息的事实，还交待了一次受贿一套价值5000元的高级西服问题。根据立案侦查，在此期间，市检察院又进一步查实章炜贪污、受贿达20余万元的事实。章炜这只所谓谁也奈何不得的“老虎”，很快被市检察院批准依法逮捕。

骗取国家出口退税是近几年来出现的一种新的犯罪现象。荆门市纺织品公司经理杨明新等人相互勾结，以服装出口为名，骗取国家退税款1700多万元，还贪污受贿1万多元。对这些骗税犯罪分子，叶子新切齿痛恨。他决心将其一网打尽，而叶子新的妻子李红梅就在纺织品公司下属一商场担任副经理，杨明新是她的直接上级。就在查处杨案时，先后来了不少说情的，有几位朋友还劝导他说："老叶，杨是红梅的顶头上司，是否给家属留点后路？"叶子新回答："谁说情都不行！"他妻子也说："你从部队到地方，我跟你东跑西颠，如今在商场安下根，你这么一搞，今后我怎么工作？"叶子新说："我以法律为准绳，谁犯了法，就查处谁。"一天，市商业局局长专门来到叶子新的办公室，他是杨明新的上级领导。这位局长说："叶检察长，老杨本人交待了，问题搞清了，是不是把他交给我们局里就行了。"叶子新干脆利落地回答："不行！我明确地告诉你，明天必须把他送到市检察院。"叶子新排除一切干扰，指挥办案干警日夜奋战，很快查清了此案。最后，杨明新被逮捕；另有一人被开除公职；还有几人也被绳之以纪。在各方的大力支持下，1993年底，荆门市检察院已追回被骗税款约1200万元。叶子新和全院干警又打了一个大胜仗！

心田明净如秋水

叶子新参加革命27个春秋，不论在部队，还是在地方，他怀着对党、对人民、对革命事业的无比忠诚，谱写了一页页瑰丽的篇章。

叶子新对名利看得很淡。他在部队1983年便提了副师职干部，是大军区组织部副部长。1987年转业回荆门后，组织上安排他为宣传部副部长，一下降了两级，是副处级职务。领导上征求他有何意见、想法，他坦荡地说："请领导放心，当兵出身的，组织上安排什么，就干什么。"

叶子新对金钱、物质看得很淡。他对身边的同志和家属、子女常说："生不带来，死不带去。我是一个农民的儿子，今天能这样，很不容易。对党、对人民的事业，要讲良心。"他要求部属和家人一定要从严律己，廉洁为公；他自己更是丁是丁，卯是卯。他从部队转业回荆门时，除了部队发的一张小圆桌和4把小凳子外，公家的什么东西都没带。

回地方后，叶子新更是从严要求自己。特别是当检察长后，一些人登门求情，有的送来高级烟、酒和其他东西，他总是严词拒绝，甚至将来者赶出家门。

叶子新兄妹6人，一个哥哥，4个姐姐，所有哥哥、嫂子、姐姐、姐夫都是农民。他哥哥有两个姑娘、一个儿子。哥哥多次来找他，要求他给侄子、侄女们解决户口，找个工作，还说："别人都说我们是一屋的农民，你就不能想点办法？"叶子新没有办，他说："农民有什么不好，没有农民，大家吃什么？你们老老实实种好田！"为这事，哥哥还生了他很长一段时间的气。

叶子新对享受看得很淡，他生活非常俭朴，始终保持普通一兵本色。在部队，他穿了整整21年黄军装；回地方后，仍然穿着那身黄军衣。有几位朋友建议他说："把这丢了，买两套好西服，也该潇洒潇洒了，不要搞得太寒酸。"他回答道："丢了不浪费了？那多可惜呀！"到检察院后，他成天一身警服，与黄军装又接上茬儿了。

叶子新一生没一件好衣服。平时，妻子给他买什么，他便穿什么，从不讲究。他逝世后，妻子每次提到这些事，不禁辛酸泪洒……

倒下是一座丰碑

反腐败斗争是没有硝烟的战斗，一场场紧张、激烈、复杂的斗争，使叶子新耗尽了心血。从 1993 年 8 月到 11 月，他没休过一个星期天，患肝病、肾结石后，身体一直没有很好地恢复，支气管炎也加重了。同志们见他熬红的双眼，多次劝他注意身体，他却笑笑说："不要紧，没关系！" 11 月 1 日至 17 日，他就一连加班 13 个晚上，每天工作到第二天凌晨几点才回家，第二天又照样很早地上班。他实在太累了！

17 日夜近 11 时，叶子新从办公室回到了家里。妻子见他，心痛地说："你今天回来得早一点，就早点休息吧！" 11 点多钟，睡了一会儿的妻子见没有听到丈夫那熟悉的呼吸声，立即警觉地坐起，果然，令人震惊的不幸发生了：叶子新因劳累过度，心脏病突发，突然停止了呼吸！

"子新！子新！……"妻子一声又一声地呼唤着，悲痛欲绝……

叶子新离去了，永远地离去了。他活着是一面旗帜，倒下是一座丰碑。1994 年初，最高人民检察院作出决定，追授叶子新全国"模范检察长"光荣称号，并发特级奖章和证书。

【作者：严金海、许国勇】

【《人民日报》1994 年 6 月 12 日第 1 版】

当代知识分子的楷模

——记第二军医大学肝胆外科专家吴孟超

今年夏天，我国著名肝胆外科专家、中国科学院院士吴孟超教授度过了一段终生难忘的时光。

5月13日，他与吴阶平等10位医学家从人民大会堂捧回“实用医学荣誉杯”；6月8日，他在第七次中国科学院院士大会上荣膺“陈嘉庚医学科学奖”，成为全军和全国医学界这一殊荣的唯一获得者；6月中旬，他在全国侨联举行的表彰大会上，被授予“侨界十杰”光荣称号。这期间，中央军委主席江泽民，中央军委副主席刘华清、张震等领导同志先后亲切接见他，赞扬他为全军赢得了荣誉，是我国科学界的骄傲。

作为科学家，他敢闯禁区

亚洲是肝病高发区，我国每年有10余万人死于肝癌。世界第一例肝切除术发生在19世纪末的德国，而在我国直到20世纪50年代初，肝脏外科还是一个空白。1956年，外国一位肝脏外科专家曾预言：“中国二三十年内，不能进行肝脏手术。”

然而，这位专家的预言破产了。从马来西亚归来的外科医生吴孟超，带头向中国肝脏外科这片荒芜的处女地发起冲击。他写下“卧薪尝胆，走向世界”的誓言，向上级领导递交了报告。1958年，在第二军医大学党委的支持下，由吴孟超牵头成立了3人攻关小组，拉开了中国向肝脏外科进军的序幕。

研究条件十分简陋：几把刀剪、几张破旧桌椅连同一间由动物房改造成的实验室……中国的肝胆外科事业正是从这里起步，并走向世界。

1979年9月，在美国旧金山召开了第28届国际外科学术会议。这是世界最优秀的外科专家的聚会，代表着当时世界外科学术的最高水平。出席会议的中国代表除吴阶平、陈中伟、杨东岳3位外科泰斗外，还有不为世人所知的吴孟超。

当吴孟超登上讲台，宣读他的论文时，立时引起世界医学界的震惊：在会上由国外学者宣读的论文中，全部加起来共实施肝癌切除术18例，而吴孟超和他的同事实施肝癌切除术181例，成功率达91%，数量、质量均居世界之首。吴孟超的报告博得与会专家热烈的掌声。就在这次会议上，吴孟超被选为国际外科学会会员，他的论文获得大会一等奖。“沉默的中国人”以东方特有的睿智进入了国际肝胆外科领域的领先行列。

其实，作为我国肝脏外科的开拓者和奠基人，吴孟超早已在中国和人类医学史上写下了一连串的“第一”：他50年代编译的《肝脏外科入门》，是世界上第一部中文版肝外科专著；他60年代总结出肝脏解剖的规律和数据，提出五叶六段的肝脏分叶分段法，结束了中国人看病沿用外国人数据的历史，被认为是中国肝脏外科理论的第一次重大突破，至今仍被广泛沿用；他在世界上首创“常温下肝门间歇阻断切肝法”，将肝脏切除术成功率提高5个百分点，直到今天，人们仍然找不到替代它的更好的控制出血的办法；他成功地实施了中国第一例中肝叶切除术，把中国肝脏外科手术水平无可争辩地推到了世界科技的前列……

如果说，吴孟超当年挺进中国肝脏外科这片荒芜的处女地，是为了给中国人争口气的话，那么几十年后，当他将200篇学术论文、20部科学专著奉献给人类的时候，他已经成为人类征服肝病病魔伟大进程中的一位先驱者。

作为医学家，他情系病人

吴孟超以其精湛的技艺，博得“神刀”的称誉。那年，一个外国医学参观团慕名走进第二军医大学，专门要拍吴孟超的手术。摄影机整整转动了一个上午，镜头始终没离开教授那双手。其实，他们哪里知道，吴孟超娴熟的刀法，渗透着对病人深深的爱心。而这一切，则是永远无法在胶片上显影的……

十几年前的一天，一位中年男子在家人的搀扶下站在了吴孟超的面前。病人隆起的腹部比即将分娩的孕妇还大。这位名叫陆本海的庄稼汉已被巨瘤折磨了9个年头，先后跑了10多家大医院，结果都是惊讶、同情、摇头。“先收下病人。”吴孟超心里清楚，再推，等于把病人推给死神。

校、院两级领导带着关切和鼓励赶来看望吴孟超。几乎全校的人都在关注着这一手术的成败。1975年2月8日，手术室里异常寂静。吴孟超缓缓走向手术台……

提起那次手术，吴孟超至今还记忆犹新：当时很紧张。从早上8点一直到晚上8点，整整12个小时，没休息，没离开手术室……瘤子取出来了，一称，整整18公斤，至今仍为世界之最。走下手术台，吴孟超就抱着被子和病人一起住进了病房。整整一个星期，吴孟超日夜守护侍候着病人……

在吴孟超的眼里，只要你是病人，他都会捧出一颗真诚的心，伸出一双温暖的手。一位姓徐的外地老人患肝癌已至晚期，因多方求医致使家中一贫如洗。吴孟超得知后，将他“请”进病房，并为他实施了手术。术后，吴教授便来到病床前，像哄孩子一样一边劝他进食，一边拿起勺子给他喂稀饭。病人一边咽稀饭，一边掉眼泪。

在吴孟超的心中，没有什么能取代病人的位置。他从医几十年，养成了这样的习惯，出差前总要到病房看看病人；到了宾馆第一件事是打电话询问病人的情况；返回学校，直奔的是病房；回到家中先要看的是病人的来信。有一回，他从外地赶回来，一进家就直奔书桌，翻找病人的来信。老伴告诉他，一部分信件已经转交秘书处理了，很少与老伴红过脸的他，立刻来气了：“怎么能随便交给别人办？病人是冲我来的，正心急如焚地等我亲自答复！”

几十年来，吴孟超挽救了许多患者的生命，患者们总是以各种礼品乃至成百上千元的红包，表达对他的感激之情。对此，吴孟超一律婉言谢绝。他时常告诫他的学生和同事："看病收礼，会玷污医生的神圣称号。"

作为教育家，他甘为人梯

1990年冬，吴孟超率8名学生赴北京参加全国第五届中青年医学学术交流会。8名学生个个登台宣读论文，结果8篇论文全部获奖。

"团体冠军"竟被第二军医大学的一个肝胆外科夺走，人们不由得将敬佩的目光投向这支劲旅的"总教练"吴孟超。

1978年，科学的春天重返祖国大地。思才若渴的吴孟超按捺不住尘封心底多年的冲动，率先申报了全校第一个硕士生培养点。

刚刚从"十年浩劫"中走出的人们，不免心有余悸。老伴和同事提醒他，再等等看，"等不及了。我已经等了10年，不能再等了……"

从那时到现在的十几年中，吴孟超共为我国培养肝胆外科专业硕士、博士、博士后研究生近50名。如今他领导的肝胆外科研究队伍，已由最初的三人小组，一跃发展为世界一流的科技群体，其中，既有第一、第二代肝胆外科专家作中坚力量，更有一大批三四十岁乃至二十几岁的第三、第四代"小字辈"为生力军，各类研究生占90%以上，真可谓四世同堂，人才济济。

然而，每一颗新星的升起，对吴孟超而言，都意味着一次心血和智慧的付出。

博士研究生施乐华进行论文答辩这天，吴孟超碰巧要去北京参加一次会议，秘书准备订当日上午机票，吴孟超特意改订下午最后一次航班。其实，在答辩前一周，吴孟超早已将施乐华的论文审校完毕。答辩前一天，他还是不放心，又将论文仔细审查几遍，不仅实验数据逐一核实，连标点语句也仔细推敲。去机场的时间就要到了，秘书心急如焚，此时，吴孟超正端坐在答辩会堂，直到施乐华答辩完毕，才匆忙奔向机场。

十多年来，他究竟在学生身上花费了多少心血，谁也说不清。为了使每一位学生都能成为世界一流人才，吴孟超不仅毫无保留地将自己大半生积累的宝贵经验传授给学生，帮助他们定方向，选课题，还给他们压担子，鼓励学生瞄准世界科技前沿，拓宽视野，超越自己。

研究生丛文铭当初冲着吴孟超出神入化的刀法投奔他的门下。可是吴孟超发现丛文铭在基础研究方面更有潜力。"我开了一辈子刀，救活了许多病人，但只是开一个救一个。如果加强基础研究，从根本上防治肝癌，那将是千千万万患者的福音。"丛文铭明白了，他从导师沉重的话语里，听出了老一辈的嘱托。从此，他按照导师设计的目标，一头扎进了实验室。

半年后，全国外科学病理学术会议在厦门召开。丛文铭关于肝胆外科基础病理方面的研究论文，一举夺得大会一等奖。此后，丛文铭又一鼓作气，相继夺得全国青年科技论文一等奖3项、全军科技进步二等奖1项。如今，年仅38岁的丛文铭已被破格晋升为研究员。

吴孟超慧眼独具、点石成金，令人叹服。短学制学员杨甲梅，练就了一手硬朗的"吴氏刀法"。如今，这位年轻的教授已成为东方肝胆外科研究所副所长。博士生郭亚军应邀赴美开展研究工作，很快在肝癌免疫治疗的研究中取得重大突破，论文在世界权威杂志《科学》发表后，在美国引起强烈反响，被认为是“开启了免疫系统防治癌症的大门”。今年2月3日，东方肝胆外科医院青年医生周伟平、胡冰、孙志宏，成功地实施了世界首例腹腔镜下肝破裂修补术。他们都是吴孟超的学生。

作为强者，他不断进击

今年3月31日，在第二军医大学的手术室里，一例肝胆手术正在紧张地进行。吴孟超和他的助手说话间便取下了胆囊，紧接着对肝动脉进行间歇阻断，手术准确流畅，仅用了12分钟，便将一个比拳头还大的恶性肿瘤取了出来。

谁会相信，这位刀法娴熟的吴孟超，竟已是72岁的老人。这样的高龄继续登台主刀，在外科界是不多见的，在肝胆外科领域更是绝无仅有。

几十年来，吴孟超共获得国家和全军科技成果奖23项，其中一等奖5次。他先后12次被评为先进工作者。60年代，他先后两次在中南海，受到毛主席的亲切接见。近年来，他又多次受到江泽民等党和国家领导人的接见。去年，他赴美讲学期间，荣获东华医院“医生团年度医学荣誉奖”……

荣誉、鲜花，并没有使吴孟超陶醉。他人生的乐章中没有休止符，目标始终是“下一个”。随着年龄的增大，吴孟超越加感到时间的紧迫和宝贵，他立志把余生献给病人，献给我国的肝胆事业。

吴孟超是第二军医大学副校长兼东方肝胆研究所所长，共兼任各种学术、行政职务60多个，公务十分繁忙，仅去年就出差183天，行程10万多公里。但他无论多忙多累，都坚持主管部分病区，亲自为病人查房、查体上台手术。无论走到哪里，总是牵挂着他的病人。

1993年5月，我国第一家肝胆外科研究所暨肝胆外科医院在第二军医大学落成。江泽民同志欣然挥笔，题写了“东方肝胆外科研究所”“东方肝胆外科医院”的所名和院名，刘华清同志去参观时，书写了“科学研究基地，人才培养摇篮”的题词。这两幢国际一流融实验和临床于一体的银白色建筑，凝聚了吴孟超多年的心血和智慧。

研究所建立后的一年间，先后有十多位外国学者担任了这里的客座教授。一流的建筑、一流的设备，使吴孟超的肝胆研究如鱼得水，似虎添翼。他带领同事们不断向新领域进击，他们先后将导管介入治疗、单克隆生物治疗、免疫治疗等新技术引进肝癌防治研究，并接连取得重大突破。

去年8月，他指导青年医师成功地施行了世界首例腹腔镜下切除肝血瘤手术；

10月，他组织成立了中日合作内窥镜培训中心；

12月，他开始筹建中美合作国际肝移植中心。

当他荣获“陈嘉庚医学科学奖”，中央军委领导向他表示祝贺时，他向领导汇报说：“要在有生之年建一座研究生院、建一个博士后公寓、建几个中外合作研究的学科‘特区’……”

【作者：张东波、李同斌、黄华敏、翟启运、吴森辉】

【《人民日报》1994年6月24日第3版】

辉煌人生

——记舍己救人的革命烈士周红牛

武警交通指挥部日前作出决定：追认周红牛同志为革命烈士、共产党员，并追记一等功，号召全体官兵以周红牛为榜样，在两个文明的建设中再攀高峰！

今年7月8日，燕山滦河河谷里，发生了30多年未遇的特大洪水。

这天清晨，修筑承（德）栗（树湾）公路的武警交通总队七支队官兵，和往日一样，开始了一天的忙碌。卫生队战士周红牛赶到五连，为战友们普查身体、采集血样。

血样采集完后，周红牛立即乘救护车往回赶，途中被上游涌来的洪水阻隔。血样凝固后就会前功尽弃，周红牛焦灼难耐。这时有人献策，炸开下游的大石头泄洪，周红牛转忧为喜，跟着队伍就走。

炸石的时候，战士张永胜不慎落水，周红牛和副班长尚金峰双双飞身跳入水中，竭尽全力，奋勇抢救……

山洪看似平缓无声，其实流速很高，夏天照样冰凉刺骨。奄奄一息的尚金峰和张永胜，拼命抱住了大石头，周红牛却被洪水吞没！

1992年1月，周红牛自陕西蒲城入伍，成为一名武警战士。在卫生队当炊事员期间，他样样工作干得都很出色。他怕浪费粮食，自己掏13元钱，买了一头小猪，3个月就喂到了50多公斤。

有一天，周红牛扛菜回来，见住院的一位老奶奶疼痛难忍，在病房里直叫唤。医生帮她输液，却找不到血管，胳膊上、腿上到处扎不进。

“我试试。”周红牛把围裙往腰间一缠，“一针见血！”在场的人无不投以称赞的目光。嗬，这新兵医专毕业的文凭是真的，让他到卫生班，当卫生员去！

周红牛当上卫生员之后，刻苦钻研业务，先后学完了100多本专业书籍，记下了10多万字的笔记。

卫生队本来人手不够，部队来到贫困山区施工，驻地群众求医求药量大增，卫生队长、指导员亲自顶班也忙不过来。根据周红牛的技术与表现，决定破例把这位新兵卫生员当医师使，授给他处方权。当年底，周红牛又因成绩突出，荣立三等功。

65岁的徐贵凤奶奶，患白内障，宁愿瞎了也不出山治疗。周红牛就与擅长五官科的黄迪临医师商量，在极为简陋的条件下，收徐贵凤住院。当时床位很紧张，周红牛在新兵连的老班长贾裕元，请周红牛摘除阑尾刚好3天。周红牛劝说老班长，与自己共睡一被，畅叙旧情，腾出急救室让徐贵凤住院。徐贵凤手术成功后，周红牛细心挤上抗菌眼膏、加压包扎，又经6天精心护理，直到痊愈。

村民孙继民崴了脚，周红牛满院背他检查拍片，后登门送医1个多月。战士赵继超急性扁桃体炎被周红牛收留住院，他什么也没带，与周红牛也素不相识，周红牛把自己的喝水杯送给他，他咽不下馒头，周红牛自己掏钱到村头饭馆买回鸡蛋汤，并替他把什么都准备好，临出院时还代他交了伙食费。“周红牛比亲兄弟还亲!”战友们常常这样说。

周红牛身高1米84，英俊潇洒，谁要是有个什么困难，只要他知道，总是真心实意地大力帮助。那天，战士药剂员李怀民上完厕所出门就瘫倒起不来，开口就呼周红牛。周红牛把他背回家，替他擦洗，第二天又送他到山下的266医院，背着他这个85公斤的大个子，汗流满面地满院检查，接着留下陪护，一连20多天，直到李怀民可以下地活动，才回卫生队。

炊事员赵新升有段时间患牛皮癣，只能烧火掌掌锅铲，手一沾水就痒灼难耐。周红牛在工作十分繁忙的情况下，每天到炊事班顶着做饭，指头割破了也不休息，洗菜、淘米、洗锅、洗盘啥都干，还帮赵新升洗了两个多月的衣服。

“毫不利己、专门利人”，揭示了无私与奉献的辩证关系。周红牛乐于助人，无私奉献，正如其名“红牛”——挤出无数鲜美的奶汁，吃的只是草!

刚刚获得处方权时，他曾给父亲写信说：“我经常采购药品、器械，又分管药、械库，还能开处方取药，虽说要啥药有啥药，但我决不贪公家一分钱的便宜!”

在日常生活中，周红牛一双拖鞋剩两个半截还舍不得扔。第一次领到的70元津贴，没到秦皇岛海鲜蒸煮摊上吃一只螃蟹，全部邮回家，分给7位亲人每人10元。探亲回去过年，朋友、同学全是西装革履，毛皮毛料，他只穿着那身粗布战士武警服，妈妈给300元钱，让他买件便服换换，过去在家的衣服现在都小了，他上街转了一圈，把300元钱如数还给妈妈说：“要买，等转业回来再买吧!”

归队时，妈妈在他提包里，悄悄放了1000元钱，信中嘱咐他零花，别难为自己。他一到部队，分文未动存入储蓄所，没料这1000元，竟成为体现着烈士简朴律己的一笔宝贵的遗产!

周红牛牺牲后，武警交通部队上至将军下到士兵，承德市上至书记市长下到普通百姓，浩浩荡荡，跋涉50多公里险山恶水，赶到燕山深处的蘑菇峪乡孙杖子，在烈士工作过的那个小四合院中，举行隆重的追悼仪式。

河北省交通厅、承德市、兴隆县、承德县、陕西省蒲城县等许多单位，相继作出决定，号召人们向周红牛烈士学习!

【作者：李哲训】

【《人民日报》1994年10月13日第3版】

普通劳动者的榜样——徐虎

每当朦胧的夜色笼罩在浦江两岸，沿着上海西部的石泉、农林、光新、棉纺地区，从那窄窄的街巷深处，传出了千家万户的欢声笑语。这时，总有一个中等个头、戴着深度近视眼镜的人，背着工具包，蹬着一辆被上海人称之为“老坦克”的破旧自行车，来回地奔波在这一带，为居民修理马桶、疏通管道，帮他们解除种种不便。居民们感激地称他为解难的“及时雨”，带来光明的“夜明珠”。其实，他只是一个普普通通的人，他的职业也不闪光，并不令人羡慕。他就是上海西部企业集团中山物业公司（即上海普陀区房管局中山北路房管所）的房修水电工、全国劳模、共产党员徐虎。

10年寒暑，10个春秋，在3718天里，他把7400个小时的业余时间，无私地奉献给千家万户普通居民。这是一颗岁月磨出来的金子。

1975年，徐虎从郊区农村来到上海城里，当上了房修水电工，担负起管区内6000多户居民的水电维修、房屋养护工作。徐虎的父亲是工人，母亲是菜农，过去的家境并不宽裕。徐虎读书时，一直都靠学校发给的助学金。因此，父母经常教育徐虎，不要忘了党和政府的关怀。干房修水电这一行，虽然脏一些，累一些，总还是个技术活。“身有一技之长，不怕家中断粮。”徐虎记着父亲的话：“阿拉是普通工人出身，干一行就要干好一行。”

话是这么说，可是，当徐虎第一次去居民家修阻塞的抽水马桶时，还是傻了眼：粪便、草纸、污水淌了一地。别说干活，连立脚的地方都没有。但是，看看居民焦急的样子，想想自己干的就是这一行，也只好硬着头皮上。徐虎忙着干活，居民在边上忙着端茶、敬烟。马桶修好了，居民连声道谢。事后，还特地给房管所写了感谢信。这件事，给徐虎留下了深刻的印象。他想，自己干了分内的工作，居民就这么感激，真的应该尽心尽力做好。从此，只要一有空，徐虎总是认真学习房修水电技术。碰到居民报修，徐虎一喊就到，及时解决。碰到难做的活儿，徐虎千方百计做到居民满意。每次修理完毕，徐虎都主动做好清洁工作；对居民的酬谢，他笑着谢绝；碰上挑剔的居民，还要耐心说服。一来二去，徐虎和居民们的关系从生疏变得熟悉、融洽了。从居民的欢笑声、赞扬声中，徐虎体验到了人生的欢乐、工作的价值。再脏、再累，心里也是高兴的。

1984年底，上海市主要新闻单位和市有关部门共同发起了由市民评选“上海市优秀社会服务工作者”的活动。市民们纷纷投徐虎的票。结果，徐虎获得了一等奖。当所里的同志们兴高采烈地上门送奖时，这个普通劳动者的家庭感到了前所未有的荣耀，亲友们燃放鞭炮表示庆贺。徐虎的心情也久久不能平静，不知该怎样回报居民们的信任。他走家串户，征询居民们对房修服务的意见。结果，归结到一句话：维修一定要及时。怎样才算是及时呢？

一个大热天的上午，一位中年妇女急匆匆地赶来报修。一进门就嚷嚷开了。原来，头天晚上 6 点多钟，这户居民家的楼面上突然断电。3 户居民家里的电扇、冰箱全都不能用。孩子点蜡烛复习迎考。白天上班没空报修，晚上报修又找不到人。她说："今天特地请事假出来报修，请你们无论如何要帮忙修好。"徐虎以前也碰到过类似情况。但是，那时总认为，维修工能做到"你来报，我去修"，并且保证维修质量，已经很不容易了。可是这次，徐虎却心头一震。他想，修修电线，捅捅马桶，对自己来说是举手之劳，对居民却是关系到正常生活的大问题。如果能在当天及时为居民们解决水电急修的困难，就可以给群众生活带来许多方便。徐虎从警民联系箱得到启发，萌生了业余时间为居民挂箱服务的念头。他把这一想法告诉了同在房管部门工作的妻子侯梅英，并得到了她的理解和支持。房管所所长徐裕鑫也热情地鼓励徐虎保持荣誉，更好地为居民服务。1985 年 6 月 23 日是个星期天，徐虎在房管所以及区精神文明建设办公室领导的陪同下，来到光新二村、石泉路 75 弄和石泉六村，挂上了 3 只"夜间水电急修特约服务箱"，上面写着"凡属本地段的公房住户如有夜间水电急修，请写纸条投入箱内。本人热忱为您服务，每天开箱时间晚上 7 点。中山房管所徐虎"。打那以后，每天晚上 7 时，徐虎总是骑着"老坦克"，带着工具包，走向 3 个报修点。然后按照报修的纸条，挨家挨户上门修理。

打从挂箱服务的那天起，在徐虎的心里就没有了"星期日"和"节假日"，只留下"为民服务"4 个字。

劳碌了一年，谁不想在除夕夜与家人团聚一堂，欢欢喜喜过个年。但是，这 10 年来，徐虎是怎样度过除夕的呢？他的工作记录上是这样记载的：

1985 年除夕，光新路人民浴室进水阀爆裂；

1986 年除夕，南黄海石油公司断水；

1987 年除夕，石泉六村 27 号，棉纺一村 27 号，石泉路 75 弄 3 户居民报修；

1988 年除夕，信谊新村 34 号 18 户居民家断水；

1990 年除夕，石岚三村 48 号居民家断水；

1991 年除夕，潘家湾 123 弄 9 号屋顶水箱断水；

1992 年除夕，管弄路 61 弄 29 号水管冻裂漏水；

1993 年除夕，石泉六村 12 号 207 室抽水马桶堵塞。

8 个除夕，徐虎为居民贺年守岁，为群众排忧解难。1988 年除夕，徐虎照旧在晚上 7 时去开箱服务。发现 3 只报修箱里没有一张纸条，就放心回家吃年夜饭了。女儿看到这么"早"回家的父亲，高兴得不得了。还和父亲约定 12 点钟一起放鞭炮。想不到夜里 10 点多钟，又有人敲门了，原来是信谊新村的 18 户居民家突然断水。徐虎二话没说，拎起工具包匆匆出门。他爬上断水居民家屋顶，冒着刺骨的寒风修理。家里人等到辞旧的爆竹声响了，还不见徐虎的踪影。女儿提着"八百响"，含着眼泪等待着父亲的归来。直到凌晨 1 时左右，徐虎才回到家里，带着女儿到阳台上点燃爆竹。后来，女儿在作文里写着："虽然父亲没有和我们一起好好过节，但在充满爱心的世界里，我始终感受到父亲伟大的爱。"

小小"报修箱"受到居民们的热情称赞，徐虎却谦虚地说："我是平凡人，只不过努力做好平凡事。”但是，受到徐虎服务的居民不这么认为。华池路35号居民陈敬泉说：“徐虎在平凡的工作中做出不平凡的成绩。这平凡就是伟大。”

10年的风风雨雨，徐虎都坚持下来了。那些一开始对徐虎挂箱服务持怀疑态度的人，风言风语的人，也从中受到了教育，改变了态度。10年，本身就是一种磨炼。徐虎挂在墙上的小木箱已经磨出了本色。

每当群众遇到困难，他都像“及时雨”，送去党和社会的温暖。群众说，如果每一个党员都像他这样为党分忧，为民解忧，就会在我们社会中形成一股凝聚力。

有一次，徐虎一晚上收到5张报修单。从第四户居民家出来时，已经是晚上10点多了。徐虎想，剩下的那户居民一定还在等待，不能失信。他拖着疲倦的身子，赶到第五户人家。远远地就听到吵闹声。原来，楼层中间的污水总管堵塞了，楼上不知情的居民继续用水，楼下居民家已是“水漫金山”。于是，互相指责、埋怨。徐虎二话没说，立即设法疏通了污水总管。居民们“停战”了，情绪也平静了。他们对徐虎说：“没想到这么晚了你还来，真是多亏了你。”这时，徐虎突然看到，自己这平凡的社会服务工作，也会关系到社会的安宁。许多老年人足不出户，他们从哪儿看到社会风气的好坏呢？自己虽然是个普通房修工，但天天同居民打交道，如果自己能把本职工作干得尽量完美，就会减少群众很多的抱怨，使他们感受到良好的社会风尚。

光新一村246号104室，是一个特殊的家庭。户主杨海民患神经官能萎缩症，行动失衡，妻子唐嘉英幼时患过小儿麻痹，双腿失去正常功能；10年前，他们生了一对双胞胎，一个瘫痪，一个双目失明。前年夏季，他们买了吊扇，正想找人安装，这时徐虎利用业余时间与同事一起来到杨家，除了装电扇，还包下了所有的房修水电活。腊月里，徐虎上门去杨家服务、慰问，还特意送去一床新的羽绒被。杨海民感动得热泪盈眶。石泉六村22号305室居民顾殿良在徐虎热情及时的服务后，写了一张纸条投进报修箱里。上面写道：“我们地区有了徐虎师傅，这真是我们地区群众的幸运。徐虎师傅您辛苦了，谢谢您。”

但是，徐虎服务的对象远不止这些，他的服务没有分内和分外之分，也没有区域和行业的界限。1994年3月的一天，静安区常熟路126弄的两位耄耋老人，从电台中听到徐虎的事迹，请邻居给徐虎写了一封求助信，诉说家中小水表因冻裂而漏水数月，想请徐虎帮助修理。虽然这是外区，相隔10多里路，不属于他所在的房管所维修的范围，但是，徐虎还是利用星期天上门修理，更换了水表。临行，老太太颤巍巍地送徐虎到门外，哽咽地说：“共产党好，让我遇上了好人，我没有什么东西送你，就给你磕个头吧。”徐虎赶紧扶住老人，对着老人的耳朵说：“我是你的儿子，这是我应该做的。”徐虎说：“我是一个共产党员，是人民的儿子，只要是人民的需要，社会的需要，都是我应该做的。”徐虎所在地区的居民说：“如果每一个党员都能像徐虎这样，为党分忧，为民解忧，就会在我们的社会中形成一股凝聚力。”石泉六村19号305室居民朱辉淑为调换住房，已经找了多年。好不容易找到一处满意的房屋，一打听，那不属于徐虎的工作范围，朱辉淑决定不换了。她说：“有徐虎在这儿，我不走了。”居民们从一个普通房修工的身上看到了我们这个社会中互帮互助的新风尚。

1996年3月，上海市授予徐虎“共产党员关心群众的模范”荣誉称号。建设部领导为徐虎题词："发扬雷锋精神，把党和政府关怀群众生活的宗旨，通过我们的工作送给千家万户。"

他把修马桶当作一门学问，兢兢业业，刻苦钻研，用灵巧的双手和高超的技术，让居民少花钱，多办事。

徐虎热爱他的工作。他常常说："只要见到管区内电通明，水不断，家家户户安居乐业，心里就特别的高兴。"有人拉他业余时间下海、"扒分"（赚钱），他不干，却一心一意扑在水电房修工作上。平时，他常买一些专业书看，琢磨着自制一些小工具，提高工作效率。以往，居民报修抽水马桶堵塞时，都要向房管部门预付押金。因为疏通马桶时需要先拆下马桶，而瓷器马桶又是易碎品，损坏率相当高。为了提高修理质量和降低维修成本，徐虎不断摸索，用 8 号铁丝做成一种和抽水马桶内部构造相似的钩子，不但提高了修理质量，减轻了劳动强度，而且减少了居民的修理费用。拆马桶率降低了70％～80％，大大提高了维修工作的效率。

徐虎在疏通马桶时，还有不少的窍门。如果掉进马桶里的是塑料制品，他就用沸水往马桶里灌，使塑料物件受热软缩，顺着管道冲下去。如果掉进马桶里的是比较光滑的物品，用长钩子又勾不出，徐虎就把旧报纸捏成一团，用水弄湿，塞进马桶管道口，手伸进去用力压，把阻塞物顶下去。疏通楼房污水总管，是房修水电工最头痛的事。通常是哪一层阻塞，就在哪一层楼的管子上端打一个洞，用铁丝伸进去捅。疏通以后，就用一个小木棒把洞堵住。天长日久，木棒烂了，管道又渗水。徐虎琢磨了许久，用一根直径 1 寸、长 80 厘米的铁棒，在顶端焊上一个环，系上绳子。然后，爬上屋顶，把铁棒从污水总管的顶端投入，不断往下送，这样就可以把管道里所有的污物垃圾全消除。不仅疏通了阻塞的层段，而且消除了阻塞隐患，大大减少了报修率。

当然，徐虎也有想不出办法的时候。有一回，徐虎碰上了难题，心事重重地回到家。妻子侯梅英关切地问徐虎怎么回事。原来，有一排房子的管道堵塞了，需要从窨井里疏通。但是，房前窨井被泥土覆盖，一时又找不到图纸，几十户居民都很着急。徐虎也束手无策。怎么办呢？妻子侯梅英也被难住了。想不到，女儿徐洋插嘴说："这有什么难的。有个寓言故事说，存放宝贝的瓦罐埋在地下，聪明的人往土里浇水，哪里渗水慢，宝贝肯定埋在哪里。"徐虎恍然大悟，带人立即赶到现场，用这个办法探到了房前的窨井。

今年春节以前，石泉六村 18 号居民李贵发家的马桶阻塞了。污水倒灌，一直流到厨房里，一家人手忙脚乱地"拷浜"（沪语：把水铲出去）。他们急忙打电话请疏通公司上门清理。对方派人带了机器来，折腾了 3 个多小时，把马桶底座也搞坏了，只得用水泥补住，还收了 100 元工钱。没想到，大年没过完，马桶又堵了。李贵发赶紧写了报修条投进徐虎的小木箱里。晚上 8 时，徐虎来了。一脸歉意地说："因为已经修了 3 户人家，所以来晚了。"徐虎检查了马桶，从工具包里掏出一个弯弯曲曲的钩子，往马桶里捅了捅，嘿，水立即流下去，不到 5 分钟，全解决了。石泉六村 52 号 301 室居民龚天豪家的抽水马桶阻塞了。他们找到了徐虎。徐虎毫不犹豫地把手伸进粪道里。龚天豪说："我们自己捅马桶还嫌脏呢，徐虎真是既巧干又肯干。总是把困难留给自己，把方便留给居民。"

近年来，随着住房制度的改革，许多居民买下了公房产权，过去的公房成了私房。

房管所也成立了物业公司，为居民住房提供有偿服务。一些拥有产权房的居民也找疏通公司或个体户疏通抽水马桶和污水管道。对方虽然有专用的疏通机械，但是一次收费从五六十元到上百元不等。有的居民说："要是徐虎也有这样的机械就好了。"徐虎没有这样的机器，但是，有着一颗为民服务的热心和高超的本领。徐虎用自制的小工具，几分钟就可以干完人家用机器干几小时的活。疏通一次，仅仅收费5元，差价高达10倍、20倍。这是徐虎敬业精神产生的效益。

"有了这样的劳动者，房产物业部门的资质就提高了。"市场竞争，说到底靠的是高质量的服务。因此，才有了"呼唤徐虎"。

徐虎所在的上海西部企业集团（即改制前的普陀区房产管理局）各级领导是有远见的，他们早就着手培养像徐虎一样的优秀员工。当年培养徐虎成长的中山北路房管所所长徐裕鑫说："市场竞争要高质量的服务。有了徐虎这样的劳动者，房产物业部门的资质就提高了，就可以取信于民。"因此，同样是房修工人出身的徐裕鑫，从一开始就排除干扰，支持、帮助徐虎为民服务。上海西部企业集团董事长（原普陀区房管局局长）王国松说："我们行业的服务性质需要徐虎这样的先进人物。有更多的徐虎，才能树立好的企业形象。房管局在从传统的政府职能部门转向现代企业制度的今天，尤其迫切需要提高服务质量。"因此，他们一开始就对徐虎这个榜样倾注了极大的热情。徐虎在回忆起刚刚成为"先进"与"劳模"的经历时，充满感激地说："没有各级领导的支持，也许不会有今天的徐虎。"

徐虎这样充满敬业精神的普通劳动者，不仅房管物业部门需要，全社会也需要，广大群众更需要。因此，一个徐虎的出现，也必然会带动一批徐虎的出现。徐虎所在的班组，在设施陈旧、管道老化的地区，创出了一流的服务质量，先后被评为上海市优秀班组、红旗班组。1993年，又被评为"全国学雷锋先进集体"。他们被居民称作"我们的徐虎"。每当徐虎外出开会时，就有班组里的其他人为居民开箱服务。于是，有了"徐虎第二"王耀齐。他拜徐虎为师，也挂出了3只夜间特约报修箱。徐虎不在时，王耀齐一人要开6只报修箱。1992年，王耀齐被评为上海市劳动模范，荣获全国五一劳动奖章；1994年被评为建设部劳动模范。紧接着，在普陀区东新地区出现了"徐虎第三"黄卫国；在曹安地区出现了"徐虎第四"蒋德宽。1994年，他们双双当选为上海市劳动模范。后来，又出现了"徐虎第五"冯宝荣、"徐虎第六"顾声龙……于是，又有了"呼唤徐虎"的行动。

那是1995年9月，上海《青年报》社和上海市房地局团委联合开展"呼唤徐虎"——上海房地系统青年突击队百日立功竞赛活动。1996年2月，在全市命名了顾声龙等14人为上海市房地系统青年服务明星，人称"小徐虎"，开通了居民报修的语音信箱，从而形成全市性的为民解忧"徐虎网络"。现在，"徐虎效应"正在全上海的房产物业部门中产生一个又一个的"冲击波"，并且影响到其他的行业。徐虎，为千千万万新时代的普通劳动者树立了一个光辉的榜样。

【作者：郭伟成、戴玉庆、周寅杰】

【《人民日报》1996年4月17日第1版】

秉公执法的模范公仆

——记天津河西区大营门工商所所长景志刚

天津河西区工商行政管理局大营门工商所党支部书记、所长景志刚，是“十八街麻花”创始人范桂林一生正式收的唯一的徒弟，掌握了范老师傅的绝技，但他放弃个人致富的机遇，立足工商管理的“窗口”岗位，不图名不图利，为人民服务无怨无悔。人们赞扬他是“肩戴红盾的焦裕禄式的好干部”、“全国工商干部的好榜样”。

秉公执法　无私无畏

1990年8月，景志刚出任河西区镇江道市场管理所（现为大营门工商所）所长。镇江道市场位于繁华的老商业区——小白楼一带，情况十分复杂，欺行霸市、坑骗顾客、打架斗殴现象时有发生。消费者投诉案件占河西区总数的一半。

消费者反映最强烈的是“雇托”现象和向“马海毛”喷水掺杂使假、“圆头尺”缺尺少寸。景志刚知难而上。他们根据举报，在公安部门的配合下，查处了20多个“托姐”，为受骗的顾客追回5000多元款物。接着，针对故意掺杂使假、缺尺少寸的不法行为，严格管理，迅速予以遏制。

景志刚等人的工作成效赢得了消费者和合法经营者的拥护，但也“触犯”了某些不法经营者的利益，他们对景志刚恶语诽谤，有的伺机报复。一天，景志刚在清理市场时，遇到一位既没有营业执照，又违法出售未消毒旧西服的无业人员。景志刚让他撤出市场，那人一脸凶狠地说：“我就不走，你能把我怎么着?”景志刚严肃地告诉他：“按规定扣留你的商品。”“你扣一件我看看!”景志刚毫不犹豫，大步走上去收缴摆在地摊上的旧西服，那人气势汹汹抓住了景志刚的脖领子，他的一个同伙死死抓住景志刚的左手，当着众多围观者，掰断了小拇指。景志刚忍着钻心的痛，坚持收缴。所里的同志和闻讯赶来的民警把行凶者扭送到派出所。第二天清早，吊着绷带的景志刚照常出现在市场，头顶国徽，迈着大步，正气凛然。那两个行凶者托人找到景志刚，愿出一万元“私了”。景志刚义正辞严回复：“我代国执法，岂能私了。”两名行凶者受到应有的惩罚。

不法分子不敢公开对抗了，却采取了更隐蔽的威胁手段。有的用砖头砸工商所的玻璃，有的写匿名信诬告景志刚“有经济问题”，还有人往景家打恐吓电话。一天早晨，景志刚出家门下楼，发现楼对面围墙摆着四个大花圈，挽联上写着：“景志刚千古”等恶语。

景志刚80多岁的岳母拉着女婿的手：“志刚啊，我活了这么大岁数，还没见过给活人送花圈的。那些人是恨你不死呀！为了这个家，为了他们娘俩，你就别干工商了，行吗?”此时的景志刚心如刀绞，眼泪禁不住地哗哗流下来：“妈妈，为国执法，我多大的委屈也不怕，可万万想不到让您老人家跟我一起遭罪……”他说不下去了。

景志刚与所里的同志相互砥砺，从不向不法分子让步低头。景志刚对大家说，“党组织把我安排在工商管理的岗位，我就要不服输，做出一流的工作，让党和人民放心满意。”他和工商所干部开动脑筋，深化市场管理，率先建立了经营质量信誉卡制度，成立了市场民主管理委员会、消费者监督站，形成管理者、经营者、消费者三位一体的体制，维护消费者合法权益，使市场经营有序，投诉上访案件逐步下降为零。

无欲则刚　人格崇高

面对社会上有些人遇事必拉关系、走后门、以钱开道的歪风，景志刚坚持做到“执法有准绳，认法不认人”，从不吃请受礼。他说，拿了人家的钱，理难直，气难壮。

有一位无照经营者，托景志刚的表弟送1500元，求关照。景志刚着急了：“你这不是把我往火坑里推吗？把钱退回去。”

“工商所长手中确有一定的权力，用好了上能为党和政府分忧，下可为人民群众解难。”这是景志刚抱定的宗旨。1992年底，河西区政府改造大营门工商所管辖界内的亏损企业白楼商场，商场门前的20多个摊位需要撤掉。一时间，找关系的，托门子的，包围着景志刚。景志刚一分钱礼不收，公正地端平这碗水。

摊主李华自认已把世间红尘看透，唯有金钱是真的。她找到景所长想“表示表示”。景志刚对她说：“回去吧，我们一定按制度办。”李华顿觉没有希望。然而，她做梦也没有想到，景志刚围着现场绕了几天，找到了建亭设摊的良策，解决了包括李华在内的20多位摊主的实际困难。20多位变动摊位的经营者一齐为工商所送来锦旗，上书“廉洁为民，堪称楷模”。

甘为公仆　赤子情怀

大营门工商所管辖的镇江道、蚌埠道市场坐落在道路狭窄、人口稠密的居民区内，市场繁荣既给居民购物带来方便，也给群众生活带来许多不便。景志刚既为经营者服务，又为居民群众着想，满腔热情地办实事，做好事。

景志刚到大营门上任不久的一天，一场暴风雨顷刻间使整个市场积水没膝。景志刚坐不住，冒着大雨，顺着马路，用脚一步一步地趟，一个排水井、一个排水井地检查，终于查出了原因，请人疏通了下水道。经营者经常到居民院内打水，影响居民休息，景志刚就带人在市场上安上水龙头；市场妨碍交通，居民买煤弄不进来，望煤兴叹，景志刚带领工商所干部，清理市场，请煤店集中时间抢运冬煤。难题解决了，居民群众拍手称颂。

在市场管理履行公务中，景志刚铁面无私、刚直不阿，而面对普通的群众，他一往情深，爱心无限，他最看不了人民群众为难。每当所内干部、周围居民遇到困难的时候，高挑个儿、眯缝眼的景志刚就出现在面前。

三年前的一天，一位80多岁、满头白发的老太太到工商所打电话。通话中，景志刚了解到老太太叫马家甫，是个无儿无女的孤老户，生活困难，住在工商所附近的蚌埠道15号余门。从此，景志刚的心里就挂念起老人，他找到街道办事处，签订了承包责任书，包下老人的生活起居。病时，求医问药端汤送水服侍左右；日常，嘘寒问暖定期上门做家务；寒冬，为老人买煤、安炉子、劈劈柴；酷夏，为老人送水果新鲜蔬菜。过年过节，景家有什么年货，老人家里就有什么。老人爱吃杂粮，景志刚就买好小米、玉米面、绿豆，装在罐里给老人送去。老人屋内有一个向西的窗户，夏天太阳照进来，暑热难挨，景志刚花80元做遮阳罩；老人的电冰箱坏了，已无法修理，景志刚自己拿钱为老人换了一台。每年的除夕，景志刚都给老人送上香喷喷的饺子。老人记得景志刚常说的一句动情的话："我们就是您的儿女啊。"

除了马家甫老人，景志刚和工商所的干部还数年如一日，照顾市场周围的15个孤老户、残疾困难户、烈军属，冬送温暖，夏送清凉，捐资为15户人家买年货，陪同他们逛津门新景。这些年，景志刚从不多的收入中先后为安徽灾民、扶贫助残基金会、希望工程捐款5000多元，时时刻刻记住人民的疾苦冷暖。

今年8月，国家工商局授予景志刚全国"模范工商所长"的荣誉称号，天津市委、市政府授予他"优秀工商管理干部标兵"的称号，号召向他学习。

【作者：陈杰】

【《人民日报》1996年9月16日第1版】

吕发英——为民解忧不言愁

安徽省滁州市琅琊区琅琊街道办事处沿渠居委会主任吕发英，以无私奉献的精神，为党分忧，为民解愁，赢得了居民的尊敬和爱戴。1986年至1994年，吕发英先后多次被市、区评为先进工作者、优秀党员。去年，她被评为全国优秀居委会主任。

1985年初，吕发英调到沿渠居委会工作后不久就发现，沿渠巷这个滁州市区最长的巷道全是土路，无厕所，无下水道。于是，在两个多月的时间内，她跑遍辖区内近百个单位和200多户沿街居民家庭，终于筹集到7万元，建成了两个水冲式公厕，解决了居民们的“上厕难”；接着，修通2000多米下水道、铺了2000多平方米的水泥路面。居民们高兴地编了一段顺口溜：昔日污浊臭小巷，如今面貌大变样，巷道光洁又整齐，庭院鸟语又花香。

对管区内的居民，吕发英总是尽力帮助，小到帮助办理户口簿、准生证，大到联系住院和就业。去年，在吕发英提议和安排下，居委会白手起家办起了幼儿园，解决了辖区内和少数辖区外职工子女“入托难”的问题；把辖区内原下岗职工和待业人员组织起来，办起了物资回收门市部、小吃部、售货亭，既方便了群众生活，又拓宽了辖区内困难企业职工和子女的就业门路。吕发英对辖区内孤寡老人、残疾人体贴入微，她带领“送温暖”小组，定期登门为孤寡老人拆洗被子、打扫卫生、送煤上门。

在对居民进行社会公德、传统美德、家庭伦理道德教育方面，吕发英也倾注了大量的心血。几年前，辖区内居民高某与养母发生矛盾，由争吵发展到厮打。吕发英来到她们家，组织母女俩共同学习《婚姻法》的有关条文，对高某说：你虽不是养母亲生，但养育之恩不能忘。吕发英还请高某单位领导协助做工作。结果，高某认识到了错误，主动向母亲道歉，养母也检讨了自己的态度，母女俩和好如初。

在吕发英的办公室，我们看到了她自建的7本居民档案，上面记载了辖区内每户居民的详细情况，这一本本居民档案，凝聚着吕发英的心血，也饱含着她对居委会工作的挚爱。依据这些居民档案和掌握的大量第一手资料，吕发英能随时发现、处理各种事故隐患。

沿渠巷地处滁城闹市区，有5条与外界联系的通道，过去由于进出人员散杂，偷盗、打架、闹事等现象时有发生，社会治安很差。吕发英上任后，经过深入走访、调查，广泛征求居民意见，采取了几条有效措施：在巷道的5个出口安装防盗铁门，在3个主要出口建起值班室；建立24个治保点；从1991年起，在辖区推行“拉围墙、盖门房、建车棚、专人防”的封闭式管理等。经过一番治理，如今的沿渠巷真正变成了“文明巷”和“平安巷”。近几年，沿渠居委会先后被评为“安徽省模范居委会”和区、市“文明单位”。

人称计划生育工作是“天下第一难”。对于流动人口占整个居住人口 1/5 的沿渠巷来说，抓计划生育工作无疑是难上加难。一次，吕发英例行走访流动人口家庭，意外发现有名妇女超计划怀孕，她多次登门耐心做工作，这位妇女当面表示要采取补救措施。可几天后，这位妇女忽然失踪。吕发英经过多方打听，得知这名妇女已躲到泗县亲戚家。一种强烈的责任感驱使着吕发英，她立即联系好车子，顾不上吃饭，带着人连夜驱车赶到泗县，经过耐心说服，终于做通了工作。在计划生育工作中，吕发英以身作则给居民们做出了榜样。今年初，吕发英的儿子结了婚，因未到晚育年龄，没领准生证，可儿媳婚后不久怀了孕。吕发英只有一个儿子，但她以大局为重，没有想急于抱孙子，而是做儿媳工作，儿媳有点想不通，吕发英坚决不松口。亲家来找她，她耐心说服。最后，儿媳终于想通了。在去年全省人口抽样调查中，沿渠居委会辖区内无超生和计划外生育，受到市、区有关部门的表彰。

【作者：黎田、黄业俊、计国亚、杨成志】

【《人民日报》1997 年 4 月 3 日第 4 版】

不畏艰难找油人

——记大庆石油管理局物探公司二大队队长袁福生

袁福生，28万大庆石油工人的杰出代表，在共和国石油勘探史上写着他光辉的一页！他参加工作27年，先后12次被评为大庆市（局）劳动模范和优秀共产党员，4次被评为省部级劳模和全国劳模，并被大庆石油管理局授予“不畏艰难找油人”荣誉称号。

这闪闪发光的奖章，是他辛勤劳动汗水的结晶，记载着他许许多多顽强拼搏的感人故事……

1996年4月，根据中央领导“跳出大庆，扩大勘探领域”的指示精神，袁福生带领170多名职工，奉命向被人们称为“死亡之海”的塔克拉玛干大沙漠进军了。他们要在这茫茫沙海里找到“乌金”，为祖国的石油工业再建功勋！

塔克拉玛干大沙漠，自然环境十分恶劣。滚滚热浪像团团看不见的火焰烤得人心情烦躁。沙漠上行车难，不管你怎样加油，就是不提速。头一天进入沙漠，只行了18公里，30多台车辆分散在沙漠上，首尾不能相接。他们没有沙漠生活经验，漫天风沙无法生火做饭，只好用方便面、火腿肠充饥，几天下来，大家一见这些东西就反胃。这种恶劣环境，使职工情绪降到了最低点。有许多职工要返回大庆，不干了。袁福生心里清楚，如果刚进沙漠就退缩，就意味着大庆队伍无能，跳出大庆闯市场，就成为一句空话。“来自‘铁人’单位的队伍，没有过不去的‘火焰山’，一定要在茫茫沙漠站稳脚跟！”袁福生掷地有声的一席话，给了大家莫大鼓舞。

6月的塔克拉玛干沙漠，酷暑难当。每天平均温度在40摄氏度左右，沙表温度高达73摄氏度。而袁福生带领的队伍还在顶风沙、战酷暑争分夺秒抓紧施工。每天中午刮风沙，10米开外不见天日，沙子像玉米面一样细，拼命往眼睛、鼻子、嘴巴和耳朵里钻。风沙也使吃饭成了问题。每吃一口都有沙子，根本吃不下去。袁福生看在眼里，急在心上，对大家说：“为了保存体力，完成沙漠施工，再难咽也得吃，这是任务。”说着他带头吃起来，每嚼一口牙被硌得生疼，难以下咽，他还是挺着吃。职工们看到队长这样，也不顾一切地吃了起来。

施工进入8月，职工们的疲劳程度几乎到了极点。哪里有困难，袁福生就出现在哪里。收大线是最艰苦的工序，他及时顶到放线班，同职工一起收放线，每天他同职工一样要收90多根大线，每根大线35公斤重。沙丘起伏，落差大都在30～40米，三四层楼高的沙丘随处可见，收线车开不上去，只能靠人扛。脚下的沙子松软，一脚下去沙子就没到膝盖，滚烫的沙子把脚脖子烫起了泡。他身扛着大线，每过一个沙丘，手脚必须并用，一步一步爬着前进，大口喘气，风又大，每喘一口气，都要灌进许多沙子。毕竟是40多岁的人了，有一天他收线时，一个趔趄跌倒在沙丘上，整个大线正好压在他的身上，压得他喘不过气来，附近的几名职工看到了，把他抬了起来，激动地说："袁队长，你这么玩命地干，给我们做出了榜样，我们还有什么困难克服不了呢!"

99个日日夜夜过去了，袁福生带领职工以顽强拼搏的精神创造了沙漠勘探史上的奇迹，提前40天完成了沙漠施工任务，共放8940炮，完成地震剖面采集794公里，剖面质量创优质工程，合格率为100%，比合同要求高出10～15个百分点，美国埃索公司专家赞誉说："中国大庆工人真了不起!"

石油勘探是石油工业的头道工序，也是石油行业最艰苦的工作。20多年勘探实践，锻造了袁福生一身硬骨头，磨炼了他迎难而上，敢打硬仗的意志和作风。石油勘探无坦途，在茫茫沙漠，在皑皑雪山，在茫茫沼泽，一道道难关，一重重困难，在他面前都被攻克了，越艰难他越感到干得有兴趣。人们称他为常胜将军，确实无论在什么条件下，他没有完不成任务的记录。1988年3月，袁福生带领职工在海拉尔工区施工，测线大多布设在几公里宽的沼泽和水泡子当中，此时地表还结有一寸厚的冰层，车进不去，也托不住人，只能下水去铺设测线。他毅然背起大线第一个下到带冰的水中，职工看到他下了水都跟着下水铺测线，很快完成了任务。1992年隆冬，袁福生带领职工赴长白山区施工。该地区海拔600多米，山岭坡度在30度以上，山高，林密，路滑，老"镇江"车，老"解放"车，车况差，根本爬不了山。他一声令下，带领职工把数千吨的设备、电缆、炸药背上山去，用镐头开路，用钢钎凿洞，打通了一条条测线道，提前20天，高效、低耗、优质、安全地完成了长白山工区的生产任务，开了大庆物探公司山地地震勘探的先例，赢得了上级领导和专家的一致好评。

袁福生身上充满了"铁人"的精神，但不是铁打的人。长年的野外施工和劳累使他患上了腰肌劳损、心肌炎、关节炎，但他从未向上级和同事提起过。他一心扑在石油勘探事业上……

这就是袁福生，但袁福生的故事讲不完。

【作者：张苹、张严】

【《人民日报》1997年5月13日第3版】

赵玉萍

今年5月13日，一位来自中原腹地河南省卫辉市的女民警，在北京受到江泽民等党和国家领导人的亲切接见。她，就是“全国助残先进个人”、被公安部领导誉为“警坛三玉”之一的卫辉市公安局治安科副科长赵玉萍。

赵玉萍助残始于9年前一次偶然的走访。那是1988年2月，刚到卫辉市公安局城内派出所任户籍内勤的赵玉萍，在走访辖区居民过程中，了解到前曹营街22号有一对残疾多病的老夫妇，男的叫刘纪昌，年过六旬，离休后因脉管炎造成主动脉堵塞，他的老伴杨金敏多年前因脑血管病落下偏瘫卧床不起。偏偏女儿在外地工作，儿子远在广西服役，生活极为困难。

了解到这个情况后，赵玉萍心里怎么也平静不下来，当即带上礼品来到老人家。没有寒暄，没有客套，赵玉萍放下礼品，提水、扫地、擦窗户、刷锅、洗碗，为老人剪指甲、洗头、洗脸，一直干到天黑，看到两位老人脸上挂满了笑容，她才拖着疲惫的身躯回到了自己的家。

从此，不管工作多忙，不论刮风下雨，一有空闲，她就和在卫辉市一中当教师的丈夫一起带着女儿，像闺女回娘家一样来到两位老人身边，尽自己最大的努力换取老人的幸福。时间长了，小巷里的人都知道刘纪昌又多了一位“警察闺女”。

1995年2月，重病在身的杨金敏老人又患了白内障。赵玉萍借了一辆三轮车，顶着凛冽的寒风将老人送进医院。手术前医生让亲属签字，赵玉萍正为难，杨金敏老人听后，指着赵玉萍对医生说：“这就是俺闺女。”赵玉萍毫不犹豫地写下了自己的名字。当天夜晚1点多，当赵玉萍回到家时，发现女儿发烧到40摄氏度。赵玉萍眼含热泪，把孩子送进医院急诊室。

真是屋漏偏遇连阴雨，船破又遇顶头风。1995年12月，无情的病魔又夺走了刘纪昌老人的右腿。在医院里，她送饭、喂饭、端屎、倒尿，尽到了做女儿的孝敬之心。

为了使双腿截肢的刘纪昌老人活动方便一点，赵玉萍决定趁星期天到郑州给老人买轮椅。1996年5月5日，她搭乘公共汽车赶到郑州，找遍了亚细亚、华联等大商场，却没能找到一辆称心如意的轮椅。后来她打听到假肢厂生产这种轮椅，便忘记了饥饿，忘记了疲劳，急忙往那儿赶。这时天色已晚，她就住在了郑州。第二天，经过一番奔波与努力，终于买到了轮椅。

第二天上午，刘纪昌老人坐着手摇轮椅来到公安局看望赵玉萍，下午又走遍了亲朋好友家，逢人便讲：“你们看看，俺玉萍闺女给了我双腿，我到哪儿都行啊！”可万万没有想到，老人只坐了三天轮椅，就因心脏病突发，匆匆离开了人世。赵玉萍强忍悲痛，和丈夫一起帮助老人的亲属操办丧事，整整忙了三天三夜。

送走了刘纪昌老人，赵玉萍对杨金敏老人更是无微不至的关怀、照顾。今年春节过后，赵玉萍干脆将老人接到了自己家中。由于老人偏瘫多年，几乎每天都要尿湿床单被褥。对此，赵玉萍无丝毫怨言。今年 3 月 15 日，赵玉萍要参加省里组织的报告团，到全省各地巡回演讲，放心不下老人。心细的丈夫看透了她的心思，便劝她说："玉萍，你就放心地去吧，大婶由我来照顾。"

赵玉萍从没想到自己会成为英雄，成为别人学习的楷模。因此，当"全国助残先进个人"、二等功臣、市公安局党委选定的"身边人"学习榜样等一系列荣誉接踵而来时，赵玉萍依然是赵玉萍。今年 5 月，她又把辖区内一位叫李文全的残疾老人列入了自己的照顾对象。

【作者：王国明、夏吉春、张新平】

【《人民日报》1997 年 9 月 29 日第 11 版】

在实干中成才

——青海油田高级钻井工程师秦文贵访谈录

被誉为“当代青年的榜样”的青海油田高级钻井工程师秦文贵，是首届“中国青年五四奖章”获得者。这是团中央、全国青联授予当代青年的最高荣誉，之所以冠以“五四”二字，就是希望当代青年把爱国、进步、民主、科学的五四精神发扬光大、薪火相传。

五四前夕，在青海油田花土沟生产基地，秦文贵与记者谈起了五四运动，谈起了五四精神。他认为，五四时代的青年为了祖国的前途和命运，坚决站在反对帝国主义和封建主义斗争的前列，努力学习、宣传马列主义；到人民群众中去，和工农相结合，努力改造世界观；以不倦的探索精神，不懈地开拓进取，在实践中终于找到社会主义这一救国救民的真理。在他们身上所表现的爱国主义精神，追求真理、深入工农的优秀品质和作风，值得中国青年永远继承和发扬。

他说，爱国是几代青年共有的特征；但不同的时代，有不同的表现方式。过去，抛头颅洒热血，救国图存，是爱国；今天，立足岗位，争创一流，也是爱国。

谈到这里，他给记者讲了这样两个小故事：6055 钻井队指导员李忠祥在井队搬迁安装中负伤，硬是咬牙坚持干了一个星期，活儿干完后才到基地医院看病，一检查，发现肋骨断了 4 根。

有一位叫金淑君的工人，在井场技术试验出现问题时，把秦文贵和队长推开，把手伸到烧碱水里清理管道，排除故障，保证了试验的顺利进行。但他的手却被烧坏了。

谈起这些，秦文贵的眼睛湿润了。他说：“是这些没有什么豪言壮语的工人师傅，让我懂得了该怎样爱油田、爱企业、爱国家。”

秦文贵认为，江泽民总书记提出的四个统一，即坚持学习科学文化与加强思想修养的统一，坚持学习书本知识与投身社会实践的统一，坚持实现自身价值与服务祖国人民的统一，坚持树立远大理想与进行艰苦奋斗的统一，为当代青年继承和发扬五四精神，成长、成才指明了方向。他说，他的成才过程就充分证明了这一点。

在井队摸爬滚打的那些日子里，秦文贵与工人们结下了深厚的感情。他说：“是他们提醒我在试验、技改中没有想到的地方，是他们毫无怨言地为我的突发奇想担当风险。我拼命搞科研，在很大程度上，就是为了这些可爱的工人，为了他们能活得更好。”

在与工人们一起爬井架、扛石粉、打钳子、下套管、泡泥浆、甩钻杆的过程中，秦文贵积累了大量的数据资料。这些为他日后的科研奠定了基础。即使当上了油田钻井试验工作主管部门的领导，秦文贵一年仍有一大半的时间是在井队上度过的。他说：“学钻井的，呆在办公室是搞不出什么成果的。”

去年 10 月，秦文贵作为青海油田唯一一位人选，参加了中国石油天然气集团公司举办的 MBA 预培班学习。这是集团公司按照国际先进水平培养学科带头人的学习班。他很珍惜这次学习机会。

在北京学习的几个月里，他把点点滴滴的时间都用在了学习上。虽然老家河北平山县距北京只有几个小时的路程，他却没能抽时间回去看看。他告诉记者，目前油田正处在二次创业的关键时期。作为一名科技工作者，他要为科技兴油积极出力献策，不断作出新的贡献。

【作者：唐维红】

【《人民日报》1999 年 5 月 4 日第 3 版】

挑战生命

——追记马鞍山市向山区反贪局长吴信林

生命是宝贵的。面对生命的挑战，吴信林以对党、对人民的无比忠诚，让年轻的生命燃烧着灼热的火花，使他的同事、朋友和周围的人，心灵上受到净化和洗礼……

他含笑而去了，时间是 1999 年 9 月 4 日晚 9 时。短暂而富有激情的 43 个春秋，记录着他那平凡的如火一般的生命历程。

生前，吴信林任安徽省马鞍山市向山区检察院反贪局局长。他勤奋工作、无私奉献，执法如山、廉洁自律。最高人民检察院检察长韩杼滨说："吴信林同志的崇高品格和崇高精神，是我们的宝贵财富，他是我们全体检察干部的榜样。"

1999 年 12 月，中共安徽省委和最高人民检察院分别追授吴信林"模范检察官""模范检察干部"称号。

疾恶如仇，贪赃枉法者无处藏

人们很难相信，在不到两年的时间里，一个小小的区反贪局，居然连破一系列震惊苏、皖两省的大要案，成为全省的先进典型。作为局长的吴信林，他的信念和智慧，他的胆略和辛劳，都叫人钦敬。

1997 年年末，刚刚上任反贪局长的吴信林，接到一封匿名举报信。被举报的是市三马化工厂厂长陈光耀，说他采取收入不入账、私设小金库等手段，大肆贪污公款。反映的问题严重，但内容空洞。

查还是不查？查又从何入手呢？在举报信分析会上，责任心极强的吴信林在听取大家意见后说："不查，就是失职；查，就得选准切入点。"多年检察工作的经验，使他迅速作出决断：从收入不入账查起，并立即安排三个侦查小组从群众中寻找知情人。经过深入秘访，发现这个厂大量的副产品萘渣、残油销售款存在极大漏洞。侦查中还发现，该厂一化验员陈某掌管的"小金库"，正是陈光耀贪污行贿的"黑洞"。

这一重要线索，激起了吴信林的精气神。他决定亲自出马，和陈光耀较量一番。陈光耀借口商业秘密，对犯罪事实吞吞吐吐、闪烁其词。吴信林先用政策开导，接着以威严的目光直逼陈光耀。吴信林以掌握的事实作依据，环环相扣的连珠炮式的追问，像利剑、像子弹，射向陈光耀。陈光耀不再敢正面直视吴信林了，挤出的奸笑凝固了。他开始哆嗦起来，冷汗直冒，痛哭流涕地交代了自己行贿 107 万元、受贿 17 万元、贪污 2.6 万元、虚开增值税发票 150 余万元的犯罪事实。

吴信林立即部署彻查与陈光耀经济来往中几个关键人物，并把从进货源头查起作为突破口。马钢煤焦化公司俏销产品工业萘是生产精萘的主要原料，三马化工厂与马钢煤焦化公司有着多年的业务往来。据陈光耀交代，他为取得购销合同，先后19次向该公司经营科科长汪先华行贿。吴信林力排众多说情，几经周折，查明汪先华受贿高达21.5万元，终于将这个所谓“头脑灵活、办事精明”的贪官给揪了出来。接着，吴信林等人又在检察长李晨晓的支持和带领下，急赴南京，顺着销售渠道，查出南京某化工厂供应一科原科长熊光宏和该科业务员阎怀业大肆受贿问题。1994年1月至1997年11月间，熊光宏先后收受陈光耀贿赂款12.9万元，阎怀业收受贿赂70.5万元。

吴信林新任反贪局长，便出手不凡。几个月的时间，就把陈光耀及其周围的一伙蛀虫给挖了出来。反贪局当年就被省检察院评为全省先进集体。

拒绝人情，无情之中显真情

1998年，陈光耀等连环贪污受贿大案查处后，三马化工厂与其最大的客户南京某化工厂业务一度中断，该厂产品销售出现困难。吴信林在一次案件回访中得到这个信息后，焦急不安。他说：“我们办案，是给经济建设这个中心创造良好社会环境，促进经济发展的。切不可因为查处个别领导的腐败问题，而把一个效益不错的企业葬送了。三马厂销售业务中断，这么多的职工生活怎么办?”于是，他立即邀请双方厂家和马鞍山市化工局的负责人座谈，讲清原委，说明道理，双方很快就恢复了业务往来。吴信林的行动，赢得了双方的高度赞誉。

吴信林办案，在无情之中却充满了对党、对人民群众的真情。1998年8月的一个深夜，电闪雷鸣，大雨倾盆。正在值班的吴信林，突然接到一个举报电话，说佳山乡的优抚金和养老金被民政会计吴某挪用了。吴信林想，优抚金和养老金，这是群众的活命钱呀！为防止犯罪嫌疑人销毁证据，他立即和干警张侠驱车消失在茫茫夜雨中。农村的道路弯曲狭窄，泥泞不堪。半路上，车子陷入泥坑。他和张侠花了一个多小时，拼尽力气才将车子推出泥坑。凌晨5时许，找到吴某家，将吴某的全部账本找出。6时许，将吴某和账本带回办公室。这时，一夜未合眼的吴信林、张侠已成了泥人。他们不顾疲乏，立即和吴某谈话，很快将此案突破。吴某共挪用优抚金和养老金5万元，受到了法律的惩处。吴信林也为佳山乡的父老乡亲办了一件有情有义的好事。

如火人生，平淡之中见精神

1999年初，反贪斗争正在紧张地进行。很少回家的吴信林，白天黑夜都在办案一线拼搏着。4月5日夜，案件侦查告一段落。劳累多日的吴信林，连夜赶回家，想美美地睡个囫囵觉。谁知，就在他躺下不久，肝区剧烈的疼痛折磨得他无法安睡。他打电话给局里值班的张侠，请他陪着去医院。张侠说找司机小蔡一道开车送他，吴信林坚决不同意，说：“小蔡连续加班，太辛苦了。”结果，吴信林和张侠“打的”赶到医院。

第二天一早，一个可怕的检查结果出来了：肝癌晚期！他的肝部有一块足足10厘米大小的肿瘤。

同事们震惊了！区检察长李晨晓当即决定将吴信林送上海东方肝胆医院手术治疗。组织上的决定使吴信林感动不已，他也深知病到这种程度，将不久于人世。局里的工作，手头尚未了结的案件，自己应该有个交代，以免给党的工作造成损失。临行前的一天上午，他强忍疼痛，骑车来到办公室，将局里工作一一向副局长胡宏义作了移交，并把一些受贿嫌疑案的线索交给了胡宏义。他对同事们说："今后，大家好好配合胡局长的工作，努力破案，我等着你们的好消息。"

到上海后，陪同前来的院办公室主任蒋保东先为他在招待所安排了一个每晚60元的标准间。吴信林死活不肯，说："局里办案经费紧张，我怎能大手大脚地花钱?"最后，他坚持换成每晚30元的四人间。

手术后，吴信林急需化疗，一个疗程需上万元。检察长李晨晓表示："花再多的钱，也得给你治病。"吴信林自知根治无望，不愿让组织上为他花更多的钱。他谢绝了领导的好意，硬是回家休息。

回家后，体质孱弱的妻子照顾不过来，院里派人来护理他，他坚持不要。病危时，领导派人把900元护理费送到病房，他气得断断续续地说："不……不要……"

1999年9月3日，《马鞍山日报》发表长篇通讯，报道吴信林的感人事迹。同事匍匐在他的病床前，一句句地念给他听。然而，吴信林好像听见了，又似乎未听见，只是眼角汪出滴滴泪水……

1999年9月4日晚9时，我国检察战线上的一名年轻有为的反贪局长就这样平静地离开了人间。

【作者：王启明】

【《人民日报》2000年3月30日第1版】

劳模张海迪

海迪天天干活。以我的观察与了解，她所干的活主要有两个方面，一是写作（包括翻译），二是社会工作。这两件事她都做得诚实又自觉。她已早就不做报告了，有许多单位甚至托她的家人和朋友动员她出来作报告，她都婉拒了；另外，每年都有数十家电视台邀她作嘉宾主持或参加个什么大型的晚会，她一般也都谢绝了。她认为开会作报告虽然也可以感动或教育一些人，但总不如自己动手干点具体的事情来得踏实，来得愉快。热闹总是短暂的，掌声不会永远响着，心潮不能永远澎湃。她成名之初即锻炼出特别能控制和调整自己心态的本领，无论多么热烈、火爆，灯光一暗，掌声一落，马上就能走入沉静。她贪恋着自己那间写作的小屋，迷恋着那种写作的过程。

海迪的写作的确是以身体作代价的，她天天在写作，也天天在吃药，她吃的药可不是营养或保健品，而全是止疼药与抗菌素。如果说，一个人做点好事并不难，难的是一辈子做好事，不做坏事；我要说，一个人健康的时候劳动并不难，难的是有病的时候还在劳动，还在奉献。海迪就在始终有病、天天吃药的状态下劳动着，奉献着。近年她已经不能较长时间地坐在电脑前写作了，为此她添置了一台笔记本电脑，她也不能像常人那样倚着或平躺着写作了，她须将电脑放在身体的一侧，扭着身子敲打键盘；时间一长又不行了，她又买了许多软皮本，以便随时记下所感所思……

她又是个极为认真的人，总想把一切做得好上加好。比方说，去年作家出版社要再版她的《轮椅上的梦》，那本书已经得过庄重文文学奖和奋发文明进步长篇小说一等奖了，也已经译成日、韩等多种文字在海外出版了，但她还是觉得当初写作时在艺术上不够自觉，今天看来尚有某些不足之处，说是要修订一下，其实她一直在重写与改写，而大凡写东西的人都知道，重写和改写一部长篇是要比新创作一部长篇还要折磨人的。当她改写完之后，果然又累病了。有时一篇散文，你觉得已经很漂亮了，但她还是要放一放，改一改，早晚自己满意了才拿出来。她的写作真的是字斟句酌、呕心沥血。

特别让我感动的是她那颗持之不变、生生不息的爱心、热心和平常心，她始终与最普通的百姓站在一起，与弱小站在一起。海迪在国家及省残联里面兼着一些部门的职务，那完全是社会兼职，义务服务，非但没有半点的报酬，还须她自己作出巨大的付出。山东残联的同志告诉我，近几年，她单是资助灾区及希望小学，就捐了七万多元。而她又救助了多少破裂的家庭及失学儿童啊。我曾见过海迪救助的一位残疾妇女，说起海迪来，她满含热泪称海迪为恩人，说要不是海迪自己早已离开人世了，是海迪在她被丈夫抛弃、生活没有着落的情况下，给她以活下去的信心，帮她安家立业，而为了让她的孩子上学，海迪每月资助她二百元，直到孩子参军入伍。

永远与弱小站在一起，不仅体现在她的社会工作里，也渗透在她的写作中。她是我所认识的作家中结交最广、朋友最多的人。从政界要人到社会名流，从专家学者到工人农民，从残疾青年到失学儿童，她结识和交往的朋友不计其数，但我从没看到过一篇她写的自己如何与政界要人、社会名流交往或吃饭的文章。相反，对那些乡村小姐妹，对那些弱小及普通劳动者，却倾注了极大的热情与爱心。济南市档案馆有她专门的一个档案室，里面放着从中央领导人到全国一流书法家给她的题词，有她各个时期的奖状和奖品，有著名人物送给她的一些非常有纪念意义的礼物，还有来自全国及世界各地的十几万封读者来信，她也从没在自己家里悬挂或展示过，更没向任何人吹嘘过。然却更加显示了她自身的人格魅力：既富于爱心又自有风骨，既随和又正直，既柔弱又执著。

许多年以前，当小海迪伏在母亲的背上这里那里地求医问药的时候，看着母亲满身的汗水，满脸的着急，她即默默地立下了一个朴素的志愿：将来无论如何不要再拖累父母，成为家庭和社会的负担啊！若干年之后，当她在县广播站当修理工领到第一笔工资的时候，她差不多就可以自慰：我可以养活自己了；如今她更可以自信，她非但没有成为家庭的拖累、社会的负担，还成了家庭的骄傲、社会的财富。她是她们家工资及稿费收入最高的人，不仅可以养家糊口，而且还为社会作出了极大的贡献！这一切也都缘于她的劳动，缘于她的天天“爬格子”。

海迪的劳动成果是丰硕的。在我认识她的短短三年间，她出了四本书。年年都是丰收年。而且她的每一本新书都得奖，每一本书都上排行榜。《生命的追问》获得了全国“五个一工程”奖和奋发文明进步图书奖；《莫多克》获得了全国外国文学优秀图书奖。在人心浮躁、书市疲软的当今，《生命的追问》发行十几万册，她重新改写的《轮椅上的梦》也一版再版。她的书久销不衰能让人觉得这世间还是有点真事儿与真情，因为她不是靠时髦，靠媚俗，恰恰相反，她靠的是爱心、纯情与健康。

【作者：刘玉堂】

【《人民日报》2000年6月17日第7版】

2001—2011 年

王伟：伟大时代的英雄战士

中央军委举行大会，授予王伟同志“海空卫士”荣誉称号，这是党和人民对王伟同志的最高褒奖，表达了我军全体官兵维护国家主权、保卫祖国安全的坚强意志，反映了全国各族人民对英雄的崇高敬意和实现中华民族伟大复兴的坚定信念。

王伟同志是新时期人民军队涌现出来的又一位英雄战士，是当代中国军人的杰出代表。只有培育了千千万万个董存瑞、黄继光的人民军队，只有经过了改革开放伟大时代洗礼的人民军队，才能涌现出王伟这样的英雄。王伟，模范地实践了我党我军的根本宗旨，忠实地履行了我军的根本职能。他用青春的热血、年轻的生命谱写的爱国主义和革命英雄主义壮歌，响彻云霄，萦绕千秋。

多年来，美国政府不顾我国政府的一再交涉，无视国际法有关规则，滥用飞行自由，频繁派飞机到我国近海空域实施危害我国安全的侦察活动。美国政府必须认识这一事件的严重性，认真对待中方立场，向中国人民作出交代，停止在中国沿海进行侦察活动，防止类似事件再次发生。只要存在霸权主义和强权政治，世界就不得安宁，世界人民决不能放松警惕。

中国人民解放军是保卫祖国的钢铁长城，肩负着维护国家主权、安全和统一的神圣职责。全军指战员一定要以王伟同志为榜样，学习他坚定的政治信念、远大的报国志向和对党对人民的赤胆忠诚；学习他严格训练、刻苦钻研、精益求精、努力掌握现代军事技术和作战本领的进取精神；学习他忠于职守、英勇顽强的大无畏英雄气概；学习他热爱生活、热爱工作、团结同志、乐于奉献的高尚情怀。

学习王伟同志，最重要的是把爱国热情化为实干精神和强国力量。一个国家要维护自己的独立和安全，一个民族要维护自己的地位和尊严，必须有强大的综合国力作后盾。我们要坚定不移地贯彻党的“一个中心、两个基本点”的基本路线，集中精力把经济建设搞上去，一心一意地把自己的事情办好，全面推进改革开放和社会主义现代化事业，不断增强我国的经济实力、国防实力和民族凝聚力。只要我们万众一心，奋发图强，社会主义中国就会始终充满生机和活力，永远立于不败之地。

“青峰几处红蕾，一夜万山霞帔，擎来数枝向南海，献给英雄王伟。”王伟走了，王伟没有走。他的精神与人民同在，与时代同行，激励着全军将士和全国人民迈进在实现社会主义现代化建设第三步战略目标的征程上。中华民族从来是热爱和平的，从来是不畏强权的，中华民族的伟大复兴是历史发展的必然，任何艰难险阻都挡不住我们前进的步伐。让我们更加紧密地团结在以江泽民同志为核心的党中央周围，艰苦奋斗，自强不息，开拓创新，励精图治，创造中华民族更加灿烂辉煌的未来。　　【作者：本报评论员】

【《人民日报》2001 年 4 月 25 日第 1 版】

烛耀山乡

——优秀共产党员、原开化县星口乡农经员汪根林事迹追记

2001年6月24日，是个星期天。浙江省开化县星口乡农经员汪根林起了个大早，准备携妻儿回老家探望父母。就在此时，忽听街上有人喊："木制品厂着火了!"他迅速赶往火灾现场。在抢救两名困在火海中的职工时，他被浓烟熏倒在地。熊熊烈焰熔断了空中的10千伏高压电线，断线正掉落在满是泥水的汪根林身旁……36岁的他，献出了宝贵的生命。

记者到开化采访时，汪根林已牺牲了半年之久。然而，提起他，许多人眼里仍含着泪，有些人竟哽咽得说不出话来。县里的领导同志说，他牺牲后，有1000多名群众自发赶来参加追悼会。一直到现在，他墓前的鲜花没有断过……和汪根林一起救火的副乡长应发潮含着热泪给记者讲述了这样一个动人场景：大家把汪根林救出火海时，他已不省人事。乡卫生院的大夫检查后说："心脏已经停止跳动。"可人们不愿意相信这个事实，排起长队争相为他做人工呼吸。许多人围着医生不让走："他是个好人，一定得让他醒过来，他不能死!"天下起了雨，人们仍不愿散去，一遍一遍地哭喊着："再救救，再救救吧……"

一个普通的农村干部，他的死，为什么会在群众心里留下如此深的印记?

只有你心里装着群众，只有你的行为真正代表了群众的利益，群众才会拥护你

毛家村村委会主任张来民把记者带到村西一块绿油油的麦田里："瞧！这块地是根林救出来的。"

1998年7月23日，一场暴雨引起山体滑坡，毛家村紧靠河畔的47亩水浇地被山体整个吞没。对于人均不足半亩耕地的毛家村人来说，这是他们的命根子呀。然而望着小山似的泥沙，村民们绝望了，运走这些泥沙，还不知要到猴年马月？不少人准备放弃土地外出打工。

面对这种情况，在毛家村蹲点的汪根林心急如焚，如果不及时恢复被毁的农田，就无法种下救灾的秋粮。他一连几天到村里动员，可村民们只有眼泪和沉默。汪根林借来锄头、箢箕，来到地里埋头干起来。时值酷暑，骄阳似火，把田里的沙石往溪坝上挑，一步步都是爬坡。汪根林一步一把汗，几担挑下来就全身湿透了。一天，两天……村民们感动了。于是，有人挑着箢箕来了，一个两个，三个四个，全村人几乎都来了。一个

月过去了，“山”终于被搬走了，种上了绿油油的水稻。

提起汪根林，村民毛凤妹泣不成声。1997 年 9 月的一个晚上，汪根林找到她丈夫叶金华说：“咱们山区饲草多，搞些‘绿色’养殖，肯定有市场。你能不能给村民带个头?”叶金华说，他想办个猪场，苦于没有资金。汪根林爽快地说：“我的存折上还有 2000 元，借给你们。”一次，几头猪突然不吃不喝了，叶金华急得六神无主。汪根林当晚就从十几公里外的乡政府骑车赶了来，他仔细查看了猪的病症后说：“别着急，我明天正好要到衢州出差，顺便到市农科所请专家开个方。”第二天晚上他从衢州回来，直接把药送了来。毛凤妹说，记得他到我们家时，村里的鸡都叫了。

在汪根林的扶持下，小山村出现了好几个叶金华这样的专业户。毛猪在市场上卖到 10 多元一斤还供不应求。

村民毛祖银说：“我在千岛湖打工，每年交公粮时，都是汪根林帮我家扛粮食。村里许多家庭，他都帮过忙!”村民祝春凤说：“我家的宅基地超标要罚款。同样是处理这件事，有的干部不由分说一顿训斥。人家汪根林呢，和你拉家常，和颜悦色地给你讲道理。”

“群众看干部，不是看会上讲得多么好听，而是看你做得怎样。只有你心里装着群众，你的行为真正代表了群众的利益，大家才会拥护你，你的工作也才好做。”

汪根林蹲点前，毛家村是乡里的“老大难”村：两任村支书上任都不到一年就没法干下去。汪根林来后，乡里布置的任务，无论是交公粮还是修桥补路，毛家村样样走在最前面。村容村貌也发生了很大的变化，小机耕路拓宽了，村中道路硬化了，电网改造了，有线电视、程控电话进村了……后进村一跃成了乡里的文明示范村。

只有深入到群众中去，体察他们的喜怒哀乐，才能找准解决问题的门径

“农村工作千头万绪，农村基层干部只有深入到群众当中去，体察他们的喜怒哀乐，倾听他们的呼声，对村情、民情了如指掌，并及时梳理工作思路，才能找准解决问题的门径。”这是汪根林在《“三个代表”学习心得》里写的话。

在乡里，大家都说汪根林是解难治乱的能手。他所以成为“能手”，与他常年融入群众之中、自觉和群众打成一片不无关系。汪根林在毛家村蹲点三年，村里从 5 岁的娃娃到 80 岁的老人，没有人不认识他；去年 3 月，他开始联系黄庄村，在 3 个多月的时间里，他就把全村 163 户人家的门槛踏遍了。

副乡长应发潮说：“融入民间知民事。农村工作的‘脉’，汪根林把得很准。”一段时间，白渡村工作落后。汪根林敏锐地感觉到，可能与干群关系失和有关。经过调查，他发现，群众对村里财务“暗箱”操作有意见。要聚拢人心，必须给群众一个明白。于是他果断地向上级反映：审查该村的账目。

白渡村原支书戴土红，是汪根林的好友。有人劝汪根林：“你和老戴关系不错，睁只眼闭只眼算了。”汪根林不干：“朋友归朋友，原则归原则。”在他的坚持下，检查组进驻了白渡村，经过 38 天的审计，查实：白渡村主要干部采用修路款不入账、多报工

程量等手段，贪污公款2万多元。

为了防止“白渡事件”重演，他建议：“对全乡各村的财务进行全面审计。”在上级部门支持下，2000年，他对全乡各村的财务进行了两次审计，使一批问题得到了解决。2000年8月，他制订了《星口乡关于加强村级集体资金管理办法》和《星口乡村组财务管理办法实施细则》，要求每月的5日，全乡10个村的会计都要到乡里统一做账，6日至7日要在村务公开栏上榜。目前，他的这些措施正在全县推广。

干一行必须爱一行专一行，要不断学习，做行家里手

1997年，汪根林从部队转业后就职的岗位是农经员。他只有初中文化，从未与财务打过交道。

开化县经管站会计徐平逸还记得汪根林到农经站报到时的情景：“财务我是一点不懂，今后我要拜你为师。”老徐以为这不过是谦辞，谁知此后每次县经管站开会，别人都走了，他总留下来，虚心讨教。老徐说，这个年轻人的好学精神真让我感动，就在出事的前几天，他还向我借了《会计法》《会计原理》《会计培训习题集》。

汪根林说：“干一行就必须爱一行专一行，要不断学习，做行家里手。”当农经员的第二年，他做的年报比有些老经管员的差错率还低。1999年和2000年的年度考核中，星口乡农经站排名位于全县前列，他本人还被评为农经系统先进个人。

会计队伍业务素质不高，在农村是个相当普遍的问题。为了提高星口乡会计人员的整体素质，汪根林动员大家参加中央农业广播学校的会计专业学习。

为人民利益不顾个人安危，他把一切交给了人民

杨林镇下庄村是个群山环抱的小村落，汪根林1965年2月出生于这里。

故乡的山水赋予了汪根林淳朴的性格，他又把自己的爱回馈给这块土地。他每月只有几百元工资，却接济过多户村民，而他自己牺牲后入殓时竟找不到一件像样的衣服；村里划给他的那块宅基地，13年过去了，至今仍然只扎了个墙基……村民们这样评价汪根林：“在家他是个好孩子，在学校是个好学生，在村里是个好村民，在部队是个好战士——当兵14年，他6次受嘉奖。”

星口乡党委书记邹水根说：“落实‘三个代表’，他为基层干部树立了榜样。”

星口乡火灾水灾频仍，抢险救灾人员名单中，汪根林的名字出现最多。1998年7月间，开化境内连降5场大暴雨，余家坞村遇险，根林主动请战，带全村人撤到了安全地带，当大家清点人数时，却发现村里还有一个69岁的“五保”老人滞留在家中。根林二话没说，再次蹚着齐胸深的水入村营救，当他钻进老人的屋子时，土屋的墙已经裂开了好几道缝，木屋架正发出嘎嘎的响声，根林一把拉起老人，当他刚把老人背出土屋十多米远时，就听身后一声巨响，老人居住的土屋轰然倒塌……

邹水根说：“单纯看，汪根林的牺牲似乎是个意外事件，但里面蕴涵的，是他那种为了人民利益，不顾个人安危的精神。他，早就把一切交给了人民！”

为表彰汪根林敬业为民、勇于奉献的精神，中共开化县委、衢州市委追授他为优秀共产党员，浙江省人民政府追认汪根林为革命烈士，农业部作出了“在全国农业系统开展学习汪根林的决定”，中共中央宣传部、中央社会治安综合治理委员会、公安部、中华见义勇为基金会授予汪根林“第七次全国人民群众见义勇为先进分子”光荣称号。

【作者：王慧敏、毛小瑞、师高康】

【《人民日报》2002 年 3 月 2 日第 1 版】

基层干部的榜样——刘清华

3 月的长白山，依然银装素裹。

在辽阔的林海雪原上，一位基层干部的故事被广为传扬，他的精神、他的信念、他的人格、他的情操，熔铸成一种昂扬向上的旋律，感人至深，催人奋进。他就是中国铁道建筑总公司第十三工程局三处第十支队党支部书记刘清华。

“要砸先砸我，要死我先死。我死了，就由张会军替我指挥”

2000 年 3 月 10 日晨，位于吉林省靖宇县境内的营（城子）抚（松）公路珠宝隧道工地，车水马龙，施工正在紧张进行。

上午 9 时 10 分，正在隧道下导坑跟班作业的刘清华发现洞顶往下掉碎石，已喷锚的拱部有水泥块崩落，有着丰富隧道施工经验的刘清华警惕地意识到，这是塌方的前兆。他当即命令在下导坑施工的 14 名职工撤出危险区。

此时，在 180 米深处的上导坑掌子面上，仍然有 10 名职工正在进行掘进，眼下已临近爆破时间，如果点燃导火索，前面有 100 多个装满炸药的炮位被引爆，后面有塌方堵死退路，工人们将陷入绝境。刘清华火速向掌子面冲去，命令中止爆破，撤离现场。

然而，由于险情的急剧变化，上导坑的工友们已经来不及赶在塌方之前撤离险区了，若继续往外撤，必然要遭遇大塌方的迎头袭击。

此刻，刘清华只要退后几步，就可以撤出险区，化险为夷。洞外，郭乃全等几位工友拼命地向他呼喊着：“刘书记，快出来，危险!”

然而，刘清华没有后退，为了工友们的安危，他冒着被大塌方吞没的危险，向洞里冲去，边跑边喊：“停下！快停下!”

求生的本能使洞内的工友仍不顾一切地往外冲，喊话已经不顶用了，看着大家不停下来，刘清华顺势用左脚一绊，前面的人一下子被撂到，紧接着后面的几个也被绊倒在地。就在这时，只听见轰隆一声，塌落的山体在刘清华身后倾泻而下，严严实实地将隧道封死。就这样，刘清华同 10 名工友一起被封堵在隧道里。

面对突如其来的劫难，大家一片恐慌。在被堵在洞内的 11 人中，只有刘清华和工班长张会军两个是党员。刘清华一面稳定大家的情绪，一面把大家带到相对安全的地带。工友们被安顿下来后，他带着张会军来到险象环生的塌方地段，察看险情，确定自救方案。由于平时对隧道施工情况了如指掌，刘清华根据洞内的里程标记，算出坍体长度大约在 30 米左右。塌方是从左侧向右侧倾塌的，右侧石质比较稳定。他决定选择隧道右侧距拱顶 2.5 米的方位掏洞突围。这一方案和后来洞外由技术人员确定的方案竟然奇迹般地吻合。

有了方案后，刘清华并没有立即行动。他知道塌方过后，由于地应力持续释放，小塌方会连续不断。如果操之过急，就会在自救中发生伤亡。

入夜，洞内温度降到零摄氏度以下，被困人员衣着单薄，而且在施工中早已被汗水、泥水湿透，洞内又没有食物和饮水，饥寒交加。有的工友的脚被冻伤了，刘清华让大家划开水泥袋，把脚插进干水泥里。大家拥抱在一起互相用体温取暖，保存体力。刘清华和张会军却没有休息，他们再次来到塌方地段查看险情，捕捉战机，一蹲就是一个通宵。到 11 日凌晨 5 时 40 分，塌方频率缓解了，刘清华立即组织工友们掏洞自救。

洞外，一场营救遇险同志的抢险战斗正在紧张地进行。

洞内，遇险同志奋力突围。

在松软的塌方体上掘洞，没有条件采取支护措施，随时都有生命危险。但工友们不用动员，争先恐后地投入自救战斗，向死神挑战。此时，塌方仍时有发生。他们每前进一步，都要付出难以想象的艰辛。当掘进到 8 米时，导洞挖一段塌一段，几小时过去了，毫无进展。

刘清华和工友们 40 多小时水米未进，饥渴、寒冷、疲惫一起向他们袭来，大家纷纷瘫倒在地，濒临体能的极限和精神崩溃的边缘。一个小时过去了，两个小时过去了，刘清华招呼大家继续掏洞，可是谁也不愿往洞里冲，有的说拼也是死，不拼也是死，干脆躺着等死吧。

刘清华没有责怪工友们的悲观失望，说实话，大家能不能活着出去他心里也没有把握，但他知道躺下等死万万不行。他站起来说："要砸先砸我，要死我先死，我死了就由张会军替我指挥！"说完就一头钻进导洞挖了起来。在这生死关头，刘清华的言行深深感染了大家，工友们凭着仅有的 3 把铁锹轮流作业，铁锹坏了，就用双手扒，安全帽也成了运输工具，将碎石一点一点地清出来。从 8 到 10 米这最艰难的地段整整用去 6 个多小时。

拼死一搏，奇迹终于发生了！

12 日零时 15 分，洞外开挖导洞的"咚咚"声像从遥远的天边传来，由弱变强，洞里受困的人员欣喜若狂："有救了，我们有救了！"刘清华也高兴地流出了眼泪。在他的带领下，工友们展开了最后的冲刺。

12 日凌晨 5 点多钟，一根直径为 10 厘米、长度为 3 米的钢管穿透了隔离带，手电筒以及经过加热的八宝粥、椰子粥渗透着党和人民的关怀，顺着钢管一个一个被送了进去。6 点 30 分，内外导洞奇迹般地实现了对接，里外高度仅差 20 厘米。

生命的通道打开后，刘清华深知，在洞内多呆一分钟，就多一分危险。当大家劝他先撤时，他斩钉截铁地说："我的命并不比大伙的命金贵，只要有一个人没撤，我就不能离开。"刘清华是最后一个离开导洞的。

堵在洞内长达 46 小时的 11 位职工终于全部脱险了。刘清华和遇险的职工被送进邻近的抚松县医院紧急抢救。在医院里，白山市副市长尹国权紧紧握住刘清华的手说："像你这样无私无畏的人，才是真正的共产党员！"

“当干部的要反省自己，你心里究竟有没有装着工人?”

翻开刘清华的入党申请书，有这样一行字赫然入目：“要以英雄模范人物为榜样，做一个有益于人民的人。”在长期的工作实践中，刘清华以实际行动履行着自己的诺言。

作为一名基层干部，刘清华心里时刻装着工人。他常说：“职工是企业的主人，企业的党员干部要把关心职工群众作为第一条。”

在隧道施工中，爆破是最危险的环节。每次爆破之后，刘清华都要带上安全调度，赶在工人上班之前来到掌子面，用事先做好的小木牌把爆破后出现的危石和险区作上标记；等上班的工人来到掌子面，他要亲眼看着排去危石，进入正常掘进；下班前他还要来到掌子面，待爆破手点完炮之后，他才同爆破手一起撤出隧道。

一次跟班作业，刘清华发现有块脸盆大的危石没处理，工人就开始掘进了。他立即把工班长召集到掌子面，从来不发脾气的他火了，他拿起一根钢钎走近那块危石，说：“谁不怕死，请过来。看看石头硬还是你们的脑袋硬！”说话间手起石落。刘清华说话不会长篇大论，却情真意切：“我们的工作有点疏忽，工人就有可能付出血的代价啊！当干部的要反省自己，你心里究竟有没有装着工人?”这件事让大家深受教育。以后，再也没出现这样的疏忽。

刘清华当基层干部15年，先后由书记改为队长，由队长改为书记，不管岗位怎样变，他总是那样心系工友，时刻为工友的利益着想。工友们说：“有刘清华在身边，我们就没有吃不了的苦，就没有克服不了的困难，身上就有使不完的劲儿!”

“基层党员干部要以自己的实际行动为职工谋利益，让工人切身感受到自己是主人”

刘清华不仅关心工友，爱工友胜过爱自己，而且以高度的自觉性和责任感，把职工群众的主人翁地位落到实处。他说：“基层党员干部要以自己的实际行动为职工谋利益，让工人切身感受到自己是主人。”

1998年2月，二工班把当月工资奖金分配表报到队里审核。有职工反映，当月工资奖金分配方案未经职工讨论。刘清华立即找来工班长询问情况。工班长说工点分散，分配方案跟每个职工见面太费事，因此只征求了部分职工的意见就报上来了。刘清华听了，批评说：“工资奖金分配关系到每个职工切身利益，分配方案跟每个职工见面，这是队里的规定，你这个工班长怎么敢拿这么大的事当儿戏?”工班长收回了分配方案，逐一征求职工意见，修改了分配方案的一些欠缺，才获得批准。事后，刘清华专门召开支委会，研究解决实行企务公开，推进民主管理的具体问题，使工程队的民主管理提高到了一个新的水平。

对工程队干部的任用，刘清华尤其注重听取职工的意见。他说：“用错一个人，就等于毁掉一座党联系群众的桥梁。”

随着企业改革的深入，工程队的用工机制发生深刻变化。实行全员劳动合同制后，有的干部不愿做艰苦细致的思想工作了，总喜欢把“炒鱿鱼”挂在嘴边。刘清华对干部们说：“国企的干部不是老板，工人也不是雇工，动不动就炒这个，炒那个，老板派头十足，这种作风要不得!”

在刘清华和党支部一班人的领导下，职工心畅气顺，积极性和创造性得到充分的发挥，十队建设多年来保持在先进行列。

“干部无论大小，都要真正过好权力关”

刘清华有句口头禅：“干部无论大小，都要真正过好权力关。”多年来，刘清华无论当工程队长、党支部书记，还是工程项目负责人，他时时处处严格要求自己，从不用手中的权力为自己谋私利。

刘清华的爱人李华英没有工作，1991 年从家乡随队来到盘锦，当时刘清华的直接领导三处一公司党委书记任诚富建议，把李华英安排到队里打零工，刘清华没有同意。患有严重腰椎病和类风湿病的李华英，为了挣钱补贴家用，走街串巷卖过雪糕，到郊区给农民插过秧。1992 年 4 月，队里招收一批合同工，李华英作为家属工终于被录用了，工作干得十分出色。然而，只过了一年，队里 6 名家属工要精减 4 名，刘清华动员妻子带头下岗。李华英不干。刘清华对华英说：“论工作，你是优秀工人，但下岗你要带头，就因为你是队长的老婆，你不下岗，我能叫谁下呀?”李华英闷在家里哭了一天，可最后还是想通了。

刘清华常说：“企业处在改革开放的风口浪尖上，在市场经济尚不规范的条件下，企业的党员干部要经得住‘枪林弹雨’的考验，做到一尘不染。”

3 年前在珠宝隧道施工中，一支施工队搞掘进达不到质量要求，向刘清华塞红包请他多关照。刘清华严词拒绝了，并且立即开除了那个施工队。他说：“此风不刹住，不但会毁了工程，还会毁了项目上的干部，我就是要大家知道，他们是因为行为不规矩被赶走的。”

他给自己约法三章：请吃不到，送礼、送钱不要，邀请到娱乐场所也决不光顾。

正因为刘清华自己行得正，立得直，所以，对工程项目他敢于铁面无私，严格管理。他负责的项目不仅工程干得出色，而且营造了一派清廉之风。

高山起于平地，伟大出自平凡。在平凡的岗位上，刘清华塑造了一个企业党员干部的光辉形象，铁道部党组和中国铁道建筑总公司党委分别授予刘清华“优秀共产党员”和“基层干部的榜样”光荣称号。去年，刘清华被中华全国总工会授予“五一劳动奖章”，中央企业工委授予他“优秀党务工作者”称号，中组部表彰他为“全国优秀党务工作者”。

【作者：谢环驰、张克明、钟铁】

【《人民日报》2002 年 3 月 29 日第 1 版】

余孝德：永立时代潮头

——从“余孝德现象”看当代劳模的先进性

余孝德，北京建筑业大名鼎鼎的人物，两次被评为全国劳动模范、两次获全国“五一劳动奖章”、3次被评为北京市劳模，曾获“全国工人十杰”称号，获得的荣誉称号总计近70个。

2001年底，余孝德“下海”了，而且是被他所在的单位——中国建筑一局（集团）有限公司“逼”下去的。当年12月7日，“北京市余孝德建筑工程有限责任公司”正式挂牌。

“劳模可以当老板吗?”“新形势下劳模的先进性体现在什么地方?”“余孝德现象”引起许多人的兴趣。

劳模余孝德

48岁的余孝德，在中建一局干了32年。

余孝德木工出身，干活像拼命，在早年就是工人的“头儿”。1982年，他在中建一局较早地扛起了“青年突击队”的大旗，从此，他带领这支队伍顶风冒雨，苦战硬干，创造了建筑业的一个个奇迹：以10天一层楼的速度，盖起北京国际艺苑皇冠假日饭店；以7天一层楼的速度盖起首钢医院；在北京精品大厦施工中，270天完成12.3万平方米，平均3天盖一层楼，创造出与“深圳速度”齐名的“北京速度”。

更令同行服气的是，自北京市开展建筑工程“长城杯”竞赛以来，余孝德干的工程项项都获“长城杯”，有的还获全国建筑工程鲁班奖，工程优质率达到100%。余孝德的名字，成为中建一局一笔巨大的无形资产。

作为一名全国劳模，在每一次改革浪潮到来时，余孝德都勇敢地立于潮头。上世纪80年代初，“鲁布革”现象在中国建筑界引起强烈震动，人们意识到，建筑业要从劳动密集型向管理、技术密集型转变，就必须实行经营管理层与劳务层的“两层分离”。余孝德大胆“吃螃蟹”，1998年，他担任“余孝德建筑工程公司”经理，带领几十名工人、联合2000多人的外协力量，在建筑劳务市场闯出了一片天。

2001年，改革又把余孝德推到前台。这年7月，建设部颁布建筑行业新的资质管理办法，办法规定：申请施工总承包、专业承包资质的公司，不得再申请劳务分包。这就意味着，余孝德所在的中建一局三公司数百名吃劳务饭的工人必须离开中建，自谋出路。

“绝不能简单地把工人推向社会。”中建一局领导经过再三研究，决定由余孝德牵头，成立一家股份制的劳务公司，将工人们“带”向市场。经过激烈的思想斗争，余孝德勇敢地接受了挑战。2001 年 12 月 7 日，民营企业“北京市余孝德建筑工程有限责任公司”挂牌了。这家股份制企业吸纳了原中建三公司劳务公司的 70 名工人，公司有 12 名股东，余孝德自己出资 40 万元，当了总经理。

“老板”余孝德

中建一局三公司党委书记黄永臣说：对余孝德，我们是“扶上马”，还要“送一程”。

这一程送得够远。中建一局三公司不仅无偿让出了“余孝德”这块金字招牌，还决定：今后三公司的劳务工程优先让余孝德的公司做；3 年内，如果余孝德的公司经营不下去，他带走的 70 多名工人还可以回到三公司。人们都希望余孝德成功，因为在未来几年内，中建一局三公司的职工将从 1700 人通过重组减员至 950 人，大家盼望余孝德能给公司蹚出一条成功的“分流”之路。

余孝德成功了。在短短六七个月的时间内，他的公司同时运作着“美欣家园”“国防科技大学体育馆”等 5 个大的劳务工程项目，施工总面积达到 33 万平方米，完工的项目个个都夺得结构“长城杯”。从四川来的 2000 多名外协民工月收入都在 2000 元以上。

几十年国有企业的培养，使余孝德有了丰富的管理经验。他按劳动强度、劳动量，把各工种打成分，工人按分取酬，多劳多得。他重视人才，从外地“挖”来的 6 名大学毕业生个个重用，月薪 5000 元，年底还有两三万元的奖金。

余孝德对工人真好。外协工的衣服，从上到下，一年发一套，铺盖一年一换。他和外协工一起吃大食堂，端午节有粽子，中秋节有月饼，平常顿顿有肉，管足管够。要过年了，他给民工买好车票，包好火车皮，一人还发 500 元路费、700 元鞭炮钱。工人们说：“这个老板太厚道，不像个老板。”余孝德说：“我是工人出身的劳模，啥时候都不能忘本!”

劳模余孝德下了“海”，老客户依然跟踪而至，有的业主宁可不搞招标，也坚持要请余孝德公司来施工。还有些业主在楼盘销售广告里特意写明：“由全国劳模余孝德的公司承担工程施工”。

“余孝德现象”说明了什么

余孝德的成功，在中国建筑总公司内引起不小的反响，一个最直接的成果是：在余孝德的带动下，仅中建一局三公司就又诞生了“天朗”“中建华成”两个民营公司，类似的民营企业也相继在中建一局其他公司产生。一条崭新的建筑业国企人员分流之路，被越拓越宽。

更有意义的是，“余孝德现象”引起人们更深层次的思考：在新的形势下，劳模的先进性该如何体现？

劳模，是劳动行业的模范。在传统意义上，他们的角色被定位在“安心本职”“拼搏苦干”“任劳任怨”，其意义在于：劳模，是国营生产或科研一线普通劳动者的一面旗帜。现在，劳模余孝德的角色变了，他干得再苦再累，赢得的是民营企业的利润。他，还称得上是一面旗帜吗？

谈起这个话题，中国建筑工程总公司党组书记张青林态度明朗，在他眼中，余孝德身上体现了当代劳模的三个特点。

创新品质。上世纪 80 年代初，国家有关部门就认识到，中国建筑业要赶上国际先进水平，必须向管理与技术密集型发展，具体分三步走：第一步，变工程上的“大兵团”作战为“项目法施工”，按市场要求配置生产要素；第二步，打破施工企业的行政建制，成立企业内部劳务市场；第三步，建筑劳务市场彻底社会化。余孝德公司的成立，是改革发展的必然。作为全国劳模，他打破旧意识羁绊，勇敢地走在改革最前列，体现了劳模的创新品质。

先进本色。当前的建筑业是个完全竞争性的行业，建筑产业工人的先进性就体现在敢于冲击市场，拼搏市场。余孝德本是个国企职工，本可安心当劳模，市场压力压不到他。然而，在改革关头，他最终选择了走向市场，勇敢地担负起上百名国企工人、2000 多名外协工的生存压力。

时代精神。劳模的先进性是发展的，榜样要有时代性。在当前改革创新的新形势下，余孝德高扛起“劳模”这面品牌大旗，带领下岗分流职工闯出了一片就业新天地，他是国企人员分流改革中的先行者，发挥了很好的作用。这样的劳模，无疑是时代的佼佼者！

【作者：夏长勇】

【《人民日报》2002 年 7 月 25 日第 10 版】

新时期工人的榜样

——记哈尔滨建成集团公司电焊工人武永合

他很平凡，入厂21年，整天工作在电花闪烁和锤声震天的车间，手中离不开的是护眼罩和电焊枪。他又很不寻常，作为一名技术工人，他现在“领导”着3位高级工程师，工厂的产品研发、工艺设计，他都直接参与。在今年8月哈尔滨市总工会组织的劳模巡回报告团上，他第一个演讲，赢得台下最热烈的掌声。

他就是武永合，哈尔滨建成集团有限公司的一名电焊工人。20多年来，他以高超精湛的技艺，在平凡的岗位上做出了不平凡的奉献，获得了国家、省、市劳模称号和全国“五一劳动奖章”，用焊花写出了灿烂的人生。

“当工人就要做最优秀的”

“当工人就要做最优秀的，学技术就要学最先进的，干工作就要创一流水平。”这是武永合经常讲的一句话。

他懂电脑。因为在厂里负责工艺设计，他搞CAD设计、结构架焊接，基本上都能在电脑上画一画；回到家里，他经常上网查阅资料、思考设计，跟踪国内外电焊技术信息。他还自学了英语。在他的案头，常年放着《英语900句》，有空他就戴上“随身听”，捧起书来读一读。工厂进口的德国、日本的设备，他把英文说明书全翻译成了中文。

1997年，公司派他前去德国学习。在斯皮尔公司的生产车间，他拿起焊枪和德国工人一个一个工序地干，在铆工对接时，德国工人准备按实物照配划线下料，但武永合凭着自己的知识和多年经验，拿起了粉笔，在铝板上划了一道弧线。

“NO! NO!”那位德国工人头摇得跟拨浪鼓似的：武，划得太大了，这样划不准的。他坚持将20多公斤的部件搬到1.3米高的铝板上比着划。一次，尺寸不够；两次，还不行……划到第四次，这个德国工人瞪大了眼睛——正好和武永合划的那道弧线相吻合。放下手中的部件，这位德国工人竖起了大拇指：中国工人了不起！

在德国，他仅用半个月就掌握了国外工人需要好几个月培训才能达到的技术水平；在我国机械部和德国共同举办的国际焊工培训班中，在来自全世界的80名学员中，他是唯一一名40道理论题全部满分、13项技术操作全优的学员；在建成厂，他保留着一份荣誉——他拿到的“国际焊工”和“国际焊工教师”两份证书，至今还没有第二个人获得……

“武永合善于学习，乐于学习。”建成集团党委书记徐建瑛深有感触地告诉记者，“他是知识型劳模，是新时期的新型工人。”

老武的“新”还体现在别的方面：

他爱唱歌。工厂里的文艺活动，几乎都落不下他。“他嗓子好，不去当歌星真是‘白瞎’了！”工友刘秀元替他可惜。

他会写诗，象棋也下得好。在今年建成集团公司迎接建党81周年的歌舞晚会上，老武声情并茂地朗诵了自己的长诗《走向辉煌》，赢得了台下满堂喝彩。

每逢党团活动，他总喜欢拿出推子、剪子，给人理发。“他理发技术好，不少人都乐意让他理。”同厂的燕伟华说起他嘿嘿直乐。

武永合除了上班，平时总把自己打扮得干干净净。读诗、唱歌、爱好体育，他热爱生活，情趣盎然，改变了不少人对工人劳模的印象。

“走在时间前面的人”

武永合的文化底子原本不厚。刚进厂时，他的文化程度只相当于高中水平。一种对知识的“饥饿感”，促使他不断地提高自己的素质。

入厂后，从复习高中课程开始，他用一年半的时间自学了中专课程，用5年时间读完了工人业大。他用学来的知识苦练绝活，在掌握碳钢手工弧焊技术的同时，兼学了铆工下料、铆工组装对接技术等多项技能，并练就了一手压力容器罐体焊道返修的高超技艺。三类压力容器焊道X光射线探伤片国家规定允许有10%返修，他用高超技术一次返修合格率达到100%，仅此一项就为工厂增加效益上千万元。

大伙都说，武永合有一个经常思索的大脑，别人用手干活，他是用心在干活。武师傅在生产中创造了多少项技术革新，厂里的职工都快数不过来了。但郭文军师傅清楚地记得，过去大罐“封头”采用手工电弧焊，工人必须在大闷罐里干，因为烟熏火燎，经常弄得眼泪哗哗地流。是武永合将革新的大罐环缝自动焊机应用到生产中，不仅使这道工序由手工焊变成了自动焊，大大改善了工人的工作环境，工作时间也由原来的5个小时缩短到22分钟，效率提高10多倍。

王秉信师傅难忘这么一幕：1997年，在工厂生产的关键时刻，为解决工艺上的难题，武永合把自己的碗罐等家什带到了车间，昼夜奋战在车间。一天早晨，来上班的王秉信推门一看，只见武永合他们几个人一个个累得东倒西歪，有的披着旧棉袄靠在暖气旁，有的和衣倒在凳子上，有的趴在桌子上……那段时间，武永合带领攻关小组与技术人员边干边摸索，在极困难条件下，先后解决了薄壁不锈钢板焊接、对接式外罐包装等8项关键工序的工艺难题。

“走在时间前面的人！”在建成集团公司采访，这句话被多次用来形容武永合的工作干劲。还在入厂刚满13年时，武永合就已经干了相当于普通工人27年又9个月的工作量。有人在1996年作了统计，按工时计算，当时武师傅正在“干2010年的活”。

近年来，武永合结合生产实践提出合理化建议40多项，先后实现技术革新14项，创造价值上百万元。他利用合理套裁下料累计节约边角余料30多吨，折合人民币16万多元。他毫无保留地把自己的技术传给别人，培养了16名徒弟，其中包括两名大学生，如今全部成为工厂生产或工作中的骨干力量。

“我要把技术奉献给建成厂”

武永合有一种工人的光荣感和使命感，他爱工厂，将个人命运和伟大的事业联系在了一起。

武永合技术冒尖之后，有了一些名气，经常有不少企业、个人到厂里指名道姓地非要把活交给老武干，实在不行，“武永合的徒弟也行”。

他的名气也引起了社会上一些人的关注。前几年是建成厂最困难时期，武永合一个月的收入只有几百元，于是便有一些人来找他，有的要和他一起去“打快锤”，每天可挣一二百元，还有人要用高薪聘他。面对五光十色的诱惑，老武却好像被牢牢地焊在了建成厂，他坚定地说：“我哪也不去，我是建成厂培养的，我要把我的技术奉献给建成厂。”

人到中年，武永合的负担并不轻。虽然老武现在拿着厂里技术工人的最高收入——每月1500元，但是因为妻子下岗，儿子又正在读中学，老武恨不得把一分钱掰成两半花。在他家里，除一台两年前买的电脑外，电视机、洗衣机等电器都用了十几年，家具还是结婚时添置的。有人劝他，何苦放着外边大钱不挣，在厂里吃苦受累？可他说：“没有工厂就没有我武永合，只有厂兴才有我荣，因为我们是工厂的主人。”

武永合是区人大代表、厂职代会代表。他敢于直言，反映群众的呼声和意愿，职工有话愿意找他唠，职工有困难他总是解囊相助。几年来他先后为希望工程、厂幼儿园、厂子弟学校捐款2000余元。在焊接小组，他的年纪最大，干的活最多，可每当小组发奖金时，他坚持不比别人多拿。

位卑未敢忘忧国。面对目前我国的高级技工断层，老武忧心忡忡。2000年，他与几名技术工人联名向劳动和社会保障部递交了建议书：要培养成千上万的技术工人。面对新技术的挑战，武永合一再说，与世界接轨，不仅需要技术装备的接轨，更需要我们工人素质的接轨！

【作者：孟辉、董伟】

【《人民日报》2002年9月24日第1版】

公仆本色

——追记湖南省委原副书记、省人大常委会原副主任郑培民同志

2002年春节，一封特制的信寄到了湖南省委。一张剪裁过的红纸作为信纸，寄信人为它精心装饰了金边。

信中写道："敬爱的首长，1990年你不辞劳苦亲自爬上了我们崇山峻岭上的苗寨视察，访贫问苦，你是第一个能深入到我们海拔1700米高山陡坡上的省委亲人……"

这封字迹不太工整的信发自湖南的西部——湘西土家族苗族自治州凤凰县米良乡叭仁村。

收信人：郑培民。

重 任

1990年5月，湘潭市委书记郑培民被调往湘西土家族苗族自治州，出任州委书记。

湘潭和湘西，一字之差，天壤之别。湘潭是湖南省经济较发达的地区，离省会长沙只有1小时车程；湘西，是全国著名的少数民族贫困山区，去省城要坐14小时火车。去湘西工作，是只有硬肩膀才能挑起来的重担子。多年来，省委一直把湘西的脱贫致富放在突出位置。

领导与郑培民谈话。刚一谈起去艰苦地区工作的重要性，郑培民笑了："请直说吧。"

调动的意向被和盘托出。准备做郑培民思想工作的话没有必要说了。

平级调动，又是"从米箩里跳到糠箩里"，十几年后的今天，人们还在为他的痛快回答而敬佩。

郑培民一上任就问："哪个村子最穷啊？"随后，就去了叭仁村。

"叭仁"是苗语，意思为山顶上。要到达这个三面悬崖一面山的村寨，首先要从湘西的首府坐车到乡里，然后，喘着粗气，手脚并用，徒步走上4个小时的12公里陡峭山路。苗族群众之所以十几年后还记得郑培民，是因为他是住过这里的最大的领导。在他之前，只有乡干部爬上过这个走起来累死人也吓死人的山头。

时隔多年，他在州干部大会上说过的8个字还像楔子一样钉在人们脑海里：来湘西"三生有幸"；在湘西"埋头苦干"。

郑培民接过前任的接力棒，率领全州干部群众继续围绕扶贫开发这根主线做文章。

湘西贫困。每逢青黄不接时，全州有三四成百姓断粮，政府不得不从外地调入大量

返销粮。

自治州开始推行“双两大”地膜玉米新技术。这是一项弯着腰，在田中豆腐块大小方格周围摆两株苗的累活，郑培民不是坐在办公室里指挥，他带着机关干部下地，自己弯着腰在田里干活，给农民演示。1992年春，在田里示范劳作了几天的州委书记郑培民，一脚踩空，仰面摔下了三米多高的田坎，摔成了脑震荡。

书记的行动也是推行农业新技术的“科教示范”，从这一年起，全州的粮食开始自给。

学理工出身，又来自工业较发达的湘潭市，郑培民无疑比其他人更具有现代化的工业理念，他看到的是湘西州未来10年后的发展前景。这个前景，又可能是当地干部群众在短期内不能理解的，这是考验郑培民耐心的过程。他用手比划过一个雁阵给干部们看：“大雁飞在天上，要有一个班长，就是领头雁。这个领头雁啊，不能飞得太快，脱离开雁阵，就起不到头雁的作用了；可也不能飞得太慢，混在雁阵里，就失去了头雁的作用。”

湘西州20世纪五六十年代发展起来的小水电，为自治州的发展起步奠定了基础。然而，小水电受着季节的制约，也制约着湘西的进一步发展。但在当时的观念和体制下，放弃了小水电也就意味着放弃了地方和一些部门的利益，因而阻力重重。郑培民这时起了“头雁”的作用，果断决策：引进大电网。

湘西州当时的湘泉酒厂，只是一个年上缴利税200多万元的小酒厂。郑培民在前任扩建湘泉酒厂的基础上，又进一步支持了这个酒厂的三期扩建。如今，壮大起来的湘泉酒厂已成为上市公司，自治州干部的工资中3元钱就有两元来自这个公司上缴的利税。

现在看来，郑培民十几年前在湘西做的，虽然没有把政绩摆在自治州首府的街面上，但却是为即将起飞的湘西州养壮身子骨，丰满羽翼而练的内功。这种打底子的事情，不太显山露水，但却是那种要咬紧牙关努力的沉重活计。

叭仁是个为水发愁的村庄。滴水贵如油，接济不上的时候，村民之间宁愿出借粮食，却不愿让邻居拎走一桶水。郑培民去调查后，政府为村子通了水，拉了电。村民们再不用走上8公里路，拎着重重的木桶，吃力地到山沟里去提水了。

两年多时间，郑培民跑遍了全州218个乡镇，住过30多个乡镇。这只是一个粗略到乡镇、尚不包括村寨的统计。除去在省里州里开会、办公需要的时间，在“开门见山”的湘西，这是一个没有喘息之机的数字。

妻子去湘西看他，一进屋，地上扔的是一双沾满泥巴的胶鞋，唯一一套出国时置办的西装，在柜子里已被虫子蛀满了洞。郑培民拦住要帮他刷鞋的妻子：天天都要穿，一出门，还是要粘泥的……

形象是干出来的。在湘西州委的选举中，郑培民全票当选州委委员，全票当选州委常委，全票当选州委书记。有的干部誉称他是“三个百分之百”，郑培民当即纠正说：“只有一个百分之百，那就是全州人民对共产党百分之百的信任和感情！”

火禾公路，这条在凤凰县地图上细得像根线的乡级公路，在火炉坪乡500多户群众的心中，大得像一片天。

修这条公路时，郑培民已经调到了省委，火炉坪乡依然是他的联系点。他领着技术人员，吃着缓解心脏病的药，晃晃悠悠地攀上悬崖峭壁去勘察。为这条路，郑培民十分少见地向自治州一个熟识的干部发了火："你敢糊弄我？公路的配套资金为什么不到位？怎么向老百姓交代？"

十几公里的火禾公路打通了，是全州标准最高的乡级公路。山外的小贩开着车，直接停到山里人的门外，把一筐筐的猕猴桃搬上了车；高兴的苗族村民守着家门口卖西瓜，卖掉一个，就在西瓜上拍一下："这是郑书记给我们带来的好处！"

火炉坪乡的苗族群众坚持要把剪彩的光荣留给郑培民，哪怕是为了郑培民繁忙的工作，把公路正式通车的日子一推再推。他们去年7月就写好了大红的标语，等着郑培民亲手把它们展开。他们想，郑书记虽然听不懂苗语，但是，老百姓欢天喜地的表情，他看得懂啊！

真　情

在湖南，常常会听到人说："培民书记是我的好朋友。培民书记像我的好兄长。"

说这话的人大都是普通百姓。该有多么深厚的感情和多么平等的关系，才能让他们自信地将一个省委副书记称为自己的朋友？

曾令超，一位司法干部，在一次维护社会治安的事件中受伤，双目失明，后来从事文学创作。他听说了兼任省残联名誉主席郑培民的名字，写信希望得到郑培民的题词。

犟犟的老曾打定主意只写一封信：如果郑培民不回信，那我也犯不上巴结他，管他是多大的官！

回信来了，曾家的电话也响了。

半个多小时的电话里，郑培民详细询问了曾令超的各种情况。他怕在纸框子里摸索着记录的曾令超不方便，把自己家里和办公室的电话重复了三四遍。

最后，郑培民一定要等到曾令超放下电话后，自己才挂电话。老曾实在受不了这等"待遇"，坚持让郑书记先放电话，推来推去，还是老曾拗不过书记。以后，在他俩的交往中，这已成为习惯，也成了默契：每次，郑培民都要听到电话那边"咔嗒"一声，自己才轻轻挂上电话。

见了面，郑培民一把抱住了什么都看不见的曾令超："你摸摸我，咱俩高矮胖瘦差不多！"他又摸摸曾令超脸上的伤疤："阴天下雨会疼吗？"

热茶倒好，先放在一边。等到不烫了，郑培民才端到老曾手上，"现在可以喝了。"

湖南桃源县漳江镇有个川湘饭庄。说是饭庄，其实就是个灰头土脸的路边小店，小到只有两张桌子，走在路上一眨巴眼就可以略过它。郑培民偏偏与这家饭店的老板李德胜成了朋友。

李德胜身有残疾，虽为"老板"，日子仍显艰难。每次往来湘西州与长沙，只要是坐汽车，郑培民一行人准会到李老板的"鸡毛小店"吃饭。每次，郑培民都要从包里扯出一条特意带来的香烟："给，拿着抽！"李老板也有礼物回赠：自家做的酸萝卜泡菜。

就是当上了省里的领导，只要路过，郑培民的笑脸还是不改，照样交钱吃饭。

其实，李德胜的小饭馆所处的位置并非前不着村后不着店，饭菜手艺也没有什么特殊之处。郑培民的秘书、司机都明白，培民书记用这种办法既可了解民情，又不给当地政府添麻烦，也照顾了李德胜一家的生计。可郑培民却又从不说破，他顾及的是残疾人既要养家糊口，又不轻易受人施舍的尊严。

做官先做人，万事民为先，这句话出自郑培民的心。即使当了大干部，郑培民还是像一棵永远不会离开大地的大树，枝桠扬得越高，根往泥土里扎得越深，他的根系牢牢地扎在“人民”二字上。

凡是群众写给他的信，郑培民总是坚持自己拆看。下农村，郑培民要到农民家去，掀开锅盖，瞧瞧吃的什么饭；看看猪圈牛栏的家畜，撩开蚊帐摸摸农民床上的被褥。郑书记还爱在农民家吃饭，筷子直奔油辣的农家菜，粗糙的饭食也嚼得津津有味。有时，他还会宿在农家。这个住宿的人家他会留意选一下。在湘西州永顺县高坪乡雨龙村，他每次去那儿，都住在一户孤寡老人家。郑培民心里明白，农村的孤老，没有子女照顾，精神上孤寂，有时也难免被不懂事的乡邻欺负，他要用自己的行动，为孤寡老人带来精神上的支持和尊重。

郑培民是个心细的人。他回湘西，有两件事必须做——陪老同志吃一顿饭，打一次扑克；他下乡，在乡镇和农民家吃饭，一定会把饭钱交上——老百姓生活得不容易!”

一次，走进火炉坪村，郑培民发现一位老人在远处招手，村干部向他解释，这是村里的五保户，80 多岁了，没见过省里的大干部，想看得清楚一些。

“那好，我和老人照张相，让老人家看个够!”郑培民笑着走了过去。

一天晚上，工作结束得早，郑培民兴致颇高，“走啊，咱们也去尝尝夜宵!”

趁司机停车，郑培民站在夜宵店门口，与摆槟榔摊的小贩聊起来。小贩告诉他，自己是下岗职工，父亲得了癌症，一天摆摊下来赚的钱刚刚可以供一家人糊口。

郑培民心里难受极了。他转身离开，“你看人家生活得多艰难！这夜宵怎么吃得下去!”

对郑培民来说，他与普通的百姓，压根是长在一起的，他的心为他们而快乐，为他们而疼痛。

砥　柱

1998 年，惊涛骇浪挑战常德。

湖南常德市安乡县，身受长江和澧水、沅水三大水系夹击，临洪大堤长达 400 公里，是历史悠久的“洪水走廊”。

1998 年 7 月 24 日晚，安乡县安造垸溃垸。这个垸子里，有县城和 5 个乡镇、一个农场，共 18 万人，其中 3/4 的人口和财产，集中在安乡县城。如果县城不保，那么汹涌而来的洪水可以一直淹到三楼。当时的安乡县城，电力中断，一片漆黑，老百姓几乎都搬空了，就是没有离开家园的人，也搬到了相对安全的顶楼上。

正当人们惶惶不安，没有主心骨的时候，郑培民来了。他不是象征性地点个卯就走，而是安营扎寨，住进了黑洞洞的县委招待所。“指挥抗洪的省委副书记和百姓一起住进了‘水围子’”。消息不胫而走，人们悬着的心，咕咚一声落了地。

身为省委领导的郑培民十分清楚这个时候冲上前线、指挥抗洪的分量。他多年来对水利知识的学习和积累，对战胜洪水起了决定性的作用。

郑培民在安乡指挥了三大战役：赶在洪水扑到之前，抢修了一条11公里的隔堤，保住了安乡县城；指挥堵塞书院洲溃口，用血肉之躯扼住了洪水之喉；湖北境内的黄金大垸溃决后，统帅抗洪大军进行了一场惊心动魄的北大堤保卫战，拒千里洪峰于湖南重镇常德市之外……

就着堤外滚滚洪水，郑培民坐在堤上，吃着盒饭，静静地度过了自己的55岁生日。

雨过天晴，骄阳似火。居住在大堤上的4万灾民头顶烈日，衣食不足，缺少清洁的饮用水和药品，眼看疾病就要在大堤上流行。

路过大堤的郑培民告诉司机“绕道走”——他不忍看着灾民们一边让太阳晒着，一边还呼吸着他的车扬起的灰尘。但郑培民的心却没有绕着走，他拍板，要在3天的时间内，把几万灾民转移到可以吃上饭、喝上水的垸子里去。

命令一下，故土难离的灾民们落着泪，望着只露出屋顶的家园，一步一回头地离开了自己生长的土地。指挥部及时调来育苗的蔬菜种子，衣食无忧后，灾民用最快速度恢复了生活和生产。

接着，开展防疫工作的省医疗队来了，帐篷学校搭起来了。堤外洪水滔滔，堤上书声琅琅，帐篷顶上，红旗飘飘。

水灾过后，郑培民提出，让老百姓从水窝子里搬出来，住到山上去。

中央提出移民建镇后，郑培民从方案到资金的落实都一一过问。他一遍又一遍地叮嘱：那是中央给农民的钱，不许坑农民的钱！

地方同志向郑培民表示，在抗洪中，当地政府连书记的生活也无法照顾，心里十分歉意，最后想送点礼物表示一下。

一句很重的话从素来温和的郑培民嘴里扔出来：“老百姓遭了那么大的灾，你们还要表示什么?!”

抗洪期间，郑培民平均一天只睡两个小时，情况紧急时甚至还要冲上去搬麻袋抢险，这对他这样一个身患高血压、心脏病和糖尿病的人来说，实在是太危险了。

省委领导也牵挂着他的身体，下命令：每天要保证郑培民吃上两个鸡蛋！

然而，郑培民关心的还是他人。听说一位同志因为血压高住进医院了，他连忙去看望。

从医院出来，知道郑培民病情的同志心里酸酸的：人家低压高到了95就可以休息了，可低压已经升到105的郑书记，却天天还要在夜里两三点钟到大堤上查管涌！

郑培民深知身体的重要性，他说过，“身体是1，政绩、家庭、知识等是1后面的0，0越多，成绩越大，但没有了1，再多的0都是0”。但个人的身家幸福怎么能与人民生命财产的安危相比？受命于危急之刻，面对重于泰山的责任，他已经做好了“我不下地狱谁下地狱”的准备。

郑培民在大堤上，整整呆了60多天，400公里的长堤在他脚下踏过不止一遍。回到家里，掉了10多公斤肉的郑培民对妻子说了实话：“这次抗洪，是对我生命极限的挑战！”

其实，平时的郑培民不属于那种大刀阔斧、雷厉风行型的领导，哪怕是创新和开拓性的工作，他也是稳稳当当、扎扎实实地去做，从来不搞轰动效应。

郑培民曾经分管过湖南省的教育。搞减轻学生的负担，他去翻学生们的书包，看哪一种教材是必需的，哪些是额外负担。

全省中小学布局调整，郑培民亲自调查了两个月，走访了40多人，然后才做决定。他说："稳健决策，决不能留下后遗症，要经得起历史的检验。决策正确，是造福百姓；否则，是造祸百姓。"

正因为这样的一步一个脚印，在郑培民分管期间，湖南的基础教育工作更上层楼，全省教师的住房条件大大改善，素质教育的"汨罗经验"推广到全国；湖南广播电视节目在全国早早地上了卫星，无论是思路，还是行动，都走在全国同行的前面。

分管干部工作时，郑培民跟干部说话，不是暴风骤雨，而是春风化雨。和他有过接触的干部都反映，郑培民不居功，不诿过，敢于承担责任；他当面敢于批评人，背后却保护人；他表里如一，从不隐瞒自己的观点；在他手下工作，觉得安全、踏实……

谈到自己曾经的副手郑培民，湖南省委书记杨正午很有感触："一个领导干部在每个工作岗位上都能做到有口皆碑，很不容易！"

考 验

比起普通百姓，领导干部会更多地面对诱惑和考验。在领导岗位上真正做到固守操守，承受考验，比常人更难。

"考验"二字，力重千钧。

几年前，省委副书记郑培民的家蒙受了一次小偷的"考验"。两个小偷撬门进入没有装防盗门的郑家，把所有的抽屉全倒出来，连柜子里的衣服全都抖出来捏过了，也没找到什么值钱的东西。

翻腾到最后，他们只从郑家偷了4000元现钱和两条烟。

这4000元钱是郑培民女儿出差尚未来得及归还的公款。

几个月后，盗窃案告破，小偷的坦白与郑家报案的数字，完全吻合。

一个人做点好事并不难，难的是一辈子做好事。在老百姓眼里，郑培民就是个在廉政问题上一辈子干干净净、只做好事的人。

对于下级单位送的礼物，郑培民从来是能拒就拒，自己拒不了就让秘书去退。

集邮，可说是郑培民唯一的爱好。就是这个爱好，他也绝对保密，生怕有人投其所好。

无论是调离湘潭还是调离湘西，不喜张扬的郑培民总是挑选在早晨未上班之时悄悄离去，而且事先不告诉周围人，他不想惊扰大家，也怕可能送来的人情礼。

郑培民记日记的习惯是大学时养成的。走上领导岗位，这个一日三省其身的习惯细分为备忘录、工作笔记和日记。他收到的每一笔稿费，数额、收到的时间及发放单位都在工作笔记上有详细记录，稿费的出路只有一个：交秘书登记收存。

这是郑培民在湘西州工作时的一段日记："这次回湘潭度春节，我谢绝了办公室派车送我的盛情，同时谢绝了办公室要为我报销路费的好意。坚持自费返家，往返火车票近80元，自己掏腰包。有人讲我太板，我想，宁肯自己吃亏，对自己严格要求，是一个共产党员，特别是领导干部应当自觉做到的。”

还是一段日记：“在吉首给两个孩子分别定做了一件羽绒上衣，这是我给孩子们买东西中最大的一次，计247.61元。不占企业的一点便宜。”

从20世纪80年代起，郑培民就先后担任市委书记、州委书记、副省长、省委副书记，又曾长期分管全省农业、文教、政法和党群工作，可谓位高权重。但他总强调，“情浓钱淡，永葆清白”，“君子之交淡如水”。

郑培民偶尔也会收下极少一部分礼物。但送礼物者必须符合两个前提，一是极为熟识的亲友，如同亲人一般的老部下、老同事；二是正常的人情往来，而不是有事求他而送礼。

今年春节，他十几年前的老秘书去看他，送的礼物是一篓水果和两桶瓜子，郑培民高兴地收下了，但转身又拎出两瓶酒，价值远高于送来的东西：“把这个拿去！”

“对待身外之物，要铁石心肠。”郑培民写得清楚，做得更明白。

家　风

“手拉手，户外走，说说话，散散心，情切切，意绵绵，身体好，永相伴。”与妻子的一次散步，被郑培民在日记中诗意地记录下来。

他的家，是人尽皆知的美满家庭，郑培民很爱他的妻子和儿女。只是他从不用手中的职权来表达这份感情，他深知，权力是人民给的，是为人民做事的。

几十年中，郑培民的职位一直在变动，而他的妻子杨力求的工作单位只变动过一次，就是从湘潭市新华书店调到了省新华书店，职务仍然是一名普通职工。

调到长沙后，杨力求上班要走上40多分钟。她不会骑自行车，乘公共汽车也不方便，多年来，她一直走路上下班。郑培民托人为妻子买鞋，指明买那种柔软的、平底粘胶的鞋子，他要让妻子在风吹雨打的路上，走得舒服一些。但这个有情有义的丈夫却从不让妻子搭他的顺路车。

妻子敬重郑培民的为人，更注重维护丈夫的形象。杨力求有个“三不”：不帮人向郑培民带任何信，不传口信，不接受任何礼品。他们的儿子说：“在廉政问题上，爸爸把前门，妈妈守后门。”

郑培民的日记，折射出“后门”的坚固：“某某同志来家，我不在家，请我爱人转给我一封推荐信，并送了5000元，讲请力求旅游用。力求当即指出，这是送‘错误’给我们，绝对不能收。”

郑培民的儿子曾经有过被爸爸从车上赶下来的经历。他在湘潭大学读书时，有一次爸爸从长沙去六七十公里外的湘潭开会，正在家中休假的孩子，便想搭便车去学校。谁知郑培民一上车，看到已坐在车里的儿子，立即严词厉色、毫不留情地把孩子从车上轰了下来。

郑培民曾这样鼓励自己的孩子读书上进，“与其我留给你们财富，不如给你们留下创造财富的能力。读书，就是创造财富的能力!”

孩子长大成人，每次出远门，郑培民从来不多说什么，他只是弯下胖胖的腰身，默默地帮儿女一件一件叠衣服，再一件一件放在箱子里。

只有一次郑培民的话很多，那是儿子代表大学生去台湾参加交流活动前：

“多给大家讲讲湖南吧！湖南的特点是三乡一地。鱼米之乡，袁隆平的杂交水稻，刘筠教授培育的湘云鲫是突出的代表；还是有色金属和非金属矿之乡；一地，是旅游胜地，张家界、凤凰古城中外闻名!”

“湖南人会读书，‘惟楚有材，于斯为盛’；会种粮，还是古人的话，‘湖广熟，天下足’嘛！会打仗，从来就是无湘不成军!”

“湖南人有先忧后乐精神，范仲淹的《岳阳楼记》里写着，‘先天下之忧而忧，后天下之乐而乐’；湖南人有求索精神，屈原说，‘路漫漫其修远兮，吾将上下而求索’；湖南人有牺牲精神，谭嗣同有诗‘我自横刀向天笑，去留肝胆两昆仑’；湖南人还有敢于革命的精神，毛主席的‘为有牺牲多壮志，敢教日月换新天’，多么豪迈！多有气势!”

……

郑培民做成的文化与精神的盛宴，足以使儿子品味一生。

呼　唤

至今，谁都不忍告诉湘西凤凰县叭仁村的村民们，他们用金边框着的新春祝福，郑书记没有看到。当秘书含着眼泪打开它时，百姓爱戴的培民书记，已与他们天人永隔。

今年 3 月 11 日，郑培民被抽调到北京参加中央干部考察组，工作中，急性心肌梗塞突发。

连郑培民自己都不会相信，困扰了他多年的病魔，一转眼就会变成死神。在赶往北京医院的路上，他已无力地倒在秘书肩膀上，嘴里还在嘱咐司机，“别闯红灯”。

谁想得到，一棵生命的大树就这样倒下!

郑培民记了 40 多年的日记，终止在他去世的那一天。就在前一天，他还在电话中叮嘱妻子：“你也是五十几岁的人了，也不是个铁砣，要注意一下身体。”临挂电话时，郑培民轻松地对妻子说：“别惦记我，愿你每天都有一个好心情!”

可是，一贯为别人着想的培民书记，你可知道，你的离去，让多少人彻夜难眠，多少人泪飞如雨！他们怎么能有一个好心情!

湘潭市的老部下们最后一次看到你是今年春节。这次回湘潭拜年，你一反往常，从汽车里拿出几件礼物，在场的几个老部下人人有份。

回想此情此景，老部下们泪眼模糊了。培民书记呀，你是在向我们告别吗？要是工作没做好，你可以批评我们，你不能一甩手就走，而且一去不回头啊!

培民书记，你春节时看望知识分子，送去的花儿还没谢呢；苗族群众为你编的苗歌，他们准备了上千首，你还没听呢；叭仁村，那个一直系在你心尖尖上的湘西山村，通向它的盘山路快要修好了，还有火禾公路，这是两条让你操碎了心的路啊，还没有印过你的脚印呢，你怎么就走了？

培民书记，湘西凤凰县安坪村小学校的桌椅做成了，窗子安上玻璃，再不用稻草堵窗户了；安坪村山上一片绿色，再也不用砍树换钱了；火炉坪的张来富，那个你去看望过4次，送钱送母羊送蚊帐的中年男人，他和他的妻子正想告诉你，他们家盖了新房，买了彩电，5只母羊变成了20多只的羊群，他们的日子已经过得和别人一样好了。

这不就是你希望的吗？不就是你一直拼命工作的目标吗？灯红酒绿不迷眼，不义之财不伸手，在这样的自律下，你所期望的，不就是这样的报答吗？

东北大平原生育了你，三湘四水养育了你。尽管你生前低调宣传，但是，你做过的一切，党和人民都记在心里！

北京八宝山革命公墓，胡锦涛等中央领导和近千人为你送行；在长沙，上千人涌到机场去等你；多少群众围在你省委大院的家门外，痛哭失声！他们想你呀，他们要再看看你！

听说你去世，火禾公路指挥部的8个成员坐在一起，两个小时，不闻人语，只闻人泣；听说你去世，你的扶贫点——湘西凤凰县安坪村，全村的男女老少汇聚在你站过的地坪上追悼你，百姓的泪和湘西的雨交织！

人们怎么也想不明白啊，天若无情，为什么让你这样的好人来到人间？天若有情，为什么天不假寿，让你过早地离开人间！

湘西的老百姓要自己出路费，到北京和长沙来送你，他们是硬让州委和县委给劝回去的！当记者在凤凰县的几个村寨提到你的名字，老百姓的笑脸立即转为了抽泣，继而变成放声大哭！

哪里有比人民口头流传得更久的历史？哪里有比百姓心头更坚固的丰碑？你活得辛苦而操劳，你活得清白而坦荡，但你活得值啊，你离人们越远，人们觉得你越亲；你离这世界越远，百姓觉得你越真！你留给了人民一个共产党人无愧于天地、无愧于黎民的身影！

“书有未曾经我读，事无不可对人言。”你去了以后，组织上派人整理你的办公室，清理出来的，只有一本本的工作笔记。上善若水。你的生前身后，都透明如水，洁净如水，经得起任何形式的翻检！

倒下的郑培民，擎起来的是精神上的火炬。你经常念叨的四句话：“大浪淘沙，警钟长鸣，不忘宗旨，永葆本色”，已经变成了你的精神遗产，时时地被人们享用着。

不需要更多的语言描述你，不需要更多的辞藻雕琢你，郑培民，你让人们记住了：天地之间，曾经有过这样顶天立地的共产党人！

【作者：朱玉、董宏君】

【《人民日报》2002年10月14日第2版】

秀肩担大任

——记“全国三八红旗手”、空军458医院院长周学君

在这场由非典病毒向人类疯狂发起的没有硝烟的战争中，空军458医院院长周学君带领医务人员沉着应战，用自己的心血和智慧，打赢了一场漂亮的歼灭战：收治地方疑似非典病人40例（5例确诊）全部康复出院，医护人员无一例感染，住院病人无一例交叉感染。不久前，周学君荣获了“全国三八红旗手”荣誉称号。

2月11日，458医院接收了第一例地方非典病人。当时，由于听说其他医院医护人员被感染的消息，院内少数医护人员及家属不免有些担心和不安。周学君对大家说：“人命关天，我们是军队医务工作者，不能有一丝杂念，要以大局为重啊！”随即，她宣布：“开辟绿色通道，收治非典患者可以不收押金，先接收、先治疗。与非典有关的所有事情特事特办，出了问题我负全责。”这一天，周学君将自己的手机号码公开，全院人员可以随时找她。

2月15日，周学君检查门诊部非典急诊诊区时发现，夜间出“120”时，急诊医务人员人手紧张，工作有些脱节。很快，6名医生和6名护士，紧急调整到了非典门诊、急诊的第一线。2月24日晚，传染科反映护目镜不够用。周学君立即通知器械科尽快落实。第二天，价值3万元的防护服、隔离衣、护目镜等防护用品送到了传染科。

面对非典这个人类历史上从未见过的传染病，周学君组织专家组成员集体攻关，结合医院多年来治疗传染病的经验，运用获得国家和军队科技进步奖的多项科研成果，通过对病人采取注射抗菌素、抗病毒药物和免疫增强剂干预等有效的辅助治疗方法，探索出一条对早期患者使用糖皮质激素消除肺部非特异炎症，对有呼吸窘迫、低氧血症病人及早进行无创人工输氧，中西医结合的治疗途径。

3月22日，医院收治的一位余姓患者，呼吸急促、全身发紫，血氧饱和度的数值急剧下降到警戒线以下，病情十分严重。虽然经过及时抢救，病人的病情得到控制，但由于病人心理压力过大，情绪非常低落，不积极配合治疗。周学君闻讯后，不顾被感染的危险，拿着病人入院时拍摄的胸片与治疗后的胸片，坐在病床前，多次与病人进行沟通，终于使病人燃起了重新生活的希望之火。一个月后，病人康复出院。

榜样，是无声的命令。在周学君的带动下，全院医护人员没有一人打退堂鼓，日夜奋战在抗击非典的第一线。

【作者：孙茂庆、李国利】

【《人民日报》2003年5月24日第2版】

巍巍南山

——记广州呼吸疾病研究所所长钟南山

钟南山，男，1936年生，福建福州人，中国工程院院士，呼吸疾病专家。现任广州呼吸疾病研究所所长。

他有一句名言：看病只看病情，不看背景。有“三个一样”：高干、平民，有钱、无钱，城市、农村，一样的热情耐心，一样的无微不至，一样的负责到底。

钟南山的名气大，但在病人面前，没有一点架子。从医40多年来，他坚守着一条原则：生命无价，病人利益高于一切。每到冬天，他给病人检查前，一定会先搓暖自己的手；每次看门诊，为了满足更多病人想挂他号的愿望，他总是提前1个小时开诊，到晚上八九点才结束；省内外不少医院常请他去会诊急救，无论白天黑夜，领导百姓，他从不推诿；他去查病房，不管病人病得多重多难看，身上的异味多大，他都会和蔼地拉着病人的手问候，靠上前细心地倾听病人的诉说，那情形如儿子在听母亲的絮语，或者是父亲在听孩子的故事，从来不会有厌烦的表情……

钟南山在他的一篇题为《我的信仰和追求》里写道：如果医生把病人视为亲人，就会对病人倍加关心，就会想方设法为病人解决难题，就会把一切名利、得失和风险抛在脑后。在钟南山身边工作的人员都知道他的一句名言：看病只看病情，不看背景。还有“三个一样”：高干、平民，有钱、无钱，城市、农村，一样的热情耐心，一样的无微不至，一样的负责到底。“三个一样”成了所内医务人员的共同追求。

钟南山是一个求是严谨的科学工作者。早在留学英国的时候，他决定开展关于吸烟与健康问题的研究。研究中，为了获得第一手数据，他用自己的身体作实验，连续吸入二硫化碳，反复抽血测定浓度，直到体内血中的一氧化碳含量达到22%，相当于一个人连续吸入100支香烟。这时从不抽烟的他早已天旋地转，难受得无法支撑。他的研究成果最终证实了自己导师用数据推导方法得出的一氧化碳对血红蛋白氧气运输影响的演算公式，而且发现了导师推导公式的不完整性。后来，导师推荐他的研究成果到全英医学会上宣读，引起了轰动。

在抗击SARS的战役中钟南山更是这样。他认定了的事就一往无前，坚信人类最终能战胜SARS，但他同时保持着科学工作者的清醒，坚持实事求是，小心探寻科学，甚至不顾权威，不畏权威。2月18日，当国家有关权威部门公布“SARS的病原体是衣原体”时，广东省卫生厅召开紧急会议，对这一报告进行讨论。轮到钟南山发言时，他根据自己的临床诊疗实践，明确提出质疑，认为“典型的衣原体可能是致死的原因之一，但不可能是致命的原因”。会后，有朋友悄悄问他：“你不怕判断失误吗？有丝毫不妥，都会影响院士声誉的。”钟南山平静地说：“科学只能实事求是，不能明哲保身，否则受害的将是患者。”

后来的事实证明，钟南山的意见是对的，引起 SARS 的病因不是衣原体，而是一种新型冠状病毒。后来，在一片“有效控制”的乐观判断中，钟南山又一次发出“醒世恒言”，认为在病原体未明的情况下，不宜用“有效控制”的说法，用“有效遏制”比较合适。一字之差，折射的却是对科学态度的分野。

钟南山深知，谣言止于智者。要想消除群众对 SARS 的恐惧感，就要用事实说话，让患者尽快康复。钟南山和他的研究团队日夜攻关，终于在短时间内摸索出了一套行之有效的救治办法，就是世人皆知的“三早三合理”，即“早诊断、早隔离、早治疗”和“合理使用皮质激素、合理使用呼吸机、合理治疗并发症”。临床实践证明，这套方法大大提高了危重患者的成功抢救率，降低了死亡率，且明显缩短了患者的治疗时间。

钟南山很喜欢中学老师留给他的一句话：“人不应该单纯生活在现实中，还应该生活在理想中。”他的理想就是不停地追逐科学的“未知数”。

钟南山在自己重点研究的医学方向中，都取得了卓越的成绩。在支气管哮喘和气道高反应性的关系上，他证实并发展了“隐匿型哮喘”的概念。在呼吸衰竭与呼吸肌疲劳的研究上，他创建了运动膈肌功能测定法，研制了电脑化膈肌功能测定仪。在慢性阻塞性肺病及肺心病人营养状态及营养疗法方面，他制定了中国人基础耗能校正公式。他所领导的实验室阐明了皮质类固醇对该恶性循环的遏制作用。发现了茶碱对内皮素生成的抑制作用，并首次证明低剂量茶碱联合皮质类固醇吸入在哮喘治疗上的优越性。首次证实了慢性阻塞性肺病在早、中期就存在膈肌耐力减低，采用呼吸肌休息（非创伤性通气）疗法可使 60％病人气促及跨膈压改善等等。

从医以来钟南山先后取得了国家、省市各级科研成果 20 多项，用“著述等身”“声名显赫”来形容钟南山的成就一点也不为过。但 60 多岁的人了，他从未想过停止下来小憩，躺在荣誉簿上睡觉；他仍然对事业保持着炽热的追求，孜孜不倦地跋涉在科学的殿堂上。

即便在抗击 SARS 最繁忙的时刻，钟南山仍然主持了中南地区首例肺移植工作，摘下了医学移植中的皇冠。面对 SARS 这个全人类共同的敌人，钟南山积极倡导全球协作，并极力推动广州八家医疗机构与香港大学医学院微生物系共同合作，进行 SARS 病原学调查工作，后来分离出的病毒证实了是引起 SARS 疫情的新型冠状病毒，为 SARS 的防治工作提供了科学的依据。钟南山说，奉献无止境。

【《人民日报》2004 年 4 月 10 日第 6 版】

新时代的中国工人许振超

够普通的岗位——吊车司机；够单调的工作——把货物从码头吊上车、船，或是从车、船吊到码头。30个春秋就这样悄然而去。然而，人们说，30年来，从他坚守的这个普通的操作台上流泻出的，不是单调的音符，而是一曲曲华美的乐章。

他，就是青岛港的吊车司机，一个只有初中文凭的桥吊专家，一个一年内两次刷新世界集装箱装卸纪录的人——许振超。

“干活不能光用力气，还要动脑筋；干一行，就要爱一行，精一行”

1974年，许振超初中毕业后到青岛港当了一名码头工人。他操作的是当时最先进的起重机械——门机。许振超勤学苦练，7天就学会，在一起学习的工人中第一个独立操作。

然而，会开容易开好难。师傅开门机，钩头起吊平稳，钢丝绳走的是“一条线”；到了许振超手里，钩头稳不住，钢丝绳直打晃。特别是矿石装火车作业，一钩货放下，洒在车外的比进车内的还多。看到工人们忙着拿铁锨清理，许振超十分内疚。

还有，矿石装火车装多了，工人要费不少劲扒去多的；装少了，亏吨，货主不干。为了早日掌握这项技术，每次作业完毕，别人歇着了，许振超还留在车上，练习停钩、稳钩。四五个月后，他开的门机钢丝绳走起来也一条线了，一钩矿石吊起，稳稳落下，不多不少，正好装满一车皮。这手“一钩准”的绝活，很快就被大家传开了。

一次，许振超干散粮装火车作业，发现粮食颗粒小，更易撒漏。他便在工作之余，吊起满满一桶水，练习走钩头，直至练到钩头行进过程中滴水不洒。再去装散粮，一抓斗下去，从舱内到车内，平平稳稳，又一个绝活——“一钩清”。许振超的活干净利索，装卸工人们二次劳动强度大大减轻，谁都愿意跟他搭班。

1984年，青岛港组建集装箱公司，许振超当上了第一批桥吊司机。许振超又钻研上了。桥吊作业有一个高、低速减速区，减速早了装卸效率下降，减速太迟又影响货物安全。于是，他带上测试表反复测试，终于成功地将减速区调到最佳位置。以前一台桥吊一小时吊十四五个箱子，改革后能吊近20个箱子，使作业效率提高1/4。

一次，一场大雾使整个码头的装卸作业被迫停下，直到中午雾仍不散。货轮的船长急火火地找到许振超，请求马上把集装箱卸下来。原来，该轮装载的全是冷藏箱，不料供电电源发生故障，如不抢卸，一旦箱里温度升高货物变质，损失就是好几百万元。

一台桥吊有十几层楼那么高，而集装箱上起吊用的4个锁孔，每个不过一块香皂大小。司机在40多米高的桥吊上，要让重达十几吨的吊具的4个爪准确插入集装箱的锁孔中，好天气操作起来都不那么容易，何况大雾弥漫。

艺高人胆大。许振超一咬牙答应了。他在船上、岸边各安排两个经验丰富的老司机，通过对讲机随时报告集装箱位置，自己登上桥吊，精心操作。随着船上、岸边清晰的报告声，一个个箱子一钩到位，顺顺利利全卸了下来。许振超凭着过硬的功夫、娴熟的技巧，闯过了雾天作业禁区，为客户挽回了巨额损失。

1991年，许振超当上了桥吊队队长。他在工作中发现，桥吊故障中有60%是吊具故障，而故障主要是由于起吊和落下时速度太快，吊具与集装箱碰撞造成的。他提出，这么操作不仅桥吊容易出故障，货物也不安全，必须做到无声响操作。

司机们一听炸了窝。“集装箱是铁的，船是铁的，拖车也是铁的，这集装箱装卸就是铁碰铁，怎么能不响呢?”说出口的道理很硬，没有说出口的道理更硬：桥吊队实行的是计件工资，多吊一箱就多挣一份钱。搞无声响操作，轻拿轻放，不明摆着要降低速度，减少收入么?

许振超没多解释，自己动手练起来。他通过控制小车水平运行速度和吊具垂直升降之间的角度，操作中眼睛上扫集装箱边角，下瞄船上装箱位置一点，手握操纵杆变速跟进找垂线。打眼一瞄，就能准确定位，又轻又稳。然后，他专门编写了操作要领，亲自培训骨干并在全队推广，以事实说服人。就这样，“无声响操作”又成了许振超的杰作、青岛港的独创。

1997年11月，老港区承运一批化工剧毒危险品。这个货种一旦出现碰撞，就有可能引发恶性事故。为了确保安全，码头、铁路专线都派上了武警和消防员，身着防化服全线戒严。船靠岸后，在许振超的指挥下，练就一手“无声响操作”的桥吊司机们个个精心操作，一个半小时，40个集装箱被悄然无声卸下，又悄然无声装上火车。船东代表感慨地说：“你们的作业简直是‘行云流水’，太神奇了!”

“咱当不了科学家，但可以做个能工巧匠”

当了队长的许振超，除了开好自己的桥吊，还想做更多的事。

一次，队里的一台桥吊控制系统发生了故障，请外国厂家的工程师来修。专家干了12天，一下子挣走4.3万元。这件事深深刺痛了许振超。他想，如果自己会修，这笔钱不就省了吗?

然而，桥吊的构造很复杂，涉及电力拖动、自动控制等6门学科，就是学起重机械专业的大学生也至少得两三年才能够处理一般性故障。许振超只有初中文化，可为了攻克这门技术，他着了魔似地钻研，终于发现，所有的技术难点都集中在一块块控制系统模板上，而这正是外国厂家全力保护的尖端技术——不仅没提供电路模板图纸，就连最基本的数据也没有。

许振超不信邪。每天下了班，他拿着借来的备用模板，一头扎进自己的小屋里。一块书本大的模板，一面是密密麻麻镶嵌的上千个电子元件，另一面是弯弯曲曲的印刷电路，这样的模板在桥吊上一共有20块。为了分辨细如发丝、若隐若现的线路，许振超专门用玻璃做了个支架，将模板放在玻璃上，下面安上100瓦的灯泡，通过强光使模板上隐身的线路显现出来，然后一笔一笔绘制成图。光分辨这2000多个焊点，已够麻烦了，要弄明白它们之间的连接更麻烦。一个点前后左右可能有4条连线，而且每一条连线又延伸出两条连线，两条再变成4条，最多的变成20、30条连线，每个点、每条线，许振超都要用万用表试了又试，一条线路常常要测试上百个电子元件，直到最终试出一条通路来。这样精细的活，特别累眼，累得看不清了，许振超就到冰箱里取出冰块，敷上一会儿。接着再干，每天晚上坚持干3个多小时。

就这样，许振超用了整整4年时间，一共倒推了12块电路模板，画了两尺多厚的电路图纸，终于攻克了技术难点。这套模板图纸后来便成了桥吊司机的技术手册，成了青岛港集装箱桥吊排障、提效的“利器”。一次，一台桥吊上的一块核心模板坏了，许振超跑到电器商店花8元钱买了一个运控器，回来换上后桥吊就正常运作了。而这要是在以前，换一块模板得花3万块钱！

2000年，队里的6台轮胎吊发动机又到了大修的时候。许振超找到公司领导主动要求，把这个项目交给他组织技术骨干来完成，一来锻炼队伍，二来节约资金。面对复杂的维修工艺，他与攻关小组一起边琢磨边实践，加班加点，提前完成了轮胎吊发动机的大修。近几年来，经他主持修理的项目累计为青岛港节约800多万元。

许振超的维修技术出了名，公司奖励了他一台传呼机，许振超的传呼机一天24小时都开机，只要桥吊有故障，随叫随到，随到随修。

掌握了修桥吊的技术，许振超仍不满足。因为作业中桥吊一旦发生突发故障，如果不能及时排除，将对装卸效率和船东利益造成严重影响。许振超又提出了一个新目标——“15分钟排障”。他从解剖每一个运行单元入手，不断探索，终于做到心中有数，手到“病”除。目前，桥吊队从接到故障信息，到主管工程师到场排除，已缩短到15分钟以内。

“现代化大生产说到底最需要团队协作。仅凭我一个人，就是一身铁又能打几个钉”

2001年，青岛市和青岛港集团实施外贸集装箱西移战略，启动前湾集装箱码头建设。然而，由于种种原因，直到11月下旬，桥吊安装仍然没有大的进展。关键时刻，青岛港集团总裁常德传现场发布任命：许振超任桥吊安装总指挥，年底前完成桥吊安装。

接下任务，许振超办了两件事：一是打电话告诉爱人，从现在到年底一个多月不能回去，让她放心；二是买了10箱方便面，往现场一扔。

前湾码头当时还是一片荒地，现场办公就在工地上一个集装箱里。零下十几摄氏度的天气，集装箱里里外外一样冷。每天早晨脸盆里的水都冻成冰坨，穿上工作鞋先要跺几分钟。吃饭要到三里地以外，错过点只能干啃方便面、凉馒头；睡觉就在集装箱一角铺上硬纸壳加大衣。有一次许振超发烧，几天不退，身子像散了架一样，走路都发飘。但晚上给家里打电话仍是那句话：“工程进展顺利，我一切都好。”

妻子许金文和女儿小雪放心不下，乘轮渡到码头上看望许振超。只见他眼里布满血丝，嘴上裂着口子。荒凉的前湾码头空地上，只有两个铁皮集装箱。其中一个，就是许振超的办公室兼卧室，里面的“家当”有三件：一把电水壶、一件军大衣、一张硬纸壳。妻子含着眼泪说：“这么苦，你的身体怎么受得了？”许振超笑笑说：“做心里喜欢的事，就不觉得苦。”

经过 40 多天的奋战，重 1300 吨、长 150 米、高达 75 米的超大型桥吊，终于矗立在前湾宽阔的码头上。许振超和工友们激动得流下了热泪。而许振超的风湿病又加重了，走起路来左腿常常不敢吃劲。直到现在，每天晚上睡觉时，都得穿上厚厚的毛袜子。

随着港口西移战略的顺利推进，一个念头在许振超脑海里越来越强烈：提高装卸效率，创造集装箱装卸船世界纪录！

2003 年 4 月 27 日，青岛港新码头灯火通明，许振超和他的工友们在“地中海阿莱西亚”轮上开始了向世界装卸纪录的冲刺。20 时 20 分，320 米长的巨轮边，8 台桥吊一字排开，几乎同时，船上 8 个集装箱被桥吊轻轻抓起放上拖车，大型拖车载着集装箱在码头上穿梭奔跑。安装在桥吊上的大钟，记录了这个激动人心的时刻。4 月 28 日凌晨 2 时 47 分，经过 6 小时 27 分钟的艰苦奋战，全船 3400 个集装箱全部装卸完毕。许振超和他的工友们创下了每小时单机效率 70.3 自然箱和单船效率 339 自然箱的世界纪录。5 个月后，他率领团队又把每小时单船 339 自然箱这个纪录提高到每小时单船 381 自然箱。

青岛港集装箱“10 小时完船保班”这块品牌，让这项纪录擦得更加金光闪闪，“振超效率”扬名国际航运界！

而许振超总是谦虚地说：“装卸效率是集体协作的结晶，现代化大生产说到底最需要团队协作。仅凭我一个人，就是一身铁又能打几个钉。”几十年来，许振超创出了许多绝活儿，也带出了一支会干绝活又能创新的团队。现在，队里涌现出了许多像他一样的装卸专家，不少技术主管成功地主持了许多桥吊的电控改造，桥吊队维修班还改进了桥吊钢丝绳更换方式，大大缩短了换钢丝的时间——这个时间又为全国沿海港口最短。

更令许振超和他的桥吊队振奋的是，“振超效率”产生了巨大的名牌效应，青岛港在世界航运市场的知名度越来越高。一年来，海内外，世界许多知名航运公司，主动寻求与青岛港合作，纷纷上航线、增航班、加箱量，仅短短 8 个月时间，青岛港就净增了 13 条国际航线，实现了全球通。2003 年完成集装箱吞吐量 420 万标准箱，实现了 24.3％的高速增长。

在热火朝天、一派繁忙的青岛港码头采访许振超时，这位朴实的“老码头”指着海上熙来攘往的货船，说了一句很朴素的话：“货走得快，走得好，咱心里就踏实。”

【作者：李丽辉、宋学春、刘海民】

【《人民日报》2004 年 4 月 12 日第 1 版】

轮椅上的壮丽人生

——记全国自强模范、中国网通长春分公司工程师王树明

在第十四次“全国助残日”即将到来之际，本报推出全国自强模范王树明的事迹。身残志坚的王树明克服常人难以克服的困难，自强不息、奋斗不已，20余年来，不仅坐在轮椅上高质量地超额完成各项本职工作，并参与了近百项科研项目，还利用业余时间为群众义务修理电话机7万多部、其他电器4000多台。王树明在他不凡的人生中创造着令人感叹的不凡业绩。我们希望全社会进一步形成扶残助残的良好风尚，我们期待更多的残疾人能在社会各界的支持和帮助下，通过自强不息、奋发努力，创造出新的业绩。

迎着灿烂的阳光，51岁的王树明面颊溢满幸福，轻快地转动轮椅由家里来到工作室，开始了会给他带来欣慰、愉悦的新的一天。

22年前，厄运使风华正茂的王树明高位截瘫。在很多人看来，此后的日子里他只能在亲友的照料中默默等待死神的召唤。但王树明没有屈服，凭着钢铁般的意志和常人难以想象的顽强精神，他勇猛地向厄运挑战，在轮椅上创造出令人钦羡不已的业绩，抒写了令人感叹的壮丽人生。

与病魔搏斗——胸椎和腰椎固定了两块钢板的他从病榻坐到了轮椅上

22年前遽然降临的那场厄运把王树明抛进了无底深渊。当时，在吉林省长春市电信局（现中国网通长春市通信分公司）南广场分局任技术员的王树明回延边老家，为父母翻盖房子，不料被突然倒塌的山墙重重地砸在了下面，当即失去了知觉。亲友把他抬回长春救治，大夫发现他后背骨折，神经管压扁，大小便失禁，两腿已失去功能。为固定腰椎，大夫把两根10多厘米的不锈钢板，用螺丝固定在他的胸椎和腰椎上。

王树明成了“高位截瘫”病人，只能终日一动不动地躺在床上，翻身、吃饭都要靠人帮助。“我才29岁呀，正是年轻力壮，施展抱负，干一番轰轰烈烈事业的年龄，难道从此就成为家庭的累赘、社会的包袱了吗?”王树明心如刀绞，万念俱灰。

一天，他从妻子带回家的报纸上看到了张海迪的事迹。读了一遍又一遍，王树明的心灵受到了强烈的震撼：“一个比自己还年轻，伤残和自己差不多的姑娘，都能勇敢地向命运挑战，走向成功，我一个男子汉绝不能从此沉沦啊!”

一场与病魔的厮杀、搏斗开始了。病卧了5个月的王树明决心从病榻坐到轮椅上去，抒写新的人生！

为重获足够的腰力和臂力，他让妻子在床上横拉了一根钢绳，钢绳垂下两根麻绳，锻炼臂力和腰力。每一个动作，都产生撕心裂肺的疼痛，使他浑身大汗淋漓，只觉头晕目眩，难以自持。终于有一天，王树明能够在床上坐起来了！

接着，王树明又开始向轮椅"进军"。可妻子刚把他背到轮椅上，他就瘫滑到了地上。

疼痛使王树明咬破嘴唇，却没有动摇过他继续练下去的决心。4个月后，王树明终于能够坐在轮椅上了。开始是几分钟，后来可以坐10分钟、15分钟、20分钟……

坐到了轮椅上的王树明一次次找分局的冯局长，恳求上班工作。"咱单位效益好，也不差你一个人，你就安心在家疗养吧！"每一次，冯局长都是这样说。

他又去找为他医治的老教授，恳求开一个允许工作的证明。老教授看着坐着轮椅前来的王树明，大为震惊，可仍不相信他有了工作能力，"我这里有一台电视机，你要是能修好，我就同意你工作。"王树明用了一个晚上修好了这台电视机。"我从未给像你这样的病人开过这样的诊断。"老教授感慨地说："我从你身上看到了生命的奇迹！"

向生命极限挑战——坐在轮椅上的他一人承担起了机房的工作

局领导终于被王树明的决心和信念打动了，把他安排在没有外勤任务的市话载波机房，并把他的家安排在距机房仅30米的房间里。

重新工作的感觉是那样美好，同事之间的情谊是那样真挚，王树明兴奋得如同吃下一剂灵丹妙药。但他面临的考验仍然十分严峻。

"扑通"一声，王树明重重地摔在了地上，同伴赶紧把他抱回轮椅上。"王师傅，你不要命了！高处的机盘我们来修，你就不要管了！"可王树明微笑着说："熟练了，就不会摔了。"

渐渐地，王树明熟悉、熟练了机房的全部工作：每周清擦一次3748条电路设备，每月进行一次电平测试，呼叫一次2500个载波和1248个实线用户，看收发信号是否达到标准，日常排除无声、杂音、不振铃等障碍。

"冯局长，我有一个想法。外勤忙，能不能让老蒋和老左到外勤工作，机房里的工作我一个人就能承担。"一天，王树明对前来机房的冯局长请求说。

"你说什么？"冯局长吃了一惊，"你能够上班就是奇迹了！重新上班才3个月，可不能'贪'啊！"

"冯局长，您是了解我的，我能够胜任！"王树明诚恳的请求中透着坚毅。

"好吧，树明！"冯局长的心在颤抖，两眼溢满了泪水。他太了解王树明了。参加工作不久，王树明就以过硬的技能在同行中崭露头角，成为全市系统的技术能手。重新上班后又以惊人的毅力和过人的技艺，令同伴惊叹不已：仅一个月时间便熟悉了机房的各种设备；排除各种障碍，一般要两个小时，王树明只要20分钟便"手到病除"。

在一次次靠自己的意志爬回轮椅上的充满苦痛的历程中，王树明为自己的生命增添了新的光彩：这位轮椅上的技术能手一人负责的机房成为长春通信公司唯一的“免检机房”。

轮椅上的奇迹——高位截瘫的他参与了近百项科研攻关

灯光下，坐在床上的王树明全神贯注地翻阅技术资料、电路图纸和自费订阅的十几种通信方面的报纸杂志。他在苦苦思索一个令他寝食难安的技术难题。

上个世纪80年代中期，很多电话用户纷纷反映，电话里总是通话声与广播声相混杂，严重影响了通话质量。“这可是个老大难问题，多少年了也未能解决!”有人劝王树明不要去碰这个难题。可他却深感不安，“自己是通信技术员，不能排除用户的烦恼，这不是失职吗?”

冒着凛冽的寒风，王树明在冰雪路面上小心翼翼地转动着轮椅，去回访用户、察看线路。他要查明产生这一问题的原因究竟在哪里？他强忍寒冷和疼痛，走访了几十家用户，察看了十几公里长的线路，终于发现“病因”：原来是由于广播电台发射塔的电磁波干扰。

欣喜难抑的王树明立即设计出了一个线路图，试制出一种滤波器。记不清经历了多少次试验，遭受多少次失败，也数不清熬过多少个不眠之夜，第一台“电话串广播滤波器”终于获得成功，一举解决了用户反映强烈的难题！这项成果后来被评为全国邮电技术经验展示竞赛三等奖、吉林省邮电技术二等奖。

王树明以顽强的生命力换得了一项项丰硕的科研成果。11年来，他主持完成了三大项电信科研课题，参与了近百项科研项目和技改项目。由他研制的“新型中继铃流设备”和“载波电话镉镍电池充电装置”填补了两项国内空白。这些成果直接和间接地创造了400多万元的经济效益。这位轮椅上的革新家已被中国通信协会吸收为会员。

特殊的奉献——工作之余他免费为用户修好7万多部电话机

王树明重返工作岗位不久，人们就发现他工作的机房门口挂起了一块“电话机维修站”的牌子。当时，王树明常常听到一些用户抱怨电话机坏了没地方修。他心中禁不住涌起一个念头：“如果自己掌握了电话机和其他家用电器的维修技术，不就可以更好地为用户、为社会服务了吗?”

从此，他干起了义务修理电话机的活儿。无论是什么人、什么时间找他，他都热情周到地免费修理。慢慢地，人们就传开了，说南广场分局有个“活雷锋”王树明，不光电话机修得好，服务态度更好，还从来不收一分钱。缺个什么零件，他还自己花钱买来免费装上。

粗粗算来，王树明至今大约免费为用户修好了7万多部电话机，修理其他电器

4000多台。

用爱心、辛劳和真诚，王树明在公司和用户之间架起了一座理解与信任的桥梁。每年春节，他都会收到这样的贺卡："祝轮椅上的雷锋一生平安"。

王树明已成为吉林省、中国网通系统广大职工多年来学习的榜样。党和政府将一项项荣誉授予他：全国邮电系统服务标兵、吉林省劳动模范、吉林省优秀共产党员、中国电信集团十大服务标兵、中国网通集团先进生产者、全国自强模范、"五一劳动奖章"……

"我已确定了下一个努力方向。"王树明告诉记者，他正在学习维修手机和宽带终端技术，进一步拓展自己的服务领域。

【作者：张玉来、徐家军】

【《人民日报》2004年5月14日第1版】

“石油神探”苏永地

我国有位“石油神探”，能在数万平方公里的非洲油藏区，准确定位油井位置，成功率达到80%，令人惊叹。他就是中国石油天然气勘探开发公司海外非洲项目副总地质师、中国石油集团公司高级技术专家苏永地。

1996年11月，中国石油集团公司成功中标非洲项目，这是我国石油工业踏入国际石油勘探市场的第一个项目。中国石油集团与三家国外石油公司组建了联合公司一起开发。苏永地是有关课题的主要负责人。此前，一家外国公司曾用半年多时间对油田的地震资料进行研究，但由于构造、油藏复杂等原因，没能完成解释和评价任务。西方一家石油公司的总裁据此断言：“把这个石油勘探项目交给中国石油必定是个错误选择。”这话刺痛了苏永地的心。他在笔记本上写道：“我要用行动证明，中国石油能承担好这个项目。”

夏季高温，勘探员工的脸被晒黑晒破；蚊虫肆虐，员工睡觉前须用驱虫剂在地上围着自己画一个圈……苏永地顾不了这些，不分昼夜对数千万条地震道反复解释、分析、比较。凭着多年的经验，以及对地震交互解释数据软件的熟练掌握，苏永地提前两个多月完成了地震解释工作，编制出构造图。

根据各家拿出的构造成图，联合公司第一轮探井陆续开钻——一家国外合作公司专家确定的探井接连失利两口；另一家合作公司专家确定的两口探井失利一口；而苏永地圈定的9口探井，口口出油，成功率100%！这在国际上实属奇迹。苏永地的工作，让合作伙伴看到了中方技术人员的素养和分量。那位外国公司总裁也改变了态度，诚恳地说：“只有中国人才能把这个项目做好！”

20年来，苏永地一直工作在地质油藏解释岗位。由二维、三维地震数十万数百万条密密麻麻、粗细不等的波浪组成的剖面图，就像为茫茫数万平方公里探区拍摄的一张张“X光片”。为了不漏掉任何一个有用的信息，他在电脑前经常一坐就是四五个小时不挪窝。

在为联合公司制作第一张区域构造图时，过度的疲劳使苏永地病倒了。化验结果，几项肾功能指标严重超标，医生和同事劝他回国治疗。苏永地说：“我是靠政府助学金读完大学的，党的恩情我一辈子都报答不完。眼下作业区急需确定更多的探井井位，我怎么能在工作最需要的时候离开呢?”病情稍有好转，他又一头扎进了那堆解释材料。终于，第一张区域构造图完成，联合公司据此制定出的大规模勘探开发计划，陆续见到效果，原油可采储量提高到原来的2.5倍。

几年来，苏永地解释了3万多公里的二维地震资料和1730平方公里的三维地震资料。到2004年底，他确定评价井15口，成功率100%；确定预探井41口，成功率超过 80%，高出世界平均水平。他确定井位成功率一直遥遥领先于外方，所探明可采储量相当于项目储量的 30%，占到新发现储量的一半以上。

在国际商业往来中，一张地质解释成图，价值 1 万多美元。苏永地无偿做出的连片构造图，又该值多少呢？出于感激，联合公司为他特设了一个“主任地球物理师”的岗位。苏永地却说：“成绩是集体努力的结果，这个岗位是设给所有石油科技工作者的。”

苏永地就是这样一位“见了工作抢着干，遇到名利躲着跑”的人。

一起工作的同事称他是“难得的好朋友”。在联合公司勘探部，有位 67 岁的外方同事叫乔治，绘图还是手工作业，苏永地就手把手地教他如何使用计算机构图，并把地震解释软件使用方法毫无保留地教给这位老者。而他在当地热心培养出的许许多多“徒弟”，也开始在重要的技术岗位发挥作用。

合作方的地区总裁由衷地说：“苏永地为多文化的联合公司树立了团结协作、努力工作的榜样。”

由于出色的表现，1999 年苏永地被评为“中国石油集团公司劳动模范”；2004 年被国资委评为“中央企业劳动模范”；近日，中国石油天然气集团公司决定授予他“中国石油科技楷模”的称号……

谈起荣誉，苏永地却很腼腆：“我只做了我应该做的，祖国给我的荣誉太多了。”

【作者：原国锋】

【《人民日报》2005 年 4 月 26 日第 4 版】

走在时间前面的人——王崇伦

王崇伦，辽宁辽阳人，全国著名劳动模范，中共党员。曾为鞍钢工人，后任鞍钢工会主席，中华全国总工会副主席，哈尔滨市委副书记。在我国第一个五年计划期间，大搞技术革新，研制了万能工具胎。在抗美援朝军品生产中做出重大贡献，他一年完成了四年的工作任务，被誉为走在时间前面的人。

王崇伦 1927 年出生在辽宁省辽阳农村的一个贫苦人家。1942 年，年仅 15 岁的王崇伦，辍学来到鞍山的钢厂当学徒，受尽了欺辱。1949 年，鞍山解放了，王崇伦望着满目疮痍的鞍钢，决心为建设新鞍钢多出一份力。从此，他一头扎进了书本，把业余时间都用在了文化、技术知识的学习上，成为解放后鞍钢职工队伍中为数不多的年轻高级技工之一。1952 年，王崇伦所在的工具车间承担为中国人民志愿军加工飞机副油箱拉杆的任务，王崇伦设计并制造出利用刨床加工拉杆的特殊卡具。比开始用铣床加工提高工效 24 倍，而且全部达到一级品。这年秋天，王崇伦光荣地加入了中国共产党。

1953 年，王崇伦作为鞍钢北部机修厂工具车间的刨工，相继革新成功 7 种工、卡具，发明了“万能工具胎”，一年完成了几年的生产任务，提前跨进了 1956 年，成为全国最先完成第一个五年计划的一线工人，从此被誉为“走在时间前面的人”。人民日报为此发表了《发扬王崇伦的工作精神，提前完成国家计划》的社论，号召全国工人学习王崇伦的先进榜样。1959 年，王崇伦出席全国“群英会”，再度被授予全国先进生产者。会议期间，受到党和国家领导人亲切接见，毛主席称赞王崇伦是“青年的榜样”。

60 年代初，党号召“奋发图强、自力更生、勤俭建国”，王崇伦与鞍钢老英雄孟泰一起在设备简陋的车间里搞技术革新，克服了许多“老、大、难”问题，实现了 100 多项革新，先后突破十几项重要技术难题，终于试制成功大型轧辊等一些过去依靠进口的设备，填补了我国冶金史上的空白。

1961 年王崇伦被破格晋升为工程师。1962 年，他被任命为鞍钢机修总厂北部机修厂副厂长。1975 年，王崇伦任鞍钢工会主席。1978 年任中华全国总工会副主席。1980 年，在带职担任哈尔滨市委副书记期间，当得知当地百姓吃豆腐难时，他一连 40 多天，跑遍了分布在 7 个城区的 29 个豆腐坊，解决了全市豆腐供应问题，还相继解决了冬季鲜菜和鸡蛋供不应求的难题。邓小平同志视察东北时，得知此事后，称赞王崇伦“抓豆腐抓得对，抓得好，我们应该有更多的这样解决市民生计的好干部。”

王崇伦分别于 1956 年和 1959 年荣获全国先进生产者称号。先后当选第一、二、三、四、五届全国人大代表；中共十二大代表、中共十二届中央委员会委员，第七届全国政协委员、全国职工技术协作委员会主任、中国发明协会副会长。

2002 年 2 月 1 日，王崇伦因病在北京逝世，终年 75 岁。

（新华社北京 4 月 28 日电）

【《人民日报》2005 年 4 月 29 日第 2 版】

二十年：大凉山上的铿锵承诺

——记优秀共产党员、四川木里藏族自治县马班邮路乡邮员王顺友

山又高来路又险，
翻了一坡又一坡。
哪个喜欢天天走？
因为人民需要我。
今年老王四十岁，
牵着马儿翻山坡。
为人民服务不算苦，
再苦再累都快活！
——摘自王顺友自编苗族山歌

二十年，每年至少 330 天，在苍凉孤寂的深山峡谷里踯躅独行；
二十年，步行 26 万公里，足可重走长征 21 回，环绕地球六圈半；
二十年，没延误一个班期，没丢失一封邮件，投递准确率 100%；
…………
一个人，一匹马，一条路；雪域高原，万水千山，铿锵承诺。
奇迹创造者——一个普普通通马班邮路乡邮员，名字叫作王顺友。

忠诚如铁
“我们有位好母亲，名字叫作共产党。从小抚育我长大，教我长大爱国家”

木里，偏亘四川凉山州西北角，中国仅有的两个藏族自治县之一。传说中，女神巴登娜姆诞生于此。境内高山林立，峡谷纵横，三江并流，蔚为壮观。

地势险，平地少。多少年来，当地人通信方式多为口传、人递、烽火。即至解放，公路不通，邮件传递也只能靠乡邮员步行背送。

直到 1960 年，境况才有所改变，乡邮员开始配马——马班邮路由此而生。

王顺友打小就对送邮件这差事充满好奇，不为别的，因为父亲就是一名乡邮员。

“雪山上的雪，灼伤了我的眼！”冬夜，父亲牵着马尾巴撞开家门，瘫倒在地。母亲赶紧找来草药，为他熏疗。

清晨，父亲看到了光亮，把邮包往马背上一捆，勒紧，倔强地又要走。

“能不能不去?”母亲抱着他的腿哭。

“你懂什么？县委的文件不按时送到，全乡的工作就要受影响。”父亲扭头就走。

幼小的心灵深深震撼：乡邮员居然如此重要！那一年，王顺友刚刚 8 岁。

12 年后，疲惫的老乡邮员终于结束了 30 年的邮路生涯，风华正茂的王顺友子承父业。漫漫邮路，从此多了一个年轻人。

“一不能贪，二不能丢，三不能脏，四不能慢。”父亲将自己心爱的邮包，郑重塞进这个稚嫩的新兵怀里。

王顺友认真地点点头，目光炯炯。谁能料想，这一上路，就是 20 年。

雪山、深谷、湍流；冰雹、飞石、野兽。山难越，水难蹚，路难走。

饿了啃一块糌粑，渴了捧一口山泉，困了蜷缩在山洞……夏天一身泥，冬天一身雪，风雨相伴，风雨无阻。

一条马班邮路，王顺友走得惊心动魄、险象环生。

九十九道拐——拐连拐，弯连弯，附近山民谈之色变。抬头，悬崖峭壁；低头，波涛汹涌。天似簸箕，路如天梯，人随马后，马粪便直接掉在身上，想躲都躲不掉。有的地方须手脚并用方能通行，稍有不慎，就会摔下山崖，江水呼啸而过，连尸体都找不到。

王顺友每次经过，都异常小心，但仍难逃厄运。

1995 年的一天，一只山鸡猝然飞出，惊得骡子后腿乱踢，王顺友“嗷”的一声，扑通倒地——他的肠子被踢破了。顿时，豆汗淋漓，脸色惨白，动弹不得。

“邮件！邮件!”王顺友强忍剧痛，牵马上路。

一路走，一路哭，一路吼。

捧着肚子，连走 9 天，王顺友终于送完邮件。当被老乡架到医院时，人已气若悬丝，奄奄一息。

打开腹腔，满是脓血……医生说，再晚来两小时，命就保不住了。

立即手术。惊魂 4 小时，王顺友挺了过来，但肠子却不得不剪去一截，落下终身残疾。

躺在病床，辗转反侧：这身体，还能再跑邮路吗?

然而，这一丝犹豫也被父亲察觉：“为党做事要一辈子，当不得逃兵!”这位扛过枪、剿过匪的老人，不光把马缰绳传给儿子，也把对党的如铁忠诚传给了儿子。不久，王顺友抖擞精神，重返邮路。

传邮万里，国脉所系，政权象征，主权象征。

传递党的声音，输送山外信息。悠长的邮路上，王顺友被奉为“使者”。在偏远山村的乡民眼中，乡邮员就是党派去看他们的人。报纸、文件、杂志，成了当地了解党的声音和外界变化的主要甚至唯一渠道。

如若一个月没看见王顺友，他们就会问：为什么党不管这里了?

“一想到这儿，伤口就不那么痛了。”王顺友说，从乡民们眼里，他看到了什么是党，什么是党员，什么是党的事业……

责任如山
“太阳出来照山坡，照得山上石头多。要学石头千年在，不学半路丢草鞋”

县城—白碉乡—三桷垭乡—倮波乡，来回360公里。

木里的马班邮路中，数王顺友这条最长。沿途，除了偶尔能碰见马帮，几乎无人。

王顺友的必经之地——海拔4200米的察尔瓦梁子，彝语中意为“披肩”，形容山很直、很陡，当地人称“鬼门关”。王顺友一走就是20年，由此得一绰号：王胆大。

然而，让“王胆大”心有余悸的，除了大自然的无常，还有人的侵袭。

2000年7月，王顺友翻越察尔瓦梁子。忽地，树林中窜出两个劫匪。

“把身上的钱和东西统统交出来!”劫匪手持尖刀，恶狠狠地叫嚣。

“我是乡邮员，驮的是邮包。要钱没有，要命一条!”王顺友拔出防身用的柴刀，一副拼命的架势。

一番话、一股气，倒让劫匪发愣了。趁此机会，王顺友跨上骡马，箭一般冲了过去。这次历险，让“王胆大”名声更噪。

“亏得冲过去了，不然邮件怕是保不住。”至今，王顺友仍对邮包安然无恙颇为得意。

邮包，就是王顺友的命。安营扎寨，第一件事便是卸下邮包，细细捋平，枕在脑下，觉才能睡得安稳。

“邮件是国家之宝，湿不得，脏不得。”王顺友常说，人在包在，这是规矩。

好一个“人在包在”!为了兑现这规矩，他差点把命都搭进去。

1988年7月，湍急的雅砻江边。王顺友习惯性地套牢溜索，准备过江。然而，快到对岸时，溜索绳突然绷断，王顺友“啊”的一声，从两米多高的空中跌落下来。所幸，人只摔在江岸上，可邮件却从背上弹入水中，顺江而去。

顾不上庆幸死里逃生，顾不上不习水性，王顺友操起一根树枝，纵身扎进江中。水流湍急，又受刺激，把邮包拖上岸时，整个人都瘫了。

不等缓过劲来，王顺友又挣扎着起身，奔向倮波乡……

让倮波乡人的记忆难以忘怀的，又何止这一幕?

1998年8月，木里遭受百年未遇的暴雨、泥石流袭击。通往外面的路全部冲毁，连小桥也全被洪魔卷走——整个倮波几成孤岛，与世隔绝。

正当乡民们绝望时，王顺友来了。“浑身沾满稀泥，裤脚高高挽起，蹭破皮的腿上，血一个劲儿往外渗，和着泥水往下淌，额头上也肿起一个大包。”乡长扎西龙布记忆犹新。

当严严实实的塑料布包好的邮包打开后，人们惊呆了：15公斤邮件干干净净，完好无损。

有人问：这么做，值当不值当?“只要乡里能及时跟外面保持联系，值当!”王顺友淡淡地说，这是责任。

责任如山，巍巍屹立；责任如火，熊熊燃烧。

亲民如水

“山靠山来水连水，不是送邮人不熟。时间长了心连心，鱼水相连永不分”

望到屋，走到哭。木里的山路，多半如此。

本可抄近道，把邮件送至乡政府签单了结，但王顺友偏舍近求远，绕行山间，图的就是“邮件交到乡民手”。

甚至，当县城到白碉乡的公路贯通后，王顺友依然“我行我素”，照旧牵着他的骡马翻雪山，趟河谷，去走那条要多花两天时间的马班邮路。

“有车不坐，傻不傻呀?”

“雪山上的乡亲眼巴巴地等着我，这点路算不得什么!”

“把邮件放到乡上就行了，何必这么苦自己?”

“乡上领导忙，没空专门送。让老乡跑那么远来取，不好意思。我多走几步，两头都方便。”

但凡王顺友认定的事、认准的理，九头骡子也拉不回来。

“‘王师傅’来了!”在乔瓦镇锄头湾村，当地人这样尊称王顺友。

“大家都喜欢他，他一来，这边就跟过节似的，他是我们的‘福音天使’!”村妇女主任降初玛眉飞色舞。

是啊，这个“福音天使”怎能不受人喜欢?他不仅送邮件，还帮老乡寄信、寄包裹，从不跟人要钱；帮忙买东西，给多少是多少。多年下来，连他自己也记不得，到底为邮路上的乡民们垫了多少钱。

不光替人省钱，还要为人“生”钱，王顺友爱干分外活：

白碉乡的水稻亩产原来只有250多公斤，他自掏腰包，从城里带回了良种，一撒下去，立竿见影，亩产竟涨到350多公斤，乡民们个个笑开了花。

倮波乡的磨子沟只能种土豆、包谷、荞子，他给村民买来青菜、莲花白、萝卜等菜种后，现在冬天这里都能吃上新鲜蔬菜。

“别打肿脸充胖子!”好心人劝他。

“这点钱，算不得啥子!”在王顺友眼里，乡民们的事都是大事。

去年秋，“健康快车”专程到木里，为群众免费做白内障复明手术。时间紧迫，如何通知，犯了难!

“要快!”县邮政局局长杨平亲自把通知单交给王顺友。可他哪里知道，王顺友的胃病正闹得凶。

“行!”王顺友二话没说，揣上胃药，牵马上路。干馒头就着山泉就一天，马缠皮地上一扔便一夜。一路上，王顺友没吃好一顿饭、没睡好一个觉。终于，他比平常提前三天到达倮波，而代价是，人已痛得不成人样，被抬进了乡卫生院。

当晚，免费做手术的通知迅速传遍全乡，而王顺友为送通知住院的消息也随之传开。

次日一早，好多乡民跑到卫生院来看他。双目失明的藏族老阿爸，揣上家里仅有的几个鸡蛋，颤巍巍地摸到病床前，眼里噙满泪水："王顺友，好人！好人！"

将心比心，以心换心。王顺友人如其名，朋友遍邮路。

"老乡们特关心我，每隔七八天望见我一次，他们就放心，晓得我在邮路上还安全。"王顺友说，如果十几天没见着他，乡民们就要四处打听他的消息。

前年冬，送邮途中，王顺友再次病倒在路旁小店，但仍要坚持送邮。店主邱拉坡不放心，只得把店交给家人，陪着病恹恹的他跋涉6天，直至邮件送完。

马班邮路沿途的老乡们，都把王顺友当成亲人。果子成熟时，他的口袋里总有偷偷塞进的水果；路边小店里，总备着他爱抽的"索玛"烟……

生活如歌
"山歌不唱不开怀，钢刀不磨生黄锈。大路不走草成窝，胸膛不挺背要驼"

艰苦之旅，危险之旅，孤独之旅。

每个月28天的山野漂泊，并未让奔走于马班邮路上的王顺友消沉颓废。在他看来，这就是生活的常态。

2005年1月6日，雅砻江边。又一次惊心动魄，又一次生死考验。

正要上吊桥，王顺友眼瞅着十几米远处，一队马帮已在桥上，心中暗喜：总算可以说说话了。

可没等他张口招呼，吊桥一侧手臂粗的钢缆骤然断裂，桥身瞬间翻转90度，桥上人马纷纷坠江，转眼就被咆哮的江水吞噬。

目瞪口呆！这突然的变故惊得他半天说不出话来。望着奔腾的江水、半悬的残桥，王顺友兀自泪流。

事后，有人问他："假如你也在桥上，怕不怕？"

"人总归一死，死也要死个明白。要是死在送邮件的路上，不冤！"

然而，王顺友最常面对的"敌人"并非死亡，而是孤独。

"有时，在大山里走好几天都碰不着一个人，不说一句话。猛地下意识从嘴里蹦出一句来，能把自己吓一跳。"

白天，实在找不到人说话，王顺友就干脆跟他唯一的伙伴——骡马说话。"加油啊！老伙计，咱们还有很长的路要走呢！"

夜晚，天空群星闪烁，大雪纷纷扬扬。篝火旁，啜一口粗劣的白酒，王顺友泪光点点。

四周静得可怕，陪伴他的，只有远处的风声、水声和狼的嚎叫声……

他想起了父亲——老人当年跑邮路，最重时一个邮包60公斤，步行送邮，无怨无悔；

他想起了妻儿——每次出邮前，他们都精心地为自己准备干粮，拾掇行囊，嘱咐再三；

他想起了乡民——当自己把报纸和信件交给他们时，他们那股高兴劲儿就像过年一样；

一声“谢谢”，一张笑脸，一种友善，都让他心里特别舒服。

想想这些，心也就不那么难过了。

编山歌、唱山歌，则是他另一个排遣孤寂的绝招。

苗族，能歌善舞。这位苗家汉子很多话说不出来，却唱得出来：“高山下雪雪满坡，我的衣裳穿得薄。哪位伙伴心肠好，借件给我穿过河。”

高兴的时候，他唱山歌；疲劳的时候，他也唱山歌；难过的时候，他还唱山歌……

生活是艰辛的，工作是劳累的，但抱有希望的人永远豁达乐观。

20年来，只读过小学三年级的王顺友，自编的山歌已记了满满一大本。在孤独的马班邮路上，自编、自唱山歌，是他唯一的娱乐。

“除了山歌，他的笛子吹得很棒，苗舞跳得也很好。”同事偷偷“揭发”。

有例为证。今年春节，王顺友的至交、同事蔡顺华结婚。他俨然以主人的身份招呼客人，请来乐班，并亲自吹起了笛子，跳起了苗家的芦笙舞。

“那是我看到他最开心的一次。”杨平回忆。豁达乐观的王顺友不光会调适自己的心情，还很善于为别人排遣、鼓劲。

邮电分营，地方经济滑坡，县邮政局连年亏损。最少时，茶布朗支局月收入仅3.18元。工资不能按时发放，设备无法及时更新……在一些职工中，悲观情绪开始滋生。

但无论何时，同事们看到王顺友，他总是乐呵呵。“邮政困难，行行都难！再说，好日子都是自己挣来的，铆足劲，好好干，邮政的日子一定会好起来。”王顺友自发地解别人的思想“扣子”。

把生死置之度外，把方便给予别人，把快乐带给大家，王顺友在这长长的“人生苦旅”中享受着那份属于自己的快乐。

情深如海

“我家住在银盘坡，心里有话好想说。天天出门为人民，家里只有妻一个”

在山上，王顺友动中有乐；在家里，妻子韩撒静中有苦。

出门门里没人，进门门外没人。韩撒的记忆里，王顺友在家的日子屈指可数。

儿子在外上学，女儿出门打工，一个人住在山上，陪伴她的只有孤独和害怕。她说，她是一个“孤单单的女人”。

家庭的重担，责无旁贷地落到了她的肩上。

长期患病，皮肤粗糙，满脸皱纹。多年的操劳已经让她品足了生活的艰辛——这个46岁的妇人，看上去要比实际年龄大很多。

她怨过、恨过、哭过，但一说起丈夫的工作和辛劳，依旧一脸心疼：

“我晓得他一个人在外也是苦，翻那么高的山，晚上还要睡野地，又是雪又是雨，还有狼!”

“他回来累得话都懒得讲，还没歇一会儿，又要上县里拿下一班邮件，你看他的背现在就驼了。”

…………

“家对我来说，有时候就像个旅馆。”一谈起家，王顺友黯然神伤。

王顺友有三个家：一个是白碉乡的父亲家，一个是银盘坡的妻儿家，还有一个就是邮路上无处不在流动的“家”。

“在山上，最不放心的还是银盘坡的那个家。”每次跑邮路回来，王顺友都不忘给妻儿带点好吃的东西、好看的衣服。偶尔碰上老乡硬塞的土特产，也一定会带回家，与他们分享。“算是小小的补偿吧！虽然解决不了根本问题。”

对儿子王银海，王顺友充满希冀。

即便再忙，每次到县城取邮件时，王顺友都不忘去求学的儿子那里转转。

“看到‘√’多，就特别高兴。”王银海说，爸爸最喜欢翻看他的作业本。

相视，无语——多年来，由于接触时间太少，父子间早已习惯了这种交流方式。

“但我还是很希望他能常来。尽管每次来，马鞍、皮褡裢堆一地，满屋子都是马汗臭味。可不知道为啥，一闻到这味道，心里就踏实，觉也睡得香。”王银海十分珍视那短暂的团聚。

没能给母亲送终，王顺友至今耿耿于怀，已成为刻在他记忆中永久的遗憾。所以，每次路经白碉，他都不忘给71岁的老父亲捎两斤白酒。

“我这辈子，欠别人的太多。还是再干几年，等我退休了，好好还他们。”王顺友总这么说。

40多岁，正是一个人事业发展的巅峰，但这却已接近乡邮员职业生命的极限。马班邮路上，这个年龄已经老了。

“哪怕他什么都不干，只要能天天在家，陪我说说话，就很满足了。”韩撒叹了口气——她现在什么都不想，就盼着王顺友退休的那一天。

【作者：盛若蔚、雷声】

【《人民日报》2005年6月3日第1版】

下辈子还要当教师

——记“全国模范教师”殷雪梅

9月7日，江苏常州金坛市同时举行有关殷雪梅的系列活动：城南小学更名为殷雪梅小学，殷雪梅铜像落成，殷雪梅纪念馆开馆，校园剧《永远的雪梅》首演。这是对一位“全国模范教师”的隆重表彰。

瞬间永恒

今年3月31日，城南小学一、二年级学生去观看革命传统教育影片，二（1）班班主任殷雪梅提出，自己带的班走在前面，一年级两个班在中间，二（2）班殿后。中午12时10分，殷雪梅站在斑马线中央，护送学生过马路。

突然，一辆汽车疾驶而来，向孩子们冲去，殷雪梅见状张开双臂，奋力将6名学生推向路旁，自己被车子撞出老远。学生们得救了，殷雪梅却倒在了血泊之中！据交警部门确认，肇事车的时速为120公里，殷雪梅被撞出25米之远。金坛从南京、上海、深圳请来了医学专家，先后输血1万多毫升，终因伤势过重，5天后殷雪梅不幸以身殉职，享年52岁。

殷雪梅逝世后，自发到灵堂吊唁的各界人士达5万之多。4月7日，全市举行追悼大会，挽联为：“永恒的瞬间，瞬间的永恒。”灵车所到之处，沿途送别的群众达10万人之多！

瞬间壮举，英名永存。人事部、教育部授予殷雪梅“全国模范教师”称号，中共江苏省委追认她为中共党员、省人民政府追认她为革命烈士，并授予“见义勇为英雄”称号，省教育厅表彰她为“英雄教师”，常州市委、金坛市委分别作出向殷雪梅学习的决定。

师爱无痕

城南小学校园里新树起了“名人名言”宣传牌，有几则印的是殷雪梅的话语，这里抄录两则：“和天真可爱的孩子们在一起，充满快乐，充满活力，心永远不会老。如果能有下辈子，我还愿意当小学教师”；“蹲下来，感受童年的世界，聆听童心的天籁，享受童真的乐趣”。

与她共事多年的老师说：“殷老师爱学生是出了名的。”出事的那天中午，一位女生吃的是面条，细心的殷雪梅发现她其实不爱吃面，就把自己的盒饭拨了一半给她吃，并将鸡腿夹给了她。

殷雪梅认真研究小学教学的规律，经常采用“情趣教学”“情景教学”的方法，以激发学生的学习兴趣。她说：“兴趣是最好的老师，学生喜欢上你的课，就没有学不好的。”她还变着法儿在班上评选这样那样的“小能手”“小冠军”，设立了“文明队员”“进步显著队员”等奖项，使尽可能多的孩子得到激励。

优秀生人见人爱，后进生更是检验老师爱心的试金石。殷雪梅称教师“端的爱心碗，吃的良心饭，对一个学生负责，就是对一个家庭负责”。有一男生刚转来时，语文、数学两门课总分不满60分。殷雪梅一有空就帮他补课，期终考试，他的语、数成绩都达到了85分以上。

教师是在学生心灵世界播种耕耘的职业。殷雪梅常对青年教师说：“可以有‘近视眼’、‘远视眼’，我们做教师的，绝不应该有‘歧视眼’！”

真情话语

斯人已逝，我们已无缘同殷雪梅进行话语交流，但见字如面，从她留下的文字中可以真切地感受到她的真情和真诚！

4月5日，殷雪梅的女儿在整理母亲遗物时，发现了一份没有递交的入党申请书，里面写道：“志愿加入中国共产党，是我很久以来的向往和追求，在身边许多优秀共产党员的教育感染下，我热爱自己的工作，热爱我所有的学生，我把学生看成是自己的孩子。通过学习，我坚持‘未进党的门，先做党的人’。加入党组织是我许多年的夙愿，我要以身边优秀的党员老师为榜样，努力克服自己的缺点和不足，争取早日跨入党的大门。”落款时间是2005年3月19日。

江苏省见义勇为基金会工作人员查阅了殷雪梅的档案，几年前的一份教学总结中写道：“对学生没有真诚的爱，就不是好老师”；在1994年金坛市庆祝第十个教师节大会上，她代表全市教师发言：“我们将进一步严格要求自己，面向全体学生，全面贯彻党的教育方针，遵循教学规律，让每一个学生都学有所得，学以致用，全面提高教育质量，努力使自己成为一名家长满意、学生欢迎、群众拥护的人民教师。”

她做到了！

【作者：龚永泉】

【《人民日报》2005年9月10日第4版】

一个名字，感动中国

——丛飞先进事迹报告团巡回侧记

深圳—贵州，深圳—湖南，深圳—四川，深圳—山东……这是歌手丛飞走过无数次的路。11 年来，丛飞资助了 178 名贫困学生，捐献的钱物总价值超过 300 万元。

丛飞，原名张崇，1969 年 10 月出生于辽宁省盘锦市大洼县庄台镇，1994 年来到深圳，同年开始助学助残。作为一名自由歌手，丛飞在深圳没有单位，但却是深圳最早的义工之一。在将自己的收入一次次如清泉般注入干涸的土地时，他自己却过着极为清贫的生活。2006 年 4 月 20 日，丛飞离开人世。数万深圳市民自发送别丛飞最后一程，几十万人为丛飞献上鲜花，点亮蜡烛，呈上敬意。

7 月 25 日至 8 月 1 日，在这个平民英雄离开我们 3 个月后，由中宣部、中国文联、广东省委联合组织的丛飞先进事迹报告团将他的故事讲述给全国观众。在行程中，记者发现，丛飞没有死，他活在我们中间——无数的人在缅怀他的音容笑貌，无数的人在传诵他的爱与坚韧，无数的人在踏着他的足迹，将他未完成的事业发扬光大。

一

7 月 26 日，上海展览中心座无虚席，丛飞的事迹再一次拨动了上海人的心弦。

这是丛飞先进事迹报告团巡回报告的第一站。

丛飞嗓子好，喜欢唱歌，善于模仿。1992 年，丛飞带着对艺术的热爱对生活的感恩，告别双亲，告别家乡，登上了南下的火车。在广州，由于人生地不熟，丛飞找不到演唱的舞台。什么苦活、累活都做过；最困难的时候，他甚至睡过草坪和桥洞，捡过别人吃剩的盒饭。他做搬运工，一次，抬完 7 张沙发到 6 楼，累得浑身发抖，晕倒在草地上。醒来后，他给自己取了个新名字“丛飞”——从草丛中起飞。

“我是丛飞，义工编码 2478。我是一名文艺工作者，也是一名深圳义工。能对社会有所奉献，能对他人有所帮助，我感到很快乐。”作为深圳市义工联的一名义工，丛飞每次都这样介绍自己。此时此刻，当大屏幕上再次响起这个快乐的声音时，已是生死两茫茫。深圳市委宣传部副部长段亚兵的《用生命书写人间大爱》深深打动了在场的观众。

2005 年 10 月，丛飞有了自己的女儿。他总对着小女儿说：“爸爸最心疼的是你，最爱的是你，最舍不得的是你，最放不下的是你，最记不住爸爸的——也是你。”丛飞的妻子邢丹以《丛飞，嫁给你一生不悔》为题的讲述感人肺腑，让台下的听众泪如雨下。现在，邢小丛飞9个月了，不放心这个尚在襁褓的女儿，邢丹在巡回报告中一直将她带在身边。这个长相酷似丛飞的孩子像父亲一样坚强，不哭也不闹，一路上用笑声陪伴大家。

“很久没有体验过这样一种撼人心魄的感动了，我的眼泪今天怎么变得这样多，从报告开始一直流到报告结束。”上海市文联的一位干部一边擦泪一边感慨。满头白发的著名表演艺术家秦怡是报告最忠实的听众，导演吴贻弓、配音演员乔榛也深深地为丛飞的事迹感动，坐在听众席上，他们的泪水一次又一次夺眶而出。

二

“与癌症苦苦抗争了10个月，我尽力了，医生们也尽力了，只是，我才37岁，还有许多应该做而没来得及做的事情。壮志未酬身先死，真是无比遗憾。37年的人生旅程不算长，我活得也算有些价值，尽自己所能为社会为他人奉献了一些爱心，但党和人民却给了我很高的荣誉。

“我死后，将眼角膜等有用器官无偿捐献给有需要的病人，就算我为社会所做的最后一次奉献。”

这是丛飞的遗嘱。在他生命的最后一刻，他还想着如何用自己有限的生命为别人做点事情。2005年5月，在医院接受治疗的丛飞仍然放心不下那些大山里的孩子，他让妻子邢丹从社会捐给他的治疗费中拿出了2万元给孩子们做学费，还在病床上录制了一张VCD，捎给他的孩子们。

哪里有充满困顿的挣扎，哪里有渴望幸福的泪眼，哪里有不辞艰辛的劳作，他都了如指掌。丛飞先后20多次到贵州、湖南、四川、山东等地贫困山区举行慈善义演，每到一地，丛飞还要认领当地几个贫困学生。每次在飞机上，他都把乘客们没吃的飞机餐收集起来，他跟大家说，我的孩子们经常吃不饱饭，这是我带给他们的最好吃的东西。

丛飞捐献的眼角膜，使6名眼疾患者重见光明。人们都说，丛飞那明亮的眼睛仍然在注视着这个世界，注视着爱他和他爱的人。

深圳团市委接过丛飞的接力棒，继续资助他在贵州资助的150多名贫困学生，这对重病的丛飞无疑是极大的安慰。“孩子们不会因为我的离去而失学，他们依然可以坐在教室里读书，这真是太好了！”

“我的爸爸在深圳，我的爸爸叫丛飞。”这是丛飞教给晏语轻轻说的第一句话。贵州省织金县苗族贫困学生晏语轻轻从小被父母抛弃，跟着年迈的外婆生活。由于家里穷，她几次辍学，是深圳的“丛飞爸爸”给她寄来了钱，鼓励她继续学习。“爸爸”在她的心中，比天还大。

15岁的晏语轻轻现在是高中生了。她的丛飞爸爸不仅资助和关心她的学业，而且以自己的行动教会她生命的真谛，“丛飞爸爸永远活在我的心里。我一定会记住丛飞爸爸的教导，振作起来，好好学习，将来成为对社会有用的人，成为一个像爸爸那么善良的好人，等我长大挣了钱，也去资助那些读不起书的孩子们。”7月28日，南京西康宾馆，晏语轻轻讲述的丛飞爸爸一次次感动南京。

不论在上海、南京，还是在沈阳，两个小时的报告会，都是浸透着怀念和泪水的报告会。每当大屏幕上出现丛飞生前的画面时，听众们或是被感动得轻声抽泣，或是报以热烈的掌声。段亚兵、邢丹、胡诗词和晏语轻轻4位报告人的真情讲述，一次次地感动了观众。在南京，一位在机关工作的女同志从报告开始就不停地擦泪，到邢丹讲到丛飞临危前要求捐献眼角膜及身体有用器官时，竟然泪流满面地跑到洗手间里失声痛哭。报告会结束后，一位87岁的老人，拄着拐棍来到后台，哆哆嗦嗦地掏出钱包，将里面的钱全部拿出来，送给晏语轻轻，鼓励她继续读书。这位叫张凤扬的老人哽咽着说："丛飞不在了，我们每个人都是丛飞！"

三

丛飞是著名歌唱家郭颂的关门弟子，受过严格的声乐训练，还尝试创作过歌词。他在小品、哑剧、口技、魔术等方面也有很高造诣。

凭借这些，丛飞本可以过上富裕的生活，可是他却选择了放弃安逸。丛飞的家只有58平方米，屋里没什么值钱的家当，冰箱、消毒碗柜等等被他捐给了更需要的人，碗筷就摆在灶台上；衣服都是些三五十块钱的便宜货，最值钱的就是丛飞那套白色的演出服——这件演出服他穿了10多年。

丛飞的生活经常陷入困境，有时每月2000多元的供房按揭款都要拖欠。来深圳10多年，他只有一本存折，那是用来扣房子按揭和水电费的。为了及时给山区的孩子们交学费，丛飞还向一些朋友借了钱，前后共欠下了17万元的债务。

"从看到失学儿童的第一眼，到被死神眷顾之前，他把所有的时间都给了那些需要帮助的孩子，没有丝毫保留，甚至不惜向生命借贷。他曾经用舞台构筑课堂，用歌声点亮希望，如今，他的歌喉虽然不如往昔嘹亮，但却获得了最饱含敬意的喝彩！"这是中央电视台2005"感动中国年度人物"评委会给丛飞的颁奖辞。2005年5月，他在病榻上光荣地加入中国共产党，实现了梦寐以求的愿望。

有人问丛飞："你这样做图个啥？"丛飞笑笑："我知道没学上的滋味。今天我帮助了一个孩子，明天社会上就少一个文盲和法盲，社会就多一份安定。有那么多的孩子叫我'爸爸'，我很满足，比在舞台上听到掌声喝彩声还要高兴。"

7月31日，报告团来到丛飞和邢丹的老家——辽宁。家乡人民用最真挚的深情怀念着这个令人骄傲的好儿子。丛飞生前最喜爱的歌是《愿你幸福》。这首歌的词曲作者金河、吕威赶到报告团驻地看望丛飞的妻子和孩子。盘锦市委常委、宣传部部长邵冰在接受记者采访时说，作为丛飞的家乡人，来听丛飞的报告会，倍感亲切，"丛飞是盘锦青年的典范，我们为他自豪！"辽宁省委宣传部副部长周连科感慨地说："丛飞出生于辽宁、成长于辽宁，我们辽宁人为有丛飞这样的英雄而骄傲。"

泪水相伴的行程结束了。斯人已远，精神永存。丛飞用短暂闪光的一生，用无疆大爱铸就了一座道德丰碑。这种精神，这种品格，已融入中国血脉，成为中国精神的一部分。

【作者：李舫】

【《人民日报》2006年8月1日第14版】

一诺三十年

——记全国优秀共产党员林秀贞（上）

“林秀贞30年来赡养了6位孤寡老人，资助了14名贫困学生上学，在自家的工厂安排了8名残疾人，她可是个大好人哪!”

在河北省衡水市枣强县王常乡南臣赞村，提起全国优秀共产党员、60岁的林秀贞，村民们有着说不完的敬佩和赞叹。

“咱不能眼看着他们没人管呀!”

林秀贞开始赡养朱书贵、刘秀焕老人，是30年前的事了。

那时村里干旱，家家要到井边起早排队打水，来晚了只能淘点儿泥汤子。林秀贞离朱书贵家20多米远，看到老两口一人提个瓦罐，好不容易淘点泥汤水，叮叮咣咣提到家只剩下了半罐，林秀贞十分难过。此后，她每天起五更，先给老人挑满缸，再给自家淘泥汤。做点什么好吃的，就给老两口送些。转眼到了冬季，一天中午，林秀贞给老两口端去两碗饺子，一进门看见两位老人在吃早上的剩粥，锅边上还结着冰碴子，林秀贞的眼泪不禁掉了下来。

回到家，林秀贞就和丈夫朱金英商量：朱书贵是抗战时期的老党员，曾经冒着生命危险挨家敲门报告敌情，组织群众转移躲鬼子。解放后，又当了几十年的好保管，咱不能眼看着他们没人管呀!

第二天，她去找生产队长刘丙岩。刘丙岩一听就愣了，林秀贞才30岁，刚结婚3年，于是对她说：“照顾老人可不是一天半天，事稠着呢，你可得想好喽。”林秀贞说：“开弓没有回头箭，你就放心吧!”

从此，两位老人的生活有了笑声和温暖，林秀贞夫妇的家务也平添了许多。

林秀贞的爱心没有止步。5年之后的1981年，村里实行大包干，看到疯傻老人朱书常和五保老人朱金林没了依靠，她又找到生产队长请求：“村里有困难，我是党员，就让我把他们管起来吧。”

刘丙岩当然明白林秀贞的好意，可林秀贞的儿子才7岁，女儿才5岁，照顾朱书贵两口已经够她忙了，就提醒她：“朱书贵两人还是正常人，朱书常可是个傻子啊，再说你看他那个样儿，风一吹就倒，恐怕活不了两三年，朱金林也是疾病缠身，可是一堆麻烦事。”

林秀贞说：“真有那一天，我给他们养老送终。”

刘丙岩说："秀贞啊，真难为你了。"

1988 年，老党员朱淑芬的丈夫去世后，成了孤老太太；1996 年，北臣赞村孤寡老人张振起小脑萎缩后，瘫痪在床，没人照顾，林秀贞也一一赡养了他们。

"既然挑起了这个担子，就不能半途而废!"

30 年来，林秀贞先后照顾朱书贵、刘秀焕 8 年，照顾朱金林 14 年，照顾朱淑芬 5 年，照顾张振起 7 年，照顾朱书常 26 年，5 位去世的老人大都活到了八九十岁。目前只有朱书常健在，他已经 76 岁，身子骨依然硬朗。

"30 年来，谁也说不清林秀贞为这几位老人吃了多少苦，受了多少罪，花了多少钱，受了多少累!"对此，南臣赞村民莫不由衷感叹。

林秀贞说："既然挑起了这个担子，就不能半途而废!"

1977 年春天，朱书贵家的土坯房山墙塌了半截。为了给老人修房，林秀贞夫妇推着土车子到处捡砖头，推土和泥，林秀贞在下边递砖递泥，丈夫在上面垒墙。房子修好了，林秀贞也累倒了。在此后的 8 年中，每年雨季前，他们都要把老人的房子维修一遍。

1983 年冬天，86 岁的朱书贵和 84 岁的刘秀焕都瘫倒在炕。这个要解手，那个要喝水，这个要吃药，那个要擦洗，日夜需要人照顾。林秀贞夫妇就搬到这里，沿着炕边搭上木板，丈夫和朱书贵一块睡，林秀贞和刘秀焕一块睡。两个老人大小便失禁，夫妇两人端屎端尿，尽心侍候。一次，林秀贞估摸着朱书贵该大便了，几次问他，他都摇头。林秀贞闻到有臭味，就伸手掀他的被子。朱书贵紧紧抓住不放，林秀贞明白了是怎么回事，就说："我把你们当亲父母，你们也要把我当亲闺女，当着自个的亲闺女有啥不好意思的?"老人含泪松开了手，林秀贞毫不嫌弃地给老人清理、擦洗、换尿褯子。老太太感动地说："这辈子俺无法报答你了，下辈子托生个小鸡给你下蛋。"老头说："俺托生个牛马给你干活。"

林秀贞准备了四五十个尿褯子，在院子里拉了几根铁丝晾晒。当时，村里没有自来水，井里也没了水，为了洗尿褯子，夫妇俩每天到坑塘凿冰淘水；家里没有洗衣机，如果不用劲搓洗，渗进布丝里的粪便就洗不干净，晒干后就发硬，老人垫着就不舒服。寒冬腊月，林秀贞满手都是血口子，钻心地疼。

这年冬天，两位老人先后去世了。按照当地风俗，林秀贞夫妇为老人披麻戴孝办了丧事。在两位老人从生病到去世的 74 个日日夜夜，林秀贞没有脱过棉衣棉裤，没有睡过囫囵觉。老人的丧事办完了，她瘦了 10 多斤，家里还欠下了 370 元债务。

朱金林老人不慎摔断了腿，在医院里一住就是 3 个月。丈夫在医院陪病人，林秀贞在家干农活，还得忙筹钱。丈夫 5 天回来拿一次钱，可家里哪有呀？幸亏，种的 3 亩棉花开始吐絮了，林秀贞就每天摘棉花到集上卖，就这样，靠 3 亩地棉花钱治好了朱金林的伤。

“不光要让老人吃饱穿暖，还得让他心里高兴!”

林秀贞深知，百人百脾气，一定要摸清老人的脾性，让他们感受到亲情和温暖。

一有机会，林秀贞就给老人做好吃的，可有时并不对老人的胃口。林秀贞给老人炖了活鱼，老人却说还是当年的咸鱼好吃；林秀贞买来了奶粉，老人却说还是过去的藕粉味好；林秀贞给老人吃蛋糕，老人却想要天津的小八件点心。林秀贞明白了，老人们总爱回想当年吃过的好东西，于是就想尽办法满足老人的要求。

回忆过去，林秀贞特别欣慰，“对几个孤寡老人，我心里没愧疚，没遗憾，没后悔。他们在世时想吃什么，想要什么，我都满足了。在他们去世时，我和丈夫都守在身旁，在他们去世后，我们每个祭日都给他们上坟。”

林秀贞赡养朱书常时，朱书常已经50岁，但只有3岁的智商。除了知道自己是属羊的，什么农活也不会干。为了让这位疯傻老人安度晚年，林秀贞可费尽了心思。

1996年冬，林秀贞在自家门前盖了三间房让朱书常住。但朱书常却大闹一场，不愿往里搬。林秀贞和丈夫就买来建筑材料和门窗，雇了人，给他翻盖旧房子。朱书常一看要拆他的房子，立刻发了疯，抓起砖头就撵林秀贞，林秀贞赶紧跑。几个人抱着朱书常，他还是把砖头砸来，差一点砸到林秀贞头上。林秀贞“咕咚”一声倒在地上，心脏病也犯了。

很多人劝她：“你可管个啥呀?!”可林秀贞记着她娘的一句话：“不能跟小孩一个样，不能跟傻子一个样，不能跟老人一个样。咱要跟他一个样，咱不也傻了?!”

2002年，88岁的张振起又一次倒在炕上。故土难离，穷家难舍，他闹着要回自己家。没办法，林秀贞就和丈夫把他放到木板车上拉到屋外转一圈，告诉他到家了，老人才安静一会儿。过几天，他又闹着回家，林秀贞就再拉他转一圈。时间长了，这一方法不灵了。林秀贞就让丈夫套上牛车，拉着他在街上叮叮当当走一圈，然后再送屋里，这样又消停几天。村里人笑着说：“秀贞两口哄孩子哩!”

林秀贞常说：“不光要让老人吃饱穿暖，还得让他心里高兴!”

【作者：王方杰】

【《人民日报》2006年8月29日第1版】

助人为乐　仁爱无价

——记全国优秀共产党员林秀贞（下）

“在我们这儿，十里八村的，没人不知道她。”8 月下旬，记者在河北衡水市枣强县王常乡南臣赞村采访时，村民们都能说出林秀贞的一大堆故事。

她给了别人亲人也没有给的爱

“林秀贞聪明能干，性格刚强，诚实守信，她要是光顾自己，早就发大财了。”王常乡党委书记陈国强对此深信不疑。

枣强县是全国玻璃钢生产基地县，林秀贞夫妇都曾是社办企业的职工。1987 年，为了更好地照顾孤寡老人，林秀贞夫妇办起了一家玻璃钢企业。

1992 年，林秀贞在枣强县城买了几亩地，想把企业搬过去。可是，老人傻的傻，瘫的瘫，实在走不开，一拖两拖，企业就留在了村里。

5 个孤寡老人过世之后，林秀贞家的企业也日渐红火，她又把爱心投向了其他困难群众和村里的公益事业。2003 年，她遇见了下肢残疾的仉长胜，知道他父母双亡、光棍一条的身世后，就让他到自己的企业上班，这是她收留的第一个残疾人。到今天为止，厂里已经有 8 个残疾人。林秀贞给他们的宿舍装空调，雨天接送他们上下班，大家同吃一锅饭。

林秀贞做的还不止这些，村头的排水沟坏了，她拿出 3000 元修好。村里街道不平，她拿出 1.5 万元修成了水泥路，还安上了路灯。村小学校舍漏雨，她马上送去 2000 元，看到桌子破旧，又拿 3000 元换了新课桌。

1993 年夏，邻村的一个孩子考上了大学。本来是个高兴事儿，可 5500 元的学费难倒了全家。正当他们发愁时，林秀贞送去了一书包钱，虽然有 10 元的、5 元的，甚至 1 元的，但总数 5500 元，一分不少。

这几年，林秀贞捐资 4 万元资助村中公益事业，资助本村和邻村的 14 名贫困孩子上了大学……

而林秀贞家，依然是土墙包砖的小矮房，家具破旧，出出进进经常不关门。她脸膛黑红，身上的衣着也和一般农村老太太无二。今年 6 月，林秀贞被评为全国优秀共产党员，要到北京参加庆祝中国共产党成立 85 周年暨总结保持共产党员先进性教育活动大会，受党和国家领导人的接见，她才难得地“奢侈”一回，花 500 元做了两身像样的衣服。

“我是个党员，赡养老人是应该的。”

林秀贞深知，孤寡老人最怕受歧视，本来让别人侍候都不乐意，如果觉出有一点嫌弃，在家里呆得就不踏实了。

在日常生活中，林秀贞特别注意掌握老人这种微妙的心理。冬春时节天气冷，林秀贞就让老人吃羊肉补身子；老人胃寒，就买来红糖，让老人冲水喝。儿子结婚，林秀贞让朱书常老人坐在上座，第一个受拜；家里有好吃的，总是让老人先吃；吃饭时的第一碗饭，第一杯酒，也总是先端给老人……

几个孤寡老人都上了年纪，有的还傻，爱流鼻涕，淌口水。林秀贞和这些老人在一个桌子上吃饭，有的老人把鼻涕一甩，往裤腰上一擦就伸手拿馒头。

对于这种事，亲生儿女可以抱怨，但林秀贞不能。她慢慢开导，给老人发毛巾、手绢，用脏了勤换洗。她还教育自己的孩子，人人都会老，决不能因此嫌弃老人。

林秀贞从来没因为赡养老人的事向政府提过任何要求。陈国强说，乡党委多次找林秀贞，希望帮她解决一些困难。可林秀贞总说：“政府需要办的事还很多，作为一个党员，就要为党和政府分忧，为群众解愁。”

早在1996年，王常乡宣传委员杨光就想宣传林秀贞赡养孤寡老人的事。但她坚决不同意：“我是个党员，赡养老人是应该的。再说，一宣传出来，我怕老人心里不踏实。”

“学到了做人的道理，比什么都强！”

“我娘说了”是林秀贞的口头禅。林秀贞的母亲，是抗战时期的妇救会员，对共产党感情极深，淳朴厚道，乐善好施。她常伸出食指、中指和无名指教育孩子：“为人不能走偏道，也不能走歪道，只能走中间的正道。”什么是正道？就是听党的话，多干善事。对于林秀贞赡养孤寡老人的事，她全力支持。在朱书贵、刘秀焕瘫痪在床的日子里，老人还亲手做了四五十个尿裤子。

在这种淳朴家风的熏陶下，林秀贞一大家子的每个人，都力所能及地帮助林秀贞。

“我和妹妹小时候多是在姥姥家过的。”在儿子朱新宇的童年印象里，妈妈一天到晚不在家，很少顾得上他和妹妹。1984年冬天，看着母亲整天淘冰洗尿裤子，手上裂开了一道道血口子，朱新宇和妹妹也很心疼，就想做次焖饼，让母亲高兴一番。哪知道，7岁的妹妹太小，端不动铁锅，一下倒扣到了脚上。兄妹俩以为闯了祸，躲出家门不敢回来。后来，母亲找到了孩子，问清缘由后，娘几个抱在了一起。

谈起这件往事，林秀贞泪流满面，“哪有母亲不疼孩子的，哪有孩子不想娘的，这是人的天性，可孩子没渴着、没饿着，学到了做人的道理，比什么都强！”

林秀贞赢得了乡亲们发自内心的尊重。三里五村，十里八乡，谁家闹别扭了，都会拿她做榜样，“看看人家秀贞，你们还有啥说的！”村里谁家吵嘴了，只要林秀贞往那儿一站，就都不言声了。

林秀贞的忘我奉献，赢得了社会各界的广泛敬重。她先后被评为县、市、省和全国优秀共产党员、全国“三八红旗手”、2005年度“感动河北十大人物”。

【作者：王方杰】

【《人民日报》2006年8月30日第4版】

王兴柱：看，他这样融入城市……

人物独白

我是好多外来工里幸运的一个，除了个人努力，主要是有一个好平台，让我有施展的机会。

“这幢楼的‘来回线’线路，应该怎样走好呢?”王兴柱独自琢磨着，还是没想通。他一刻都不愿歇，拔腿就去找师傅。正在休息的师傅睁开眼，看到好学的徒弟，笑了，随手把一个空烟盒拆开，在上面画了幅线路图。

拿着这张特殊的线路图，王兴柱麻利地干起来。完工后一周多，他还把这张皱巴巴的线路图带在身边。“我舍不得扔掉它，不停地看，想了又想，可以触类旁通。”

王兴柱，这个从安徽农村出来的青年农民，就是凭着好学和苦干，成为杭州市设备安装有限公司项目部电工班班长。今年初，他被评为“全国十佳知识型民工标兵”。

从安徽农民到杭州居民

1987 年底的一天早上，刚刚 19 岁的王兴柱，第一次出远门。坐火车、长途客车，一路颠簸到了杭州。通过亲戚推荐，他在杭州市设备安装公司做了临时工。

上班第一天，王兴柱就懵了。“叽里呱啦”的杭州方言，一句也听不懂。为了交流和工作，他决意学会杭州话。他手指物体，向工友请教发音，用心记住。他把学会的方言单词，串成句子来练习。“现在，当地人也分辨不出我是外地人。”王兴柱得意地说。

身材瘦小的王兴柱，干活却有使不完的劲儿。师傅赞赏他说：“这小鬼肯干活，脑瓜子灵光。”

1988 年 8 月 8 日，一场特大台风袭击杭州。那天清晨，当王兴柱蹚着水，半身湿透，好不容易到了工地，才发现唯有他一人来上班。公司一位来检查受灾情况的施工员深受感动。回公司便推荐王兴柱，让他成为签约 15 年的长期合同工。

从此，王兴柱与杭州结了缘。1999 年冬天，他成为“杭州市十佳外来青年”。2001 年 11 月，他加入中国共产党。一家三口有了杭州市正式户口，在杭州市区买下一套近 100 平方米的新房子，真正过上了杭州人的生活。

从学徒工到领班人

学徒工是王兴柱人生的新起点。“不会，并不可怕，只要肯学。”王兴柱把各种材料的名称和性能，记在一个小本子上，一有空就掏出来看，很快就熟悉了。

王兴柱每天早上 7 点就到工地。午饭后他利用休息时间，在工具间门口，把废料捡起来，操练气焊。技术进步很快，成了班组生产骨干。晚上住在集体宿舍，他从来不去歌厅、电影院，“我就看书，看电气安装中级工培训资料。”

1992 年，王兴柱独立上岗，选入公司“青年突击队”。1994 年，他负责东南化工厂电气安装任务。这个厂水解车间的设备从意大利进口，安装难度大。他带领电工班组，一遍一遍分析图纸，查找资料，工程提前两个月安装完毕。最后关口的设备试车阶段，他连续七天七夜坚守在施工现场，试车一次成功！意大利专家对王兴柱竖起了大拇指。

这之后的几年里，王兴柱带班四五十人，投入了三大工程。杭州游泳健身中心工程获国家建筑业质量最高奖“鲁班奖”，其他两个工程分获浙江省“钱江杯”、“安装杯”优质工程。

从辛苦干活到保有平常心

王兴柱随手挽起裤脚，记者一眼看到，他右脚踝上还紧裹着一个蓝色的护套。

2004 年夏天，王兴柱在卸货时脚踝严重挫伤。第二天早晨，脚踝肿得无法下地，可是施工任务太重，他不能到医院住院，也无法卧床休息。工友便用钢管做了一副拐杖，让他每天一瘸一拐地上班。

工作中有太多的艰辛、太多的累。那一年，杭州西湖博览会的一个配套工程，他连续加班加点，几天几夜没合眼。地下室的施工现场，有时往地上放一张硬纸板，倒头便睡；有时往墙角一靠，就睡着了。

“这个工程获得了‘鲁班奖’，并不代表下个项目就能做好。要有颗平常心，要持之以恒地做下去。我是好多外来工里幸运的一个，除了个人努力，主要是单位提供了好的平台，让我有施展的机会。”王兴柱满脸真诚。

人物志

王兴柱，浙江省杭州市设备安装有限公司项目部电工班班长，获电工技师职称。去年中秋，“浙江省最感动你的民工”评选活动中，他名列第二。今年初，他被评为“2006 年度全国知识型职工标兵”。

【作者：袁亚平】

【《人民日报》2007 年 4 月 5 日第 5 版】

稻香万里济众生

——记袁隆平和他的杂交水稻（上）

5 月 8 日，刚从美国归来的袁隆平院士，像往常一样，走进了试验田。

黝黑的面庞依旧，坚定的步伐依旧，“袁氏发型”依旧。

“我不在家，就在试验田；不在试验田，就在去试验田的路上”，他这样描述自己的生活作息。试验田是他生活的一个重心，因为那里种着他心爱的杂交水稻。

近半个世纪的时间里，袁隆平在杂交水稻攻关的每一个关键时刻，每一个困难面前，都始终坚守目标，锲而不舍进行科学探索；在杂交水稻领域的每一个发展阶段，每一项重大技术创新，都贡献出了非凡的经验、智慧与学术思想。

在他的引领下，我国拥有了解决粮食安全问题的关键技术，人类拥有了驱逐饥饿新的希望。

77 岁的袁隆平，壮心不已。

使　命
让所有人远离饥饿，新的起点期待新的奇迹

2005 年 8 月 13 日，农历七月初九。

8 月的长沙，天气炎热，空气里一丝凉风都没有。可袁隆平却觉得这天热得畅快，热得舒坦。

因为这一天是袁隆平 75 岁的生日，也因为在这个特别的日子里他将迎来一位特别的客人。

这一天，温家宝总理到国家杂交水稻工程技术研究中心视察。

看过试验田里穗大叶壮、谷粒硕大的超级稻，听过袁隆平的汇报，温家宝总理说，袁老师研究发明的超级稻有重大科学价值，在我国大面积推广种植后累计增产粮食 4000 多亿公斤，为中国人养活自己做出了重大贡献。发展农业要靠政策，靠投入，归根结底要靠科学技术。

总理的评价，让袁隆平如沐春风；总理的嘱托，让袁隆平深感振奋。

这一年，袁隆平向世人宣布了第三期超级稻目标：在 2010 年，亩产要达到 900 公斤；同时要把杂交水稻推向全世界。袁隆平设想，在 2010 年将杂交水稻在世界范围内推广到 1500 万公顷，按照每公顷增产 2 吨粮食计算，就能多产 3000 万吨粮食，多养活 1 亿多人。

这一年，距离他与杂交水稻携手之始已有 45 年。

45 年，弹指一挥间。袁隆平要让所有人远离饥饿的追求没变；他那“先天下之忧而忧，后天下之乐而乐”的情怀没变；他那“路漫漫其修远兮，吾将上下而求索”的豪情没变。

此前一年，超级稻二期目标提前实现，超过 800 公斤的亩产，让中国的超级杂交稻育种研究继续领跑世界，这一领先的纪录已经保持了 30 年。

让杂交水稻的潜力充分迸发，让人民不仅吃饱还要吃好，面向未来，使命仍然在肩。

本　色

科学研究的本色是创新，科学家的使命在于探索未知，他们真正的快乐也来源于此

科学家的使命在于探索未知。从步入科学殿堂的第一天起，创新就已经深深烙入袁隆平的人生信条里。

地里的杂交水稻绿了又黄，农民的谷仓里装满丰收的稻谷，寓言着他丰厚的创造力。

1960 年，当袁隆平立志用农业科技击败饥饿威胁时，“自花授粉作物没有杂种优势”成为横亘在他面前的理论禁区。

当年，一株“鹤立鸡群”的高产异型稻株，吸引了袁隆平的眼光；第二年在它的后代身上，优势完全退化分离，难道这是一株天然的杂交稻？能不能育成人工杂交稻？袁隆平的智慧火花在那一刻点燃。

多年后，他的弟子说，“袁老师绝不是第一个见到异型稻株的人，但却是第一个找到其本质规律的人。也正因为他敢于打破常规，才成为一个伟大的科学家。”

创新是科研的本色，但在关键时刻对于研究路线的重大决策更能显示大师应有的本色。

功底深厚，高瞻远瞩，决断果敢，在众多农业科学家眼中，袁隆平从来都是不折不扣的“战略之魂”。中国杂交水稻研究的关键节点，几乎每一次都能找到他的影子。

1987 年，距离杂交水稻首次大面积推广已过去 10 年。袁隆平又提出杂交水稻育种的战略设想，在他的设想中，杂交水稻的育种方式必须由繁到简，未来要从三系到两系再到一系。这个后来被世界农业科技界誉为“袁隆平思路”的卓越构想，把科学探索推向了又一个全新的境界。

提出新的问题、新的可能性，需要创造性的想象力。同时想要超越自我，就必须承担随之而来的风险。当袁隆平提出要选育亩产 700 公斤以上的超级稻时，就连跟随他多年的助手们，都怀疑“这怎么可能?”

“要是能够轻易做到，我把你们叫来做什么?”在海南三亚南繁基地，一向笑容可掬的袁隆平拉长了脸。他认为，尽管日本和国际水稻研究所都没能在“超级稻”上取得突破，但“别人没做到的，不等于我们不能做。我不愿停留在原有成绩上，要出新成果”。

袁隆平告诫助手们：“搞科研，要有一种在国际上争先的精神。就像跳高一样，跳过一个高度，又有新的高度在等着你；要是不跳，早晚要落在人家后头。”他要的就是

抢占杂交水稻研究的国际制高点。

袁隆平雷厉风行，说干就干。新世纪的第一年，超级稻首期亩产700公斤的目标顺利实现。

奋　斗

他喜欢李四光创作的小提琴曲《行路难》。他以这种方式告诉世人："探索科学的道路是艰难的，但不管怎么难，科学工作者都要义无反顾走下去……"

中国杂交水稻的成长史，就是以袁隆平为代表的一代又一代科技工作者的奋斗史。

年过古稀，本该含饴弄孙、颐养天年，可袁隆平却依然坚守在一线，每天准时上班，准时下田，上午9点半到10点半，下午3点半到4点半，是他固定到试验田的时间。越是打雷刮风，越是下大雨，他越要到田里面去看看，因为那是检验他的"宝贝"的关键时刻。

袁隆平对试验田如此痴迷，不仅仅是一种生活习惯。他说，"我们搞育种的，就是要坚持在第一线，这样才会发现新品种，才会接近灵感。"

奋斗在一线，是袁隆平的行动指南。

在实验的最初6年里，袁隆平与两个学生尹华奇、李必湖先后用1000多个品种的常规水稻，与最初找到的雄性不育株及其后代进行了3000多个测交和回交实验，始终没有成功。上千次的失败没有摧垮袁隆平创造成功的信念。

为了寻找野生稻，袁隆平师徒千里迢迢，远赴云南和海南，他们经历了"三只老鼠一麻袋，三只蚊子一盘菜"的艰苦；也在滇南大地震中与死神擦肩而过。

为了加快杂交育种更代繁殖，袁隆平师徒开始了候鸟一样追赶季节南来北往的岁月。39个春节，袁隆平在天涯海角度过。

袁隆平师徒犹如拓荒牛般，耕耘着希望，探求着绿色生命的本质。功夫不负有心人。1970年，"野败"的发现，为籼型杂交稻三系配套打开一扇成功的窗户。但是试验田里只长稻草不长谷，让那依稀的亮光似乎黯淡了。面对怀疑，袁隆平依然冷静，改进品种组合，3年创造了亩产505公斤的优良战绩。

一个阶段的成功，停止不了矢志奋斗者的脚步。

制种，曾经是制约杂交水稻推广的一大阻碍。1973年到1975年，两年多的卧薪尝胆，袁隆平让最初一亩仅能生产5.5公斤杂交种子，一步飞跃到最高亩产150公斤。

1976年，杂交水稻率先在湖南大面积推广，进而推向全国。据不完全统计，当年就推广了208万亩，全部增产20%以上。按每亩增产60公斤计算，即增产12.48亿公斤。杂交水稻旋风在神州大地刮起。

从三系到两系跨越的关键时刻，南方遇到超常低温，两系不育系出现育性波动。袁隆平没有退却，从失败中另辟蹊径，终将杂交水稻培育成了可以在长江中下游地区安全种植的水稻。

"山重水复疑无路，柳暗花明又一村"。在漫长的科研道路上，无数次分析、总结，饱尝了“失败、成功、再失败、再成功”的苦辣酸甜，袁隆平愈挫愈勇；杂交水稻的伟大成就，让我们看到在失败和挫折中崛起的辉煌。

奉 献

一个真正的科学家要心底无私，他对人类的贡献在于将自己的智慧毫无保留地付出

培育杂交水稻，从袁隆平一个人的梦想，变成一个科研小组的奋斗目标，再扩大到一场声势浩大的攻关大协作，到组建一个机构健全的研究中心，最后被纳入国家的“863”计划……这个过程，体现了党和国家的重视与支持，也见证了一位科学家的无私与高尚。

1971 年 3 月下旬，正当“野败”的 F1 代“子女”抽穗的时候，湖南、广东、广西……来自 13 个省、市、自治区的 18 个科研单位 50 多名农业科技人员，齐聚三亚。

此时，一道科研之外的“难题”摆在袁隆平的面前。是将“野败”这一最新实验材料封闭起来关门研究，还是让更多的科研人员协作攻关呢？

杂交水稻三系配套已经凝结了他的很多心血，“野败”的出现无疑是天赐良机，他可以让自己成为这项研究“唯一”的功臣。但是袁隆平还是选择了后者。他毫无保留地及时向全国各地来的科技人员报告了他们的最新发现，慷慨无私地把辛勤培育的“野败”材料分送给大家，让他们一边学习一边实验。

白天，他在试验田里示范技术操作；晚上，他在驻地开辟教室，架起黑板，给各地技术人员办起杂交水稻研究速成班，把自己多年积累的知识奉献给大家。

他的无私，换来的是冲天的热情和干劲。短短 1 年多的时间里，来自全国各地的 100 多名科研人员，使用了上千个品种，与“野败”进行了上万个回交转育，极大地加速了杂交水稻的研究进程。

其后，在长达 30 多年的南繁育种岁月里，袁隆平始终坚持这样讲课或座谈。培养了一大批来自全国各地的杂交水稻技术人员。他在科研事业中，没有门户之见，从来都是搞“五湖四海”，这让很多人从中受益。

对于一项科研事业，掌握最新的研究资料非常重要。袁隆平每次从国外带回的资料都是复印成三份，一份留在杂交水稻中心，一份提供给全国协作组，另一份则让来中心访问的科技人员无偿参阅。

令人感佩的胸怀、令人赞叹的研究，为他赢得了各地科研人员发自内心的敬重。从此，他也在大家的瞩目中担当起中国杂交水稻研究总设计师和最高学术领头人的重任。时至今日，每每听到别人对他的赞美，袁隆平依然会有些羞涩，因为他的心里始终觉得，杂交水稻并非他一个人的成绩，而是整个团队的成就。

袁隆平，他把自己奉献给了杂交水稻事业；他把自己的研究成果奉献给了研究同行；他把杂交水稻奉献给了中国人民，也奉献给了全世界。

无农不稳，有粮则安。袁隆平“为了让更多人吃饱饭”的愿景，终将成真。

【作者：朱隽、贺广华、赵众志】

【《人民日报》2007 年 5 月 23 日第 8 版】

大爱无声赤子心

——记袁隆平和他的杂交水稻（下）

夏日艳阳，已有尺长的禾苗依然泛着新绿。

一双手轻轻拂过那片绿色，仿佛抚触新生的婴儿，充满怜爱。

绿色，袁隆平一生钟爱的颜色。绿色，是稻田里的青青禾苗，是祖国和人民的殷殷期许，也是袁隆平永葆科学青春的无限渴望。

大爱无言，真爱无声。77 年的风雨历程，袁隆平与爱相伴。

大　爱
科学研究没有国界，但科学家是有祖国的，袁隆平的心中始终装着祖国和人民

2007 年 4 月底，美国华盛顿。来自中国的袁隆平正式就任美国科学院外籍院士。此时距他获此殊荣已有一年。

时间回溯 10 年，1997 年的墨西哥城。袁隆平获国际农作物杂种优势利用“杰出先驱科学家”奖。这个奖与他所获得的其他奖项比起来，“地位”并不显赫，可时至今日却依然让他念念不忘。因为那次领奖的 5 位科学家里，有 4 位是美国人，只有他一个来自大洋彼岸。站在异国的领奖台上，他说那份荣誉属于祖国，他为祖国增添了光彩。

对祖国的热爱，一如他对母亲的依恋。失去母亲时，从不掉泪的袁隆平不禁号啕；看到祖国贫弱，心忧天下的袁隆平立志奋起。

出生在烽火连绵年代，战争、杀戮、颠沛，苦难过早地与袁隆平相伴；但是父母常讲的精忠报国之类的故事，让爱国的种子在他幼小的心灵里渐渐萌芽。

造化神奇。幼时一次郊游，那世外桃源般的恬静让袁隆平走进“农门”。嘉陵江畔的 4 年大学生活，江风激荡着他一腔好男儿当报国的热血。

进入 1960 年，粮食减产，饥荒肆虐。看到马路边、田埂上因为饥饿而倒下的同胞，袁隆平的心被灼痛了。“民以食为天”。为了人民不再忍受饥饿之苦，为了祖国不再为粮食饥荒担忧，这位新中国培养的第一代科技工作者下定决心，立志解决同胞的吃饭问题。

这一年，袁隆平开始了他的杂交水稻研究。这一干，就是四十几年。

多少个日日夜夜，袁隆平风雨兼程。从实验室到田间，看着太阳晚睡早起；从湖南到海南，追着季节南来北往。面对困惑、迷惘不回头；面对误解、伤害不放弃。心中有

爱，矢志不渝。这份爱，他献给了祖国母亲。

“杂交水稻之父”的盛名，并没有改变他的赤子情怀。面对众多国际机构的高薪聘请，袁隆平都婉言谢绝了，他说，我的根在中国。

袁隆平经过近半个世纪的努力，创造了绿色王国中的奇迹，在世界科学史上写下浓重一笔；他通过长期实践，创立了杂交水稻学科，丰富和发展了农作物遗传育种理论；他找到了一条保证国家粮食安全的科学途径，这一切，祖国不会忘记！

真　爱

用赤诚之心对待农民，用一生的努力让农民多打粮食，多赚钱，农民看着他就像看家里人，一点儿都不觉得生分

见过袁隆平的人都说，上看、下看、左看、右看，怎么看他，都像个农民。那古铜的肤色，不长年累月地亲密接触阳光不可能这么浓重；那精瘦的身材，不长年累月地上下田埂不可能这么结实。

长年站在稻田里，生活在农民中，农民看着袁隆平就像看家里人，一点儿都不觉得生分。

袁隆平说自己是为农民服务的，他愿意向农民学习，农民愿意跟他交心，农民心里想啥他最清楚：饿肚子的时候想吃饱，吃饱了肚子想致富。

要让农民富起来，要让农民过上好日子。袁隆平说，光靠种粮食很难致富，但粮食又很重要，数量不能少，所以要让农民“曲线致富”。大幅度提高粮食单产，腾出一部分土地进行结构调整，种上蔬菜、水果、花卉等经济效益更高的作物，或者发展水产养殖，这样农民不就富起来了吗？

家住湘潭县泉塘子镇梅花村的李家俊就按照袁隆平描画的曲线富起来了。今年73岁的李家俊现在还没忘记饿肚子的感觉，所以他打从心眼儿里感谢那个和他一样卷着裤管儿、农民打扮的袁隆平，是袁隆平帮助他和家人“搞”饱了肚子。2006年，家里种了3亩多超级稻，养了100多头猪还有一台大型收割机，4口之家一年收入3万多元，李家俊对现在的日子很满意，就想着下次再见袁隆平时要大着胆子跟他说，“我们打心里感谢你”。

袁隆平用赤诚对待农民，让农民的地里多打粮食，腰包里多装钞票，农民不会忘记他，而且会给予他更多的尊敬和爱戴。

袁隆平常说，杂交水稻好不好，要看农民喜不喜欢。2004年，泉塘子镇尚泉村的杂交稻亩产超过了600公斤，村民们都说哪种过这么好的水稻，他们放鞭炮，做锦旗，非要派出代表提着鸡、提着鸡蛋来感谢这位“米菩萨”；2005年，一位黑龙江的农民慕名而来，拿了个自己设计的小型插秧机请袁先生指教。感谢、求助，袁隆平经常要接待风尘仆仆的农民弟兄。

在这些农民中，有一个人用了一种特别的方式表达了自己的感恩。他就是湖南省郴州市北湖区华塘镇塔水村农民，今年47岁的曹宏球。

吃不饱曾是曹宏球少年时代深刻的记忆。改革开放后，脑子灵活的曹宏球率先在村

里种起了杂交水稻，眼看着自家地里年年都有好收成，他开始琢磨着种蔬菜、种瓜果、养蜜蜂，还培育出了无籽苦瓜新品种。口袋越来越鼓，曹宏球萌生了一个想法：为袁隆平塑像。他觉得自己能够吃饱饭，都是“搭帮”（方言，得益于的意思）了袁隆平；在培育苦瓜新品种的过程中，他也体验到了进行农业科研的艰辛，想用这种方式来表达对袁隆平的感谢和敬重。1997 年，曹宏球把高 1.6 米、蹲在田垄手捧稻穗的袁隆平雕像迎进了门。如今这座雕像就放在曹家附近的“稻仙园”里，经常会有中小学生来参观，聆听袁隆平爷爷的故事，感受杂交水稻的神奇。

深　爱
他办公室的门永远向年轻人敞开，但里面常年放着的草帽、毛巾、长筒雨鞋对周围的人又是一种无声的催促

40 多年来，袁隆平最记挂的，始终是水稻，他要让水稻更加高产，也要培育出更多更好的“种稻人”。在他心里，中国的杂交水稻研究要继承和创新，重要的是要建立一个科研梯队。送出去、请进来、自己带，他倾情守望着这支人才辈出的队伍，一如守望着他的那片充满绿色希望的稻田。

水稻育种人才需要时间的打磨，无法与自然规律抗衡，既不能拔苗助长，也不能急于求成。袁隆平说，一个水稻新品种的诞生通常要经过 8 个世代的研究，原来一个世代的研究就要耗时 8 年，到海南育种之后这个时限缩短到 4 年，如今通过建立人工气候室可以两年培养 5 代、不到 3 年出个新品种。虽然进程加快，但周期依然不短，而且想要加班加点赶进度几乎没有可能，只能依靠耐心，只能坚守。

爱之深，责之切。袁隆平用自己的执着感动着、鼓励着那些愿意致力于杂交水稻研究的年轻人，同时，他的那种“磁场”会让后辈感受到无形的压力。在他的助手和学生的眼里，袁先生办公室的门永远向他们敞开着，有想法、有问题，随时可以去探讨、去争论；可是袁先生办公室里常年放着的草帽、毛巾、长筒雨鞋对他们又是一种无声的催促：到田里去，到实践中去。

不管是毒日头，还是狂风雨，每天必须到田里去，把腿站在稻田里，去认识水稻，了解水稻，要熟悉到一打眼一片稻田就能分辨是哪个品种，它有什么样的“脾气”，一如区分自家和别家的孩子，这是袁先生的要求。要知道一亩稻田里会有 1 万多到 2 万株禾苗，这种了解谈何容易。

育种时，如果一个组合有奇数粒种子应该怎样播？要对称播两排，最后一粒播在两排的中间，这也是袁先生的要求，目的是让秧苗对称，条件均衡，缩小试验误差。要知道育种一季类似的组合要做 1 万多个，弯着腰在田间工作，有些学生和袁先生一样患上了腰肌劳损。

爱才、惜才，为了奖掖后学，袁隆平不遗余力。1987 年，获得联合国教科文组织科学奖后，他把 1.5 万美元奖金悉数捐出，建立“袁隆平杂交水稻奖励基金”。后来，又陆续将各种奖金捐出来，累计达 100 万元。多年来，他每年都把自己与美国水稻技术公司合作所获的顾问费捐出来，设立“所长基金”，专门用来资助年轻科研人员以及科

研项目。

对别人大方，对自己却“抠门儿”。坐飞机只坐经济舱，一次买机票的同志因为他全国政协常委的身份买了头等舱，他硬是让秘书又换成了经济舱；由于工作需要，单位想把他的办公室再装修一下，他却说，这间蛮好嘛，装修要花钱，何必浪费呢。

一分耕耘，一分收获。心底无私，育出硕果。到目前为止，仅袁隆平带领的国家杂交水稻工程技术研究中心，就已经拥有高级研究人员超过 30 人，占科研人员总数的一半；还相继培养出了一批博士、硕士，为提高科研水平积蓄了后备力量。

挚　爱

爱，渗透在日常生活的每个细节中，哪怕是一个会心的微笑，都是幸福的，值得回味的

在很多人眼中，袁隆平近乎“完美”。因为科学之外的他也是那样精彩，他就像个水晶多面体，无论从哪面看都色彩斑斓。

科学给了他善于捕捉细节的头脑，他用这种敏锐去热爱生活，他爱得细腻、真挚。

袁隆平有着一颗感恩的心。上世纪 60 年代，杂交水稻研究处于逆境。国家科委九局局长赵石英施以援手，给了袁隆平强有力的支持。常念雪中送炭，对于这个伯乐，袁隆平始终没有忘记。30 年后，恩人生病，他派专人到北京看望、问候；斯人已逝，首届隆平农业科研基金会颁奖时，还不忘给赵石英颁发了伯乐奖。

家庭和亲情，在袁隆平的心底分量很重。和夫人邓哲已携手走过 43 年的人生风雨，袁隆平说，我之所以能在杂交水稻上取得成功，是妻子用理解和柔情铺垫的台阶，他在人前总是称妻子为“我的贤内助”。

为了杂交水稻，袁隆平夫妻分居 20 多年；为了南繁育种，袁隆平在二儿子出生第四天就去了海南，一去就是 100 多天；为了坚持科研，父母病重，袁隆平都无法床前尽孝……对这一切，邓哲选择了理解，选择了无怨无悔的支持，选择了用自己的肩膀担起这个家。

对这一切，袁隆平打心眼里感激。如今，每天下班之后，袁隆平都会和夫人一起陪孙女们玩电动飞碟，或者给她们讲个笑话，享受天伦之乐；每次应邀出访，或者出国领奖，只要条件允许，袁隆平都会带夫人一道去，耐心地给她当翻译兼导游。

有人这样问过袁隆平，几十年来您所做的研究让您过着苦行僧一样的生活，您还会有快乐吗？袁隆平说了四个字：乐在苦中。

喜爱读书、喜爱音乐、喜爱打球、喜爱游泳、喜爱打麻将，原本丰富的生活给了袁隆平丰富的生活内容。有理想、有追求、有希望，看淡名利，是袁隆平的快乐秘诀。

“山外青山楼外楼，科学探秘永无休，成功易使人陶醉，莫把百尺当尽头”。心中依然有梦，77 岁的袁隆平生活得从容、充实。

【作者：朱隽、贺广华】

【《人民日报》2007 年 5 月 24 日第 6 版】

王树先——“好事做到最后一刻”

“树先呀，老姐姐又来看你了。”9 月 18 日下午 4 时，福建省永定县抚市镇里兴村，孤寡老人吴桂英跪倒在一座坟前，“想起你，我的心就好痛呀!”

坟里，掩埋着里兴村 74 岁的老党员王树先。

绝唱　义无反顾冲入洪水救乡亲

2006 年 6 月 18 日，百年不遇的暴雨突袭里兴村。400 户、1800 多位村民，还沉睡在梦乡，浑然不知险情。

清晨 5 点多，像往常一样早早起床的王树先走出家门，看到眼前情景，心知不妙。他一边叫起 68 岁的老伴黄兰珍，一起紧急清理村里的排水沟，一边扯开嗓子向四下里高喊：“山洪来了，大伙快往山上跑呀!”

转瞬间洪水没膝，慌乱的村民拥向后山。在王树先和随后赶来的村干部指挥下，第一批村民安全转移到后山上。当他们组织第二批人转移时发现，原来的道路已是一片汪洋，被洪水完全浸泡的“笃庆楼”和“汉兴楼”两座土楼，随时都有倒塌的危险！两楼中 132 位村民多数都已跑了出来，还剩下 18 位老弱妇孺。

洪水一寸寸地涨高，奔波了 1 个多小时的王树先早已体力不支。听到群众呼救之声，他仍毫不犹豫地又一次冲入洪水，扳断一楼的窗栏，一手抓住窗框，一手把人一个个地拉出来。一个、两个……最后才是自己的老伴和孙女。洪水已经漫到了脖子，当看到另外一座土楼里还有 3 位老人正在呼救时，他想也没想调头游去。

突然，一股巨浪扑过来，筋疲力尽的王树先消失在汹涌的洪水中……

直至第二天中午，乡亲们才找到王树先的遗体。悲痛欲绝的村民们一遍遍呼喊着他的名字，老人却再也无法答应了。

往事　一生行善为民谋利不辞劳

“要不是他把我背出来，我早没命了!”提起王树先，吴桂英老泪纵横。吴桂英 50 多岁时失去了丈夫，近 30 年来，王树先就像照顾自己的亲姐姐一样照料着她。生病了，给她喂饭喂药；天冷了，给她添衣添被。每天早上，王树先的头一件事，就是先到吴桂英家敲敲门，听到叫醒了才放心离去。

王树先是个退伍军人，在十几年的部队大熔炉中，不仅铸就了一身正气，更培育出对群众、对家乡的一腔深情。早在他担任村会计、烤烟技术辅导员时，就和其他村干部一道，带领乡亲办起了养猪场、碾米加工厂、米粉厂，种起了烤烟，建起了烤烟房，使乡亲们逐步过上了好日子。他管过的账从来都清清楚楚、笔笔公开。

到了晚年，不再担任村干部的王树先凭着自家相对殷实的家底，原本可以颐养天年，可他却更加忙碌。村里修路、造桥、建小学，谁家地里收稻时少了人手……这些大事小事，王树先都当仁不让。

2005 年 12 月，王树先的侄子拿出 1 万元钱给他，想让他翻修一下自家的旧房子。王树先却又掏出 2000 元，再让在外地工作的儿子寄来 500 元，合在一起捐给村里，“把村里的桥修起来。我年纪大了，挑不动石头了，带头捐钱、挑沙还做得到。”在他带动下，不到半个月，一座投资近 3 万元的桥修通了。

“王树先给村里做过的好事，三天三夜也说不完。他把好事做到了人生的最后一刻。”抚市镇党委书记郑煌泰说。如今，王树先的大儿子把吴桂英的新家安置在自家隔壁，要替父亲把老人照顾好。

【作者：赵鹏】

【《人民日报》2007 年 9 月 23 日第 4 版】

罗映珍——用爱创造奇迹

“去年中秋，我在饭馆买了3个菜，在病房和金勇一起吃的。那时候，金勇还没有意识，病情也不稳定。今年中秋又到了，这一年，金勇的病情有好转，我希望他能早日康复，回到自己的工作岗位去。”

罗映珍还是一如既往，精心照顾着病床上的丈夫——每天早上5点起床，6点左右赶到北京宣武医院，对罗金勇进行护理，一直要忙到晚上9点才能吃晚饭。“主要是肢体康复训练，每天的日程安排得挺满，很辛苦，但是看到金勇不断进步，让我心里充满了希望。”

缉毒英雄罗金勇，在社会各界的关怀下，于6月8日入住北京宣武医院，进行康复治疗。为了让罗金勇尽快好起来，宣武医院组织了技术最精湛的专家，给他制定了详尽的治疗计划。

现在，罗金勇每天都要接受6小时的训练，包括肢体训练、语言训练和智力训练等内容。每天，医院的康复师都会对罗金勇进行翻身、“床边座”等训练，同时锻炼他的颈部和腰、背部肌肉。如今，3个多月的康复训练已经收到了良好的效果：罗金勇已经从深度昏迷的状态中逐渐苏醒过来，能够眨眼，可以喝一点酸奶和水，舌头可以伸到唇边；在外界的启发下，他甚至可以说出“痛、累”等简单的词语。

面对这些康复训练的成果，罗映珍露出了久违的笑容，“金勇受伤以来，我们每天都被爱心包围着，正是大家对我们的关心和支持，激励着我们不断坚持。”

“800多克”，对毒贩携带毒品重量的估计，是云南临沧市永德县公安局民警罗金勇被毒贩打成重伤昏迷前，留给妻子罗映珍的最后一句话。

2005年10月1日，罗映珍与丈夫罗金勇回家探望父母。途中，罗金勇临危不惧，与3名毒贩进行了殊死搏斗，因寡不敌众身负重伤而成为植物人。从那以后，罗映珍肩负起了照顾丈夫的责任：每天早上5点准时起床，打好果汁、煮好粥，然后带到医院；为丈夫洗脸、刷牙、按摩、擦拭身体、喂食……每天晚上，罗映珍回到住处，都已经是深夜1点多。

日复一日、年复一年，整整两年，罗映珍全身心守候在丈夫身旁，不离不弃，精心呵护。每天，她都和丈夫说话，激励丈夫意识的苏醒，并含泪写下一篇篇爱的日记，呼唤丈夫的早日康复。在日记中，罗映珍写道：“我相信，只要你有坚强的信念，你就能挺过来，意念可以创造奇迹。我们只有两条路可以选择，要么坚持，要么放弃，我选择继续坚持。”正是这种坚定的信念，使罗映珍一次又一次战胜了心中的悲伤，点燃了内心的希望。

在丈夫负伤前，罗映珍是永德县小勐统镇计生所的所长。前不久，罗映珍正式加入人民警察队伍，被临沧市公安局授予二级警司警衔，由一名警嫂变成一名警察。

罗映珍的先进事迹，在全社会引起了强烈反响。2006 年，罗映珍被评选为“感动云南十大人物”；2007 年，全国妇联、云南省妇联分别授予罗映珍“三八红旗手”荣誉称号。

前不久，罗映珍获得“全国孝老爱亲模范”称号。站在颁奖台上，罗映珍仍然挂念着病房里的丈夫：“一出来我就没办法安心，怕他有什么问题；见不到他，心里就会空落落的……”罗映珍说，她会更好地照顾、呵护金勇，使他能早日康复，早日实现医生预计的目标：一年后能完全改善他目前的状况，早日站立起来。

【作者：陈娟】

【《人民日报》2007 年 9 月 26 日第 4 版】

邢桂香：扎根基层分民忧

刚当居委会主任时，邢桂香心里确实有些凉。这就是办公场所吗？一间不足 20 平方米黑乎乎的房子，还是临时借用的。办公用具，除了一张半新不旧的桌子和一把破烂不堪的椅子外，别无他物。工作人员呢，只有几个退休老大妈……

不过邢桂香没有退缩。她发誓：“把我放在这个位置上，干就要干出个样子来。”

12 年过去了，倔强的邢桂香干出了什么样子？她任职的库尔勒市天山街道电力社区不仅有了 1500 多平方米的办公场所，社区还办起了爱心超市、网络服务中心、阅览室、棋牌室、邮政代办点、再就业培训中心、医疗服务站等，年创收 5 万元以上。

不过，邢桂香并不满足。有人反映社区的文化生活单调，邢桂香便又张罗着建起了文体中心。现在，社区有了腰鼓队、文艺演出队和老年健身操队、秧歌队、太极拳队、威风锣鼓队。“这些文艺队还演到了州上、区上咧！”

社区有 24 户低保户，每个月初，低保金一拨到社区，邢桂香就挨家挨户送。送着送着她又琢磨开了，能不能为政府减轻点负担？补血不如造血嘛。社区居民购买生活日用品不方便，邢桂香灵机一动，办了家“五一”便民市场，既方便了社区居民生活，又提供了 60 多个就业岗位。低保户们大都有了用武之地。

社区有 200 多家个体经营户和非公有制企业，怎样让这里的党员发挥出先锋模范带头作用？邢桂香在社区建立起非公有制企业党建联席会制度，开展党员经营户、优秀党员经营户评选。在邢桂香的组织下，辖区内 100 多名个体工商户、非公有制企业主积极参加党建联席会，一些个体经营户主动与社区贫困户结上了对子。榜样的力量是无穷的。党建联席会让更多的人聚拢到了党组织身边，近几年，天山街道电力社区有 40 多名个体经营户向社区党支部递交了入党申请书。

社区办公楼内有间“悄悄话室”，是为化解居民中各种矛盾而设的。自 2003 年以来，已接待 100 余人次。社区工作繁杂琐碎，尤其是邻里纠纷、家庭矛盾更让人头疼。可邢桂香出面，总能化干戈为玉帛。她的那份热心肠，总能使当事双方乐于接受。居民们有个大事小情，都乐于找邢桂香说。如今，电力社区已成为库尔勒市民满意度最高的社区。

“社区是最基层的单位。咱把基层的事做好了，就是为国分忧。”当选十七大代表的邢桂香这么说。

简历：邢桂香，女，46 岁，回族。现任新疆维吾尔自治区库尔勒市天山街道电力社区党支部书记、居委会主任。曾获巴音郭楞蒙古自治州、新疆维吾尔自治区“优秀共产党员”称号，被中组部、民政部授予“全国优秀社区工作者”。

【作者：王慧敏】

【《人民日报》2007 年 10 月 5 日第 2 版】

谢延信：大孝至爱 感动人心

谢延信被评为“全国道德模范”后，河南焦作大地处处感受到道德的力量。

9 月 21 日下午，老谢刚回到西苑社区就被邻居们围住了问这问那。老邻居赵廷正高兴地说：“你可给咱老少爷们争了光啦！大人小孩都以你为榜样向你学习呢。”回到家里，老谢的岳母掂起沉甸甸的“全国道德模范”奖章，笑得合不拢嘴。

谢延信原名刘延信，今年 55 岁，是河南焦作煤业（集团）鑫珠春工业有限责任公司机电科工人。

1973 年，刘延信与同村姑娘谢兰娥喜结良缘，婚后幸福美满。然而，天有不测风云，第二年 7 月，产下女儿仅 40 天的谢兰娥因病撒手人寰，临终前她一遍遍嘱咐丈夫要好好照顾自己的爹妈和智障兄弟。望着痛不欲生的两位老人，想着爱妻临终时的嘱托，善良的延信“扑通”一声跪在两位老人面前：“爹、娘，兰娥不在了，俺就是你们的亲儿子，你们有病俺伺候，百年以后俺送终！”为了让岳父母安心，他说服家人，改姓为谢。

1979 年岳父患重度脑中风，再也没有站起来。一老，一瘫，一傻，一幼，家庭的重担全部压在了谢延信的肩上。为了省下钱给老人治病，谢延信直到患脑出血住院前，没有为自己花过一分钱看病。妻子去世后，为了照顾这个家，谢延信一直没有续娶。上天不负有情人。谢延信的善良和真情最终打动了一位善良的农家女——谢粉香，心甘情愿走到了他的身边，并与他一同撑起这个艰难的家。

谢延信的事迹经媒体报道后，感动了无数的人。谢延信家附近的居民更以老谢为榜样。居民郭振东动情地说，老谢是我们的邻居，在工作中又是同事，在我们眼里他只是一个平凡的人，但他那颗金子般的心，早已深深地感动了我们社区。我们社区这么多年没有发生过案件和不孝顺老人的事，这都与老谢的模范带头作用分不开。

为了学习谢延信，焦作市在商业区、公交车、出租车等地竖立、张贴学习谢延信公益宣传画，被命名为“焦作市公民思想道德建设教育基地”“大学生思想道德建设教育基地”“中小学生思想道德建设教育基地”的鑫珠春公司谢延信事迹展览馆，经过改造后，面积由原来的 30 余平方米扩展到 300 余平方米，焦作市已组织 100 多家企事业单位、大中小学校参观，已接待省内外参观者 10100 余人。

【作者：曲昌荣、赵国堂】

【《人民日报》2007 年 10 月 7 日第 2 版】

周宝生：田野的希望

1979 年，湖北省嘉鱼县官桥八组村民选举周宝生担任组长。这时的官桥八组每个劳动日分值 9 分钱，农民穷困不堪，住东倒西歪的茅屋，穿破破烂烂的衣服，肚子里用瓜菜红薯撑着。

周宝生初中毕业回乡，到县城打工遭人欺侮，一气之下跑回家，要在家乡的田野上做出个奇迹来，要叫那些城里人羡慕这个乡下。

奇迹是这么出现的。周宝生拿出自己家的 600 元存款，成立了官桥农工商综合公司，在官桥镇办冰棒厂，开熟食店与杂货店，这一厂两店一年赚了 7000 元。官桥八组办店成功，别的农民都到官桥镇办店。周宝生经过调查，摸清了市场上钉子缺货，光鄂南几县就需上千吨，他马上把一厂两店出让，到一家三线厂买来了人家闲置的车床、刨床、制钉机和铸造设备，办起了钉子厂和铸造厂。那是 1983 年，在鄂南偏僻的山乡里，代表着工业文明的机器响了起来，轰隆隆的回声，震落了山野的灰尘，压过潺潺的溪流声，奏响了周宝生第一支田野的希望之曲。

钉子厂热火了一阵，原钢材料涨价，市场上钉子销售很快饱和，周宝生马上将其关闭，另寻门路。根据早年的地质勘查，说是官桥八组地下有煤。周宝生就带几个人朝地下挖起来，一天又一天，挖出来的都是石头，不见煤星子。周宝生不动摇，带着几个人又挖起来，没想到就真的挖出煤来了。周宝生给挖煤的 6 个人每人奖励了一只手表，那是官桥八组第一批戴手表的人。煤矿办起来了，他又搞了两辆东风卡车跑运输，原煤不断地外运，收入不断地流来，官桥农工商公司一天天成长着壮大着。

周宝生是个不会满足的人，他要多创几份家业。他开办砖瓦厂、沙发家具厂、钢丝绳厂。当年贫穷的官桥八组很快就变了模样。周宝生坚持带领全村人致富，有了钱，除了继续发展企业外，都用来改善农民生活，建设一个新农村。宽阔的柏油马路从嘉鱼县城直达村里，村子里都是两层一幢的小楼房，一家一幢。随着事业的发展，周宝生将官桥农工商公司更名为田野集团。他得到了很多荣誉，但他不张扬，不停步，带领村民为中国南方的社会主义新农村建设树了个榜样，为农民兄弟在田野上寻找希望做了个楷模。

20 多年的艰苦创业，改革开放的春风使田野集团扬起了风帆。

从武汉到嘉鱼，从嘉鱼到官桥八组，行车时间两小时，那一团绿荫掩映的楼房群就是田野集团。小煤窑早就不挖了，那些砖瓦厂沙发家具厂也早关闭了，如今是现代的高科技园，整齐的农民别墅与员工公寓，功能齐全的文化中心，依山而建的田野山庄、专家公寓，四季常青的森林公园，清澈的人工湖，环村公路四通八达。这里自然环境幽雅，民风淳朴和谐，生活文明富裕，物质文明、政治文明与精神文明协调发展，这里是社会主义新农村的一个典范。

田野集团董事长、仍然担任着官桥八组组长的周宝生，从行政级别来看，他是中国最小的官。他是全国第七至十届人大代表、全国优秀共产党员、全国劳动模范、全国优秀企业家。他是党的十六大代表，这次又当选为党的十七大代表。中国的乡村应该从周宝生身上看到希望，希望在田野上！

【作者：刘益善】

【《人民日报》2007 年 10 月 30 日第 16 版】

他用生命为警徽增光

——追记贵州省台江县公安局民警欧光权

2月2日，公安部追授贵州省台江县公安局看守所干警欧光权为二级英模，这是公安部对一位战斗在抗凝救灾第一线殉职的普通民警授予的崇高荣誉。

冰雪就是警情

1月21日清晨，台江县公安局看守所。

冰雪已将这里封锁了8天。从1月13日起，台江县遭受到50年未遇的冰雪凝冻天气，第二天县城就相继停电、停水，最后与外界的交通也完全中断。

凝冻突然降临，看守所缺粮缺菜，缺煤缺水。每天，干警们脚上缠着布条、稻草，踉踉跄跄地到3公里以外去挑水、买菜。冰封8天，欧光权就和全所的干警在看守所坚守了8天。

21日，欧光权已连续工作了31个小时。本来值班一天一夜之后就该轮休，但是下午所里要安排几位干警分头去接收民政部门调拨的棉衣、棉被，筹措大米、蔬菜、煤炭，人手一时不够。老欧说："没事，你们放心去吧。我一定给你们当好班！"说完，他目送战友们消失在风雪之中。

欧光权又去巡视了一遍监房。在回办公室的路上，与他一同值班的干警突然发现欧光权摇摇晃晃起来，这位干警尚未反应过来，欧光权就因突发脑溢血一头栽倒在地，再也没有醒过来。

"我们没有照顾好他！"教导员龙瑞雪提起欧光权，禁不住眼泪直淌："我们知道他身体不好，长期患有高血压。这几天气温都在零下6度以下，取暖设备也不够，我们都劝他晚上不要加班。可他总是笑呵呵地安慰我们说没事。"

紧急情况，警力紧张。所里7位民警，3人24小时一轮班，唯独把他排除在外，就是要特意照顾他，可他却没有一天歇着。

"欧光权今年58岁，是我们所里年龄最大的干警，也是我们的榜样！"看守所民警吴光和告诉记者。凝冻期间，欧光权每天都要多到监房巡视几趟。他经常对在押人员嘘寒问暖。一天，他发现一名在押人员脚生了冻疮，就亲手帮他擦搓冻疮。

欧光权的弟弟欧光书说起哥哥泪流不止："雪凝开始后，我有一个星期没有见到哥哥。看守所那边坡很陡，很替他担心，就打电话到所里找他，劝他回家休息。他说别担心，我没事！还有两年我就退休了，到时候再想干公安就干不成了！"

老欧去世的消息传到监所，很多在押人员流泪了。8个在押人员甚至请求值班民警把他们铸在一起，去送老欧一程。

警徽就是责任

“欧光权一生忠于职守!”与欧光权共事25个年头的看守所副所长杨昌保这样评价他。

25年前，杨昌保刚刚参加工作，在台江县施洞乡一个农村基层派出所当民警，欧光权是这个派出所的所长。两人第一次外出执行任务，是到福建省的一个乡村解救两名被拐卖到当地的台江农村女孩。在解救过程中，他们两人被当地数十个农民围堵在一个小客栈，情势十分危险。“这一路上，欧光权一直挺身在前，保护着我以及那两位女孩的安全。这是对我人生影响最深的一课!”

有一年，派出所所在地发生一起大火，一位“五保”老人的家被烧得精光。欧光权从家里拿了30斤大米、一双胶鞋送给他。“这个救济非常重，那可是20多年前啊!”杨昌保告诉记者，欧光权一家8口，父母和妻子在农村老家，4个孩子在城里读书，全靠他一人的工资生活。欧光权的慷慨令老人感激不尽，连连道：“亚发，报福猛!(苗语：谢谢你)”

欧光权天生一副笑脸，见谁都乐呵呵，所里人都喜欢他。“但他绝不是没有原则的人。”杨昌保说，欧光权曾经好几次不留情面地指责他：“你是所长，怎能不坚持原则?”“他是我当好警察的楷模!”杨昌保强忍住泪水道。

【作者：孙海涛】

【《人民日报》2008年2月8日第2版】

人生最美是奉献

——记一等功臣、退伍军人邱应发

三年前，武汉市新洲区财政系统的一次问卷调查：其中一栏“你学习的榜样是谁”，职工们不约而同地写上“邱应发”。今年43岁的邱应发是个毫不起眼的普通人，为什么人们愿意把心中的敬意献给他？

站起来是树，俯下身是牛

1986年10月，邱应发退伍回乡，被安排到武汉市新洲区财政系统工作。大家只知道他是个言语不多的退伍军人，全然不知他在战场曾两次荣立一等功。

当时，陶山村遭遇天旱，乡亲们要走几里路才能挑到水吃。邱应发急在心里，他找到村干部出谋划策打深井。村干部手一摊，没钱啊！邱应发从退伍费、伤残军人费中拿出2000元捐给村里。乡亲们共同出力，打出了一口深井。

如何让陶山村脱贫致富？邱应发看到很多村庄都办有自己的工厂，他建议村干部调整产业结构，并拿出5000元帮助村里建起第一个砖厂，随后又捐5000元帮村里办起第一个企业——建材厂。

陶山村现任村支部书记魏辉启说，邱应发很有眼光，他的捐助给当时的村办企业注入了活力，也使陶山村走上了快速发展道路。

邱应发现在新洲阳逻开发区财政局工作。此前，他先后在金台、张店、凤凰、邾城新区和邾城街工作。近日，我们沿着邱应发工作过的地方一路寻访，耳闻目睹他走一处帮扶一处的感人事迹。乡亲们说：“邱应发是个无名英雄，做了好事不图任何回报，从不希望别人记住他的好。”

阳逻街新村村民易五金现在已是远近闻名的致富能人，但在认识邱应发之前，他家一贫如洗。易五金回忆，1989年夏，邱应发到新村收农业税，正好碰到他们夫妻俩吵架。邱应发问明情况，借给他5000元钱，鼓励他办锯木厂。不到两年，易五金就成了当地有名的“万元户”。如今，易家不仅盖起了一座三层的楼房，还买了一台价值30多万元的挖土机在外揽生意。

多年来，邱应发帮助了多少人，他自己从未放在心上。有一年春节，一位名叫王桂兰的村民提着水果到邱应发老家给其母亲拜年，感谢邱应发资助她家两个孩子读书3年。邱应发的母亲这才知道，他又在外面资助了人。

受邱应发资助的人很多：邾城新区章林村80岁的胡金旺老人，儿子儿媳患有癫痫病，聪明的孙子胡能文是家里唯一的希望，邱应发资助他上完大学，如今，胡能文当了一名教师，全家人看到了生活的希望；战友林金芳幸亏有他资助的 1 万元，才从死亡线上捡回一条命；张店镇团强村小学宿舍被大雨冲垮，邱应发第一个捐款 5000 元。

妻子下岗，月工资不到 1000 元的邱应发这些年先后资助了 10 多名学龄儿童，其中 5 人考上了大学，8 人读完了高中。

群众形容邱应发：站起来是棵树，为群众遮风挡雨，俯下身像头牛，替乡亲犁田拉耙。

权为民所用

在一些人眼里，财政工作与钱打交道，是门肥差。可邱应发常说："个人的马虎点，公家的得清清楚楚，走在河边不湿鞋。"

工作 16 年来，他经手的农财、农税、契税等各种税收款项上千万元，分文不少。他自己治病吃药打针，从不享受功臣应有的待遇。区财政、郏城新区都要重奖他，都被他婉言谢绝。

1999 年，邱应发在郏城新区财政办任副主任，一个外地装潢公司在新区购买了 20 多亩土地，应交契税 1 万多元。当邱应发到该公司催收税款时，公司负责人讨价还价，将 1000 元现金用信封塞进邱的包内。邱毫不犹豫地退了回去，坚决照章办事。

作为一个财政人，邱应发认为手中的权力是党和人民给予的，公家的钱自己无权占有一分。然而，对于自己的钱，他不做"守财奴"，只要群众需要他就倾囊而出。

金台镇竹咀村村民周桂元家里穷，交不起农业税，邱应发帮他贷款 6000 元，挖鱼池养鱼，不久脱贫。如今，周桂元是村委会主任，村里也成了渔业村，村民们都富了。

邵咀村村民周元庭以前爱打架闹事，曾多次被抓进派出所。有一次找邱应发闹事，经多次劝说，浪子回了头。邱应发帮他贷款 5000 元，借 6000 元，挖鱼池养鱼。不到两年，周元庭还清了贷款和利息，增加了收入。邱应发看在眼里，喜在心里。

"荣誉你有，钱又不刺你手，图啥呢?"针对别人的不理解，邱应发耐心解释："比起牺牲的战友，我能活着回来就已是万幸，还有什么舍不得呢?"

"活雷锋，邱应发，济贫困，千百家……"2007 年，邱应发的事迹被新编武汉《三字经》收录，他本人也先后获得"全国财政系统先进个人""湖北省优秀共产党员""湖北省劳动模范""湖北省优秀青年卫士"等诸多称号。

【作者：杜若原】

【《人民日报》2008 年 5 月 8 日第 2 版】

“村官”陈小五：“心要端正，乡亲才信服”

【人物小传】

陈小五，河南省郑州市二七区侯寨乡桐树洼村人，初中文化，1983 年外出务工，在广州、温州当大货车司机，1993 年自己跑运输，1996 年回村任村民小组组长，1998 年任村委会主任，2004 年任村党总支书记。在他的带领下，昔日“多见蛤蟆少见人”的荒山沟变成了旅游一条街“烤鱼沟”。曾当选为第四届河南省“优秀青年农民”，被团中央、农业部授予“全国农村青年创业致富带头人”荣誉称号。

“乡亲受穷，心里不是滋味”

问：当年走南闯北给别人干活，肯定吃了不少苦吧？

陈小五：何止是吃苦，连死都死过几次。1983 年，初中毕业不久，我好不容易考了个驾驶证，就到广州跟别人跑长途运输。大车司机真是苦，风餐露宿，一天只吃一顿饭是常有的事。当时没有高速公路，路又窄又差，车坏在半路上是经常的事。有一次，我带着副手拉着 12 吨的货物走到温州的山间公路时，气刹突然坏了，车停不下来，当时正在半山腰，我急得差点尿了裤子。车子一直跑了 5 里地后，才看见路边有一大坑！我直接撞向大坑，轰隆一声响，车才停下来。

这样的经历还有好几次。现在想起来还后怕。好歹是摔打过来了，经过努力，我由给别人打工到给自己打工，发展起了自己的运输车队，每年收入不下百万元。

问：外出打工这段经历给你带来什么收获？

陈小五：吃过苦的人才会成熟，外出打工让我开阔了视野，锻炼了自己，经历过死，更懂得活着的意义。做人不能光赚钱，好好活着，为他人活着，才不枉为人生。

问：是什么让你回来当上村干部的？

陈小五：俺村在二七区与新密交界处，又地处丘陵地区，田无三尺平，当时不但缺水，而且不通电，在二七区穷得出了名，老百姓生活不好，人心不稳。1993 年我组织起自己的运输队，收入不算少，可是我每次回家，车却进不了村，都是把车扔到公路旁自己走回去。村里没有一条像样的路，下雨天根本出不去，真是让你急得心疼。我都不忍心看父老乡亲那一双双渴望致富的眼睛。虽然自己富了，可家乡人民还这样受穷，心里真不是滋味。

后来我的几个儿时伙伴对我说，你在咱村算是名人了，你能不能回来带领乡亲们一起干，知道乡亲们的想法后，我不能犹豫了，我有责任带领乡亲们致富，就这样我回到村里先当了村民组长，后来又当村委会主任、党总支书记。

“先想着大家，群众才会跟着干”

问：这些年你主要抓了哪些工作？碰到了什么困难？

陈小五：刚当书记时，那时集体经济几乎没有，工作很难开展。为了给村里修路，我自己拿出 20 万元，班子成员看见我主动捐钱修路，纷纷伸手支援，你 5 万、他 3 万，就这样，我们村里第一条公路就修建起来了。榜样的力量是无穷的，后来，每当碰到难题时，我都要求自己首先站出来，先吃苦吃亏，下面看见你是真心为群众办事，就会跟着你走，再大的困难也能办成事。

当书记不仅这样要求自己，还要严格要求党员，首先就是抓班子队伍建设，教育党员干部时刻想着群众利益无小事，不能总想着自己的小家。只有先想着大家，群众才愿意跟着你干。

还有一个最笨也是最实在的办法，就是多为群众办实事、办好事。这几年我们投资修缮了学校校舍。投资 27 万元修建了道路，在村里还成立了环卫队，定期清理生活垃圾，改善村容村貌；还争取上级资金 40 多万元解决了群众吃水难问题，赢得了群众的真心拥护。

问：你怎么想起要建郑州第一条“烤鱼沟”的？效益怎样？

陈小五：我听村里老人说起，村里的下李河原是温泉水，特别适合养热带鱼——罗非鱼。我就带着 10 多位村民养起了罗非鱼。这种鱼经过烧烤加工，皮黄肉嫩，香气四溢，吸引了大量市民前来就餐，就这样，在近 12 公里长的下李河河道两旁，我们开发起鱼塘 300 多家，建起了各色饭店 20 余家，把一条过去“多见蛤蟆少见人”的荒山沟变成了车来车往、独具特色的“烤鱼沟”。现在每年吸引市民游客 100 多万人，年营业收入也一直保持在 350 多万元。

“支书的形象代表着党”

问：现在都说当“村官”难，你是如何做到让农民信服和服气的？

陈小五：村干部的服气不是靠哄出来的，更不是靠吓出来的，而是要以坦荡胸怀去感动群众。乡亲们家家户户情况都不一样，人人想法自然不尽相同，对支部书记产生误解也在所难免，有时给他办十件事，九件都好，一件不满意也会出问题。遇见这样的事情就不能感情用事，要以理服人。

我觉得，要让乡亲信服，自己必须心要端正。村干部要跟村民一条心，心里装着他们，他们心里有话也才愿告诉你。

问：现在村里有哪些最大的变化？

陈小五：在村里，村支书的形象就代表着党的形象。我刚回来时，全村党员 53 人，现在正式党员就有 86 人，入党积极分子还有 102 人，这说明什么？老百姓不就是看到党组织是真心带领群众干事的，才主动向党组织靠拢吗？

问：现在不少优秀农民工都想回来干“村官”，你对他们有哪些建议？

陈小五：当农民工首先想到的是自己如何挣钱，而当书记就是如何谋划全村的利益，如何带领群众致富。当书记就是要脚踏实地，吃苦在前，心入、身入，这样你才知道乡亲们所思、所想，才能把工作做到心坎上。

再一个就是要有思路，要有根据实际情况发展致富的本领。外出打工肯定会见多识广，但如果不能因地制宜，往往就像麦穗着火，不仅烧不长，反而劳民伤财。

【作者：曲昌荣、王天朗、马国英】

【《人民日报》2009年6月25日第10版】

钢铁战士武文斌

“娃儿，你不该走呀！你是为我们活活累死的呀！”

“叔叔，我们长大了也要像你那样去报效祖国……”

一声声呼唤，聚焦着同一个名字；一排排花圈，悼念着同一个士兵。

岷江上游的都江堰，记载了李冰父子不畏艰险与洪水抗争的奋斗历史；今天，它铭记了一位战士真情爱民累倒在抗灾一线的感人事迹。

6月18日凌晨4时45分，因过度劳累引发肺血管破裂出血，济南军区驻豫某红军师炮兵指挥连战士武文斌永远地走了，年仅26岁。

6月21日，某集团军党委追认他为中共正式党员，追记一等功，批准为革命烈士。

“舍不了自己的命，就救不了群众的命”
铁军一兵——光荣传统熏陶，他好学上进；
面对受困群众，他奋不顾身

2002年，高中毕业的武文斌，入伍来到某红军师“飞夺泸定桥”红二连。

这是一支有着优良传统的军队。该师历史悠久、战功卓越，素有“铁军”之称。

从此，红军的传统熏陶着这名年轻的战士，二十二勇士“要桥不要命”的连魂深深融入到他的血液。

2005年8月，武文斌以全团第一的成绩考入解放军信息工程大学测绘学院，2007年7月分配到铁军师炮指连实习。地震发生时，武文斌的实习期快满了。考虑到这点，部队安排武文斌留守。“指导员，你是不是不把我当连队的兵看？对我来说，能给党分点忧，给灾区人民做点贡献，就是最好的毕业证。”就这样，武文斌争取到了参加抗震救灾的机会。

5月12日，部队到达灾区后，武文斌和战友们始终奋战在第一线。转移群众，他肩扛背驮走在前面，和战友们翻越一座座大山，把食品和饮用水及时送到受灾群众手中；搜救失事直升机，他不畏山高路险，一直在最前面探路，3次滚下山，幸运地被树木拦住；灾后安置重建，他一个人干几个人的活，清淤泥、搬石头、疏通引水渠……

“他最自豪的是他以前的老连队。”新兵徐鸿光说，“当我们都觉得扛不住的时候，他就用红军精神鼓励我们。”

5月17日，武文斌所在师接到命令，迅速组织兵力前往汶川县三江乡展开搜救和转移重伤员。具有军事地形学专长的武文斌和代理排长李孝会，被抽调到先遣队担负探路任务。

道路被毁，山体滑坡，判定方位、选择开进路线异常困难。但武文斌还是凭着过硬的专业技能，引导救援官兵以最快的速度，翻越3座2500多米的高山，第一时间把部队安全带到了指定地域。

“让我去！”浸透衣背的汗水还没晾干，得知山上的一位老人房屋倒塌、生死不明，武文斌立即找到通信营教导员王斌请战。

山路崎岖，余震不断，飞石滚落。武文斌全然不顾，带着几名战士攀山而行，一个多小时后赶到救援现场，将全身7处受伤的老人马学友成功救出。

那是一次多么艰难的前行啊！战士们如伏在旱地上的青蛙，四肢交替爬行。衣服破了，手划破了，双肘双膝磨破了。虽然他们小心翼翼，但还是几次险些跌下山崖。面对战友的担心和责怪，武文斌却十分坦然：“舍不了自己的命，就救不了群众的命。”

“老乡一天不住进板房，我就一天不休息”拼命三郎——平时最听话的兵，抗震救灾中成了“最不听话”的人

武文斌出生在河南农村，对农民怀有朴素的感情。

在武文斌眼里，群众的事就是自己的事。进入灾区以来，武文斌从没睡过午觉，一有空儿就跑到附近的老百姓那里，清废墟、割麦子、搭帐篷。

6月9日，连队奉命帮灾区群众安装板床，武文斌抢着承担了最重的拧螺丝任务。时间不长，就磨破了手套。他就干脆徒手作业，很快手上就打起了血泡。

“戴手套拧螺丝不方便，速度慢。”战友见状，给武文斌送来手套，劝他休息一会儿。武文斌却说：“不碍事，我们早一分钟把床装好，灾区群众就少受一分钟的罪。”

一天下来，武文斌拧了1400多个螺丝，螺丝刀都被拧变了形。

看着他打满血泡的双手，有的战友心疼得掉泪，可武文斌却自豪地说：“我们铁军都该有双铁手。”

据炮兵指挥连提供的资料，武文斌在抗震救灾一线的32天时间里，连队共给他安排了3天轮休，分别是5月22日、6月2日、6月16日。可他一刻也没“消停”。

“他是我们连平时最听话，但在抗震救灾中‘最不听话’的兵。”连长李俊峰说，到灾区以后，武文斌总是找活干、抢活干，干完分内的事，就到处蹭活，别人拦也拦不住，被战友称为“拼命三郎”。

历史记下了他和连队战友32天创造的业绩：走遍都江堰市玉堂镇的12个村7816户人家，转移群众3638人，帮助群众搭建1000余顶（间）帐篷和简易房，组装木床1818张，卸载救灾物资54车。

历史记下了这位钢铁战士最后一日的战斗瞬间：6月17日早上8点，连队从玉堂镇向胥家镇转移战场，临行前，武文斌抽空给父亲武中林打了参加抗震救灾以来的第三个电话。

电话中，父亲听说儿子又有了新的任务，反复叮嘱他：“既要完成好任务，又要注意休息，我们正在家给你忙活结婚的事。”

武文斌对父亲说："现在咋能休息，老百姓都在焦急地等着。只要还有一个老乡没住进板房，我就一天不休息。"

这一天，武文斌好像知道自己的时间不多了，整个人像开机的马达，转个不停！

活动板材很沉，四周是锋利的金属皮，稍不留意就会割破手。第一车快卸完的时候，夜色渐暗，连长李俊峰担心天黑后官兵割伤手，决定组织党员骨干抢卸。

武文斌不是党员，他找到连长："让我上吧，我保证和党员一样快。"

对于武文斌，李俊峰没有办法拒绝，这个虽然不是党员的战士，只要组织党员突击队，他都一次不落。况且，连里开展火线入党时，他还把机会一次次让给了别人；部队组织党员交"特殊党费"时，他把身上仅有的200块钱交了上去。

21时25分，武文斌和战友们冒雨将8车50吨活动板房建材全部卸载到位。他累得瘫坐在地。

武文斌实在太累了！尽管如此，他仍念念不忘灾区群众。熄灯前洗漱，他对一起打水的班长姜春雷说："洗洗袜子泡泡脚，明天又可以好好干。"

没想到，这却成了武文斌留在人间的最后一句话。

"我们要替武班长了结入党心愿，他是一名真正的共产党员！"5月18日，武文斌牺牲的消息传到指挥连，全连官兵签名要求连队党支部发展武文斌为中共党员。集团军党委及时作出决定：追认武文斌为中国共产党党员。

"我宣誓，我志愿加入中国共产党……宣誓人：武文斌！"6月20日20时，在武文斌的灵堂内，战友抱着他的遗像，全连官兵高举右手，面向鲜红的党旗，庄严地代表武文斌齐声宣读入党誓词。

"老婆，等我抗震救灾凯旋时，一定把你风风光光娶进门"
真情男儿——认准的事情，他一定要做到；
商定的婚礼，竟成了永远的梦

听说武文斌要上灾区前线，2月份刚和他领取了结婚证的妻子杨卫华有些放不下心。武文斌在电话里对她说："现在灾区人民有难，铁血男儿岂能无动于衷，如果错过了这次抗震救灾机会，我会后悔一辈子。战士就应该上战场！"

杨卫华高挑的个子，俊秀的面容，和英俊的武文斌站在一起，谁都说是天生的一对。他俩恋爱5年，感情深厚，一直到今年2月，武文斌才休了一个短假，领了结婚证，两人商定在"五一"或6月武文斌毕业时举行婚礼。因为工作，一推再推。"老婆，辛苦了！等我抗震救灾凯旋时，一定把你风风光光娶进门。"丈夫透着千般柔情。

这些日子，武文斌几乎每天都要和杨卫华通个短信，报个平安。参加抗震救灾以来，两人每次联系，武文斌要说许多安慰妻子的话："我不累。""我在这挺好。"武文斌牺牲的噩耗传来，杨卫华悲痛欲绝，前往都江堰的途中，怀里揣着丈夫的照片，泪流满面地念叨着："文斌呀，我一直等着你回来完婚，没想到这婚礼竟成了永远的梦。"

武文斌牺牲后，战友们在清理他的遗物时，发现他口袋里仅有5元2角钱。

"这孩子太节俭了，心里总想着别人。"父亲武中林热泪盈眶，伤心不已。

武中林说，儿子当兵以来，无论是当义务兵还是后来当士官，他隔三岔五向家里寄些钱。回家时，绝少不了给村里大爷大妈孝敬。

武文斌是家里的顶梁柱，弟弟是个智障残疾人，妈妈做过胆结石穿孔手术，干不了什么重活。为了生计，已经60岁的武中林来到河南邓州市第二人民医院做临时工，每月挣300元钱。儿子当上士官后对父亲说："我今后有工资了，你以后不用再操心，安心注意身体，我养活你。"

武文斌从小就想当兵。参军来到部队后，武文斌省吃俭用，一双袜子补了又补，一个牙刷能用半年，一个笔记本用完正面用反面，从不随便丢弃，从不乱花一分钱。

"他热爱生活，懂得体贴人，哪怕遇见小孩子过马路，他总是习惯地伸开手护着，生怕他们摔一跤。这次，他是为灾区人民献身的，我为有这样的丈夫感到骄傲!"杨卫华抽泣着，努力地不哭出声来，"我要留下来，当个志愿者。"

武文斌走了，他同时带走了妻子6月17日22时00分53秒发来的短信——这是一段绵绵的情话："老公，你受苦了，等你回去，我去看你，请你吃好吃的，吃你爱吃的，给你按摩，让你舒舒服服！你困吗，要是困了，你就先睡吧。"

武文斌睡着了，头冲着青城山。他的心与灾区人民紧紧相连，他的爱洒在了身下这片土地！

【作者：郭嘉】

【《人民日报》2008年6月29日第1版】

雷锋式的战士刘英俊

刘英俊是中国人民解放军涌现出的雷锋式的伟大战士。1945年出生，吉林长春人。1962年应征入伍。他参军的第二年，正值毛泽东等老一辈无产阶级革命家发出向雷锋同志学习的伟大号召。刘英俊积极响应，时时处处以雷锋为榜样，决心做一名雷锋式的好战士。他在日记中写道："一个人无论是活多长时间，他的死，只要是献给党的壮丽的共产主义事业，那就是无限光荣的，有价值的。雷锋能，我也能。"

刘英俊学雷锋最大的特点就是言行一致，从点滴做起，从身边做起。在连队，他是"业余修理员"，连队的桌椅、门窗坏了，他主动修好。在医院住院，他是"劳动休养员"，帮助重病号打水、端饭，协助医护人员扫地、刷痰盂。出差途中，他是"义务勤务员"，扶老携幼，急人所难，好事做一路。在部队驻地，他是附近小学校的"校外辅导员"，经常给小朋友们上政治课，还用自己的津贴给学校买了许多宣传革命英雄人物的书籍。他像雷锋那样闲不住，有空就为群众做好事。他也像雷锋那样，做好事不留姓名。经常在佳木斯市西区帮助这家买粮，帮助那家挑水，可群众始终不知道他叫什么名字。

1966年3月15日，刘英俊所在炮连到佳木斯市郊外执行训练任务。三辆炮车临近公路汽车站时，放慢了速度，因为这里人多车杂，怕骡马碰撞群众。但是，其中一辆炮车的辕马一听到汽车的喇叭声便掉头猛跑。担任炮车驭手的刘英俊用肩膀猛抵惊马的脖子。惊马被迫拐上公路左侧的小道。刘英俊拉紧缰绳，惊马继续飞奔。群众高呼，叫他赶紧撒手。这时，在炮车前面不远处有6名儿童，他们被飞奔而来的惊马吓得不知所措，生命受到威胁。在这千钧一发的时刻，刘英俊不顾个人危险，用力将缰绳在胳膊上猛缠几道，然后猛力一拉，使惊马前蹄腾空而起。接着，他双脚伸向马的后腿，使尽全身力气踢倒惊马。6名儿童安然脱险，他却被压在翻倒的车底。由于伤势过重，经抢救无效，英勇牺牲，年仅21岁。刘英俊所在部队党委给他追记一等功，追认他为中国共产党正式党员。中国人民解放军总政治部向全军发出向刘英俊学习的号召。佳木斯市修建了刘英俊烈士陵墓。

【《人民日报》2009年10月24日第2版】

王杰——“以服从祖国的需要为快乐”

王杰是继雷锋、欧阳海之后，中国人民解放军涌现出的又一名共产主义先锋战士。1965年11月9日，《解放军报》以“一心为革命”为题，刊登了王杰的日记，在全社会引起了强烈反响。

王杰，1942年10月出生，山东金乡县人。1961年8月应征入伍。1962年2月加入中国共产主义青年团。他以雷锋为榜样，从小事做起，处处以身作则，“以服从祖国的需要为快乐”，为了党的事业“有一分热发一分光”，逐步成长为一名伟大的共产主义战士。他热爱学习，注意世界观的改造，无论多忙多累，无论走到哪里，身边总要带上一本《毛泽东著作选读》，一有空闲时间，他就拿出来认真学习，从中吸取精神营养。并结合工作和思想实际，写下了10多万字的日记，记录了他树立全心全意为人民服务思想的过程。

他关怀战友，视战友如亲兄弟。长途行军，王杰脚上起了水泡，浑身酸痛，但他一放下背包，先给其他战友打水烧水，帮助炊事班生火切菜，然后才休息。晚上放哨，他的哨一站就到天明，目的是让其他同志多休息一会儿。他爱护集体财产胜过关心自己。一天，工地上突然下起了瓢泼大雨，王杰从睡梦中惊醒。他想起工地上还放着油桶、木料等施工器材，便一骨碌爬起来，一个人冒着大雨跑到工地，一趟又一趟将施工器材全部转移到山坡上，从而避免了国家财产的损失。他帮助群众做好事，从不留名。一次王杰上街买东西，发现一个老大娘看病后缺少回程的路费，便主动掏出自己的津贴费塞给老人。老人问他叫什么，他说叫“解放军”。他在部队里年年是优秀战士，两次荣立三等功，当了班长，被评为“模范共青团员”和一级技术能手。

1965年7月14日，王杰在江苏省邳县张楼公社（今邳州市张楼乡）帮助民兵地雷班进行军事训练。当炸药包即将发生意外爆炸的危急关头，为保护在场的12名民兵和人武干部的生命安全，他毅然扑向炸药包，献出了自己23岁的年轻生命。根据他生前愿望，所在部队党委追认他为中国共产党党员。

解放军总政治部、全国总工会、共青团中央和全国妇联分别发出通知，号召向王杰同志学习，学习他一不怕苦、二不怕死，踏踏实实，埋头苦干，热爱祖国，热爱人民，全心全意为人民服务的高贵品德。1965年11月27日，国防部命名他生前所在班为“王杰班”。党和国家领导人周恩来、朱德、董必武等为他题了词。

（据新华社北京10月18日电）

【《人民日报》2009年10月24日第2版】

富于理想勇于献身的优秀大学生张华

张华是新一代大学生的杰出代表。1958 年 10 月出生于黑龙江省虎林县一个革命军人家庭，小学、中学时一直品学兼优，连年被评为三好学生，曾出席县、地积极分子代表大会；在地方农场劳动时，是劳动模范、优秀共青团员干部，曾出席县共青团代表大会。1977 年参加中国人民解放军后，多次受到奖励，是岗位练兵标兵。1979 年加入中国共产党。

1979 年秋，张华以沈阳军区空军系统第一名的成绩，考取了第四军医大学空军医学系。张华在学习、思想、作风、纪律、道德各方面从严律己，时刻“以雷锋为榜样”“做时代的英雄”。他在日记中写道：“我活着就要为人民群众解除痛苦，这是我最大的幸福。”在学校，他是军人委员会副主任，利用假期办小报，宣传学校的好人好事，给学员家长寄发喜报。有一年，张华暑假回家探望父母，正赶上当地山洪暴发。张华只和父母打了个照面，就转身上了工地，参加抢险救灾……他凭着好水性打捞的东西堆成了一座小山。直到第二天凌晨，他才回到父母的身边。他在学习上有股挤劲和钻劲，各门功课取得平均 80 分的好成绩，被誉为“军营里的好战士”“校园里的好学员”。

1982 年 7 月 11 日，西安市灞桥区新筑乡 69 岁的魏志德老人在公共厕所疏通粪便时，被沼气熏倒，落入粪池。正在街上办事的张华听到呼救声，扔下携带的物品，立刻跑到出事地点，拦住正准备施救的其他群众，毫不犹豫地率先下到 3 米深的粪池内，奋力抢救魏大爷。由于粪池中充满浓烈的沼气，张华因严重中毒窒息、抢救无效光荣牺牲，年仅 24 岁。

张华的英雄行为和高尚品格，在全社会产生强烈反响，引发了一场“人生价值如何衡量”的全国范围大讨论，对当代青年树立正确的人生观价值观产生重大影响。1982 年 11 月 25 日，中央军委发布命令，授予张华“富于理想勇于献身的优秀大学生”荣誉称号。总后勤部党委作出关于开展向张华同志学习的决定。教育部、卫生部先后发出通知，分别在全国高等学校和卫生系统开展向张华学习的活动。张华生前所在的学员大队，坚持以张华精神建队育人，1998 年 7 月被中央军委授予“模范学员大队”荣誉称号。

【《人民日报》2009 年 10 月 30 日第 5 版】

廉洁奉公　一心为民——孔繁森

“青山处处埋忠骨，一腔热血洒高原。”孔繁森用生命书写了共产党人立党为公、执政为民新篇章，为新时期党员领导干部树立了光辉榜样。

孔繁森出生于1944年7月，是山东聊城人。1961年，17岁的孔繁森光荣参军，在部队连年被评为“五好战士”。1966年9月，孔繁森光荣地加入中国共产党。1969年，他从部队复员后，先当工人，后被提拔为国家干部。1979年，国家要从内地抽调一批干部到西藏工作，时任地委宣传部副部长的孔繁森主动报名，并写下了“是七尺男儿生能舍己、作千秋鬼雄死不还乡”的条幅。

1979年，孔繁森第一次赴西藏工作，担任岗巴县委副书记。在岗巴工作3年，孔繁森跑遍了全县的乡村、牧区，与藏族群众结下了深厚的友谊。

1988年，山东省再次选派进藏干部，组织上认为孔繁森在政治上成熟又有在藏工作经验，便决定让他带队第二次赴藏工作。进藏后，孔繁森担任拉萨市副市长，分管文教、卫生和民政工作。到任仅4个月的时间，他就跑遍了全市8个县区所有的公办学校和一半以上的村办小学，为发展少数民族的教育事业奔波操劳；为了结束尼木县续迈等3个乡群众易患大骨节病的历史，他几次爬到海拔近5000米的山顶水源处采集水样，帮助群众解决饮水问题；了解到农牧区缺医少药的情况后，他每次下乡时都特地带一个医疗箱，买上数百元的常用药，工作之余就给农牧民群众认真地听诊、把脉、发药、打针，直到小药箱空了为止。

1992年，拉萨市墨竹工卡等县发生强烈地震，孔繁森在羊日岗乡的地震废墟上，领养了3名藏族孤儿——12岁的曲尼、7岁的曲印和5岁的贡桑。收养孤儿后，孔繁森生活更加拮据，为此他曾3次以“洛珠”的名义献血900毫升，900毫升的鲜血蕴含着孔繁森对藏族孤儿深深的爱。

1992年底，孔繁森第二次调藏工作期满，西藏自治区党委决定任命他为阿里地委书记，这一任命意味着孔繁森将继续留在西藏工作。面对人生之路又一次重大选择，他毫不犹豫地服从了党的决定、人民的需要。

阿里地处西藏西北部，平均海拔4500米，被称为“世界屋脊的屋脊”。这里地广人稀，常年气温在0摄氏度以下，最低温度达零下40多摄氏度，每年7级至8级大风占140天以上，恶劣的自然环境、艰苦的生活条件使许多人望而却步。

可是，1993年春天，年近50岁的孔繁森赴任阿里地委书记后，在不到两年的时间里，全地区106个乡他跑了98个，行程达8万多公里，茫茫雪域高原到处留下了他深深的足迹。

在孔繁森的勤奋工作下，阿里经济有了较快的发展。1994年，全地区国民生产总值超过 1.8 亿元，比上年增长 37.5%；国民收入超过 1.1 亿元，比上年增长 6.7%。他为了制定把阿里地区的经济带上新台阶的规划，准备在最有潜力的边贸、旅游等方面下功夫。为此，他带领有关部门，亲自到新疆塔城进行边贸考察。1994 年 11 月 29 日，他完成任务返回阿里途中，不幸发生车祸，以身殉职，时年 50 岁。

在孔繁森的葬礼上，悬挂着一副挽联，形象地概括了孔繁森的一生，也道出了藏族人民对他的怀念：“一尘不染，两袖清风，视名利安危淡似狮泉河水；两离桑梓，独恋雪域，置民族团结重如冈底斯山”。

人们在料理孔繁森的后事时，看到两件遗物：一是他仅有的 8 块 6 毛钱；一是他去世前 4 天写的关于发展阿里经济的 12 条建议。这就是孔繁森留下的遗产，体现出一名共产党员的高尚情怀。

2009 年 9 月，孔繁森被评为 100 位新中国成立以来感动中国人物之一。

（新华社拉萨 11 月 1 日电）

【作者：尕玛多吉】

【《人民日报》2009 年 11 月 3 日第 5 版】

公安英模任长霞

在中原大地上，任长霞，一个曾为人们所熟知的公安英模名字近年来被广为传扬。任长霞因公牺牲后，中宣部、公安部、全国妇联、中央政法委等部门发出通知，号召向任长霞同志学习。

任长霞 1964 年 2 月 8 日出生在郑州一个工人家庭。1983 年警校毕业后，分配到郑州市公安局中原分局从事预审工作。她刻苦钻研业务，从一个不起眼的“新兵丫头”，逐渐成了“办案能手”。1992 年 11 月，任长霞在郑州市公安系统和市政法战线两次岗位练兵大比武中，勇夺双冠。1994 年 11 月，她又在全省政法战线大比武中，以优异成绩夺得第一名。

过硬的业务素质，强烈的责任心，使任何嫌犯都休想从任长霞手下溜走。据统计，任长霞在中原分局预审科工作期间，共挖余罪、破积案 1072 起，追捕犯罪嫌疑人 950 余人，创造了河南公安预审史上无可比拟的成绩。在郑州市公安局从事公安法制工作，她 4 年里审核案件千余起，无一错案。

1998 年 11 月，任长霞被提拔为郑州市公安局技侦支队支队长。同年，市公安局成立打击黑社会势力特别行动队，由任长霞带队，开展打黑专项斗争。在侦破郑州鞋城黑社会团伙案时，任长霞带领公安民警深夜设伏，不费一枪一弹，将 76 名黑社会团伙成员一网打尽。在侦破郑州市敦睦路服装批发市场王张勇黑社会团伙案中，侦查发现王张勇一伙潜藏在深圳后，任长霞先后两次带队赶赴深圳，与当地警方一起连夜布控，将王张勇一伙 8 人全部擒获。

2001 年 4 月，任长霞被任命为登封市公安局局长，成为河南省公安系统有史以来第一位女公安局长。由于当地各类积案堆积严重，任长霞组织“百日破案会战”。特别是面对在登封白沙湖畔非法拘禁、敲诈勒索、打杀无辜、民愤极大的王松黑社会性质犯罪团伙时，任长霞通过缜密侦查、巧施计策，组织干警将王松及其 65 名团伙成员全部收入法网。由于大案要案和疑难案件被接连攻克，当地群众拍手称快，都说登封来了一位“女神警”。

破案是艰苦的，有时十天半月紧盯在现场侦查、取证，任长霞和干警一样吃住在百姓家，身体力行为干警树立了无声的榜样。

对各种原因聚集形成的控申案件，任长霞抽调 20 余名民警成立“控申专案组”，变群众上访为民警下访，解决群众反映强烈的问题。她还要求把每周六定为“局长接待日”，倾听群众的呼声。

在登封工作的 3 年多，公安局的“局长接待日”从没间断过。3 年来，任长霞处理群众来信来访 3467 人次，使 476 户上访老户罢访息诉。

2001年5月3日，在处理登封市大冶镇西施煤矿特大瓦斯爆炸事故时，任长霞看到年仅8岁的刘春雨成了一名孤儿，便收养了小春雨，承担起小春雨全部的生活、学习费用。刘春雨至今称任长霞为“任妈妈”。

任长霞还向全局民警发出倡议，开展了“百名民警救助百名贫困学生”活动。全市有126名贫困家庭的失学儿童得到救助，重回课堂。

在任长霞的带领下，3年来登封市公安局帮助困难户达70余户，受益群众达300余人，出台便民利民措施达60多项，上门办证、办牌不计其数，好人好事千余起，警民关系进一步改善。自任长霞到任后，登封市的上访者越来越少，而敲锣打鼓到上级公安机关为登封市公安局和任长霞送感谢信、镜匾、锦旗的，为任长霞请功的，越来越多。登封市公安局也荣获“河南省人民满意的政法单位”称号。

2004年4月14日晚，任长霞在郑州市公安局汇报完工作，连夜赶回登封部署一起重大案件侦破途中，不幸遭遇车祸，于4月15日零时40分牺牲，年仅40岁。

任长霞1983年参加公安工作以来，忠实履行人民警察的神圣职责，在平凡的岗位上做出了不平凡的业绩。她曾荣立个人一、二等功各1次，三等功4次，荣获全国五一劳动奖章、中国十大女杰、全国三八红旗手、全国青年岗位能手、全国优秀人民警察等各种荣誉称号40余次，并被公安部追授为全国公安系统一级英模。2004年12月，任长霞被评为感动中国十大年度人物。

（新华社郑州11月3日电）

【作者：程红根】

【《人民日报》2009年11月4日第5版】

高山仰止　风范长存

——深切缅怀钱学森同志

钱学森同志是忠诚的共产主义战士，堪称当代爱国知识分子的杰出典范。

钱学森同志始终站在世界科技前沿，是一位勇于开拓、善于创新的杰出科学家。

钱学森同志高度关注人才队伍建设，造就了一大批堪当历史重任的一流科学家和工程技术专家。

钱学森同志不仅以自己严谨的科学精神为人类进步做出卓越的贡献，更以率真的人生态度诠释了一个科学家的高尚品质。

飞雪送大师　举国祭英灵

2009年10月31日清晨，中国共产党的优秀党员，忠诚的共产主义战士，享誉海内外的杰出科学家，我国航天事业的奠基人钱学森同志，走完了近一个世纪的辉煌人生，永远地离开了我们，离开了他深深热爱的祖国和人民，离开了他为之不懈奋斗的国防科技和武器装备事业。

巨星陨落，天地同悲。漫天飘落的洁白雪花，犹如绵绵不绝的哀思，寄托着人们对一代科学泰斗的无尽怀念。从大漠戈壁的发射场到茫茫草原的兵器城，从崇山峻岭的风洞群到远涉大洋的测量船，从天山脚下的试验基地到黄河之畔的测控中心……总装备部广大科技人员和干部战士满怀敬仰和惜别之情，深切缅怀钱学森同志的丰功伟绩，深情追思钱学森同志的高风亮节。

钱学森同志是我国国防科技战线一位卓越的领导者和组织者。曾担任国防科委副主任、国防科工委科技委副主任、总装备部科技委高级顾问等，为新中国航天事业和武器装备发展建设做出了历史性贡献。1991年被国务院、中央军委授予“国家杰出贡献科学家”荣誉称号，1999年被党中央、国务院、中央军委授予“两弹一星功勋奖章”，2009年被评为“100位新中国成立以来感动中国人物”。钱学森的一生，是革命的一生，战斗的一生，学习的一生，是为国家富强、民族振兴不懈奋斗的一生，是全心全意为人民服务的一生。他坚定的共产主义理想信念，勇攀科技高峰的创新精神，德馨品高的大家风范，永远是国防科技和武器装备战线学习的光辉榜样。

在献身祖国科技事业的非凡历程中，钱学森得到了党的三代领导核心和胡锦涛总书记的亲切关怀。毛泽东同志十分关怀钱学森，对他的归国亲自过问，多次与他亲切交谈，征询新中国科技发展大计。邓小平同志深情指出，要记住那个年代，钱学森、李四光、钱三强那些老科学家，在那么困难的条件下，把“两弹一星”和好多高科技搞起来。江泽民同志多次听取钱学森对我国科技事业发展的意见建议，并号召向人民科学家钱学森同志学习，学习他崇高的爱国主义精神和严谨的治学态度。以胡锦涛同志为总书记的党中央对年过九旬的钱学森关爱备至。2008年初，胡锦涛同志亲自来到钱学森家中，送上花篮，热情问候，高度赞扬他的科学建树和为“两弹一星”事业立下的卓越功勋。胡锦涛同志特别强调，钱学森同志的系统工程理论，提出在处理复杂问题时一定要注意从整体上加以把握，统筹考虑各方面因素，这很有创见。现在我们强调科学发展，就是注重统筹兼顾，注重全面协调可持续发展。这些不仅是钱学森同志的光荣，也是总装备部全体官兵乃至所有科技工作者的光荣。

深切缅怀钱学森同志的光辉业绩和崇高品德，必将更加激起我们对老一辈国防科技战线科学家的崇敬之情，更加认清新世纪新阶段我们肩负的历史使命，更加坚定推进武器装备建设科学发展的坚强决心。

赤诚的爱国情怀　坚定的理想信念

钱学森同志是忠诚的共产主义战士，始终保持对马克思主义的崇高信仰、对共产主义的坚定信念、对党的高度忠诚、对祖国和人民的无限深情，堪称当代爱国知识分子的杰出典范。

钱学森有着强烈的爱国情怀。早在1935年赴美国留学之前，他就立下学成必归、报效祖国的誓言。他曾说，我是中国人，我到美国去，心里只有一个目标，就是要把科学技术学到手，为自己的祖国服务。科学没有国界，但科学家有自己的祖国。新中国成立后，钱学森回国的心情更加急迫。1950年夏，为了顺利返回祖国，他向加州理工学院提出回国探亲，但临行前被以莫须有的罪名拘捕，遭受无理羁留达5年之久。他不屈不挠、顽强斗争，在毛泽东、周恩来等党和国家领导人的亲切关怀下，经过我国政府的严正交涉和国际友人的热心援助，冲破重重阻力，于1955年10月回到祖国，并立即投入到新中国建设的热潮中。钱学森始终坚信，在中国共产党领导下，依靠独立自主、自力更生、艰苦奋斗，中国人有足够的智慧和能力在科技上赶上世界先进水平。有人问他：中国人搞导弹行不行？他坚定地回答：外国人能干的，中国人为什么不能干?！这种强烈的民族自信心，激励着他与广大科技工作者一起，坚决贯彻党中央、毛主席的战略意图，打破外国技术封锁，克服种种困难，在较短时间内铸就了“两弹一星”的历史丰碑，为中华民族屹立于世界民族之林做出了重大贡献。钱学森自觉将个人志向与民族振兴紧紧联系在一起，为祖国强盛和人民幸福鞠躬尽瘁、死而后已。他说，作为一名中国的科技工作者，活着的目的就是为人民服务。如果人民最后对我的一生所做的工作表示满意的话，那就是最高的奖赏。几十年来，他始终把这作为自己的座右铭。

钱学森对中国共产党高度忠诚。无论是国家处在顺利发展时期，还是遭遇暂时波折和困难，他始终对党高度信赖。上世纪60年代初，国家遇到经济困难时，他毫不犹豫地将几千元稿费全部作为党费交给党小组长，以表达与党和人民同甘苦、共患难之情。“文化大革命”中，他在周恩来等老一辈革命家的直接领导和支持下，排除各种干扰，一心致力于国防科技事业。钱学森对党的感情无比真挚。他曾说，这一辈子有过三次非常激动的时刻，其中，一次是被接纳为中国共产党党员时，“简直激动得睡不着觉”；一次是中组部把他和雷锋、焦裕禄、王进喜、史来贺一起，作为解放40年来在群众中享有崇高威望的共产党员优秀代表时，“心情激动极了”。钱学森的这两次激动，充分体现了他对党的热爱和忠诚。1991年10月，他获得国务院、中央军委授予的“国家杰出贡献科学家”荣誉称号时，激动地说：“我个人仅是沧海之一粟，真正伟大的是党、人民和我们的祖国。”

钱学森坚定地信仰马克思主义。早在青年时代，他就开始接受马克思主义，阅读了《资本论》《自然辩证法》等；回国后，他认真学习毛泽东思想，刻苦研读《实践论》《矛盾论》等哲学著作；改革开放以来，他坚持与时俱进，特别注重用中国特色社会主义理论武装头脑，刻苦学习邓小平理论、“三个代表”重要思想和科学发展观，以敏锐的政治眼光，紧密联系社会发展和科学技术发展的实际，运用马克思主义的世界观和方法论，指导科学和理论研究工作，在自然科学领域和社会科学领域提出了许多创见。他始终认为，马克思主义哲学是智慧的源泉，全部科学、理论都应坚持以马克思主义哲学为指导。在近一个世纪的人生历程中，钱学森把一个科学家追求真理的科学精神和一名共产党员的理想信念完美地结合在一起，在取得震惊世界的科学成就的同时，达到了超乎常人的人生境界。

深切缅怀钱学森同志，就要像他那样具有坚定的共产主义理想信念，认真学习中国特色社会主义理论体系，始终坚持党对军队的绝对领导，自觉做到在思想上政治上行动上与党中央、中央军委保持高度一致；就要大力弘扬“两弹一星”精神和载人航天精神，带头践行当代革命军人核心价值观，始终保持人民军队的性质、本色和作风；就要始终以推进国防科技和武器装备建设跨越发展为崇高使命，自觉把个人理想与祖国命运、个人选择与党的需要、个人利益与人民利益紧紧联系在一起，为实现富国强军的宏伟目标不懈奋斗。

非凡的创新精神　严谨的科学态度

钱学森同志始终站在世界科技前沿，以自己的远见卓识，从战略和全局的高度思谋我国科学技术发展特别是国防科技发展的重大问题，以渊博知识和超凡智慧解决了一系列关键技术难题，为我国导弹航天事业发展作出了许多具有里程碑意义的贡献，是一位勇于开拓、善于创新的杰出科学家。

钱学森视野开阔，思维超前，善于根据中央的总体部署和要求，通过战略谋划和顶层设计引领国防科技事业发展。在美国学习工作期间，他就意识到导弹在未来战争中的重要作用。回国后不久，在周恩来总理鼓励和支持下，他起草了《建立我国国防航空工业的意见书》，为我国火箭和导弹技术的创建与发展提供了极为重要的实施方案。在党中央、国务院决定制定新中国第一个科学技术发展远景规划纲要（1956—1967）时，他担任综合组组长，主持起草建立喷气和火箭技术项目的报告书，为推动新中国的科学技术、工业、农业、国防发展起到了重要作用。他主持制定的《我国地地导弹发展途径的意见》，科学规划了我国中近程、中程、中远程和洲际导弹的长远发展。他向中央提出的我国人造卫星研究计划及卫星发展的“三步曲”，描绘了我国空间技术发展的宏伟蓝图。

钱学森锐意进取，善于开拓，组织领导广大科技工作者勇攀高峰，推动了我国国防科学技术迅猛发展。1956年10月，他受命组建我国第一个火箭、导弹研究院，在各方面的大力支持下，迅速建起一支朝气蓬勃的科研队伍，攻克掌握一批国防科技关键技术。1960年2月，他指导设计的我国第一枚液体探空火箭发射成功。同年11月，他协助聂荣臻成功组织了我国第一枚近程地地导弹发射试验。1964年6月，他作为发射场最高技术负责人，同现场总指挥张爱萍一起组织指挥了我国第一枚改进后的中近程地地导弹飞行试验。1966年10月，他作为技术总负责人，协助聂荣臻组织实施了我国首次导弹与原子弹“两弹结合”试验，把国防现代化建设向前推进了一大步。1970年4月，他牵头组织实施了我国第一颗人造地球卫星发射任务，成为新中国科技发展史上的一座重要里程碑。钱学森担任国防科委副主任后，全身心投入国防科学技术领导工作，参与组织实施我国导弹航天技术领域重大型号研制和发射试验，并开始从更高层次思考其他领域诸多重大科学和技术问题，提出了许多创新、超前的思想。

钱学森尊重规律，科学求实，模范实践周恩来总理提出的“严肃认真、周到细致、稳妥可靠、万无一失”的科研试验方针，为我们留下了宝贵的精神财富。他一贯倡导科学来不得半点虚假，必须严格坚持“高度的政治思想性、高度的科学计划性、高度的组织纪律性”。在科研试验管理中，他提出的“把故障消灭在地面”原则，已成为几代航天人研制、试验工作的行为规范。在科学工作中，他积极倡导科学民主和学术民主，努力营造和谐的科研环境，有效地发挥了集体智慧，激发了广大科技人员的创造热情，成为尖端科技发展的优良传统。在科研试验中，他经常深入一线，在工地、试验场一呆就是一两个月，大大小小的技术问题在他的《工作手册》中都有详细记录，这种严谨细致的科研作风，堪称国防科技战线的典范。

深切缅怀钱学森同志，就要像他那样具有宽阔的战略视野和前瞻的战略思维，加强顶层设计，搞好长远规划，使国防科技和武器装备发展更好地适应维护国家安全和发展利益的需要；就要具有勇攀科技高峰的创新精神，牢固树立敢为人先、敢于超越的雄心壮志，瞄准世界科技前沿，抓住制约发展瓶颈，尽快在核心技术、关键技术领域取得重大突破，坚定不移地走以自主创新为主的科学技术和武器装备发展道路；就要坚持把胡主席“精心组织、精心指挥、精心实施，确保万无一失、确保成功”要求作为根本遵循，把确保圆满成功作为最高标准，依靠科学、尊重规律，严慎细实、精益求精，以科学精神和求实作风努力创造一流业绩。

强烈的爱才意识　博大的育才胸襟

钱学森同志高度关注人才队伍建设，始终把培养人才、扶植人才作为自己的崇高使命，大力倡导培养科技帅才和将才，造就了一大批堪当历史重任的一流科学家和工程技术专家。

钱学森始终从战略高度思考谋划人才培养。他曾经向党中央、国务院、中央军委提出建议，深刻阐述培养我国科技帅才和将才的重要性、迫切性，并具体提出了培养途径和方法。他坚决落实中央科教兴国和科技强军战略，十分重视科技创新人才培养，对我国高等教育事业和学科专业建设倾注了大量心血。为适应未来高技术条件下战争的需要，他较早提出要尽快提高我军指挥员科学文化素质，培养一批博士军长和博士师长。1985 年以来，他还多次与有关部门讨论人才培养问题，提出“现在要培养一批工程师加科学家加思想家的人才”。2007 年，96 岁高龄的钱学森通过助手表达他“成天思考”“念念不忘”“忧虑”的问题，就是中国目前缺乏拔尖的科技领军人才。他说：“这是一件关系国家长远的大事，要办好。”最近几年，钱学森多次对前去看望他的党和国家领导人讲，一定要重视创新型科技领军人才的培养。这些，充分体现了他对当代科技发展大势的敏锐把握，充分体现了他对科技人才队伍建设的深谋远虑。

钱学森对扶植年轻一代充满热情。他说：“中国的科学技术发展要靠老的，但更重要的要靠年轻人，要靠他们敢想，中国的科学技术才能够发展。”在中国导弹事业起步初期，专业人才匮乏，他既当领导，又当老师。在火箭、导弹研究院成立当天，他就为新分配来的 100 多名大学生讲授《导弹概论》，几十年持之以恒，这些人中的佼佼者后来成为我国航天技术领域的栋梁之材。他们深情地回忆说，从未见过像钱老那样热心培养年轻人的大科学家。为了使我国的空气动力学研究尽快赶上世界步伐，钱学森殚精竭虑，倾其所学，积极筹建研究机构，亲自拟定学科教材，为新中国第一代空气动力研究人才的成长付出了大量心血。钱学森还倡导设立了“中国科协青年科技奖”，鼓励和支持青年科技人才特别是尖子人才脱颖而出，培养造就了一批优秀的学术和技术带头人。

钱学森善于发现和使用人才。千里马常有，而伯乐难寻。钱学森是“千里马”，更是发现“千里马”的伯乐。1964 年，我国第一枚中近程地地导弹发射试验时，出现了射程不够的重大技术问题，当时研制队伍中最年轻的王永志，提出了具有独到见解的解决办法，得到了钱学森的充分肯定和采纳，试验取得了圆满成功。钱学森发现了王永志领异标新的科学资质，不断给予培养和鼓励，又积极推荐他担任新型导弹的总设计师。后来，王永志成长为中国载人航天工程第一任总设计师。正是由于钱学森求贤若渴的宽广胸襟，一批像王永志一样的青年才俊，很快走上关键岗位，成为国防科技事业的中坚力量。为了国防科技事业后继有人，保证年轻一代尽早担当重任，钱学森甘居幕后。在制订第二代战略导弹研制计划时，他提出由第二代人挂帅当总设计师。1981 年，他又恳请组织上免去他国防科委副主任职务，并推荐了可以接班的人选，给年轻人尽快成长创造条件。钱学森这种甘当人梯、举贤荐能的崇高境界，充分展现了一代科学巨匠的博大胸怀。

深切缅怀钱学森同志，就要像他那样以对党和人民的事业高度负责的精神，把培养高素质科技人才作为义不容辞的崇高使命，不断增强推进人才战略工程的紧迫感和责任感；就要坚持依靠伟大事业凝聚人才，依托实践平台锤炼人才，完善制度机制保障人才，采取超常举措催生人才，努力培养造就一大批能够站在世界科技前沿、具有一流水平的科学家和工程技术专家；就要大力营造“四个尊重”的良好氛围，千方百计排忧解难，倾尽全力悉心帮助，促进人才快速成长，脱颖而出，确保国防科技和武器装备建设事业后继有人、持续发展。

卓然的大家风范　高尚的人格魅力

钱学森同志是中华民族知识分子的杰出典范，中华民族的优秀品德在他身上都有体现。在他心中，国为重、家为轻，科学最重、名利最轻。他不仅以自己严谨的科学精神为人类进步做出卓越的贡献，更以率真的人生态度诠释了一个科学家的高尚品质。

钱学森襟怀坦荡，光明磊落。他一生成就卓著，荣誉无数，但始终以淡定之心，坦然面对。他为人处事有自己的原则，坚持不题词，不为别人的书写序，不参加任何成果鉴定会，不出席任何应景活动，不兼任荣誉性职务。有人把在他指导下发表的论文署上他的名字，他很郑重地给作者回信说："把我的名字放在文章的作者中是不对的，我决不同意，这不是什么客气，科学论文只能署干实活的人。这是科学论文的惯例，好学风，我们务必遵守！至要，至要!!!"钱学森的传奇经历和大师风范为世人敬仰，许多著名作家、记者要为他著书立传，他都严词拒绝。当经中央批准的《中共党史人物传》把他列入编写条目时，他不再坚持己见，而是服从组织决定，但明确提出，写传不能为个人歌功颂德，而要实事求是，反映一个时代，"我只是恰逢其时，做了该做的工作"。

钱学森淡泊名利，品行高洁。他一生有三个"不在意"：一是对"官"不在意，他长期担任要职，但始终把自己当作劳动人民的一分子；二是对"钱"不在意，他常说我姓钱，但不爱钱；三是对"名"不在意，他认为科技人员要钻进科学世界，注重研究学问，不要为名所累。他是这样说的，更是这样做的。在国家经济困难时期，他多次主动要求降低待遇。从上世纪 60 年代至今，他一直居住在一座普通的公寓单元房，组织上几次要给他调换，每次他都婉言谢绝。1958 年，钱学森所著《工程控制论》一书被译成中文出版，并获国家自然科学一等奖，稿酬加上奖金共计 1.15 万元。这 1.15 万元被他悉数捐出，用于给中国科技大学力学系的学生买学习用具。多年来，他还一直牵挂着西部地区的发展，曾把自己获得的数百万元巨额奖金捐献出来，用于沙漠环境的治理。聂荣臻元帅曾高度评价他："总是艰苦奋斗地工作，艰苦朴素地生活，从不计较个人得失。"

钱学森虚怀若谷，行为世范。他年轻时不迷信权威，成为权威后不自恃为高。他说过："在科学上，没有什么认识是最后的。在任何新的领域，我们都是小学生。"1964 年，有一位远在新疆生产建设兵团农学院的年轻人给他写信，指出他的一篇论文中有一处错误。钱学森虚心接受，亲笔回信表示感谢，并建议这位年轻人把意见写成文章，由他推荐给专业刊物公开发表。钱学森的科学成就举世瞩目，但他从不居功自傲，始终严谨谦逊。他一贯反对别人称他为"导弹之父"或"航天之父"，总是以实事求是的态度告诉大家，像"两弹一星"这样的大科学工程，不是哪一个人两个人能干成功的，一切成就归于党，归于集体。这是他的肺腑之言。

深切缅怀钱学森同志，就要像他那样襟怀坦荡、光明磊落，坚持原则、维护大局，清正廉洁、知荣明耻，始终保持我党我军的优良传统；就要积极进取、甘于奉献，一心扑在事业上，不计较个人得失，始终保持艰苦奋斗的政治本色；就要戒骄戒躁、永不懈怠，在成绩面前不居功，在荣誉面前不自傲，始终保持清醒头脑和昂扬斗志。

斯人已去，风范永存。一个科学家取得的成就可能会被后人超越，但他的科学精神却永远不会过时。钱学森同志为我国国防科技事业、国防和军队现代化建设所做出的卓越贡献，党和人民不会忘记；为祖国的富强、民族的振兴、人民的幸福所付出的智慧和心血，党和人民不会忘记；为广大科技工作者留下的宝贵精神财富，党和人民不会忘记。我们总装全体官兵决心化悲痛为力量，学习他的崇高品德和革命精神，更加紧密地团结在以胡锦涛同志为总书记的党中央周围，高举中国特色社会主义伟大旗帜，以邓小平理论和“三个代表”重要思想为指导，深入贯彻落实科学发展观，大力弘扬“两弹一星”精神和载人航天精神，解放思想、实事求是、与时俱进、开拓创新，为推进国防科技和武器装备建设又好又快发展作出新的更大贡献。

人民科学家钱学森同志永远活在人民心中！

【作者：中国人民解放军总装备部】

【《人民日报》2009年11月11日第5版】

秦文贵：石油之子　青年楷模

从一名风华正茂的大学生，成长为青藏高原石油战线上的技术带头人，秦文贵将人生最美好的17年青春时光留在了我国海拔最高、环境最艰苦的青海油田。他以对祖国石油工业的热爱和忠诚，走出了一条当代青年知识分子在苦干、实干中成长、成才的路。

秦文贵生长于河北省平山县树石村，是恢复高考后村里的第一名大学生，被华东石油学院录取。1982年，21岁的秦文贵大学毕业后被分配到青海油田。

位于青藏高原的柴达木盆地平均海拔2700米以上，“天上无飞鸟、地上不长草、风吹石头跑”，自古以来就被视为生命的禁区。然而，秦文贵却凭着坚定的信念，在这里开始了从一名大学生向柴达木石油人的转变。

他当过油田技术员，也担任过钻井处处长，后来逐渐成了技术带头人。上世纪90年代，经过严格考试，他成为中国石油系统唯一入选加拿大国际发展署和外经贸部联合举办的人才培养项目的专业人才。

从1982年到1999年，秦文贵将人生最美好的17年青春留在了柴达木。17年，狮子沟地区原油年产量由数千吨上升到5万吨，青海油田在高海拔地区创造了5630米的钻井井深最高纪录，创造了制服天然气井喷最短用时纪录。在秦文贵主持下，青海油田先后完成了高海拔地区油田多项科研项目，推广了数十种新技术、新工艺，破解了大量生产技术难题，使两个月在青藏高原打成一口井的梦想成为现实。

1997年4月，秦文贵获得首届“中国青年五四奖章”，被誉为“当代青年的榜样”。

如今，秦文贵已是全国青联副主席、中国石油天然气集团工程技术分公司副总经理。2008年，他还作为当代石油人的代表，参加了北京奥运会火炬传递。

秦文贵时常说：“受到一点挫折就消沉，遇到一点困难就抱怨，那么自我的天地就只会越走越窄、越来越封闭。自己服务社会、报效祖国的理想就会变成一句空话。”

【作者：秦文贵、马勇】

【《人民日报》2009年12月7日第5版】

中国“两弹”元勋邓稼先

邓稼先，杰出的科学家，中国知识分子的优秀代表。为了祖国的强盛、国防科技事业的发展，他甘当无名英雄，默默无闻地奋斗数十年，为中国核武器的研制做出了卓越贡献，被誉为中国的“两弹”元勋。

邓稼先于1924年出生于安徽省怀宁县，1935年考入志成中学，在读书求学期间，深受爱国救亡运动的影响。1937年北平沦陷后，他曾秘密参加抗日聚会。后在父亲邓以蛰的安排下，他随大姐去往昆明，并于1941年考入西南联合大学物理系。

在抗日救亡的呼喊中成长起来的邓稼先，高唱着“千秋耻，终当雪，中兴业，须人杰”的西南联大校歌走上科学之路。为了实现科技强国的夙愿，他将个人的事业与民族兴亡紧密相连。1948年至1950年，他在美国普渡大学留学，获得物理学博士学位。毕业当年，他就毅然回国。

回到祖国怀抱后的邓稼先被分配到中国科学院工作。新中国启动以“两弹一星”为代表的国防尖端科研试验工程后，邓稼先成为从事这项事业的众多科技人才中的一员。他以满腔热忱投入工作，并迅速成长起来。1956年，他加入中国共产党。

邓稼先参加、组织和领导了我国核武器的研究、设计工作，是我国核武器理论研究工作的奠基者之一。从原子弹、氢弹原理的突破和试验成功及其武器化，到新型核武器的重大原理突破和研制试验，均做出了重大贡献，其成果曾获国家自然科学奖一等奖和国家科技进步奖特等奖。

在原子弹、氢弹研制试验过程中，邓稼先领导开展了爆轰物理、流体力学、状态方程、中子输运等基础理论研究，完成了原子弹的理论方案，并参与指导核试验的爆轰模拟试验。原子弹试验成功后，他进而开始探索氢弹设计原理，选定技术途径。

1967年，中国第一颗氢弹的研制和实验工作在邓稼先的直接领导并参与下完成。由他和周光召共同完成的《我国第一颗原子弹理论研究总结》一书，成为国内第一部有关核武器理论设计的开创性基础巨著，是培养科研人员入门的必备教科书。

为了培养年轻的科研人员，邓稼先在从事领导研究工作的同时，还先后撰写了有关《电动力学》《等离子体物理》《球面聚心爆轰波理论》等许多讲义，并着手编写了《量子场论》和《群论》等教材。

邓稼先虽长期担任核试验的领导工作，却本着对工作极端负责任的精神，在最关键的时候出现在第一线。核武器插雷管、铀球加工等最危险的时刻，他总是坚持要直接站在操作人员身边。这种忘我的大无畏精神，使广大科研人员感受到莫大的鼓励。

从中科院近代物理研究所助理研究员干起，邓稼先先后担任了原子能研究所副研究员、中国工程物理研究院院长、核工业部科技委员会副主任、国防科工委科技委副主任等多项职务。他还是中科院数学物理学部委员，中国核学会第一、二届常务理事，中共第十二届中央委员。

1986年7月29日，邓稼先在担任国防科工委科技委副主任职务时病逝于北京。他临终前所关心的仍是如何发展我国的尖端武器，并语重心长地说：“不要让人家把我们落得太远……”

1999年，在中华人民共和国成立50周年之际，党中央、国务院、中央军委隆重表彰为我国“两弹一星”事业做出突出贡献的23位科技专家，追授邓稼先“两弹一星”功勋奖章；2008年，邓稼先当选为中国科学技术协会组织评选的中国十大传播科技优秀人物；2009年，他被评为“100位新中国成立以来感动中国人物”之一。

邓稼先用自己的一生，实践着科技强国的抱负和梦想。他是当之无愧的中国新一代优秀知识分子的光辉榜样。

【作者：李清华、田兆运】

【《人民日报》2010年2月25日第8版】

史永乐：永不停驶雷锋车

学雷锋已成为他的生活习惯。在部队时，他先后照顾军烈属、五保户 20 余名，捐助 23 名学生完成学业，救助意外受伤群众 6 次；转业 8 年来，他驾驶自己的二手车宣传奥运精神，义务接送群众逾万人，成为享誉京城的“雷锋车司机”。

他就是“全国学雷锋先进个人”、中国航天科工集团第二研究院工作人员史永乐。

4 月的北京，乍暖还寒。在一个寒风瑟瑟的清晨，北京市丰台区角门北路公交站台上挤满了上班等车的人。这时，一辆前挡风玻璃标有“雷锋车”字样的蓝色斯柯达小轿车停了下来，司机冲人群招呼着：“有往公主坟方向的吗？学雷锋，顺路免费……”

这位司机叫史永乐，是中国航天科工集团第二研究院工作人员。45 岁的他坚持学雷锋已有 30 余年，像这样开雷锋车，免费搭载顺路行人已经 8 年，乘过雷锋车的群众已逾万人。

从士兵到中校军官
“人走到哪儿，好事就做到哪儿”

史永乐学雷锋的历史最早可以追溯到 1976 年。年少的他得知村里 72 岁的沙老太太无人照顾后，便主动承担了老人家中挑水、打扫、砍柴的家务，一直坚持到自己高中毕业入伍。

1981 年 12 月参军入伍后，史永乐时时不忘发扬雷锋精神。从士兵成长到中校军官，他每个月的津贴除了少部分自用，全部捐赠给需要帮助的人；他定期带领连队官兵为驻地孤寡老人、幼儿园服务，帮助残疾人干农活。他说：“我不能像有钱人一下捐好几百万元，但可以尽自己之力，为社会作贡献。人走到哪儿，好事就做到哪儿。”

1985 年，史永乐被一等功臣王光华烈士从军尚武、捐躯为国的英雄事迹深深感动，决定替战友完成未尽的孝心。此后 8 年，他以“光华”的名义给王光华的父亲寄赡养费、粮票、医疗器械，并坚持探望、照顾老人，史永乐对待老人像对待自己的亲生父母，直至为其送终。

参军 20 年，他先后照顾军烈属、五保户、瘫痪病人 20 多名；为两位孤寡老人养老送终；先后捐助 23 名学生完成中学、大学的学业；组织救助意外受伤群众 6 次；为数十家学校、单位作学习雷锋精神报告 100 多场次。他也因此被评为“全国学雷锋先进个人”。

私家车变身雷锋车
“只要车能上路，就希望为大家带来方便”

2002年底，史永乐退伍后自主择业，因工作需要买了一辆二手斯柯达车。“当时就想工作、上下班方便一点，”他说，“后来发现，与其让车空着，不如顺路载几个人。”雷锋车就是从那时开始的。

最初，路人总是用猜疑的眼光打量着他和他的车。史永乐便把雷锋头像、宣传标语贴在车的前、后部和车门上，并一再强调“这是雷锋车，不要钱”。随着不断有人“鼓起勇气”搭乘雷锋车，雷锋车的名气逐渐传播开来。

史永乐的行为一直感动着搭车的人们，8年来搭乘过雷锋车的群众已逾万人。他保存着12本印有雷锋头像的笔记本，这些本子上写满了曾经乘坐雷锋车的路人的留言。一名“80后”受助者在今年3月5日学雷锋日写道：“原来从来没把这天记住，是史叔叔的雷锋车让我把这一天记在心里。我会把史叔叔当成自己的榜样。”

一天晚上，史永乐在收拾车的时候，发现后座下有一个钱包。他仔细回忆，推断应该是武警某医院的一名护士白天搭雷锋车时遗失的。第二天一早，他就赶到医院门口蹲点守候并打听那位护士。焦急了一夜的失主发现史永乐来专门送还失物，又惊又喜，感叹道：“雷锋车的司机真是活雷锋哪!”

问史永乐开雷锋车能够坚持8年的“秘诀”时，史永乐的话语中透露出发自内心的喜悦和骄傲：“虽然每个月会花五六百元油钱，路上多用两小时，但开雷锋车已经成为了我一种习惯，自己觉得很快乐。只要车能上路，就希望为大家带来方便，受帮助的人也会有愉快的心情去工作。”而他也确实是优秀复员退伍军人的骄傲，正如装甲兵工程学院的蒋玉国在乘坐雷锋车后说：“老史同志，今天赶巧坐上您的雷锋车，我万分荣幸。您为复员退伍军人争了光。”

雷锋车升级“奥运车”
“通过我的努力，还能为宣传奥运尽一点力”

从2003年初到2008年夏天，史永乐的雷锋车又被大家叫成了“奥运车”。在那段时间，雷锋车车身上贴满了北京奥运会、残奥会的宣传标语和图片。

“奥运车”不仅照常学雷锋，也曾经帮助过奥运工作人员。2007年8月的一天早晨，史永乐在洋桥公交车站发现站台上有两个小伙子边看表边不停地张望，一副异常焦急的神态。他把车迅速停靠过去热心询问，发现这两人原来是“好运北京”测试赛棒球赛的工作人员，正着急去五棵松棒球馆。史永乐让他们赶快上车，打开双闪指示灯向五棵松疾驰而去。

“那时，我天天开着车，不仅帮助遇到困难的人，而且通过我的努力，还能为宣传奥运尽一点力。”迎奥运的5年时间里，史永乐时时把这些话挂在嘴边，开着“奥运车”持之以恒地践行着。“开顺路车也是为低碳减排做贡献，这样北京的空气也能更清新。”

在问到史永乐有什么心愿和要求时，他质朴地说："我没什么奢求的，儿子能顺利地上学，全家能吃饱饭，这样就很好了。"说完，他哈哈一笑："还有，要是每年验车时允许车身保留雷锋贴纸就更好了，这样可以让更多的人知道雷锋车。"

"希望我们身边能有千千万万个雷锋在做好事、在成长，大家一起来弘扬雷锋精神，构建和谐社会。"

【作者：张惠凝、冀业】

【《人民日报》2010年5月4日第6版】

勇攀高峰的“土专家”

——记中交二航局第二工程有限公司架桥队副队长孙家林

经历：1980年参加工作以来，一直在航务行业建设一线从事架桥吊装工作；2005年起，担任中交二航局第二工程有限公司架桥队副队长。

荣誉：获重庆市“十大杰出技术能手”、重庆市“劳动创新奖章”、重庆市“十大金牌工人”、“全国职工创新能手”、“全国技术能手”等荣誉。

接受记者采访时，46岁的孙家林显得有些拘束，还有点“心神不宁”。“离开工地我就有点不自在。”孙家林告诉记者，他所在公司承建的江苏启东崇启大桥目前正在紧张施工，要赶在暴雨和台风来临之前完成箱型梁的拼装，“100多名工人在等着我，真想早点回去马上投入工作”。

孙家林就是这样一个热爱工作、也会干工作的人。自1980年参加工作进入航务行业工程建设领域的那一天起，孙家林就与起重工作结下了不解之缘。他勇于创新，不断钻研技术，逐渐成为吊装、架桥方面的“土专家”。

敢于“吃螃蟹”攻克新工艺

孙家林在架桥技术领域第一次“吃螃蟹”，是1996年在公司承建的国家重点工程——瓯江大桥工程（现名为温州大桥）中。

当时，利用架桥机进行公路桥梁架设，在中交二航局尚属新工艺。当工程进入上部结构施工桥梁架设阶段，项目部在联系外租和分包给外单位架设工作中，由于对方要价太高而未果。这时，孙家林勇挑重担，凭着他多年积累的起重经验和一股刻苦钻研的劲头，通过自行设计，用万能杆件拼装出了中交二航局第一台架桥机，顺利完成了温州大桥重达30吨的砼空心板安装任务，为公司节省成本80多万元。

初露锋芒的成功，使孙家林增添了自信。从此，他对钻研各种新的起重、架梁工艺更加起劲。

1999年初，浙江金丽温高速公路工程（二期）建设全面展开，该工程不仅高架桥多，而且架桥的难度大、任务重、工期紧。作为现场工长的孙家林，在安排好工地其他作业的同时，用万能杆件拼装了50吨龙门吊机，并充分利用现有设备，分别用万能杆件和贝雷片设计、拼装架桥机两台，进行重达50吨的20米砼箱梁安装施工。

为解决场地狭窄、桥梁曲线的难题，孙家林还创造性地设计了轮胎式运梁平台运梁、装载机作动力牵引的运梁工艺，不仅比传统的轨道平车运输节省资金50余万元，且施工简便、安全、快捷，使工程提前工期2个多月。

运用“土方法”破解大难题

2005年，已担任架桥队副队长的孙家林，带领工友们来到“世界第一跨度斜拉桥”——苏通长江大桥的施工现场。他们要攻克大桥TP75型两跨式支撑架桥机及75米跨T梁悬拼等技术难关。

该项目是在40至60米高的桥墩上进行水上施工作业，施工难度大，技术要求高，孙家林用自己所学，结合施工现场的实际情况，提出了合理的架桥机安装方案。

架桥机安装，特别是主桁架的安装，既要考虑桥墩的高度，又要考虑水上浮吊的起重能力、性能，以及水面上吊装重物的可操作性。经过深思熟虑和反复试验，孙家林提出了多种吊装方法——设置专用的吊具、软绳捆绑法、钢丝绳捆绑法等，通过这些“土方法”的综合运用，架桥队优质、高效、圆满地破解了当时业界公认的世界级难题。

迄今为止，孙家林已参加全国各地20多座大桥的建设施工，出色的成绩，赢得了荣誉和掌声。他没有停止攀登架桥技术高峰的脚步，仍然一如既往地努力工作，并带动了一大批年轻工人刻苦钻研架桥技术。

孙家林常说：“施工要讲经验，但更要讲科学”，“如果不动脑筋，工人就变成了机器人”。如今，孙家林培养出来的徒弟都已在公司的各个重点项目中成为技术骨干。说起孙家林，同事们异口同声：“他是我们新时期青年工人的好榜样!”

劳动者感言：一座座雄伟的大桥，是我们架桥工人眼中最美的彩虹。

【作者：崔佳】

【《人民日报》2010年5月10日第3版】

赵小亭——永远播洒爱的阳光

她是一名热心公益的志愿者，放弃假期，不怕艰苦，连续两年参加暑期支教；她是一名阳光开朗的大学生，成绩优秀，关心同学，把大家的琐事挂在心上；她是一个贫困家庭的孩子，省吃俭用，乖巧懂事，总想减轻父母的重担；她是一位年轻的好老师，多才多艺，责任心强……

她，就是武汉大学电气工程学院 2008 级学生赵小亭。

浅浅的酒窝，圆圆的脸，阳光般温暖的微笑，她叫赵小亭，武汉大学电气工程学院 2008 级学生。今年暑假，善良、富有爱心的她，依然像去年一样选择去山区支教，这次去的是条件艰苦的贵州省贵定县马场河乡。但上苍无情，7 月 21 日，赵小亭和队友一行 19 人在崎岖的山路上艰难前行时，她被突然滚落的山石击中头部，不幸当场遇难，年仅 21 岁的生命从此长眠在大山深处。

爱笑的好同学
她总是在很远的地方就冲他们微笑，大声地打招呼

“出事前几秒，我们还互相微笑鼓劲，但是当我再次看到她时，她已经倒在了地上。”当时走在赵小亭前面的队友肖叶清难过地说。

在大家的印象中，赵小亭是一个阳光、开朗的女孩，她总是在很远的地方就冲他们微笑，大声地打招呼。她喜欢唱歌，不管在班上还是在支教队，她都是大家的“开心果”。她曾告诉同学和朋友们：人要做自己的阳光，像向日葵一样，保持向上的姿势。她热情关心同学，有时热心得像个“大妈”，把大家的生活琐事挂在心上。赵小亭还是副班长，帮班长组织班级活动，协助团支书策划团会。她还先后在院学生会体育部和女生部担任过学生干部，总是忙忙碌碌的。

支教队的队员们回忆，赵小亭就像大姐一样，不管什么事总想得很周到，每天早晨都会准时叫他们起床，每天中午总是提前去为大家盛饭。出事那天，出门前她特意准备一个包让大家放手机、相机。当医生宣布“小亭走了”的时候，队员们泣不成声：“再也没有小亭叫我们起床了，中午也没有小亭给我们盛饭了，我们知道小亭已经走了……”

一心想给他人温暖的赵小亭，其实也是一个贫困家庭的孩子，父母都是热水器厂的工人，每月几百元的生活费，她总是省着用。“她爱漂亮，但是很少买漂亮衣服，”肖叶清说，“她父母支持她读研，但她说想早点工作，减轻父母的重担。”

可爱的好老师
她总是认真地备课，孩子们都很喜欢她

7 月 12 日，赵小亭来到了马场河乡中心小学开始为期一个月的暑期义务支教。这所学校坐落在大山中，是一所留守儿童学校，尽管是暑假，但山区孩子对知识有强烈渴望，自愿前来学习的很多。

赵小亭多才多艺，她负责给孩子们上英语课、音乐课和安全教育课。她教课特别认真，在笔记本上工工整整写下每堂课的教学内容，板书也是一笔一画地写。每次上课之前，她会拉上没课的队友当“学生”预讲一遍，让大家给她提意见，然后改进，直到大家一致通过，她才满意地去给学生们上课。在赵小亭的课堂上，学生们听讲格外专注，下课后她又和学生们打成一片，一起玩耍嬉笑。

孩子们都很喜欢她，到晚上放学时，很多学生经常迟迟不愿离开，非要和赵小亭老师一起多待一会儿。每次她出去散步，孩子们都会跟着去，她就带着孩子们在山间摘花、唱山歌，对着山峰大喊。有一对双胞胎兄弟和她的关系特别好，每次小亭看到他们总会笑着问：“谁是哥哥，谁是弟弟啊?”两兄弟都会争相回答：“我是哥哥，我是弟弟!”看见两兄弟可爱的模样，赵小亭总会高兴地上前把他们抱住。

得知老师出事的噩耗后，年幼的孩子们哭着问：“我们的赵老师还会不会回来?”孩子们围成一圈，唱起赵老师生前教给他们的歌，“你的音符，你的脸，有种无声的语言，教我不退缩要坚持信念，用音符画一个圈经过都会被纪念，我想爱永远会留在你心间……”

优秀的志愿者
她的事迹感染了很多学子，她已成为他们的榜样

去年暑假，赵小亭就参加了赴湖南新邵县坪上镇的“服务新农村暑期社会实践队”，那是她第一次到农村支教。其间，赵小亭和 10 名大学生队友走访了坪上镇幼儿园、敬老院、新邵二中和小源村等。短短几天，赵小亭就和当地孩子结下深厚的情谊，一些孩子课后悄悄跑到驻地找她。她后来在实践总结中写道：我们懂得了山沟里孩子对知识的渴望，还有家长们对孩子教育的重视。

赵小亭这次支教的马场河中心小学在距县城几十公里的大山中，条件艰苦，没有自来水，支教队员们把两间大教室改造成宿舍，用课桌拼成床铺。她的父母说，女儿早在上一次支教中就体验过这样的艰苦，可她没有退缩，再次来到了需要她的地方。

赵小亭的事迹感染了很多学子，她已成为他们的榜样。武汉大学校友纷纷在校园 BBS 留言，怀念这位可敬可爱的党员大学生。一位好友在网上留言说：她总是扮演着给人带来快乐的天使。艺术学系 2008 级的周同学说：我也参加过两次支教活动，到山区支教是很有意义的事情，特别能理解赵小亭，对她的离去非常悲痛。哲学院学生丰延涛说：“志愿者活动与利益无关，支教是一种精神的体现，赵小亭是我们大学生的榜

样。”短短数日，有10多万网友在网上为赵小亭献花、点歌、留言等，大多数网友称赞她是80后、90后大学生的骄傲和榜样，新时代的大学生一样有强烈的社会责任感，有高尚的理想信念，乐于奉献、勇于担当。

7月25日，共青团湖北省委追授赵小亭“湖北省杰出大学生志愿者”荣誉称号；26日，中共湖北省委高校工委、湖北省教育厅追授她“湖北省优秀大学生”荣誉称号；27日，共青团中央、全国学联、中国青年志愿者协会追授她“中国杰出青年志愿者”称号。28日，武汉大学决定将赵小亭生前服务的支教队伍正式命名为“武汉大学爱心支教实践队”，号召更多大学生加入志愿者队伍。

【作者：田豆豆、张志峰、杨柳】

【《人民日报》2010年7月30日第6版】

新时期的道德模范——郭明义

题　记

世界上有两件东西最能震撼心灵：一件是我们心中崇高的道德法则，一件是我们头顶上灿烂的星空。

——康德

郭明义：1958年12月生，辽宁鞍山人，1977年参军，1980年入党，1982年复员到齐大山铁矿工作。现任鞍山钢铁集团矿山公司齐大山铁矿生产技术室采场公路管理员。先后任矿用大型生产汽车驾驶员、车间团支部书记、矿党委宣传部干事、车间统计员兼人事员、英文翻译等。先后获部队学雷锋标兵、鞍钢劳动模范、鞍山市特等劳动模范、全国无偿献血奉献奖金奖、中央企业优秀共产党员、全国"五一劳动奖章"等荣誉称号，是鞍山市无偿献血形象代言人。

"钢都"鞍山，向东15公里，群山环抱着亚洲最大的露天铁矿——齐大山铁矿。

这里林木稀疏，遍地都是红褐色岩石。这岩石历亿年风霜雨雪，电击雷轰，铸就铁的坚硬；一经开采，千凿万击，粉身碎骨；投入熔炉，化为铁水，百炼成钢。

郭明义就像这漫山遍野的矿石，朴实、坚毅、无私，在平凡的岗位上，书写着一篇篇感天动地的人间大爱。

每天提前2小时上班，15年风雨无阻；为失学儿童、受灾群众捐款12万元，16年从未间断；55次无偿献血，挽救数十人的生命，20年乐此不疲……

他不是明星大腕，却成为鞍山市希望工程形象大使、鞍山市无偿献血形象代言人；以他名字命名的"郭明义爱心团队"，吸引了5800多名鞍钢干部职工和普通市民加入……

走近郭明义，我们一次次被震撼。人格的魅力、道德的力量，像奔涌的岩浆，从他胸中喷薄而出。

30年坚持，140张汇款单，180名复学儿童，55次义务献血，彰显人间大爱

郭明义的抽屉里，有一张泛黄的汇款单。汇款人：郭明义；收款地址：山东省嘉祥

县老僧堂乡西李楼村；收款人：五胞胎；时间：2002 年 6 月 26 日。

从报纸上得知嘉祥县一农家喜得五胞胎却无力抚养时，郭明义想都没想，赶到邮局把手头仅有的 300 元钱汇去。从此，给五胞胎汇款成了郭明义的“保留节目”，一直到现在。其间，“五胞胎”父母两次搬家，汇款也没间断，给“五胞胎”的汇款单，已积累 19 张。

郭明义出生在一个普通的矿工家庭，父亲是位矿工，胸怀坦荡、乐于助人，受到过周恩来总理的接见。母亲懂一点医术，常帮助街坊邻里义务治病。在这样的家庭里成长，郭明义从小就懂得做人要讲感恩、讲诚信、讲仁义、讲奉献。

1977 年 1 月，郭明义应征入伍。在部队，他最爱看的书是《雷锋的故事》。以雷锋为坐标，他校正了自己的人生航向；奉献，成为他的人生价值和目标。

1982 年，郭明义告别军营，成了一名矿工，乐于助人已经成为他的终生习惯。不管是身边的工友，还是素昧平生的人，谁遇到困难，他都会尽全力去帮助。

1994 年，鞍山市“希望工程”开始实施。电视短片中，孩子们渴望读书的眼神，深深灼痛了郭明义的心。第二天，他就找到“希望办”给岫岩山区的一名失学儿童捐助了 200 元钱，半个月后，他又给这个孩子直接寄去了 200 元。而当时，他们一家的月收入还不到 600 元。

从那时起，他一发不可收。16 年来，他已捐款 12 万多元，先后资助 180 多名特困家庭学生，仅汇款单就有 140 多张，差不多花去了他全部收入的 1/3。

2005 年夏天，郭明义从“希望办”看到苦孩子杨斯雯的遭遇：出生不到 3 个月，父母离异，相继出走。小斯雯一直和体弱多病的奶奶，靠微薄的低保金相依为命。

郭明义立即承担起她的学费。学费有了着落，但小斯雯生活还是异常艰难。为省下每天二三元的午餐费，每天中午奶奶都要骑自行车走很远，把小斯雯接回家吃饭。冬天寒风呼啸，滴水成冰，路面像镜面一样滑，祖孙俩记不清摔过多少次。郭明义听说后，又解决了小斯雯的全部午餐费。

2007 年春的一天，郭明义的女儿郭瑞雪兴冲冲回家准备看电视剧，却发现电视机没了，知道是爸爸又把电视机送人后，伤心地哭了。

原来，郭明义同工友闲聊时，得知有一个贫困家庭的孩子，整天哭着要看电视，但家庭拮据，无法满足孩子的愿望。郭明义立即把自家电视机送过去。之前，因为类似原因，郭明义已先后把两台电视机送了人。

郭明义“三送电视机”的事儿感动了鞍山团市委的同志。鞍山团市委专门买了一台电视机送来，告诉他：“这是团市委的‘固定资产’，你只有使用权，不许送人。”就这样，郭明义家才有了台不属于自己的电视机。

捐出钱物，助人渡过暂时的难关；捐献热血，却能挽救垂危的生命。至今，郭明义已经 55 次献血。

“55 次献血，意味着几十条生命的新生。”鞍山市中心血站工作人员无限感慨。

1990 年 5 月，齐大山铁矿号召职工参加义务献血，郭明义第一个报名。从此，他坚持每年献血，逐渐由每年一次，增加到义务献血每年最高限额的两次。

血小板是珍贵的血源，在临床抢救重症病人时，有着不可替代的作用。2005 年，鞍山引进血小板提取技术，郭明义成了捐献血小板的积极分子。他说："我快50岁了，离无偿献血最高年龄55岁差不了几年了，血小板可以每月都献，这样可以抓紧时间多献血。"

5年来，郭明义几乎每个月捐献一次血小板，每次1至2个单位，至今已捐献40多次。按照每捐献一个单位血小板相当于献全血800毫升计算，仅2008年至2009年，郭明义就献血3万多毫升。

2009年春节前的一天，大雪纷飞，郭明义正从采场下山准备吃午饭，突然接到血站电话：一名临产孕妇急需血小板。老郭顾不上吃饭，拦了一辆出租车，奔向血站。

血站工作人员让他只捐一个单位血小板。他不同意，"捐两个吧，还有孩子哩！宁愿浪费一点，也要保母子平安！"长达100分钟的血小板采集结束了，疲惫的郭明义在采血床上睡着了……

十五载坚守，不分寒暑，没有节假，每天提前2小时上班，40公里盘"坑"路，见证"矿山铁汉"

修路车间工人高森山，至今还记得那一幕：

2006年7月，一个暴雨如注的夜晚。白天刚铺好的一段矿山坡道出现险情。

深夜1点，正在值班的高森山赶到现场，等待从家里赶来的郭明义。一道闪电，高森山看到郭明义正从100多米高、45度的山坡，连滚带爬往现场赶。每走一步，身后都会有成片的乱石哗哗往下滚，哪一块砸中，都可能造成人身伤亡。

"不要命了！"事后矿领导批评他抄近路，不注意安全。郭明义笑笑："慌不择路，急呀！"

没在矿山工作、生活过的人，难以体会矿山环境的艰苦。

群山环抱的齐大山铁矿，经过近百年开采，原本突兀的山峰被掘成165米深的大矿坑，面积足有4平方公里。矿坑里，夏天温度比外边高5℃，冬天比外边低10℃；晴天尘土飞扬，迷得人睁不开眼；雨雪天，就成了大泥潭。

逶迤40多公里的盘"坑"公路，是设备的进出和铁矿石转运输出的"生命线"。

上世纪90年代，齐大山铁矿耗资数亿元从美国进口一批电动轮汽车和采矿设备，每台价值1000多万元，将大大提高矿山的生产效率。

然而，这舶来的洋机器，生性"娇贵"，对采场路面要求很高。

齐大山铁矿决定配备一名专业技术干部，主管采场公路建设和管护。矿领导不约而同地选择了郭明义。

从1995年起，在这个艰苦的岗位上，郭明义一干就是15年。

修路作业每天8点开工。为提早掌握路面变化情况，一上班就能及时调度机械维修道路，郭明义每天凌晨4点多起床，徒步巡查采场公路，细心观测每一处路面的平整度、坡度和宽度，制订出当天上午的修路计划。在采场，他还要随时留神躲开呼啸而过的电动轮汽车。这些两层楼高、载重量超过两三节火车皮的"巨无霸"，有15米的视野盲区。

穿行在一台台巨型机械之间，一米七五的郭明义显得如此矮小；常年风吹日晒，他的面孔早已变成铁矿石一样的褐红色，只有鼻梁上的近视眼镜还透出几分斯文。

2007年夏的一天，酷热的天气让连续鏖战多天指挥采场公路改线施工的郭明义晕倒在作业现场。情急之下，工友们用洒水车水龙头把他浇醒。大家都劝他快回家休息，他却说："这条路不抓紧时间修好，将严重影响生产。不要管我，大家还是抓紧干吧。"

"真是一条硬汉！"在场的职工们眼含热泪，又紧张投入工作。

郭明义平时对工友关怀备至，但交情归交情，工作上的事，他从来一丝不苟。

1999年严冬的一天上午，郭明义在巡查各电铲铲位推土机的跟进情况时，对5号铲位平整度不满意。他当即要求5号铲的推土机司机刘师傅重新施工。刘师傅不高兴地说："太冷了，等午后暖和点再推吧。"郭明义说："不行，5号铲是高效铲，中午就要组织生产，不能因为铲位不平整而耽误生产。"情绪失控的刘师傅破口大骂，差点动手打人。在工友们的劝说下，郭明义很快调整好情绪，心平气和地说："刘师傅，首先我向您道歉。刚才我情绪冲动，请您原谅。如果您还不解气，可以骂我、打我，但工作还得按标准继续进行，不要因为咱们的矛盾影响生产。"

刘师傅被说服了，任务很快完成。经过这次冲突，郭明义和刘师傅的感情更深了。刘师傅退休时，郭明义把自己积攒下来的劳动服、雨靴等都送给了他："你家在农村，今后用得着。"退休多年后，老刘只要碰到矿上的工友，总不忘让给郭明义"带个好"。

多年来，郭明义通过每天对现场进行观测、记录，借鉴国内外大型矿山公路管理的最新理念、技术工艺，大胆创新，先后制订出《公路、支线、铲窝维护技术标准与考核办法》《采场星级公路达标标准与工艺流程》等技术标准和工作制度，填补了采场公路建设上的多项空白，使采场公路维护质量逐年上升。现在，齐大山铁矿星级公路达10多公里，合格率98%以上；电铲效率、生产汽车效率一直名列全国同行业第一名。

在齐大山铁矿，郭明义还是响当当的英语翻译。

1992年，齐大山铁矿为迎接即将到来的"洋设备"安装、使用，选派郭明义等人到英语强化班进修一年。同去的大都是英语科班出身，只有郭明义是自学成才。学习结束时，郭明义以优异的成绩当上了电动轮汽车现场组装的英文翻译。他对汽车零部件等专业术语的翻译，比其他科班出身的英文翻译还翻得准确。

进口备件质量检验不归担任翻译的郭明义管，但他极端负责，每次都认真检查，先后发现5台电动轮存在质量问题，使公司争取到外方10万美元的赔偿。

不收"小费"、酬金，拒绝手机、礼品，放弃到外企工作的机会，以行动诠释什么叫"权为民所用"

人生的苦恼，往往不在于拥有的太少，而在于期待得到的太多。

郭明义常说，接触不同的社会群体，就会有不同的人生思考。如果经常接触富翁大款，你就会觉得自己很穷，如果经常接触困难群众，你就会不由自主地帮助他们。

一套上世纪80年代的一居室，面积不到40平方米。水泥地，白灰墙，陈旧的家具，女儿的床支在4平方米的门厅里。

这就是郭明义的家。

入党30年来，郭明义始终保持着共产党人艰苦朴素的本色。一年四季穿工作服，一件棉衣穿了10年；就算出席各种隆重的公益活动，也一直穿着那身劳保服。

除了工资交给妻子用于生活以外，郭明义几乎所有的奖金、补贴、加班费等，连同各种奖品、慰问品全都捐了；甚至连妻子每月给他的零花钱，他也省下来都捐了……

在物质上，郭明义一家完全可以更宽裕——现在，夫妻两人的工资，加起来一月也有四五千元，在鞍山属于中上水平。

“为什么不给自己、孩子多存点钱?”

“有人觉得存款多、房子大是财富。可我觉得物质财富，只供个人享受，不算真正的幸福；如果用来帮助困难群众，大家分享，就会带给更多人幸福。对我来说，这55本献血证、200多封感谢信，就是对我最大的奖赏。”郭明义似乎“答非所问”。

在矿山工作28年，不管做翻译，还是当公路管理员，郭明义手中，其实都掌握着一定的权力，但他始终牢记手中的权力，是为国家和企业服务的，不能为个人谋私利。

1996年，郭明义做翻译时，还兼任外方人员的司机。他每天来得最早，走得最晚，用中国人特有的热情和不卑不亢，征服了外方专家。在外国人眼里，他是最可信赖的合作伙伴，“一眼就能看出他是共产党员”。

和外方工程技术人员在一起3年多，他多次婉言谢绝老外给他的“小费”。外国人不理解。他反复解释：“我们中国人不兴这个。”

1996年下半年，鞍钢经营出现困难，几个月发不出工资。外方人员看在眼里，真心想帮帮他，就拿出厚厚的一沓钱，塞给郭明义，又被婉言谢绝。

采场公路管理员，有调动采场所有大型工程机械的权力。一些在采场承包小工程的私营老板，想让郭明义提供一些“帮助”，免费使用矿上机械。有人送来手机、现金，“郭师傅，您一句话的事，行个方便吧!”“我指挥的机械是不少，但不是给哪个人服务的。”郭明义严词拒绝。

有人劝郭明义说：“别那么固执！与人方便，自己方便，有什么不好?”

“拿他们一分钱，我的腰杆就再也挺不直了!”普通的一句话，却让人看到了一名共产党人身上的浩然正气。

当初和郭明义一起培训的3名英语翻译，如今都已远走高飞，收入远超郭明义。郭明义也曾有这样的机会。组装电动轮汽车期间，美国犹格里德公司技术服务部中国区总管，被郭明义的敬业精神打动，两次劝说他到美国公司工作，并承诺给他的报酬至少比鞍钢高六七倍。

老郭却一连说了三个“NO!”

他说：“我上党校、夜校、进修，都是企业掏的学费，鞍钢培养了我，我要回报鞍钢。”

面对社会上存在的不公平现象，郭明义深恶痛绝。

2008年3月，郭明义听说老同学乔广全要进京上访，马上找到他了解情况。

原来，几年前乔广全带着20多名下岗职工打工时，施工方拖欠了他们6万多元工资，多次讨要，就是不给，并扬言：“想告我？你爱去哪去哪!”

听了乔广全的介绍，郭明义拍案而起，“我一定为你们讨回公道!”

此后一连许多天，郭明义有空就往劳动、建设等部门跑，反映情况，据理力争。在郭明义积极奔走下，工人的工资全部讨还了，越级上访也避免了。

有人问：“老郭，你这么做，图什么?”

“图什么? 在党旗下宣誓的那一刻起，我就选定了自己的人生道路，要实践对党的誓言，就像父母抚养子女、儿女孝敬老人一样，是天经地义的事。”这是郭明义的回答。

一条红纱巾，一枚28元的戒指，见证圣洁。共产党员就应是道德表率

2010年9月2日下午，郭明义到沈阳给一个病重的女孩捐献了血小板，返回鞍山的路上，手机响了。

“嗯，献完了，没啥事……晚上给我做啥好吃的? ……红烧排骨? 好! 我一定回家吃饭。”

挂断电话，郭明义疲惫的脸上露出了幸福的微笑。

不用说，这是妻子打来的电话。

有人说郭明义不顾家、“败家子”。

其实，对亲人，郭明义有着深深的眷恋。当兵时，他梦到最多的是母亲做的玉米饼。

郭明义和妻子感情甚笃。

不少人认为，钻石、珠宝象征爱情；但郭明义认为，相互忠贞，始终不渝，比钻石、珠宝更圣洁。结婚24年，郭明义只给妻子孙秀英买过两件礼物：一条红纱巾和一枚价值28元的戒指。

去年，组织上安排郭明义外出疗养。以前多次机会他都放弃了：“我身体好，让身体不好的同志去疗养吧!”这一次，到革命圣地井冈山，他欣然前往。行前，孙秀英给他兜里塞了1000元钱。一路上，郭明义没舍得花一分，盘算着又可以接济几名学生。在一家纪念品商店，一枚样式别致的戒指吸引了他，一打听只要28元，咬牙买下了这唯一的礼品。

出人意料的是，孙秀英却很满足。这枚28元的“戒指”，孙秀英上班、干活都不舍得戴，等郭明义下班回家，才戴上“给他看”。

“他不着家，我们几乎没在一起休过一个完整的周末，家务活也指不上他。”说起郭明义，妻子好像很矛盾，“实际上，老郭很顾家，心里总惦记着我和女儿。”

孙秀英在鞍山第四医院工作。从家到医院，要坐半个多小时公交车。郭明义没有送过妻子上班，但每天孙秀英坐进办公室，总能接到郭明义打来的电话，“到了吗?”“到了!”没有卿卿我我的缠绵，简单的问话，饱含着一个负责任的丈夫对妻子的款款深情。

这些年，妻子也始终默默地支持着郭明义。

已经年过半百，孙秀英还时常翻看恋爱时郭明义写的情书。每当此时，郭明义就故意逗她：“过去的事，不要老去想啦! 烧了吧!”“不，坚决不! 爱，是不会被忘记的!”

妻子眼里放射出幸福的光芒。

打开一个精致小盒，孙秀英取出珍藏许久的一张特殊“欠条”：“郭明义欠孙秀英同志1200元，2008年7月之前还清。”郭明义的工资卡一直由妻子保管。每个月妻子都会给他一定的零花钱。这些零花钱，老郭几乎没有为自己花过一分，全都用到希望工程捐款、救助困难家庭上了；需要大的款项，就得临时向老婆“申请”借款。

孙秀英记不清郭明义“借”过多少回，但记得他一次也没有还过。

郭明义把家里的钱都“折腾”出去救助失学儿童，妻子一开始也不理解。郭明义就把一些失学孩子的资料带回家，孙秀英看着看着，眼泪在眼眶里打转转。从那以后，不管花多少钱捐助孩子，孙秀英再也没反对过。她坚信，丈夫做的都是好事，丈夫是天下最好的人。

郭明义的女儿瑞雪，聪明、漂亮、懂事。

从孩子上学起，每天晚上家里那张小书桌，父女俩一边坐一个。女儿做作业，爸爸看书，还不时交流体会，就像一对亲密的“学友”。对女儿的教育、鼓励，都在无声的示范中。

2006年，女儿到南京上大学，在给父亲的信中写道：“现在不开家长会了，我还是希望你来开我的家长会；我喜欢你给我写的纸条，虽然每次都是一样的内容：世上无难事，只怕有心人。”现在女儿已读大四，各方面都很出色，还是院学生会干部。像父亲那样做人、做事，已经成为女儿的追求。

世间百善，始于孝心。

郭明义说，一个不爱家人的人，就不会爱社会；一个不孝敬父母的人，就不会忠于国家。

郭明义的父亲已经去世6年，可父亲一句话，却让他记了一辈子。

那是童年时期的一个夜晚，郭明义坐在灯下温习已落下一周的课程。父亲静静地走到身旁，说：“儿啊，爸爸这辈子苦就苦在没有文化上。你要多掌握一些知识，为老爸争一口气。”

自此，“为父亲争口气”这句话伴随着郭明义走过了40多年，成为工作、学习最原始的动力。

只有初中毕业的郭明义，以常人难以想象的毅力，“啃”下了成人高考全部课程，获得了本科学历，还成为矿山的专业英语翻译；1984年4月，参加全国统一录用干部考试，顺利通过；1991年2月，他又通过了国家统计员考试，获得任职资格……

在郭明义的记忆里，从来没有过家庭的烦恼，有的只是理解、支持和甜蜜。

“德不孤，必有邻。”5800名矿山志愿者，高扬起“郭明义爱心团队”大旗

2006年12月，不幸先后降临到两个普通矿工的家庭：张国斌13岁的女儿患了白血病；刘孝强15岁的儿子，患了重度再生障碍性贫血症。

听说张国斌的女儿病了，郭明义立即赶到医院掏出身上仅有的100元钱。为帮助解

决高昂的治疗费用，郭明义在全矿发起了爱心捐款活动。很快凑齐3万多元，郭明义又捐了700元。

为救助刘孝强的孩子，郭明义甚至“托人”违规把自己医疗账户上的3000多元钱取了出来。

为了救孩子，郭明义还走进鞍山广播电台直播间，呼吁社会各界献爱心。12月27日，在郭明义的倡导下，400多名工友和社会爱心人士，采集了血液样本，成为捐献造血干细胞志愿者。

张国斌的女儿从死神手上挣扎出来；而刘孝强的儿子因为找不到合适的配型，不幸离开了。

这深深地刺痛了郭明义。经常献血的郭明义深知，要根治白血病，最好的办法就是移植造血干细胞。他写了一封感人肺腑的倡议书，走遍齐大山矿机关科室和70多个班组，声情并茂地朗诵，呼吁大家捐献造血干细胞。

浴池是工友们每天都要去的地方。为动员更多人加入捐献造血干细胞行列，郭明义每天下班后都不顾疲劳来到浴池，为一个个工友搓澡，不厌其烦地介绍捐献造血干细胞的常识。

精诚所至，金石为开。有的工友不好意思了：“别搓了，我明天就去参加捐献造血干细胞。”郭明义的“计谋”得逞了！

郭明义透着一丝“狡黠”说：“我的一个绝招就是‘软磨硬泡’，有的人不太愿意参加爱心活动，我就找机会帮助他，时间长了，他就会觉得欠我的人情，成为我爱心活动的积极分子了。”

桃李不言，下自成蹊。“道德的感召力，永远胜于说教。郭师傅给了我们一个榜样、一个渠道。每个人心中都埋藏着一粒善良的种子，是郭师傅唤醒了我们心中的向善之心。”漂亮的“80后”高微说。

高微和郭明义在一层楼办公。每次看到郭明义献血、捐款，她都深受感动。终于有一天，她找到郭明义：“郭叔，我也想捐助一个孩子上学。”郭明义把她介绍给“希望办”。如今她不仅捐助了2个孩子读书，还和丈夫、公公一起成为郭明义爱心团队的骨干成员。如今，丈夫范世威已经献血5次。

艾伦是来自澳大利亚的专家。看到郭明义到市“希望办”，艾伦好奇地问他去干什么。郭明义把捐资助学的道理讲给他听，艾伦被感动了，硬要郭明义带他去“希望办”为孩子捐款。

榜样的力量是无穷的。在郭明义的带动下，公司70％的“80后”都加入到爱心活动中来。包子铺老板、小吃店服务员、复印社打字员、工人、教徒，甚至还有“小偷”……都被郭明义吸收到义务献血、捐献造血干细胞的队伍里来。

2008年12月，受郭明义影响，加入造血干细胞捐献志愿者行列的矿山大型生产汽车司机许平鑫与武汉一名白血病患者配型成功，并顺利完成了捐献，成为全国第1066例、鞍山市第5例造血干细胞成功捐献者。

动员无偿献血，在很多单位都是一件难事。在齐大山铁矿，每到献血日，献血车开到单位楼下，一来就是上百人。很多人不明白其中的道理。一位前来参加献血的家庭妇女说："这也就是郭明义呗，其他人用轿抬，我也不去。"工友李久红当场感慨："这叫什么？这叫人格魅力！"

德不孤，必有邻。2009年7月29日，矿业公司召开"向郭明义同志学习"动员大会，会上打出了以郭明义名字命名的"郭明义爱心团队"旗帜。

时隔一年，"郭明义爱心团队"已发展成七支志愿者大队：希望工程郭明义爱心联队、郭明义无偿献血志愿者应急服务大队、郭明义慈善义工服务大队、鞍山捐献遗体（器官）志愿者俱乐部、鞍山捐献造血干细胞志愿者俱乐部、红十字志愿者急救队、红十字志愿者服务队，浩浩荡荡，共有5800多人。

今年6月25日，鞍山市红十字会遗体（器官）捐献志愿者俱乐部成立，190多名矿业公司的干部职工和24名鞍山市民踊跃参加。这是目前国内参与人数最多的遗体（器官）捐献志愿者俱乐部。加入俱乐部的首批200多名志愿者中，有8对夫妻、2对兄弟兄妹。郭明义和妻子孙秀英、妹妹郭素娟、妹夫高军都是俱乐部首批成员。

鞍山市副市长王忠哲，矿业公司党委书记杨靖波、经理邵安林也都在捐献遗体（器官）签名板上郑重地签下自己名字。在现场礼仪服务的4名女青年和一名在现场拍照的女干部也被感染，会议一结束，立即找到郭明义要求加入俱乐部。

一连串数字展示了郭明义爱心之路的"转型升级"：

2006年以来，郭明义8次发起捐献造血干细胞的倡议，有1700多名矿业职工参与；2007年以来，他7次发起无偿献血的倡议，共有600多名矿业职工参与，累计献血15万毫升；2008年以来，他发起的希望工程捐资助学活动，已有2800多名矿业职工参与，资助特困生1000多名，捐款近40万元；2009年以来，他发起成立的遗体（器官）捐献志愿者俱乐部，已有200多名矿业职工和社会人士参与。

从十里铁山、百里钢城出发，郭明义像爱的使者一路播撒阳光，传承雷锋精神，汇聚一切爱的力量，让鞍山，让辽宁，让全中国永远是和谐的春天！

【作者：龚达发、郑少忠、何勇、李波、孔祥武、徐丹伟】

【《人民日报》2010年9月19日第1版】

张公兰：白发不减孝亲心

一位81岁高龄的老人，28年来对瘫痪在床的婆婆事亲至孝。江苏省沛县大屯镇大屯村张公兰老人，以瘦弱的身躯践行着孝老爱亲的传统美德。

“只要儿媳妇我有一口气，就会把这个家撑起来……”

1979年，张公兰的丈夫唐金成患胃癌不幸去世；1981年6月，婆婆接受高位截肢手术，从此失去右腿……年过五十的张公兰强忍悲痛，对婆婆说：“娘，只要儿媳妇我有一口气，就会把这个家撑起来……”

很长一段时间，张公兰白天忙一整天地里的活儿，傍晚回到家，就在家门口摆摊卖茶水瓜果；夜晚侍奉婆婆睡下后，又点盏油灯纺纱织布，时常熬到深夜时分。“为了养家糊口，耕田插秧收稻子，捕鱼挖藕割苇子，俺娘什么活儿都干了！”张公兰的大女儿唐如敏回忆往事时，泣不成声。

“您不是俺的拖累，您就是俺的亲娘”

身累，张公兰的心更累。婆婆的性情变得越来越冷漠孤僻。尽管想尽办法照顾，张公兰却还是经常遭到婆婆的埋怨。

张公兰理解婆婆的心情，她总以极大的耐心化解婆婆心中的积郁。婆婆冷静时也深感儿媳的苦：“老天爷咋不让我死了呢，偏让我这样拖累着儿媳妇遭罪！”

每当听到婆婆这样说，张公兰总是马上打断婆婆的话：“娘，您可不能这样想！您不是俺的拖累，您就是俺的亲娘，有您和俺拉呱唠家常，俺才觉得有活头，再苦再累也值。”一番话，说得婆婆破涕为笑。

“生子当如孙仲谋，娶妻当如张公兰”

2002年，98岁高龄的婆婆下身瘫痪，完全丧失了生活自理能力，年过七旬的张公兰侍奉婆婆的耐心却一点没有减退。

久卧的病人不易消化，张公兰想方设法调理婆婆饮食；瘫痪在床的病人卫生最难保障，可婆婆的房间总被拾掇得井井有条。

张公兰对婆婆的生活体贴入微。每天再忙再累，她也要抽空陪婆婆拉呱说笑；婆婆爱吃糖，她就在婆婆手边摆个装满冰糖的小罐儿；婆婆想吃水果，再贵她也要买回来……婆婆常对四邻说："不知是哪辈子修来的福分，遇上这么个好儿媳。"

走进张公兰和婆婆的房间，会看到张公兰的床铺紧挨着婆婆床头。"挨在一起，伺候俺娘起夜方便。"张公兰解释说，婆婆年纪大了，有时一夜要起十几次，因此她养成习惯，夜里睡觉从不脱衣。婆婆每次大便都很困难，张公兰就用手去抠。

在张公兰悉心照料下，百岁的婆婆吃得好、睡得香，精气神也足，看上去像个七八十岁的人。邻居们由衷地夸奖说："这都是张公兰的功劳!"附近一位老者更是感慨："生子当如孙仲谋，娶妻当如张公兰。"

【作者：申琳】

【《人民日报》2010年10月14日第5版】

“共产党人的好榜样”彭雪枫

彭雪枫是中国工农红军和新四军高级指挥员、军事家。投身革命20年，出生入死，战功卓著，被毛泽东、朱德誉为“共产党人的好榜样”。

彭雪枫，1907年生，河南省镇平县人。1925年在北京育德中学读书时，参加“五卅”运动，被选为该校学生自治会会长。同年6月加入中国共产主义青年团。1926年转入北京汇文中学，9月加入中国共产党。后任中共汇文中学支部书记，负责领导北京东城的学生运动。1927年春参加北京南苑农民暴动。后在北京、天津、烟台等地从事秘密革命活动。1930年初到上海中共中央军委工作。5月被派到苏区，历任红军大队政治委员、纵队政治委员、师政治委员、江西省军区政治委员、红军大学政治委员和中革军委第1局局长等职。参加了长沙、吉安、赣州、漳州、水口等战役战斗和中央苏区历次反“围剿”作战，多次担任先锋部队的指挥员。1934年10月参加长征，任中革军委第1野战纵队第1梯队队长、红3军团第5师师长。1935年2月部队缩编后任红3军团第13团团长。9月任陕甘支队第2纵队司令员。到陕北后任红1军团第4师政治委员，率部参加直罗镇、东征等战役。

1937年全国抗战爆发后，彭雪枫任八路军总部参谋处处长兼驻晋办事处主任。曾应邀到山西大学讲授《游击队政治工作教程》，后由延安解放社印成单行本在各抗日根据地发行。1938年春调赴河南确山竹沟，任中共河南省委军事部部长，组织训练抗日武装。同年9月组建新四军游击支队，任司令员兼政治委员，率部挺进豫东敌后，广泛发动群众，壮大抗日武装。尔后东进，领导开辟豫皖苏边区抗日根据地，任中共豫皖苏边区委员会书记。后任新四军第6支队司令员兼政治委员、八路军第4纵队司令员。1941年皖南事变后，任新四军第4师师长兼政治委员、淮北军区司令员，领导根据地军民进行艰苦斗争，先后取得1942年冬季淮北反“扫荡”和1943年3月山子头战役的胜利。这期间他亲自编写《游击战术》《战略战术讲授提纲》等教材，经常到抗日军政大学第4分校给学员们授课，并主持创办了骑兵团、拂晓剧团和《拂晓报》。

1944年8月，彭雪枫执行中共中央关于向河南敌后进军的指示，指挥所部进行西进战役。9月11日在河南夏邑八里庄指挥作战时牺牲，时年37岁。彭雪枫牺牲后，新四军代军长陈毅在《哭彭八首》中深情地写道：“尔我竟长别，多年患难同。我身惜后死，努力贯初衷。”

【《人民日报》2011年3月23日第5版】

知识型技能型产业工人的杰出代表孔祥瑞

“我既是孔祥瑞，又不是孔祥瑞。”日前，天津港中煤华能煤码头有限公司“孔祥瑞操作队”队长兼党支部书记孔祥瑞接受采访时感慨地说：“某种意义上，孔祥瑞是大家心目中知识型、技能型职工的代表，是大家学习的榜样，也是我学习的榜样，是我永远前进的动力。”

孔祥瑞，高级技师，新时期知识型技能型产业工人的杰出代表。17岁参加工作后，孔祥瑞坚持边干边学，凭着几十年如一日的钻劲，多项创新成果获得国家级实用新型发明专利，并多次获得全国职工技术创新奖，为企业节约增效过亿元。从一名只有初中文凭的码头工人，成长为有着180多项科技成果的“蓝领专家”和全国劳模。

2005年，孔祥瑞被评为全国劳动模范。2006年，他接连获得全国优秀共产党员称号和中华技能大奖，并被评为2006年度感动中国人物。截至2011年初，他共主持完成了技术创新项目35项，修旧利废项目320项，节能降耗项目25项，为企业创效千余万元，有6个技术创新项目获得和被受理为国家专利。2009年，孔祥瑞被评为全国“双百人物”。2010年，被评为全国十大高技能人才楷模。围绕天津港建设世界一流大港的宏伟目标，他始终坚持扎根一线，勇于创新。

孔祥瑞还深刻地意识到，只有一个孔祥瑞远远不够，对于一个企业、一个国家来说，只有人人都是技能专家，这个企业、这个国家才能飞速发展。

孔祥瑞所在的操作队，一直坚持一种叫“自助餐式培训”的方法，具体做法是，每个星期五的下午，工人们聚集一堂，把平常工作中遇到的操作问题或技术难点摆出来，让大家出谋划策，集思广益。他率先垂范、身体力行，带出了一支优秀的知识型产业工人队伍，该团队以优异的成绩荣获全国“工人先锋号”和全国质量信得过班组称号，成为港口生产的主力军和突击队。

2010年，孔祥瑞所在的“孔祥瑞操作队”同铁人王进喜生前所在的大庆油田1205钻井队携手共建，以劳模“一加一”、党支部“一联一”、班组“一对一”结对共建为载体，广泛开展学劳模精神、比时代作为、创一流业绩，学先进管理、比组织建设、创科学发展，学企业文化、比团结协作、创和谐稳定系列活动，共同努力争当全国活动的排头兵。

近几年来，天津港集团参照“自助餐式培训”方法在全集团推行“孔祥瑞大讲堂”，请孔祥瑞和一些技术专家对职工开展技术培训。天津市总工会在考察天津港的做法后，在全市开展类似的“劳模大讲堂”。一场轰轰烈烈的“技能革命”就此展开，无数个“孔祥瑞”先后涌现。

【作者：孙洪磊】

【《人民日报》2011年3月31日第5版】

草原英雄小姐妹龙梅和玉荣

47年过去了，草原英雄小姐妹——龙梅、玉荣身上迸发的集体主义精神源泉，依然滋润着人们的心田。

1964年2月9日早晨，父亲吴添喜要去帮邻居粉刷房屋，龙梅和玉荣主动要求替阿爸去放羊。上午10时左右，12岁的龙梅和9岁的玉荣赶着羊群去放牧。中午时分，暴风雪来了！受到惊吓的羊群一股劲地顺风而跑，姐妹俩只有一个念头：一定要把羊群保护好，一只都不能丢！半夜时分，耗尽力气的姐妹俩跌倒在地，困乏地睡了过去。

第二天早晨八九点钟，惊醒的龙梅在雪堆中找到玉荣，发现妹妹的足底到脚脖子处已冻了两个大冰疙瘩。龙梅把妹妹安顿在小山坡避风的地方，继续去追羊。

2月10日上午11时左右，邻村牧民发现了羊群和龙梅后，一场解救龙梅和玉荣的行动在大草原上展开，她们很快被送到白云鄂博矿区医院抢救。经医生检查，龙梅冻伤面积占全身的15%，冻掉了左脚的大拇指。玉荣冻伤面积28.5%，双脚部位已冻入骨髓。神志逐渐恢复的龙梅急切追问羊群的情况。而玉荣伤势严重，一周以后，医生不得不锯掉她双腿坏死部分，做了截肢手术。

1964年3月12日，新华社播发了《暴风雪中一昼夜》的通稿，被《人民日报》等许多报纸、广播刊播。3月13日，龙梅、玉荣被转往呼和浩特接受进一步治疗。她们的感人事迹很快传遍全国。

1964年秋天，政府把出院后的龙梅和玉荣送到百灵庙民族小学读书。1970年，龙梅光荣入伍，1976年转业到地方，先后任中共达茂旗委副书记、包头市东河区人大常委会副主任，4年前从包头市东河区政协主席职位上退休。玉荣1974年被保送到内蒙古师范学院学习，两年后到乌兰察布盟教育系统工作。1988年调任内蒙古自治区残疾人联合会副主席。2008年至今，她担任内蒙古自治区政协民族和宗教委员会主任职务。

几十年来，姐妹俩踏踏实实地做着对社会有益的事情，过着普普通通的生活。

【作者：贾立君】

【《人民日报》2011年3月17日第12版】

杨善洲："一辈子把党和人民的利益摆在前面"

云南省保山市原地委书记杨善洲的事迹经媒体报道后，在全国引起热烈反响。正如陪同记者采访的一位司机所说："一辈子把党和人民的利益摆在前面，老书记做到了！"

杨善洲感人至深的事迹说不完。在此我们整理出部分采访笔记，原汁原味地展现他的高风亮节和博大情怀。

秘书回忆——
"他的秘书不好当，要苦得起、累得起"

杨兆华是保山市政协原经济处处长，他 1980 年到保山地委办工作，以下是对杨兆华的采访内容：

老书记平时除了开会，很少在机关呆着，他在保山把工作布置好就下基层了。他的秘书不好当，要苦得起、累得起。他下乡碰到插秧的就插秧，碰到种苞谷的就种苞谷，你一身好衣服肯定穿不成。

1976 年，腾冲县地震了。去抗震时车到了通往施甸县的路口，快天黑了。车上还有我和另一位女常委。女常委的父亲病了，我当时孩子两三岁，也半年多没回家了，书记的老母亲也托人打电话来问他。我就说："要不今晚先回施甸，明天一早走。"他来了一句："如果家里一个鸡窝烂了也要回去修，革命就干不成了。"

龙陵地震时，抗震救灾的一批布料淋了雨，允许老百姓用布票买减价的布料。他不允许我们买。我去供销社买牙刷，被他看到了，就问："杨兆华你去供销社搞什么名堂?"

苏加祥从 1982 年跟着杨善洲作文字秘书，一直到 1988 年 6 月杨善洲退休。以下为对苏加祥的采访内容：

老书记退休前，对一些现象也看不惯。一次开会他说，现在有些干部变了，群众不叫他这个长那个长就不高兴，你们是牛掌、马掌还是熊掌？都是革命同志，要称同志。另一次说，有些机关门对门、户挨户，发个文件却偏偏走邮局。你就不能动动腿？

老书记很"犟"，回家从不坐公车。1988 年 4 月他回家后和在保山读书的女儿一起回来，从家里走了几个小时到姚关后，下起大雨，父女俩在区上躲雨，到晚上 8 点多又上路了。后来区领导不放心，就给县委办打了个电话。这下县委办为难了：派车怕老书记埋怨，不派车又很危险。后来对司机说："你遇到老书记别停车，再往前开几公里后返回来，就说是办事顺路。"后来师傅照办，把老书记接回县城后，他们父女又坐客车回了保山。

老书记上大亮山种树后，大冬天的他就穿双黄胶鞋，大脚趾还捅了出来，我给他买了双军用皮鞋。老书记一直记挂着这事，一次对自家三女儿说，苏加祥送我双皮鞋，怎么办呢？女儿说，苏叔喜欢吃你山上种的南瓜。他就叫孩子给我送来几个大南瓜。

老书记从不提拔手下人，但他对我们很关心。我结婚那天晚上，赶上地委开常委会，经他提议，会议休会15分钟，许多人还以为我和老书记有啥关系。其实，我出身农村，什么背景都没有。

家人回忆——
"他当官是给老百姓当，不是给我们家里人当"

杨善洲的大女儿杨惠菊今年59岁，在家务农。她回忆，小时候爸爸两三年才回一次家，自己三四岁时，爸爸回家自己还吓得躲起来。因为家里没人挣工分，杨惠菊18岁就结婚了，找了丈夫入赘。

杨善洲的孙子杨福李16岁随他进大亮山造林。山上苦，孙子耐不住要辞职。爷爷说："你签了合同，违反了要罚300元。"孙子生气说："我反正要走，也没钱交。"杨善洲就说："那我先替你垫上。"孙子实在气不过，就凑了300元交了罚款。

小女儿杨惠琴说："父亲生前对生活要求简单，有时候一顿饭就泡个冷包子、馒头。"他最喜欢穿中山装，最贵的一套衣服600多元，平时舍不得穿，到省里开会时才穿。

杨惠琴回忆，父亲83岁时为林场"跑项目"还去了趟昆明，自己一个人坐卧铺车去的，怕家人找到他，还把手机关了。另一次，市委办要三女婿陪父亲去昆明，他不同意，说开销大。家人劝了一早上，最后说，我们自己买车票还不行？父亲才答应。

家人说，老书记是个慈父、孝子。杨惠琴在施甸一中读书，老师也不知道她爸爸是谁。一次父亲去学校看她，发现没有床板，就悄悄到街上买了3块床板安上。老书记下乡离家不远了，就在城里买点糖果、水果，带点钱，托人捎家去。1989年，杨善洲的老母亲89岁，有什么好吃的还留给儿子；结果儿子上山造林回家少，东西都发霉了。杨善洲做地委书记，母亲一辈子没去过施甸县城！

杨善洲的老伴张玉珍今年已经84岁了，说起过往的艰辛，老人并无半点怨言，只是说："他当官是给老百姓当，不是给我们家里人当。"

善洲说自己——
"别人说我非常难得，我说也不难得"

2010年8月13日，记者在杨善洲小女儿家采访了他。老书记一身朴素的中山装，左上衣口袋里插着一支笔，面容清瘦，鸭舌帽遮不住一头华发。83岁的他费好大劲戴上助听器，4年的哮喘让他讲话有些吃力，看得出，他是个急性子。

他开口就说："现在还有一件事没有落脚，有个工厂搞庆祝，发了一个表，说是五六十元钱的自动表，我总想着要送回去。"

我的工作也不是很突出，比较突出的是上山造林21年。都说造林苦，其实白天造林、晚上烤火，不也是一种很好的生活方式吗?

我当地委书记时，老家的人来找过我几回，我说你们以后不要来了，我退休后再给你们办点实事。我退休时开了3场座谈会，开完了我就回家乡上山造林了。我把林子捐出去时，许多人也劝我，说是五六万亩林子值几百万元；也有人说我有钱不会要。我说："我是许过愿的，退休后给家乡办点实事，共产党人说话算数，不能哄群众嘛。"

杨善洲说："我出来参加土改时是佃农，分了十来亩地，本想着土改一完就回家种地。后来又想不能家里有土地就回家，要留下来好好干。那时候在农村时间长，一步步参加革命，受了很多教育，才明白什么叫革命，就是要把老百姓利益摆在个人利益的前面，这也是我好多年悟出来的。"

我这辈子，最愧疚的是对家里照顾不够。如果我退休就死了，这账不知道要欠到哪辈子。

别人说我非常难得，我说也不难得。

【作者：宣宇才、徐元锋】

【《人民日报》2011年8月15日第15版】

李林森：一个基层组织部长的无悔人生

他就是英雄。他用自己的行为书写活着的每一天，他离去时，人们甘愿续写他的故事，镌刻他的墓志铭……

他像一颗流星，一划而过，却刺破苍穹，发出最耀眼的光；他似一束焰火，转瞬即逝，却留下永恒，放射最壮丽的美。

20年前，他怀揣梦想，迈着大步，从巍巍巴山走来；20年后，他魂归故里，重将自己托付绵绵巴山。

2011年7月31日12时25分，四川达州市中心医院。一阵紧张全力的抢救，仍然没能把他留住。

42岁，正值壮年。四川达州万源市委常委、组织部部长李林森就这样匆匆走完了他短暂而绚丽的生命旅程，留下万般不舍。

巴山没了季节，只有被泪水打湿的8月……

热血　把工作当命，把事业当命，把命令当命

川东多山，豪杰辈出。70多年前，英勇的红四方面军就曾在这片红色的热土上激昂奋战，血染巴山。

1969年，李林森出生在达州市宣汉县大山里一个普通的农家。作为长子，家人寄予厚望，为其取名林森，属意日后能成栋梁之材。

大学毕业，风华正茂。本可留在城市，李林森却选择回家乡做一名“教书匠”。敬业、严谨、坚韧……这份为人师表的职业为他打下了扎实的人生基础。3年磨砺，李林森推开县检察院的大门，成了一名令人羡慕的检察官。

如果人生的轨迹照此演进，也许李林森后来不会经历那么多的人间悲喜。

1997年，在检察院顺风顺水的李林森作出一个大胆的决定：申请下派当“村官”！

“那个时候，大学生干部申请到乡镇都少，何况村？”宣汉县委副书记张宗昭清楚地记得，“他是全县头一个，而且还申请到最贫困落后的村子去，一大新闻呢！”

就这样，五宝镇梨耳村迎来一个年轻的党支书。

梨耳，穷得出名。别说县城，离五宝镇也有20多公里山路。

“来了，就干出个样！”山里娃不信邪，他想看看自己行不行。

建广播站、修渠筑道、发展党员……一年下来，李林森干得风生水起，这段经历成了他攻坚破难的宝贵财富。

“我是洪水冲出来的干部！”多年以后，李林森如此自嘲。但在五宝镇2万多名乡亲

眼中，这个年轻的镇党委书记就是他们不折不扣的“救命书记”！

2004年9月5日深夜，前河边的五宝镇早已沉入梦乡。谁也想不到，一场巨大的灾难正悄悄逼近。

下游突发超大规模山体滑坡，河床瞬间被堵，洪水不泄反上，生生圈出一个宽1300米、库容2亿立方米的巨型堰塞湖——地势低洼的五宝，不幸坠入“湖底”。

黑暗中，人们急切的呼救声和牲畜水中挣扎的惨叫声，一浪高过一浪。

五宝人哪见过这般场面：洪水漫过山庄、漫过田地、漫过河堤、漫过街区……不到两小时，平日繁华热闹的小镇，就噩梦般地化为“水中孤城”，停水停电断联。

时间就是一切！李林森紧急召开只有3分钟的动员会：“现在没法详细安排，也没有救援设备，只有一条请记住：老百姓的命就是我们的命！”

9个火线组建的应急分队迅速撒出去，通知村民紧急转移。一场与洪魔夺人、同时间赛跑、跟死亡抗争的生命大营救，在如漆的夜色中展开。

“一个不能死、一个不能伤！”这是上级下达的死命令，李林森掂得出分量。

“救命啦！”“救命啦！”扎起简易木筏，循着呼救方向，一道微弱的手电光柱，在惊慌失措的村落里上下穿梭。

一次、两次、三次，背出80多岁的覃宗秀老人，疏散出被困教室的50余名师生……李林森嗓子喊哑了，就用手比划，实在背不动了，搀扶着也要让群众脱离危险。

翻过百道墙，越过千户窗，衣服不知被扯破多少口子，身上不知被划出多少血痕，更记不清往返跑了多少趟……李林森先后9次把鞋脱给逃命的灾民，给他再找来一双，不久他又光着脚丫……

三天三夜奋战，两万多名群众全部安全转移，创造了当地救灾史上的奇迹。

洪水未退，公路被淹。除了一身衣服，很多群众什么都没带出来。

“不能让一个人饿倒、病倒！”在史无前例的大灾面前，李林森深知：现在全镇老小都看着他，自己代表党组织，自己就是主心骨！

“把红旗高高地竖起来，必须老远就能看到它！”关键时候，李林森想到红旗。

很快，临时安置点上，各式各样的红布剪成“红旗”，次第飘扬，五宝升腾起红色的希望！

严重缺觉，脸色蜡黄，身影憔悴。长时间的超负荷工作，李林森一直在透支。终于，在去救灾物资发放点途中，他两眼发黑，一头栽了下去——这已是几天内第三次晕倒。可一醒过来，他又一手打着吊针，一手掏出手机询问灾情。

现场一位副县长看见，责备他“太不爱惜身体”，强行夺下手机。他火了：“还有那么多事等着我干！我躺下了，老百姓怎么办？”

洪水消退，满目疮痍，重建重任又扑面而来。

一身迷彩服，一双黄胶鞋，一个扩音器，这是李林森每天不变的行头。白天，去安置点巡查；晚上，到建房点督工。就像一只停不下来的陀螺，每天高强度运转20小时以上，天天如此。

干群同心，其利断金。一幢幢灾民新居拔地而起，一副副“共产党好”的春联透出喜悦……省委、省政府提出“两年重建一个新五宝！”的艰巨任务提前圆满完成。

巨灾之下，未死伤一人，未发生疫情，未挨饿病倒一人；更难得的是，泡在洪水里3个月，无一人上访……一场天灾，让五宝人领略了李林森的“拼命三郎”精神。

把工作当命！把事业当命！把命令当命！

即便不眠不休，即便频频吐血，还是这个劲儿！

“他从来不对组织说‘不’，更不讨价还价。”张宗昭说，任务交给李林森，俩字——放心！

“共产党的干部，得豁得出去，要对得起组织、对得起群众，要懂得报恩。”李林森的血管里，始终奔淌着一股股忠诚热血。

公道 “组织部是个渡人的梯！就是要树立重基层重边远的用人导向！”

抗洪得力，火线提拔，李林森擢升宣汉县副县长。2006年2月，他交流至更偏远的万源市，9个月后改任组织部部长。

组织部部长，要害岗位。万源的组织部部长，更不好当。

三省结合部、七县交汇处，这个“万水之源”基础差、底子薄、实力弱，矛盾亦多。

“组织部是个渡人的梯，导向至关重要。”对工作，李林森清醒定位。

“贫困山区，都不容易，风气搞坏了，谁还干事？”

“以德才选干部、凭实绩用干部、靠公论定取舍！”

“重品行、重实绩、重基层、重公认！”

万源的干部，在不同场合都聆听过李林森的“布道”。但触动神经的，是王承兴“土鸡变凤凰”的实例。

2009年的腊月初四，很多人给紫溪乡党委书记王承兴发来短信，恭喜他“进城了”。

“刚开始还以为开玩笑，对我来说，进城是个遥不可及的梦。”自喻在“万源的西藏”扎根的王承兴想都不敢想。

他哪里晓得，去年只在调研时深谈过一次的李林森，偷偷关心上了他，居然提名他任森林公安局局长。

“其他资格老、功劳大的党委书记都没安排得这么好，他王承兴凭啥子进城，还当‘一把手’？”有人反对。

李林森一改平日的温和，肃然反问：“在全市最艰苦的乡一干就是15年，谁能坚持？在一个偏远乡当了7年乡长、8年书记不提任何要求，谁能做到？”

王承兴上任，李林森只送他一句话：“你要争气！”

“连我都能进城，大家都说有奔头了。”王承兴的调动，在乡镇干部中引发“强震”。

“就是要鲜明重基层、重边远的用人导向！”李林森任组织部部长5年，18名优秀乡镇党委书记受到提拔重用，11名长期坚守边远高寒山乡的党委书记被交流回市级部门，18名家庭困难、需要照顾的基层干部进了机关。

反过来，对组工干部徐世和的“冷落”，则让干部看到李林森的另一面。

乡镇人事调整，在市委组织部工作的徐世和被提名推荐为乡镇党委书记人选。大家都以为他“近水楼台先得月”，结果却被调至“八大高寒山区乡”之一的堰塘乡。

天上地下，徐世和当然想不通。

“组织部的干部用在哪里，大家都关注。把你放得偏，条件是差了点，但锻炼也大。”李林森找他推心置腹地长谈：“你有能力，好好干，用成绩证明自己，也为组织部争个光……”

一席话，入情入理，心霾也就散了。徐世和愉快地奔赴新岗位，很快就打开了局面，更理解了李林森的良苦用心。

对干部，严字当头；对亲人，严上加严。

李林森的大妹妹一直在宣汉县汽车站干临时工，很想让“位高权重”的哥哥打个招呼转正。“好歹咱还在城里上班，条件比农村强多了。”哥哥非但不开口，反倒劝她“知足常乐”。

同样，妻子向琪三叔的儿子中专毕业，也想“投奔”他。在三叔眼里，组织部部长是个“了不起的大官”，可李林森一句“符合条件，就凭本事考吧”的答复，让他倍感失望。最后，堂弟出门打工。

不是没“机会”寻租，组织部部长有权——可以向常委会行使干部推荐权，真想卖关子、耍手腕，不是不可能。

可这个“权”，李林森不用。

一位在偏远山区乡干了5年的党委副书记，业绩很突出，多次获万源市优秀党务工作者和优秀共产党员，但因长期顾不上家，妻子一直闹，孩子中考也不理想。2009年，得知万源要动干部，他觉得机会来了，借向李林森汇报工作之名送钱送物，希望“照顾”。

“歪门邪道你少来！”李林森严词拒绝，严厉批评：“只要你干出实实在在的业绩，群众信任你，组织会考虑的！”

他仍不死心。2010年春节，他特意跑到李林森宣汉老家去“拜年”，结果连门都没让进。

就在他感到希望渺茫时，突然宣布，被提拔为另一个乡的乡长。新岗位上，他不负众望，工作出彩：不到一年，全乡农民人均纯收入同比净增789元。

“林森部长是做人做事的榜样！”这回他信了：“只要踏踏实实干，就会受到群众尊重，就会得到组织认可！”

这样的拒绝，李林森没少经历。

曾有人提着一包现金送到面前，希望动干部时“关照关照”。

“钱，我不会要；事，按政策办。”李林森一字一顿，“组织用人不是看钱多钱少！”

几句话，羞得来人无地自容。

甚至还有人借洗手之名，把厚厚的“信封”丢在他家厕所，一路狂追，物归原主。

即便身染重疾，清廉之弦也未放松。

今年春节，徐世和听闻李林森生病，专程探望。看到昔日的老领导形容枯槁，他心如刀绞。临别，徐世和饱含热泪，悄悄塞给李林森母亲1000元钱，托老人家代买些营养品。

“赶紧收回去！不然看我怎么收拾你！”李林森急了，从沙发上噌地站起来，脸涨得通红。

“老领导，一点心意而已。”

“你来看我，我精神就好多了。拿钱，以后就别来了！”

“万源的干部工作风清气正。”让万源市委书记王成军欣慰的是，“这几年，因干部选任不公而信访，一件没有。”

锐气　“小县也要争一流、穷县更需大作为”

万源，这个曾经的川陕革命根据地核心区，至今仍是国定贫困县。贫穷与落后，不仅刺痛着60万老区人“摘穷帽”的渴盼，也迟滞了老区基层党组织建设的步子。

“小县也要争一流、穷县更需大作为。”刚一上任，李林森便下决心“有所改变”。

翻山越岭，一路颠簸。花了两个多月，李林森跑遍全市52个乡镇的村村寨寨。干部有何长短，发展瓶颈在哪，心里有了底。

所以，当2007年达州市委把村党组织换届试点的任务交给万源时，李林森一点不憷。这个曾在3个乡镇当过主官、成功收拾过“烂摊子”的新部长，精选8个不同层次的村落搞起了试点。

“一些村级班子受家族势力、宗派势力等影响，作用发挥有限；同时，很多能人在外，上级组织又很难发现新的优秀人才……”李林森把脉问诊，梳理成因。

在旧院镇红岩村，他的判断得到证实。这个受两大家族势力影响的村落，不光班子老化，还长期不团结，“各选各的人、各吹各的调”，在外的能人都不愿回来主事。

这样的村子在万源颇为典型——怎么办？

精心设计、反复论证，李林森逐渐聚焦“发扬民主”这个“法宝”——“四评村干部”应运而生。

所谓“四评”，就是让想干事的人先“自我荐评”，村民们再“集体相评”，提出村干部参选标准，推荐自己心目中的满意人选。经“组织考评”后，参选者须在全村老少面前发表“施政演讲”“公开竞评”，由村民差额票决，选出最满意的村干部后备人选。

40岁的庞大兵便是个见证者。这个红岩村的能人，一直埋头经商，不问村务。“四评村干部”试水，他嗅到了变革的气息，和几个乡邻一道，站出来了。

“原以为上面早就内定了，没想到自己真的成了。”显然，庞大兵的“施政纲领”打动了多数村民，最后脱颖而出，荣膺新任党支部书记。“不看大姓小姓，不搞拉帮结派，凭本事竞争，靠民意当选，大家服。”投票那天，李林森一直坐在台下，现场观摩，击掌加油。

“四评”一出，气象一新。万源新当选的村党支部书记平均年龄36岁，比上届一下子低了19岁，文化程度大幅提升。这一“草根民主”模式从根本上解决了以往村级换届中的贿选、拉票和家族、宗派势力介入等问题。更让李林森没想到的是，这堂生动的党内基层民主“实践课”还被高层首肯，推广至全省、全国……

“在万源这样的欠发达地区，能创新探索出‘四评村干部’这一在全国叫得响的经验，难能可贵。”达州市委书记焦伟侠感慨。

习惯优秀、追求卓越，李林森不会做“太平官”。

一次全市大会，十几个市级机关、乡镇负责人居然竞相打起了瞌睡，这一幕被电视记者拍个正着。

如何解决干部日常监管中“法规条例管不着、规章制度管不了、领导干部管不到”的问题？市委点名让李林森破题。

李林森也不含糊，不久就搞出一项“发明”——“机关事业单位工作人员不良操行档案”。

这个特殊的档案厉害之处在于，倘若干部出现无故迟到早退、不孝敬父母等不端小节，将被记录在案，并跟干部考核、交流、表彰、使用等直接挂钩。

小节也能影响“乌纱帽”！这在四川又开先河。“利刃”高悬，失德干部心存忌惮，会场打瞌睡之类歪风，一去不返。

人才难进、人才难留，党管人才，组织部部长首当其冲。

“一个人视野有限，人才要靠大家一块找。”每遇市领导下乡回来，李林森总爱问上一句：“发现好苗子没？”

原来光感觉万源缺人才，但2007年底一次翻阅干部花名册时，李林森才第一次意识到问题的严重性：全市30岁以下的科级领导干部仅3人，部门局长、乡镇党委书记、乡镇长等正科级领导干部，年龄普遍偏大，事业后继乏人！

李林森急了，迅速向万源市委提议并报告上级组织部门：贫困革命老区，发展的希望在人才，干部的活力在青年，要抓紧研究对策、不拘一格引人才。

“千名大学生进万源”，便是这一背景下的成功探索。2009年，大学生出现了就业难，李林森敏锐地意识到，这是贫困山区招才引智的好机会，脑海里早就构思的大规模引才计划可能很快就能实现。

那阵子，李林森频频现身四川、重庆等地高校，宣讲特殊政策，卖力“推销”万源。只要大学生有意愿，多累他都亲自谈。

一“仗”打下来，当年投奔万源的大学生高达800多人，还批量引进了十几名研究生，引才总数相当于万源过去8年的总和，大大缓解了高层次人才短缺的窘境。

定期履职巡查，掌握领导干部履职、班子运行和后备干部情况；“五议”社区班子，破解社区干部不作为、乱作为……经过李林森这一把把“创新之火”持续加温，万源在全国、全省组织工作满意度调查中，连续3年各项指标稳居第一方阵。

奉献　与死神抗争，跟时间赛跑，“工作就是他的药”

万源市委大楼的506房间，一切如故。

抽屉里，助消化的多酶片、治咳嗽的急支糖浆……药瓶塞得满满当当。

柜子上，两盆君子兰依然翠绿，一阵风过，轻轻摇曳，似乎在诉说主人的辛劳与苦楚。

2009 年 7 月 1 日，万源市委“七一”表彰大会召开。已连熬 4 个通宵的李林森一阵前所未有的疲倦，第二天，腹泻不止，人几近虚脱，只得转院成都。诊断结果让人震惊：肝癌晚期！

“怎么可能？”李林森不信自己的眼睛。

两天的沉默，两天的思考。李林森和妻子向琪决定：保密——不对外说病情，不给组织添麻烦，不能让父母痛苦。

拿出全部积蓄，又向弟妹借钱筹齐了首次手术费用，他们悄赴北京，尝试风险极大的肝脏移植手术。

幸运的是，他闯过了这道鬼门关。

“能活多久？”还没下床，李林森就问医生，好像在谈别人的病。

“维持得好，5 到 10 年。”医生直言。

“太好了，我还有好多工作要做呢！”这个答复，已让李林森很满足很满足。

仅仅 2 个多月，李林森就回到了万源。别人关心病情，他则轻描淡写：只是做了个小小的“胆管结石手术”。

与死神抗争，跟时间赛跑，从前的“拼命三郎”又回来了！

审签文件、组织会议、接访群众、下乡调研……李林森的工作节奏比以往更快，医生的“多静养、少操劳”嘱咐早被他抛在了脑后。只有中午或晚上，他才拖着疲惫的双腿，独自去医院打静脉留置针。

但即便是吊水，他也偷偷调快输液的速度。

医生怒了：“你干脆喝了算了！”

由于太过操劳，术后才半年，李林森就出现了严重的肝移植手术排异反应。转氨酶指标陡升至 300 多单位，手指、脚趾关节开裂，他连拿东西、走路都钻心地痛，不得不到重庆复查。刚办妥住院手续，万源市委来电话：第二天开市委常委会。

马上收拾东西——出院。

“你哪是来治病的，简直拿命当儿戏！”主治医生恼了：“你今天走了，以后就别来了！”

“大夫，这个会事关全市基层党组织建设，必须回！”扔下话，李林森连夜赶回 400 公里外的万源。

同样，他把做射频消融手术时间定在去年 12 月 28 日，为的是“跟元旦假期接上”。

通常，这种手术一次只能做一个“点对点”；身体再好，一次也不能超过 3 个。而李林森要求：一次做 4 个。

医生惊愕：“疯了？”

生病以后，司机就多了两项任务：备药、提醒。时间紧，李林森习惯车上大把大把吃药，吃急了，药卡住嗓子，吞不下去，半天缓不过劲来。可电话一响，谈起工作，又神采飞扬。

是啊！对李林森来说，工作有乐趣，工作是嗜好。

为了给全市村党支部书记培训班讲一课，他能专程从北京飞回来，吃上 3 倍激素药，提高精气神。

两个半小时，谈笑风生，掌声不断；可一下讲台，面容惨白，豆汗淋漓，咳血不止，身子蜷缩成一团。

这一课，对书记们的影响深远，对他生命的消耗亦无情。

有时，病痛袭来，李林森也会抱怨："死了算了！"可转脸，又忙去了。

家人劝他："歇吧！"

他满口答应："等忙完机构改革就不干了"；这茬一完，又说"等党代会结束吧"……

"就没个头！"向琪看得心疼。

2011年4月12日，医院下达病危通知书前16天，李林森实在无法坚持正常上班了，就把各股室负责人召集到宿舍，靠在床上开会。

干部一拨一拨地离开，又一拨一拨地进来。

从早晨到下午，5个多小时，他专心地听，不断地说，不停地咳。咳出的血，他小心翼翼地用纸巾捏住，生怕有人看到。

中午12时多，他轻声朝厨房唤了一声："妈，帮我削个梨吧！我要补充点能量，撑不住了。"

在场的人无不落泪。

终于，在一如往常地工作了21个月后，病情严重恶化的李林森不得不再赴重庆。诊断结论：肺癌！晚期！

肝癌、肺癌，都是晚期——李林森再也瞒不下去了。

"对不起，我的身体实在难以坚守岗位，请求辞去组织部长职务。"他平静地把这个消息，用短信发给"班长"王成军。这时，人们才了解他的真实病情。

为什么一个癌症病人后期的手术时间会以法定假期来确定？

为什么一个生命进入倒计时的病人非要经常加班至凌晨3时？

为什么一个病危的人还要一个字一个字修改长达几十页的材料？

为什么一个仅靠吃一个梨补充能量的病人还要连续开5个多小时的工作安排会？

得了癌症，没命；放下工作，也没命！

工作带给李林森的快乐，什么药都无法替代。哪怕被剧烈病痛折磨得脸色发黑、身体浮肿，只要完成一项工作，他就立刻容光焕发，精神状态绝对超过注射40毫升的"甲强龙"（激素）。

即便在与病魔抗争的最后时刻，他还向关心他的各级领导发去短信："自己的工作远没有做好，惭愧呀！"——落款是"不争气的李林森"。

"工作就是他的药！"向琪无奈，"但就是这服药，也没能留住他的命。"

大爱　心中有爱，心境如春，他总是把自己放得很低很低

一米七六，浓眉大眼，一笑起来，嘴角还会弯起两个迷人的酒窝……在很多人眼中，李林森阳光、帅气，不像个官，像隔壁的大兄弟。在他口中，听到最多的也不是

• 国家社科基金重大项目“推动青年理想信念教育常态化制度化研究”（项目号：20ZDA054）
• 四川大学中央高校基本业务费项目“马克思主义思想政治教育文献资料整理与研究”（项目号：SQ2019-MY04）阶段性成果
• 四川大学研究生培养教育改革创新项目（项目号：GSALK2020008）

新中国70年榜样人物先进事迹文献选辑（下）

李辽宁　邢海晶　主编

四川大学出版社

目　录

2012—2019 年

2012—2019 年

碧水蓝天写忠诚

——追记“环保卫士”孟祥民（上）

有人问老孟：“每次遇到危险，你都是冲在前面，就不害怕吗?”老孟说：“我们是代表国家和群众的利益执法，危急关头哪还顾得上考虑别的。没有一点敢冲敢拼的精神，是干不好环保的。”

有人说，孟祥民办事太死性，不近人情。老孟淡然以对：“无欲则刚，只有清清白白做人，才能挺直腰杆做事。”

让群众喝上干净的水，呼吸清洁的空气，吃上放心的食品，是党和政府的庄严承诺。广大环保工作者是落实这一承诺的主力军，基层环保人是这支队伍中的先锋队。

如今，在全国环保系统和山东各地，人们广泛传颂着孟祥民的事迹。孟祥民是新时期环保工作者的优秀代表，他时刻牢记党的宗旨，忠实履行环保为民的神圣使命，十五年如一日奋战在基层环保一线，在平凡岗位上做出了突出成绩。

孟祥民原为山东省淄博市环保局淄川分局监察大队监察一科科长，2011 年 7 月因病去世，年仅 48 岁。山东省委追授他为“山东省优秀共产党员”，环境保护部褒扬他为“环保卫士”。

“只要身体还行，就让我多做一些工作吧”

孟祥民 1981 年参军入伍，在部队期间因工作成绩突出，多次被评为先进个人。1996 年他转业到淄川环保分局工作，曾被评为淄博市环保工作先进个人，当选淄川区首届十大环保模范人物。

淄川区环保局的同事，都习惯称他为老孟。在大家的印象中，老孟没有什么个人爱好，要说爱好就是工作起来极其投入。在妻子刘爱清和女儿孟小茜的记忆中，老孟总是早出晚归，成天忙忙碌碌。

最让人难忘的是，从 2008 年 8 月被确诊患结肠癌到 2011 年 2 月第二次做手术，中间还有 22 次化疗，老孟绝大部分时间都坚守在岗位上。

实际上，妻子在 2007 年就多次发现老孟有便血症状，一再要求他去医院检查一下，他都以“忙过这阵子就去”为由拖过去了。

老孟第一次手术，是在医生下诊断书的 4 个多月之后。在这 4 个多月中，他参加了淄川区开展的关停取缔小炼铁、小石灰窑专项行动，一点儿也不像个病人，工作起来更加拼命。这次专项行动先后关停小砖瓦厂 124 家、小炼铁 21 家、小石灰窑 292 家，无论涉及哪一家企业，都需要连续几天夜查，同事们怕他身体吃不消，他总是说“没事”。

手术后，医生悄悄告诉刘爱清，癌细胞已经扩散到老孟的肝脏，进入晚期了。就是这样，老孟只休息了两个月就重新上班了。环保局领导多次强烈要求他在家休养，他都“固执地”谢绝了。他对同事们说：“人活着就要多干事，是党员就该多奉献，只要身体还行，就让我多做一些工作吧。”

第二次手术来得很突然。那天正是正月初六，早晨醒来，老孟感觉不太舒服，还是坚持去上班，刚走进办公室就晕了过去，同事们连忙送他去医院。医生说癌细胞已经开始向全身扩散了，必须马上做手术。

手术持续了8个多小时，老孟苏醒时已经是下午6点多了，面对围在身边的妻子、女儿和同事们，他吃力地说出第一句话：“我还有几项工作没结好尾。”在场的人无不为之动容。

“没有敢冲敢拼的精神，是干不好环保的”

环境监察是个辛苦活。淄川是个老工矿区，环保局监管的企业近3000家，占整个淄博市企业总数的1/3，乡镇企业几乎遍地开花。这些年来，国家有节能减排的硬杠杠约束，广大群众对环境质量的要求不断提高，孟祥民和同事们的监管任务非常艰巨。

加班加点、忍饥受冻、爬高下低是家常便饭。越是恶劣天气，越是节假日，越得到现场，因为要防止企业趁机偷排。这样满负荷、超强度工作，老孟能不累吗？同事和家人从来没听他说过一个“累”字。

环境监察更是个危险活。遇到不合作的当事人，被拒之门外、辱骂、扯胳膊抱腿是常有的事，甚至会遭到狼狗、凶器的威胁。

面对危险，老孟从未低头，更未退缩。几十个乙炔气罐威胁着2000多村民的生命财产安全，他带领同事迅速果断地处置了险情；为查出偷排废水的肇事者，他和同事连续几天夜间蹲守，小腿被对方放出的狗咬得鲜血直流，硬是坚持到公安人员赶来……

在一次关停取缔“土小”企业的专项行动中，一个不法业主纠集10多人，手拿砖头、棍棒，大声叫嚣：“谁过来就打死谁！”孟祥民厉声喝道：“把东西放下！你知道这么做的后果吗？”这伙人一时怔住了。老孟趁热打铁，讲政策，摆道理，陈清利弊，他们终于扔掉砖头棍棒，配合执法人员拆除机器设备，接受了处罚。

有人问老孟：“每次遇到危险，你都是冲在前面，就不害怕吗？”老孟说：“我们是代表国家和群众的利益执法，危急关头哪还顾得上考虑别的。没有一点敢冲敢拼的精神，是干不好环保的。”

“只有清清白白做人，才能挺直腰杆做事”

在旁人看来，孟祥民手中掌握环保执法大权，管着大大小小那么多工业企业，为自己办点事岂不是顺理成章？

淄川企业界许多人都知道，老孟几乎天天与企业打交道，从来不提什么个人要求。妻子下岗多年，弟弟到处打工，他们都曾想让老孟跟哪个企业说句话，找份工作，老孟始终不张这个口。

老孟生病之后，家里开支捉襟见肘，连女儿上大学的学费都要亲戚帮忙现凑。鲁泰纺织有限公司环保处车间主任车普保，在长期工作中和老孟成了好朋友，非常敬佩老孟的人品，就让老孟申请鲁泰公司的社会公益资助。鲁泰公司每年都拿出好几百万元资助贫困学生和孤寡老人，老孟的女儿完全符合资助条件。

几天过去，老孟没有回话，车普保打电话一问，老孟说：“谢谢你了，普保，你们公司的环保归我管，提了这份申请，有些事情就说不清了，还是算了吧。”车普保说：“这项资助又不是专门对你女儿的，你顾虑什么?”老孟回答：“暂时的困难我能解决，还是让给更需要的人吧。”

到老孟这里走关系，更是行不通。这些年，想通过请客送礼干扰环保执法的事，老孟没少遇到，他都不为所动，不畏权势，秉公办事。2004 年春天，淄川区限期整治煤气发生炉使用企业，多家在规定时间内未能达标的企业，想方设法找上门来，送礼送钱，老孟都严词拒绝，奉劝他们与其搞这些歪门邪道，不如抓紧时间上设施，达标排放求生存。

老孟不是不需要钱。到他家看看，不足 70 平方米的房子，是上世纪 90 年代初旧村改造时建的，家具电视等都是老式样。单位两次集资建房，老孟都拿不出这笔钱，只好放弃指标。日常生活、孩子上学、孝敬远在曲阜老家的父母，家中所有开支就靠他微薄的工资维持。

有人说，孟祥民办事太死性，不近人情。老孟听后淡然以对：“无欲则刚，只有清清白白做人，才能挺直腰杆做事。”

【作者：武卫政】

【《人民日报》2012 年 5 月 20 日第 1 版】

父老乡亲颂英名

——追记“环保卫士”孟祥民（下）

孟祥民的一生，没有轰轰烈烈的壮举，只是踏踏实实地工作，清清白白地做人。他虽然永远离开了自己的亲人，离开了他用生命守护的碧水蓝天，却给父老乡亲留下了无尽的思念。

“老孟真不简单，顶得上我们的工程师”

刚到环保局时，孟祥民一点专业基础也没有，但凭着一股不服输的劲头，很快熟悉了业务。许多企业主刚开始与老孟打交道时，觉得这个人特别能挑毛病，相处久了，发现老孟不是光挑毛病，而是积极出主意，想办法，帮助企业治理污染。

2003年，淄川区宝山水泥厂有6条立窑生产线，粉尘污染特别严重，当时淄博市并没有强制企业安装除尘设备。老孟找到负责人，建议他们提前安装除尘设备，并推荐了技术方案。

“我们很快在6条生产线上都安装了除尘设备，1吨水泥只增加5元钱的电费成本。”宝山水泥厂副总经理国伟说，“到2005年左右，国家强制安装除尘设备，别的企业停产四五个月，我们照常生产。”

后来老孟又找他们，说立窑水泥没有发展前途，不如改成新型干法悬窑，并协助他们跑环评手续。他们听了老孟的话，事实证明，这一步又走对了。

鲁中耐火材料公司总经理封吉圣说得好：“老孟真不简单，顶得上我们的工程师。”

“从爸爸身上，我学得最多的是坚强”

现在上大学二年级的孟小茜，小时候很少见着爸爸孟祥民。

“晚上爸爸经常加班，我常常是等着等着就睡着了；早上不等醒来，爸爸又早早去了单位。”小茜说，记忆里她对爸爸有太多的不满，后来才明白爸爸不只是为了这个家而工作，更是在为大家工作。

在与病魔搏斗的最后几个月中，孟祥民给女儿留下的最深印象是坚强。“我听说癌症晚期身体非常痛，可爸爸从来不说自己哪儿疼。”小茜说，“从爸爸身上，我学得最多的是坚强。”

这么坚强的一个人，在家里也有柔情的一面。妻子刘爱清说，老孟常常晚上夜查，回到家照样洗衣做饭，打扫卫生。一天傍晚，老孟早早回到家，从地下室抱上来一床崭新的棉被。原来，老孟不仅心细，而且手巧，他抽空缝了这床棉被，作为生日礼物送给妻子。

“别看祥民整天忙工作不顾家，亲戚朋友都说他是一个有责任心的人。”刘爱清说，这些年来，家里生活虽不宽裕，但一家老少省吃俭用，日子过得有滋有味。

刘爱清告诉我们，老孟弥留之际，用最后的力气说的一句话是“我还想活着”。他有两件事很遗憾：一是当了 15 年兵，没当够；二是干了 15 年环保，还想工作。

“怀念你，学习你，环保卫士孟祥民”

2011 年 3 月 19 日，淄川区举行十大环保模范人物颁奖大会，孟祥民没能前去领奖。主持人宣读孟祥民的事迹，告诉大家他正在与病魔战斗时，全场顿时掌声一片。

孟祥民病重之后，社会各界踊跃捐款，淄博市、淄川区两级党委、政府高度重视，尽全力保障救治，并且积极想办法为他的家人排忧解难。

到医院探望的人络绎不绝，其中有几位经常投诉环境问题的群众。一位姓刘的市民，脾气很犟，总是不分昼夜给环保局打电话，举报建筑工地夜间噪声扰民。老孟把手机号给了老刘，有问题就与他一起到现场。时间长了，老刘把老孟看成最可信赖的人。在医院里，老刘握住老孟的手，含着眼泪说：“好人啊，我们都盼着你回去，还有好多话要跟你说呢。”

淄川区委书记杨洪涛说：“淄川的环境变化来之不易，以孟祥民为代表的环保工作者功不可没。”

“是一川碧水，是一片白云；是一缕春风，是一颗星辰……怀念你啊，环保卫士孟祥民；学习你啊，时代英模孟祥民！”退休教师李大章的深情诉说，传达了父老乡亲的心声。

【作者：武卫政】

【《人民日报》2012 年 5 月 21 日第 6 版】

暴风骤雨中永不褪色的旗帜

——记“土改第一村”黑龙江省尚志市元宝村党总支书记张宝金

如果不是小说《暴风骤雨》，元宝村只是一个默默无闻的东北村落。

如果没有老支书张宝金，元宝人的日子也许不会像现在这样红火。

如果？

历史从来不相信如果。

它总是以看似偶然的发生，告诉你实属必然的结果。

一面引领发展的旗帜——“没有老支书，就没有咱元宝村的今天”

春耕。张宝金惦着墒情。

抓起把黑土握成个团，一松手，土团落在地上均匀散开。

“不错，正是下种时，今年一准儿又是个丰收年。”

指着落在地上的土团，老支书向记者解释道，如果掉在地上不能散开，说明土壤水分过多，庄稼容易烂根。

最懂土地的，莫过于离土地最近的人。

张宝金站的这块地叫南大排。只见村里的种粮大户张运国驾驶着拖拉机在垄沟里“突突”地奔走，仿佛在肥沃的土地上掀起一排排黑色的波浪。

“从这儿到地头475米。”老支书如数家珍，“拖拉机一个来回播四垄，500亩地半个月就能种完，每亩地都能打1000公斤粮食。”

土地，是农民的命根。

土地，对元宝人更有着特殊意义。

66年前，一场暴风骤雨般的土地改革，让无数像小说中“赵光腚”一样的穷苦人分到土地，当家做了主人。然而，后来被“归了大堆儿”的土地失去了往日的生机，连撒欢儿拉套的骡马也变得无精打采。一年干下来，200公斤的亩产和人均8分钱的工值，使祖祖辈辈和土地打交道的元宝人心里沉甸甸的。

当1977年的春天来到黑土地时，积雪开始消融，冰河逐渐解冻。

时任村四队队长的张宝金站在南大排田埂上对全队村民说：“再这样‘大轰隆’下去，不行！”

他吩咐大伙干两件事：一是合理密植，科学施肥；二是包活到人，落实生产责任。

“每个劳力包几垄地，谁头遍铲不完，二遍继续干，春天由谁播种，秋天还由谁去收。”

这一年，四队的春耕与往年不同，其他队村民也看着新奇：

别的队每个人播种的间距都不一样，四队的人却用绳子把脚绑上，确保每步走七寸下种；别的队用筐漫天撒粪施肥，他们却用手抓粪施肥；别的队把化肥领回来直接堆进仓库，他们却把这些化肥都买来施在地里。

土地也是有情感的。只要你善待它、呵护它，它就会给你丰厚的回报。

当金黄黄、沉甸甸的玉米堆满了场院，四队打粮单产过千斤，上交粮食比其他六个队的总和还多，年底分红人均工值从 8 分钱增加到 2 元钱时，全村上下不由得对这位从山东闯关东来的裁缝匠刮目相看。

时势造英雄。

在元宝人看来，张宝金就是一位了不起的英雄。

1980 年，张宝金成为元宝村党支部书记。

在土地承包改革的暴风骤雨中，他带领着元宝人开始了脱贫致富的新征程。

“看来张宝金的‘八字’好，跟着他干错不了。”有村民议论道。

张宝金回答：是党的改革政策好。

温饱问题解决了，可张宝金心里又多了两个问号：

——粮食增产越来越难，群众要致富咋办？

——土地承包了，党员干部咋干？

“咋办”取决于“咋干”。

1983 年 6 月 10 日，张宝金把全村党员召集在村部，把自己的想法端了出来：“咱村是土改第一村。那时，群众跟党走是能让耕者有其田，如今，咱要带领群众致富，就得响应上级号召搞村办企业，以工富农。”

办企业，钱从哪里来？

向银行贷款？村里还欠账 27 万元。甭想。钱，只能靠自己凑。

就像《暴风骤雨》中的农会主任郭全海带头参军一样，张宝金说：“要让群众出钱，党员干部就得带头。”

首先得想法儿说服老伴。

平时不怎么干家务的张宝金突然显得格外“勤快”。善解人意的老伴杜兴荣看懂了他的心思。

召开集资动员会时，老伴把包着 1.3 万元积蓄的包袱放在大伙面前，并留下一句话：“相信你们能干好!”

榜样，就是无声的力量。

会后，有的党员卖了自家牲口，有的扣下给孩子结婚的钱，还有的挤出一半口粮出售，20 多天里，共集资 3.7 万元。

与种田相比，办企业就像驾驭一匹烈马，既能让你扬鞭跃进，也可能把你甩落在地。

在市场经济的暴风骤雨中，元宝人的工业发展之路并非一帆风顺——

办砖窑、造木器、做筷子、搞铅笔，被人奚落过，也被人坑骗过，摔倒了咬咬牙再站起来。

从大兴安岭到大连，从国内到俄罗斯，元宝人一步一跨越，企业发展之路越走越宽广。

梦想，在奋斗中实现。如今，元宝村已有38家各类企业，全村年产值达3.3亿元，村民90%的收入来自工业，人均纯收入1.82万元，高于全省1万多元。

无农不稳，无工不富。在张宝金看来，的确是至理名言。

土改时的“光腚屯”，改革开放前的“三靠村”（吃粮靠返销，生产靠贷款，生活靠救济），现已成为遥远的历史。放眼望去，一栋栋红顶砖瓦房、一幢幢崭新的别墅被绿树环绕，一辆辆各种牌子的小轿车从村里进进出出，显示着亿元村的富足。

小说与现实、历史和今天，多种不同画面叠映在一起，使人感慨，令人振奋。

元宝村现在是“中国铅笔之乡”，全国约1/4的铅笔和60%的铅笔板产自这里，产品远销至亚洲、欧洲、非洲，占世界铅笔板40%的市场份额。

占领市场就是占领竞争高地。

用张宝金的话说：“做铅笔的元宝人少，咱得听市场的；参与的元宝人多，市场得听咱的。”

市场果然听了元宝人的。

从国内市场走向国际市场，从去俄罗斯“团购”木材，到前往德国法兰克福参加国际文具展销会，从黑土地走出的元宝人，在市场经济大潮中搏风击浪，勇立潮头。

走进机器轰鸣的村宏远木业有限公司铅笔厂车间，一块块与众不同的黑色铅笔板引起了记者注意。公司经理王连军自豪地告诉记者，这种“黑板”比其他颜色铅笔板价格贵一倍，销往德国最有名的铅笔企业。

“发展才是硬道理”——写在村部院墙上的巨幅标语格外醒目。老支书和“两委”们就是用这种方式，时刻告诫自己的责任和使命。

元宝村富了。

可张宝金又有了新的打算。

他对村干部们说：“老百姓满足了，当干部的可不能满足。啥事都等老百姓想到了你才去干，党的先进性咋体现？咱要想不被落下，就要从科学发展中找出路，不仅要考虑眼前，更要考虑长远，为子孙后代着想。”

“兴建现代农业园区、铅笔工业园区和土改文化园区，是咱村的发展规划。”老支书说，“咱现在不想别的，就是想在有生之年早日把蓝图变成现实。”

元宝村，因“元宝顶”而得名。但由于持续过度开垦，植被受到破坏。每年大雨裹挟着泥沙呼啸而下，不但冲跑了庄稼，连山路也被冲垮。

看着日渐恶化的生态环境，张宝金下定决心：退耕还林。

他给村民算了一笔账，退耕还林不仅能防风护坡，15年后，每年能采伐木材5000立方米，可连续采伐16年。如果每年采伐量和新栽量平衡，这片树林就能永续利用。

“咱可不能砍到没树可砍。青山绿水都没了，人总不能就跟一把钱过日子。”

大白话说的是一个深刻道理：经济增长能使人富裕，科学发展才能使人幸福。

林上山，粮下川。

那些年，元宝村的村民，男女老少都上山，扛苗、挖坑、种树。

十年树木，渐已成材。瞧着一棵棵枝繁叶茂的林木，张宝金笑逐颜开。他侧过身歪着头对记者比划道：“你无论从哪个角度看，树林都是一条直线。”

站在元宝顶上万亩人工林里，眼前绿树成行，耳畔松涛阵阵。100 多万棵树像整齐列队的士兵，接受着老支书的检阅。

一面执政为民的旗帜——“有老爷子当家，是咱元宝人的福分”

元宝村方圆大约 2 平方公里，张宝金每天都要在村里转上一遍，一天不转，心里就不自在。

元宝村将近 2000 口人，大伙一天见不着老支书，心里也不踏实。

多年来，老支书每天早起的第一件事就是，召集村“两委”开晨会。

时间：夏天 5 点，冬天 6 点。

村部办公室的灯光就像启明星，迎来元宝村一个又一个新的黎明。

从土坯房到砖瓦房再到四层楼房，村委会地点一变再变，但开晨会的制度始终未变，30 多年如一日，不分节假日。

“今儿我们打算沿黄泥河栽树。”村委会委员张子忠汇报说。

“不要栽杨树，长高了刮电线。哪怕多花点钱也要栽冬天也绿的樟子松。”张宝金叮嘱道。他同时细心地提醒，农民都讲究图个“吉利”，松树、梨树虽然好，但不能栽在村里，而要栽在村外。

这是不久前，记者在元宝村“两委”晨会上亲眼看见的一个场景。

张子忠说的黄泥河，自西向东从村前流过。往年，这里一下大雨，河水就漫进村里，甚至淹到一些村民家的炕头。

70 多岁的老汉牛显吉说：“旱季枯水，雨季又变成了满是污泥垃圾的臭水沟。全村男女老少，都盼望着能整治黄泥河。”

一定要根治河患。老支书召集村干部一合计，决定将黄泥河整治列为《元宝村新农村建设规划》中第一件大事。

2010 年从夏到秋，不用村干部招呼，全村老少一齐上阵，为害多年的黄泥河终于被驯服，从此岁岁安澜不再肆虐。它静静地流淌着，给农田以灌溉滋养，也成为村里一个新的景观，成了村民休闲散步的地方。

走在村里平坦整洁的路上，电影《暴风骤雨》中赶大车的老孙头被地主家马车溅了一身泥的场景，不由地闪现在记者眼前。

“要说咱村从前的路，那真叫埋汰！赶上场大雨，穿上靴子都能被灌满。”

要修路，钱又成了问题。

虽说由集体和村民共同集资的决定已经村民代表大会通过，但真到要掏钱的时候，村民们还真有些犹豫。

还是老办法，村干部带头把钱垫上，先把路修起来。

看着溜光的水泥道从自家门前经过，没交钱的村民自感不好意思，纷纷跑到村委会补交集资款。

张宝金说：“你拿什么心对群众，就能换回群众拿什么心待你。只要你做的是好事，即使群众当时不理解，慢慢也会理解。”

路畅通了，山变绿了，水清澈了，老支书的威信就像地里不断拔节的庄稼，更高了！

沿着平坦的村路，记者走进村民何贵发家，只见院子里，一垛垛柈子（劈柴）堆放得整整齐齐，一匹匹膘肥体壮的骡马正在牲口棚里吃草料。

坐在炕头上，何贵发向记者聊起张宝金，感激之情溢于言表：“俺那会做过钢材生意，没想到被人骗了，10多万块钱打了水漂。是老支书帮咱贷款承包了120多亩地，才翻过身来。现在，每年都能收入个十来万元。”

张宝金始终抱着一个信念：“一个人好，不如一个村好。”他就是要让全村百姓共享改革发展成果。

在村民看来，张宝金身上集中体现着《暴风骤雨》中村干部赵玉林、郭全海的影子：分地主浮财时，明明是“一等一级”的赵玉林却主动把自己降为“三等三级”；郭全海更是“自己的事，他马马虎虎，全屯的事，他就想着是他个人的事一样”。

不足10平方米的房间，一张双人床就占了近一半。张宝金和老伴杜兴荣如今就挤在这间老村部的传达室里。

“当年办厂那会儿，老支书腾出了自家院子，把园子里栽培多年的红树莓、果树都刨了，还把自己小舅子的房子也扒了，一般人谁能做得到啊！”村民陈广仁说话语气中带着由衷的敬佩。

张宝金懂得，农民要致富，一要增收，二要减负。于是他在2003年之前多次提出，“能不能每年拿出几十万元替农民代缴提留款和农业税？”

交“皇粮国税”实行了几千年，咱这样干会不会有风险？有的村干部提醒道。

张宝金经过反复掂量，决定悄悄地干。

2006年，国家正式取消农业税。

不是张宝金能掐会算、有先见之明，而是他心中只有百姓，敢于实事求是。

“只有实事求是，才能真正地解放思想。”在张宝金的笔记本上，抄写着这样的话。他认为，唯有如此，才上对得起党，下对得起群众。

1996年，上级把元宝村定为亿元村。但那时元宝村账面只有8000多万元。有关领导让张宝金到会讲经验。

老支书倔劲上来了：咱村还没到一亿元。

领导试图说服他：“你的算法不对。除了账面，村集体林子、村民家的牲畜不都是钱嘛，都加上就够了。”

“图虚名的事儿咱绝不能干。”末了，张宝金也没去。

第二年，全村资产实打实地突破亿元。

实事求是，是共产党人的品格。有了这种品格，就有了勇气与胆魄。

有人说，张宝金脾气急。可他自有一番道理：“对群众，可以慢慢来。但对干部，却应当马上干。”

曾经与张宝金有过矛盾的村原支委高振山，谈起老支书向记者坦言：“当年我脾气倔，宝金也犟，两人合不到一起，我就从支委岗位上下来了。如今，他带领全村把咱这疙瘩整得这么好，自己却造了一身病，太不容易了！我和全村老少爷们打心里拥护他。”

这就是张宝金的人格魅力。在元宝村，凡是说到老支书的，无人不竖大拇指。可要说一个“不”字，难！

张宝金的汽车后备厢里，总是放着铁锹、镰刀等农具，碰上农活随时停车下地就干。天长日久，农具把汽车内饰都磨坏了，司机心疼汽车偷偷把农具藏起来。

老支书急了：“小汽车不是用来享受的，和铁锹一样就是个干活的工具。咱农民啥时候也不能忘了自己的本分。”

村支委王广海是个典型的东北汉子，大高个，红脸膛，走路一溜烟，干活一阵风，人送绰号“王大干”，是全村公认的劳动能手。可他说起张宝金来却自愧不如：“每次春耕压坝（修堤），水里还带着冰碴儿，老支书一准儿带头下田，掂着锹是锹，镐是镐，那是真干啊。他为咱元宝村付出得太多、太多!”

村主任施永平以前在工厂开车。“那时每天只干 8 小时。现在跟着老支书干，从天没亮一直干到夜晚没个完”。

有人劝老支书：休息一天又能咋样？

张宝金回答很简单：休息一天就耽误一天发展。

年逾古稀的张宝金身材瘦小，从小就体弱多病。如今，高血压、心脏病等又缠上了他，装满多种药片的小瓶子只好随身带。可他偏不服软：“干啥都要有个心劲儿。咱从小下雪时就不愿意跟着别人的脚印走，一定要走到前面。”

在老支书看来，党员干部就应当像《暴风骤雨》中的郭全海那样，像松木片做成的“明子”把整个屯子都点起来，照亮全村的致富之路、发展之路、幸福之路。

志不移，情不改，心不变。

——这就是张宝金的无悔选择和人生书写。

一面凝聚人心的旗帜——
“他是黑土地上闪光的金子，是我们心中飘扬的旗帜”

“张宝金”，“张宝金”，“张宝金”……

随着唱票人的宣读，村部院子黑板上，张宝金名字下的“正”字越来越多：50、100、150、200……

当工作人员宣布选举结果时，热烈的掌声随之响起。

这掌声，是群众的口碑，是真心的拥戴，也是殷切的期盼。

元宝村 600 多户、1800 多人，每届选民有 1000 多人。在几十年的村委会换届选举中，张宝金不是满票就是绝对高票当选，创造了连选连任的纪录。

早在 2002 年村委会换届时，张宝金因年纪大了、身体又不好提出不再兼任村主任，可村民们就是不答应。

大伙的心态矛盾复杂。他们既盼着老支书一直干下去，但也心疼怕把老爷子累坏了，毕竟已经是古稀之年的老人了。

“看着老支书这么累，俺们可心疼着呢。但元宝村没有老支书可不行啊！”

村出纳于俊玲的话，说出了元宝人的共同心声。

为劝说老支书继续干，除了出国的，在外办企业、打工的村民都赶回来。唱票时，院子里挤满了人，谁都不走，要亲眼见证张宝金当选才放心。

看着满院子父老乡亲充满期待的目光，张宝金禁不住热泪盈眶。

老支书对父老乡亲充满了感情，他也同样感受到大伙对他的厚爱。

1995年，张宝金因公外出发生车祸，急救24小时仍未醒来。数百名村民闻讯后赶到医院，县上的领导把在门口不让进。村民们急得哭喊道：“让我们瞅一眼就走还不行吗?”

啥叫情分，啥叫民心，啥叫威信?

只要你把群众时刻装在心里，群众就会把你高高举过头顶。

那次车祸让张宝金断了6根肋骨，脸上缝了几十针。苏醒后的他躺在病床上，心里却惦记着村筷子厂的生产，脸上的线没拆就急着出院。

车到村口，鞭炮响起来了，锣鼓敲起来了，乡亲们围上来了，老支书的眼泪也掉下来了。

村民看着他脸上的伤疤难过。张宝金反倒安慰大家：“就当是给咱整了容吧，这一下皱纹都少了。”

在元宝人心目中，老支书是一个有本事的能人，也是一个有爱心的好人。他把党的政策落实到家家户户，也把党的温暖传递到父老乡亲的心坎。

从邻县嫁到元宝村的杨艳丽，每次回娘家都夸：“张宝金好，元宝村好。”老家人感到不解：“土不亲，水还亲呢！你咋总是向着外人说话呢?”杨艳丽给他们讲张宝金的故事，家乡人服气了：“你是命好，落在元宝村了。”

黑龙江省尚志市委书记刘志国说：“在元宝村群众心目中，张宝金就是党的形象的代表。他的感召力与向心力，使群众对张宝金个人的拥戴，转化为对党的信任与向往，充分显示了基层党组织的凝聚力和战斗力。”

听听乡亲们对老支书的赞誉吧：

“老爷子威信老高了，俺们借老光了！”

“鸟无头不飞，人无头不走。老支书是咱们的带头人。”

“老支书事业心强，干起工作来拼老命。干集体的活比忙自己的事还尽心尽力，让人心服口服。”

“有这么个老爷子当家，真是元宝人的福分！”

“老支书是黑土地上的金子，是俺们心中飘扬的旗帜。”

民意如山——党的根基，来自于人民群众。

民心似水——党的存亡，取决于人心向背。

如果全国近60万个村支部都像元宝村一样，充满生命力、凝聚力和战斗力，党的执政基础定会坚如磐石。

作为土改第一村，元宝村在2005年建起“暴风骤雨”纪念馆。那翻天覆地的历史场景，被定格成一座座雕像、一件件实物和一张张照片，化作无言的诉说，记载着光荣，启迪着今天，激励着后人。

就像《暴风骤雨》中的郭全海“碎身八块地要跟着共产党走”一样，如今，在张宝金带领下，元宝村的党员干部就像颗粒饱满、生命力顽强的种子一样，“一籽下地”换来“万籽归仓”。

百川入海，天下归心。

加入中国共产党，已成为越来越多元宝人的郑重选择。近年来，元宝村新发展党员占全镇一半左右。正在争取入党的12名积极分子，多数是年轻后生。

谈起为何要入党，村医任延民说：“我从学校毕业后到元宝村工作，被张宝金的人格魅力彻底感动了。我决心要入党，追随老支书，更好地为乡亲们服务。”

今年35岁的施国艳，是《暴风骤雨》中“赵光腚”原型的重孙媳妇。她在入党申请书中写道：“我决心加入党组织，更好地为社会主义建设添砖加瓦，为广大人民服务……”

美好的梦想，在黄泥河日夜流淌。

无限的希望，在黑土地不断生长。

每逢过年，元宝人总要以自编自演的节目，抒发对党和祖国的热爱。

这是一段“三句半”台词：

“管理民主真正妙，村民代表有一套，广大群众都说好：党——领——导。”

台下掌声响起，暴风骤雨般经久不息……

（新华社哈尔滨6月27日电）

【作者：新华社记者】

【《人民日报》2012年6月29日第10版】

点一盏灯，照亮心中那条路

——周恩义的故事（上）

周恩义，我问你！

“把接连 6 封‘母病危，速归！’的电报藏起来，坚持在抗洪抢险一线。不就是拍拍照片、写写报道吗，孰轻孰重，你为了啥？”

周恩义，我问你！

“儿子马上结婚、老伴住院你都不顾，拖着伤腿给画家们当领队。又不是非你不可，你为了啥？”

周恩义，我问你！……

这个有着 46 年党龄的老党员不解了，这个敦厚的东北汉子着急了，“我对照党章做的，有错吗？我的心告诉我这么做的，有错吗？”

是啊，周恩义有错吗？

让我们一起走近原辽宁省盘锦市兴隆台区委宣传部部长周恩义，去仔细探究：真的是周恩义的做法难以理解，还是因为我们没有真正了解他、理解他……

这是怎样的一条路啊……

碎玻璃、碎砖头、瓦片，经年累月后堆起的一条坑坑洼洼的土道，夹在林立的高楼间，蜿蜒四五百米。大雨过后，很滑，走不好，就会踉跄一下。

见到周恩义，正赶上他要去探望贫困户张术兰。要说已经从区委宣传部部长的岗位退下来了，这已不是分内的事。但头一天刚下了大雨，周恩义担心张术兰的房子漏水，还是想去看看。我执意跟着。没想到，这一跟，我竟走了这样一条平生从未走过的路，一条或许并不能称之为“路”的路。

就在路的尽头，有几座简陋的矮房，其中一个是张术兰的家。

张术兰 70 多岁了，靠捡拾废品为生，丈夫去世早，两个儿子，一个进了监狱，一个有智力障碍。10 年前，了解到这个情况，周恩义就隔三岔五来看望她。

周恩义的腿不好，左腿做过半月板摘除手术，10 年来，一个个节假日、休息日里，带着一条伤腿，周恩义无数次走过这条路，看望张术兰，跟她唠唠嗑，听她说说心里的苦。

看完张术兰，我们走出矮房，张术兰一路送出来，周恩义几番摆手让她回去，她都不肯，后来终于停住了脚步，但还一直招着手，目送我们。

我边走边回过头，看着这条路，看着渐渐变小的张术兰的身影，不禁想：究竟是什么力量让一位曾经的区委书记、曾经的常委，宣传部部长，一个老百姓眼中的“大官儿”，在这样的一条路上，来来回回许多年？

似乎是读到了我的疑问，周恩义对我说，“每次都是这样，哪怕下雨、下雪，就一直站在那儿，直到看不到我们为止，她那是盼着我们来啊！”

心中有爱，脚下才有路。

周恩义，心中装着对老百姓的牵挂，走出了一条与众不同的干好宣传工作的路，一条只有心中真正装着百姓才能走出来的路。

前后两次采访，我与周恩义细细地聊，听他讲心中的那条路。

那是怎样的一条路啊……

憋着一股劲儿
——“宣传思想工作咋能‘靠边站’”

周恩义告诉我，他是憋着一股劲儿做宣传工作的。

1992 年，周恩义从部队转业到盘锦市兴隆台区委宣传部。从部队团政委，到区委宣传部副部长，“连降 3 级”的“待遇”并没有让周恩义想不通，“都是党的工作，让咱做啥都得好好干！”

让他想不通的却是另外一件事。当时恰逢社会主义市场经济探索之初，在思想领域有一个焦点问题，党的宣传思想工作是否还有用。很多企业流传这样的顺口溜，“跟着书记跑断腿，不如给厂长倒杯水”，“跟着书记跑一天，不如给厂长点根烟”。在这样的氛围下，周恩义的工作开展不起来，很多领导干部不理解、不配合，“宣传工作又不能带来效益，抓那有啥用？”

在部队当了多年政委的周恩义想不通，咱国家多少关键时刻都是依靠坚强的信念和党的思想政治优势走过来，怎么突然之间宣传思想工作就“靠边站”了呢？

起初，倔强的周恩义跟很多人辩论，后来，他渐渐想明白了，“争论没有用，既然党把我分配到宣传战线，那我就坚守这份事业，用实践来证明，宣传思想工作到底有没有用！”

如何寻找到工作的切入点？无需太多的思考，自然而然地，周恩义找到了一个“宝”——给老百姓办实事，将党的政策理论送到老百姓的心里去，宣传思想工作有用没用，咱让老百姓说说看！

憋着这股劲儿，老周把农村党员培训作为突破口。很多人知道，在农村，农村党员培训是思想政治工作的主要内容之一，但是长期以来，这项工作与枯燥、走过场挂上了钩。可在兴隆台区，整整 10 年间，农村党员培训课却受到了老百姓的喜爱，甚至“追捧”。为啥枯燥的培训课被周恩义张罗得红红火火？

“法宝”就是把话说到老百姓的心里去，说他们想听的话。

老百姓想听什么？周恩义每天在各村转悠，还带着宣传部的同事钻猪圈、下农田、蹲大棚，和大伙儿细细地唠，了解农民想什么、急什么、盼什么。

兴隆台区委宣传部常务副部长刘伟是和老周共事 20 年的同事，回忆起当年的情景，刘伟还忍不住“埋怨”周恩义，“我新买的一件大衣，刚穿上，就跟他钻了一天的猪圈，大衣上有了猪圈的味道，几个月都下不去。”

经过细细琢磨，一份与众不同的农村党员培训科目表出炉了：既有农村基层党组织建设，也有食用菌培植、稻田养蟹技术；既有社会主义精神文明建设，也有养猪、养鸡的技术。讲课的教师，都是周恩义“几顾茅庐”请来的“大腕儿”。

这样的内容乐坏了大伙儿，五六十岁的老党员抢着早早去“占座”，认认真真听讲、仔仔细细记笔记。一传十、十传百，都知道老周给大伙儿办的农村党员培训班好，十里八村的村民都想来听，有的妇女还抱着孩子来听，培训班里学生越来越多，后来干脆扯一个大喇叭，让挤不进去的村民在院子里听。

周恩义告诉我，老百姓是最容易知足的，只要你是真心地替他们着想，替他们办事儿。群众认可你办的事儿，就认可你这个人儿，认可你这个人儿，就相信你说的理儿。

就这样，10年来，周恩义把实实在在的信息和技术送到了农民那里，也把党的方针、政策、路线潜移默化地送到老百姓的心眼儿里。

“理论变成家常话，党的政策传万家。”这是周恩义最常说的一句话，他告诉我，作为最基层的宣传战线干部，要把党的方针、路线和政策传递到老百姓那里，做得好坏，直接关系到群众是否真心接受，是否能够落实好。

“咋能说宣传思想工作‘靠边站’呢?”这股劲儿，周恩义一憋就是20年。

认准一个理儿
——“做思想工作，要讲实在话、做实在事儿”

老百姓的思想工作好做，领导干部的思想工作可不好做。

周恩义很清楚，光让老百姓认可还不够，得让身边的领导和同事们也认识到宣传思想工作的重要性。为此，他动了不少脑筋，下了“狠功夫”。

周恩义的“狠”，从对自己开始。为了在机关倡导党员干部良好的工作作风、树立领导干部执政为民的工作态度，周恩义给自己下了“狠”要求，把大道理唠成家常话，说到党员干部的心里去。

我请周恩义举个例子，他未加思索，读出了那首汶川地震中打动了许多人的诗——《孩子，去天堂的路一路走好》：

孩子，快
抓紧妈妈的手
去天堂的路太黑了
妈妈怕你碰了头……

“地震中，有多少老师用身体撑住孩子的脊梁，有多少党员干部选择了先救别人家的孩子，却与自己的孩子生死两茫茫，面对这一幕幕，我们怎能不好好思考共产党员这个称号所代表的责任与荣耀?”

这是汶川地震后，周恩义给机关年轻党员干部上课时的一段话，这段话，他是含着泪讲的，这段话，也是年轻的党员干部们含着泪听的。

讲实实在在的话，这还不够。周恩义说，还得做实实在在的事，将宣传领域“空对空”的工作变得“实打实”。

熟悉机关工作的人知道，在机关有一项重要的思想工作形式，叫作“中心组”，这种学习形式旨在提高领导干部政治理论素质和政策水平，促进领导班子思想作风建设。但由于各种原因，在很多机关，这项工作流于过场。

周恩义的倔脾气又上来了，他想不通，为啥好好的一个学习形式光是读读报、传达一下文件就打发了！

不怕得罪人，他在会上讲了这样一段话：

有的领导干部认为，现在以经济建设为中心，讲实干、求实绩，学习理论是务虚的软指标；有的领导干部总是认为自己经验丰富、功底深厚、不学习也没关系。可正因为这样，才出现了一些“四基本干部”——基本理论基本不学、基本道理基本不懂、基本觉悟基本不高、基本道德基本没有。

在领导的支持下，周恩义率领的宣传部承担起营造机关良好学习风气的重任。他也担任起“中心组学习副组长”这个得罪人的“官儿”。

就是这个“官儿”，制定了好几条“紧箍咒”，丝毫不留情面：

规定固定的学习日，无特殊情况不得占用；坚持考勤，缺课不请假的中心组成员无论什么原因，都要在下一个学习日当众说明情况，并补课。

更厉害的是，建立检查学习笔记制度和考核制度。宣传部每个季度对中心组成员的学习笔记进行一次检查，差的批评，好的进行展览。每学完一个专题，宣传部还给区委的“大领导”们出考题，考察他们结合本职工作学习的效果。

最后一个“撒手锏”是学习档案制度。将“大领导”们的学习情况，包括出勤率、调研文章、考核成绩等装订成册，记入档案。

“嗬！制定这些制度，你就不怕得罪人?”我忍不住问周恩义。“大不了撤了我这个副组长的‘官儿’呗，再说了，咱以身作则啊!”

组织中心组学习之前，周恩义都要带着宣传部的同事们对全区的工作情况实实在在地调研，将那些关系全区经济发展、社会和谐、文明建设的“大题目”带上来，然后由中心组成员分头“承包”，带着题目下去调研，成熟了再拿回中心组学习会上讨论。每次，周恩义带领团队所作的调研都是最扎实的。

因此，尽管最初的“紧箍咒”让周恩义得罪了一些人，但渐渐地，随着一个个关涉全区发展的重要决议在中心组学习会上形成，以往走过场的中心组学习竟然成为区委班子研究解决重要议题的平台。在学习、讨论、甚至辩论的氛围中，一个个难题迎刃而解，一个个共识逐渐达成。

不但如此，周恩义还建立起“四个一百分”的宣传工作指标体系，从理论学习到新闻宣传，从思想政治工作到精神文明建设，工作一项一项落实，指标一分一分考核。

同事们说：老周真有办法，愣是把宣传工作从没指标变成有指标，将“软宣传”变成“硬任务”。

放飞满天星
——“喊破嗓子，不如树个榜样”

早就听说周恩义这个宣传部部长有个“绝活儿”——树典型。还有树立典型的六步法，依靠这种方法，他 20 年树了 26 个典型。

我让他给讲讲。周恩义告诉我，“发现典型、选树典型、培养典型、跟踪典型、总结典型、推广典型。”

乍听起来，似乎也没什么，我没太当回事儿，但随着周恩义拿出几张照片，一张张讲述照片上的故事，我被深深打动了。

第一张照片的主人公叫丁凤岐。1968 年入伍，生前是渤海乡武装部长，一个英武的汉子。

丁凤岐得了肝癌，周恩义曾亲眼看见他在民兵训练场上，牛一样壮的汉子，手按着肚子蹲在地上，疼得满脸汗，等这股劲儿过去了，起来继续带民兵训练。癌症晚期，丁凤岐和老伴儿一起到北京取药，坐着大客车路过天安门，老伴儿说：“我这辈子还没在天安门照过相，咱俩住一晚上，明天再回去。”丁凤岐却说：“后天新兵体检，档案在我那儿，还是赶快回去吧!”其实，丁凤岐老伴儿的真实想法是，老丁时间不多了，在人生的最后几天，在天安门照个相，留个最后的纪念。

丁凤岐这个典型，周恩义跟了 3 年，感动了 3 年。周恩义告诉我，丁凤岐的典型事迹报告材料是他哭着写完的，整整写了四大篇，写了几天几夜。

第二张照片的主人公叫刘英福，遗憾的是，照片中究竟哪个是他，究竟有没有他，已无法辨认。因为照片只从很远的地方拍摄到了许多与刘英福身形相似的背影，光着脊梁，在水中搬运沙袋。

1994 年，盘锦遭遇特大洪水。抗洪一线，李家村党支部书记刘英福，这个水性极好的农村基层干部一次次潜到水下，堵坝上的缺口，终于，体力不支，以身殉职。

刘英福牺牲前，周恩义一直在抗洪前线，已坚守了七天七夜，并患上了急性角膜炎，眼睛红肿疼痛，连路都看不清。为了把刘英福的事迹尽快报道出去，周恩义趴在地上，打着手电筒，一直写到凌晨 4 点。眼睛疼得看不清东西，他就用毛巾蘸着凉水擦擦眼睛接着写。

第二天，刘英福的典型事迹发表，抗洪前线上许多战士、群众一边看，一边哭，擦干了眼泪，跳进水里，跟洪水接着“斗”。

第三张照片的主人公是任桂芝，这个 70 多岁的老太太自发组织“夕阳红无偿服务社”，专门做助人为乐的好事，周恩义为了树这个典型，号召老百姓都从身边的好事做起，整整跟了任桂芝 16 年，也出钱出力地帮了任桂芝 16 年。

第四张照片的主人公叫孙迅、第五张照片……上百张照片、三大箱，周恩义一个字、一个字写出来的典型事迹，多少年了，他都舍不得扔。这些人的事迹一直跟着他，这些人的精神也一直激励着他。

看着这些照片，听周恩义讲述一张张照片背后的故事，我已忍不住泪湿襟衫。

一个好的典型，有如一盏灯，点燃了，能照亮一大片。发现这些典型，需要发现者有一双明亮的眼睛，有一份持之以恒的坚持，更需要有一颗高尚的心灵。

周恩义，正是如此！

就这样，20年来，周恩义的宣传工作从最初的不被理解，到后来的逐渐被接受，再到让领导干部和普通百姓都离不开，周恩义一股劲儿，憋了整整20年。

这股劲儿，点燃了一盏灯，照亮了周恩义心中的路，也照亮了许多人前行的路。

【作者：赵婀娜】

【《人民日报》2012年7月31日第1版】

唱一首歌，把心底的爱给你听

——周恩义的故事（下）

人，最大的幸福是对爱和信仰的坚持。我尝试走进周恩义的内心，探究他坚持的原动力。

周恩义爱听歌、爱唱歌，喜欢的歌，听一遍，就能哼唱出来。16 岁那年，当兵入伍第一天，想家睡不着，班长为了安慰他，唱歌给他听，歌的每一句，到现在周恩义都还记忆犹新。

“当兵为什么光荣、光荣因为责任重，保卫万里江山、把守着祖国的大门，这就是革命军人的光荣……”周恩义的歌声很好听，声音浑厚，带着感情。我忍不住向周恩义提了个请求：能不能把你心里的歌，多唱几首给我听。

一首歌，唱给战友，唱给 28 年的军旅生涯

周恩义给我唱的第一首歌，名字是《好男儿就是要当兵》，他说，要唱给他的战友，唱给他 28 年的军旅生涯。

“当兵才知道过去的模样太放松，当兵才知道自己的骨头硬不硬，当兵才知道什么是孬种和英雄，当兵才知道千金买不到战友情。”铿锵有力的歌声，周恩义一边唱，一边用手打着节拍。我听得入神，一边听，一边想象当年他在部队的样子。

16 岁那年，周恩义进了军营。一进部队，周恩义就是一棵好苗子，很快，他被调入尖子班，并被发展提前入党，仅 17 岁的小娃子，成了战友中最年轻的党员。1969 年，周恩义被直接提拔为最年轻的副指导员，一路成长，很快成为团政委。

在部队经历的一件事，让周恩义第一次对生命有了深刻理解。

1971 年，一次实弹射击，一发加农炮弹发射后没有爆炸，如果不及时排除，会危及附近牧民的生命安全。周恩义带上文书、通信员和司机开着牵引车去找，找到了弹着点，这发几十公斤重的炮弹随时有可能爆炸。周恩义让通信员和司机撤到附近的山包后隐蔽，他和文书董荫春小心翼翼地将炮弹挖出来。把炮弹引爆最危险，周恩义命令董荫春也隐蔽，董荫春不走，周恩义就“骂”走了董荫春，他自己坐在地上，看着炸弹，心怦怦跳，忍不住想，万一真牺牲了怎么办。在随身的笔记本上，周恩义简单地写下一段话，大意是：“我就两个包，一包是换洗衣服，一个是遣送包，里面有 160 多元钱，我牺牲了，请帮我把 100 元钱寄回家，剩余的钱交党费。”写完这段话，周恩义把八管炸药绑在炮弹上，用两根导火索、双雷管引爆。

中蒙边境气候干燥寒冷，周恩义长期在高寒条件下带兵训练，天天喊、天天说，患

上了严重的咽炎，干痒得厉害，当地没有好的治疗办法，只能采用超低温冷冻法，结果，这种并不科学的治疗手段把他的嗓子弄得伤痕累累。

而就是这个咽喉的问题，在十几年之后，竟然差一点又让死神把周恩义带走。那是2007年，周恩义做完膝关节手术后，医生提出趁机修护一下他已经溃烂的咽喉。没想到，术后三天，咽动脉破裂大出血，“那血出的，我紧闭嘴巴，热热的血还是顺着嘴角流……”

周恩义从死亡线上又被抢回来一次。从此，他知道了一件事：死亡太容易了，可能就是10分钟的事儿。人，得好好做点事儿，不能白到世上走一回。

讲完这些事儿，周恩义停顿了一下，对我说：“退伍前去烈士陵园看了看，在那以后，每当想起长眠在大漠荒原的战友，我就没啥想不开的。一个已经在死亡线上走了好几遍的人，当不当官的，算个啥。”

一首歌，唱给我的母亲，告诉妈妈，我想她

周恩义给我唱的第二首歌是满文军的《懂你》。

“你静静地离去，一步一步孤独的背影，多想伴着你，告诉你我心里多么地爱你……”唱了几句，周恩义哽咽了，唱不下去。我突然觉得自己很残忍，非要戳这如铁一般的汉子心里最柔软的地方。

平复了一会儿，周恩义给我讲起母亲的故事。周恩义出生时家里是雇农，解放了，家里分了地，爸妈乐坏了，说：“没有共产党，就没有咱的地。”家里兄弟姐妹8个，母亲省吃俭用，靠捡蘑菇、挖野菜供养着一大家子。母亲很勤劳，也节俭，印象中，母亲舍不得吃东西，每顿饭都是看着孩子们把苞米面糊糊吃完了，她用水刷刷碗边上沾的糊糊喝。母亲是十里八村公认的好人，尽管家里困难，村里贫困户的大酱和咸菜都是母亲给送。

对周恩义来说，一辈子最大的遗憾，是没能赶得及看母亲最后一眼。1995年7月，地处辽河下游的盘锦市又一次遭受特大洪水的袭击，在抗洪大坝上坚守八天八夜的周恩义忍着泪将妹妹发来的连续6封“母病危，速归！”的电报藏了起来，没有告诉任何人。抗洪一结束，当周恩义急匆匆赶回家时，却未能和老母亲见上最后一面。

我问周恩义，“当时心里一定很痛吧？”这个铁骨铮铮的汉子忍着眼中的泪，对我说：“之前，母亲已经几次便血，让大伙儿瞒着不告诉我，是因为老人怕耽误我工作。抗洪抢险那么急迫的状况，我临阵走了，母亲知道了，也会怪我。”

唱给妻儿一首怎样的歌，才能表达心底的愧疚和无奈

有唱给战友的歌，有唱给母亲的歌，也该有唱给妻子和孩子的歌吧？我心里暗自想着。可令我意想不到的是，周恩义竟不知该如何表达对妻子和儿子的愧疚，以及心底深深的无奈。

转业后，周恩义的想法很简单，妻子和儿子跟着遭了不少罪，到了地方，不要啥职

务，只要过正常家庭的生活就行。没想到，工作一干上，就停不下来了。那么多社区、农村要跑，那么多课题要调研，周恩义自己都说不清楚，为什么事情一到他手上，就会越干面越大，越干越复杂。

1997年底，周恩义正主持会议，儿子突然打来电话，说妈妈舌头麻，右腿不好使，还好及时送到医院，恢复了。可没想到，2002年的一天，妻子坐在那儿起不来了，两条腿动不了。到了医院一检查，多发性脑梗塞，妻子完全瘫痪。请来专家会诊，意见是一致的："病情太重了，做恢复治疗吧。"夜深人静，医院的走廊里，自己受伤没有掉过一滴泪的周恩义，为妻子落泪了："跟着我受了那么多苦，好不容易到了地方，日子渐渐好了，咋就瘫痪了呢?"

出院后，妻子已经失去了独立生活的能力。在工作上忙得不可开交的周恩义，又独自承担起照顾妻子的责任。晚上，周恩义要起床两三次，扶着妻子上卫生间。早晨四五点钟，周恩义就起床，给妻子洗漱、做饭、给妻子喂饭，自己再洗漱、吃饭、上班。就这样，每天能睡四五个小时，对他来说就已经很幸福。

因为不想让妻子丧失对生活的信心，周恩义常给妻子染头发，把妻子收拾得整整齐齐，用轮椅推着，去逛公园、逛商场。一次，宣传部的同事偶然撞见周恩义推着老伴儿在过马路，竟忍不住落了泪，"那景象，让人觉得心疼"。

采访过程中，周恩义和我聊部队生活的苦辣酸甜，聊生死与共的战友；聊母亲的善良，聊母亲的深明大义；聊家庭，聊一个男人对家庭、对社会的责任……

走进周恩义的内心，你会发现，他的做法其实不难理解，他的动力源自他的经历、他坚定的信念、他最朴素的情怀。

与周恩义聊到最后，他也没想到应该为妻子和儿子唱一首怎样的歌，我却突然想到了那首《为了谁》，想送给他，也替他送给老伴及全家——

"泥巴裹满裤腿，汗水湿透衣背，我不知道你是谁，我却知道你为了谁……"

【作者：赵婀娜】

【《人民日报》2012年8月3日第4版】

杨奎烈：像焦裕禄那样活过

一个人永远和焦裕禄连在了一起。他和焦裕禄一样，为工作鞠躬尽瘁、蜡炬成灰；他和焦裕禄一样，心中永远只有别人唯独没有自己。

他的父亲和焦裕禄同事 9 年，他是听着父亲讲述焦裕禄的故事长大的；他从小立下志向：要像焦裕禄那样活着，像他一样创造人生的价值。

他叫杨奎烈，是中信重工能源公司经理、党委书记。今年 3 月 9 日，杨奎烈因肝癌去世，终年 58 岁，被人们称为“新时期焦裕禄式的好干部”。

把工厂当成命根子
病房里，口述《关于能源供应的变化及应对措施》留给企业

“杨经理的身体力行就是我的教科书。”现任能源公司经理袁广收说：“那是我大学毕业进厂不久的一个深夜，值班时发现设备出现异常，报告了时任气体厂厂长的杨奎烈，半夜起身的杨奎烈不忍再叫醒辛劳一天的维修工，亲自赶到现场维修，黎明时分，设备恢复正常。”

“工厂是他的生命之根，老杨对企业的爱完全倾注在了工作中。”能源公司副经理尚阳说。

2011 年 5 月 27 日下午，杨奎烈到现场了解能源生产运行情况，回到办公室后，他突然瘫坐下来，面色苍白，满头大汗。同事发现后立刻拨打急救电话，杨奎烈艰难地叮嘱：“急救车不要鸣笛，不要走正门。”

检查结果让医生吃惊：“腹腔中的肿瘤正在出血，左肝几乎全被癌细胞覆盖，肺部也出现癌化。这种情况 3 年前痛感就会非常明显，他是怎么挺到现在的啊！”

医生下了“死亡判决书”。杨奎烈感到时日不多，他要和生命赛跑。在病房里，他口述，让陪床的儿子打出《关于能源供应的变化及应对措施》……他要将它作为一份遗产留给企业。

2011 年 6 月下旬，杨奎烈给董事长任沁新发了一条满满 3 屏的短信，都是有关企业管理和发展的建议。

心里装满了别人
每年体检，凡查出问题的工友都被特别关照，
明知道自己有问题，却年年藏起体检表

杨奎烈有8本从未间断过的工作日志，除了工作，写满了对工友的牵挂：

“2005年1月8日：闻高压电工迟保福父亲患脑血栓。”

“2008年10月13日：王向东，35岁。爱人没工作，老娘瘫在床。”

“2008年10月27日：夏玉明，48岁。夫妻双双下岗。”

制氧运行班工人刘胜利含泪讲述：“1996年，我母亲抑郁症复发，又有眩晕症不能坐车，距离专科医院20多公里的路程实在不能用自行车驮，当时我忧心忡忡。时任制氧厂厂长的杨奎烈得知消息的次日，一辆双排座汽车开到我家，看到车厢后面固定的床和厚厚的被子，我们全家人一时呆住了。更让我想不到的是，老娘住院的第一个星期天，杨厂长骑了一个多小时的自行车，抱着一箱水果风尘仆仆地出现在我妈的病房……”

党委工作部副主任孙锡峰告诉记者，就在杨奎烈被诊断为肝癌后，得知工友任景国住在同一医院，他硬是忍着剧痛走了十几分钟，代表组织慰问了这个工友。

通讯科科长李生武不能忘记杨经理的那份温情：2007年，李生武严重肝硬化，动手术那天，杨奎烈带领公司所有部门的干部守在手术室外，为李生武做后勤保障。

杨奎烈逝世后，李生武拖着病体向杨奎烈告别。他泣不成声地说：“杨经理，每年体检，凡是查出问题的工友，你都会特别关照，可是你明知道自己身体有问题，却年年藏起体检表。你的心里只有别人，唯独没有你自己啊！”

奉献到最后一刻
“让我在病床上等死，我比死都难受。”
他戴着连体支撑架，重回工作岗位

杨奎烈在医院怎么也躺不住，坚决要求出院。医生说：“你现在打个喷嚏都可能发生腰椎骨折啊。”杨奎烈态度坚决：“人活着不工作，活着还有什么意义？让我在病床上等死，我比死都难受。”无奈，医生给他做了个腰和颈椎的连体支撑架。这样，“全副武装”的杨奎烈又回到了工作岗位。

出院后的4个多月时间里，杨奎烈忘记自己是个晚期癌症患者，全身心扑在了工作上。

2011年12月16日，杨奎烈主持生产会，他听了一半，没有作声出了会议室，好一会没见回来。同事赵宏伟在卫生间发现了他，只见他一手扶着门框，另一只手攥拳使劲抵着肝部，额头上全是豆大的汗珠。他示意赵宏伟不要声张，一步一挪回到会议室，坚持安排完工作。

两天后，杨奎烈肝出血再次住进医院。今年春节前夕，中信重工氧气供应面临“断

炊”。公司决定新上一台 800 立方米/小时制氧机，这是能源公司的重大任务，杨奎烈执意回到公司参加指挥这一工作。

大年初一，杨奎烈进厂依次给辛苦加班的工友拜年。2012 年 2 月 1 日是阴历正月初十，他行走在厂区的道路上，默默向贡献了毕生精力的企业作最后告别，回望渐行渐远的“家”，泪水模糊了他的双眼。他知道，此一别，再也回不来了！

临终前，他一再叮嘱：“后事一切听组织安排，没有任何个人要求，也不能收挽金。”3 月 9 日，杨奎烈带着对工友们的无尽眷顾、带着对岗位的无比钟爱走了，终年 58 岁。

遗体告别那天，上千名职工和家属自发前去送行。人们看着杨奎烈从 150 多斤的铮铮铁汉瘦到皮包骨头的仪容，哭声动天……

【作者：任胜利】

【《人民日报》2012 年 9 月 7 日第 18 版】

真情像哈达一样纯洁

——追记四川省甘孜州瓦日乡原乡长菊美多吉（上）

人的一生总是在探路。菊美多吉用真情筑起了一条做好群众工作的路。

在川西高原，沿着你的足迹寻访，老乡们说，你还没有走远，你还在通村公路人群中酣战，在牧民新房火热的修建工地上奔忙，在草原帐篷里促膝宣讲……

用心感受群众脉动　“信任是干出来的”

让渠水润泽干涸的农田，是瓦日乡 8 个行政村近两百户人多年的期盼。

2011 年 8 月，你调到瓦日乡不久，就摸到一个大难题：8 个行政村仅一条水渠。历来灌溉用水比黄金还贵，抢种先抢水。村民为抢一担水，甚至引发激烈冲突。你下决心让群众用水不再难。

你去动员村民，可村民说：“眼下抢收青稞油菜，忙，修水渠，哪有人手?”

“没人手，我就是人手。”你带领几个村干部，马不停蹄地干起来。跑规划、筹资金、运材料；挖沟、挑砖、拌浆、砌渠，不分昼夜，不畏酷暑。

瓦日乡鲁村和木拉自然村有 3500 米长的水渠要维修，你爬上 4000 多米高的扎呷山，以帐篷为家，一呆就是 20 多天，高血压引发阵阵头昏、头疼、胸闷……

实干得人心，村民们被感动了。孟托、布日俄、卓卡、热瓦、根基等 8 个村都被动员起来了。村民几户一组，轮流投工投劳。他们白天收粮食，晚上挖土方，每个小组都摽上了。村民相信，有菊美乡长带头，就再也不会吃缺水的苦头了。

当秋播到来，渠水和着村民们的欢笑流进田间地头，2000 亩农田不再干渴。

有条好走的路，是高原百姓世代的期盼。扎拖乡扎拖村有 4 个自然村，分布在高山上，相距 10 多公里，群众出行、生产增收，困难重重。你做包村干部，横下一条心：修路。信任是干出来的。

你带着村干部跑县交通局，“围追堵截”让交通局长到现场拍板修路。白天，你攀岩走壁去丈量；夜晚，独对台灯绘图纸。一天，挖掘机要进场，一座危桥挡了道，你手一挥：走水路。跳进刺骨的河流，引导挖掘机前行，确保了施工进度。

在你的感召下，群众修路热情高涨。仅 10 个月，路，就不一样了：新路贯通 4 个自然村，新买的汽车、拖拉机开进来，运出的农副产品换成现钞。村民们说，踏上这条路，就觉腿有劲。

真情得信任，信任能聚心。你在高原，十多年如一日地苦干实干，拉近了和群众的距离，筑起了牢固的信任路基。

胆子就是群众的钱袋子　“干部就要敢于担风险”

瓦日乡被称为道孚的粮仓，然而，高原农区的偏远，让粮食增产步履蹒跚。

你把调结构、引良种作为群众增产闯新路的良方。可有人担心：“这青稞、洋芋我们祖祖辈辈种，你那外地的品种万一没得收，我们明年就要饿肚子，谁负责？”也有人提醒：“菊美，当心点，咱们乡引进外地品种失败，被老百姓骂娘，不是没有发生过。”

“要让群众走新路，干部就要敢于担风险。”你的回答掷地有声。你说，必须做到心中有底，不能把风险扔给老百姓。

取样土，你爬上一块又一块梯田，3 天跑遍 8 个村；找专家，你星夜兼程，把样土背进省里农科所……

“你们瓦日乡的地块又高又贫瘠，如果亩产量上不去，会影响我们公司的效益。”在与省内知名的良种繁育基地洽谈签订土豆供种子、包回收的合作协议时，老板的话如当头一盆冷水。

“如果达不到预计产量，乡政府出钱赔偿损失。”你又一次信心十足。

要达到协议规定的亩产量，必须加大施肥，加强管理，每亩地要新增几百元投入。你打听到县里对土豆新品种推广有项目补贴，就找到县农牧局局长软磨硬泡，最终让该项目落地瓦日乡。每亩 600 元的土豆新品种推广补助经费发放到农户手中。

秋收时节，公司按照高于当年市场价的标准回收土豆。全乡 8 个行政村共回收 10 余万斤。每户增收 1200 余元。收获了喜悦的老百姓说：“没有菊美乡长的胆子，就没有我们鼓鼓的钱袋子。”

冬小麦、大棚菜、中药材……陆续落户高原，跃跃生长着希望。你在开拓的道路上不断奔走，闯出了一条条致富新路。

工钱、牦牛、新华字典　“群众要办的事，急办！”

在你的心中，老百姓的事，就没有小事。

2011 年夏天，通村公路修到孟托村村民平贵家门口时，你突然手一挥，叫停。承包修路的施工队不知为啥。你把他们带到平贵家房屋前，指着高出公路的屋基和围墙，说：“新路离房屋这么近，把围墙推了，平贵家成了‘吊脚楼’，能安全吗？”

工头不以为然：“乡长，这点小事你就不用操心了。等我们把路修通了，给他们家修一道堡坎不就没事了。”

“不行。要先给房屋修堡坎，再修路。不能让平贵一家提心吊胆住在危房里。”

2010 年 4 月。龙灯乡地上的白雪还没有化尽。你正要下乡，村民恩召出现在你面前。原来，恩召女儿 2009 年在乡电站打了 15 天零工，只拿到 10 天工钱，按照 50 元一天，还差 250 元。恩召说：“都一年了，我和女儿脚都跑大了，包工头东推西推，后来干脆说不给了。乡长，我就相信你，请你帮帮忙。”

“阿爷，你放心，这事我马上调查核实，一定给你一个满意的答复。”

当晚，你忙完一天的工作，扒了几口饭，碗筷一扔，就去找当时和恩召女儿一起干活的村民了解详情，证实确是包工头克扣了工钱。你连夜开车赶到几十公里外的县城，找到包工头，把钱要回来……第二天一大早，恩召从你手中接过钱时，感动得直流泪。

2010年春天，村民格朗家里的牦牛不慎丢失了10头。这对贫困户来说，无疑是雪上加霜。格朗苦苦搜寻了很久，也不见牦牛踪影，急得团团转。

你找到格朗，拍着他的肩膀说："莫着急，我帮你找。"两天后，你带着一群人赶着那10头牦牛出现在格朗家的帐篷前。望着"哞哞"叫的牛群，看看疲惫不堪的你，格朗泪眼蒙眬。

你兜里常常揣着小本子，记录着群众要办的事。虽然每一条都很平淡、琐碎，但在你看来，都是大事，必办、急办！

去年，在你离去前的一个月，你到医院探望一名生病的阿妈时，从包里掏出一本《新华字典》，让她转交给同村翁姆的孩子。原来，你在走访中，听村民翁姆说，孩子在中学读书，学汉语有些吃力，自己又什么都不懂，真不知该怎么办。你觉得，应该给孩子买本《新华字典》，就将此事记了下来。字典买好了，你随时都揣在身上，想着尽快送给孩子。

4月11日：仁孜家的医保本户名需到县户籍办重新核实；

5月3日：看望脚伤住院的得吉阿妈；

5月16日：尧日村村支部的图书架差两枚螺丝……

你时刻把群众的事捧在手上、放在心里。鲁村村民沃孜降泽说，群众有事爱找你，因为你和群众没距离。

【作者：刘裕国】

【《人民日报》2013年3月28日第6版】

胸怀像草原一样辽阔

——追记四川省甘孜州瓦日乡原乡长菊美多吉（下）

扎根 12 载，一生爱民情。菊美多吉，你把一生的情和爱都播撒在高原。你坚守一个崇高的信仰，你的胸怀，就像草原一样辽阔……

一段情留给群众　大妈家多了个儿子

采访龙灯乡一村村民尕她大妈，她沉默许久，说："活了 80 多，没见到菊美多吉这么好的人。"

2009 年冬天，你在下乡途中，看到一位身背水桶的老人，颤颤巍巍在寒风中行走……你立即下车，去帮老人背水。

原来，尕她大妈家只有她和 85 岁的老伴两个人。老伴下肢瘫痪，卧床多年；大妈患有白内障，还肩负全家生活重担，背水、捡牛粪、磨青稞、放牧都靠她。看着两位孤苦伶仃的老人和简陋的帐篷，你眼里噙满泪水。

从那时起，大妈家里多了个儿子。你接过大妈背水的桶，水缸常映着你的脸；你把青稞麦送到加工厂磨成面，山路上少了大妈弯驼的背影；你捡回的牛粪燃起的火，温暖着她家的帐篷；你摆的龙门阵，驱赶着他们的寂寞；你讲的新鲜事，舒展着他们脸上的皱纹。

新年，你放弃与家人难得的一聚，在乡政府附近租了个小房子，与同事一道帮大妈和瘫痪的老伴住进新家。为让他们晚年过得更好，你又把大妈带到康定医院做了白内障手术。尕她大妈流着眼泪说："我们一辈子无儿无女，菊美就像亲生儿子一样。"

你本来工作繁忙，做尕她大妈家的事，不是在熹微的晨光里，就是在如幔的夜色中。你说，心中真有爱，再忙也有闲！

你把同事当成自己的兄弟。一位同事骑摩托下乡摔断了腿，你连夜驱车送医院。他伤痛，你抱着他，安慰他；他住院，你守候他，帮他导尿管，为他洗便盆……

一个冬日，在下乡时见一老大爷蜷缩在路边，你停住摩托，俯身去扶，"老大爷，老大爷……"老人冻得不行了，你赶紧脱下自己的大衣披在老人身上……

"有困难找菊美"，这是乡亲们口口相传的一句话。2005 年 11 月，深夜，扎托村村民贡尼的妻子难产，急需找人送医院。他们想到了你。藏族有个风俗："宁抬一具尸体，不碰一个孕妇"，但你毫不避讳，立即驾着小车，将孕妇送至县医院。

一段情留给阿爸　木料见朽老屋依旧

菊美多吉，阿爸说，你走后的日子，他睡觉都开着手机，听着手机响，仿佛还是儿子打来的，他感觉你还会回来。

是的，你应该回来，阿爸需要你。牧民们都搬进了崭新的定居房，可你阿爸还住在狭窄破旧的老屋里。

七年前，你曾经对阿爸许诺：修新房子，让苦了一辈子的阿爸阿妈住得宽敞点、舒适点。2006年4月，阿爸把木料备好了，等着你回来规划。那时，你在扎拖乡。那里的通村公路修得如火如荼，组织村民投工投劳，你连被子都卷了去，哪有时间回家张罗建新房？

2007年藏历新年，你让阿爸把匠人和亲戚请到家里吃饭，说好了过完年就动工修房子。可回到乡里，正赶上扎坝片区旅游宣传工作拉开序幕：印发宣传单、拍制宣传片、举办“爬房子”比赛，活动一个接着一个，你一去就忙得脱不开身。

2009年，四川省的重大民生工程——“牧民定居行动计划”在牧区启动。你全身心地投入，抓质量，抓进度，起早贪黑在工地，一连几个月没回家。

阿妈说，别人家都住上新房了，我们家的建材还堆在院子里。阿爸说，多吉娃子太忙了，高血压那么严重都没时间去治，哪里还有空回来修房子。

记者站在你家房前，天空弥漫的细雨，淋着这堆纹丝未动的木料，木已见朽，老屋依旧。

你说，老阿爸对你的理解和宽容太多太多。

阿爸生病，姐姐和亲友都赶来了，你却在扎拖乡波罗塘村拉嘎家抢救正被泥石流吞噬着的财产。爷爷去世，你是家里唯一的孙子，按理应该回家送终，你却在去省农科所、种子公司的路上奔忙。

你是阿爸的独子，本应该留在家中更多地尽孝心。但你却给自己安了一个流动的家，真正的家倒成了客栈。阿爸阿妈却从来没有责怪过你，为有你这样的儿子感到自豪。

一段情留给妻儿　没有照过全家福

菊美多吉，你走了，留下泪眼汪汪的妻子、4岁的儿子，还有三个月前才出世的你没有见过面的遗腹女儿。你多想尽好一个丈夫和父亲的职责，但对家人，你一直都极少顾及。

2008年，妻子在红顶乡小学教书，和你工作的扎拖乡相距10多公里，你却很少有时间去看望她。妻子有了身孕，在坐拖拉机家访途中，由于山路颠簸，傍晚感觉腹部疼痛，打电话让你送她去医院，可你还在偏远的农家走访。等你第二天把妻子送到医院，孩子已经保不住了，那是你们的第一个孩子。

2009年，妻子又有了身孕。藏历新年前夕，是妻子的预产期，说好了，你把妻子送到塔公乡丈母娘家，并陪着妻子和老人过年。结果，你不但年节没有陪他们，连送妻子回娘家的话都食言了。当妻子独自走在回娘家的路上，你不断在电话里对妻子叮嘱："走慢点，当心点啊……"

1月25日，是藏历年大年初一，儿子贡嘎曲扎的出生给你带来欢欣，你却一直在忙碌：下乡送温暖，看望贫困户，组织乡上节庆文化活动，节日值班……

一次，顽皮的儿子被狗咬伤了，鲜血直流，家里的老人万分焦急地给你打电话。当时，你在瓦日乡布日俄村，村会议室坐满了前来听你宣讲的村民。你强忍心中的焦急，托付幺叔送儿子进医院。

至今，你们都没有一张全家福，没有和儿子一起照过相，你和妻子的结婚照还是她陪你到成都治疗高血压时补拍的。妻子理解你，她说，你一直都在努力补偿，用各种方式表达对她和孩子的爱心。

2009年你去州里开会，想到在乡下教书的妻子，就在康定城里给她买回一件毛衣。妻子说，这件红色的毛衣，是你送给她的唯一的礼物。她一直珍藏着。

你说，作为儿子、作为丈夫、作为父亲，你留给家庭的，是永远的愧疚和遗憾。

但是，亲人们懂你的心，记你的情；高原人民懂你的心，记你的情。

菊美多吉，家乡的鲜水河已经成为一条思念的河，你的足迹已经开出灿烂的花朵……

【作者：刘裕国、薛玉斌】

【《人民日报》2013年3月29日第6版】

沈谨：把最危险的采样留给自己

5月10日，记者在宿迁市疾控中心的一间办公室里见到中心副主任沈谨的时候，他正专心接电话，并在笔记本上做记录。打开笔记本的扉页，上面写着一个数字“103”——这是第103本工作笔记。

“2013年3月31日，周日，加班。上午9：40许，接到省疾控中心电话，沭阳县青伊湖姚窑沟村一名患者，中毒性肺炎，怀疑禽流感。”

——摘自沈谨工作笔记第102本

3月31日上午，江苏省疾控中心请宿迁市疾控中心协查沭阳县一例重症肺炎病例。沈谨带领人员深入乡镇搜集信息，在不到8个小时内，他已跑遍患者所有接触点；顾不上吃晚饭，就开始撰写调查情况报告，又研究部署应对措施……4月2日，中国疾控中心人感染H7N9禽流感确诊报告出来时，这名患者所有的53名密切接触者已全部排查。

2009年，甲型流感病毒肆虐，宿迁学院也发生了疫情。从开学到国庆长假结束，沈谨带领近20名防疫人员日夜驻守，控制了疫情的传播。“他把最危险的采样留给自己。”听到同事们这样评价，沈谨淡定地说，“这是本职工作，顾不上危险不危险。”

“1980年3月2日，淮阴地区卫生防疫工作会议。参加对象：各县市区防疫站站长、防疫科长、卫生科长、检验科长等。”

——摘自沈谨工作笔记第一本

33年前，沈谨大学毕业，被分配到原淮阴地区防疫站寄防科工作。1983年，沈谨调到当时宿迁县卫生防疫站。当地疟疾发病率高达50%，沈谨对宿迁此前10年疟疾相关资料进行了系统整理，让防疫人员有迹可循。

那一年，沈谨的足迹遍布31个乡镇。为给农村社员查病送药，他常常骑车前往偏僻农村，每次下乡都一周以上。有时会被大雨浇个湿透，有时忘了吃饭，就在路边吃煎饼、喝凉水，落下了慢性胃病。

1985年1月，沈谨被任命为防疫站副站长，和另外20多名同事一起，承担着当地80万人的血丝虫、疟疾、霍乱、伤寒等多种常见传染病防治重任。1988年，为做好工作，他在乡下足足待了230多天。

“2008年5月14日，星期三。下午5：15，研究赴四川救灾防病后备队。5月19日中午1：50，参加江苏省赴川卫生防疫队。”

——摘自沈谨工作笔记第九十一本

汶川地震发生之后，沈谨主动向省里请缨，背着几十斤重的大包上了飞机。沈谨赶到什邡市蓥华镇，仅仅一周，他就跑遍了15个村民小组，走访714户2116名灾民，实现卫生防疫、消杀物资、疫情监测全面覆盖。一次采水样遇到了余震，沈谨整个人向山下滚去，幸亏抱住了身边的树木才避免坠入深谷。

宿迁市疾控中心郑卫民告诉记者，沈谨每天早上5点就起床，晚上12点后才休息。他患有老胃病，却用冷水矿泉水泡方便面吃……

“老牛自知夕阳短，不需扬鞭自奋蹄。”合上手中的笔记本，沈谨这样评价自己。“疾控中心是个团体，请多报道一线的同行们吧。”

【作者：姚雪青】

【《人民日报》2013年5月14日第6版】

本色——甘祖昌将军夫人龚全珍的故事

56年前，她追随信仰，跟从丈夫，返乡务农从教，无悔建设家乡；90余岁高龄，她情怀不变，本色不改，始终严于律己，心系群众——龚全珍，原新疆军区后勤部长甘祖昌夫人，用自己的行动，生动诠释着为民务实清廉的内涵。

信仰的力量

活着就要为国家做事情，做不了大事就做小事，干不了复杂重要的工作就做简单的工作，决不能无功受禄，决不能不劳而获

——甘祖昌

“过九不过十，是莲花的风俗。去年已经热闹地办了90大寿，今年我91岁了。”5月22日，龚全珍指着手中一只双面相框，告诉记者，“算起来，跟着老甘到莲花县56个年头了。老甘最大的信念就是带领乡亲们一起建设家乡，让老百姓过上富裕幸福的日子。”

相框常对着龚全珍床头的那一面，是甘祖昌在田间研究水稻的照片。另一面的照片，甘祖昌穿着将军服，俊朗而帅气。

1957年8月，甘祖昌主动向组织上辞去新疆军区后勤部长职务，回家乡江西省莲花县坊楼乡沿背村务农，龚全珍相随而归。那一年，她34岁。

将军当农民，甘祖昌是新中国第一人。龚全珍完全理解和支持丈夫的决定：“老甘不是一个普通的农民，正像他说的那样，‘活着就要为国家做事情，做不了大事就做小事，干不了复杂重要的工作就做简单的工作，决不能无功受禄，决不能不劳而获’。”

从新疆到江西，全家11口人的行装只有3个箱子，却带了8只笼子，里面装着新疆的家禽家畜良种。龚全珍说：“当时走得急，生活用品老甘啥也不让多带。到了莲花，乡下蚊子多，买蚊帐、买被套的布票都是向亲戚朋友借的。”

沿背村党支部书记刘淼林当年是龚全珍的学生，他向记者介绍，当时甘祖昌每月工资330元，生活上十分节俭，把2/3的工资用来修水利、建校舍、办企业、扶贫济困。他一共参加建起了3座水库、4座电站、3条公路、12座桥梁、25公里长的渠道。

龚全珍全力配合丈夫，也把自己工资的大部分花在支援农村建设上。回到莲花头几年，她没有做一件新衣服。

“当农民我不合格，但老甘艰苦奋斗、无私奉献、淡泊名利的精神我可以学。”龚全珍在家里呆不住。“在新疆我是老师，到了莲花我还可以去教书。”她步行25公里到县文教局联系工作，被分配在九都中学任教。这所学校条件很差，只有3名老师，她却一点不嫌弃，第二天就搬铺盖去了学校，每逢周末才回家帮丈夫和孩子缝补衣服、料理家务。真切感受到甘将军对家乡眷恋之情的龚全珍，开始把自己赤忱的爱投入到这片红土地。

1961年，县文教局安排龚全珍到同乡的南陂小学当校长，在那里一呆就是13年。后来，她又被调到离家不远的甘家小学当校长，依然还是老作风，吃住在学校，全身心地扑在工作上。

1986年3月，甘将军因病逝世，一只铁盒子是他留给妻子和儿女唯一的遗产，里面用红布包着3枚闪亮的勋章，那是1955年他荣获的二级八一勋章、二级独立自由勋章、二级解放勋章。龚全珍明白，丈夫虽然没有留下任何物质财富，但这笔精神财富是拿多少钱也买不来的！

甘祖昌和龚全珍夫妇的点点滴滴，家乡老表看在眼里，记在心头。从江山水库下山，记者路遇坊楼镇江山村64岁的村民刘吉桂："当年龚老师教过我，她和甘将军都是造福乡里的好人。他们当年参加修造的江山水库，到现在还浇灌着近万亩农田呢。我们都习惯叫它'将军水库'。"

本色的分量

人民给了我们荣誉，我们没有理由不为群众谋幸福。只要还能动，还能讲，就要为社会做一点事，永不掉队

——龚全珍

相濡以沫几十载，龚全珍的人生观和价值观，已经同甘将军融为一体、须臾不分了。

为了不给子女添麻烦，龚全珍住进县光荣幸福院。在幸福院度过的5年中，龚全珍没有把自己看作被照顾对象，而是当成院里的工作人员，拿出生活费帮大伙买营养品，自己动手擦地板、补衣服……

乐于伸出援手的龚全珍，自己却很少开口寻求帮助，唯恐麻烦别人。她在衣食住行、吃穿用度上始终保持着节俭朴素的作风。子女们心疼老人，给她买了几套质量好些的保暖内衣。得知一套要200来块钱，老人不停地念叨"买得太贵了"。

在萍乡琴亭镇小学，放学后，常能看到学校操场的树荫下，孩子们围坐在白发苍苍的龚奶奶身旁听她讲革命传统故事。在县老干部宣讲团，龚全珍年纪虽大，却最活跃，经常到机关、企业、学校、社区做爱国主义传统教育报告，很受大家的欢迎。

30年来，没有人记得龚全珍去了多少地方、做了多少报告，但大家都记得，她从不要一分钱报酬，还经常自带馒头或面包，就着白开水当午饭。"就在今年5月3日，龚老师还到我们乡讲了课。"三板桥乡组织委员李亚琴说，中午11点半下了课，龚全珍坚持不吃乡里提供的午餐，要坐公交车回家。那天很热，乡里不放心90岁的老人坐公交车，谎称下午有人回县城开会，饭后可以搭顺路车，老人这才留下，破例吃了一顿工

作餐。

从14岁离开山东老家，到1949年入党，再到1957年离开城市回山乡扎根，龚全珍这辈子与甘将军一样充满传奇色彩。但她总认为自己就是一名普通的老党员，为党工作是本分，离休不等于离岗，自己做的事情哪怕再小，都是在延续甘祖昌建设美好家乡的梦想。

曾有人这样问龚全珍："您这么大年纪了，不在家安度晚年，整天忙这忙那，图个啥?"她回答："十几年来，每次从睡梦中醒来，我都会听见老甘临终前说的那句话：'下次领工资，再买化肥，送给贫困户'。我们图个啥？不图啥！人民用小车推出了新中国，给了我们崇高的荣誉，我们没有理由不为群众谋幸福。只要还能动，还能讲，我就要为社会做一点事。我是一名老兵，要永葆党员本色，永不掉队!"

榜样的能量

我们是甘家的后代，不能给父辈抹黑，要老老实实做人，勤勤恳恳干事，力所能及地多帮助人

——龚全珍的女儿

"龚全珍"就是一块真金招牌，我们都服龚全珍、都认龚全珍

——琴亭镇离退休干部党支书刘恩怀

龚全珍始终以甘将军为榜样要求自己，同时又为后人、为社会树立了一个可亲可敬的榜样。

"我母亲就是这样的人，钱用在自己身上总觉得是浪费，总想着怎么能帮到别人。"龚全珍的女儿甘公荣说，"现在母亲因为身体原因不怎么出门了，但她总是念叨还有没有困难的学生，得帮帮他们。"受母亲的影响，在当地工商银行上班的甘公荣也习惯艰苦朴素的生活，乐于扶困助学，先后捐款5万多元资助贫困学生。她经常这样提醒自己和子女：不管学什么做什么，都要先学会做人，最基本的就是做一名合格公民。我们是甘祖昌和龚全珍的后代，不能给父辈抹黑，要在自己的工作岗位上老老实实做人，勤勤恳恳干事，力所能及地多帮助人。

2008年5月，四川汶川特大地震发生后，在县老干部局组织的会议上，龚全珍带头向灾区捐出1200元。老干部局局长王慧敏回忆说："在龚老的影响下，离退休老干部纷纷踊跃捐款，有些老同志还回家抱来干净的棉被衣服捐赠，让人非常感动。"

"'龚全珍'就是一块真金招牌，我们都服龚全珍，大家都认龚全珍。"琴亭镇离退休干部党支部书记刘恩怀说，"2008年龚全珍倡导成立奖学扶助基金，并带头捐助1000元，不少单位和个人积极响应，基金累计超过26万元，已经奖励优秀生139人，扶助贫困生175人。"

2011年，琴亭镇组建了"龚全珍工作室"，聘请龚全珍做名誉辅导员，搭建起一个对党员干部和社区居民进行革命传统和理想信念教育的平台，吸引了很多年轻人加入。

琴亭镇因势利导，又组建了红色革命传统教育社区志愿者服务队，定期组织开展活动，扩大龚全珍工作室的影响力和示范带动作用。而在整个莲花县，类似坊楼镇甘家村甘祖昌事迹陈列室这样的红色陈列室已经完工 21 处，未来将建成 100 处，树立具有莲花特色的党性教育品牌。

“甘祖昌将军体现了心系群众、革命到底的崇高境界，他的事迹和精神影响了一代又一代人。”4 月 1 日，履新不久的江西省委书记强卫登门看望了龚全珍老人，深情地对她说，甘将军的精神对人们形成正确的世界观教育作用很大，青少年是祖国的未来，加强革命传统和理想信念教育有利于他们健康成长，“您做了一件非常有意义的事情”。

夕阳如火，沿背村那座龚全珍与将军一块生活了近 30 年的老宅，如今一部分成为沿背村的幼儿园，放学的孩子们蹦蹦跳跳地跟着家长回家。房前两棵当年植下的柏树挺拔青翠，侧面的两株李子树枝繁叶茂，硕果累累，似乎仍可嗅出花开的芬芳。

【作者：刘士安、吴齐强、胡晨欢】

【《人民日报》2013 年 5 月 28 日第 4 版】

陈家顺："卧底"帮扶务工人员

他是饰品厂串珠子的"工人"，是养殖场照看病猪的"猪倌"，也是制鞋厂围着师傅转的"学徒"——但他真实的身份是云南省沾益县人力资源和社会保障局副局长。

为使家乡输出的务工人员能在异乡企业安心赚钱，陈家顺以各种方式"考察"了180多家企业，其中5次隐瞒身份，"卧底"到企业中去亲身体验。截至今年5月，"卧底局长"陈家顺已成功带出9000余名务工人员。

浙江义乌的华统养殖场在2008年9月聘用过一个特别的"猪倌"：衣着随便，头发凌乱；为显得不那么斯文，愣是摘掉了400多度的眼镜，眯缝着眼却又老是东张西望；被安排照看最难伺候的病猪也无怨言……直到干满一个月，养殖场的人才知道，这个叫陈家顺的人是来"卧底"的。

陈家顺说，到企业"卧底"是被逼出来的。2007年春节后，沾益县在义乌设立劳务工作站，陈家顺被任命为站长。当年3月，他带着第一批303名务工人员去义乌。一个月后，返乡率竟达到70％。

好事为什么会办砸？"百闻不如一见。"陈家顺想到隐瞒身份，"卧底"到企业中去亲身体验。2007年7月，陈家顺第一次以民工身份，应聘进入义乌一家饰品厂。"坐在那儿串12个小时珠子，腰酸背痛，没几天脚也坐肿了。但我必须坚持，干不满一个月，我就不知道企业会不会按时发钱，会不会克扣。"他说。

就这样，陈家顺5次隐瞒身份，"卧底"到企业中，然后将他体验到的工作环境、生活条件、工资发放等情况传回沾益，当地干部再去给老百姓讲解时，就讲得清楚、明白了。

厂里不给工人结工钱，工厂没有按规定给工人报销车费……面对这样的纠纷，陈家顺知道，他没有执法权，只能协调。在异乡，工作起来更难。说起2011年5月那场"对峙"，陈家顺的妻子李凤仙仍记得很清楚。两名沾益籍女工在义乌一家服装厂打工，由于该厂的工资是半年一结，两人只做了3个月就要离职，她们结算工资的申请遭到厂方拒绝。那天，陈家顺带着李凤仙找到企业董事长理论，哪知董事长拍着桌子大喊："违反企业管理规定不说，你们还好意思来要工钱。"最终经过三四个小时的据理力争，以及镇领导出面调停，厂方最后同意如数支付两名女工被扣发的工资。

6年维权，陈家顺为农民工调解纠纷上千起，挽回经济损失200余万元。

在陈家顺的"卧底"经历中，还有一次是应聘到一家农民工子弟学校当老师。那一个月，他主要观察学校是怎么对待学生的，老师如何进行管理，教学质量和教学态度如何。然后，才放心地把务工人员子女介绍到这家学校就读。

为什么要管务工人员子女的上学问题？陈家顺解释："子女上学问题没解决好，父母打工也不安心。必须解决好他们的后顾之忧。"

陈家顺想得很长远。"沾益是农业大县，可光靠土地奔小康却有难度。"沾益县提出要把"打工经济"提升为"劳务产业"，变成当地农民群众增收致富的新产业，没有长远打算是不行的。

陈家顺在老员工中建立起信息员制度，让务工人员收集本厂和周边企业的信息向他反馈，如果员工有小问题，要帮助协调解决。不再"卧底"的陈家顺腾出精力来，考虑如何把年轻的新增劳动力培训成技能型劳动力。

沾益县职业技术学校招生办副主任孙勇告诉记者，2010 年 3 月，在陈家顺的联系协调下，学校与扬州一家服装厂开展校企合作，已有 200 多名经过技能培训的学生进入服装厂，月平均工资能到 3000 元。

今年 1 月以后，陈家顺又多了一个身份——曲靖市驻长三角招商分局副局长。"我们希望能吸引当地有到外地投资意向的企业来曲靖办厂，或者是前几年外出务工的农民工兄弟能回家乡创业，让曲靖的农民群众能就近就便打工。"陈家顺说。

【作者：张帆、胡洪江】

【《人民日报》2013 年 5 月 28 日第 6 版】

感受龚全珍的精神世界

5 月 21 日，有记者致电江西莲花县委宣传部副部长王雄英，希望提供一些龚全珍的资料和照片，同时发出疑问："老太太真有这么高的思想境界？不会是你们拔过高，加水了吧？"

其实，56 年前，甘祖昌与龚全珍解甲归田之际，就有"为何放着将军不当，偏要返乡干农民"的疑问。

时空变幻，疑问依旧。但与此同时，甘祖昌的事迹却在广大群众中传颂，龚全珍无私奉献、一心为民的情怀也在红土地上生根发芽。

走进龚全珍的内心世界，你会发现信仰的力量、精神的力量，会发现她是一个有血有肉、有爱有恨的平凡人，一个追问生命价值、追求人生理想的共产党员。

"要督促自己过得更有意义一些"

5 月 22 日早 8 点半，龚全珍散步来到永安南路 32 号老邮电书店，营业员贺春笑意盈盈。龚全珍认真挑选了一批报刊，有《人民日报》《党史天地》等，一共 17 份（本）。陪同的女儿甘吉荣说："每天散步必到这里买报刊，在家看电视只看新闻和军事频道。"

"七十六块五。"贺春说。

龚全珍边掏钱包边问："你们这有莫言的小说吗？"

"不好意思，这里暂时还不卖小说。"

"农民作家，不容易啊，获诺贝尔奖，开天辟地头一回！不是我帮衬山东老乡，他的小说写农民、写农村，过去零星看过些，总想着都看一遍。"

出门转到新建街 29 号新华书店，上午 9 点，日头开始有些火辣。龚全珍踏入书店便问："有莫言的小说吗？"

"有，刚到的货，一套 20 本，700 元。"

"赶快，拿给我看看。"

91 岁的龚全珍走得很快，还能看出一些军人本色。听说老人从 1953 年坚持写日记，真正看过的人很少，记者一路上软磨硬泡终于得到同意。

到家后，老人拿出几本年代不同的硬皮本。记者粗略翻看，发现里面有很多哲理性强的读书笔记，也有家长里短甚至牢骚话，在支部发言用的提纲也写在里面。

2005 年 8 月 5 日，再读保持共产党员先进性的笔记——我也感到这次学习十分必要。我是个离休干部，虽然不贪污腐化，长期休息放松了学习，也认为现在的条件好了，应该享受安乐，对政治学习感到枯燥无味。这就不可能与时俱进。

2012 年 11 月 11 日，多云。很久没有写日记了，日子过得糊糊涂涂的，为了督促自己珍惜时间，勤思考，从今天起恢复写日记，自我督促自己过得有意义一点，早上饭后到社区看看，找点事做。

看老人家的日记，我们得知她爱看小说早已有之，8 年前，她还为此自省检讨过。可是，一个爱看莫言小说的 91 岁老人，如此旺盛的求知欲，怎么都让人觉得可敬、可爱。

龚全珍有信仰，也有人情味。记者去龚全珍住所 4 次，每次采访完离开，她都亲自陪着下楼。“这是她的习惯，不仅是记者，只要是来访的客人，她都坚持送，她尊重每个来访的人。”女儿解释说。

“多问问自己为党为群众干了什么”

10 点，快到青华巷，气温升高。老人说：“不服老不行，腰腿累啊！”

我们坐在一家电器商店门口喝水休息，闲聊。

“有人觉得甘将军和我很傻，是不是？现在的教育比当年难。那个年代，有工作，有饭吃，就满足了，现在你不光要让大家富裕，还要解决怎么分配，让大家都有希望，讲空话人家可不信。”

1988 年出生的营业员彭丽琴一直站在旁边：“您和甘将军不傻，比我们更单纯。事迹很感动，但学不到，社会风气不一样咯。”

龚全珍认真听小彭的话，接着说：“谋生出路是根本的，自己和家庭的温饱解决了才谈得上理想，生活有保障是基础，不然是空谈，会坏事。”

“每个时代追求不一样，社会分工不同，不要攀比，干好自己的事情。从前的同事、战友，死的死，残的残，能享福的寥寥无几，我不干活拿这么多钱，知足了。”谈到这里，龚全珍眼里闪着泪光：“生活负担不一样，我没压力，几十年党龄，应该为党多干点事。”

不知不觉，快到吃饭时间。“再聊聊，没事，不用做饭，我现在是坐享其成。”龚老展现出幽默的一面，“不吃辣椒，两菜一汤”。开过玩笑，就坐享其成这种现象，老人讲了一番犀利的话：

“坐享其成很危险，党员究竟应该干什么？要认真想想，答卷及格吗？现在的一些党员太一般化了。”

“党员形象很重要，开展些什么活动能起作用，让群众看到党员的形象？”即便是在闲谈中，龚全珍也时刻反思，“自己有个缺陷，主动到群众家里不够，深入不够……”

“党员、群众是鱼水关系，党员的生命力在群众中，要和群众打成一片。要了解群众的想法，关心群众的疾苦，多问问自己到底为党、为群众干了什么？”

“党员干部就是应该帮群众办成事”

“大家常说我帮人，其实我以别人为榜样，自己做得并不好。在帮助别人的过程中，我也受到了教育。比如尹韵娇，从她身上我学到了顽强，学到了帮助别人也要考虑对方尊严。”龚全珍说。

当年，龚全珍帮助下岗女工尹韵娇购置缝纫机创业。一年后，尹韵娇归还500元，龚全珍死活不要。

“孩子还小，你身体不好，都需要钱。”

“我这是辛苦劳动的钱。您说过人可以穷但志不能短，我还了借款，心里才安稳。”

从此，两人无话不谈，成为莫逆之交。尹韵娇后来成为萍乡市自强创业模范，实现了自己的人生梦想。

尹韵娇的女儿彭艳峰告诉记者：“龚奶奶改变了我们一家的生活轨迹。我要成为奶奶那样的人，爱书求知，内心富有，善待他人。”

“帮助别人，也要顾及尊严。党员帮群众，是本分，不是施舍。”多年来，龚全珍走进学校、机关、部队、工厂，义务对青少年进行革命传统教育，与贫困学生结成“1+1”帮扶对子，资助他们学习和生活费用……但她从不炫耀、自傲，许多事都是受助者讲出来后，大家才知道的。

沧海桑田，春风化雨。龚全珍老人几十年如一日，践行着入党誓言。记者看见一个笔记本后面有这样一段话——“我的承诺：健康时每周去一次福利院，为孤寡老人做一些力所能及的事。有病后不住特殊的病房，不用价格贵的进口药。生前最后一个月工资作为最后的党费上交。我捐助的5名贫困生要继续捐到毕业。”

儿女们知道龚全珍的心思，“只要是老太太想做的事，我们不会拦着。只要是她的心愿，我们都会帮她完成。”

“此生惭愧的是对党和人民回报太少”

翻阅龚全珍老人最近的日记，沉重和豁达交织，感动与感慨并存。

2013年3月12日，晴。我看到衣橱里几件新衣服，自己也不愿穿，死后烧掉很可惜，不如现在送人，还可以穿，要抓紧时间送。

2013年3月24日。近两天发现脚有点肿，不疼，想到自己已经91岁了，超过了我的父母和哥哥姐姐们，可能距回归自然的日子不多了，我已经很知足了。此生惭愧的是党和国家、亲人对我的关爱，我回报得太少了，平日还感到自己尽力了，如今想想太少了，微不足道。

龚全珍很达观，向记者袒露心声，“生老病死，自然规律。我已经超出全国平均年龄啦，有生就有死，躲不了的。”

“我有个想法，已经好几年了，也不知道将来能不能实现。人一闭眼就作废了，我这身上能用的东西可以捐献，我是O型血，还有些有用的器官，希望能造福别人。”

记者曾专门问过莲花县县长刘乡：“龚全珍老人这数十年到底捐助了多少人，捐款金额是多少？”

刘乡回答：“老人扎根山区56年，从不计较个人得失，不以将军夫人自居，不为亲属谋取利益，她也很少讲自己干过什么。据不完全统计，近10年来，她捐助的学生达百人之多，捐款金额 10 余万元。”

“做事情是理所当然的，不做事情就心有愧疚。”这似乎是龚全珍的行事准则，从她嘴里听不到为自己邀功的话，反倒是“不好意思”、“感到愧疚”常挂嘴边。

莲花的山山水水见证了龚全珍的高风亮节。观看完纪实电影《这样一位将军》后，一位记者感叹“真有这样的党员”。

当年明月在，曾照彩云归。荷花村 5000 亩连片水面上，小荷已露尖尖角。初夏的夜风中飘来一阵熟悉的地方唱腔：“莲花一支枪（哟），威名震四方。前赴后继干革命，燎原星火遍地藏……”

【作者：吴齐强】

【《人民日报》2013 年 5 月 29 日第 4 版】

夸他的歌，唱了50年

——记河南省卫辉市唐庄镇党委书记吴金印（上）

一双粗布鞋，一顶老军帽。

快半个世纪了，吴金印的这个形象和他经年累月为百姓做的事，刻在了当地群众的心上，而夸他的歌传了50年还有人唱。

“老百姓是爹娘，谁不好好为他们办事，就是不孝之子”

8月30日，河南某大学学生蔡玉辉给素不相识的吴金印打电话：“吴书记，我在暑假期间给镇里一家企业打工，现在要开学了，厂里不能及时结算工资，能帮帮我吗?”吴金印撂下电话就同企业沟通。第二天，吴金印又打电话给该学生，得知问题已经解决了，才放下心来。

唐庄镇老镇长韩立平说，这样的事情对吴书记来说是家常便饭：听说盆窑村李江龙家的屋顶漏雨，吴金印拿出自己的工资塞给该村支书李庆一，让他转送给李江龙买点材料修房子；在大池山，吴金印住在宋大娘家，修房、砍柴、挑水，拉大娘去医院看病，老人去世后又亲自给宋大娘料理了后事。

他在砂掌村蹲点时，了解到五保户武忠体弱多病，便住进了他家，给老人端水送饭、挑水扫地、买药洗衣服。老人逢人就说：“就是有个亲儿子，也不一定能像金印这样对待我啊!”

吴金印说：“老百姓是爹娘，谁不好好为他们办事，谁就是不孝之子。”

“干部和群众，是鱼水关系。活鱼水中游，死鱼水上漂”

狮豹头乡李岩沟村民五牛见到记者，拽着就往家拉。走进他家的老房子，他指着门后说：“40年前吴书记就住在这里，现在我盖了新房不拆老屋，就是留住吴书记的影子，他在我家住了两年多，和我家结下了深厚感情。”

40多年前，距五牛家最近的青年洞是造地时最大的工程。青年洞现在已经成为一个景区，洞前数百平方米平台上，游人如织，洞旁一溪清泉流淌。当年，吴金印给李岩沟村留下的不仅是这一渠清水，还有几百亩旱涝保收的良田。

吴金印在狮豹头乡工作10多年，带领群众凿山洞6个，筑大坝85道，建小水库和蓄水池25座，修渠道3.8万米，修筑高标准山区公路20公里，建公路桥8座，植树20万株，造田2000多亩。

羊湾村党支部书记郭胜说：“吴书记在我们乡工作15年，在老乡家住了8年，在工地茅草庵住了7年，这样的干部百姓服！”

乡亲们吃上了白馍，乐得合不拢嘴，对吴金印既感激又爱戴。有一次，吴金印到五保户杨务新家吃派饭，老两口偷偷地把老母鸡杀了。当香喷喷的鸡肉端上桌时，吴金印说啥也不吃。他说：“你们俩年纪大，吃了补身子。我年轻力壮，不能当客待。”说完，硬是跑到另一家盛了碗粗饭吃，老两口死活没扯回他。

带着干部钻最深的沟，爬最高的山，跑遍村村户户，深入访贫问苦，成了吴金印每年工作的重要内容。吴金印调离狮豹头公社时，为不惊动乡亲们，他早早起床，带着简单的行李，推着自行车，悄悄地下山了。走到小店河村头时，被青年突击队长闫玉礼最先发现了。结果，正在附近河边洗衣服的妇女，放下手中的衣裳跑过来了；正在路边田里锄地的小青年，丢下锄头跑过来了；村头的老大娘老大爷，也拄着拐杖赶过来了……

“帮助群众挖掉穷根，是最大的联系群众”

行驶在唐庄镇街道上，百威英博、北新建材、银金达、六和集团等国内外知名企业的厂区，以及花园、医院、学校、文化中心俱全的新农村社区从眼前经过。

10多年来，唐庄镇先后投入5亿多元，修筑“五横五纵”10条道路30公里，完善水、电、气、绿化美化等基础设施，吸引了30多家国内外知名企业落户产业集聚区。2012年全镇工业产值33.8亿元，帮助不少村民在家门口就了业。

其实，1987年11月吴金印任唐庄乡党委书记时，这个位于太行山南麓的乡村，还是有名的“穷窝子”。

吴金印说：“集体有，跟着走；集体空，没人听。”心系群众，造福群众，就得挖掉穷根子。他“真情换真心，真心换真投”，用人性化的招商理念，让唐庄产业聚集区成为企业家投资兴业的一方热土。他带领干部群众，扛着铺盖卷儿，拉着锅碗瓢盆，在杂草丛生的山沟安营扎寨，使多年河滩变成了良田。

“种了20亩桃，去年卖了11万元。”45岁的马胜奎家住石屏村，正好位于唐庄镇万亩果园内。指着自家宽敞明亮的小楼和新买的轿车，他难掩喜悦：“现在俺村家家有果树，户户走富路，这都是托了老吴的福。要不是他，俺现在还和以前一样在土里刨食吃，更别说发家致富了！”

上世纪六七十年代，吴金印带领干部群众在山上造田，让吃糠咽菜的村民吃上了白馍；上世纪八九十年代，他引导发展乡镇企业，昔日花钱靠救济的农民摆脱了贫穷；如今，全镇农民人均纯收入近万元，家家住洋楼，看病上学就业都在家门口。

在唐庄镇政府采访时，后沟村村民李红云表演了她创作的快板：“桃花围着俺村转，引来宾客当景观，百姓越过越幸福，幸福生活有根源，党委书记吴金印，亲力亲为带头干，榜样力量做表率，不怕辛苦多流汗，男女老少抱成团，小康离咱已不远。”

【作者：龚金星、任胜利】

【《人民日报》2013年9月10日第6版】

名利淡如水 群众重如山

——记河南省卫辉市唐庄镇党委书记吴金印（下）

在唐庄镇西山顶上俯瞰，一个个鱼鳞坑依山而建，从山顶一直延伸到山脚下，鳞次栉比，蔚为壮观。

在这里，吴金印带领群众苦干 13 年，人工开凿出了 600 多万个鱼鳞坑。经过治理后，西山水土得到保持，过去 4500 亩被称为跑水、跑土、跑肥的“三跑田”，变成了高产稳产的“三保田”，变成了花果山、生态园、旅游区。有人这样形容现在的西山：“山顶松柏戴帽，山坡果树缠腰，山脚经济林封底，山下片片良田。”

今年夏天，吴金印出差回来，发现这里最高处的岩石上，刻着“吴公山”三个醒目的大字。“这不是胡闹吗！”他急得脸都红了，“改造穷山恶水是大家的功劳，你这一弄我夜里都睡不着觉。”

群众自发为吴金印刻字立碑的事早就发生过。在大池山，记者看到群众为他刻的碑文。当年大池山每人每天靠政府救济的 3 碗水生活，吴金印用几个月时间，挖出一个两丈多深、能蓄十几立方米水的旱井，汛期蓄满水，到冬春旱季，就成了百姓的救命水。在村子最高处，井旁竖着碑文：“1967 年冬，好干部吴金印为解决村民吃水难，亲自动手打下此井，吃水不忘挖井人，池山人民特立此碑。”

1991 年夏，刻有“我们的好书记吴金印”的石碑立在青年洞前。吴金印得知后，赶到现场，拿着锤子把石碑上的字凿掉了。盆窑村的老支书李庆解释说，现在村民过上幸福生活了，很多人希望通过这种形式，对吴书记有个纪念。吴金印打趣地说：“人未亡，上神堂，你们是想让我快一点上‘天堂’啊。”

为什么吴金印能被如此拥戴？唐庄镇财政所所长杨金根说：“他为民办实事、身先士卒、清正廉洁，有人格魅力。”

一次，镇里一名干部下村检查工作，在村干部留他吃饭时喝了几盅，吴金印知道后，让他背乡里的“四不”规定。“身不懒，积极参加劳动；嘴不馋，不在群众家吃喝；耳不聋，倾听群众意见；手不长，不拿群众东西。”这位干部在全镇大会上作了检查。

在唐庄镇走访，问起对吴金印的评价，47 岁的四和社区居民朱喜英抿嘴一笑，先讲起了自己家的故事。上世纪 80 年代末，她和丈夫自由恋爱，都到谈婚论嫁的地步了，一说去婆家看看，丈夫就着急慌忙拦着：“咱去城里转转吧。”她心里纳闷，决定偷偷去探个虚实。到了荒山上的婆婆家，一看村路坑坑洼洼，房子破烂，床上是编织袋做的铺盖，她差点哭出来。“结婚吧对不起自己，不结又坏良心。”

为了改善村民的生活条件，2008 年吴金印带领大家改造荒山，在一片废弃的砖窑场上建起了能容纳 4 个村子的新农村社区，3 年内盖了 300 多幢两层半的别墅。还建了

6 幢六层楼，免费给五保户、残疾人、贫困户居住。群众都陆续从荒山上搬了下来，老村全部改造成耕地。

“吴书记最清楚老百姓想啥盼啥。”朱喜英说，最近儿子在郑州谈了个女朋友，说想回家看看，她底气十足地说：“叫她来看吧，不用咱吹。”

新乡市党校教授张敬民与吴金印打交道多年，在他眼里，除了始终把老百姓利益放在首位的“不变”，吴金印最难得的品质其实是与时俱进的“变”。无论是早年造田解决粮食问题，发展乡镇企业引导致富，还是如今协调发展，吴金印作为老典型，一直有新思路。

【作者：龚金星、任胜利】

【《人民日报》2013 年 9 月 12 日第 14 版】

老红军余新元的不老传奇永远传播正能量

3月的鞍山，春寒料峭。在中华南路133号这座旧式平房里，却流淌着浓浓暖意。一位白发老人同围绕身边的记者们一起正激情澎湃地合唱："学习雷锋好榜样，忠于革命忠于党……"这位老人名叫余新元，一位91岁的老红军，辽宁省军区鞍山军分区干休所正师职离休干部。

"活着，就要为人民服务"

"自从见到长征的队伍，见到毛主席，我就知道人不能光为自己活着。要为民族，为国家，为老百姓。"余新元永远不会忘记那些决定一生信念和道路的神圣时刻。

1936年秋，黄土高坡，甘肃静宁。出身贫苦的少年余新元，迎来了劳苦大众自己的队伍——中国工农红军。

毛泽东率领的红军队伍在静宁县界石铺镇休整18天，余新元每次都挤在人群中聆听毛泽东演讲。许多内容他听不懂，却听懂了"红军是穷人的队伍"这句话。于是，他义无反顾地走进了红军的队伍。

因为负伤，他见到了白求恩。那是在黄土岭战斗中，余新元的左腿被日军机枪打成了"马蜂窝"，是白求恩大夫亲自主刀才免去截肢的不幸。

因为抗日作战，他参加了狼牙山反扫荡。子弹打穿了余新元的胸部，让他昏迷200多天。苏醒后第一句话他就问："我的部队在哪里？"

因为参加解放战争，他投入了辽沈战役。右脚被机枪打得血肉模糊，依然冲锋不止。就是这一仗，他失去半个脚掌，至今仍靠假肢行走……

大小500多次战斗，身负大伤7次、小伤无数，一次次与死神擦肩而过。有人问他：跟共产党干随时都有掉脑袋的危险，你怕不怕？他说："我怕就不会参加革命了，就不会举手向党宣誓了！"

与雷锋和学雷锋模范郭明义的结缘，让余新元的追求境界更进一步。

1959年11月，雷锋因为身高、体重不符合条件，一心想参军但被拒绝了。他反复找当时正在辽阳市兵役局任政委的余新元，坚决要求参军。雷锋白天在兵役局帮着打杂，晚上就住在余新元的家里，两人形影相随。

最终，就是余新元帮雷锋圆了参军梦。"那时，短短半个多月就专门为雷锋入伍的事召开了26次会议，统一思想，商讨对策。"余新元说："雷锋是个品质特别好的人。"

1960年1月8日，是送雷锋参军的日子。余新元和爱人田儒文赶往车站，把20个鸡蛋和背心、毛巾、香皂等日常用品塞到了雷锋的挎包里。握着余新元的双手，孤儿雷锋动情地说："首长，让我叫您一声爸爸吧！"

发现郭明义，又让余新元结缘于"当代雷锋"。

1976 年底，时任鞍山警备区副政委的余新元，听说辽宁省劳动模范郭洪俊的儿子郭明义报名参军，便拖着伤残的身体前往了解这个应征青年的德才表现。得知郭明义品学兼优，余新元非常高兴。他极力向负责征兵工作的人员推荐郭明义，使郭明义如愿穿上军装。送郭明义上火车时，他还再三叮嘱："一定要当个雷锋式的好战士！"

"雷锋越多，我就越高兴"

讲雷锋的故事，是余新元认准要做、也做得最多的一件事。离休以来，他的足迹遍及 60 多个市县，深入 800 多个单位，作学雷锋报告 3000 多场，听众达 400 万人次。

鞍山市联合小学的老师和学生们永远难忘那一幕：学校位置偏僻，应邀到学校作学雷锋报告的余新元却坚持不用车接，独自早早地拄着木棍沿着山路徒步向学校走去。可走了不到一半，右小腿与假肢接合处断裂，磨得他疼痛难忍。不到 10 里的路，足足走了两个多小时。

这是余新元外出作报告唯一一次"迟到"。当他一瘸一拐地走进教室，喧闹的孩子们顿时静了下来。一个同学突然惊叫："你们快看啊，红军爷爷的腿流血啦。"

站在讲台上的余新元，浅灰色裤脚已被鲜血浸透，在教室留下了一串带血的脚印。片刻安静后，教室里响起雷鸣般的掌声……

回家后，余新元浑身就像散了架，倒在床上再也不想起来了。老伴拿下假肢一看，顿时泪如雨下。而此时的余新元早已睡着了。

"您的年纪这么大了，为了学雷锋吃了很多苦，什么样的事情最让你高兴？"记者问道。

"那个苦算不了什么，雷锋越多，我就越高兴！"余新元大笑着回答。

"做好人好事，才算共产党员"

余新元说，他希望能够为人民做好事 100 年。

1962 年 8 月 15 日，是雷锋牺牲的日子。噩耗传来，余新元立刻感受到刻骨铭心的痛惜。他泪流满面地对妻子说："雷锋是咱的儿，他没干完的事咱要接着干。"怀着这样的愿望，"父承子业"做好人好事的日子开始了。

人武部干部张硕田和处了 3 年的对象付凤云准备结婚，但由于没有婚房，愁得小伙子吃不香、睡不好，工作起来也无精打采。细心的余新元看出了异常，经过一番询问了解了实情，诚恳地对张硕田说："我回去跟你嫂子商量一下，把我们家的房子腾出一间给你们做婚房吧。"

几天后，张硕田和付凤云被叫到了余新元家里，一间粉刷一新的屋子展现在他们眼前。余新元笑着说："这间屋子以后就归你们俩啦，看看还满意不？"看着粉刷一新的房间和大红"囍"字，再看了看 8 口人挤在 3 个小房间，这对即将步入新婚殿堂的青年，流下了感动的泪水。

辽阳县刘二堡镇农村青年张兴恒，在离余新元家不远处搭了个水果摊位。但由于没有灯光照明，冬天天一黑就得收摊，生意只能勉强维持。

余新元看出了张兴恒的困难。他主动提出，让小张从自己家里把电引过来。可这位刚刚从农村走出来的青年，竟把“馅饼”看成了“陷阱”，不接受余新元的好意。余新元便让二儿子余锦满给小张的水果摊扯上了电。

有了灯光相助，张兴恒的水果摊每天一直到晚上10点多都生意不断，收入翻倍增加。这个“爱心电线”一接就是20年。小张的生意越做越红火，不仅在城里买了楼房，手头还有了一笔不小的存款。

心存一片彩霞，光耀千家万户。这样的境界和价值，91岁的老红军余新元实现了。

【作者：冯春梅、盖旭辉】

【《人民日报》2014年3月2日第7版】

邹德凤：42 年“超级义工”

人群中，南昌大学第四附属医院护士邹德凤看上去不太显眼。然而熟悉她的人都说，她身上有一种磁力。志愿者渣打银行南昌分行中小企业理财部客户经理伍兵华总说：“和邹老师一起，我发现自己真的变了，变得不再浮躁，不再抱怨……”

从“累不死的小丫头”到“铁路天使”，再到“超级义工”，邹德凤用 42 年的坚守，追逐着自己的人生梦想。

3 月 22 日，伍兵华随邹德凤来到铁路社区汪溥家里，指导 92 岁的老人进行康复锻炼，嘱咐他按时用药。

从 2009 年开始，伍兵华记不得来过铁路社区多少次，他感慨地说：“常人很难想象到，她在这里有多么受欢迎，这片铁路社区 4 万多居民几乎人人都认得她，走到路上，很多人都热情地跟她打招呼，她就像是这里的超级明星。”

1974 年，南昌铁路局沿线十多个站段发生了一场规模较大的疟疾疫情。邹德凤主动请缨，投身到抗疟工作中，每天早上 6 点多钟就背着沉重的药箱乘火车奔赴各站段，为患病职工发放药品和开展治疗，十几个站段依次走过，每天晚上八九点钟才能回到家。整整一年半时间，邹德凤行程两万公里，胶鞋穿烂了六双，人瘦了十多斤。“累不死的小丫头”，这个绰号很快在铁路系统里流传开来。

1992 年开始，邹德凤利用休息时间主动登门，每周定时上门为社区里瘫痪卧床的老人、孤寡老人擦身翻身、做按摩操、指导用药、健康宣教。百岁老人涂细银身患绝症，儿子和媳妇也都年过七旬，邹德凤得知后，每天到老人家中照料。临终时，老人见到闻讯赶来的邹德凤，只说了一句话：“女儿，你来了!”随后安详地闭上了眼睛。

走门串户做义工，迎来的有期盼的眼神，也有异样的目光。酸甜苦辣、孤独无奈，百味俱尝，邹德凤最终还是坚持了下来。

据统计，12 年间，邹德凤累计做义工超 1.9 万小时，远远超出了红十字志愿者最高奖项“终生志愿者”3000 小时的标准，成为江西省数一数二的“超级义工”。

2008 年从黑龙江中药大学毕业后来到南昌大学第四附属医院工作的孙贵才，现在是邹德凤公益发展中心的法人代表。他坦言，自己正是被邹德凤身上那种“人道、博爱、奉献”的精神深深地感染了。

“没见到邹老师之前，我根本想不到，现在的社会中还会有她这样的超级好人。我更想不到，她有这么大的感召力，每到双休日，我们医院大部分的医生护士，都会跟着她走进社区做义诊。”

目前，邹德凤的志愿服务团已经拥有爱心志愿者 4000 多人，其中注册志愿者 1600 多人。

星火燎原，爱心相传。志愿服务团年纪最小的7岁，年龄最大的70岁，团队中有医学博士、公务员，还有许多在校学生。服务团在医院、社区、学校、车站、福利院等公共场所，为百姓提供志愿服务，累计服务对象60多万人次。

听了邹德凤的讲述，就会懂得一脉相承的力量。“我16岁时成为一名护士，南丁格尔是我的人生导师；36岁时，成为了一名志愿者，章金媛是我的老师；而作为一名党员，龚全珍是我学习的榜样。”2013年，邹德凤获得第四十四届南丁格尔奖章，她说：“这不仅是对我个人的肯定，更是对所有无私奉献的护理工作者、红十字工作者和志愿者们的鼓励和肯定。”

【作者：吴齐强、张学东】

【《人民日报》2014年3月25日第6版】

两弹元勋郭永怀

他为我国的航空航天事业奉献了毕生精力。他以赤子之心报效祖国，为中国上世纪六七十年代在核事业尖端技术方面取得非凡成就付出了生命。他就是唯一以烈士身份被追授“两弹一星”功勋奖章的空气动力学家郭永怀。

研究空气动力学驰名世界

郭永怀出生于山东荣成县一个农民家庭。1933 年他考入北京大学物理系，后来在新建的西南联大改学航空工程。

1939 年，他考上了中英“庚子赔款”留学生。在加拿大多伦多大学留学时，他只用半年就取得了数学硕士学位。接着他选择了空气动力学最难的课题“跨声速流动的不连续解”作为博士论文题目。1941 年 5 月，他来到当时国际空气动力学的研究中心——美国西岸加州理工学院古根海姆航空实验室，在航空大师卡门教授的指导下工作。

1946 年，西尔斯在康奈尔大学创办航空研究院，特聘郭永怀前去参加业务领导工作。于是，郭永怀成了康奈尔大学航空研究院的主持人之一。1949 年，郭永怀为解决跨声速气体动力学的一个难题，探索开创了一种计算简便、实用性强的数学方法——奇异摄动理论，在许多学科中得到了广泛的应用。正是因为在跨声速流与应用数学方面所取得的重大成果，郭永怀很快就驰名世界。当时人类虽已实现了飞行的梦想，但飞机的飞行速度并不理想。声障是提高飞机飞行速度的难关。郭永怀和钱学森经过拼搏努力，不久就合作拿出了震惊世界的重要论文，首次提出了上临界马赫数概念，并得到了实验证实，为解决跨声速飞行问题奠定了坚实的理论基础。

毅然回国献身核事业

1955 年，钱学森发来两封书信，邀请郭永怀回国。郭永怀毅然放弃了在国外的优越条件与待遇，与夫人李佩于 1956 年 11 月回到阔别 16 年的祖国。“作为新中国的一个普通科技工作者，我只是希望自己的祖国早一天强大起来，永远不再受人欺侮。”郭永怀说。

1960 年 7 月，苏联政府照会中国政府决定撤走在华的核工业系统的全部专家，随后又停止供应一切技术设备和资料。中国决定自行研制核武器，郭永怀担任九院的副院长。当时九院的首要任务就是在一无图纸，二无资料的情况下，迅速掌握原子弹的构造原理，开展原子弹的理论探索和研制工作。

1963年，他与科研队伍迁往青海新建的基地。在郭永怀的倡议和指导下，我国第一个有关爆炸力学的科学规划迅速制定出台，从而引导力学走上了与核武器试验相结合的道路。同时，郭永怀还负责指导反潜核武器的水中爆炸力学和水洞力学等相关技术的研究工作。在对核装置引爆方式的采用上，他提出了“争取高的，准备低的，以先进的内爆法为主攻研究方向”。为确立核武器装置的结构设计，郭永怀提出了“两路并进，最后择优”的办法，为第一颗原子弹爆炸确定最佳方案，对一些关键问题的解决起了决定性的作用。这一方案不仅为第一颗原子弹的研制投爆所采用，而且为整个第一代核武器的研制投爆一直沿用。

郭永怀每天一大早便赶到现场，了解装配工作进展和系统联试结果，一旦发现问题便及时研究处理。在将要进入正式试验阶段的那些日子里，郭永怀每天都要忙十几个小时，有时是通宵达旦，吃饭也是席地而坐边研究边吃。1964年10月16日，中国第一颗原子弹装置爆炸试验取得圆满成功，1966年10月27日，我国第一颗装有核弹头的地地导弹飞行爆炸成功，1967年6月17日，中国第一颗氢弹爆炸试验成功。当闪光火球和蘑菇状烟云冉冉升起时，全体测试人员一片沸腾，郭永怀却瘫软在试验现场，身边工作人员把他架到临时帐篷里的铁皮床上，郭永怀太累了。

牺牲时仍紧抱绝密资料

1963年，科研队伍迁往海拔3000米以上的青海基地，那里气候变化无常，冬季寒气逼人，经常飞沙走石，最低温度零下40多摄氏度，一年中有八九个月要穿棉衣。他与许多同事都有了高原反应。为了及时研究新情况，郭永怀频繁往来于北京和基地之间，有人劝他少跑一些，他为了工作全然不顾。

1965年9月，我国第一颗人造卫星的研制工作再次启动，郭永怀受命参与“东方红”卫星本体及返回式卫星回地研究的组织领导工作。1968年12月初，他在青海基地发现一个重要数据，急于赶回北京研究，便搭乘了夜班飞机。他匆匆地从青海基地赶到兰州，在兰州换乘飞机的间隙里，还认真听取了课题组人员的情况汇报。12月5日凌晨，飞机飞临北京机场，距地面约400米时，突然失去平衡，偏离跑道，扎向了玉米地，腾起一团火球。当人们从机身残骸中寻找到郭永怀时，吃惊地发现他的遗体同警卫员紧紧抱在一起。烧焦的两具遗体被分开后，中间掉出一个装着绝密文件的公文包，竟完好无损。他用自己的身体保护了对我国科研事业极为重要的资料。

郭永怀牺牲的第22天，我国第一颗热核导弹试验获得成功。在他牺牲不到两年，1970年4月24日，我国第一颗人造卫星发射成功。1968年12月25日，中华人民共和国内务部授予郭永怀烈士称号。1999年，他被追授两弹一星功勋奖章，是唯一以烈士身份被追授“两弹一星”功勋奖章的科学家。

【作者：胡晓青】

【《人民日报·海外版》2014年4月11日第10版】

看好这片林

——追记贵州赫章县海雀村老支书文朝荣（上）

出海雀寨门向左走，不远处山垭口有个新坟，背靠海雀山，俯瞰海雀寨，坟旁笔直的华山松棵棵粗壮，犹如卫士。

静静躺在林间的是贵州赫章县海雀村老支书文朝荣，他曾说："要永远看护好海雀这片松林。"

文朝荣是海雀人心中永远的"守护神"。20多年来，他领着海雀人向荒山要绿地，让瘦土出效益，苦干实干吃上饱饭，心系孩子教育，把一个极贫村变成了美丽村寨。

绿了荒山白了头

"海拔二千三，人均三十三，山上光秃秃，地上矮矬矬。"地处乌蒙大山深处的海雀村，平均海拔2300多米，山寒水冷；森林覆盖率不到5%，荒山秃岭；农民人均纯收入只有33元，缺水、缺电，无通村公路，全村的苗族、彝族群众基本是文盲，没有一名初中生。

这就是上世纪80年代初海雀村的"苦况"。

村民王兴明回忆："当时住的是杈杈房，和牛马睡在一起，吃的是野菜，还不够吃，大多数人家连条像样的裤子都没有……"

时任村支书的文朝荣，对于村子的贫困，看在眼里，痛在心里。文朝荣毅然决定组织村民植树造林。

为什么要造林？"当时海雀满山都是光秃秃的，晴天风一吹，沙尘四起，大白天伸手不见五指；一下雨，浊浪滔天，土层越冲越薄，庄稼收成越来越少。"64岁的村民王富华回忆，老支书给我们说，没有好生态就没有好生活。

说干就干，文朝荣迅速召开思想动员会，动员村民们种树。可会还没开完，就引来大多数村民的激烈反对：连饭都吃不饱，哪有力气种树？荒坡能种出树来？种树能当饭吃？村民们想不通，文朝荣与另外两名村干部商量："我们先把树苗找到，带头做给大家看。群众的思想工作继续做，只要村支部团结起来拧成一股绳，就没有办不成的事。"

"老支书当时从距离海雀村100多公里的赫章县水塘乡林场找来苗木。白天，村干部带头示范种树，晚上就挨家挨户搞动员。光是来我家就来了6次。"当时种树的铁杆反对者，如今的护林员王光德提起过去还有一些不好意思。

1987年冬天，文朝荣率领全村200余青壮劳力，一头扎进沙尘四起的荒山沟壑里。"冬天天寒地冻，大家天不亮就上山，披着羊毛毡，穿着草鞋，冷得直跳脚；饿了就啃几个冷洋芋，一天下来，手被冻得裂开了大口子，往外渗血，可第二天还得接着干，一干就是3个冬天。”文朝荣的大儿子文正全提起那段岁月，觉得苦不堪言。

“1987年到1989年连续三个春节，父亲和我们都是在山上度过的。连续种树3个冬天，全村30多个山坡，11600亩的荒山全种上了华山松、马尾松等树苗。”对于父亲，文正全充满敬佩。

绿了荒山白了头。20年精心守护，目前海雀村共有林地1.34万亩，户均65亩，森林覆盖率达70.4%，曾经尘土飞扬的“和尚坡”变成了万亩林海，海雀村更是荣获“全国绿化千佳村”称号。据估算，海雀村的万亩林场经济价值达4000多万元，人均近4万元，文朝荣为村民们留下的是一座“绿色银行”。

守着青山绿水不能饿肚子

海雀村山上的树林一天天茂密起来，而地里农作物产量却一直低下。怎样才能让村民们吃上饱饭？文朝荣又琢磨起来。

海雀村地处高寒地带，上世纪90年代初期，主要农作物是荞麦和洋芋，种的包谷苗因为肥力欠缺，长得又矮又小，土地贫瘠加上传统的种植模式让村民种一坡收一箩。

“必须想办法增产增收。”1990年，文朝荣来到了农技站。在农技站的墙壁上，文朝荣看到了四个大字：“科技兴粮”。农技人员告诉他，要让海雀村长出大包谷，要靠屋子里一捆捆的地膜，靠科学种植技术。

“老文‘取经’回来后很高兴，说不仅要种好树，还要增加粮食，带领大家尽快走出饿饭的日子。”妻子李明芝回忆，文朝荣回到村里后，向村民们大讲科技兴粮的好处和知识，可村民们表示怀疑，认为还是祖祖辈辈传下来的方法好。

为打消村民顾虑，文朝荣在自家地里率先实验，种上了地膜包谷。李明芝还清楚地记得当年的壮观景象：秋收时节，自家的包谷地里站满了各寨子的老老少少，大家都来看“稀奇”。看着地里的包谷产量比之前增加了好几倍，大家的惊叹声一阵接着一阵。

实验成功后，第二年春耕时，海雀村民都自觉用上了地膜。当年，村里的粮食单产由不足百斤上升到174公斤。

当大家还沉浸在实现温饱的喜悦中时，文朝荣开始尝试帮村民寻找挣钱的门路。随着山上林茂草丰，文朝荣瞅准了发展养殖畜牧业，改变传统的养牛耕地、喂马骑耍、养猪积肥的观念，通过规范化养殖带动村民发展畜牧业，提高收入。

如今，海雀村农民人均纯收入从1985年的33元增加到了2013年底的5460元，村民生活得到了极大改善，日子越过越红火。

捐出全部存款盖校舍

“海雀贫困的根源就是教育太落后了，我们要富起来，必须先让娃娃读好书。”好好办个小学，让更多孩子读上初中乃至更高的学校，是文朝荣平生最大的心愿。

1985年，海雀村总共只有5个“读书人”，小学毕业的一个都没有。1988年秋天，文朝荣在一次村民大会上说："村里的学校已经破得不成样，现在最紧要的，是为孩子们盖一所学校，不能再让他们像我们这一代一样……"

"有钱的捐钱，有料的捐料，给孩子们盖个好学校。"文朝荣带头捐了168元钱。二儿子文正友回忆："那168元钱，是我家当时全部的财产，是父亲瞒着母亲把家里的牛卖掉得的钱。"

"牛没了，今后生活怎么办?"李明芝知道后，气得大哭起来，可文朝荣只说了一句："娃娃上好学，海雀才有希望。"在文朝荣的带领下，大家把原来那个叫学校的杈杈房推了，建起海雀有史以来第一所土木结构的小学。

如今，在海雀村村委会的后面，有一栋被绿树环绕的三层校舍，这是海雀村最美的地方。2006年，台盟中央将海雀村作为帮扶联系点。文朝荣抓住这个机会，争取到台盟中央的支持，投资46万元为海雀村新建一栋8间教室的教学楼，并完善了操场等附属设施，配备了相关教学用具，海雀村终于有了一所完整的小学。

2009年，海雀村王光全、王光祥两位苗族学生考上了大学，收到录取通知书那天，文朝荣高兴坏了，村民们吹起芦笙，跳起大迁徙舞，全村上下一片欢腾。

就在文朝荣离世的前几周，赫章县委书记黄光江到他家里探望，文朝荣还一心惦记村里的教育，"希望县里多派几位好老师到学校，孩子耽误不得。"

斯人虽逝，青山尚在。微风吹过，松涛阵阵。文朝荣没有留下什么豪言壮语，但他的故事，为海雀树起了一道丰碑，在精神的领地，旗帜高扬。

艰苦奋斗的生动诠释

三十年如一日，带领群众斗荒山、战贫困，文朝荣的无私和坚守，是一名基层干部艰苦奋斗、一心为民的生动诠释。

海雀村，海拔2300多米，曾经"风吹沙尘满天飞""一家四口只有3个碗"，要改变这样一个"高处不胜寒"的贫困村落，不能靠一时冲动，不能靠一时的热情，关键要有不向困难屈服的勇气和持之以恒的毅力，更要有科学发展的智慧和执政为民的情怀。

面对曾经的"山上光秃秃，手里穷干干"，文朝荣没有怨天尤人，没有等靠要，而是不惧艰难困苦，埋头苦干实干，将"苦甲天下"的贫困村带上林茂粮丰的致富路，书写了绝地逢生的精彩传奇。

艰难困苦，不弃幸福愿景；千曲百折，不移发展雄心。文朝荣的先进事迹告诉我们，越困难，越要鼓足迎难而上的勇气；越艰苦，越要保持敢教日月换新天的斗志。有了这样的精神，就有信心、有志气、有责任、有干劲，就能创造奇迹。

文朝荣用他的无私奉献，树好了"形"，立好了"镜"，为广大党员干部树了标杆，做了榜样。

【作者：黄娴、文一】

【《人民日报》2014年6月10日第6版】

一定要对百姓好

——追记贵州赫章县海雀村老支书文朝荣（下）

2014年2月11日，雪封海雀，地冻天寒。

这天，是老支书文朝荣下葬的日子。冰雪封路，却挡不住大家送老支书最后一程的脚步。一大早，海雀及周边村的群众都来了，千人组成的送葬队伍行走在蜿蜒的通村公路上，形成两公里的长龙。

“文朝荣的一生，用实际行动践行了艰苦奋斗、无私奉献、造福子孙的精神，他是农村党员干部的一面旗帜。”赫章县委书记黄光江如此评价。

“林子比孩子亲”

过去的30年，除了偶尔外出，文朝荣每天固定的两趟行程就是钻林子：早上8点进去，转两三个小时回家，中午吃完饭再去，雷打不动。问他去干什么？文朝荣一本正经地说：“树木三分种七分管，种一定要种，管更要管好。”

在文正友的记忆中，父亲30年来每天如此，他与山林里的树木相处的时间，比在家里的时间长。即便是在生命走到尽头前的几个月，文朝荣照例每天拿着镰刀巡山，看护碗口粗的华山松。

1989年冬天，为了把树苗赶在年前种完，文朝荣带领80多位村民连续奋战在老瓦厂一带的荒山上。那天下着毛毛雨，村民上山走得早，带去的10多斤洋芋上午就被吃完了。晌午时分，大家肚子饿得咕咕叫，干活有气无力。文朝荣看到这情景，把当时担任海雀组村民组长的王朝光叫到一边，“你在这儿看着，我去找点吃的。”

不一会儿，只见文朝荣提着一大篮煮熟的鸡蛋，喘着粗气跑上山来。原来，文朝荣趁妻子不在家，瞄准了她放在木箱里的50个土鸡蛋，一回到家就把正在蒸饭的甑子抬开，把鸡蛋全部放进锅里。妻子发现后一边流泪一边哭诉：“这鸡蛋是我凑了几个月，专门给姑娘坐月子吃的，你把鸡蛋全部煮给别人吃了，你还是她爹不是?”

文朝荣怪难为情地说：“大家栽树也辛苦嘛，栽树也都是为了全村人好，况且我是村支书，不能看着大家饿肚子啊。”

“他对我还没对他的山林好，呵护苗木那叫一个细心，比对自己的孩子还亲。”妻子李明芝常说。

"心里时刻装着老百姓"

每次念叨起文朝荣，安美珍总是落泪。93岁的她时常坐在家门口，望着远处的青山，回忆过去的情景。

1987年农历二月，文朝荣一家在山上栽洋芋，忽然风沙四起，文朝荣差点被风吹倒。他突然想起海雀组安美珍家的杈杈房破烂不堪，如果被风吹倒的话，老人就危险了。他丢下手里的活跑到安美珍家一看，房上茅草被风揭走了一大块。

第二天一大早，文朝荣带着大儿子文正全等10多人来到安美珍家，动手给老人修房子。"老支书对来帮忙的人说，人家家里困难，修好房子各人回家吃各人的饭，不要给老人家添麻烦。"说着老人又流下了眼泪。

"要是没有老支书，我们母女真不知道该怎么生活。"30岁出头的王兴秀每每提起老支书，心里充满感激。2003年，文朝荣每天上山巡林，都会遇到从海雀组嫁到可乐乡的苗家姑娘王兴秀。"你怎么来娘家住了这么长时间也不回去？是不是家里出什么事了？"文朝荣一问才知道王兴秀嫁出海雀村后，丈夫、公婆丢下她和两个孩子，一分钱也不给。

回到家中，文朝荣叫来文正全，把王兴秀的遭遇讲给他听："你我都是党员，你现在又是村干部，在外边有活干，不靠土地生活，干脆就分个3亩地给她种，让她有口饭吃。"

文正全说："父亲心里时刻想着老百姓，做儿子的更不能推脱。"

在文朝荣的帮助下，王兴秀母女三人得以把户口重新迁回海雀，还争取到建房款，请人帮忙把房子建好，母女三人住进新房，有了自己的家。

"我走了，海雀怎么办"

1984年，海雀及周边区域遭遇恶劣天气，导致粮食大面积减产。1985年初夏之际，海雀村已是家家户户缺粮，不少家庭已经断粮。

乡里送来的救济粮，文朝荣连续4次谢绝，将指标让给村里最困难的群众。不仅自己放弃救济粮指标，他还动员自己的儿子、兄弟放弃指标，让救济粮真正用在紧急处。

文正友回忆，上世纪80年代末，组织上推荐文朝荣任科技副乡长，经过反复思考后，文朝荣拒绝了。"家里人知道后很不理解。父亲却反问我们'我走了，海雀怎么办？'"

1996年，担任海雀村干部24年的文朝荣不再担任党支部书记职务。但文朝荣对海雀发展倾注的感情、精力一如往昔，心里想的还是海雀的发展。

现任海雀村党支部第一支书的詹以香至今仍记得初到海雀时的情景："老支书经常深夜还陪着我走家串户，给我提工作建议。他时时叮嘱我，一定要对百姓好，要把贫困家庭的冷暖挂在心头，这样才是一名合格的村干部。"

"老支书为我们村干部树立了榜样，海雀村以他为荣。"刚刚接过海雀村村支书担子的“80后”村干部何涛说起文朝荣的事迹，充满无限敬意。

一心为民，两袖清风，老支书走了，但他的事迹正在黔中大地传颂，他的精神激荡在贵州各级干部和各族群众心间……

【作者：黄娴】

【《人民日报》2014年6月11日第8版】

她让村民“有面子”

——记浙江绍兴祝温村党总支书记杭兰英（上）

祝温村的收入在浙江绍兴排不上号，在全市2176个行政村里不算高，但祝温村里的村民，个个觉得住在村里“有面子”！

在这里，一位名叫杭兰英的村书记深耕28年，带领村民“实仓廪”“淳风俗”“守规矩”，村子实现“零上访”“零违建”“零刑事案发率”。

爱带头的“倒贴书记”

“村是我的家，百家连一村。家是最小村，村名叫祝温。”

——祝温村村歌

进入祝温村，扑面而来一片清爽气息：一湾碧水绕村而过，岸边杨柳青青，绿野弥望，花木掩映中，严整的屋舍错落其间，透着浓浓的村趣。

村子是熟人社会，作为支部书记，杭兰英深知赢得村民信任的重要。怎么让人信服？杭兰英上任伊始便给自己立下规矩：方方面面带好头，把人心凝聚起来！

这条规矩，至今雷打不动——每天早上，她第一个到办公室；“巡村”时发现哪里有垃圾，她弯下腰就捡；村道要改造、河道要整治、困难户要帮扶……她都冲在前头。

还有一个“带头”，让杭兰英远近闻名——带头捐款。

2000年，村里第一次改造村道时，缺乏资金，杭兰英带头捐了2.5万元。这一“捐”便不可收拾：村里修路，她捐钱；老人生病没人照顾，她捐钱；镇里给她发奖了，她把奖金捐出去……28年来，杭兰英共捐款46万元，远超她26.38万元的工资收入，倒贴部分全是从老伴、儿子身上“揩”的油。

有了杭兰英的带动，村里干部积极响应，在外地经商、搞建筑的村民也纷纷捐款，支持村里建设。如今，村民共捐款550人次，累计捐款近400万元。

捐款者桑苗祥说，“杭书记做事很细，每一笔捐款用在哪了，她都要把收据收好，大老远地给我寄过来。”

桑苗祥能一一细数每笔捐款用在了哪里：第一笔用在村里电信改造上，第二笔用在自来水改造上……

怕难为情的“民情通”

“我生在祝温村，我长在祝温村。我们都是村里人，相亲相爱一家人。”

——祝温村村歌

在杭兰英办公桌的抽屉里，躺着一本笔记本，这是她治村的一大“法宝”，杭兰英管它叫“民情记事本”。

翻开“民情记事本”，村里的大事小情一目了然。全村650户人家，谁家配偶去世了家庭困难，谁家老人瘫痪了需要照顾，谁家遇到难题了需要解决，都记在本子上。

村民桑国昌原在镇海炼油厂管理花木，1994年回村后先是种果树，后又养鱼、养鸭，一直亏本，整天愁眉不展，杭兰英也记在本子上。1999年，花木市场走俏，杭兰英想起桑国昌有多年的花木种植经验，就帮着他合计种植花木。但桑国昌一无资金二无土地三无经营资质，杭兰英就帮他向银行争取了5万元贷款，流转了20亩地，还用自家货车跑到奉化帮他购买苗木……

如今，桑国昌的花木基地已有50多亩，年纯收入20多万元。

28年来，杭兰英始终坚持认真记录民情。“好记性不如烂笔头，即使我以后干不动了，接着干的人也好有个数。”这是她对“民情记事本”朴实的理解。

有人统计，28年来，她帮助过的困难户已达270户，个人出钱扶贫帮困达14.45万元。为啥对村里的事这么上心？杭兰英的回答很简单：“村里都是一家人，我这个村书记要是做不好，怪难为情的。”

让小学校长敬重的“兰英伯伯”

“祝福乡邻，我用仁和欢迎你；温暖我村，我带礼信走万里。”

——祝温村村歌

每天早上，当祝温村的村民早起出门时，村口广播就会播放祝温村村歌——《祝愿温馨》。

村歌是杭兰英在2006年组织村民编写的，这是杭兰英“文化治村”的一个小插曲。漫步村里，处处能感受到文化的气息：

村口挺立的家和亭、仁和亭，村委会给村民和村里孩子开讲座、读书的文化礼堂、虞舜学堂，展示村民身边道德榜样风采的人和文化长廊，劝谕村民讲信义的信义林，3200平方米的墙绘涂鸦……

文化建设，正是杭兰英“养”民风的重要抓手！

但杭兰英没读过多少书，搞文化不是自己的强项，咋办？她想到了附近金近小学的校长、浙江省特级教师何夏寿。在何校长的建议下，两人搞起了村校文化共建。

杭兰英想把传统美德、文明新风绘成墙画，何校长就找来自己学校的老师，免费给村里画。杭兰英想利用身边人、身边事倡导文明村风，何校长就帮她设计出“十佳”表彰评选。

当了 20 多年祝温村的“文化指导员”，何校长对杭兰英钦佩有加，虽然只比她小 12 岁，他仍然坚持称她为“兰英伯伯（当地对长辈的敬称）”。

目睹村里的变化，何校长自己也有些讶异。他常跟杭兰英开玩笑：“我们学校的文化环境都比不过你们村了嘞!”

回乡参与建设的桑苗祥说，这么多年观察下来，祝温村基本上年年有变化，三年大变样，路净河清，邻里和谐，走在村里十分舒服。

前不久，桑苗祥从上海带朋友来村里玩，一进祝温村，朋友就赞不绝口。临走前，朋友半开玩笑地跟他说：“能不能把户口迁到祝温村来?”

桑苗祥说，那一刻，他感到很有面子。

乡村善治的平凡答案

杭兰英很平凡，她没有什么惊天动地的业绩；杭兰英又不简单，28 年来，村民的头痛脑热她了然于胸，村里的大事小情她事必躬亲。

杭兰英不善言谈，面对记者的采访，她总觉得没什么可说的；杭兰英又很有办法，她能把一个落后村治理得井井有条，引领、带动村民齐心参与建设。

目前，乡村基层干部的工作方式大约有三种类型：一是守卫型，能做到贯彻执行政策，守好摊子不出大问题；二是发展型，能集中精力发展经济、服务民生、维护稳定；三是善治型，在做好上述工作的基础上，有着强烈的治理意识，善于谋划全局，做好潜绩。

杭兰英无疑属于最后一种。在她的带领下，祝温村大小事务，很多都是在村民的共同参与下完成的：修路、建幼儿园、5 个“十佳”评选……但凡村里有需要，大家有钱的出钱，有力的出力，已然形成了一种广泛的公共事务参与氛围。

在祝温村，人人都觉得“有面子”，这种“面子”，来自于参与家园建设的荣誉感，来自于对村风民风强烈认同的身份感，来自于对村里的事情都有发言权的平等感。

如今，在乡村精英不断流失的大背景下，如何在乡村实现基层治理现代化？祝温村村民所展现出来的公共事务参与热情，以及在此过程中所塑造的共同体意识和平等观念，无疑都是基层治理现代化的应有要素。

回到杭兰英的事迹上，为什么她能够凝聚群众、引领群众？原因也很简单：她能够事事带头，能够细致深入地工作，能够长久地坚持。正如习近平总书记所指出的，“只有在平时多做过细的群众工作，才能真正取得群众的认同和信任。有了这个牢固的基础，遇到问题和矛盾时才容易同群众说上话、有沟通、好商量、能协调。”

乡村善治从何来？从杭兰英身上，我们找到了答案。

【作者：李昌禹、徐昱、常愚】

【《人民日报》2014 年 8 月 25 日第 6 版】

以村为家的“民情通”

——记浙江绍兴祝温村党总支书记杭兰英（下）

在祝温村采访杭兰英，没能从她嘴里“套”出太多东西。她不善言辞，总说自己没啥可报道的。但村民们并不这么认为。

村民说，28 年来，村里翻天覆地的变化，都是杭书记带大家干起来的。

“有她在，大小事不愁”

杭兰英对自己有一个要求：村民碰到困难，自己必须到场。

那年除夕，杭兰英正和家人吃团圆饭，突然收到信息，同村沈明仙的丈夫、儿子突然去世！

杭兰英赶紧放下手中碗筷，就要到沈明仙家里去。家里人劝她，大年三十夜帮别人家办丧事不吉利，不如先打个电话，等明天天亮后再去也不迟。杭兰英却说：“一个家里两个顶梁柱没了，我现在不去，于心不安。”

来到沈明仙家，她一边安慰大人小孩，一边帮助张罗丧事，并带头发起捐款。

2008 年，杭兰英觉得村里还有不少困难户，成立了村里的“关爱基金”，带头出资 6 万元，用来慰问老人、关心孩子、帮助困难家庭。到目前，关爱基金已筹集到 58 万元。

沈明仙说，“杭书记就是这样，有困难一定到场。无论是村里的事还是村民家里的事，大事小事第一个想到的就是找杭书记。”

“冲着她，我捐得放心”

村民陈坤校，在上海创业多年，从 2007 年开始先后捐了 40 万元支持村里建设。可这样一位热心村民，捐款之前也曾有过顾虑和不放心。

陈坤校原是后桑村人，早年也曾经出资 5000 元用于整修村道，但工程在铺了几车宕渣后就停止了。陈坤校觉得自己捐的款没有真正发挥作用，也就失去了当初的那份热心。

2006 年，祝马、温泾、后桑 3 个村合并成祝温村后，新书记杭兰英干练的做事风格给陈坤校留下了深刻印象。2007 年，陈坤校尝试着捐了 10 万元，用于进村大道拓宽工程。工程令人满意，从此他便信任了杭兰英。

还有一件事让陈坤校很感动。建造村里“人和文化长廊”时，为了节约开支，杭兰英让丈夫借来一辆卡车，叫上村干部一起到虞南山区花了一天时间捡鹅卵石，拿回来铺长廊上的小路。陈坤校大为感叹："这条鹅卵路，不花集体一分钱，看着美观，走着舒坦，杭书记这事办得真好！"

2008年，陈坤校捐款10万元用于后桑片河道砌石；2012年，他第三次捐款20万元用于村道建设……以后，但凡是村里需要帮助，陈坤校总会第一个站出来，他常说，"就冲杭书记这个人，我这钱捐得放心！"

"因为她，我留下来"

在祝温村发展道路上，杭兰英有个好搭档——村委会主任王茂桃。1986年，杭兰英担任村党支部书记，王茂桃担任村委会主任，两人一直共事到现在。

杭兰英做工作事事带头，让王茂桃十分敬佩。杭兰英看到村中有一困难户长期卧病在床，就拿出几百元钱资助。这在当时，几乎是一年的工资。

杭兰英每天提前到岗，走村串户，他也跟着不落后。王茂桃说，在九一丘围涂时，看着杭兰英一个女人家和他一起出门最早、回来最迟，和他一样啃冷馒头，他服了。

王茂桃说，他本可以去在上海开公司的表弟那里工作。因为有杭兰英在，他才留下来。

王茂桃说，杭兰英和班子成员的工资与其他村的村干部一样，都是由镇政府统一规定的，但祝温村的村干部都是"全职"的，没有其他"副业"，收入甚至还没有崧厦镇一些伞厂的普通工人高。

"要是家里没有其他人挣钱，在村委里干上3年，就会成为村里的低保边缘户。"王茂桃开玩笑说。

【作者：李昌禹】

【《人民日报》2014年8月27日第6版】

“好人”阿布列林

热心公益，乐于助人的“好老师”

“社区干部要依法办事，居民要遵纪守法，合法权益受到侵害时，要用法律武器保护自己。”说起5个月前的那场法制讲座，哈密市惠康园社区的退休党员邵玉兰记忆犹新。

4月23日，惠康园社区法律义务宣传员阿布列林·阿不列孜，在社区会议室做了一堂讲座。“那天有沙尘暴，又赶上停电。天上是黄的，屋里是黑的，但能容纳60多人的会议室坐得满满当当。”社区党支部书记阿依尼沙·吾斯曼说。

开烤肉店的热夏来提·买买提受益很直接。有一天，她家隔壁烤肉店的两个人喝多酒打架，追赶到她店里来，来人一巴掌就打在她脸上。热夏来提特别生气，正准备拿起拖把打那人时，突然想起了阿布列林说的“遇到事情不要着急动手，可以先打110”。后来，警察来了，打架的向她赔礼道歉。“当时要是动起手来，后果不知会咋样。下次再开讲座，我还去听。”

阿布列林不仅经常给周围人提供法律咨询，也时常叮嘱年轻人加强学习，并热心提供帮助。

哈密市检察院检委会专职委员早然古丽·依不拉音1991年参加工作，从书记员到检察员，一直视阿布列林为老师和榜样。“离开检察院后我们也经常沟通。我办案子遇到难题也会向他请教，他总是耐心地帮我分析，给我指导。”哈密市检察院检察官沙代提·牙合甫还记得刚上班时的情景：“他叮嘱我好好学汉语，学法律。我有不懂的就问他，他都很热心地解答。”

没有架子，以身作则的“好领导”

“很多人都说，要不是遇上了阿布列林这样的好领导，我一辈子也提拔不了。”哈密市法院研究室主任郭忠祥说。

当过兵、种过地的郭忠祥，认为自己“比较木讷，只知道埋头干活，不会说好听的”。阿布列林任院长期间，踏实肯干的郭忠祥被提拔做了研究室副主任。“不是因为阿院长提拔我，我才说他是好领导。”郭忠祥说，阿布列林在工作中开拓创新，带领哈密市法院赢得了许多荣誉，“1998年获哈密市文明单位，1999年获哈密地区文明单位，2001年获自治区文明单位，我们还是拥军模范单位、民族团结进步单位，单位门口挂满了牌子。这些荣誉一度都是我们‘炫耀’的资本。”

“没有官架子，对人态度好”，不止一位同事这样评价阿布列林。哈密市检察院检察员阿布都热木·阿皮孜与阿布列林共事近20年，“开始天天在一起，后来他当了领导，我们的关系还跟以前一样。”“阿布列林当了检察院党组书记后，每次见我总是先问我的学习情况，有时还会耐心地给我讲案子。”沙代提·牙合甫说。

注重团结，情同手足的“好兄弟”

“我原来一周回趟父母家，现在基本是一天一趟。见面先问老人血压高不高？吃药了没？”哈密市法院花园法庭庭长牙合甫·司马义说，这都是跟阿布列林学到的。

“孝顺”，是阿布列林给牙合甫的突出印象。“阿布列林比我年长，父母身体不好，他悉心照顾患病的父母，让我既感动又惭愧。以前，父母打电话叫我去吃饭，我都不想去。在阿布列林的感召下，我现在也是个孝子了。”

玉努斯·玉素甫是阿布列林的好朋友，“认识50年了，从未吵过架，像兄弟一般”。他俩初中就是同学，高中时一起到兰考与焦裕禄家人拍了合影。1969年，两人都做了知青，去了不同的农场。后来，玉努斯考上了大学。1983年从喀什师范学院毕业后分配到了哈密师范学校。

当过学校学生科长的玉努斯也曾是“大权在握”。有的学生分数不够，希望走后门能上学，但都被玉努斯拒绝了。玉努斯说，我跟阿布列林对待权力的观点一样，就是“权力都在办公室里，出了办公室就没了，一切按照规则办事”。

把阿布列林当兄弟的，既有维吾尔族同胞，也有汉族同胞。

同在火箭农场四分场当知青，同进拖拉机修配厂当工人，任广颖和阿布列林是一对挚友，40多年来，手足兄弟般的友情一直延续着。“1985年，我父亲20年的冤错案得以平反，与阿布列林的奔走努力是分不开的。阿布列林的那份执著和情意，我永远不会忘记。”任广颖说。

来自甘肃的张宏奎，因为老板欠账不还，官司打到了哈密市法院。院长阿布列林亲自过问，很快追回了张宏奎的血汗钱。从此，一位法院院长与一个农民工成了好朋友。阿布列林帮助张宏奎的两个孩子办理了哈密市农村户口，解决了一家人最大的困难。如今，张宏奎的一双儿女已经成家立业。说起20多年来与阿布列林的情感，张宏奎说：“阿布列林，就像我的亲人一样。”

【作者：戴岚、田丰、刘波、蒋云龙、李亚楠】

【《人民日报》2014年9月28日第4版】

李元敏：顶起盖买一片天

我们盖买村，好！

“你要是两年能让盖买村变个样，我就服你！”在丈夫韦纯礼看来，让“空壳子”盖买村发展起来，是男人都做不到的事。盖买村位于新疆北部边陲伊宁县，2011 年李元敏上任时，村委会已经 10 年没有收入了，穷得连支笔都没有。

但是仅仅两年时间，村里投入 23 万元完成了自来水管道建设，修筑了两条防渗渠、18 公里庭院供水渠，完成了 9 公里砂石路面铺柏油、25 公里泥巴道路砂石化，建起了宽 12 米、长 94 米的盖买村大桥。今年，村委会已经入账 70 余万元，盖买村成了周边村镇纷纷学习的典型和榜样。

李元敏用实际行动让丈夫不但打心眼儿里服她，还开始在背后默默支持她：近两年来，他先后从家里养殖场的收入中拿出 13 万元，用于支持村里举办各种活动、帮助生活困难村民。每次李元敏翻来覆去睡不着的时候，丈夫就知道她又缺“经费”了，第二天就会拿出三五千元，让李元敏拿去用。

今年 8 月，伊宁县委组织考察团在盖买村考察结束后，提出去李元敏家里看看，可是还没进门就被骑三轮摩托车路过的努尔拉吉老人拦住了。老人用不太流利的汉语说要找“最大的领导”汇报一下：“以前都是土路，摩托车开不到一年就颠散架了，现在李书记带我们修了平平的柏油路，这个摩托车骑了快两年了，还是新新的！”老人竖起大拇指笑呵呵地说，“我们盖买村，好！”

“村干部只要是实实在在地为老百姓做事，老百姓肯定会支持你。”李元敏深有体会。

公道是凝聚人心的磁场

“你还是我们家的大丫头吗？”一进门，一直把李元敏当亲女儿的买和布里赞大婶就生气地问。李元敏回答：“永远是呀！”“那你怎么还把妹妹的饭碗砸了？”大婶依然不高兴。

原来，当上书记后，李元敏就动了真格：“通过民意测验，村委会的三名干部评价极差，不能继续胜任工作，建议离职……”而买和布里赞大婶的女儿就是那三名被建议离职的村干部之一。

“妈妈，您老听我解释……”李元敏从妹妹文化底子差、年龄偏大、群众满意度不高，讲到这一届村委会干部的巨大压力和使命，还有盖买村的前景……这一夜，李元敏又跟买和布里赞大婶睡在了一张炕上。

两个小叔子和一个好姐妹分别搬了新家之后，原来的 3 亩老宅基地一直没有还给村里，而是在里面养起了鸡。李元敏在清查村里公共资产的时候，把被大家遗忘了的 3 亩地收了回来，以每年 6 万元的价格承包出去，办起了养鸡场，不但为村里增加了收入，还顺便解决了 5 名青年的就业问题。为了这事儿，好姐妹还差点儿和李元敏闹翻。

“公道是凝聚人心的磁场，盖买村村民的心里更是明镜一样”，李元敏正是明白这一点，才对“自己人”也公事公办。

大家都把我当一家人，我挺幸福

中秋节刚过，晚上，李元敏家里的电话响起。电话那头是村敬老院，说一位大爷快不行了，想见书记最后一面。李元敏急了，放下手里的事情，骑上自行车就往敬老院赶。当她气喘吁吁地推着自行车赶到敬老院时，老人们笑眯眯地站在门口迎接她：没有人得重病，是老人们想她了。老人们拿出村委会发的月饼给李元敏吃，患有严重糖尿病的她，含着眼泪将月饼吃了下去……

李元敏吃着月饼，又想起了几件事。

儿子上树摘杏子摔坏了腿，缝了 11 针。她正犯愁没有时间照顾儿子，买和布里赞大婶二话不说将儿子接走了。20 多天过去了，儿子的腿痊愈了却哭喊着死活不肯回家，一直喊叫着：“还是奶奶家好……”

她糖尿病发作住院，家里的 6 亩大蒜眼看就要烂在地里。三天后，她不顾医生的阻拦出院了，快到自家大蒜地时，远远看到一辆牛车停在地头。近前细看，十余个维吾尔族村民正在汗流浃背地挖大蒜，大家绑的绑、挖的挖、装的装。村民木明江为了挖大蒜竟然把患病的孩子带到了地头，孩子脏得跟泥猴似的。

有一年大旱，李元敏家没有青饲料了，她和丈夫赶着牛车去割草，被村里的阿訇撞上了。等两口子割草回来，阿訇已经带着十几辆装满玉米秆、青饲料的牛车赶到了她家里。

“当了书记三年多，我要顶起盖买村的一片天，真的挺累”，李元敏说，“但是我从来没有后悔过，能让村民把日子过好，我挺自豪；大家都把我当一家人，我挺幸福。”盖买村的村民大概都已经忘了她叫李元敏，因为他们都叫她“杰米拉”，那是“美丽”的意思。

【作者：李亚楠】

【《人民日报》2014 年 10 月 8 日第 6 版】

吴亚琴：大伙儿有事都找她

长春有个长山花园社区。"'花园'二字是后加的，20年前可当不起。"社区带头人吴亚琴说。

20年间，吴亚琴始终以不变的满腔热情，团结带领社区百姓，艰苦奋斗、自强不息，将一个"老、旧、散、弃"小区，建设成为今天的花园式社区。

下定决心改善社区，凝聚了居民的心

"我最初并不愿来当这个头。"吴亚琴坦言。

1995年7月，在吉林省胜利零件厂工作的吴亚琴被厂领导找去谈话，要她到家属区团山街道九委（现长山花园社区）负责。那时社区是啥样？"屋冷过不了冬、房漏遮不了雨、窗破挡不了风、门旧防不了盗、路差走不了车……"吴亚琴想改善社区环境、凝聚人心，可账上一分钱也没有。

钱等不来也靠不来，要强的吴亚琴下狠心自己攒。她带着党员在公交站点卖雪糕、捡矿泉水瓶，攒下钱来买了227棵丁香树苗；社区道路很差，她带着党员捡石子、碎砖头，铺柏油路；社区垃圾多，她带着党员搞卫生、灭蚊蝇。

看到吴亚琴把社区像自己家一样经营，居民们不再无动于衷。那年春天，长春连续70多天没下雨，眼看刚栽下的丁香树苗要枯死，居民们主动从家里提水来浇树。吴亚琴感慨："只要党员干在前头，群众就会跟在后头。"

吴亚琴把居民的每件难事都记在心上、抓在手上。社区下岗职工多，就业是大难题。她开办营销、面点、中医按摩、机械维修等技能培训班，让失业人员掌握一技之长后，她四处联系单位，先后推荐159人。有创业意愿的，吴亚琴帮助联系小额贷款和场地，先后帮助下岗失业人员申请办理贷款近20万元，居民王曙光、孙宏、高洪斌都靠小额贷款支持创办了小型机械加工厂。如今，社区失业人员中539人重新上岗，100多人自主创业。

依靠党员发动群众，实现社区民主决策

"要想彻底改变社区的落后面貌，光靠自己不行。那靠谁？靠党员！"长山社区有2100个家庭、6583名居民。吴亚琴根据党员分布的具体情况，推广实施网格化管理。社区党委建立了10个楼宇党支部，在每个党员家门前挂上"党员家庭户"的牌子，明标识、亮身份，发挥先锋模范作用。

2003 年初，社区党委一次性接收企业退休回归社区党员 194 名。对这些老党员，吴亚琴给他们设岗定责，把拥有一技之长的党员们组织起来，成立志愿服务队，让人人都有发挥作用的平台，让党员们找到了归属感。

党员组织起来了，居民们有了主心骨。在党员们带动下，大家纷纷行动起来，共建幸福美好家园。居民们都说："吴亚琴就是我们社区的总司令，她指到哪，我们就打到哪!"

社区物业公司服务质量差，居民怨声载道。吴亚琴带领居民从 2002 年到 2010 年陆续解聘了三家物业公司。没了物业公司，小区的供暖、卫生问题怎么办？吴亚琴左思右想，决定居民自我管理。社区组织召开党员大会、居民代表大会，选举成立"长山社区自治管理委员会"，并于 2010 年注册成立"居民事务志愿服务站"，全面负责小区物业管理。

从发动党员带动居民参与社区建设，到党员、居民共同参与社区民主决策，长山社区的民主自治之路越走越宽。

顾小又顾老，把百姓的事记心上

吴亚琴常说："为民服务就是把百姓的事儿，当成亲爹亲妈的事儿!"

居民姚晓君有一段时间无法安心工作。与妻子离异后，他带着 5 岁的女儿生活。孩子上幼儿园，但放学时自己还没下班。送课后托管班，又是一笔不小的开销。

考虑到社区有很多个"姚晓君"，吴亚琴筹建起了"蒲公英少年之家"。每天由社区志愿者到各学校把孩子接回来，不仅辅导他们完成作业，还有丰富多彩的活动，让孩子们快乐成长，家长没了后顾之忧。

顾了小，更不忘顾老。社区的独居老人、孤寡老人，吴亚琴一一惦记在心：行动不便的帮助买米买油，生病住院的帮助照料，投儿奔女的帮助送行……现在，社区为 32 位孤老家中安装了电子呼叫器，"养老服务队"还搞起了"六送"服务，为老人理发、洗澡、配餐，送医药、搞家庭卫生和代办缴费，为 54 名空巢、独居、孤寡老人解决了居家养老难题。

吴亚琴多年照顾孤老董兰芳，为满足老人叶落归根的心愿，她自费送老人回到山东老家，老人弥留之际托亲属传话："下辈子投胎做人，一定和吴亚琴做母女。"

吴亚琴把社区当成了家，把社区的事当成了自家的事。她踏遍了社区每一个角落，居民都亲切地称呼她"闺女""阿姨""大姐""妹子"……

家庭邻里有纠纷，大家爱找吴大姐

作为破产企业家属区，社区历史遗留问题不少，下岗职工和家属怨气不少。多年来，吴亚琴努力寻找破解之道。

2007 年吉林省胜利零件厂破产。一天，社区门前聚集起 1500 多人，有退休要求办医保的，有下岗要求发放失业金的，还雇了大客车准备去政府门口讨说法。

吴亚琴第一时间站出来："企业破产了，我和大家一样心痛。咱们要走正常程序。这个事我帮你们去反映，办不好找我。"平息居民情绪后，吴亚琴组织成立问题情况反映小组，把问题梳理清楚，形成书面材料，按程序反映给各级部门。经过吴亚琴的四处奔走、不懈努力，破产企业退休人员医保和职工欠款问题最终得到解决，职工生活从此有了保障。

社区有2100个家庭，家庭邻里有纠纷，大家都爱找吴亚琴评理说事。调解纠纷，吴亚琴有自己的诀窍："搞调解不能头痛医头、脚痛医脚，而要摸索规律、对症下药。"她归纳出政策传播、和面团、倾诉促和、釜底抽薪、巧借外力、欲擒故纵等"民事调解十二法"。10多年来，吴亚琴调解民事案例500多例，防止民转刑案件20多起，解决群体性纠纷10余起。

有了吴亚琴的经验，社区组织起民事调解志愿者服务队，在健身广场边上设立"百姓说事点"。吴亚琴说："老百姓把咱们当亲人，咱们一定要让他们感受到关爱。"

境界决定作为

有人将社区干部比作"兵头将尾"，意思是，即便算个官，也是个很小的"芝麻官"。

然而，社区干部直接面对百姓，在服务群众、管理基层的第一线、最前沿，职位虽小，作用不小。

20年来，吴亚琴没把自己当个"官"，而是当成了一个大服务员：她时刻把群众放心上，帮助群众解决大量实际困难；她竭尽全力为群众谋幸福，让社区居民生活得更加美好。而每有大事难事，她又总是挺身而出，真把自己当个"官"：她倾力为群众做好调解，促进了社会和谐；她在上千人准备到政府上访时"第一时间"站出来，一个小小社区主任竟敢作出"办不好找我"的承诺。

吴亚琴在最小的职位上，从小事做起，积少成多，久久为功；她在最难的处境中，自强不息、艰苦奋斗，带领大伙苦尽甘来。职位有高低，岗位有大小，只要有大境界，就照样能有大作为，群众照样在心里把他放得很重很重。

怎样当官？怎样为民？其实归根到底是怎样做人。吴亚琴不仅是干部的楷模，也给我们每个人树立了榜样。

【作者：刘文波】

【《人民日报》2014年11月27日第6版】

两份遗嘱　两袖清风

——追忆财政部原部长吴波生前事（上）

这位老人，离开工作岗位已经 30 多年，但从部长到普通工作人员，对他的敬仰之情仍是那么浓烈。

这位老人，99 岁离世至今已有 10 年，但他对自己身后事的处理却一直为人称道，感动着越来越多的人。

他，就是新中国第五任财政部部长——吴波。

一留遗嘱：不给后代留私产

2005 年 2 月 25 日上午，北京八宝山革命公墓第一告别室，走完 99 年人生历程的吴波，面容依然如生前那般淡然、和蔼、平静。财政部尊重老人遗愿，没发通知，可自发送行的人仍排成了长队，依依不舍。

办完丧事当天，吴波的几个孩子马上召开家庭会议，秘书和身边工作人员也在场参加，商量如何落实和办好父亲遗嘱的事。

吴波的这份遗嘱，是这样写的：

我参加革命成为一个无产者，从没有想过购置私产留给后代。因此，我决定不购买财政部分配给我的万寿路西街甲 11 号院 4 号楼 1101、1103 两单元住房。在我和我的老伴邸力过世后，这两单元住房立即归还财政部。我的子女他们均已由自己所属的工作单位购得住房，不得以任何借口继续占用或承租这两单元住房，更不能以我的名义向财政部谋取任何利益。

我去世后后事从简，不发讣告、不开追悼会、不搞遗体告别，火化后骨灰就地处理不予保留。

“这份遗嘱是父亲 2000 年 10 月立下的，在他生了一场大病出院以后。”吴波的三儿子吴威立回忆说。

吴波在新中国成立之初进京。担任财政部副部长、部长期间，40 多年来一直住在北京西城区大酱坊胡同的旧平房里。直到他离休后，财政部按政策分给他两套单元房，他才从年久失修的平房搬进了楼房。后来房改，职工可用较低价格购买单位分配的住房，他却没有买。吴波表示：“我参加革命成为一个无产者，从没有想过购置私产留给后代。”

二留遗嘱：再向组织表心迹

按理说，已经立了遗嘱，孩子们又都同意，去世后房子交公的事应该没有什么问题了，但吴波心里还是不踏实。

.2003年春节的前几天，吴波又写了第二份“遗嘱”，这回是直接写给时任财政部部长项怀诚的：

怀诚同志：我的后事请按我的遗嘱办理，一切从简。我在遗嘱中要求我的子女不要向财政部伸手，也请部里不要因为我再给他们任何照顾。在我和老伴邸力过世后，我的住房必须立即交还财政部。财政部也不要另外给他们安排、借用或租赁财政部的其他房屋。他们有什么困难，由他们找自己所在的工作单位解决。

这并不是一份严格意义上的遗嘱，但老人表达的却是同一个心愿。与第一份遗嘱不同的地方，是吴波特意强调房屋交公后，不要给他的子女另外安排其他房屋，显然是怕单位在收回房屋时有所“变通”。

2005年2月20日，吴波平静地走完了99年人生，他的老伴也已先于他离世。如何实现老人的心愿，就成了子女们召开家庭会议的主要议题。

很快，一份《交房申请》由吴波的秘书送到了财政部。现任国家税务总局局长王军，当时在财政部任部长助理，回忆起当年这一幕仍很动情：“接过这份申请感觉沉甸甸的，心中充满了感动。当初吴老写给项部长的遗嘱，财政部党组成员都看了，并被吴老的高风亮节深深打动。我们只有按吴老的意愿办，才是对老领导最大的尊敬。”

在《交房申请》的最后，吴波的子女们还特地写了一段话：“父亲交房是个人的意愿，不是国家所提倡的事，因此也不要宣扬。我们兄弟都已买下了本单位分配的住房。代父亲上交这两套住房，是出于子女们对父亲的尊重，完成他的遗愿。”

吴波去世3个月后，子女们整理搬走了两套房内的物品，把房门钥匙交到财政部，并让经办部门出具了收条。此时，位于万寿路黄金地段的这两套房，房价已涨到了每平方米四五万元，200多平方米的房子总价达上千万元。

身后遗产只有几万元

吴波在领导岗位工作几十年，却没有大额存款。“文革”结束后，他将补发的所有工资，一分未留全部交了党费。平时，他也把自己的大部分收入，用来帮助别人。吴波去世后，孩子们清点了父母留下的遗产：父亲的存款是5.1万元，母亲的存款是5.9万元。除此之外，家里几乎没有什么值钱的东西。

对于父母留下的这11万元如何分配，吴波的四个儿子在仔细商量后作出了安排：给吴波身边的工作人员小杨3万元，因为他为父亲服务多年付出很多；给二儿子企阳3万元作为补贴，因为他与父母一起居住，房子交公后需要临时租房；还三儿子威立装修房款4万元。余下的1万元，用于处理父亲丧葬事项，以及交房时搬家费用等。

11万元本来就不多，却被分成了4份用在不同的地方，可见吴波子女们的经济条件相当一般，这与吴波对他们的严格要求不无关系。他鼓励孩子到艰苦地方工作，不要贪图京城优越的生活，4个儿子中有三人都在外地安家落户。直到吴波去世，他的儿孙们都是一般干部和工人农民，没有一个在求职、上学、升职等事情上，因他是“大官”而沾光。

大儿子吴本宁当年支边去了甘肃，临行时吴波只送了他一句话：“去，就一定要坚持到底，不能回来。”就这样，大儿子在甘肃舟曲县工作，条件十分艰苦，直到退休也没有回到北京。吴波的一位老战友曾想把本宁调到兰州市，吴波知道后马上拦住了，说绝不能用自己的影响为孩子谋好处。

曾在北大荒开拖拉机，后自己考上教师的四儿子吴本立，被学校安排去香港进修，吴波听说这是有领导对他儿子的“特殊关照”，就给北大荒领导打电话，把进修名额让给了其他教师。

三儿子吴威立曾是国家经委的一个司长，上世纪80年代国家国有资产管理局成立，组织上根据工作需要准备安排他担任副局长。吴波得知后坚决不同意，理由是自己在财政部工作，儿子就不能再到财政部归口管理的单位工作，最后硬是“否决”了组织的决定。

对孩子们是这样，吴波对自己则更为“严苛”。

吴波常年住在裂缝掉灰的平房，墙面的部分墙皮已开始脱落。身边的工作人员杨雷芳回忆说，给吴老从厨房端饭到房间时，曾有好几次墙皮脱落掉进了饭碗里。但部里每一次提到维修房子的事儿，他总是摇头。他说：“我离休已经不工作了，不能再给国家添麻烦。”后来，负责维修的部门把沙子、水泥、石灰等都运来了，他还是不肯。最后还是按照吴波的意见，把墙体的裂缝用水泥补了补，就算修缮过了。

吴波的秘书王沈京说，吴老几十年中只穿过两套中山装，一套灰色，一套浅灰色。他的睡衣、衬衣都是穿成了“毛边”，还是不肯做新的。家里有两部电话机，平时都放在他的书桌上。晚上睡觉时，他要把那部红色专线电话放在他的床头，可家里连一个床头柜都没有，只好搬一条方凳子“凑合”着放上电话。

客厅里坐了多年的一对沙发，已经打了“补丁”；一溜半截高的书柜，稍微一挪要散架。但他自己舍不得花钱买新的，更不让公家给换新的。最后收废品的都不肯要，对他说：“您给我钱，我帮您扔掉。”

他不收礼品，也定下家规要求家人不得收受任何礼品。对送上门的礼品，他和家人客气地退还，退不了的食品就按价退钱，哪怕一箱水果也不行。拒礼的操守，吴老坚守了一生。

对身边工作人员生活和需要帮助的人，吴波总是挂念在心，慷慨解囊。

吴波住所的前院，曾长期住着为他开车的司机蔡师傅一家。蔡师傅家境困难，吴老时常给他接济，就连他家的房租、水电费也给代交。蔡师傅的儿子们也都是在吴老身边长大的，吴老平时对蔡师傅的孩子，也都像对自己的孙子一样。逢年过节，吴老总是让他的夫人邸力给工作人员的孩子们买衣服，发“压岁钱”。

杨雷芳刚来他身边工作时，吴波把西屋单独辟出来给他住，并让老伴买了件新衣服给小杨，还嘱咐小杨有空就要多学习。小杨抽空学了个文秘函授，吴波特别高兴，连声夸奖“学习好，学习好”。

吴波，这位老共产党员就这样一尘不染、两袖清风地走了。他身后没有留下多少物质遗产，但是他留下的精神财富却是一座金山，令后人受益无穷。

为“吴波精神”点赞

从事财经报道20多年，去财政部采访已经无数次。但像这次眼里泛着泪光的采访，还是头一回。

吴波的事迹，没有多少惊天动地的大事，大多是一些小事和家事。可就是这些平凡小事，却给人以强烈震撼。面对眼前那两份发黄的遗嘱，怎能不被那颗金子般的心所打动?

时下有个流行词叫“拼爹”。不少有权、有钱的人，都千方百计通过自己的“能量”为子女铺路。吴波官至部长，但他一身正气、两袖清风，从不利用权力为子女谋利益，4个孩子也从未在当“大官”的爹身上得到什么好处。

吴波精神，实际上就是共产党员的精神。这种精神在过去的艰苦岁月中，在老一辈无产阶级革命家身上，在基层的老党员身上并不鲜见。人民的总理周恩来，县委书记的榜样焦裕禄，他们廉洁自律、克己奉公、一心为民，对党和人民事业无限忠诚。人民群众把他们当亲人，打心眼里信任、爱戴和拥护他们。

然而，这些年经济发展了，日子好过了，共产党员的精神却在一些人身上退化、萎缩了。近来被打落的许多“老虎”“苍蝇”，不少也曾怀有远大理想和信念，却因贪念的滋生而忘记了初衷，把人民赋予的权力变成了谋取私利的工具，最后走上了腐败的不归路。

党的优良传统和作风，需要一代一代传承下去。为吴波点赞，也呼唤千千万万个吴波。

【作者：李丽辉、百合】

【《人民日报》2015年3月8日第4版】

他就在身边，从未走远

——追忆财政部原部长吴波生前事（下）

老部长吴波去世到现在，已经10年了。但在财政部，人们对这位老人的感情，并没有随着时间的流逝而有些许淡漠……

几任部长的怀念：他一心为公、主动让贤，从来不肯“沾光”

1979年8月，73岁的吴波被任命为财政部部长。一年后，吴波带头支持干部年轻化，向党中央、国务院写报告主动辞职担任顾问，成为在职年龄大、任职时间短，却深受人们敬重的一任财政部部长。

吴波在任时，在他的具体指导下，财政部于1979年提出了理论建设、制度建设、干部队伍建设的三大目标，并付诸实施。他还草拟了经国务院批转的《财政部关于改革工商税制的设想》，明确了税制改革的指导思想、原则及内容。

吴波担任顾问以后，仍然积极为财政的改革与发展出谋划策。他参与并认真筹划了1984年工商税制改革，与其他同志一起，深入研究，精心策划，为改革的成功做出了贡献。这次改革彻底扭转了过去长期形成的税制单一化倾向，创建了多税种、多层次、多环节调节的复合税制新体系，不仅保证了国家财力的增长，而且有力地促进了经济体制改革、对外开放、经济结构调整和社会发展。

全国人大常委会原副委员长、第六任财政部部长王丙乾，在回忆文章里是这样评价吴波的：不论何时何地，他都对党忠心耿耿，从不计较个人得失，即使蒙受委屈和不公正对待也毫无怨言。凡是能给予他人和社会的，他都毫无保留地奉献；凡是他人或社会给予他的，他也毫不犹豫地回报给了社会。在新中国的财政发展史上，铭刻着吴波同志的突出贡献。

在财政部任职期间，吴波因公因私从没有回到过故乡安徽。1982年，第四任财政部部长张劲夫调任安徽省委第一书记，邀请吴波和夫人回来看看。吴波和夫人乘火车到达合肥时，省委办公厅主任带车到火车站去接站。吴波认为这次回安徽是私事，不应享受因公待遇。回京上火车前，他委托省委办公厅主任将50元汽车费转交汽车队。后来每次谈起这件事，张劲夫总是很感慨：“我们的干部要是都能像吴老这样公私分明，何愁党风不正，何愁执政能力不强!”

在吴波面前，第八任财政部部长项怀诚堪称晚辈。吴波当副部长时，他刚刚大学毕业。项怀诚回忆说，1986年，吴波同志八十大寿。当时国务委员兼财政部部长王丙乾建议，由他和我们几位副部长每人拿点钱，凑份子给吴波同志过生日，但吴老坚决不同意。到了生日那一天，他早早让司机老蔡开车去了西郊，据说在公园里躲了大半天。

“吴波同志在财政部的民意很好，威信很高，带出了财政部的一代风气——勤奋、清廉、踏实、仔细。”项怀诚深情地说。

与他共过事的人说，跟这样的人相处，能使人心灵净化

财政部退休老干部王韶光回忆说，上世纪60年代经济困难时期，机关职工蔬菜也要定量供应。为解决食堂的吃菜问题，财政部职工在一块闲地种了几年菜；后来蔬菜困难的问题解决了，就不再种菜，栽上了葡萄树。为给这块地建围栏，行政司做了一个200多元的插竹篱笆的预算，送到部长吴波那里，他看后批示：“要重新计算一下，是插竹篱笆省钱还是拉铁丝网省钱?”经过重新测量计算，拉铁丝网比插竹篱笆节省20多元。吴波才批准同意这个预算。

吴波经常说，节约每一元钱，应当是财政干部必须具备的素质。无论是基本建设投资，还是事业经费拨款，都应当精打细算，绝不能大手大脚，更不能铺张浪费。要把一个钱当成两个钱用，少花钱多办事。

退休老干部王济章回忆说，1965年，吴波带队到河北农村搞“四清”，工作队单独开伙，伙房设在生产队的一间小屋里。当时已是盛夏，大家在屋外排队、从窗口打饭在院里吃。吴波年龄最大，每次打饭都从队尾排起。有时太阳毒，同志们让他先打饭，他总是推辞：“不用。一会儿就到了。”

吴波平易近人，住在农民家里也不忘抽空干些轻活，不论是大队或生产队的干部还是一般农民，都愿意跟他聊，就连小孩也能跟他说上话。由于政策水平高又了解实际情况，吴波在工作组和老百姓中威望很高。工作组离开时，不少农民自发地到村外送行。

中国建设银行原副行长赵玉琢，曾是吴波的老部下。他说：“吴老一身正气、两袖清风，跟这样的人相处，能使人心灵净化。”

即使素未谋面的“后生”，对他的点滴往事也耳熟能详、铭记在心

“铁打的营盘流水的兵”。几十年里，财政部的新人来了一茬又一茬，很多人甚至没有见过老部长吴波。但老部长的一些点滴小事，经过几代人的传颂，深深地在他们脑海里扎根。

老部长到上海搞税制改革调研，他提出局级干部俩人住一个房间，秘书住一小间，节省了很多开支。他到成都开会，会议安排他住套间，但他一定要住单间。

去山东调研时，接待单位派了5部小轿车，几位处长在车旁等候。吴波严肃地说，只要一个人陪同，他跟大家一起乘坐面包车，小车一辆也不要。事后有人问吴老，让红旗轿车放空跑个来回不是浪费吗？吴波解释说：“如果坐了红旗车，后面几天调研中红

旗车就成了我的专车，那会造成更多的浪费。”

上世纪80年代，财政部的办公条件很差。夏天，总务处要给吴波配电风扇，他却坚持不要。在部长用车问题上，吴波坚持不给自己配专车，“文革”以后，几乎每个工作日的早7点，他都要从西四出发，步行40分钟到三里河的办公室上班，不管严寒酷暑，风霜雨雪，几乎天天都是如此。

“现在财政部很多人，都不曾跟吴波老部长共过事。但他仿佛就在身边，从未走远。”一些中青年干部说，他的高尚品德像一座丰碑，永远留在了人们心中。

日前，财政部发出通知，在全国财政系统开展向吴波同志学习活动，要求各级财政部门和广大财政干部职工要深入学习他坚定信念、艰苦奋斗，克己奉公、一心为民的宗旨意识；深入学习他不计名利、无私奉献，严以修身、廉洁自律的党员本色；深入学习他求真务实、鞠躬尽瘁，勤俭节约、精益求精的工作作风。

现任财政部部长楼继伟，已是第十一任财政部部长。他表示，吴波同志的事迹感人至深，他一身正气、两袖清风的精神风范，几十年来激励着财政系统广大干部职工。在深入推进反腐倡廉的今天，弘扬吴波精神具有更加深刻的现实意义。“榜样的力量是无穷的，吴波同志留下的宝贵精神财富，以及我们党在长期实践中形成的优良传统作风，我们必须要薪火相传、发扬光大。”

【作者：李丽辉】

【《人民日报》2015年3月9日第6版】

陈丽华：有荷花一样的品质

她身材娇小，说话温婉，却有着钢铁般坚强的意志。她虽曾身患癌症，但始终坚持在一线工作，铁面执纪、严惩腐败。她就是吉林省通化市纪委副书记、监察局局长陈丽华。

因为工作出色，陈丽华先后荣获通化市“务实为民的好干部”、吉林省“勤政廉政优秀党员干部”、全国“纪检监察系统先进工作者标兵”等荣誉。近日，又被授予全国先进工作者光荣称号。

冷面执纪不徇私

2015 年 4 月，群众举报二道江区供销联社主任王某贪污等问题。经过调查，发现 2014 年相关部门已对此案件进行了调查处理，给予了相关人员党纪处分。“但群众为什么还要重复上访呢?”职业的敏感，让陈丽华感到这个问题必须深排细查。

好心的同志劝她：“这个案子已经查过下了结论，你再深查，别人会不会有想法呀!”她给办案人员打气说：“咱们对案件不对人，发现了新线索就要查到底，你们只管办案，如果别人有想法就说是我让查的!”

经过认真查看账目，办案人员不仅核实了举报的问题，还发现了新的线索，并查实了王某伙同他人贪污公款、违反财经纪律套取现金的事实，将两人移送司法机关。

因为查办案件，陈丽华得罪了不少人，也经常会听到冷嘲热讽，有关心她的人说“工作悠着点，给自己留条后路”，但她始终坚持原则，秉公执纪。“你要是没有这个底气，就做不了纪检工作。”陈丽华说。

陈丽华感慨：“案情再复杂都不难，我们总能找到办法，最难的是面对说情的。往往一个案子办下来，会伤了很多感情。人家觉着你六亲不认，没有感情。”

“老领导、老部下、同事、同学、亲戚朋友，语言上我会说得尽量能让人家接受一些。”陈丽华坦诚地说，“但职责所系，在事实和结果上，还是要客观公正。”

2013 年以来，她组织开展各项监督检查 700 多次。八项规定出台以来，通化全市共查处违反中央八项规定精神问题 143 个、处理 162 人，给予党纪政纪处分 107 人，其中有 3 名实职副县级领导干部。

热心助民苦为乐

“我是从百姓中走出来的，深知群众的不易，若不是遇到难事、不平事，他们不会舍家撇业出来上访。”陈丽华说。

2008年，陈丽华时任辉南县委常委、纪委书记。县里一些农用车车主集体上访反映有关部门收费过高。得知情况后，她随即抽调纪委精干力量组成专案组，对7300多张收费票据逐一核对，经过一个多月的艰苦核查，查清了县交通稽查征费所3年里收取近千台农用车各项不合理费用近20万元的问题。

由于涉及车辆多，返还到每个人手里也就几百元钱，一个一个返还费时费力，有人建议把这笔钱没收交财政，处理违纪人员，纠正乱收费，以后不多收就行了。她说：“这些是群众的血汗钱，解决群众的事不能怕麻烦，这笔钱一定要返到农户手里。”

有个拆迁户上访七八年，他原先的住宅用来做小吃生意，拆迁时和开发商约定，回迁时提供能继续经营的场所，结果开发商以盖的房子一楼是车库为理由，将其安排在楼房上层。

“纪委虽然监督不到开发商，但可以以拆迁政策没有执行到位监督建委。”在陈丽华的干预下，问题得到圆满解决，拆迁户的利益得到维护。

精益求精，不断探索，是陈丽华的工作标准。在查办多起村支书违反财经纪律案件后，她协调财政、农业、农经等部门，出台了农村资产管理、财务管理等规范办法，村中设立“小纪委”——村务监督委员会。

2009年1月份，她被确诊患上乳腺癌，并已经转移到淋巴。为快点结束治疗，不耽误工作，她向大夫提出化疗和放疗同时进行，忍受了常人难以忍受的痛苦。出院后，她立即投入工作。

“活一天，就要活出一天的精彩。”陈丽华说，“难道你不觉得工作是一种乐趣吗？”

正己在先身垂范

“纪检监察机关是监督别人的机关，纪检监察干部是监督别人的干部，己不正何以正人？打铁先得自身硬。”陈丽华是这样说也是这样做的。

80多岁的老母亲住在她家中，外出都打车，从不用公车捎一段。孩子在长春学习工作，陈丽华去探望总是乘坐大巴车。

到辉南县纪委工作的第一个春节团拜会上，她就给干部定下规矩，不允许干部到她家拜年，“我最想要的礼物就是你们的工作成绩”。

2007年她乔迁新居，为了不让别人知道，她天不亮就和家人悄悄地搬入新家，连她的司机都不知情。单位的同志得知后，她又发出“谢客令”。

即使在患病期间，为了不让单位同事去家里看望她，每次阶段治疗结束，她都咬着牙先到单位各科室走一圈，告诉大家：“谁也不许来看我，花那钱干什么。我最放心不下的是工作，你们工作做好了，比给我买啥东西都强。”

“这么多年，家里规矩也立下了，我和亲属都交代，查案这种事情，没有你们说话的机会。我爱人从来不问我工作的事情。”陈丽华说。

去年夏天，陈丽华坐镇指挥一次全市规模的党风政风大检查。弟弟担任中层干部的东昌区法院也被查出了问题，院长被给予警告处分。事后弟弟感觉在单位领导面前很没面子，“亲姐姐事先也不打个招呼”。陈丽华则说：“事先他们都不知道要去哪儿检查，只有我一个人知道。我要是跑风漏气，那成什么了？”

陈丽华办公室里挂着一幅照片，绿叶掩映着一朵冰清玉洁的荷花。“纪检监察干部就应该具有荷花一样的品质。”她说。

【作者：刘文波、刘硕】

【《人民日报》2015年5月11日第8版】

留取肝胆照人间

——追记解放军总医院专家组原组长、中国工程院院士黄志强（上）

“我走后，遗体要用于医学解剖。”临终前，老人一再叮咛。

可是，接到为老人解剖遗体的通知后，解放军总医院病理科主任医师文载律却迟迟下不去手。

躺在手术台上的这位93岁老人，是他多么熟悉、多么敬仰的人啊！老人生前与他畅快地进行病理分析的情景还历历在目……

这位老人，便是我国肝胆外科奠基人之一、中国工程院院士、解放军总医院专家组原组长黄志强。4月，在他抢救过无数肝胆胰重症患者的解放军总医院，黄志强永远闭上了眼睛。

弥留之际，他请求党组织放弃治疗，以节省医疗资源，并留下遗嘱：遗体用作解剖，骨灰撒入大海。

从医77年，入伍59年，党龄59年。生前，黄志强为祖国的医疗事业披肝沥胆奋斗了一生；逝后，他把这一腔赤诚的肝胆留在了人间。

披肝沥胆
90岁，他仍奋战在医疗一线

对着黄老的遗体三鞠躬并默哀之后，文载律强忍住泪水，慢慢拿起手术刀，缓缓落下，为黄老开始了尸检。

当看到黄老心脏上有大面积陈旧性心梗的痕迹时，文载律的眼泪差点掉下来。

这种征象提示着黄老生前在承受着怎样一种痛苦啊！心前区疼痛岂是一般人能够承受的？更何况黄老已是90多岁高龄，在承受如此剧烈疼痛的情况下还在坚持查房、教学、科研……

时间倒回三年前。

2012年，90岁高龄的黄志强向中国工程院申报了一项研究课题。课题申报下来不久，黄志强突发脑溢血，住进了医院。

“黄老，停了这个课题吧，身体要紧！”有人劝黄志强。可是，依着黄志强的脾气，从国家那里申报来的课题，怎能半途而废！身体稍微好转一点儿，他还是坚持一步一步跟进研究。病床上，常听到他喃喃自语：“时间不多了……”

心衰、肾衰，身体每况愈下，他退了一步，指导学生姜凯接过课题。在他的病房里，常年挂着一个小白板。一有时间，他便在小白板上画解剖结构图，分析病理；有了新的想法，便兴冲冲地告诉姜凯。

2014年12月，课题报告完成。拿着课题报告，黄志强一字一句地审阅，连错别字都圈了出来。

2015年2月，在黄志强去世前两个月，报告修改完善，最后提交……

时间再往回倒三年。

2008年2月19日，解放军总医院的一场手术引起世人瞩目。这场手术叫“双供肝亲体肝移植”，需要同时从两个人身上各取一块肝脏移植到患者身上。这是一项难度极高、极为复杂的手术，世界上能做这项手术的国家不超过5个。

为能够第一时间对意外情况进行指导和处理，手术一开始，87岁高龄的黄志强便搬来一张凳子，坐在手术台边进行指导。

时间一分一秒地过去，2个小时，4个小时，6个小时……有人劝黄志强，“黄老，您先回去歇歇吧！”“病人的手术还没结果，我怎能离开！”黄志强说什么也不答应。

10个小时，12个小时，14个小时过去了，手术终于成功了！已是凌晨两点多钟，黄志强紧绷的脸上终于露出笑容。

“黄老后来病重时对我说了一句话：‘生命在于休息。’一个把工作当成全部的人居然发出这样的感叹，证明黄老太累了！他这一生一直在前进、研究，很少休息，实在让人心疼。”与黄志强相熟的肝胆外科护士长杨莉说罢，潸然泪下……

忠肝赤胆
四十载，“土专家”征服世界

1997年，75岁，黄志强当选中国工程院院士；2000年，78岁，黄志强荣获国家科技进步一等奖；2012年，90岁，黄志强被授予“英国爱丁堡皇家外科学院”荣誉院士称号……

但其实，黄志强在医学界早就有一个响亮的称号——中国“胆道外科之父”——他创建了我国第一个肝胆外科专科，开辟了具有我国疾病特色的有关肝内胆管结石病一整套独特有效的诊治理论、技术和方法，让我国肝胆外科专业跨入世界领先行列。

这份成就来之不易。

16岁时，黄志强被云南昆明一所医学院录取。那时，交通线路被日军封锁。身在广东的黄志强，要去学校报到，只能从广东经香港转道越南，辗转至昆明。接下来几年，学校不断搬迁，日子不得安宁。新中国成立后，黄志强才真正安定下来，开始漫长的医学追求与探索。

上世纪50年代初，黄志强在重庆行医时发现，西南地区患肝内胆管结石的病人较多，死亡率很高。但当时的医学书籍对于中国人易患的肝内胆管结石并没有描述。我国又没有自己的专著，这让肝内胆道疾病的研究和治疗成为“盲区”。“既然要研究中国的问题，就需要有我们自己的材料。医学科学领域里，也应该有我们中国自己的东西！”黄志强的心中升起执着的愿望。

当时，肝内胆管结石病在诊断上较为困难，死亡率极高，临床病例多是晚期患者。为了弄清病因，黄志强多次对西南地区进行小范围调研，对于临床重症，经常连续几天几夜守候在病人床旁。

就这样，黄志强积攒了大量第一手资料和宝贵的临床经验，为寻找治疗肝内胆管结石病的医疗方法夯实了基础。1957 年，他首创应用肝部分切除术治疗胆管结石病，在世界范围内为此病的治疗方法揭开了崭新篇章。

1973 年，51 岁的黄志强第一次踏出国门。在西班牙召开的国际外科大会上，他提出肝胆管结石是可治之病，并指出“原发性肝胆管结石可呈肝内局限性分布”以及“高位肝胆管狭窄是肝内胆管结石的主要病因和手术治疗上的主要难点”的著名论断，引起国际医学界轰动。

历经四十载，经过不断完善，黄志强开创出一套符合中国人肝胆病症治疗的体系。耄耋之年，谈起这些成就，黄志强曾这样说：“作为医生，当看到经我们的治疗方法治愈的病人，感受到他们的喜悦时，心里面总是觉得非常踏实。”

侠肝义胆
77 年，“生命相托，永不言弃”

在解放军总医院，流传着这样一则趣事。黄志强一直记不清自己的生日，在填写履历表时，为了方便记忆，索性就选了 1 月 1 日当作生日。

可是，这样一个记不住生日的人，却能脱口说出二三十年前诊治过的病人的病情特征和手术方式，并且跟病历上的记录丝毫不差。

2005 年 12 月，怀孕 38 周的孕妇史思敏被送往解放军总医院，诊断为坏死性胰腺炎。该病死亡率在 95%以上。手术一旦失败，这个经济条件并不好的家庭可能人财两空。

两条人命危在旦夕！83 岁高龄的黄志强二话没说，穿上白大褂就直奔手术台。治疗组连续奋战 7 天做了 3 次手术，史思敏终于奇迹般地睁开了双眼……

手术几天后的 12 月 25 日，黄志强例行查房时，走到史思敏病床前问完病情，忽然从口袋里掏出一张贺卡：“我在病历上看到今天是你的生日。祝你生日快乐，早日康复!”那一刻，史思敏的眼睛瞬间含满泪水。

因为这次治疗，史思敏失去了即将出生的孩子，黄志强一直惦记在心里。2009 年，身体恢复后，史思敏又怀孕了。12 月，孕期 8 个月时，黄老果断为她安排了剖腹产手术。手术那天，是 12 月 25 号。黄志强告诉史思敏：“这天是你的生日，也让宝宝和你一天过生日吧!”史思敏的泪水再次夺眶而出……

在解放军总医院重症医学科的楼道里，悬挂着这样一幅题字：“生命相托，永不言弃。”落款人是黄志强。77 年的行医生涯，黄志强不曾对一个病人放弃最后的努力。然而，一生救人无数的黄志强，却没能挽救住自己的亲人，60 岁时丧妻，70 多岁时送走儿媳，黄志强常常陷入自责。在给儿子的一封信中，他这样写道：“人们皆认为我医术高明，而我独不能救亲人之性命，眼睁睁地看着她们一个个远走，虽悲痛何及？……唯望在有生之年，定当多写些有用之书，以传后世，救治病中苦难之人，不得我今日之悲哀与余恨……”

有人曾问黄志强：“你名气这么大了，为什么对病人还这么上心?”黄志强答得很平淡：“对于医生来讲，患者的生命高于一切。患者将生命托付给了我们，这是对我们的信任。任何一点闪失，都会使患者失去最后的希望。”

【作者：李昌禹、孔令占】

【《人民日报》2015年7月29日第6版】

披肝沥胆铸医魂

——追记解放军总医院专家组原组长、中国工程院院士黄志强（下）

听说有记者要采访黄志强院士生前的事迹，一位曾经他救治的患者带着一家人连夜从河北农村赶来，“我不能为黄教授做些什么，只想让更多人知道他是个好人。”

采访黄志强曾经救治过的患者，看到最多的，是泪水；听到最多的，是感恩。他们都说，黄志强不仅是赫赫有名的“肝胆大师”，更是一名有肝胆、有担当的好医生。

追求极致　技术精湛
“医生就该高标准要求自己，因为我们面对的是患者”

16 岁学医，22 岁行医，在跨越两个世纪的职业生涯中，黄志强一直孜孜追求着这样一个目标：治别人治不了的病，开别人开不了的刀，让更多的人远离疾病的痛苦。他常常说，“做工作就要做得最好。医生就该高标准要求自己，因为我们面对的是患者。”

黄志强做手术看起来“慢”。他说，自己做手术“往往做一步，想一步，看着这一步没有问题，再进行下一步”。熟悉他的同道都知道，黄志强做手术其实很快：基本功扎实，判断准确，没有多余动作，看起来慢，实际很快。

黄志强做手术还有一个特点，术中解剖结构清晰，动作轻柔，止血彻底，手术做得很干净，对周围组织的损伤小。他的十根手指好像长了眼睛，融进了灵感、睿智和聪慧。

黄志强却认为，仅靠技术永远不会成为优秀的外科医生。没有扎实的临床学科基础，缺乏细致的观察力和较强的分析判断力，不能时刻将术中悬而未决的问题放在心上，这样的外科医生只能算是“开刀匠”。

黄志强有一个自己为之痴迷的世界。他经常面对一个病人的片子，一看就是一个小时，对周围发生的事情充耳不闻。有时为了判断病情，他能在病人身边坐上整整半天，详细记录病人呼吸、引流、排泄物等生命体征的变化。因为对病人的病情了如指掌，黄志强总能在复杂病历的会诊中，一下子抓住主要病情，并给出针对性治疗方法。

在一次会诊中，经过血管造影、CT 检查确诊了一位肝脏肿瘤患者，在场的其他专家一致附议。就在会诊即将结束时，主持者按惯例征询一直默不作声的黄志强教授的意见。黄志强缓缓说道：“我认为不太像。”

一语惊四座，原本已成定论的判断横生枝节，大家都惊呆了。然而，为患者开腔手术探查的当天，结果正如黄志强所料，是腹膜后肿瘤，因为肿瘤位置突前与肝脏重叠，所以造成了错觉。

尽心尽力　治病救人
“医生的本分，就是把患者利益放在第一位”

医生的本分是什么？在黄志强眼中，除了在医疗岗位拼搏外，还要时刻把患者的利益放在第一位。

黄志强看病有一个原则：“只看病，不看人。”在问诊过程中，当患者的陪同或家属谈及病人的社会背景和职务以及与病情无关的话题时，黄志强总是摆摆手：“说病情吧。”在黄志强心里，生命是平等的，病人没有高低贵贱。医生应该尽心尽力对待每一位患者。

慕名而来的患者越来越多，来自全国各地的患者经常不分时间和地点，打乱了黄志强的工作和生活秩序，但他从不怕麻烦，总是千方百计为患者解除病痛。他常说，患者大老远跑来找你，很不容易，不能让病人失望。

一位慕名而来的肝胆结石患者，带着厚厚一沓病历和影像资料来到黄志强的办公室门前等候着，当他得知黄志强教授刚下手术台时，便准备改日再来，但黄志强教授硬是坚持给他看完病才走。

晚年已经享誉海内外的黄志强年事已高，但他从不愿退居二线，享享清福。在危重病人面前，为了挽救生命，他总有一种忘我的精神。

8年前，年仅17岁的王楠遭遇车祸，十二指肠被撞破，出现严重的腹膜炎并导致休克。当地医生诊断：就算手术顺利，患者也很难怀孕了。家人抱着最后一线希望来到解放军总医院，王楠住进了重症医学科。会诊时，特地请来黄志强教授做指导。年过八旬的黄志强在深夜作了详细诊断，决定亲自主刀手术。他在手术台上一站就是几个小时。第二天，苏醒后的患者，看到把她从死神手里拉回来的黄院士，感激地叫了一声“爷爷”。后来，这位患者顺利结婚、生子，并在2012年特地从保定带着儿子来看望黄老。“没想到，一别3年，这次竟然是来和爷爷永别……”告别厅内，王楠泪流不止。

“黄老精湛卓绝的医术，固然使他敢于挑战风险，但支撑高超技术的动力是什么？并非每个医生都有勇气承担这个手术，而黄老始终把病人的利益摆在第一位，把自己的利益抛在脑后。这正是一名优秀医生最宝贵的品质。”解放军总医院重症监护医学科主任周飞虎感叹道。

循循善诱　传递信仰
“弯下腰是一座桥，站起身是一架梯”

“医学事业的兴旺发达，需要人才梯队的接续奋斗。”黄志强常常把这句话挂在嘴边。他的想法很朴素：只有把好的医术一辈辈传下去，才能救治更多病中苦难的人。

既当丰碑引领方向，又作基石躬身为桥。黄志强常以亲身体验和教训给年轻医生讲述成长的道路，却从不指责别人。他说：“我愿意做一名外科医生，就是因为做动物实验时老师给了我很大鼓励。年轻人是容易引导的，几句鼓励的话可能影响他的一生。”

从教学、查房到复杂手术，黄志强常常鼓励年轻医生披荆斩棘勇闯难关，指导年轻医生创新术式，从中汲取自信。一次，黄志强带领年轻医生为病人手术。他的一位学生建议用一种新的方式进行缝合，黄志强听完后觉得可行，就鼓励学生上台进行缝合，他则在一旁密切观察，必要时给予指导。手术过后，病人恢复很快，黄志强夸该学生积极思考，并鼓励他继续多多创新。

黄志强对学生的影响，如同母亲之于胎儿，通过“身教”这根“脐带”，春风化雨般潜移默化将医生应该坚持的信仰和力量一代代传递下去。

在生命的最后几年里，黄志强常常感觉“时间不多了”。为了让年轻的外科医生尽快成长受益，黄志强随时都在想着怎样把 70 年来的从医经验总结出来。2013 年以来，他自觉身体和精力大不如前，把时间看得更加珍贵，抓紧时间完成了最后的书稿《黄志强肝胆外科讲义》。这本书以 PPT 讲义的形式表现出来，易读易懂，更适合喜欢形象思维的外科医生阅读。

完成书稿后不久，黄老住院了。他对秘书说：“你知道吗？我好像有一种预感，前段时间把该做的事基本都做完了……”住院中，他还多次问起书的出版情况。

2013 年 9 月 10 日，教师节，《黄志强肝胆外科讲义》出版了。老人看到新书，犹见亲人，精神矍铄地给在场的每个同事分发了一本，还给每人签了个性化的题词，脸上绽放出发自内心的微笑。

黄志强从医 70 多年里，选拔培养了 100 多名拔尖人才，亲自培养博士后和博士、硕士研究生及高级研修人员 300 多名，大大促进了中国肝胆外科学事业的发展。

傲骨仁心　千古流芳
“黄老，我想再看您一眼”

黄志强一生为病人做了多少台手术？没人知道。但是，重症监护医学科所有的医生和护士都看到，80 多岁高龄的黄老，依然坚持来重症监护室查房，直到再也走不动了……

黄志强一生为祖国医学建设作出多少成就？没有人确切统计。但是，他创立的一系列诊疗手法，至今还被无数的医生使用着；他一字一句撰写的那些教材、著作，至今还滋养着一代又一代医学工作者……

黄志强一生拯救过多少条生命？恐怕他自己也记不清楚。但是，当他去世的消息传开时，一批又一批曾经的患者从四面八方赶来，只想看他最后一眼……

黄志强走了，告别了熟悉的手术台，告别了奋斗一生的医学事业。他太累了，终于可以安息了……

“黄院士将这种碰到难题时的科研精神、执著精神一直保持到生命的最后一刻。这种工作作风，是广大医者永远学习的榜样。”与他共事过多年的朋友、中国工程院院士卢世璧说。

“黄老终其一生对医学事业的无比沉醉与忠诚，宠辱不惊、身心如一的人格风范，视科学为信仰、待病患秉初心的傲骨仁心，值得我们永远学习……”他的学生、肝胆外科副研究员张爱群说。

“假如时光能够倒流，我无论如何也要到黄老的病床前去看他一眼，跟他说一声，‘黄老，您要好好保重身体！’”曾经在他的手术刀下捡回一条命的王楠泣不成声。

93载春秋何其匆匆。如今，解放军总医院的院士名家图片墙上，黄志强笑得和蔼、慈祥，仿佛看着那些经他救治活过来的一个个鲜活的生命……

【作者：李昌禹、孔令占】

【《人民日报》2015年7月30日第6版】

跨国捐骨髓　美德传千里

——记全国助人为乐模范张宝

“中国骨髓捐献志愿者张宝与韩国患者配型成功后遭遇了车祸，但他住院治疗康复后，继续为这位韩国患者捐献了骨髓。这位中国志愿者说：‘人生祸福难料，人家现在大难临头了，帮点忙真不算什么。’”2014 年，国家主席习近平在韩国国立首尔大学发表演讲时，用这一生动事例，诠释中韩两国人民的深厚友谊。

张宝，是中国造血干细胞捐献者资料库（中华骨髓库）2010 年首例涉外捐献者，第一位给外国人捐献造血干细胞的安徽人。

10 月 13 日晚，北京人民大会堂“圆梦中国 德耀中华”——第五届全国道德模范授奖仪式上，80 后淮南青年张宝荣获全国助人为乐模范。“当金灿灿的奖章挂在我的胸前，我收获的不仅仅是感动和喜悦，还有一份沉甸甸的责任和担当。”九鼎环球建设集团有限公司安徽淮南分公司经理张宝腼腆地笑着说。

80 后小伙献爱心、帮助人已成习惯

1981 年出生的张宝阳光帅气，从小到大，献爱心、帮助人已成为习惯。2000 年，他在武汉船舶职业技术学院就读时，加入到无偿献血的队伍，累计捐献 7000 多毫升。2001 年的一次无偿献血中，他填写了中国造血干细胞捐献志愿者申请表并采样，加入中华骨髓库湖北分库。

毕业后，张宝回到家乡淮南，在亲戚开的一家建筑公司创业。2008 年 8 月的一天，他接到中华骨髓库打来的电话，告诉他与一名韩国白血病患者初步配型成功。张宝一口答应。可 2009 年 3 月，他开车与一辆中巴车发生碰撞受了重伤，造成颅内、胸腔积水，手骨、胸骨及肋骨骨裂，在医院治疗了 100 多天。

2009 年 11 月，正在休养期间的张宝再次接到通知，还是上次那位韩国患者。家人担心他车祸后身体吃不消，建议他延迟捐献或者放弃捐献。张宝认为病情不等人，说服家人后立即放下手头生意赶到北京，为捐献做准备。2010 年 1 月 11 日，取自张宝的 120 毫升造血干细胞被送到韩国，输入那位患者体内。

心存美德，身有善行。张宝先后获评“中国好人”“安徽好人”“心动安徽·最美人物”“感动江淮优秀志愿服务典型”“淮南市第四届道德模范”“安徽省道德模范”等荣誉称号。

每个人都做好事，社会将更美好

2011 年夏天，他得知淮南市烈士陵园部分地方破损需要修缮，就主动找到当地民政部门表示愿意无偿帮助修缮烈士陵园。三伏天，他亲自到南方地区寻找适合的石材，带领工人大干 40 余天，投入 15 万元左右，使烈士陵园焕然一新。

“张宝哥哥，我用您给的钱买了 10 本学习资料，有了一种自豪感和学习动力。我会用你的方法去回报这个社会，报答国家。”这封书信来自青海省西宁市湟中县多巴中学高一 5 班受资助学生卢光鸿。从小家境贫寒的张宝懂得读书对困难家庭孩子的重要性，他已累计资助青海、川西、赣南等偏远地区的十几名学生，资助款共计 4 万多元。

榜样是最好的引导。2014 年 8 月 14 日，淮南市红十字会张宝志愿服务队正式成立。一年时间里，服务队在张宝率领下开展各项公益活动，一大批志愿者集体献血和造血干细胞捐献采样，走进校园、街头、集市宣传造血干细胞捐献和无偿献血知识、普及应急救护，为偏远学校刘集小学捐献学习用品，走进敬老院看望慰问孤寡老人，捐助大病贫困患者、贫困家庭，关爱留守儿童……张宝的服务队成为淮南市精神文明建设的标杆和城市名片。今年 9 月，张宝志愿服务队获得安徽省十佳江淮志愿服务优秀典型称号。

【作者：何聪、陈彬】

【《人民日报》2015 年 10 月 18 日第 4 版】

巨晓林：从农民工到技能大师

“为祖国铁路插上腾飞的翅膀，是我一生的梦想!”巨晓林是这样说的，也是这样做的。

从1987年成为中国中铁电气化局的一名农民工起，工作28年来，他共研发和革新工艺工法98项，创造经济效益900多万元；主编的《接触网施工经验和方法》，成为铁路一线接触网工的教科书。以关中汉子的坚韧与努力，他一步步成长为技术能手、高级技师、国家级技能大师、全国劳动模范。

1987年3月，巨晓林背着行李，踩着村道上厚厚的积雪，走出陕西省岐山县的小村庄。

铁路接触网是一个技术密集型工种。刚上班的时候，巨晓林看着一张张施工图纸和一堆堆叫不出名字的接触网零部件，啥都觉得新奇，啥都看不明白。

时任电气化局一公司三段副工长周永新鼓励他说：“只要下苦功，没有学不会的!”巨晓林牢牢记住了这句话。

巨晓林有随手记笔记的习惯，许多名词或者零部件，师傅林鸿只要讲上一次，甚至是随口提上一次，他都马上掏出小本记下来。

“农民工也要懂技术，技术好就不会被淘汰。”这是巨晓林的心里话。经过两年多的勤学苦练，巨晓林成了一名合格的接触网工人。1989年夏天，北同蒲铁路施工接触网架线作业。这项工作每到一个悬挂点，都要有人肩扛电线爬上爬下，十分辛苦。巨晓林通过观察和测算，用一个铁丝套挂住滑轮试了试，能省不少劲儿。工班弟兄们按照这个办法架线，功效一下子提高了两倍。

从那时起，巨晓林迷上了工艺改进与创新。1998年，哈大铁路电气化改造工程建设中，巨晓林发明了“下部固定绳临时悬吊法”，经专家组论证后，当即在全线推广；2006年，迁曹铁路施工，巨晓林研究出了“正线任意取点平移法”，在还没铺好钢轨的情况下，就能确定接触网杆位置开始施工。

时速350公里的高铁施工和普通铁路施工相比，对工艺和标准的要求有很大区别，对于施工作业的要求变得异常精确和严格。巨晓林带领技术攻关团队，共发明改进了“支柱标高测量法”“悬式绝缘子巧绑扎法”等10项施工工艺工法，为安全优质建成京沪高铁作出了贡献。

2008年，他将自己改进的多项工艺工法编成了两本书，和工友们共享。如今，巨晓林编写的《接触网施工经验和方法》第三册高铁篇已经成书，书中涵盖了共计39项工艺改进，所有工艺都在合福客专施工现场采用过。2012年2月“巨晓林技能大师工作室”在电气化局一公司机关挂牌成立。3年来，工作室共完成合理化建议15个、工艺工法改进21项、QC（质量管理）成果2项、国家专利1项、实现科技成果转化500余万元。

“北京市劳动模范”“火车头奖章”“第十届中华技能大奖”“全国创先争优优秀共产党员”等各种荣誉接踵而来，2012年7月3日，巨晓林当选为中共十八大代表。

“出了名”的巨晓林依然朴实。今年3月，巨晓林到北京参加电气化局的职代会，会议结束后他回到单位时，已经是中午快吃饭的时间了。但施工现场需要尽快运去两汽车坠砣。巨晓林把包一放，帆布手套一戴，和工友们一起装了一下午坠砣。一块坠砣50斤，搬运一下午，毕竟50多岁的人了，年龄不饶人，第二天腰就疼得直不起来。

面对荣誉，面对接连不断的鲜花与掌声，巨晓林却总是轻轻地一笑，说：“荣誉都会过去……”

【作者：潘跃】

【《人民日报》2015年11月9日第6版】

“东风送我飞向前”

——记阎肃的追求之路

阎肃曾多次总结自己的人生经验，并归纳出“四悟”。其一是要想甜，加点盐，也就是说生活不会亏待谁，但也不会过于眷顾谁，今天吃了一斤糖，没准儿明天就有一斤黄连在等着，所以一定要养成吃苦耐劳的习惯。其二是把握好人生四要素，即天分、勤奋、缘分、本分。其三是永远怀有一颗童心。其四是要学会爱。

这“四悟”基本道出了阎肃追求之路的特点，他从来不怕吃苦；他有天分，但特别勤奋，人又本分，而且缘分不浅；他一直被人称为“老顽童”；他始终满怀着一颗大爱之心。

时代提供大舞台

阎肃出生在河北保定，1937 年日本侵华战争全面爆发，他随全家逃难到重庆，进入一所天主教修道院的学校学习，当修道院准备推荐他精修深造、作为未来的神父培养时，他却选择了报考重庆南开中学。在中学读书时他读过《共产党宣言》《新民主主义论》，在重庆工商大学求学时又加入了中共外围组织，投入学生运动。1952 年，已经是西南团工委青年艺术工作队宣传员的阎肃，两次赴朝鲜慰问志愿军。头天他还看到的一张张年轻面孔，隔天就成了一具具遗体，而且山岗上的一座座墓碑无不朝着祖国的方向。阎肃的心灵被震撼了，他伫立在墓碑前做出了一个重大选择：我要当兵去！

果然，朝鲜归来，阎肃就加入西南军区青年文工团，穿上了军装，还入了党。“从此，我的人生和艺术才有了可以扎下深根的精神沃土。”阎肃这样回顾自己的人生选择。

1955 年，西南军区青年文工团撤销，他被编入空政文工团，一干就是 60 年。这 60 年里，阎肃的文艺创作道路是从当兵开始的。1959 年春节刚过，团领导就找他谈话，让他下连队当兵去。在连队他才明白原来自己还不懂得什么才叫一个兵，于是，学打背包、集合、操练，跟着老兵学当机械兵，擦飞机、充氧、充冷、充气、加油。

原本以为这下与文艺该分开了，可正是这当兵的经历让他写出了成名作。一天傍晚，眼看别的飞机都回来了，可阎肃所在机组的一架飞机却迟迟不归，大家伫立在晚霞之下，盯着天空。此情此景让阎肃当兵的积累化于笔端，《我爱祖国的蓝天》歌词喷涌而出，同在连队当兵的羊鸣拿去谱曲，然后寄回了文工团。两位青年万万没想到，这首歌很快就传遍了空军的军营。阎肃后来回忆说，正是他当兵后产生的那种感情，正是那个年代对保卫祖国、建设空军的浓浓气氛，才有了他的艺术遐思。

时代为阎肃提供了可以施展才华的大舞台，而阎肃也紧紧把握住了时代的精神内涵。上个世纪60年代创作的歌剧《江姐》，90年代初创作的歌剧《党的女儿》，就倾注了阎肃对那个年代的深刻思考。80年代，电视剧《西游记》的主题歌《敢问路在何方》传遍千家万户，“一番番春秋冬夏，一场场酸甜苦辣，敢问路在何方，路在脚下。”你说这是唐僧师徒取经的写照，没错，但在那个时代，很多人都将这几句歌词看作是改革开放初期中国人的心态。《风雨同舟》写的是抗洪救灾，《军营男子汉》写的是商品经济大潮下军人的应有形象。时代，让阎肃的歌词一首接着一首被广为传唱。

名人即明白之人

“名人即明白之人”，这是阎肃的名言，什么叫明白呢，阎肃回答：对上不伸手，周围拉紧手，工作有一手。

阎肃不但讴歌英雄、书写军营，在他的追求之路上也始终以英雄为榜样。尽管他从来没担任过什么要职，按他的话说，其实连小官也没当过，却一向以党员、军人的高标准来要求自己。从毛主席、周总理开始，党和国家几代领导人都曾接见、赞扬、勉励、关心过他的创作，让他如沐春风，但他没有以此为炫耀的资本，更不借此向组织要这要那。今年9月14日病倒后他还一再叮嘱孩子，千万不要向组织提一点点要求。无论做什么事，他从来都遵守党的规矩、军人的纪律，只要外出，他第一件事就是向团里请假，回来后马上销假；每月领到薪水的第一件事就是缴纳党费。

“我就是个平凡人，我最喜欢沙僧，任劳任怨。”阎肃家里的茶几玻璃板下有一张发黄的黑白照片，上面是个胸前挂着大红花的小伙子，一脸腼腆样，这是阎肃参加工作后获得的第一个荣誉，而原因是他拉大幕、管汽灯、跑龙套认真负责，任劳任怨。阎肃谈吐字正腔圆、嗓音浑厚，经常被人请去登台朗诵，友情出演。2009年，空政文工团排演舞蹈诗《我们的天空》，中间有几段朗诵，导演想起了阎肃，他二话没说，赶到现场，反复录制了两天，结果却被认为效果不佳，换了下来，但阎肃闻后哈哈一笑：那当然是用好的哦！

别看阎肃平时嘻嘻哈哈，对别人总是能发现长处，但在关键问题上从不让步，这也是他的明白之处，而大家也都在重大问题上请他把关。“空军有个阎老肃，说好说坏都算数。”这是军内文艺家的一句顺口溜。他曾多次当面批评一些演员：再唱不好就别唱了。“在文艺评奖和晚会筹划中，对有的作品，他也绝不让步，说什么都没用，非拿下不可，还因此与别人争执起来。不过，事后该喝酒喝酒，该是朋友还是朋友，公私分明。”海军词曲作家付林这样回忆。

大任在肩　不辱使命

1989年，阎肃与作曲家羊鸣写过一首歌曲《天职》，传遍军内外，这部作品饱含了他对当代中国军人的期待。在阎肃的眼里，为党创作、为国家创作、为军队创作、为人民创作，就是自己一生的追求，更是天职。身为空军的一员，为了写出空军的风采，他几乎跑遍了空军的所有部队、机场、哨所，一路留下了不计其数的团歌、营歌、连歌。

2009年，年近80岁的阎肃参加了大型音乐舞蹈史诗《复兴之路》的主创队伍，任文学部主任，“一路发烧般走过来，始终热度不减，精度不减，大任在肩，必须不辱使命。”不辱使命，这句话发自阎肃的肺腑，让他每次都圆满完成了自己的天职。

2013年，阎肃已经83岁，但他在总政举办的“强军战歌”征歌中依然有两首作品问世。他与作曲家印青共同完成的《当兵前的那个晚上》取材于新兵入伍前父亲的叮嘱，节奏明快、铿锵有力、充满朝气。“他是老党员、老军人，始终保持着高度的政治敏锐性，对党、国家、军队的重大决策和重大事件，无不知晓，从不脱离时代，但同时又拥有一颗童心。”与阎肃合作20多年的印青这样评价他。

由于他的高度政治觉悟和高超的艺术把握能力，30多年来，重大文艺活动都少不了阎肃，一个充满智慧的点子、一个饱含深厚学养的提议，常常可以将策划中出现的难题顺利化解。

在人生道路上、在文艺创作中、在为兵服务的日日夜夜里，阎肃一直认为他的进步属于党的关怀、军队的培养、民族文化沃土的哺育，而社会的发展，则是他永不止步的东风。“我爱祖国的蓝天，晴空万里阳光灿烂，白云为我铺大道，东风送我飞向前。”这是《我爱祖国的蓝天》的第一段歌词，阎肃描述的是他所深爱的空军，其实，也预见了他自己的追求之路。

【作者：陈原】

【《人民日报》2015年11月26日第9版】

凿通隧道天地宽

——记贵州省罗甸县麻怀村村委会主任邓迎香（上）

春节刚过，贵州省罗甸县沫阳镇麻怀村麻怀隧道里车来车往，十分热闹。有村里人家过年新添置的轿车，也有从城里来访的出租车。这条全长216米的隧道，是连接麻怀村与外界最便捷的通道。

见到邓迎香，往来的车辆都会停下来，问声好，聊几句，而邓迎香每每总是嘱咐一句：“开慢点，注意安全。”

邓迎香，现任麻怀村村委会主任。让大家记住她的，是作为一名农村妇女，面对贫困不低头，带领村民凿隧洞、开山路、兴产业，让麻山深处的小山村焕发出勃勃生机，被称为“新时代的女愚公”。

眼前这条216米长、5至8米高、3.5至5米宽，可通行5吨小型货车的出山隧道，是邓迎香和当地村民花了13年时间一点一点“凿”出来的。隧道的打通，结束了当地货物运输人背马驮的历史，打开了这座麻山深处的小山村通往外界的大门。

麻怀村位于罗甸县沫阳镇董架社区，下辖5个村民组600余人。过去祖祖辈辈被群山阻隔，村民进出需要翻山越岭近两小时才能到乡镇集市，孩子们需要翻山越岭一个半小时到4公里以外的村小上课，果子熟了只能烂在岩缝里，村民建房的物资全靠肩挑背驮……“真的是太艰苦了，吃够了交通不便的亏。”说起往事种种，村民曹响国感慨不已。

1999年初，国家实施农村电网改造，电线杆子运不进来，村里开会决定顺着村南面的溶洞凿一条出山隧道。

说干就干，在村支两委的带领下，村民集资1500多元，购置大锤、锄头及蜡烛煤油等物资，于1999年农历十一月初八正式开工。到2001年底，全长216米的隧洞基本打通，虽无法通行交通工具，但已足够把电线杆抬进村里，村民出村的时间由两小时缩短至15分钟。

此后，麻怀村民又多次施工拓宽隧洞，到2004年初，隧洞已能容纳摩托车和马车勉强通过。

2010年国庆假期，邓迎香外出务工的女儿李琼回家办婚事，婚车开到洞口。赶上雨天，隧洞里一摊泥水，淹没小腿。穿着婚纱的李琼只能换上塑料拖鞋，挽着新郎在低矮的隧洞里踉跄前行，洁白的婚纱沾满了泥土。

送女儿出了洞口，看着一身狼狈的女儿女婿，已经成为村干部的邓迎香决心带领村民把隧洞拓宽拓高，“像真正的隧道一样，能过汽车。”回到家，邓迎香把自己的想法告诉丈夫李德龙，李德龙急了：“你以为这事好干啊？要干你自己干。”组织村民开会商量，结果大家七嘴八舌吵了半天，找各种理由推脱，最终不欢而散。

眼见无人支持，邓迎香决心自己先带头。2010 年 12 月，她独自一人走进洞内，抡开了铁锤，风风火火地干了起来。她的行动感动了丈夫李德龙和村民，全村人再次走上拓宽隧洞的工地。

资金不足，邓迎香就四处“化缘”，最终筹集了 3 万元资金。有村民说 3 万元太少，邓迎香斩钉截铁地说：“有 3 万要干，没 3 万也要干！”2011 年夏天，邓迎香带领村民终于完成麻怀隧道拓建工程，隧道宽度增加到 3.5 至 5 米，高度增加到 5 至 8 米，能通过 5 吨重的小货车。2014 年底，罗甸县交通部门整合资金 180 多万元，对麻怀隧道进行加固维修。

2300 多支蜡烛，100 多公斤煤油，打了 2000 多个炮眼，挖掘砂石 1.5 万立方米，投工 5800 多个……这是麻怀隧道动工以来，村民们的统计数字。

“她就是这么一个人，认准了的事情就一定要做。”在时任麻怀村驻村干部金玉祥的印象里，邓迎香就是凭着一股子“牛劲”干了一件“不可能干成的事”。

站在麻怀隧道入口处隧道简介的石碑旁，邓迎香脸上堆着笑容：“虽然当时很苦，但它发挥了大作用，一切都是值得的。”

麻山开出坚韧之花（短评）

邓迎香，一名农村妇女，受教育程度不高，干事却有着一股子韧劲，认准了，就埋头苦干。在她身上，我们看到的是麻怀群众不等不靠不要，艰苦奋斗、坚定不移谋发展的精神。在艰苦卓绝的凿洞历程和自觉主动的求变之路背后，凝聚着集体的智慧和群众的力量。邓迎香作为带头人，树立的是好榜样，传递的是正能量。

在打好脱贫攻坚这场硬仗的过程中，大山不可怕，贫困不可怕，人心齐、泰山移，只要认准目标，踏实苦干，就一定能移穷山、挖穷根。

【作者：黄娴】

【《人民日报》2016 年 2 月 29 日第 9 版】

铺宽村里致富路

——记贵州省罗甸县麻怀村村委会主任邓迎香（下）

立春刚过，贵州省罗甸县麻怀村的村民们便忙碌起来。挖沟、下种、施肥、回填，山间洼地的几块小坝子上，人们干得正起劲。为了保证收成，村委会主任邓迎香特意从县里请来农技专家给村民们做指导。

过去困住麻怀村的是有形的山，后来凿通了出山的路，贫困仍是立在麻怀村面前的又一座“山”。自2014年初当选为麻怀村村委会主任以来，邓迎香肩负起带领村民脱贫致富奔小康的重任。望着村民期待的目光，邓迎香下决心为麻怀村找到一条发展致富的路子。

有产业才能富起来。邓迎香四处考察学习，寻找适合本村发展的项目。麻怀村的一块田坝上，铁皮石斛长势正旺，这是邓迎香与人合作摸索的新“产业”。看好种铁皮石斛的前景，可苦于没有经验，怕风险太高，邓迎香决定自己先试种，“做好了，就在全村推广”。

与此同时，村里还制定了养殖肉牛、绿壳蛋鸡，种植中药材、果蔬的产业发展规划。凭着在群众中的威望和入情入理的沟通，邓迎香说动了村里几位“能人”，一起办起了麻怀村第一个种植专业合作社，她鼓励村民将土地流转给合作社，“不仅能拿租金，还可以到合作社打工赚钱”，村民的发展积极性被调动起来。

村子的发展，关键还要靠年轻人，尤其是外出打工有眼界的年轻人。邓迎香决定动员外出务工的青年返乡创业。此前一直在福建务工的袁端生，今年回乡过春节。邓迎香多次上门做工作，讲政策、谈变化，最终说动袁端生回乡创业。“看到邓大姐的干劲，看到村里的变化，我对回乡发展充满信心。”袁端生说。

没上过学的邓迎香，深知“知识就是力量”的道理，教育是挖掉穷根的治本之策。“要让孩子们不受穷、不受苦，还得靠多读书。”2014年初，邓迎香和其他十几个人一起成立了草根助学基金会，为需要资助的学生和有捐助意愿的人士搭建平台。

今年正月初三，村里组织文体活动，邓迎香建议设置了一个环节，给村里的15名大学生每人发200元奖金，并颁发奖状，以示鼓励。现就读于遵义师范学院的曹太敏，还记得领奖时自豪的心情，“这也是一份责任，为家乡发展贡献自己力量的责任。”

在邓迎香的带领下，麻怀村的面貌已今非昔比。通村通组水泥路四通八达，家家户户看上了电视、喝上了自来水，80％以上的农户住上了新房，村民用上了农用车、面包车甚至开上了轿车，村里有了文化活动场所，越来越多的人摆脱了贫困。

关于未来的发展，邓迎香有着清晰的规划，到2018年，麻怀村将发展刺梨1300亩，种植蔬菜300亩，养殖黑毛猪1500头、家禽2万羽，全村一起步入小康。

“共产党员邓迎香，巾帼英雄响当当。发动全村齐动手，一锄一镐挖山忙。昔日愚公是传说，今日愚公在身旁……”村民们用快板词，传唱着邓迎香的事迹。

【作者：黄娴】

【《人民日报》2016年3月1日第9版】

山头矗立一个字："干"

——追记辽宁凤城市大梨树村原党委书记毛丰美（上）

辽东春寒料峭，记者踏着厚厚积雪，来到丹东凤城市大梨树村。村头一个并不起眼的小土包，是大梨树村原党委书记毛丰美的安息之地。逢年过节，村民都会自发聚集到这里，追思缅怀毛丰美的事迹。

2014年9月，年仅65岁的毛丰美积劳成疾，因病逝世。虽然没有墓碑，但他在乡亲们的心中铸就了一座不朽的丰碑。30年来，正是毛丰美带领乡亲们苦干加巧干，才使得1.6万亩荒山秃岭变成"花果山"，穷山沟变成国家4A级景区。作为一名村书记，毛丰美把一个"吃粮靠救济、花钱靠摊派"的贫困村，改变成为村集体总资产超4亿元，村集体年收入5000多万元的社会主义新农村。

"说一千道一万，不如苦干"

在大梨树村万亩果园的山麓最高峰，矗立着一个9.9米高的"干"字。这是毛丰美生前杰作，是让大梨树人永远铭记"干"字精神。

毛丰美常说："马瘦毛长，人穷在懒。大梨树村要脱贫，必须弯下腰，流大汗，苦干！干，才能出成果、出经验。不干，就连吸取教训的机会也没有。"

大梨树村八山半水分半田，山连着山，沟挨着沟。"穷山沟"曾经是大梨树村贫穷落后的代名词。毛丰美是当地有名的兽医，走村串户，家里富裕。当他走出大山，看到党的好政策使千村万户过上了殷实日子，便立志要让大梨树村摆脱贫穷落后。

30年前，毛丰美临危受命，当上大梨树村党委书记。每天天不亮，他第一个扛着铁锹上山，晚上最后一个下山，治理荒山，种植果树。东北冬来早，秋冬时节，山上北风夹着雨雪，毛丰美常常是外面穿的棉袄已经冻上了一层薄冰，里面的衬衣却汗水浸湿。

在毛丰美的带领下，乡亲们奋力拼搏，常常是烟囱"站岗"、锁头"看家"，男女老少齐上阵。10年间，毛丰美和乡亲们出工10万多人次，治理荒山20多座，整治70多条沟壑，建成果园2万多亩，栽下果树100多万株。

"讲科学尊自然，苦干还要加巧干"

毛丰美常说："苦干不是蛮干，而是要讲科学尊重自然，苦干还要加巧干。"

凤城大梨树村，因传说唐代凤凰栖息，漫山遍野多植梨树而得名。后来，多年不尊重自然规律，大梨树一棵棵衰老枯死，成为荒山秃岭。

1998 年，毛丰美提出大梨树村要保护好一草一木，一山一水，大力发展生态乡村旅游经济。然而超前的建议没有得到班子成员的同意。

“既然你们都不同意，那咱们把河道清清，把路修修，这总没错吧。”于是，毛丰美修了两道拦河坝，硬是憋出了一个长 50 多米，宽 40 米的池塘，雨水再也流不走了，改变了大梨树村小气候，成了“小江南”。

大梨树村党委副书记王丽辉回忆，“毛书记常把巧干比作‘小鱼穿大串’。当时有了大池塘，大梨树村就办起了全民水上运动会。全村 1000 多男女老少穿上泳装，会游泳的、不会游泳的，全都在水里整齐列队，吸引来大批城里人。毛书记这样做，就是为了发展旅游”。

2006 年 6 月，毛丰美听说一个剧组拍农村题材片正找外景地，便央求剧组到大梨树村看看。

“你们那儿没有影视城啊?”剧组问。

“那我们就现建一个。”毛丰美答。

“我们 9 月就开机了。现建一个来得及吗?”剧组问。

“大梨树村山清水秀，鸟语花香，我们很快就能量身定做一个影视城，而且白给你们用。”毛丰美答。

一个月后，剧组负责人看了大梨树村影视城的建设有模有样，当场拍板 200 多人的剧组入住大梨树村。从此，大梨树村有了影视城，不仅带动了旅游消费，还提升了村民素质。

如今，大梨树村绿水青山，已成为金山银山。2015 年，大梨树村吸引国内外游客 26 万人次，美丽乡村旅游收入 2000 多万元。

“毛丰美苦干加巧干的先进事迹，为农村基层党员干部树立了榜样。”辽宁省委书记李希说，脱贫致富奔小康，关键需要像毛丰美这样的先锋模范领路人。

【作者：王金海、辛阳】

【《人民日报》2016 年 3 月 2 日第 9 版】

心头耸立一个字：“廉”

——追记辽宁凤城市大梨树村原党委书记毛丰美（下）

毛丰美带领大梨树村经济发展驶向了快车道，每年村集体收入5000多万元，过往资金能达到上亿元。但毛丰美始终坚持一条，既要干事，又要干净，当“不管钱的一把手”。

“手别长，嘴别馋，身别懒。心头耸立一个字：廉！”从当大梨树村书记起，毛丰美就给自己立下了这条规矩。

“名利对毛丰美来说没有诱惑力”

为了加强资金监管，毛丰美专门外聘资深的审计人员，定期对账目进行审计公开，从未发生一起违规使用资金的行为。村民说：“大梨树人都知道名利对毛丰美来说没有诱惑力。”

“禁止婚丧嫁娶大操大办，违者重罚。”十几年前，毛丰美创立的规矩被写进大梨树“村规民约”。毛丰美儿子毛正新告诉记者：“爸爸让我们结婚不操办，这都好办。但是，我爷爷去世，那就挺难办的。”

2012年11月，毛丰美90岁的老父亲去世。他召集家人，开会商定，谁都不得收礼，并在家门口贴出了拒收礼金的告示，就是花圈也不能收。

毛丰美在生命最后时刻留下遗言：“我的一切都属于大梨树村。我死了以后，一切从简，坚决不能大操大办。”这是毛丰美对组织提出的最后请求，也是唯一请求。

“我们吃肉，你们吃糠，这不是社会主义”

1992年以来，毛丰美先后在大梨树村建起了凤泽大市场，办起了钛合金厂等十几个企业，村里劳动力全部进厂，当上了白天上班、早晚务农的“业余农民”。大梨树人的命运悄然改变，也让临近贫困村眼馋。

2004年，毛丰美主动走进临近的贫困村。“先富带后富，共富才算富。我们吃肉，你们吃糠，这不是社会主义。”毛丰美动情地说。从此，3000人的大梨树村又接纳了贫困户2000多人。

“他一心为公，10年来使我们人均年收入达到2.1万元，彻底脱贫致富了。”村民车世利说，“做梦也没有想到过上这么好的日子。36岁娶到了媳妇，还买了两套大房子！”

2014 年 9 月 16 日，重病中的毛丰美仍然挂念着村民，执意让家人用轮椅把他抬到山上，挨个山头察看。就在去世的前一天晚上，他还执意看看村里刚刚更换的太阳能路灯，深情地凝望这片土地……

"他一辈子对群众大爱、对清廉坚守，用实际行动诠释了一名共产党人的责任和使命，一名基层干部的执着和追求。"丹东市委书记孙兆林这样评价道。

【作者：王金海、辛阳】

【《人民日报》2016 年 3 月 3 日第 18 版】

只因多了“一点点”

——记福建省漳州市芗城区人民法院法官黄志丽（上）

在别人的嘴里，她被称为“大姐”“妹子”“闺女”“阿姨”，满满是亲情，偏偏少威严；在同事的嘴里，她被称呼为“小豆豆”，就是“吃饭睡觉打豆豆”里的那个“豆豆”，满满是欢乐，偏偏没烦恼；在她自己的嘴里，她自称“全宇宙无敌青春美少女”，满满是自谑，偏偏缺世故。

脱下制服，她就是一位普普通通的邻家姐姐；穿上制服，她就变成一位14年办案近5000件，九成以上调解撤诉、七成以上自动履行，至今无一错案改判、无一投诉上访的出色法官。她，就是福建省漳州市芗城区人民法院法官黄志丽。

“要不是各有苦衷，谁也不会与谁选择在法庭上相见”

小张是在快绝望的时候，无意中认识的黄志丽。2009年，小张在漳州一处新开发的小区买了套房子。本想着从此乐居于此，可没想到钱都交了快两年了，房产证、土地证仍然不见踪影，整个小区还三天两头停电、停水，绿化也没完成、道路也不完工，甚至还风闻开发商要卷钱逃跑。

忍无可忍之下，小张组织小区里五六十位业主天天围在售楼部前维权，眼看着就要过了拿到违约金的时限了，可还没扯出个头绪，小张一伙直奔法院。“听说这种纠纷是归民庭管，我们也顾不得取号、排队，直接冲上二楼，看见有个民庭的办公室就闯了进去。”接待他们的正是黄志丽。

黄志丽说话很和气，还答应第二天就着手处理。“有人管总比没人管强，‘死马当作活马医’，其实大家心里挺没底的。”小张回忆，半个月，他们就拿到了首笔违约金，今年初又拿到了第二笔。

来自福州的这名开发商，第二天见到了黄志丽。原本想着这位法官肯定是义正辞严、大义凛然。“谁让咱是外地来的呢？不向着当地还能向着我？”没想到，黄志丽开口的第一句话却是：“要不是各有苦衷，我相信谁也不会与谁选择在法庭上相见。你的苦衷能告诉我吗？”

“我欠业主的，大家委屈了就来围堵，不让做生意；可地方欠我的，我又该找谁诉苦呢？电不给我拉，要排号；水不给我通，要排号。我又能怎么办？”话说开了，气也就顺了。黄志丽又一次“没事找事”，主动答应要帮开发商协调通电通水。开发商也痛痛快快答应了先赔违约金，再抓紧收尾小区建设。

“拿到违约金后，我们也就没再去围堵了。又过一个多月，小区就正常通水通电，绿化、道路也都完工了，今年‘两证’也开始办理了。黄法官实在太神了!”

说起黄志丽的特别之处，芗城区人民法院副院长陈成刚感慨，“她总比别人多一点点倾听、多一点点了解、多一点点细心、多一点点担当。可每个多一点点都加起来，年复一年，平凡变成不凡、普通变成神奇。”

“每一次判决不仅是法理的对错，更是社会道德的风向标”

身为法官，面对纠纷，黄志丽有调有判。要调，就以情动人；要判，就以理服人。

2008年，一位阿姨乘公交时，为图方便，要求司机没在停靠站而在红绿灯前下车。司机耐不住央告好心开了门，阿姨下车时又忘了雨伞，一转身再取时，被一辆同样已经停在红绿灯前的电动车绊倒，摔成骨折。纠纷由此而起，谁是主责呢?

该案最大争议在于：保险公司认为电动车因为是超标的，所以应该算机动车。既然是机动车，就应该投保第三方强制险。但他又没投，所以理应要多赔，达到数万元；电动车主自然觉得很冤，可从理论上又辩不过，而且在过往的类似纠纷中，也都是采用了这个理由。

和过去接手的每个案子一样，黄志丽开始查阅大量相关资料——电动车是否超标、超标后算不算机动车？如果算，要不要强制保险?

数月后，黄志丽以判决的形式提出了她的意见：电动车的确超标，也的确属机动车，也的确应该进行投保第三方强制险，但全国各地至今未有此强制要求，也未有哪家保险公司已开展此业务，故而超标电动车主仅承担“未尽到停车时应确保他人安全的责任”，只需赔偿千余元。保险公司不服，上诉中院，二审维持了黄志丽的判决。此后，整个漳州地区，发生的类似案件，均是依照黄志丽的这次判决为例。

“法官的每一次判决，其实都不仅仅是简单的一次关于法理的对错，判决的结果更是关乎社会道德的一个风向标。”陈志荣是芗城区法院民一庭庭长，也是黄志丽的老同事、老领导，在他的眼里，黄志丽平时非常外向、话多，凡有她必热闹；但她又比一般人更“较真”，“她每接一个案子，都先自学、学透一番相关知识，这也是她从事司法工作以来，判决案件服判息诉率达到惊人的99.7%的原因。”

翻开黄志丽的抽屉，记者看到了厚厚一摞各种各样的证书。原来，为了做好当事人的贴心人，准确把握每一个不同对象的心理，她考取了心理咨询师，率先将心理学知识应用于司法；为了解决伤者、患者纠纷，她又自学中医、医药学知识，每每与他们谈起总是让人感同身受；为了解决农村土地、财产纠纷，她把自1983年漳州开始实行家庭联产承包制度以来的各种文件、政策、法规，翻了一遍又一遍，说出的话、判定的事竟成了当地的村规民约……

“如果让我重新选择，我还是会选择当法官。不是因为有权力，而是因为它在群众心目中意味着最终的公正。”面对记者，黄志丽坦言。

普通与不普通之间（短评）

认识黄志丽的人，都觉得她普普通通：讲起话来快言快语、办的案件鸡毛蒜皮、平常生活也爱唱歌。当翻看起她的事迹时，又觉得不同寻常：办过的几千个案件，无一错案改判、无一投诉上访。领导交代她工作，觉得放心，因为没有她办不下来的；群众找她打官司，觉得放心，因为一定是公道合情的结果。

“普通”与“不普通”之间，距离到底有多远？其实就是那“多了的一点点”。这是社会对每一个人的呼唤。细究起来，这是一种责任与担当。每个岗位都可以是平凡或不凡，心中有责任、胸中有担当。少一点对外界的抱怨、多一点对自己的不甘，便是平凡也不凡。

【作者：赵鹏、姜克红】

【《人民日报》2016 年 3 月 25 日第 9 版】

倾听每一次心跳的声音

——记福建省漳州市芗城区人民法院法官黄志丽（下）

2012年，随着黄志丽在当地法院系统成为学习的榜样，福建省漳州市芗城区法院提出，能否让黄志丽工作法在更广泛的基层中进一步实践，让法律服务更有针对性地沉入基层，也让发展中的社会更多地得到法治的保障。于是，“黄志丽法官工作室”在漳州市芗城区社区和农村中悄然设立。

深入基层，润物于无声之中

在农村中第一个设立“黄志丽法官工作室”的是芗城区南坑街道古塘村。一提起这个村，在漳州几乎无人不知，不是因为穷或富，而是因为乱——曾经连续三届选不出一名村主任。

古塘村人口4000多人，是个大村。却自古因宗姓原因，分成多个派系，又尚武好斗。一村之中，有两座祠堂、两尊香火、两家拳馆、一姓两族……离漳州市区只有几公里，地理位置本是极好，却是一片“破旧”。2007年以前，各种城市开发建设项目根本进不来，因为没人敢进来搞拆迁；全村水系纵横，本是养鱼的宝地，村民也很富裕，到了晚上却连出租车都不敢进来。

2008年芗城区特地选派法院对口联系古塘，并选派法院干部来村里担任第一书记，强化基层组织和村风文化建设。古塘渐渐由乱向治、由封闭向开放、由停滞向发展。

发展了就没啥问题了吗？恰恰相反。渐渐地，发展过程中能想到的、想象不到的各种利益矛盾浮出水面。刚刚当选的村支书蔡伟志一上来便碰到笔“旧账”：第五村民小组土地征迁补偿款，怎么也分不下去。

古塘有20个村民小组，2013年12月征地时用了第五小组的4亩多地，共计50多万元。面积不大，金额也不算多，却是头一次涉及个人的自留地部分。按以往的规则就是按人头分。但第五小组的老会计坚决不同意，“女儿不能算！男丁都得算！”这下，连第五小组组长也不敢开口了，因为他家就是女儿。

纠纷闹到黄志丽那，乍一听，也是一头雾水。“面对听不懂的问题，最好的办法就一条：慢慢听。”这一慢，黄志丽几乎把上世纪80年代后所有国家和地方关于土地承包制度的政策法规都翻了一遍，又把农村中各种乡规民约查了一圈，终于搞明白了真正矛盾：男丁是家族的象征和未来，即使户口不在村里，也要分上一笔，那是地位的代表；女儿给了别人，户口在村里的还拖着外人进来，少算一个，就能少算一户，村里平均每人就能多分至少400元。

“症结”找准了，“药方”就有了。黄志丽依据法律条文，在按人头分的基础上再加一条：以户籍是否在村里，以及是否在村里生产生活来确认当事人是否具有农村集体所有制经济组织成员资格。一份裁判文书，就这样以“润物细无声”的方式化解了村里的利益矛盾。

剩下的事就是有法的说法、没法的论理、无理的讲情。“利益之外，中国文化更讲一个情字。他们愿意跟我讲‘情’，就是因为他们觉得我听到了他们每一个人每一下的心跳声。”黄志丽说。

条文之外，更需有热度的关切

“黄志丽法官工作室”是一种法律工作模式，更是一种关切基层、服务群众的延伸。如今，芗城区法院已在当地的2个街镇、2个社区、1个行政村建起工作室，而每个工作室背后都有一支由黄志丽亲手带出来的团队。林晓萍就是其中一员。

2008年才毕业的小林和黄志丽一样，也是当地人。一水长发、一副腼腆的模样，先是给黄志丽当书记员，通过司法考试后，2年前开始成为独立判案的法官。可接手第一起案件时，她就急得差点没哭出来。

案子不大，是个离婚案。面对着只有女儿般年龄的小林，当事人大姐爱答不理，问十答一，最后来一句：“你没结婚你不懂。”首次出马的小林只好再次把老师请出来……另一次也是桩离婚案，当事人也是位大姐，赌咒发誓死要离婚，怎么调解都不听。可当法官们试着真要判离时，大姐便又哭得昏天黑地，“你们这不是把我往死里逼吗?”最后才搞明白，她就是希望法官们帮助她劝爱人“吃饭前要洗手、上床前要洗脚”。

“法律不只是冰冷的条文，更需要有热度的关切。”这是黄志丽给她的团队中未来的法官们最经常的告诫。热度在哪里？就在于对法律条文以外，各种各样社会知识的了解与把握。关切在哪里？就在于对法律规定以外，全部的、复杂的人情、亲情、世情的理解与尊重。

芗城法院将黄志丽长期在民事审判实践中积累的经验，总结为“五种方法”：现场走访法、创伤治疗法、心理调解法、婚姻分析法、最佳切入法，并将此作为培养年轻法官们的方法。如今小林已成为助理审判员，每天在阅读案件卷宗、拟写庭审提纲、制作裁判文书中成长、成熟……

【作者：赵鹏】

【《人民日报》2016年3月26日第6版】

王家元：让石头村产业开花（上）

大山深处，翠绿跌宕间，“小洋楼”崭新精美，水泥路穿山越谷。山上，花木斗艳，山下，茶树飘香。村头有绿色企业，村中有文化广场。这里，就是四川筠连县腾达镇春风村。

10 年前，这里还被贫穷困扰着：村里没有产业，不通公路，人均收入不足 1800 元。

春风村有今天的模样，村民们都说：我们选对了自己的当家人。

“全村人把梦想托付我，我就得豁出去干”

春风村地处川滇交界处，属典型的喀斯特地貌区，被称为“石头村”。过去，村民发家致富的愿望都像石头一样沉睡梦中。

2004 年 11 月，换届选举搅动春风村。村民们的心里不约而同地装着一个人：本村打工经商的成功者王家元。当年 38 岁的王家元，在乡亲们眼里，既能干，又是个热心肠。选举村委会主任，村民们向不是候选人的他投了高票。

走马上任，王家元想给村里做的头一件事，就是打通道路。他是春风村土生土长的娃，他知道，漫山遍野是石头，出村的路只有一条羊肠小道。这条道，绳索般束缚着村里人致富的脚步。有条好走的路，是村民们世代的期盼。

然而，严峻的现实摆在面前：没资金、缺劳力。有人提出村民人均集资 200 元，每户每天出工一人。王家元深知，全村仅 187 户、829 人，靠这点物力和人力在石头山上修路，太难！他横下一条心，说：“资金不足我来补，修路所需的砂石料全部由我家石场捐赠。”

第二年元旦，春风村男女老幼 100 多号人组成筑路大军开赴工地。王家元把党员、干部、民兵组成突击队，自己当领队，专啃硬骨头。住工棚，吃干粮，喝山泉；顶寒风，爬山路，攀峭壁，王家元处处冲在前。晚上睡在工棚里，王家元全身的骨头像是散了架，第二天，他依然走在抬石头队伍的最前列。3 个月下来，王家元瘦了一圈。他老婆直心疼，说他要路不要命。他说：“全村人都把修路的梦想托付给我，我就得豁出去干。”

靠着这股子拼劲，王家元带领村民用 3 年时间，打通了连接全村三个组的 7.8 公里长、4.5 米宽的环形路；靠着这股子拼劲，王家元带领村民治理石漠化，向乱石岗要果园，让石头山长出了 1000 多亩李子园。

村里的“李子大王”刘国琼脸上写满笑意：“有了条好路，就敢放胆发展果园，去年光卖李子就挣了 10 多万元。”

“要让群众走新路，干部就要有胆识”

2007 年，王家元当上了春风村支部书记。一上任，他就盘算着如何带领群众走新路。

凭借多年商海经历培养起的敏锐嗅觉，王家元在春风村的瘠薄地上瞄到了商机——种茶叶。他几次进城，调研市场，请专家进山验土配种，确定了优良茶种。

谁知，在村民大会上，王家元种茶叶的提议引来强烈反对：“我们祖祖辈辈种粮，没有种过茶。”“那茶叶能当粮食吗，饿了肚子谁负责？”王家元没有打嘴仗，他挨个上门，细致做工作，促膝沟通。当年，春风村发展茶园 300 亩。

清明前后，坡上茶园吐翠，村民们兴高采烈地采下第一批新茶。但由于茶园面积小，产量不上规模，茶商没把春风村搭上眼，村民们为茶叶的销路急得团团转，还有人埋怨起王家元。

王家元却轻松一笑，说：“我既然敢让你们种，就有办法把茶叶销出去。”他把村里的党员干部和年轻人组织起来，带头挑着茶叶，沿着刚修好的通村路，一担一担挑到事先联系好的茶叶公司去卖。村民们初次尝到种茶的甜头，第二年，茶园扩展到 500 亩，还吸引来浙江茶商，当年就在春风村办起茶叶加工厂。

去年，春风村茶园发展到 1500 亩。春风茶叶有限公司正式挂牌投入建设资金 2000 余万元。全村年生产鲜茶 5000 余公斤，年收入 100 余万元。

“共同奔小康，一户不落下”

短短几年，春风村冒出来不少产业大户，而王家元却常常蹲在出村的路口皱眉，琢磨着如何让所有村民都能成为“大户”。

王家元开始在村里独特的资源上打主意，利用喀斯特地貌特征和生态产业发展乡村旅游。

2006 年 3 月，王家元在春风村举办首届李花节，引来省内外数万名游客休闲观光。从未有过的人气，在王家元眼前闪起一道亮光——要是这石头山上能四季花开，岂不游人不断？4 月，王家元以 50 元一亩的地租引入花卉商在山顶上发展花卉苗圃。2012 年，春风村的花卉产业达到 2000 亩。

在发展花卉产业的同时，王家元动员农户发展农家乐。不久，春风村的第一家农家乐“刘家花园”诞生了。村民朱永芬说：“最初村干部动员办农家乐，我们还觉得好笑。现在我们农村人既能卖粮食、卖蔬果，卖饭也受欢迎。”如今，春风村农家乐已发展到近 48 户，年收入超过 200 万元的有 10 多家。2012 年，春风村村民人均纯收入达到 12600 元。全村没有贫困户。

【作者：刘裕国】

【《人民日报》2013 年 6 月 13 日第 6 版】

石窝窝里长出了金疙瘩

——记四川筠连县腾达镇春风村党支部书记王家元（中）

4月11日，当记者第三次走进春风村时，问王家元："当初，你不是答应你老婆，等春风村富了，你就回城里继续挣你的大钱吗？咋还赖在春风村？"

王家元笑了："现在我是要圆更多人的梦。"

记者再问："一晃就是12年，你家至少少挣几百万，难道你不觉得亏？"

王家元急了："要是觉得亏，当初我就不会回村了！如今脱贫奔小康，春风村不容半点耽搁！"

"如果路修不通，大伙儿就把我轰下台"

位于四川云南交界处大山坳里的筠连县腾达镇春风村，满山都是龇牙咧嘴的石头——典型的喀斯特地貌。上世纪80年代，山外一天一个样，家乡却还是老模样：恶劣的自然条件，巨大的发展落差，硬是把王家元和许多青年村民逼出了村。那年，王家元15岁。他先是到筠连县川剧团当学员，两年后，又一路向北，跑山西，进北京，打工、经商……

在外面淘到金的王家元，每每回村看父老、访亲朋，心情都一次比一次沉重——家乡的穷，一直是他心中的牵挂。2003年，王家元毅然回到家乡。

在乡亲们眼里，王家元是全村最让人敬佩的能人。2004年11月9日，春风村举行村委换届选举，王家元以95%的选票当选为村主任。

消息传开，却遭到了妻子和父亲的强烈反对。

妻子问："当村干部你一年能挣多少钱？"当王家元说出一年务工补贴1800元时，妻子恼了："过去你经商，有时一天都不止挣那点，你是不是脑子进水了？"

父亲也怨道："二娃，你好不容易才从这个穷窝窝爬出去，又跑回来倒腾个啥？难道你忘了你哥，当了几年村长，把命都搭上了……"

想起哥哥王中元，王家元的眼眶就湿润起来。1997年，哥哥为了让王家元安心在外面打拼，毅然回村照顾双亲，被村民推选为村主任，又被镇派出所聘为协警。哥哥当村主任的最大愿望就是要为村民修条通村路。他白天带着村民碎石凿路，晚上协助民警联防联治，在一次夜间追捕逃犯时，不幸牺牲。那条刚开工的路，不久也停工了。

王家元流着泪对父亲说："爹，我就是想让这石头窝窝里的乡亲们不再受穷，我相信哥也是这样想的。"

父亲点点头，妻子也不作声了。

上任一周后，王家元在村民大会上亮开了大嗓门，宣布三年内打通连接全村的环形路。他还在会上立下军令状："如果到时路修不通，大伙儿就把我轰下台！"

12月底，春风村党支部吹响了公路建设的集结号。

修路缺劳力。春风村只有3个组，仅864人，除去外出务工人员，村里老老少少不足500人。王家元率领党员干部组成攻坚队，打头阵、做表率。扶钢钎、挥二锤、搬石块、铺路基，王家元手上的血泡破了一个又一个。

修路需要钱，可春风村当年的人均收入只有1800元。王家元就回到县城从妻子廖运兰的凉菜店"借"。买筑路工具，买水泥砂石，买雷管炸药，王家元一共花掉家里10多万元。

王家元的举动，点燃了村民们的热情。全村男女老少齐上阵，100多人的筑路队干得热火朝天。村民还踊跃捐资捐款，一位72岁的大爷捐出自己积攒多年的800斤稻谷。随后，政府的修路补偿资金也很快到位了。

苦战三年，一条长8公里、宽4.5米的水泥路，穿越石壁，连通了山外大世界。

"只要有信心，石头也能变成金"

路修通了，村民们对村干部信心倍增，王家元趁热打铁，谋划着村里的产业发展，决定走出去。

一身西装，一路风尘，王家元带领村班子出发了。

他们踌躇满志，走南访北，寻找产业，带回了蔬菜、药材等七八个种养植项目。

春天，王家元满怀希望，发动党员干部一次次试种，谁知，种下的苗都打蔫了。

王家元冷静思考后，得出结论：不是带回的项目不好，而是产品"水土不服"。

当时，也有一些老板来到村里考察。当他们看到满山光秃秃、白花花的石头时，都不禁摇头而去。

王家元没有气馁，"只要有信心，石头也能变成金。"于是，他带着村班子向本村问道，集思广益，再寻出路。

有位老人告诉他，村子里曾有人种过李子，长在石头缝里的李子树结出的果子又脆又甜。王家元一听，两眼放光——发展产业的路子原来还是在自己村里的石头山上！

有过前面几次教训，这次王家元没有贸然行动。第二天，他起了个大早，赶到县里把农科专家请进村，带着他们漫山遍野进行检测，得出了春风村适合种李树的结论。

入夜，村委会办公室亮起灯，村干部们围绕发展李子产业进行热议。王家元说："现在终于找到一个适合本村的项目了，我们要大力发展李子产业。"

在王家元的动员下，党员干部干在先。老党员刘远恒家的石头地土壤薄，栽不稳李子树，他就带着家人，到几里外的山上去背土。党员干部纷纷上山，搬石头，垒挡墙，填泥土，硬是在石头缝上造出了一排又一排洗脸盆大小的树窝子。

三年后，石头山上披满绿装。一到春天，满山都是洁白清香的李花绽放。

如今，刘远恒家的李子树已发展到30多亩，仅此一项，年收入就达10多万元。一组村民胡怀银开始脑筋不活泛，把村上发下来的李子苗偷偷扔进柴火堆，王家元发现了，狠狠地批评了他一顿。之后，胡怀银跟着党员干起来，陆续种了 13 亩李树，年收入 6 万多元。2011 年，光棍打到 31 岁的胡怀银“以李为媒”，娶了云南姑娘刘邦艳，还办起了农家乐……

2007 年，春风村李子树种植已发展到 1000 多亩，村民家家都受益。这一年，王家元被推选为春风村党支部书记。当初答应老婆为村民找到一条致富路就回去继续经商当老板的承诺，早已被他忘到九霄云外去了。

“同上致富路，一户不能少”

春风村风光起来了，但还有些事有些人让王家元牵挂不已。

有一年，快过年了，王家元带着两名村干部行走在半山腰。他脚下是一条荒僻的石径，在这坚硬小路的尽头，是二组特困户李吉友的家。一间破旧矮房，室内住人带养猪。墙角边，三块石头支口锅，猪圈上，几根木棍架成床，一层包谷壳当床垫。

47 岁的李吉友，父母、哥嫂先后得了不治之症，为治病几乎倾家荡产，4 个亲人却还是在 3 年内相继去世，他与哥嫂留下的独子相依为命。12 年前，王家元了解到这个情况，便常常去看望他。

将心比心，推己及人。王家元常常顾不上自己的妻子和孩子，但却始终顾着李吉友的家。每到刮风下雨，王家元想到李吉友家土墙上那道半尺宽的裂缝，就担心得不得了，有时半夜三更还跑过去，把他们转移到安全的地方。

过了两年，村里产业发展起来了，王家元稍稍松了一口气，就组织党员干部帮助李吉友建房，大家你捐我凑，加上王家元帮他跑回的 4500 元危房改造款，三间敞亮的青瓦房三个月就建成了。

村里家家都发展产业的时候，王家元更没有忘记李吉友。他带上技术骨干，带着种苗，手把手教他种茶叶。如今，李吉友已有 30 亩茶园，每年收入 5 万多元，加上养殖业，不仅脱了贫，还过上了富足日子。

“同上致富路，一户不能少”，这是王家元的理念。

村里还有几户因残疾、智障导致贫困的人家，王家元先是帮他们申请低保，然后根据他们各自的能力，给他们寻找工作岗位。在村环卫队干活的残疾人周家贵说，像我这样的人，也有稳定收入，这在过去做梦也想不到。

2014 年，春风村年人均纯收入超过 1.2 万元，全村 203 户人家全部脱贫。春风村人扬眉吐气了！

【作者：刘裕国】

【《人民日报》2016 年 4 月 21 日第 6 版】

幸福花开“石头村”

——记四川筠连县腾达镇春风村党支部书记王家元（下）

4月的春风村，一座座新颖别致的农家院，连着一片片绿意浸染的产业园。文化院坝、健身广场、图书阅览室，充实着春风村人的精神生活；农家乐、观光亭、生态旅游园，吸引着络绎不绝的省内外游客。春风村从昔日穷困的“石头村”，变成了名扬四方的幸福家园。

站在山头上，村支书王家元满怀豪情：“春风村富起来，还要让它美起来。”

主动作为，让村子美起来

让村子美起来，就得宜居宜业怡人。春风村的石头坡上有许多栽不了果树、种庄稼又没收成的瘠薄土地。王家元总想着把它们利用起来，找来的几家花卉公司却都不愿意接手。后来，听说宜宾高县有个擅长在荒坡地上发展花卉产业的公司，王家元立刻请来。这些坡地被这家花卉公司看上了，但他们把流转价格压得很低，每亩每年只付50元。

土地流转金价格有点出乎王家元的意料。问村民，大家意见也不一致。王家元转念一想，这些地荒芜了几十年，现在好不容易找到“买家”，哪能轻易放走？最终，王家元说服了那些嫌流转价格低的村民，接着，又赶到腾达镇向镇领导汇报。谁知，镇领导一听就火了：“这个价格太低了，每亩至少也得100！”

王家元回到村里，又去征求村民的意见。村民们都想早日让房前屋后的荒坡地变成生态园，还是愿意按这个价格流转出去。前思后想，王家元还是让花卉公司进了村。按照产村相融的设想，他又围绕新村打起了生态建设的“组合拳”：水果观光带、花卉苗木观光带、有机生态早茶观光带，有序布局，稳步推进。

如今，村里已建成“李园仙居”“绿色茶房人家”“荷塘家园”等特色聚居点。原来意味着贫困的喀斯特石山，现在掩映在郁郁葱葱的生态产业林木中，与具有浓郁川南风格的新民居交相辉映，形成了独特怡人的村貌，春风村的乡村旅游也随之迅速兴起。

就这样，王家元让富起来的春风村更美了起来。

示范引领，把新风树起来

房子新了，村子美了，王家元并不满足，他说，精神富有才是真的富。

腰包鼓了，有些村民就有点飘飘然了。依托李子园开办农家乐富起来的一组村民胡怀银就是这样，不知不觉还染上了“赌瘾”，后来干脆连自己的农家乐都不管了。妻子刘邦艳管不住他，就去找王家元“告状”。王家元按照星级农家乐管理规定，将胡怀银的“胡家李园农家乐”摘去一颗星。“二星”变“一星”后，生意一下淡了下来，胡怀银得了教训，及时悔改，整改后才恢复到二星级。

为了这事，村里专门召开支部会，把树新风提上了议事日程。首先开展评选“最美春风人”活动，王家元自己动手制定入选条件，自己任组长把关。“脏了我一个，洁净全村人”的村卫生清运工胡怀彬、身残志坚的种茶能手张国海、多年如一日给高龄公公洗脚的孝媳张龙凤……一个又一个“最美春风人”脱颖而出，成为大家学习的榜样。

垃圾乱倒、牲畜乱养、污水乱排的陋习，也曾严重影响村容村貌，王家元下决心进行整治。村两委让村组干部与村民签订目标责任书，实行门前三包，责任到户。王家元有一个任组长的亲戚，仗着村支书是他侄儿，不仅不带头执行，还拒绝接受村干部的批评，被王家元当众罢了“官”。

与此同时，王家元还率领村两委大抓硬件建设。通过村级投入、村民自筹、政府补助等形式，先后投入资金 150 余万元，改造农民住房 63 户，改厨、改厕 125 户，种树种花 5 万余株，添置垃圾箱 40 余个，配备洒水车和垃圾车各一辆。全村还被划为 16 个卫生包干责任区，每周开展一次卫生评比。

五村携手，带村民富起来

随着产业的大步推进，村里大部分村民的土地都流转进了产业园区，而一批举家外出打工户的土地却还荒着。对于绝大多数农民工而言，叶落归根是必然，可如果土地就这么一直荒着，他们将来回村又能靠什么生活？

经过反复思量，王家元终于想出一个两全其美的“土地流转归还制”新思路：把那些撂荒地流转过来，种上茶叶，不付流转资金，但 10 年以后，归还给返村的打工人员。茶叶 5 年进入茂盛期，投入者有 5 年以上的投入回收期，投入不吃亏；打工者返村接手就可采摘，转手变现，生活无忧。

“土地流转归还制”很快在春风村推广开了，400 多亩撂荒地都种了茶树。第一个受益者是三组村民詹成付，他举家外出打工 30 多年，过去流转出去的 20 多亩地被种上了茶树，从去年开始陆续收回。詹成付说：“王书记替我们想得真周到，我现在可以安心在村里养老了。”

春风村富了，但周边的几个村还在原地踏步，那些村的干部找到王家元，希望春风村也能把他们村带起来。王家元立马答应，并组织人手，成立了以春风村为中心的“春风综合体”，辐射毗邻的向阳村、水茨村、千秋村、冒水村。五村牵手，齐头并进。

经过努力，“春风村综合体”范围内产业不断培育壮大，共发展茶叶 15200 亩、水果 8920 亩、花卉 4280 亩，建成标准化牛圈 22500 平方米；同时大力发展乡村旅游，带动实现第三产业年收入 530 万元。2015 年底，综合体范围内农民人均纯收入增至 14120 元，几个被帮带的穷村子得以跨越发展，提前实现脱贫。

【作者：刘裕国】

【《人民日报》2016 年 4 月 22 日第 6 版】

“牛人”李保国

李保国很“牛”。他是全国先进工作者、全国师德先进个人，河北农业大学教授、博士生导师；他是全国优秀科技特派员，太行山区农民眼中的“科技财神”，他的科研成果累计应用面积1826万亩，让140万亩荒山披绿，使山区增收35.3亿元，带动10万多农民脱贫致富。

点石成金的“科技财神”

“现在的葫芦峪，种啥都能活。”5月21日，站在石家庄市平山县葫芦峪现代农业产业园区至高点上，面对绵延数公里的满眼绿色，葫芦峪农业科技开发有限公司董事长刘海涛自信地说。

脚下，在一层层由荒山改造出来的梯田里，核桃、苹果、桃、薰衣草、玫瑰等，全都生机勃勃。

“目前已开发荒山5万亩，辐射周边27个村。”刘海涛介绍说，光园区里的水泥路就有200多公里。“这些路既是田间管理路，也是排水沟，雨水顺着路流到山下塘坝里，再通过管道由塘坝引入蓄水池中，最后滴灌到地里。只要全年降水400毫米，整个园区水就够用。”

10年前，刘海涛可没这份底气。“流转了几千亩荒山种核桃，投入了四五千万元，树苗种下去两三年，却都不见长。”直到2009年，请来了李保国。

“李保国一来，就把我们劈头盖脸‘骂’了一通，说这不行那不行。他越说不行，我越认定他行，因为他看问题很准。”就这样，李保国成为葫芦峪园区的技术总顾问，在这里建立了“山、水、林、田、路”综合治理体系和“大园区、小业主”的新型管理模式。所涉村庄农民由人均不到1亩地增加到人均8至10亩不等，年收入由人均不到2000元增加到人均8000元以上。

刘海涛说，葫芦峪是李保国30多年开发太行山经验的“升级版”。在葫芦峪之前，李保国用他点石成金的“科技之手”，至少成就了三个“品牌”：

“太行山最绿的地方”——邢台县前南峪村。这里形成了国家4A级生态旅游景区，获得过“全球生态环境建设五百佳”提名奖。但是，35年前，这里却是一个连草都长不好的荒山秃岭。

“太行山里首富村”——内丘县岗底村。村民今年人均收入3.1万元，种植的“富岗”苹果，荣获“2008年北京奥运会指定专用果品”和“中国驰名商标”称号，曾经创出100元一个苹果的神话。然而，20年前，这里却流传着“有女不嫁岗底郎，光着脊梁睡土炕”的歌谣。

“中华名果”——临城县“绿岭”牌薄皮核桃。如今，该县发展薄皮核桃种植 20 多万亩，涉及 138 个村 1 万多农户。龙头企业“河北绿岭果业有限公司”被扶持起来。可是，17 年前，创业之初的绿岭公司面对的却是一片“连鸟都不拉屎”的石头山。

李保国曾说，山上仅能长树是不够的，还要栽下“生金树”，把财富带给山区百姓。他奔着这个目标努力，树果然“生了金”，百姓果然致了富。

攻坚克难的“太行愚公”

“无雨渴死牛，有雨满坡流。”太行山区土壤干旱，土层瘠薄，水土流失严重。自 1981 年起，李保国一头扎进太行山里，进行山区开发治理研究。

不能移山，却能易山。30 多年里，这位“太行新愚公”先后完成 28 项研究成果，推广 36 项实用技术，培育了 16 个山区开发治理先进典型……

李保国在科研上取得的成就，令河北农业大学林学院教授杨敏生深深敬佩。

杨敏生说，李保国大学时所学专业是蚕桑，可他后来却成为板栗、苹果、核桃、红树莓等果树的培育专家。“一个人能把一种果树研究透已属不易，他却先后研究了好几种，还搞一个成一个，并且个个形成了产业。”

在杨敏生看来，李保国成功的最大秘诀在于“接地气”，始终坚持“生产为科研出题，科研为生产解难”的理念。

河北绿岭果业有限公司董事长高胜福回忆说，他 1999 年邀请李保国做技术指导时，曾问过李保国：“你在岗底是做苹果研究的，也出名了，现在改到核桃上来，冒了很大风险，为啥？”李保国回答说：“老百姓不能只通过一种水果致富，如果不另辟一条致富路径，他们冒的风险比我大。”

李保国的团队里既有河北农大的教师，也有他带的博士生和硕士生。

“在生产中发现问题、解决问题，在解决问题的过程中，让一个学生负责一块儿，一点点地做起来，逐渐形成一个技术体系。”1996 年就加入李保国团队的河北农大教授齐国辉举例说，在李保国的指导下，一名学生经过四年实验，颠覆了核桃树冬季修剪的传统，将修剪时间确定在春季发芽前的 20 天以内，避免了因修剪时间不当造成营养流失的问题。目前，这一创新成果被写进了教科书。

把田间地头作为课堂，把农家果园作为实验室，把论文写在太行山上。这是李保国作为一名科技工作者闯出来的成功道路。

助农致富的“农民教授”

今年 58 岁的岗底村农民梁山林，38 岁以前还是村民眼里的懒汉。“母亲端来早饭，他都是在被窝里吃，吃饱了还想再睡会儿。”村党总支书记杨双牛这样打趣他，梁山林不好意思地嘿嘿一乐。

其实 20 年前，即使勤快的岗底村民，也没能摘掉“穷帽子”。部分村民虽然已经种了 10 年苹果，当初致富的愿望却仍遥遥无期。特别是 1996 年 8 月的一场暴雨洪灾，更是让村民们感觉“日子没法过了!”

后来，村里来了省科技救灾组。其中一个人递给杨双牛一片写了字的烟盒纸：“需要果树管理技术，我可以帮忙。李保国。”纸上还留了他的家庭电话号码。李保国对杨双牛说，“你 3 个月修一条通往村后沟的路，我再来。”

20 天后，路修好了，李保国真把行李铺盖卷搬来了，一住就是 17 年。如今的岗底，家家户户住上了小洋楼、开上了小轿车。706 口人的村庄里，有 191 人获得职业技术证书，成为全国“持证下田”第一村。

梁山林观望了两三年，是村里最后一批种上果树的。现在他承包的 6 亩果园，每年收入 15 万元。40 岁的时候梁山林娶上了媳妇。女儿招了上门女婿，老梁给女婿买了一台北京现代小轿车，在家中顶梁柱的地位坚不可摧。

“李老师是我们岗底村的大恩人。”村民杨群小感叹，“如果没有李老师，我哪能轻轻松松地供完两个大学生。”如今，儿子、闺女都在县城机关里上班，老两口在家侍弄果树，一年收入八九万元，日子过得滋润。老杨笑言：“给个县委书记咱也不当，自由自在，收入也不低。”

说起李保国去世，杨群小哽咽了：“以后果树有病，找谁呢?”他说，李保国对脑子转得慢的村民跟得紧，培训时会反复问他们“学会了没?”“记住了没?”杨群小还说，村民任何时候给李保国打电话，他都不会不理；即使完全不认识的农民打来咨询电话，李保国也会认真地解答。

李保国曾说，他一生最得意的是“把我变成了农民，把农民变成了‘我’”。李保国变成农民，赢得了农民的信任；把农民变成他，成为懂技术、能致富的农业专家。

让农民们改变自身命运，是他一生孜孜以求的目标。乡亲们亲切地把他称为“农民教授”，李保国当之无愧。

用奉献践行誓言（快评）

三十五年如一日，他扎根太行，用科技染绿荒山，把富裕带给乡亲，创建了一套完整的山区生态开发模式，探索出经济社会与生态效益同步提升的扶贫新路，赢得山区人民群众的深情爱戴。

“奉献乃是生活的真正意义。”李保国用热血和生命忠实践行了自己的入党誓言，展现了对人民的挚爱，为党旗增添了鲜艳的色彩。在共产党人的天平上，为民永远是最厚重的砝码；在共产党人的宣言中，服务永远是最响亮的声音。

巍巍太行，镌刻下一名优秀共产党员的责任和担当；万亩绿林，记载着一名当代知识分子的价值和使命。他的先进事迹和崇高境界，集中体现了新时期共产党员的价值追求和时代风采，是广大党员干部学习的榜样。

【作者：徐运平、杨彦、朱旭东、余言】

【《人民日报》2016 年 5 月 30 日第 4 版】

“凡人”李保国

李保国很“土”。他其貌不扬，穿着朴素，常让人误会“不像教授”；他性格很“杠”，说话很“冲”，训哭了不少学生；他也有遗憾，最愧对的是妻子和儿子。

“李教授穿着这件羽绒服，有10多年了”

稀疏的头发、黝黑的肤色、憨厚的长相、朴素的衣着。照片上的李保国，“混”在农民堆里，全无一点大学教授的模样。除了去人民大会堂开会等极少数特殊场合外，李保国很少有刮了胡子、西装革履的照片。

葫芦峪农业科技开发有限公司董事长刘海涛对第一次见到李保国的情形记忆犹新：那是2009年2、3月间，一个“司机”载着四个农民来到公司。他左看右看，觉得只有农民中的一个高个子有点像大学老师，结果过去一问，还不是。最后，“司机”下车了，过来打招呼，说他是李保国。原来，这四个农民是听完李保国的培训课后，想请他去自己的园子里看看……李保国就顺路把他们捎过来了。

5月20日，记者在临城绿岭公司看见李保国遗留的一件羽绒服和两双旅游鞋。那件蓝色羽绒服已被洗得发灰，两只袖口露出了白色松紧带，右边袖子上有两处缝补过的针脚，后背还沾着一小块没来得及洗的黄泥巴；旅游鞋看不出什么品牌，两只鞋底后跟的外侧，被磨得很薄，鞋面也有多处裂开的小口子。“1999年与他见面时，就见李教授穿着这件羽绒服，有10多年了。”绿岭公司董事长高胜福说。

比农民还农民，很多人都这样评价李保国。“有人说他不会讲究，开始我也这么认为，后来才知道，那是不了解他。”内丘县岗底村党总支书记杨双牛说，一次他见李保国的衣服又被剐了口子，就想给他买件新衣服。李保国却说，你省点心吧，西装革履，怎么和农民坐一条板凳，咋进果园教技术？原来，让自己变得更像农民，是李保国有意的追求。

为了与农民更亲近，除了衣着，李保国讲话也力求“土气”。他给学生讲课，会用专业术语；给农民讲课，却通俗易懂。比如，他将疏果比作计划生育，“一根枝条只能结2斤，你非要它结10斤20斤，就跟养一个孩子和养10个孩子的区别一样，肯定累死了。”岗底村有个农民，跟着别的技术员学套袋，学了3天也没学会，跟着李保国，很快就会了。

他像农民一样，爱树如命，容不得树受一点委屈。“上树剪枝，他不允许穿硬底鞋，怕把树皮蹭破了。”高胜福告诉记者。

“在果树管理上，必须听我的”

在一次疏花疏果的培训课上，李保国与邢台前南峪村党委农业支部书记王晓棠发生了争执。面对王晓棠“只要果子结得稠，就能卖成钱，把果儿拧掉太可惜了”的执拗，李保国发了火，他拿起笤帚说：“在果树管理上，必须听我的，不然我就不客气了！”

在岗底，村民们给李保国起了个外号“杠头儿”，意思是，他在传授技术过程中，对农民“死盯、盯死”，杠劲儿十足。

葫芦峪公司技术部负责人聂建英说，去年 10 月，有工人在给苹果树拉枝时，侧枝下垂 45 度不到位，被来检查的李保国发现，他当场发了火，要求他们马上返工。

这样不给人留情面的事情，在李保国身上数不胜数。对果农如此，对同事、学生也如此。

河北农大有一位年轻教师，在本校读在职博士。论文开题时，认为都是同事，不会太为难。没想到，听了他的开题内容介绍后，李保国很不客气地指出了很多问题，但同时也提出了怎么改的详细建议。事后，这位老师很感激他。

学生里有很多曾被他训哭，也大都怵他。2008 年 7 月的一天，他让学生陈利英马上赶到一片受旱严重的核桃地，让她对土壤、叶片、果实取样，测定含水量，并观察浇水后的变化。陈利英把测得的数据随手记在一张纸上，后来有事耽搁了几天，等想起来时，那张纸却找不到了。李保国知道后，把她狠狠地训了一通。陈利英说，当时特别不理解，后来懂得了他的良苦用心，“他觉得太可惜，大旱不是每年都有，错过了这次实验机会，不知道又要再等多少年……”

面对官员，李保国也一如既往保持率真性情。河北农大林学院党委书记卢振启记得，2000 年院里组织博士团去一个县做技术指导，李保国名气大，当地主要领导请他吃饭，结果他说，“今天的饭就半小时，超过半小时，我就走人。”

“这辈子最愧对的就是老婆和孩子”

在岗底村的展示厅里，有一张李保国拿着话筒唱歌的照片。村委会主任杨沣军介绍说，这是村里的联欢会上，村民们邀请李保国表演个节目，他就唱了一首《流浪歌》。唱着唱着，李保国流泪了，也许他是想到了自己多年的生活状态，就像是在常年流浪。

在刘海涛的脑海里，印象最深的场景，莫过于李保国在给村民们做技术培训时，妻子郭素萍时常拿着药，笑嘻嘻地站在一旁，柔声提醒他该吃药了。而多数时候，李保国会不耐烦地回一句：“看不见正忙着呢，过会儿再说。”

儿子李东奇，从 1 岁多就被父母带进山，直到快上小学才回城。因为父母进行的是小流域综合治理研究，所以他被人叫作“小流域”。八九岁起，他就经常一个人在家，做饭洗衣服，“啥都学会了”。因为父母太忙，疏于管理，东奇的学习成绩从初二下学期开始严重下滑，高考也很不理想，上了一个成教专科。好在工作后的东奇挺争气，自考了本科，还完成了在职研究生的学习。

2015 年，李保国被评为“燕赵楷模”，在发布厅录制现场，他对主持人说，“这辈子最愧对的就是老婆和孩子！”

也是在这个场合，在夫妻俩与其他人合影的一张照片上，记者看到，两人手牵着手，非常温馨。去年，李保国在岗底村第一次、也是最后一次给郭素萍过了生日。“那天晚上，我们几个人喝了点红酒，保国兴奋地谈起我们大学时代美好的爱情时光，还学着年轻人的样子，把蛋糕上的奶油抹到我的脸上。”郭素萍幸福地回忆道。

在农大校园里，老师们看到，以前很少出来散步的李保国，偶尔也会乐呵呵地抱着小孙子转悠。此时的他，完全就是一位慈祥的爷爷。

也许，已近花甲之年的李保国，开始意识到要补偿多年来对家人缺失的柔情。只可惜，病魔没有给他更多时间。不知道这对李保国而言，是不是他此生最大的遗憾？

【作者：徐运平、杨彦】

【《人民日报》2016 年 6 月 1 日第 6 版】

化作海天一“飞鲨”

——追记海军某舰载航空兵部队一级飞行员张超烈士（上）

苍茫海空，辽宁舰劈波斩浪，一架架“飞鲨”战机陆续临空、绕舰、着舰。这意味着，新一批中国航母舰载战斗机飞行员将诞生！

然而，本已做好充足准备、具有绝对实力的一位“飞鲨”英雄缺席了。他叫张超，海军某舰载航空兵部队一级飞行员。

今年4月27日，张超在驾驶舰载战斗机进行陆基模拟着舰接地时，战机突发电传故障，危急关头，他果断处置，尽最大努力保住战机，推杆无效、被迫跳伞，坠地受重伤，经抢救无效壮烈牺牲。

张超是为我国航母舰载机事业牺牲的第一位英烈。在壮阔海天绚烂绽放的生命之花，永远定格在了29岁的青春。

生命最后的4.4秒，折射其一生的报国梦想

4月27日12时59分，连续完成两架次海上超低空飞行后的张超，驾驶战机执行当天最后一个架次飞行任务。当他近乎完美地操纵飞机精准着陆时，飞行教员已经开始在心里点赞，这意味着他们又顺利完成一天的飞行任务。

然而，谁也没料到，已经接地的飞机突报“电传故障”。电传故障，是歼－15飞机最高等级的故障，一旦发生，意味着飞机失去控制。不到两秒钟，机头急速大幅上仰，飞机瞬间离地，机头超过80度仰角。所有人的心都揪了起来。“跳伞！跳伞！”飞行指挥员对着无线电大喊。几乎同时，火箭弹射座椅穿破座舱盖，“砰”的一声射向空中……

正在塔台商议第二天飞行计划的舰载航空兵部队长戴明盟、时任团长张叶马上往外冲，朝张超落地的方向狂奔。由于弹射高度太低，角度不好，主伞无法打开，座椅也没有分离，从空中重重落下，在草地上砸出一道深深的痕迹。此时的张超脸色发青，嘴角有血迹，表情十分痛苦。救护人员赶到了，张超被紧急送往医院。

20多分钟的路程，张叶从未觉得如此漫长。“团长，我是不是要死了，再也飞不了了……”张叶没想到，这句话竟成了张超最后的告别。15时08分，一颗年轻的心脏永远停止了跳动。彩超检查显示，在巨大的撞击中，腹腔内脏击穿张超的胸膈肌，全部挤进了胸腔，心脏、肝脏、脾、肺严重受损。

“战机在张超的心里，比生命更重要！”现场视频和飞参数据清楚地显示，在飞机出现大仰角时，张超做出的第一反应竟是把操纵杆推到头，他想保住飞机，却错过了最佳

跳伞时机。“从 12 时 59 分 11.6 秒发现故障到 59 分 16 秒跳伞，整个过程仅用了 4.4 秒，张超娴熟地完成了一系列动作，堪称优秀的战机飞行员。”戴明盟说，张超肯定知道，歼—15 飞机系统高度集成，发生电传故障，第一时间跳伞才是最佳选择。生死关头，张超却做出了一个“最不应该”的选择……

张超 1986 年 8 月出生在湖南岳阳的一个农民家庭。大家庭里有 10 多名党员，大舅当过 20 年兵，从小耳濡目染党的信念宗旨；听舅舅讲战斗故事，他的胸膛里早就激荡着一股英雄气，从军报国的理想在他心里深深扎下了根。

2003 年 9 月，空军到张超就读的岳阳七中招飞行员，张超欣喜若狂。因其 3 个哥哥少年时先后淹死、病亡，张超是家里的“独苗”，家人劝他“别去当飞行员，这职业太危险”，但张超还是第一个报名应征。2004 年 9 月，张超顺利通过层层考核选拔，成为当年全校唯一的飞行学员。

进入航校后，张超不知疲倦地学习、训练。两年下来，理论功课门门优秀，训练成绩项项满分。航校毕业时，学校提出留他任教，他坚决要去作战部队，要去“海空卫士”王伟生前所在的海军航空兵某团。

他在日记中写道：“飞行不仅是勇敢者的事业，更是我的使命所系、价值所在!”

从零追赶，敢做不畏挑战的“飞鲨”英雄

2012 年 11 月 23 日，万众瞩目中，首飞试飞员戴明盟驾着战鹰成功实现了中国舰载机在自己的航母上成功起降。从这一刻开始，张超梦想深处再次荡起涟漪。

随着航母事业的发展，要在三代机部队遴选舰载战斗机飞行员的消息，搅乱了张超平静的心。一个崭新的“舰载梦”在张超心底萌生了。“要干就干最难的，要飞就飞舰载机!”张超第一个递交了申请表。

2015 年 3 月，张超以优异成绩被选拔进入舰载机部队，正式投身舰载飞行事业，成为中国海军最年轻的舰载战斗机飞行员。

此前的张超是部队公认的飞行尖子，先后飞过多型战机，参加过西沙驻训等 10 多次重大演习演练。曾数十次带弹紧急起飞，次次都出色完成任务。在某飞行团，他改装二代机第一个放单飞，改装三代机比计划提前 4 个月完成，和战友们一道创造了海军三代机改装多项新纪录。

然而，从陆基到舰基，并不只是简简单单的一字之差，更意味着一切归零。

“有本事，就是要素质过硬、能打胜仗”，这是张超挂在嘴边的一句话。他是这么说的，更是这么做的。

张超是海军超常规培养的舰载机飞行员之一，而同班其他飞行员在两年前就开始了培训。为了赶上进度，张超用近乎疯狂的状态学习钻研，夜以继日逐项攻关。他经常利用周末和休息时间给自己加量，把自己“绑”在模拟器上训练，就连睡觉室友都常听他念叨上舰飞行口诀，他的模拟器飞行时间超过大纲规定近 3 倍。对战机座舱内上百个飞行仪表和电门，他能“一摸准”“一口清”，每次飞行几百个操纵动作和程序记得丝毫不差，近百个空中特情处置方案倒背如流……

陆基模拟着舰训练中期，张超进入着舰技术反复期，技术状态时好时坏，训练成绩徘徊不前。为突破技术瓶颈，每飞完一个架次，张超都会不停地向教员请教自己飞行存在的问题；每个飞行日讲评，他总是第一个请着舰指挥官分析自己动作的偏差，不搞懂弄通绝不罢休。

张叶回忆说："张超牺牲了很多休息时间，平时很少外出，都是在房间、在模拟器上加班补课。"付出终有回报，张超训练水平稳步提升，飞行技术日臻完美，所有课目全部优等，在班里训练综合成绩名列前茅。

既是一座精神丰碑，更是一块前进路标

"他是为飞鲨而生，为飞鲨而死的！等上舰的时候，我要带着张超的徽章，让他陪我们一起见证，成为真正的舰载战斗机飞行员！"团参谋长徐英告诉记者。

遗体火化那天，全团飞行员去殡仪馆送张超最后一程。看到张超仍然佩戴着二级飞行等级标志，其实他在今年3月就被评定为一级飞行员，因训练紧张还没来得及换发。徐英摘下自己的一级飞行员标志，端端正正地戴在张超胸前。战友们把张超的二级飞行员标志珍藏起来，表示"要带着这枚胸标一起飞上航母，完成张超未尽的心愿"。

在战友眼里，张超是一个完美主义者。他大胆地飞、科学地飞、安全地飞，飞行技战术水平跨越式提升。训练之外，他还善于总结。张超把自己改装的经验体会写成论文发表在团里《尾钩》舰载飞行杂志上，为后续改装的舰载机飞行员提供借鉴，这期杂志也成为全团每名飞行员的珍藏。

"诚实守纪，是飞行员宝贵的品质。"戴明盟介绍说，飞行讲评非常严苛，都是直指问题，但有些问题如果飞行员自己不说，别人未必知道。在一次驾驶教练机起飞后，张超忘记把起落手柄复原。这个小失误，短期内虽不会造成直接严重后果，但时间一长容易使电门失效，最终导致起落架放不下来等灾难性后果。飞行讲评会上，张超主动说出自己的错误，虽换来一顿严肃的批评，但他觉得很值得，警醒了自己，也提醒了其他人。

使命召唤，时不我待。距离驾驶"飞鲨"上舰的梦想越近，张超浑身越有使不完的劲。从4月初开始，张超在紧张的飞行训练之余，把全部精力都用在整理经验、收集资料、编写教范上，只用了20多天就整理出视频资料200余份、心得体会2万余字，丰富了舰载飞行的"资料库"。

张超的电脑里，保存着一份歼－15飞机实际使用武器的教学法。"今后，每一个学习歼－15飞机武器使用的飞行员，都会记住张超的名字。"副团长孙宝嵩表示，这套教学法凝聚着心血，体现着担当，弥足珍贵，成了张超为航母部队战斗力生成贡献的最后一份力量。

"张超既是一座精神丰碑，更是一块前进路标。航母事业是一项全新的事业，未来考验还很多、要走的路还很长，但我们一定会朝着尽快形成航母战斗力的既定目标，毫不动摇、毫不畏惧，勇于探索、勇敢前行！"戴明盟说。

6月16日，渤海湾畔，一架架歼－15飞机再次展翅海天间。

矢志舰载事业，甘洒热血驰骋长空；献身碧海蓝天，千秋浩气永垂英名。魂归海天，英雄不死！

【作者：倪光辉】

【《人民日报》2016 年 8 月 1 日第 6 版】

“飞鲨”英雄情亦真

——追记海军某舰载航空兵部队一级飞行员张超烈士（下）

“提笔安天下，跨马定乾坤!”

在海军某舰载航空兵部队飞行员宿舍的一扇门上，记者看到了这样一句话。这是一位飞行员贴上去的。这句话上面，是一张年轻英俊的照片。这个怀着远大理想、看上去似乎有点“年少轻狂”的阳光男孩，曾经是一位驾驶舰载战斗机巡天蹈海的飞行员。

他叫张超，一级飞行员，护卫祖国海空的“飞鲨”英雄。在飞行训练时，因飞机突发电传故障，张超不幸以身殉职。近日我们来到这里，在部队战友和家人亲属的回忆中，我们追寻英烈，从另一个视角来敬慰英雄。

英雄眼里的“纯净小子”

同一个梦，冥冥中牵连着两位“海空英雄”。

一位是鼎鼎大名的“海空卫士”王伟，另一位则是从王伟生前所在团走出来的舰载机飞行英雄张超。

英雄跨越时空，惺惺相惜。

张超的大舅当过20年兵，张超就是在听着大舅讲的一个又一个战斗故事中长大的。英雄梦就是这样生根发芽。

2001年4月，得知海空卫士王伟在“中美撞机事件”中的英雄壮举，原本渴望当兵、渴望成为一名海空飞行员的张超，当即拍案而起，在为王伟英雄叫好的同时，他暗自立下誓言：一定要当一名像王伟一般的海空卫士，时刻守卫祖国的万里海空!

时隔8年之后的2009年7月，经过航校和部队的严苛训练，以优异成绩毕业的张超，毅然选择了“海空卫士”王伟生前所在部队——南海舰队航空兵某团。报到时，张超一句“我就是冲着王伟来的”豪言壮语，至今令许多战友印象深刻。

能在自己心中崇拜的英雄所在部队从军报国，张超内心满是自豪，全身满是动力。学英雄事迹，当英雄传人。在英雄精神引领下，张超先后出色完成两个机型改装，迅速成长为优秀的海军航空兵三代机飞行员。

“张超这小子，天生就是块干飞行的料!”2014年底，进行舰载战斗机飞行员考核选拔，舰载航空兵部队司令员戴明盟第一眼见到张超时如此感慨。

“他朴实阳光，眼神透彻，脸上总是挂着笑，很有亲和力。”“他那种期盼甚至带点乞求的眼神令我感动、让我心动，我就喜欢像他这样纯粹追求飞行事业的飞行员。”被誉为“航母舰载战斗机英雄试飞员”的戴明盟红着眼圈，动情地追忆。

张超见到戴明盟也特别激动，急切地说：“我非常仰慕您，特别想成为您光荣团队的一员！”

2015年初，已是单位飞行骨干、家属也特招入伍随队的张超，主动舍弃个人提升机会和安稳家庭生活，毅然来到舰载战斗机团。

战友口中的“暖男超哥”

“张超从来都是这样，他太痴心于飞行了，训练起来没日没夜，飞行起来无畏无惧。”说起训练，战友们认为张超是个“拼命三郎”，但在生活中，大家都亲切地称他为“暖男”“超哥”。

张超喜欢打篮球，打得很好。打球时，不管是对他犯规还是不小心碰撞，他从来不发脾气，总是笑呵呵的。

张超不会踢足球，但是只要组织踢球，他都会参加。他不上场，在旁边帮大家收拾衣物、拿水保障。大家感觉他像个邻家大哥。

在一起飞行时，张超对地勤官兵特别尊敬，总说“空勤地勤是一家，大家都是好兄弟”。一次会餐，张超以水代酒敬地勤人员，他说：“感谢地勤人员给我们维护飞机！感谢兄弟们的辛苦保障！”大家听了很感动。

张超有个习惯，每次起飞前和着陆停稳出舱前，他都会给地勤人员伸个“大拇指”。这个细节让大家感觉很温暖。事故发生后，一个地勤人员说，“真希望那次着陆，他能和往常一样，还向着我们伸一个大拇指，可没想到，这成了永远的回忆。”

张超是家里的独子，也是这个家庭的顶梁柱。张超父亲企业改制下岗，母亲身体不好，全家因拆迁长期租房居住。张超生活很节俭，这让朝夕相处的战友印象深刻。“他洗发水快用完时会兑点水再用几次，旧款剃须刀用了不知多少年，衣柜里只有几件军装和运动服，床下两个小箱子，鞋架上几双旧鞋，剩下就是书。他牺牲后，教导员让我整理他遗物，发现就只有这几样东西……”

和他同寝室的飞行员艾群一直不理解比自己小3岁的张超为什么这么费力攒钱。当张超把多年积攒的20万元一次性给父母在乡下建房子时，他才明白，这是张超的孝心。

“虽然他过得特别节俭，但对战友们却不抠门。休假回来，他会把妈妈做的腊鱼、萝卜干给我们分享，还从千里之外拖着一大行李箱老家特产‘酱板鸭’分发给大家尝。就在牺牲前10天，他让妻子寄了两盒‘君山银针’新茶，分给我们喝。现在茶未凉，他人却走了……”说起张超，战友们泣不成声。

“相守变永诀只是一瞬间，鲜活的面孔变成了怀念。我哭泣着呼唤你的名字，期盼你能给我只语片言。带着我的祝福我的牵挂，愿你在天堂里飞得更远……”团参谋长徐英含泪为张超写了一首100行的长诗，追忆他们曾经的点滴，寄托自己的哀思。

战友们说，张超虽然不在了，但他永远是舰载航空兵部队的一员。

家人乡亲心中的骄傲

“女儿很想你。”“没有办法不想念……”“与你分别 78 天了。你是否还能够感知这血染的荣誉?”……

打开张超微信的朋友圈，一字一句，一图一文，每天更新，好似他从未离开过。自从张超牺牲后，妻子张亚每天帮着张超更新着朋友圈，时而发一张女儿的图片，时而抒发自己的思念之情。

在海军南航飞行团时，妻子为支持他的飞行事业，辞去了国航空乘工作，特招入伍来到海南。2014 年，可爱的女儿出生、父母也过来团聚，一家人其乐融融、幸福美满。

面对张超选择舰载战斗机，家人起初并不理解。父母劝他：“我们在电视上看过，航母上飞比陆地要难得多、也危险得多，你可要想清楚。”妻子问他：“一家人刚团聚，过得好好的，为什么要分开?”然而，他们也知道，这是张超热爱的事业，最终还是默默支持他。

今年 4 月，张超牺牲前，妻子张亚曾想来部队看看他。

张超到舰载航空兵部队一年多了，还没让张亚来过。每次张亚提出要来，他总说，“等我上完舰。舰载战斗机飞行员只有真正驾机在航母上起降了，才算得上是舰载战斗机飞行员。”

4 月 27 日，张亚买好了第二天的火车票，跟张超约好，先去沈阳看朋友，再趁“五一”假期来部队看他。

那天晚上，张超平日里很准时的“平安”电话却迟迟没有来，张亚打了好多个过去也没人接。她有些心慌，往常只要白天飞行，张超都会打电话报平安。

但无论如何，张亚也没想到，挚爱海天飞行的丈夫已经走了。

张超和张亚有一个浪漫的约定——等他上舰那天，她要来部队共同见证梦想成真的一刻。张亚将会手捧鲜花，和两岁的女儿一道，迎接心中的“男神”凯旋!

可是，这个约定再也无法成为现实了。

在家人和乡亲的眼里，张超是个孝顺懂事的好孩子；在老师和同学的眼里，张超是个乐于助人、重情重义的好学生。张超上军校后发的第一个月 110 元津贴，只留了 10 元买洗漱用品，其余 100 元寄给了父母，父母至今都舍不得花，留着做纪念。他自己穿着旧皮鞋，把新发的皮鞋寄给父亲。每次回家探亲，他总是陪父母说笑，聊聊心爱的战机和未来的规划，告诉他们飞行是多么的快乐。

张超父亲张胜华是一名老党员，得知张超牺牲的消息后，张胜华第一句话就是：“孩子给组织添麻烦了，孩子给部队添麻烦了。”言语间，令人动容。

【作者：倪光辉】

【《人民日报》2016 年 8 月 3 日第 9 版】

高宝来：他走了，那把火仍旺着

有的人死了，他还活着。高宝来就是这样一个人。他把雷锋当偶像，将忠诚当信仰。作为一名首都基层民警，高宝来在平凡的岗位上，燃烧了自己更照亮了别人。孩子们被他的爱心所感染，群众被他的言行所感动，同事们被他的精神所指引……

高宝来走了，但他的爱心在传递，精神在传承，生命在延续。

爱心在传递

“爱，是可以传递的，只需要一个小小的动作，就可以触动人们心底的那份温暖……警察高爷爷就是这样的人，他把爱传给了我们每一个人。”这是赵润泽在海淀实验小学读五年级时写的命题作文——《一个令人尊敬的人》。

“这个题目，有五成学生写的都是‘警察爷爷’。”海淀实验小学老师马佳告诉记者，高宝来在学校门口执勤的5年里，老师们把他当家人，家长和孩子们更是把他当亲人。“帮家长和孩子开车门，他用一个简单的动作传递了爱，也教会了孩子们如何去爱。”

2015年春季开学，孩子们没有看到他们的“警察爷爷”。孩子们着急地找老师，家长们也陆续赶到学校，高宝来病重住院的消息，让大家都难以承受。一封封爱的信件、一张张祝福的卡片，孩子们想用自己的小手拉住高爷爷的大手。

“以前，高爷爷一直用他那双大手呵护着我们，现在爷爷病了，我们也要让他感受到来自我们的温暖和力量。”

10元、20元、100元、200元……孩子们主动拿出零花钱，家长们踊跃送来爱心款，老师们纷纷慷慨解囊。学校专为高宝来举行的“好人一生平安”爱心捐款活动，一个上午就募得善款36万多元。已经上初中的赵润泽，特意向妈妈预支了零花钱，专门送到派出所。赵润泽的妈妈说，“是高警官教会了孩子如何去感恩。”

“他们的爱给了我最大的鼓励，我要坚强地活下去。”孩子们牵挂着高爷爷，高宝来也挂念着孩子们，“等我病好了，还回去站岗，我们说好不见不散。”但一向说到做到的高宝来，这次失约了。

精神在传承

“究竟是什么力量在支撑着他，让他如此顽强地醉心于社区的大事小情，甚至置自己的健康于不顾呢？”高宝来的事迹，让海淀分局政委刘少波陷入了深深的思考。

“我非常热爱雷锋，也非常羡慕他那真正的人生。我要像雷锋那样，把自己的一生毫无保留地贡献给党和人民……”在整理高宝来的档案时，他18岁时亲笔书写的这段话，似乎给出了答案。

社区民警的工作，离不开的是家长里短，干出来的是温暖人心。居民牛大姐，早年生活坎坷，心里缺乏安全感的她多次拨打报警电话，影响了邻里关系，大伙都不愿和她打交道，唯独高宝来不排斥，还成了她家里的常客。

在不断的接触中，高宝来发现牛大姐对父母非常孝顺，日常很多小事都让人感动不已。当时，恰逢北京市开展万名孝星评选活动，高宝来觉得牛大姐够格，便热心地帮她争取。当接过“北京市孝星”的荣誉证书时，牛大姐激动不已，“高警官，您是个大好人，我再也不添乱了。”

刘少波至今还保留着一张高宝来的“爱民联系卡”，与其他民警不同，高宝来的卡片名字和手机号码都是用“章”印的。因为发的太多，高宝来的电话总是不断，即使到了生命的最后时刻，他还在坚持接听电话，用短信与群众沟通。在他看来，百姓的事最大。

这家的车窗没关他要管，对可疑人员他要查……高宝来始终觉得，爱管“闲事”才是好警察。无论下社区还是在学校前执勤，高宝来永远着装整齐，“八大件”、执法记录仪、电台等警用装备一应俱全。“老高就是这种全情投入工作的人，他严谨认真、慎始如初，值得我们学习。”刘少波说。

2015年7月，北京市公安局下发通知，号召全局同志向高宝来学习，“宝来精神”将与首都公安这支光荣的队伍永远在一起。

生命在延续

在儿子高陆眼里，父亲高宝来很勇敢，面对危险永远在前；很慈祥，对待群众总是面带微笑；很本分，坚信心安要比金钱更重要；很节俭，一粒米也不浪费；很倔强，认准的事谁也拦不住……

虽然高宝来不善表达，与一家人在一起的时候也很少，但在高陆心里，父亲一直是他的山、他的胆、他的“倔老头”。儿子是父亲生命的延续，“我虽然没像父亲一样成为警察，但我会努力做一个像父亲那样的好人。”

说到做人，高宝来也做过多次“坏人”。304医院是高宝来的辖区，他的警务室就设在院内。一些亲戚朋友知道他在医院的威信高，有时想让他帮忙挂一个号，但都被他拒绝了。即使是妻子生病住院，高宝来每次都是自己去排队挂号。“我不能以权谋私，更不能给身上的这身警服抹黑!”

其实，高宝来并不是不近人情。他曾经为了生命垂危的老父亲，情急之下当众哀求主治医生全力救治；也曾经在非典期间，挂念在外地上大学的儿子，忧心得整宿睡不着觉。“宝来大哥用自己的一言一行，守住了本分、守住了清贫、守住了灵魂、守住了忠诚。”作为高宝来的同事，侯占军打心眼里敬佩他，“他永远是我们学习的榜样。”

“师傅教会我如何做事，更教会我怎样做人。”弥留之际，高宝来还不忘要将自己的装备交给徒弟何山。如今，何山已经拿起了师傅的手机、挎包，装上了师傅没写完的笔记。“我会像师傅一样，永远驻守在社区里。”

高宝来走了，但他的生命还在延续。北京市公安局在全市陆续创建了 203 个“高宝来爱民服务岗”，每到上学日，学校门口仍有一群“高宝来们”在忙碌。

【作者：王昊男】

【《人民日报》2016 年 8 月 26 日第 6 版】

他始终以焦裕禄为榜样

——记新疆哈密退休干部阿布列林·阿不列孜（上）

从知青、工人到检察官、法官，他始终以焦裕禄精神为榜样，致力于民族团结、公正司法、勤政为民。退休后，他热心公益，到社区、进学校，义务宣讲法律，提供法律咨询，传播法治精神。

他就是“焦裕禄的好学生”——新疆哈密地区中级人民法院退休干部阿布列林·阿不列孜。

一篇报道引发了兰考之行

1966年2月7日，人民日报刊发长篇通讯《县委书记的榜样——焦裕禄》，正在念高二的阿布列林从报纸上读到了用维吾尔文翻译后的报道，便被焦裕禄的事迹深深感染。

当时他许下一个愿望，一定要到焦裕禄生活和奋斗的地方去看看。

“1968年2月，我的心愿终于实现了。”当年，阿布列林与5位同学从上海返回哈密，途中他把内心深藏多年的心愿告诉了同学们，并得到他们的一致赞同。

6个年轻人首先去拜谒了正在修建中的焦裕禄墓。“一路上，我们看到焦裕禄带领兰考人民修建的水利工程，看到大片大片盐碱地被改造成良田，还栽上了一排排抵御风沙的树木。”阿布列林说。接近傍晚，他们在兰考中学找到了刚刚放学的焦裕禄的儿子和女儿——焦国庆、焦守云，在征得他们同意后来到了焦裕禄的家。“一间大房子，墙上糊满报纸。2月份的兰考，屋里冷得刺骨。”阿布列林说。一个县委书记的家竟然如此窘迫贫寒，令他感到震惊。

临行前，6个年轻人和焦裕禄的家人合了一张影。“现在，这照片已陪伴我48年了。”阿布列林说。

艰苦奋斗中牢记焦裕禄精神

1969年，阿布列林响应党的号召，选择在条件艰苦的火箭农场四分场当知青。

春耕，天不亮他就扛着坎土曼下地，平地、打埂子，白净的双手磨出了大水泡。秋收，他天不亮就提上一壶水，挥起镰刀，和同伴们比赛“看谁收割的麦子多”，最多时一天割下1亩4分地的麦子。就这样，在农场1年又10个月的火热劳动中，他一天要干10个小时繁重的体力劳动，学会了打地埂、种麦种瓜种菜、收麦收瓜收菜、打场捆草背麻袋等农活儿。

1970 年，阿布列林被组织推荐到哈密地区农机厂当翻砂工，跟汉族师傅学技术。没有汉语基础，他就白天拼命干活儿，晚上支个木箱子，在煤油灯下苦练方块字，逐渐学会用汉文读报、填表格、写值班日志。

“翻砂工是最考验胆量和体力的工种，如果操作不当，就有烫伤甚至致残的危险。牢记着焦裕禄经常提到的‘革命者要在困难面前逞英雄’的精神，我坚持了下来。”从一级工干到二级工，从生产班长干到车间团支部书记，阿布列林多次被评为“优秀共青团员”，年年被评为“先进生产者”。

1979 年 10 月，哈密县公检法系统到企业筛选干部，阿布列林被录取到检察院工作。

“别人写调查报告只用汉文就可以了，而我给自己定下一个目标：用维吾尔文和汉文各写一遍，再向上级用汉文汇报。”为此，他白天上班，业余时间学习《刑法》《诉讼法》等法律到深夜，用维吾尔文和汉文背熟了办案所需的专业知识。

在检察院和法院工作的 30 多年里，阿布列林出色地办理了一个又一个案件，也从一个普通的检察干部逐步成长为检察院党组书记、哈密市法院院长、哈密地区中级人民法院副县级审判员。

学习焦裕禄必须薪火相传

1990 年，阿布列林表姐的儿子因涉嫌盗窃被移送检察院。表姐上门苦苦哀求。“不管谁犯法，都要受到法律的制裁。”当亲情和法律同时摆在阿布列林面前时，他没有想过要徇私枉法。

清清白白做人，干干净净做事，阿布列林做到了任何时候都不搞特殊化。

“学习焦裕禄精神，必须薪火相传。”2010 年，阿布列林退休后，成为焦裕禄精神的积极传播者。今年 9 月 7 日，因颈椎顽疾做手术还未痊愈的阿布列林，来到哈密市中南路社区服务站“家庭党校”，为离退休党员讲党课，此次党课主题为“弘扬焦裕禄精神，做焦裕禄式的好党员、好干部”。

不久前，阿布列林还走进校园，为哈密市一中转赠了焦裕禄铜像，为哈密市二中“焦裕禄书屋”捐赠了价值 5000 元的图书。

哈密市一中是阿布列林的母校，在这里，他与共青团员们一起开展了“学习传承焦裕禄精神”的主题团会。“2014 年 11 月，焦裕禄书记的女儿焦守云从河南专程到哈密，把她父亲的铜像赠给我，今天我把铜像送给我的母校。我希望更多的学生，将来成为对社会有用的人，成为像焦裕禄一样的好党员、好干部。”阿布列林说。

榜样的力量（短评）

48 年前，不满 18 岁的阿布列林·阿不列孜，慕名前往河南兰考与焦裕禄的家人合了影。48 年来，尽管先后搬过 8 次家，但这张珍贵的照片始终伴随着他，激励着他去学习、去工作。

从阿布列林的事迹中，我们深深感受到，他对党的无限忠诚，对人民群众的无限热爱，对焦裕禄精神的模范践行，对民族团结的自觉维护，对自己和家人亲属的严格要求。这些，都是榜样的力量在他身上的充分展现。

要成为时代先锋，就必须清正廉洁、克己奉公，在始终保持勤政廉政的政治本色中，更好地学习弘扬焦裕禄精神。要成为时代先锋，就必须勤俭节约、艰苦奋斗，在继承和发扬党的优良传统中，更好地学习弘扬焦裕禄精神。

深学是基础，细照是关键，笃行是目的。我们要像阿布列林·阿不列孜那样，把焦裕禄精神转化为具体行动，为实现中华民族伟大复兴的中国梦而努力奋斗。

【作者：胡仁巴、高子剑】

【《人民日报》2016 年 9 月 22 日第 9 版】

做好公仆当为民

——记哈密地区中院退休干部阿布列林·阿不列孜（下）

“一定要严格执法，绝不允许发生错捕、错诉案件”

“‘同意批捕’这4个字，字字重如山。作为检察官，一定要严格执法，绝不允许发生错捕、错诉案件。”1995年夏天，阿布列林审查一宗案卷时，发现疑点很多。办案人员重新调查后，免去对主犯提起诉讼。

多年来，阿布列林把国家和人民赋予的执法权力看得比生命还重。2009年，他在哈密地区中级人民法院工作时，处理一起由5名被告参与的重大毒品案，其中一对夫妻是主犯。一天，这对夫妻的母亲找阿布列林求情，被他当场拒绝。临走时，来人趁他不注意，悄悄将1000元钱塞进了他办公桌上的报纸里。阿布列林发现后，立即将钱上交至法院纪委。最终主犯被判无期徒刑，其他被告也全部获刑。

同年1月，阿布列林审理检察机关提起公诉的一起涉嫌分裂国家案。为了办好这个案件，阿布列林不顾自己严重的腰椎间盘突出疼痛，冒着零下30多度的严寒，翻山越岭赶到伊吾县查实案情，最终查明被告人的犯罪事实，依法判处其有期徒刑12年。

“再苦再累，也要保障法律文书质量。”2010年3月，哈密地区中级人民法院根据自治区高院的安排，承办了一批“7·5”案件。当时，阿布列林再次因腰椎间盘突出症状加重，正在医院住院。考虑到审判案件的质量，中院领导希望阿布列林把好汉、维两种文字裁判文书的质量关。阿布列林不顾病痛，提前出院，接受任务，认真把关。

在检察院和法院工作的30多年里，阿布列林无论是独立办案，还是当领导时决定依法批捕、起诉的案件，准确率都是100%。

“维护民族团结比什么都重要”

作为一名少数民族干部，阿布列林深刻认识到民族团结是新疆各族人民的生命线，是各民族发展进步的根基，也是社会事业发展的前提。“维护民族团结比什么都重要。”他时时处处以身作则。

1991年，哈密市陶家宫乡发生一起交通事故。一些别有用心的人借此到处煽风点火，造成受害人迟迟没有下葬……阿布列林赶到现场摸清情况，耐心向受害人亲属解释和讲明道理，并依法从快办案，肇事者得到应有惩处，避免了矛盾进一步激化。

1998年夏，哈密市人民法院在原址上建新楼。阿布列林时任法院院长，每个周末都到施工现场监工。他发现，哈密的夏天太热，外地来的汉族工人多数吃不惯羊肉，就亲自下乡买来工人们爱吃的食材送到工地改善伙食，工人们都非常感动。

“欲做公仆先近人、既做公仆必做事、做好公仆当为民”，这是阿布列林时常挂在嘴边的三句话。他是这么说的，也是这么做的。1998年，进城务工人员张宏奎，在哈密给一个理发店搞装修，活干完了，老板却赖账，张宏奎无奈起诉到哈密市法院。与张宏奎素不相识的阿布列林听闻此事，亲自过问，追回了张宏奎的血汗钱。

那时候，张宏奎刚来哈密，挣钱很少，两个孩子正在上小学，由于没有当地户口，每年仅借读费就要2000元，生活十分拮据。阿布列林了解情况后又主动帮忙，给两个孩子办理了哈密市农村户口，帮助他们家解决了节骨眼儿上的困难。一个法院院长与一个民工成了好朋友，这事儿在当地成为美谈。

“发挥余热，再为群众做点事”

“我要发挥余热，再为群众做点事。”退休后，阿布列林没有闲下来，而是积极投身到法制宣传工作中。他不辞劳苦地深入社区、学校、机关和农村，向基层群众进行宣讲，并免费为他们提供法律咨询。

2014年春天，阿布列林在哈密市惠康社区为居民开展法律讲座时，居民帕提古丽·吐尔逊为弟弟的离婚案进行法律咨询。当了解到这是一起诈骗婚姻后，阿布列林帮助帕提古丽写好起诉书，通过法院打赢了官司，追回了3.5万元礼金。

【作者：胡仁巴】

【《人民日报》2016年9月24日第6版】

火箭军某导弹旅旅长李正连

——砺剑劲旅排头兵

指挥所里，火箭军某新型导弹旅旅长李正连鹰隼般的目光，凝视着电子地图上不断变化的电磁频谱曲线、气象卫星云图、空情预警信息等，在多维立体的战场空间里寻找火力突击的发射窗口，指挥一枚枚导弹刺破苍穹，命中目标。

执掌大国长剑，锻造导弹锐旅。这位从军 30 年、荣膺“全军优秀指挥军官”的导弹旅长，用 7 年时间带领一支新锐之旅步入全军基层建设先进单位、全军依法治军从严治军先进单位、军事训练一级单位行列。

今年初，李正连被评为火箭军“十大砺剑尖兵”。他感慨地说：“从军 30 年，获过无数奖，但我最喜欢‘砺剑尖兵’这个荣誉。”

“宁可备而无战，不可战而无备”

子夜时分，刺耳的“战斗警报”划破夜空，一场不打招呼的应急拉动开始了。全旅官兵迅如捷豹，驾驭着战车，转瞬消失在茫茫夜幕之中……

“‘箭在弦上’已成常态，部队闻令‘随时能战’！”李正连自信满满。然而 2009 年他刚当旅长时，心中却充满忧虑。不少战士守着背囊侃大山，连警报讯号都分不清楚，基层营连的战备物资“锣齐鼓不齐”。“这种状态能打仗吗？”拷问如重锤猛击着李正连。

带兵打仗，使命催征。李正连打起背包住进发射一营搞试点，一项项行动研究、一个个物件规范，不仅制定战备所需的物资种类、数量、装卸载顺序等标准，还在全旅按规格大小、体积重量、功能特点进行模块化、标准化配套储备，使整营应急出动时间缩减 2/3 以上。整旅轻装集合只需 22 分钟，部队时刻保持“随时能用、随之能战”的临战状态。

“对军人而言，能打仗是基本要求，能打胜仗才是终极目标。平时不用实战化训练补回来，战时就得用鲜血来弥补。”李正连告诫官兵。

2013 年，部队首次奔赴高原执行实弹发射任务。李正连自抬门槛：不外请专家，独立组织实弹发射；按照作战需要，全流程发射演练；全员备战，随机抽点发射单元。有人好意提醒：“从难从严固然重要，步子是不是迈得太大了？”李正连态度坚决：“这一步，不迈不行，必须以作战的方式训练。”鏖战一个多月，当“长剑”扶摇而上刺破苍穹，李正连露出一丝微笑。这一仗，刷新该型导弹新模式发射最佳精度。

如今，3 年过去，这一训练任务又衍生出多项“军规”——连续部署转换、连续火力突击、变换发射阵地、变换打击目标、变换通信手段……新的“战场法则”，让这个导弹旅战斗力突飞猛进。

“少讲‘给我上’，多喊‘跟我来’”

在发射一连班长魏永华的心里，旅长李正连是他的学习榜样。2013年，某基地组织军事技术大比武，李正连率先捧回旅团主官组的冠军，而魏永华只拿了个第八名。“旅长都拿第一名，自己怎能拖后腿?”魏永华苦练精训，最终成为旅里数一数二的“导弹通”，入选基地技术尖子人才库。

尽管李正连带部队抓训练是出了名的“严上严”，但全旅官兵都是他的“粉丝”，大伙儿打心底里既佩服更信服。旅政委杨洪全说：“李正连严于律己，率先垂范；强，说话办事自然腰杆子硬。”

带兵打仗，李正连身先士卒，作为一旅之长，他很少讲“给我上”，说得最多的是“跟我来”。一次部队千人百车万里机动，执行跨区驻训演练任务。军列抵达准备卸载，一场暴雨不期而至，不少官兵躲在车上避雨。李正连第一个穿好雨衣，大手一挥：“党员跟我上!”

立身为旗，就是最好的命令。不到一分钟，全旅官兵都忙碌在雨幕之中，卸载任务提前完成。就在大家准备给他竖拇指“点赞”之时，李正连发话了：“下雨就不打仗了吗?今天这种事，我希望是最后一次……”简短一席话，穿透雨幕，直抵每个战士的心田。

日常生活中，李正连时刻做好表率。今年初，李正连买了个智能手环，一位参谋提醒他：“这种手环定位功能强，不适合佩戴。”李正连当即摘下“送”出营区，现身说法给全旅上了一堂保密课，一场安全保密隐患排查活动随即展开。

“兵有长进我高兴，兵有难处我解忧”

远离上级机关、地处大漠戈壁、自然环境恶劣，按说官兵“思转盼走”也是常理，该旅不仅全体官兵安心本职热爱岗位，就连军嫂兵娃都乐在其中。原因何在?女战士占艳娟的话道出了官兵心声：“环境很苦，心里很甜，旅党委想方设法为我们排忧解难，让我们有了满满的获得感。”

李正连带领党委一班人出台了“服务官兵十二件事”，涵盖改善生活服务保障、解决官兵婚恋难题、助力官兵成长成才、融洽官兵家庭关系等方面。

旅里建起了“军营卡拉OK厅”“军营互联网吧”，周末休息时间对官兵开放，既让官兵有休闲场所，也增进了彼此感情。营区家属院是“大后方”，李正连只要回到那里，总要转上几圈，看看有哪些地方需要改进。几年下来，家属院不仅修建了电动车停车棚、机动车停车场、儿童娱乐设施，配齐了健身器材，还在楼下设立了医疗救护站、饮用水直饮点。

“爱兵，就要做到兵有痛痒我着急，兵有长进我高兴，兵有难处我解忧。”这是李正连常挂在嘴边的话，更是他关爱官兵的真实写照。

今年上半年，正在组织野外训练的技术营长轩维昌接到家中电话，得知妻子被查出乳腺癌，医生说最多还有3个月。李正连得知后，特事特办让轩维昌从训练场直接回家照顾妻子。他还四处帮着寻医问药，联系解放军总医院、火箭军总医院专家进行会诊并进行了手术。一位军旅作家听说后，为李正连写下一首小诗："爱兵如子有真情，感恩反哺献青春，他日仗剑提旅时，一呼百应慑敌心。"

【作者：卢晓琳】

【《人民日报》2016年9月29日第6版】

把生命献给需要帮助的人

——追记河南安阳市救助站原站长许帅（上）

雨后的河南安阳，气温骤降，市救助站内，却暖意融融。踏着歌曲《小苹果》的节拍，几十名流浪乞讨人员在院子里舞动起来。

他们中的大多数是智障患者，经常食不果腹、无处安身。但他们是幸运的，救助站原站长许帅顶住压力、冒着风险，把这些人请进“家”，在全国开创了“公开招标购买服务、医助结合站内照料”救助管理模式。

在身患胃癌四期的情况下，37 岁的许帅还顽强地与“病魔”赛跑，生命的最后还想着“开个班子会，研究救助站二期工程建设”。

“医助结合”，救助站开创新模式

提起“小苹果”，安阳市救助站的工作人员都记忆犹新。

“‘小苹果’是救助站里诞生的第一个女婴，现在两岁多了，大家都很想念这小家伙。”安阳市救助站副站长杨瑞红说，2014 年 7 月，一名怀孕 8 个月的流浪女到救助站，20 天后“小苹果”出生。9 个月后，救助站找到母女俩的亲人，把她们送到广西老家。

“小苹果”是早产儿，她母亲也是智障患者，如果不是医护人员的及时救助和精心护理，也许故事会被改写。

这得益于安阳市救助站开创的“公开招标购买服务、医助结合站内照料”救助管理模式。

当时，安阳救助站和全国兄弟单位一样，受人员、设施等因素制约，曾将滞留的智障类特殊救助对象交给代养机构照料。但由于疏于监管，这部分人员生活条件极差。

2014 年，许帅提出“医助结合”的工作设想，尝试引入第三方专业服务机构。

“这些滞留人员大多是智障患者，身上还有传染病，比孩子还难管，如果发生意外，救助站要担责。”当时，救助站内部意见并不统一。

但许帅说，救助站就是流浪乞讨人员的家，就是让他们饿了有饭吃，困了有床躺，病了有人管，求告有人应。

在许帅的坚持下，安阳市按摩医院与安阳市救助管理站合作，以政府购买服务的形式在全国率先设立医疗安置区，对受助人员分级护理、精准救助，他们不仅生活有保障，还能得到基本医疗、康复训练等服务。

“事实证明，许帅的想法是对的。”同事吴青山说，不少受助人员经过精心治疗，恢复意识。“小苹果”的母亲恢复记忆，早产的“小苹果”平安降生。如今，救助站又诞生了一名女婴，取名“小鸭梨”。

自医疗安置区设立以来，安阳市救助管理站收治智障、癫痫等流浪乞讨人员 200 余人，其中有 138 人病情好转，有 128 人被顺利护送回家。

抗争病魔，为事业甘做“孺子牛”

就在救助事业风生水起时，病魔正在悄悄“侵蚀”这位年轻人。

许帅的邻居、和他共事六年的冯琳回忆，自从自愿参加四川“5·12”抗震救援工作后，许帅更加关注公益。2013 年，他通过竞争上岗当上安阳市救助站站长。

从此，救助站成了许帅的“新家”。他对特殊群体的爱体现在点点滴滴：将所有床头改为无棱角床头，所有暖气片都改成地暖，就连拆除铁窗时留下的钢筋茬子，也全都打磨平整；与公安部门对接，将全站受助人员 DNA 推送至全国救助寻亲网；推进未成年人社会保护试点；帮助聋哑流浪儿童重返校园……

由于长时间超负荷工作和不规律生活，2014 年 9 月，许帅出现腹痛、便血等症状；同年 11 月，被确诊为胃癌四期，医生诊断：还有 3 到 6 个月的存活期。

和父亲大吵一架后，倔强的许帅放弃在北京的治疗，回到安阳边化疗边工作。

这位不听话的病人也让医护人员既头疼又感动。

“张护士，我挺得住，就是怕化疗弄乱我的发型。”许帅笑着说。后来，头发也掉光了，他又称自己为“光头老衲”。许帅的幽默、乐观和坚强，也感染了病房里的患者和家属。

“由于腹腔大量积液，最严重时每天要排出 10 余斤液体。”安阳市肿瘤医院护士张龙琳不敢想象，对工作的爱竟可以战胜病痛。

今年 7 月，安阳遭遇特大暴雨，许帅委托父亲向受灾群众捐款 1000 元。

“治疗费用就是无底洞，我们不能接受他们的捐款。但这父子俩都很执拗。”安阳市总工会宣教部部长、许帅先进事迹报告团团长张艾敏说。

7 月 11 日，民政部领导赶到安阳，把民政部最高荣誉奖“孺子牛奖”奖杯和证书送到许帅手中。

8 月 2 日，许帅请求父母开车带他偷偷溜到救助站。他挂念着救助站外墙的违章建筑是否停工、今年新栽的果树是否结果……

9 月 1 日凌晨，在与癌魔抗争 600 余天创造生命奇迹后，许帅永远闭上了双眼……

为敢于担当的“孺子牛”点赞（短评）

如果不是实地探访，你不会理解他开创的“医助结合”救助流浪乞讨人员新模式的意义；如果不是亲眼看到成摞的尿不湿，你不会理解一个救助站长对工作的痴爱、一个男人与癌魔抗争 600 余天的决心；如果不是见证两位年轻人因为他的角膜捐献而重见光明，你不会理解一名救助站长把自己彻彻底底奉献出去的无私……

安阳市救助站原站长许帅身上彰显了心系群众、视救助对象为亲人的情怀，求真务实、积极谋事创业的追求，以及乐观豁达、坦然面对病魔的胸襟，深刻诠释了民政干部“俯首甘为孺子牛”的精神风貌，集中体现了新时期年轻党员干部的时代风采，无愧于“孺子牛奖”的称号。

为许帅点赞，赞他牢记宗旨、对党忠诚的政治品质；赞他爱岗敬业、忘我工作的优良作风；赞他勇于创新、敢于担当的进取精神；赞他恪尽职守、无私奉献的高尚情操。坚定理想、克难攻坚，始终把人民放在心中，他是所有党员干部学习的榜样。

【作者：龚金星、张毅力】

【《人民日报》2016年10月25日第4版】

他走了，却留下光明

——追记河南安阳市救助管理站原站长许帅（下）

在与病魔奋力抗争600余天后，安阳市救助站原站长许帅平静地闭上了双眼。

把眼角膜捐给两个陌生人后，这名坚强的救助站站长走完了救助生涯的“最后一站”——把光明留在人间。

餐厅露台旁，一个砖砌的简易鱼池内放着制氧设备，这是许帅的“原创发明”；墙壁上的任何一个开关都可以控制全屋的灯光，这是为了方便奶奶起居；开创“医助结合”救助流浪乞讨人员新模式……许帅不仅仅在工作中善于创新、敬业奉献，在生活中也是一名孝子。

每天吃完饭，许帅87岁的奶奶总爱到孙子的屋子里坐坐，慢慢抚摸着一台轮椅式的电脑。这是许帅生病后，为方便写东西，自己特制的电脑椅。

许帅是个孝子，为方便奶奶和家人间联系，他连买三部老年人专用手机。父亲过生日，他为父亲洗脚……

也许因为陪伴家人的时间太少，许帅的朋友圈里满是歉意。今年母亲节，许帅这样写道：马上又得化疗了，估计老妈要伺候我最少3个月。祝福妈妈节日快乐！等我身体恢复后，一定带老妈去云南，实现老妈的梦想！

许帅的父亲许宏刚早在上世纪80年代就是当地国企厂长，但家庭对许帅的管教格外严格。在发小冯琳印象中，许帅从小不追求名牌，剩饭总要打包，生活很节俭。

“我起初不同意他去救助站，也不同意他冒险探索医救结合新模式。”许宏刚坦言。直到儿子生病后父子俩交流渐渐多了，许宏刚才读懂他的世界，“他对事业的追求值得我学习。我现在最后悔的事，就是从来没有夸过懂事的儿子。”

今年6月13日，距离生命的终点不到3个月时间，许帅时常昏迷，身体越发虚弱。当天，他最后一次主持救助站工作例会。

当天会议纪要上，记录了这样的安排：做好“夏日送清凉”专项活动准备；未成年人保护中心提前部署“蓝精灵”志愿服务活动；总务科负责为受助人员购买蚊帐等夏季用品……

两天后，许帅又一次昏倒，再也没能离开病房。但只要清醒过来，他就总会嘱托同事吴青山一定要把救助站医疗安置区的二期规划落实好，安装健身器材，让受助人员在刮风下雨时也能锻炼身体……

第一次化疗后，许帅开始小便失禁。为此，他每天穿着纸尿裤去上班。有次去郑州出差，忙到很晚，他因要换纸尿裤又心系救助站的工作，就凌晨3点回到安阳，一路上冻得胃疼……

由于药的副作用大，许帅的血压上升到低压120、高压180，手脚满是裂口，脚疼得不能着地。于是他每天拄着双拐去上班，回到家就瘫倒在床上，被血渗透了的袜子粘在鞋上揭不下来。

看到这一幕幕，许宏刚心疼得想哭：这还是那个小时候打针都怕痛的孩子吗？儿子是咋挺过来的呀！

在生命的最后阶段，许帅还在想着救人。住院期间，他背着家人偷偷向有关机构申请了遗体和器官捐献，事后才告诉家人。

许帅的妈妈马琳想到这件事就泣不成声，但她最后还是理解了，“孩子说不能延长生命的长度，但要追求生命的宽度。”

在父亲许宏刚看来，许帅的这一决定是经过深思熟虑的，“他本身就是搞救助工作的，这算是他救助别人的最后一站吧……”

【作者：龚金星、张毅力】

【《人民日报》2016年10月26日第6版】

把生命献给需要帮助的人

——记解放军总医院百岁军医、胸心外科专家苏鸿熙

如今，1915 年出生的苏鸿熙已走过世纪人生；他的爱党、报国、大医精诚的中国心依旧炽热跳动……

作为我国心脏外科学重要开拓者，苏鸿熙对我国心脏外科的发展作出重大贡献：他成功地实施了我国第一例体外循环心脏直视手术，开创了我国心外科领域的新纪元。手术时间与联邦德国同年，使新中国心外科迈入世界医学先进行列。

“呜……”1949 年 12 月的一天，一声清脆响亮的汽笛声打破浩瀚太平洋的沉寂，一艘由香港出发的客轮驶向美国芝加哥。来自中国大陆的青年医生苏鸿熙缓缓地从客舱走向船舷，对山河故国的思念之情化作诗情从胸中喷涌而出：“客轮载我赤子情，祖国恩情心中驻。借此小诗明鸿志，学成归来酬故土。”

1957 年 2 月，苏鸿熙和妻子辗转 6 国，终于回到这片他深爱的故土，将满腔热情献给祖国母亲……

党龄三年的“老党员”
“这一天来得虽然有些晚，但了却了我一生心愿，此生无憾”

2013 年 7 月 1 日，99 岁高龄的苏鸿熙坐在轮椅上，坚定地举起右拳，面向党旗庄严宣誓：“我志愿加入中国共产党……”

苏鸿熙的入党介绍人、85 岁的王思让教授对 3 年前这场在解放军总医院金沟河干休所举行的入党仪式记忆犹新：“尽管为了避免情绪激动，家人让苏老在会前服用了安定片，但年近百岁的苏鸿熙仍老泪纵横。他抓着我们的手说，‘这一天来得虽然有些晚，但了却了我一生的心愿，此生无憾！’”在场的老专家们一同颤巍巍地举起自己的右拳，重温入党誓词……

“轮椅上的誓言”诠释了苏鸿熙对党历久弥坚的忠贞信仰。他曾多次提出入党申请，但因为妻子是美国人，多年未能如愿。尽管苏鸿熙的党龄只有 3 年多，但用共产党员的标准要求自己却已然坚持了一生。

苏鸿熙 1915 年出生在战乱的旧中国。上世纪 40 年代末，苏鸿熙赴美留学……新中国成立的消息让他深切地感到：因为共产党的领导，中国才翻过了任人宰割的一页，自己要抓紧一切机会学习西方医学前沿领域的知识和经验，回去建设新中国。

苏鸿熙对祖国深沉的爱打动了美丽的美国姑娘杰妮，她毅然决定跟随丈夫去中国，并给自己取了中文名字“苏锦”。如今 87 岁高龄的苏锦回忆道：“我要帮助他实现提高

中国医学水平的理想，他去哪儿我就去哪儿。”

苏鸿熙夫妇悄悄做着回国的准备，用节省下来的全部费用购买了两台人工心肺机，这引起了美国联邦调查局的怀疑。提起与美方斗智斗勇的过程，苏老脸上露出了可爱的得意神情：“为了安全起见，我把人工心肺机放在医院的地下室。有一次我在家里整理带回国的资料时，深夜的灯光引起美方注意。他们进来询查，问灯光一闪一闪在做什么，我就回答在做预备教学用的幻灯片。”

海外游子的归国路在1957年初启程：在美国完成进修的苏鸿熙带着妻子辗转6国，耗时52天，行程近10万里。苏鸿熙的学生、心外科原主任朱朗标曾听老师讲过历尽艰险的归国之途：“为了躲过美国移民局的刁难，苏锦老师以赴欧旅游为名取得离美护照，几经波折到苏联，再从苏联返回新中国。”当记者问苏鸿熙夫妇是否记得是哪一天抵达共和国首都北京时，二人不假思索地说：“1957年2月23日。”

党的十八大以后，党中央重拳反腐，苏鸿熙深受鼓舞。王思让教授告诉记者，苏老曾多次对他说，“看到那些大老虎都被打掉了，我对中国共产党的领导更是充满信心。”那段时间，苏鸿熙对中国特色社会主义事业有了新的理解。他找到干休所领导，汇报自己的思想，迫切要求入党。“苏老99岁入党，更加说明他坚定地一生一心向党。”外科临床部政委蔡郁说。

“姚助理，这是我12月份的党费。”采访期间，苏鸿熙让家人把准备好的信封交给了干休所助理员姚军，信封里装着的，是一颗跳动的中国心。

赤子情深的报国路
“当时中国体外循环技术的水平仅比美国
相差5年，超过了苏联、日本等国”

心脑血管疾病是威胁人类健康的三大杀手之一。在心血管外科有一项叫作体外循环心脏直视手术（简称体外循环手术）。做心脏直视手术时，患者心脏需停止跳动，而心脏停跳，血液不能周身循环，患者就会死亡。此时必须借助人工心肺机，让体外血泵支持血液循环和体外氧合，以使心脏停跳却仍能保持生命存活，术后再将体外循环的血液返回心脏和冠状动脉，让心脏重新跳动。“这种手术，难度大，耗时长，手术医生的技能必须娴熟。”苏鸿熙的研究生、心外科原主任医师余翼飞教授说。

体外循环手术在1953年由美国率先应用于临床。苏鸿熙在美国留学期间先后到3家开展该项手术的医院进行观摩，并写下几大本心得笔记，逐渐掌握了这项当时世界上心外科最前沿的尖端技术。

1957年回国后，苏鸿熙利用带回的两台人工心肺机建起实验室，当年5月就在国内首次应用人工心肺机进行体外循环动物实验。次年6月，在国内首次成功应用人工心肺机进行体外循环心内直视手术修补室间隔缺损。1963年，苏鸿熙在国内首次成功应用人造血管进行主动脉——颈动脉搭桥术。

苏鸿熙所做的努力为我国心脏外科的发展掀开新的一页，也为无数先心病、大血管病患者带来福音。2003年，苏鸿熙与曾由他主刀的我国首例体外循环心脏直视手术的患者在45年后相聚。当年6岁的儿童如今已年逾半百，身体健康，家庭美满，他由衷感谢苏老的大医精诚。

对于已有的成绩，苏鸿熙非常低调，记者只能从他的同事和学生口中了解。朱朗标介绍说，“尽管当时中国的西医总体水平落后，但在苏鸿熙等医学专家的开创下，中国体外循环技术的水平仅比美国相差5年，超过了当时的苏联、日本等国。”

如今，体外循环心内直视手术已然“飞”入寻常“医院家”，全国已有600多家医院可以开展同样的手术，年手术量达数万例。手术的应用范围不再局限于心外科，已延伸到气管手术、肿瘤手术……成为救死扶伤的重要手段之一，每年救治人数以几十万计。

为患者想的仁医心
“为了争取时间，我就接着往外跑，哪里顾得上找鞋啊”

作为胸心外科的著名专家，苏鸿熙关爱病人的故事，至今仍在解放军总医院流传……

一个周末深夜，正准备休息的苏鸿熙接到病房值班室的电话，科里刚刚收入一位患者，病情突然恶化，请他马上到病房实施抢救。苏鸿熙撂下电话，顾不上穿袜子，套上鞋就往外冲，刚出门一只鞋子给甩丢了。“为了争取时间，我就接着往外跑，哪里顾得上找鞋啊。”苏鸿熙回忆道。赶到病房的苏老顾不上缓口气，立刻诊断病情，随即安排手术。更换手术衣时，大家才发现他是光着一只脚跑来的。由于抢救及时，手术非常顺利。术后，同事们诙谐地对苏鸿熙说：“您今天可当了回‘赤脚医生’了。”朱朗标回忆说：“苏老更诙谐，‘不对，是半个赤脚医生，有只脚还穿着鞋嘛。’”工作了大半夜的所有医护人员都笑了。

苏鸿熙趴着数接尿瓶刻度的故事也被后辈们立为榜样。根据排尿量的多少可以判断体内循环等功能是否趋向好转，总医院麻醉科原主任宋运琴告诉记者，“当时，患者的接尿瓶是顺着管道置于床下的。为了准确了解瓶中的尿量，年近六旬、身高1.8米的苏老毫不犹豫地趴在地上，让目光平视液面的凹线，然后数瓶子上的刻度。他对大家说：‘这样计量液体才是最准确的。’”这一幕，这句话，让在场的所有人为之动容。

面对个别医生收受病人“红包”的不良现象，苏鸿熙深恶痛绝。他对医护人员的要求是：“绝对不能收受病人红包，要千方百计为病人着想。”此举，赢得患者和同行的赞誉。

为鼓励年轻人学好英语，了解国际心外科的最新研究成果，苏鸿熙在总医院创办了“马路英语班”。每天早上6点，苏老带着青年医生们边散步边学英语，风雨无阻。从半个多世纪前苏鸿熙远渡重洋“学成归来酬故土”，到如今鼓励青年才俊“走出去”交流学习师者谆谆，“我的中国心”旋律没有尾声……

【作者：卢晓琳】

【《人民日报》2016年12月16日第6版】

他用真情把百姓暖透

——记福建厦门市公安局集美分局指挥情报中心教导员陈清洲（上）

在人们的生活中，灯是一个不可或缺的东西。路灯朴实平凡，但能默默发光，不懈地照亮前行的路，为百姓送去平安。

福建厦门市公安局集美分局指挥情报中心教导员陈清洲就是这样一盏“灯”。从警21年来，他忠于职守、甘于奉献、润物无声，竭力发出最强的光亮。不幸的是，陈清洲这盏灯照亮了别人却燃烧了自己，在今年“G20杭州峰会”安保、防抗“莫兰蒂”超强台风任务中，陈清洲累倒在工作岗位上，并被诊断为肝癌晚期。

6000万元，“亮灯”警察筹款改善交通

陈清洲1995年参加公安工作，2006年2月就任厦门市公安交警支队的灌口中队指导员。当时灌口辖区交通情况极为复杂和落后——路口多、弯道多、陡坡多，没有一座红绿灯，也没有一座人行天桥，辖区15公里的324国道段夜里漆黑一片。当时的数据显示，灌口辖区交通事故80%发生在夜间。“亮灯”，成为破解交通难题的当务之急。

说起当时的情形，陈清洲女儿还讲述了一段小插曲。“爸爸到任新岗位的第三天晚上，我问他‘爸爸是不是不乖，怎么被赶到这个黑乎乎的地方来’。那时候我才4岁，谁知道无心的一句话刺痛了爸爸的神经。”

自此，陈清洲就经常夹着一个本子出门，本子逐渐被各种线条、标识物填满：这里有学校，缺少斑马线；这里岔口多，需要红绿灯……“从灌口往漳州方向有一条复杂山路，弯道多，陡坡多。我觉得这样的地方很少有人会来，准备打‘退堂鼓’，可清洲坚持要徒步上山勘察，后来那里变成了一条有完善交通标识的美丽乡村路。”灌口镇村建办的赖志年回忆道。

紧接着，陈清洲根据实地勘察设计出交通设施规划图，取名“亮灯工程”。“当时预计至少要3000万元，我觉得这是天方夜谭，可他坚持事情一定要干，而且坚信一定能干成。”原灌口镇副书记黄进勤说，“那两年，他总是随身携带勘察报告和规划图，各种交流会、座谈会，只要抓住机会，就不厌其烦地向各级领导汇报和‘游说’。”

“投入3000万，一年少死5个人，两年就是10个人，10年就可以挽救50个人的生命。政府拿出一点钱，既能避免事故，又完成了百年大计。”陈清洲总是和当地领导算这笔账，终于他的努力没有白费。2006年至2009年，相关部门投入6000万元，先后建起了15座红绿灯、6座高位照明灯、3座人行天桥、18条斑马线、86面交通标志、

万米隔离护栏。村民门口的路亮了，大家因此给他起了一个亲切的名字——“亮灯”警察。

3000余场，警察用“教授嘴”开展平安宣讲

路灯亮了，交通事故减少了，可“减少”并不等于“没有”。陈清洲深感治标更需治本，保障安全还需心中“亮灯”。12月14日，记者来到他曾经工作过的灌口中队，院子面积不大，可这里设有交通安全宣教室、交通事故模拟展厅等等，随处可见他的劳动成果。

其中，一辆破损不堪的摩托车停放在院子中间，引起了记者的注意。灌口中队中队长陈彬说陈清洲是一个有心人，“2007年一部摩托车载着两名乘客发生车祸，驾驶员当场丧生。陈清洲主动留存了这部摩托车，将其固定在一部四轮小推车上，变成了现在的‘六轮’，经常推到路面上、广场上开展宣传教育。”

15日上午，记者来到灌口镇李林小学，同学们正在做课间体操，很多体操动作竟然是交警手势。“早些年，这里的孩子多为外来人口，交通安全意识不强。学校又紧邻交通复杂的319、324国道，安全隐患突出。为了增强孩子们的交通安全意识，陈清洲主动和我们沟通建立一个交通模拟实验基地。方案、设计、人员、物力、财力、安全教材……他面面俱到、亲力亲为，这才有了今天的成果。”李林小学校长陈美宗说。

熟悉陈清洲的人都说，他长着一张“农民脸”“教授嘴”，这“教授嘴”就是指他生动活泼的授课内容和充满激情的授课方式。从警21年以来，陈清洲在辖区内开展交通安全宣传和反诈骗宣传3000余场。今年9月，针对高校学生频频遭受电信诈骗这一问题，陈清洲利用“开学季”走进厦门市集美区各大高校，21天时间连续上了19堂防范诈骗宣教课，深受大学新生欢迎。

为了让更多的人树立安全意识，陈清洲不放弃一切机会和平台，2009年在全市交警中开设首个实名微博。陈清洲在灌口派出所的老搭档、现任集美分局治安大队大队长王光锋还告诉记者：“电视开机后会有1分钟广告，一般人不会理睬，可陈清洲觉得这是可以利用的机会，便积极协调开办了一个‘清洲说警事’的公益节目。如今很多人都是通过这个节目知道公安队伍有个陈清洲的。”

36小时，为民坚守抗击台风

“亮灯”警察陈清洲确实与“灯”有缘。他年少时就有当警察的梦想，可是家里贫困，长期夜间读书准备考试的电费难以承受。他很快想到了一个办法——一家纺织厂的缝纫机装有照明灯，适合用来读书。他通过关系找到纺织厂厂长，一番软磨硬泡，厂长破例准许他在晚上10点工厂下班后，借用一台缝纫机灯光就读，从此纺织厂下半夜便多了一名编外“保安”。通过不懈努力，他如愿成为一名警察。

一盏灯，开启了他的从警之路；陈清洲决心自己也要做一盏灯，来照亮他人。他多年前就被查出患有肝炎，不应该再加班熬夜，可拼命三郎的个性驱使他照常前行。今年

7月份，他的常规体检报告显示甲胎蛋白偏高，医生再三叮嘱他要抓紧复查，但面对G20杭州峰会安保、抗击“莫兰蒂”超强台风等战役，他依然连续加班加点、忘我工作。

9月14日是陈清洲值班，他一如既往地第一个到单位。“我总开他玩笑，说每天早晨食堂第一口饭都是你吃的。”王光锋回忆说。这一天陈清洲似乎到得比平常还要早——根据天气预报，破坏力极强的台风“莫兰蒂”逼近厦门。

据集美分局很多同事介绍，从台风来临前的14日上午8点，到台风登陆后的当晚8点，陈清洲在岗位上坚守了36个小时。这36个小时里，他主要做了四件事：台风逼近时，紧急疏导大桥和高速路口的堵情，并发布交通预警信息；台风肆虐时，及时转移设备，确保“生命救援热线”的安全；警情复杂时，直接进行扁平化指挥，为救援赢取时间；台风过后，为恢复警务通讯、保障基本接处警，他出谋划策、现场处置……每一件事，对于确保辖区群众的生命安全，都意义非凡。

在厦门遭遇“莫兰蒂”后不久，陈清洲也遭遇了人生中最大的困难——被确诊为肝癌晚期。“按照事后推断，‘莫兰蒂’肆虐的那个夜晚，癌细胞已经在陈清洲的体内横行，真是无法想象一个肝癌晚期的病人，忍受如此大的痛苦还能坚持工作。”同事杨英东说。

9月23日，核磁共振检查结束后，医生告诉陈清洲结果不是太好，需要进一步确诊。即便如此，他还是没有推掉原来就定好的两堂反诈骗宣传大课——在数千人面前，他依然是那副阳光般的笑容。9月28日，在陈清洲进入手术室的前一天，他还发了一条微博：“集美大学的老师、同学们，对不起，清洲这次失约了，下次一定补上。”

做好每一件简单的事，就是不简单（记者手记）

有人说，和平年代难有英雄。我说这是一种偏见，人们固有印象中的一生轰轰烈烈的传奇，只是英雄的一种类型。现实生活中并不是没有美，只是缺乏一双发现美的眼睛。关于陈清洲的采访让我更加坚信上述想法，内心笃定的陈清洲就是我们当今社会需要关注、值得学习的英雄。

陈清洲开出一张交通罚单，不仅仅是为了完成一次本职工作，而是本着对生命的尊重。他开展的每一次宣讲，并不是为了名和利，而是希望让社会多一些温暖，少一些泪水。从警21年来，他不忘初心，无私付出，满腔激情把生活暖透，一片心香为百姓呈献，正如陈清洲14岁的女儿在接受采访时所说的，“从小到大看着爸爸穿警服，始终觉得他很帅，但也有一个缺点，那就是太累了。但我的爸爸并不感觉累，他真的是打心底喜欢和享受这份职业。”

平凡中见伟大，细微处见真情。陈清洲的先进事迹告诉我们，把每一件简单的事情做好就是不简单，把每一件平凡的事情做好就是不平凡。陈清洲最本色的坚守，就是我们要学习的地方。

【作者：张洋】

【《人民日报》2016年12月21日第9版】

亲民为民的故事篓子

——记福建厦门市公安局集美分局指挥情报中心教导员陈清洲（下）

今年9月26日，在陈清洲被确诊为肝癌的当天，一条“扩散，那个爱帮人的厦门交警陈清洲被查出肝癌，谁能救救他”的消息在朋友圈快速传播，短短几天内就收获评论转发400余万条（次）、阅读量过亿，成千上万的网友留言“清洲加油!”“清洲挺住!”

一名普通基层民警为什么能得到网友自发的关注和祝福？有人这样解释，“因为他全心全意地履行一名人民警察的职责，用心用情地帮助每一个需要帮助的人。”

做工作既下“笨功夫”，又用巧办法

作为交警，处罚交通违法行为是分内事。面对处罚，有人接受，有人不服，还有人不以为然、反复违法。为了改变这种现象，陈清洲下了“笨功夫”。

周育辉是灌口镇个体劳动者协会主席，他和陈清洲打了十年的交道，可他们的结缘竟是因为一张交通罚单。一天，周育辉骑摩托车在灌口的道路上疾驶，一名交警将他拦了下来，“同志，你骑摩托车没戴安全头盔，违反了交通规则，请下车接受处罚”。周育辉当场恼火，“多大点事，你们交警就是会罚款!”这名交警是陈清洲。

周育辉显然缺少一根交通安全弦。陈清洲事后多次主动上门讲解规则，终于打动了周育辉。“在一次交通事故中，幸好我戴了头盔，否则可能就活不成了。这下我彻底明白了陈清洲是为我好，是对我的生命负责。”

陈清洲抓工作还有很多巧办法。据集美分局治安大队大队长、原灌口派出所所长王光锋回忆，“以前派出所停车特别乱，大家都喜欢在外围扎堆。陈清洲也注意到这个问题，他巧妙地提出了一个‘停车远靠 风格最好’的标语，一下子抓准了不少人的心理，车辆停放从此变得井然有序。”

“陈清洲从小在农村长大，最能理解农民的心情，对农民总是将心比心、换位思考。”王光锋说，“2012年7月，派出所的巡逻人员遇到了一头走丢的耕牛，第一天并未找到失主，牛就养在了派出所空地。夜里，已经睡下的陈清洲又起身下了床，到食堂盛了一些水，还抓了一把盐，兑成盐水给牛喝。作为农民的儿子，他知道天气炎热，牛需要喝水。而加点盐，牛才不容易生病。对一头耕牛，清洲尚且如此用心，更何况对群众?”

变身“公安大V”，帮助群众找回走失人员300多人

为了在更宽广的平台宣传安全知识，让更多人受益，2010年陈清洲开通了个人新浪微博@交警陈清洲。6年来，他每天坚持在完成繁重的警务工作后，花费五六个小时更新维护内容，一一回复留言。共发布微博4.7万条，内容包括安全提示、警察故事等信息，受到不同网络人群的欢迎，目前他的微博粉丝近80万。

厦门市民黄用的儿子黄圣楠从出生起就患有罕见疾病，只能靠一种特殊药物维持。2012年6月，药物断了货，圣楠陷入危险中。陈清洲听说此事后，立即发出一条“为小圣楠求药”的微博。短短几天，这条微博就被转发了2000多条。5天后，在广州网友的帮助下，5粒救命药被找到，挽救了小圣楠的生命。

陈清洲指尖敲击的是键盘，承载的是使命；鼠标连接的是微博，牵挂的是百姓。2012年，他受到公安部一档打拐节目的启发，开始琢磨如何利用他的微博力量，为更多走失、被拐孩子找到回家的路。于是，他开办了“清洲帮寻人”公益寻人专栏，迄今为止阅读量已达13.3亿人次，共帮助找回走失人员300多人。

厦门市民邱美丽专程找到记者，表达对陈清洲的感谢，“我的母亲身体不好，还有些失忆症状。2012年8月的一天，我下班回家发现母亲不见了，一家人快要崩溃了。”拨通了陈清洲的电话后，邱美丽马上获得了帮助。十几分钟后，一条微博就从陈清洲的账号上发出：“急、急、急！急寻走失的妈妈：邱能秀，54岁，身高1米55……”陈警官那天数次转发微博，协调联系，很快就有了线索，找到了邱美丽的母亲。

“12张罚单”背后，是从不解与怨怪到祝福和感动

在陈清洲无私奉献的过程中，有一个人始终默默地关注他，这个人叫林伟健。

“我16岁初中毕业那年，有些叛逆，从朋友那借来一辆摩托车，载着两个哥们，天天在集美灌口飙车。没潇洒几天，就被陈清洲拦下了。事后我不以为然，继续飞驰在灌口的大街小巷。”林伟健回忆，“有一天，记不清那是第几次被陈清洲拦下，未成年、超载、穿拖鞋、没戴头盔……他一下子给我开了12张罚单，还没收了摩托车，当时真是满肚子怨愤。”

2008年，林伟健读高二，他又遇见了陈清洲。这一次是在学校举行交通知识讲座，林伟健搬着板凳到操场就愣住了，望着台上站着的陈清洲，心里依然有些怨愤，“你也不能一次给我开12张罚单啊!”但看到陈清洲将枯燥的安全知识讲得生动有趣，他又有些触动，“讲得还不赖嘛。”

“我2013年大学毕业回厦门时，陈清洲已经是微博名人了。一提到寻人找人，大家都想起他。”林伟健告诉记者，“闲暇时，我也会关注陈清洲的微博，看着他为了走失的孩子心急、奔走，看着他为了走失的老人吃不下饭、睡不好觉，我真的被感动了。有多少人能像他一样一直坚持把一件事做好？他真是个好人。”

当看到陈清洲得病的消息时，林伟健不敢相信自己的眼睛，他在网上打下这么一段

话，“虽然2006年你给我开过12张罚单，还没收了一辆摩托车，但是这几年我一直都在关注你，你是个好人！希望好人一生平安！一切都能挺过去！”

像林伟健这样被陈清洲打动的人还有很多很多。正如陈清洲的同事们所说，“他是一个亲民为民的故事篓子。如今，陈清洲不得不因病暂离岗位，他的微博也有一段时间没更新了。我们都盼望他早日归来。”

【作者：张洋】

【《人民日报》2016年12月22日第9版】

屠呦呦：一辈子专注青蒿素

“呦呦鹿鸣，食野之蒿”。屠呦呦不仅用一株小草改变了世界，而且在2000年至今27位国家科技最高奖得主中，创造了好几个“第一”：第一位女科学家、第一位非院士科研人员、第一位诺奖获得者、第一个“婉拒”多家媒体采访的获奖者。

从她同事的讲述中，我们得以“窥见”其人其事、其心其志。

“既然国家把任务交给她，她就要努力工作，一定要做好”

1969年1月底，39岁的研究实习员屠呦呦，忽然接到一项秘密任务：以课题组组长身份，研发抗疟疾的中草药。

疟疾是一种由疟原虫侵入人体后引发的恶性疾病，病人高烧不退、浑身发抖，重者几天内死亡。应越南请求，中国军方从1964年起开始抗疟药研究。1967年5月23日，国家科委和解放军总后勤部在北京召开“疟疾防治药物研究工作协作会议”，代号为“523”项目的大规模药物筛选，研究在全国7省市展开。1969年1月21日，卫生部中医研究院（中国中医科学院前身）受命加入“523”项目。

屠呦呦的同事、曾任中药研究所所长的姜廷良研究员告诉记者，当时正值“文革”，年老的专家“靠边站”，屠呦呦在北京大学时学生药学，毕业后又脱产学习过两年中医，科研功力扎实，遂被委以重任。

“屠呦呦的责任感很强，”屠呦呦的同事、中药所廖福龙说，“她认为既然国家把任务交给她，自己就要努力工作，一定要做好。”由于丈夫李廷钊被下放到“五七干校”，屠呦呦把不满4岁的大女儿送到托儿所全托班，把小女儿送回宁波老家由老人照顾。

阅读中医典籍、查阅群众献方、请教老中医专家……起初，屠呦呦用3个月时间，收集了2000多个方药，编辑成《疟疾单秘验方集》，送交“523”办公室。此后至1971年9月初，屠呦呦和同事对包括青蒿在内的100多种中药水煎煮提取物和200余个乙醇提取物样品进行了实验，但结果总令人沮丧：对疟原虫抑制率最高的只有40％左右。

“重新埋下头去，看医书!”终于有一天，东晋葛洪的《肘后备急方》“青蒿一握，以水二升渍，绞取汁，尽服之”给了屠呦呦灵感：温度是关键！屠呦呦重新设计了提取方案，夜以继日进行实验，终于发现：青蒿乙醚提取物去掉其酸性部分，剩下的中性部分抗疟效果最好！

1971年10月4日，实验证实，191号青蒿乙醚中性提取物对鼠疟原虫的抑制率达到100％!

“我是组长，我有责任第一个试药”

“进行临床试验，需要大量的青蒿乙醚提取物。”姜廷良回忆：课题组用7口老百姓用的水缸作为常规提取容器，里面装满乙醚，把青蒿浸泡在里面提取试验样品。

“乙醚等是有害化学品，当时实验室和楼道里都弥漫着刺鼻的乙醚味道。”姜廷良说，一些人头晕眼胀，甚至出现鼻子流血、皮肤过敏等症状，但当时设备设施简陋，大家顶多戴个纱布口罩，也顾不得许多……

在临床前试验时，个别动物的病理切片中发现了疑似毒副作用，只有进行后续动物试验、确保安全后才能上临床。为了不错过当年的临床观察季节，屠呦呦提交了志愿试药报告：“我是组长，我有责任第一个试药!”

1972年7月，屠呦呦等3名科研人员成为首批人体试验的志愿者，幸而未发现该提取物对人体有明显毒副作用。经过多年反复试验和临床试用，1977年，经卫生部同意，课题组以“青蒿素结构研究协作组”名义，在《科学通报》上发表论文，首次向全球报告了青蒿素这一重大原创成果。1986年10月，青蒿素获得卫生部颁发的《新药证书》。

不仅于此，1973年9月，屠呦呦课题组还首次发现了疗效更好的青蒿素衍生物——双氢青蒿素。1992年，青蒿素类新药——双氢青蒿素片获得《新药证书》，并转让投产。

“我不习惯这种场合中的事，咱们还是加紧青蒿素研究吧”

2000年以来，世界卫生组织把青蒿素类药物作为首选抗疟药物，在全球推广。“2005年，全球青蒿素类药物采购量达到1100万人份，2014年为3.37亿人份。”姜廷良介绍说，世界卫生组织《疟疾实况报道》显示，2000年至2015年期间，全球各年龄组危险人群中疟疾死亡率下降了60%，5岁以下儿童死亡率下降了65%。

近几年，屠呦呦两度实现了中国本土科学家在国际奖项上“零的突破”：2011年的拉斯克临床医学奖和2015年的诺贝尔生理学或医学奖。但她公开表示，中医中药走向世界，荣誉属于科研团队中的每一个人，属于中国科学家群体。

中国中医科学院院长张伯礼认为：“虽然青蒿素是特殊时期团队协作的结果，但屠呦呦的贡献非常关键。”

“只要自己的研究得到认可，她就已经很满足。”廖福龙说，“对于国际奖项，她更看重的是‘为国争光’。”

国家中医药管理局科技司司长曹洪欣回忆：“2009年中医科学院推荐屠呦呦参评唐氏中药发展奖，她直接打电话给我：我这么大岁数了，给我干吗!”

屠呦呦获得的诺奖奖金为46万美元，折合人民币300多万元。据张伯礼介绍，其中200万元分别捐给了北京大学医学部和中医科学院，成立了屠呦呦创新基金，用于奖励年轻科研人员；其余则主要支付家人到瑞典领奖的相关费用等。

屡获大奖，屠呦呦的生活有什么改变？“如果说有改变，那就是家里的电话多了。采访她基本都谢绝。”廖福龙说。

“她也极少参加公开活动。”张伯礼补充道，“她多次跟我说：就到这吧。我不习惯这种场合中的事，咱们还是加紧青蒿素研究吧。”

【作者：赵永新】

【《人民日报》2017年1月10日第6版】

他的心中充满动力

——追忆“太行”发动机总设计师张恩和

航空发动机，是飞行器的心脏，因为它集成了现代工业最先进的技术成果，是一个国家综合国力、工业基础和科技水平的极致体现。如今，中国已经成为世界上第五个航空发动机独立研制国。从上世纪 50 年代至今，这段中国航空发动机自主研制的历史，也是“太行”发动机总设计师张恩和为之奋斗的一生，他带领我国航空发动机实现了由中等推力到大推力、由涡喷发动机到涡扇发动机、由第二代发动机到第三代发动机的跨越。这位怀揣着“中国心、动力梦”的科学巨匠直到生命的最后一刻，还在为航空动力事业奔忙。

较真的老爷子：除了吃饭睡觉就是研制发动机

在张恩和同事的记忆里，真正看到张恩和落泪只有一次，就是在装有“太行”发动机的飞机首飞成功的时候，飞行员安全地从飞机上走下来对他说“发动机挺好的”，张恩和抱着飞行员哭了。

让这样一个感情内敛的东北汉子落泪的，是“太行”18 年危难重重的研制历程，更是航空中国心得以一飞冲天的自豪与激动。

张恩和的动力梦开始得很顺理成章。从小到大一直是尖子生的他，到了大学被选拔去了最难的发动机设计专业，毕业后到空军部队锻炼一年后，于 1965 年分配到中国航发动力所开始航空发动机设计生涯。部队的经历让他更深刻地体会到，不能自主研制航空发动机，就会永远受制于人，无法真正自主掌控飞机的性能，无法真正捍卫中国辽阔的土地。

一到动力所，张恩和就马上投入到涡扇 6 发动机的研制工作中，随后又参与了多个发动机型号的设计工作。他一面进行发动机设计、总装、分解、调试、排故的实践，一面学习先进技术、关注国外先进发动机设计特点和发展动向。为了向航空发动机更高的技术领域进军，张恩和在 1981 年到美国纽约理工学院留学进修。学成后，拒绝了为他准备的实验室和房产，张恩和毅然回国扎进了设计所的研究工作中。

“飞机研制，动力先行”，这句行话说明了航空发动机之于飞机的重要性，同时也说明了航空发动机研制周期之长、系统之复杂，很多航空人干了一辈子也没干成一个型号。在没有任何技术和经验可以借鉴且财力、时间都十分有限的情况下，1991 年，已过知天命之年的张恩和挑起了“太行”总设计师的担子，用他自己的话来形容，此后的日子“除了吃饭睡觉，就是干发动机”。

航空发动机不只是设计出来的，更是试验出来的，设计制造出来后还要做大量的试验进行验证。每一次试验，张恩和都必然到场；每一个数据，他都了如指掌。“零下20多摄氏度，老爷子跟我们一起在外场听发动机声音”“60多岁还在装配架上爬上爬下，半夜一起分析数据排故”……回忆起张恩和，同事们脑海里都是这样的画面。有一次，为了验证发动机是否符合装机要求，张恩和爬上2米多高的试验台，把附件一个个地摆上去，因为太过专注手里的活儿，一个踩空摔了下来，脑袋磕到零件，血流不止，当场昏迷。而当他醒来后却仿佛不知疼痛一样，第一句话问的就是发动机。

对待技术问题，张恩和十分“较真”。在一次常规的低温试验中，为了等到合适的温度，当时60多岁的张恩和坚持在寒冷的厂房里和大家一直等到早上5点，为了达到低温要求，他不时地去查看室外温度计，还一遍遍地给气象站打电话询问最低温度何时达到。“大半夜的，气象站的人后来都烦得不行了。”同事笑说，但正是张恩和的言传身教，大家才明白，试验差一点也不行，必须较真到底。

这份较真也是对实事求是的坚持。在“太行”研制过程中，很多人建议把发动机推力提升到一个高水平的状态，但张恩和认为当时很难达到，他根据研制工作实际情况制定了一个合理的推力水平，并达到了目标，为当时的型号研制节约了时间、打下了基础。而高推力指标直到10年后技术水平逐渐成熟，才完全实现。

大将之风：把天大的事都装在心里

“太行”是山，在同事眼里，张恩和也如山一样，沉稳镇定，什么事儿到他这儿都能迎刃而解。他不仅技术过硬，更是掌握全局、运筹帷幄的“帅才”。“只要老爷子在场，哪怕只看到个背影心里也踏实。”同事们说。

从“太行”发动机研制开始，参研单位多达40余家厂所，张恩和倡导大家一起干、比着干，极大地激发了大家创新的激情和活力，争相采取新方法、新工艺攻克难关。

“他把天大的事都装在自己心里，扛在自己肩上。十来万人一起研制发动机，问题千头万绪，他从战略上看问题，把大家引导到正确的道路上，让每一个员工都能够心无旁骛专注于自己手中的任务。”张恩和的同学、同事，动力所原副总师刘国玉动情地说。

大家清晰地记得，张恩和一次果断的决策，将面临下马危机的“太行”挽救回来。原本配装“太行”发动机的国产新型飞机有了国外成熟的发动机配装试飞，如果找不到其他合适的飞行平台，型号就要下马，这一倾注了大家青春的研发事业就意味着失败。张恩和果断提出选择以一架我国引进的成熟飞机作为“太行”飞行平台。由于发动机结构和流量与飞机原发动机都不同，必须要改动调整后才能装载。张恩和天天在装配厂房，指挥大家一点一点组装调整，最后成功让“太行”匹配上了飞机。

发动机研制过程中，有很多这样惊心动魄的瞬间，动力所的员工们经常被张恩和面临危机时表现出的大将之风所折服。动力所技师杨军回忆，在一次试验中，他发现滑油漏了，如果滑油漏光发动机就会烧毁，他慌张地停下了手中的操作，这时候从背后伸来一双有力的手臂按住他的肩膀，张恩和低沉的声音在耳边响起：“问题不大，继续。”“如果当时停下来这个试验就得等到明年再做，进度就耽搁了，张总一句话给我定了心，试验成功后我才发现原来他手心里也都是汗。”杨军说，张恩和总能用他的乐观坚定支撑大家走过难关。

人格的丰碑：只想继续为发动机干点事

“完成一个型号，培养一批人才”，不光成功研制了发动机，张恩和还锻造了一支创新的人才队伍。“太行”团队的人才如今已成为各个型号、重要岗位的技术骨干，成为我国航空发动机研制的中坚力量。

“对年轻人他总是很有耐心，完全没有总师的架子，让你敢于在他面前畅所欲言。”动力所副所长赵亮说。在年轻人工作出现纰漏的时候，张恩和从来不会直接批评大家，而是私下委婉提出意见，并鼓励每一个人充分表达自己的见解。

“跟着张总干，不敢说有多大成就，至少能做个好人。”所里的年轻人说，张恩和不仅是业务上的榜样，更在人格上树立起一座丰碑。

然而两个多月前，这座高大的身躯却倒下了。动力所的同事们都深感震惊。张恩和的儿子说，父亲生病后千叮咛万嘱咐不要告诉所里，研制工作时间紧张，不让大家分心来看他。住院以后，张恩和病情一度平缓，直到他接到了远在四川江油一个评审会的邀请。

还卧病在床的张恩和不顾医生、家人劝阻，偷偷订了机票，带着一兜子消炎药出发了。历经转机和两三个小时的长途汽车，旅途十分辛苦，出差回来，张恩和连上楼的力气都没有了，被搀扶着才进了家门。

发动机事业的需要并没有留住他，张恩和因心脏衰竭去世。在张恩和儿子的记忆里，父亲是个多才多艺、很有生活情趣的人，会拉京胡唱京剧，能修收音机能造家具。但是后来父亲所有的时间、情趣、热情都倾注在了发动机上，家反而像是一个旅馆，总是来去匆匆。

“我不要返聘，也不要工资，只要给我一台计算机，让我继续为发动机干点事，别的没什么要求。”刚退休的时候，张恩和说。他确实是这么做的，把最后一丝力气都献给了航空发动机事业，在他身后，“动力梦”的每一步都将走得更加坚实。

【作者：赵展慧】

【《人民日报》2017 年 1 月 18 日第 9 版】

唯有初心不忘

——追记心系群众的优秀县委书记廖俊波

当接到去市里工作的通知时，他和妻子商量，尽快办一件大事——买房。

于是，他把家安在了南平市一栋普通居民楼里，融进了这座闽北山城的万家灯火之中。

小区里的人，偶尔会碰到他，但几乎没人知道他是谁，也没人在乎他是谁。

直到那个大雨滂沱的夜晚——

3 月 18 日，一场车祸，终止了他鲜活的生命。

廖俊波，福建省南平市委常委、副市长、政和县原县委书记，在一个周末的晚上，走完了他年仅 48 岁的一生。

“一只好碗，打掉了!”消息迅速传开，街头百姓说；

“感觉没了依靠，今后工作要打起十二分精神!”工作搭档说；

“请你们好好写写他，对他是种告慰，对基层干部是种激励!”老领导说；

……

这个人都做过哪些事，会让他人惋惜、不舍？照片中那谦恭的微笑背后，曾有过怎样的人生风景？

新来的“省尾书记”

入夜，村民邓奕辉刚吃过晚饭，就听见一阵敲门声。

登门者指着身边一位面带微笑的中年人说：“这是县委廖书记，今天专门来看望您。”

石屯村，地处南平市政和县石屯镇山脚边，平时外来人不多，村民大多没见过县委书记。邓老伯既感意外，又不免有些紧张。

“老伯，身板还硬朗吧？能不能请各组的老乡过来，一起聊聊?”县委书记柔声道。

很快，几名村民小组长、辈分高的人，聚在了邓家厅堂。

“大家放开说，不要管时间。”县委书记说。

喝茶、递烟、寒暄，不一会儿，话语就热了。“县里搞开发区，我们支持，可廖书记，山上有我们 600 多座祖坟，怎么办?”

“镇里打算建一座公墓，咱让老祖宗也住住新房，好不好？他们楼上楼下的，不也热闹嘛。”大家听了，笑了起来。

“廖书记，以后征地标准提高，我们第一期被征的，不就吃亏了?”

“决不让老百姓吃亏，一定会补齐。”

“行！行！就冲廖书记您到家里来，我们一定大力支持，不算小账。”大家纷纷表态。

3 个小时过去，大家意犹未尽。

政和，地处闽浙交界，武夷山脉纵贯全境。人均综合实力全省倒数第一，长期是福建省省长挂点的帮扶县，被形容为“全省之尾”。县委书记，也被戏称为“省尾书记”。

“当官当到政和，洗澡洗到黄河”，这是当地干部茶余饭后的自嘲。每次省里市里开会，政和干部都坐在角落，轮到发言时一般快到饭点，说者无心，听者无趣。干部调离政和，有时还会收到“恭喜脱离苦海”的祝贺。

2011 年 6 月，廖俊波走马上任。

“郡县治，天下安。”县委书记官不算大，但领导着数十万乃至上百万人，掌管一方土地，权力很大，责任和事务似乎也无限，还会面对不少诱惑。这是个干事创业的重要职务，也是考验意志品格的关键岗位。

穷家难当！环顾政和，大山连绵，河川密布。县城老旧破败，连一个红绿灯都没有。县里没有几家像样的工厂，连县委大楼的墙上都有很多裂缝。

上任后，他与时任县长黄爱华作了一次深谈。“依我看，政和相对落后，反倒是个干一番大事业的平台。想想，咱们一起努力，在全国率先蹚出一条县域经济改革发展的路子，打它个翻身仗，这是一件多么有意义的事啊！”他微笑着，眼里放着光。

“不怕穷，就怕穷惯了。咱来个大战役，把信心士气提起来！”

开头两个月，廖俊波很少待在办公室，带着人马下乡、进厂、家访、夜谈……这位新来的县委书记，兜里会掏出什么牌呢？

当年 8 月 18 日，一个政和历史上从未有过的会议，在县城隆重召开。参加人员：全县 200 多名副科级以上干部；会议主题：政和怎么办；会议形式：务虚。

“神仙会”一开 3 天，每个人都要发言。

“落后地区，观念也可以领先！”廖俊波最后开了腔，“政和落后，主要是观念、干劲问题。”

“浙江也有山区，人家发展得怎么样？政和向东，过了宁德就是大海、港口，向北就是浙江、长三角，很快高速公路、高速铁路就会修过来，我们条件一点不差。”

此时，他点起了“三把火”：一是深挖传统农业优势，抓好扶贫；二是全力突破工业、城市、旅游、回归“四大经济”；三是把原先分散的园区“三合一”，完善配套、提升档次。

何谓“回归经济”？大家听着新鲜。廖俊波解释：“光在上海，就有 3 万多政和人创业经商，他们想为家乡出力，可以动员他们‘回归’啊。”

他最后亮出底牌——自他开始，县里所有干部上一线。

廖俊波收起笑容，严肃地说：“同志们，政和这种现状，我们当干部的怎么坐得住呢？”

“这哪里是什么务虚，分明是一场动员。”时任县委副书记的魏万进说，“老廖这人从不务虚，做事都是先把路数琢磨透，再来跟大家沟通，说着说着，就把他的想法灌进你脑子里了。”

建设集中的开发区，地从哪来？廖俊波穿上运动鞋，背着地图，带着人在城郊的荒山、河滩里转悠，然后会商，最终敲定了一片山地，分期开发。

钱从哪来？初期，光架桥铺路就要5000万元，可政和过去连30万元的项目都要上常委会。

“大家看，咱能不能先不建县委办公楼，搬出来分散办公，这不就有4000万元了吗？其他再争取各方支持。”廖俊波跟班子商量，“我们已经慢人一大截，等不得了！”

他找到县长说，无论做什么事，一般都有人赞成，有人不赞成，有人观望，所以下手一定要快。“认准的事，背着石头上山也要干！”

万事开头难，征地就是一难。于是，就有了县委书记做客农家的那一幕。

能去现场，就不在会场——园区开工，廖俊波恨不得吃住在工地。每天再晚，他都要到工地走一趟。没有光，就打着手电对着图纸看，或者让司机打开车灯照着看。

3个月后，征下了3600多亩地，无人上访；半年，首家企业达产；一年后，工厂招工的广告贴满大街小巷。当初被一些人认为是“画饼”的计划，连骨头带肉，摆在了人们眼前。

“这个园区，是廖书记一脚一脚踩出来的。”副县长葛建华说。

人大、政协的干部，过去很少介入具体经济事务，廖俊波动员他们都上“一线”。在老城区征迁中，他得知当时的县人大常委会副主任许绍卫威信高、有办法，就两次登门请贤。

“你看，我头发全都白了，怕力不从心啊！”许绍卫摆摆手说。

第三次登门，廖俊波手里多了样东西，一盒专门托人从香港带回的染发剂。

“老许，你不是嫌自己头发白吗？这个东西好，一用就黑，马上显年轻。”廖俊波打趣说，“城建没你出马，恐怕不成。”

“书记大人这么高抬我，我哪里还有退路，只能试试喽。”许绍卫哭笑不得。分手时，两人长时间地握了手。

第一条高速公路、第一个广场、第一座双向四车道的桥、第一个红绿灯、第一条斑马线……“过去县城的河上，几年建不起一座桥，俊波来了后，当年就干了5座，县里一年大变样。”魏万进说，“他做人很低调，做事却十分高调。”

“组织派我来，不是让我来过渡的，是让我来干事的。”廖俊波喊出了一句十分提神的口号——一切为了政和的光荣与梦想！

4年后，政和从“省末位”跨入增长速度“省十佳”，城市建成区扩容近一倍，3万多贫困人口摘掉帽子。政和干部的腰杆变硬了，说话声音变大了，在省市召开的会议上，也开始“抢话筒”、介绍经验了。

2015年6月，廖俊波光荣当选“全国优秀县委书记”，在北京人民大会堂，受到习近平总书记的亲切会见。

与时间赛跑

开发区，好像与廖俊波有着不解之缘。

大的任务有两次，一次是2007年，从市政府副秘书长任上，调任荣华山产业组团管委会主任；另一次是2015年10月，在副市长任上，主抓武夷新区规划建设。

荣华山，位于闽浙赣交界的浦城县，历史上曾是入闽商路要冲。

廖俊波是浦城人，熟悉人情地理。但环顾一片荒山野岭，再掂掂手里的6个人、1台车和2000万元启动资金，难免让人泄气。

大家都清楚，落后地区建开发区，不是什么好工作，其中一个难处，就是招商，得到处求人。南平是山区，除了生态好，没别的优势。

荣华山离南平市都有3小时车程，外出招商，光赶路就让人吃不消。

可廖俊波不怕，他好像喜欢求人和赶路。

时间过去快10年了，廖俊波当时的副手刘晖明，仍难忘创业的艰辛，难忘廖俊波那股“疯劲”。

“那可是没白没黑地干啊！连着4个春节假期，全都用来招商。”刘晖明说，“俊波父母就住在另一个乡，离荣华山18公里，4年中，他就回去探望过一次。”

4年下来，那台越野车跑了36万多公里，平均每天超过240公里。

荣华山岁月，至今让刘晖明激动：“光从浙江引来的轻纺园，产值就有30个亿。”

“我和俊波，比亲兄弟还亲。现在一想起他，心里就痛。”刘晖明一边说，一边拭泪。

南平市委书记袁毅告诉记者，廖俊波工作过的岗位，都是任务最重、困难最大、问题最多、矛盾最复杂的，市里对他很信任。

担任副市长后，组织上安排廖俊波主抓武夷新区建设。

南平市区，沿河谷而建，发展空间局促。经国家批准，在北边调整建设一个规模较大的武夷新区，并且要把政务中心也搬过去。

虽然戴着“全国优秀县委书记”的光环，但廖俊波又干起了招商的活儿，开始到处求人。

他对同事说，招商没什么秘诀，说穿了就是几句话，“接待真心真意、交流专业专注、服务贴心用心”。

有外地客商来，他必亲自赶到车站、机场迎送，亲自陪同、讲解、考察。刘晖明说：“他向来这样，就连投资商的父母生病，都要我们带着去医院，挂号、找医生的事全包。”

“咱们是穷地方，人家来投资，需要千百个理由；人家不来，只要一个理由就够。”廖俊波经常念叨。

遇到符合产业规划的高科技项目，他日思夜想，号称要“跪地求婚”。

在他生命的最后45天，有22个晚上在开会，14个晚上在外出招商或者赶路。最近的一次，3天跑4个省，去了6家公司拜访。

武夷新区离南平市，近两小时车程，廖俊波后来作为副市长，市里还有一大摊事，只好不停地来回跑。

新行政中心按计划2018年搬，但廖俊波提出，提前一年具备搬迁条件，并要求“起步就是攻坚，开局就是决战”！

这么多事，白天哪够用？刚开始，他有几次被反锁在新区办公楼里，因为保安不知道副市长总是深夜加班。

“每谈成一个大项目，他就一副春风得意的样子，真像求婚成功一样。”武夷新区管委会副主任洪少锋说。

驾驶员林军跟随廖俊波多年，他在车上长期备着“四件套”——衣服、雨鞋、雨伞和被子。那床被子，开车时廖俊波用，停车时林军用。

“领导，您不觉得累吗？”林军问。

廖俊波的解释是：带孩子够辛苦吧，但父母为何乐在其中呢？因为信念！人有信念，就不会觉得累。

如今已任政和县委书记的黄爱华，当年曾向廖俊波诉说过工作太多、时间不够，廖俊波劝导她：“事情总是越做越多的嘛。不做事，那才会没事呢。”

“肝胆”——他的农民朋友

“肝胆”一词，福建人常用来称呼最知心、最可敬的朋友，近乎大家常说的“铁哥们”。

廖俊波的“肝胆”很多，一位叫刁桂华，农民企业家。

几年前，拍下了新厂房土地后，因遭人构陷，她被异地拘押，土地出让金交不了，后来光滞纳金就需要上百万元，企业陷入生死之劫。

仅有小学文化的她，几年来到处上访、哭诉，甚至“拦轿喊冤”“见官下跪”……

去年4月，一位政府工作人员悄悄指点她，等廖副市长接访那天，你再来。

刁桂华将信将疑，如期来到接访地点，第一次见到了廖俊波。

廖俊波听完情况后，微笑着说：“今天后面还有人等着。这样，你留下材料和联系电话，咱们改天详细谈。”

一个星期过去，刁桂华以为，这次又是一场空。

然而，周六早上7点，手机铃声响了。

“刁总，请问你今天有空吗？能不能到我办公室来一趟？”手机那头，传来廖俊波的声音。

路上堵车，车又坏了，刁桂华迟到了，下午1点多才赶到。

由于心急，加上虚弱，她在市政府办公楼的楼道里摔了一跤，小腿上蹭出几道血印子。

廖俊波闻声出门，把她扶进办公室坐下。然后，拿毛巾蘸上热水，为她擦拭伤口。“不要急，办法总比困难多。”

看着弯腰低头的副市长，刁桂华眼泪夺眶而出。

“真是老天开眼啊，让我碰上了好官！”刁桂华说，“我这些年被欺负、被冷落、被歧视，叫天天不应，叫地地不灵，终于有人听了。”

刁桂华一边哭一边说，廖俊波一边问一边记，满满写了3页纸。最后，廖俊波递给她一张名片说：“再苦的经历，都会翻过去。你现在要专心把企业做好，把自己变强，以后的日子还很长。你的困难，咱一起想办法解决。”

几天后，刁桂华正在旧厂房里忙碌，廖俊波又打来电话，说要过来看看。

那天正好是“五一”假期，下着大雨。廖俊波一个人打车找了过来。没带伞，下车后用手遮着头，一溜小跑，进了车间。

他把工厂转了个遍，像兄长一样，和刁桂华谈起了办厂之道。

“你做麦芽汁饮料，芽的根部可以留长一点”“生产线离锅炉太近”“这厂房确实小了”……

“我知道有家饮料企业，设备是新的，但没有订单，你们合作好不好?”廖俊波立即打电话联系。

刁桂华告诉员工：“这是咱们市里的副市长，我们的事有救了!”

等廖俊波一走，员工就说：“你唬人吧！哪有这样的市长，连个车和跟班的都没有?”

再过几天，刁桂华又接到电话：“桂华，新厂房滞纳金不用缴了。”廖俊波的声音，兴高采烈。

“俊波市长可是我的贵人啊！我听他的话，不纠结过去，努力做到格局要大。”刁桂华说，她的产品现在卖到了南非、东南亚，年销售额3亿元，下一个主攻市场是美国。

冤情洗清了，新厂也有着落了，今年春节，刁桂华想给廖俊波送一只土番鸭，表表心意。但廖俊波笑着谢绝了：“桂华，等你新厂开工，舀一瓢热的麦芽汁给我尝尝就行了。”

天不遂人愿，廖俊波没有等到这一天。如今留给刁桂华的，是无尽的怀念……

另一位“肝胆”叫袁云机，也是农村妇女。

政和县石圳自然村，明清时是内河码头，舟楫往来，商客云集。虽然从一些老房子上，依稀还能看出点当年的风光，但颓败之态，连村民自己都觉得抬不起头。

2013年，袁云机带着村里9位姐妹，在家人和村里老党员的支持下，花了3个多月，清走500多车垃圾，开始改变“垃圾村”的环境。

这事传到县委书记廖俊波耳朵里，他立即赶来调查。然后，对着袁云机她们竖起大拇指：“你们这帮姐妹，了不起啊！干了一件大好事。”

他接着说，村子干净只是第一步，还要“绿起来、活起来、游起来”。“到那时，男人们就都跑回来了。”大家哄堂大笑。

“县里支持你们，咱把旅游经济搞起来。”廖俊波说，“赚钱的事你们干，不赚钱的事政府干。”

很快，石圳村完善了基础设施，房子翻修一新，引进了3家旅游企业。古樟古巷，小桥流水，成了远近闻名的“白茶小镇”。作为政和县首批“国家3A级旅游景区”，最多的时候，一天接待游客3万多人次。

廖俊波经常来，有时会带客商来，并拿着话筒，当起导游。见到袁云机，老是开玩笑：“云机啊，又变漂亮了!”

“他不是官，他是我老大哥，是和我们农民坐一条板凳的人。”袁云机说。

林小华，曾任邵武市委书记，如今已退休。他是廖俊波从中学教师成为政府工作人员，后来成为镇长、镇党委书记的引路人。听说记者在南平采访，专程从上海赶回，找到记者。

“现在人们总说政治资源，电视里这么演，现实中也有人在苦心经营。我很清楚，俊波没有。”林小华说，“如果说有，他的政治资源就是老百姓，是群众的口碑！他对老百姓的爱，那是真爱。”

廖俊波出殡那天，送别的人群，将前后数十里的街道，挤得水泄不通。告别仪式上，吊唁的人从四面八方赶来，络绎不绝，许多人情难自抑，泪如雨下。“花圈就摆了1500多个。这些花圈，大多是人们自发送的啊。”林小华说。

老百姓的泪水和怀念，是对一位好干部的最好祭奠。

是清水，就是透亮的

廖俊波之所以急着在南平买房，是因为他在市里的第一个职务，是政府副秘书长，负责协调、联系城建工作。

他跟妻子林莉说，这工作有风险，会有开发商来“围猎”。“咱有房，就可以一句话打发他们，也不会招人议论。”

钱不够，就买套二手旧房吧。还是不够，把邵武的房子卖了，再找家人凑了些钱。

廖俊波多次和林莉说，咱清清白白做人，就可以安安稳稳睡觉。

荣华山产业组团，一开始就有4000亩土地“三通一平”，工程很多，建设方负责人郑建华说，廖俊波没有介绍过一个熟人或亲戚来承包。

“谁要打着我的旗号拉关系、搞工程，你们马上拒绝，我没有这样的亲戚朋友。”廖俊波走到哪里，都这样强调。

他和客商之间很“清”，到什么程度呢？南平市政府办工作人员吴慧强说，曾有一位很熟的外地客商拎了一盒海产品来看他，廖俊波一直追到电梯口，坚决退回，并说“你来找我，咱是朋友；你提着东西来，咱俩就不是朋友关系了，而是利益关系，这就把朋友看轻了”。

廖俊波相貌俊朗，注重仪表，整齐干净，给人的印象清清爽爽、精神抖擞。到政和上任时，带了两样东西，一个行李箱，一块熨衣板。

当选全国优秀县委书记后，廖俊波想穿上新皮鞋，去北京接受表彰。在网上找到一双浙江产的鞋后，就把链接发给一位做电商的“80后”客商张斌，请他代买，因为没有支付宝。

几天后货到了，张斌给他送过去。廖俊波说：“电商真是好啊，哪里的东西都能买到。”说完，把368元塞到张斌手里。

“廖书记，我经济条件还可以，不就一双皮鞋嘛，我本来就想送您的。”张斌说。

“这怎么可以？收了鞋，咱就不像朋友了。”廖俊波调侃道，“辛苦费我就赖了啊。”

他也不是什么礼都不收，得分人。

一次，政和街头一位卖小吃的老人找到廖俊波办公室，手里提着一篮“东平小饹”，正冒着热气。“廖书记啊，这是我们这儿有名的小吃，您工作辛苦了，尝尝吧！”

“这我得收下！谢谢老人家了！”说完，当着同事的面，带头吃了起来。

回点什么礼呢？调离政和前，他在办公室里寻来寻去，眼睛扫到了一双雨鞋，自己只穿过一两次，觉得比较合适，就跑到街上送给了老人。

南平市人大常委会副主任武勇，过去在邵武市当过书记，是廖俊波的老上级。今年春，廖俊波有次开会，约莫10点钟的样子会就散了。他闯进老上级的办公室，看到武勇吃剩的几块饼干，撕开就往嘴里塞。“老哥，早上太忙，还没吃早饭呢。”

后来武勇拿了两盒饼干，让人送了过去。廖俊波收下了。吃了一大半，剩下的，至今还放在新区办公室的书柜里。

武勇介绍，南平搞“百日攻坚”，廖俊波挂帅的项目有几十项，想想都受不了。他心疼廖俊波，后来答应挂帅养老项目，想为廖俊波分担一点点。

记者问武勇：“依你看，廖俊波是不是不近人情呢？是不是得罪过很多人？”

“大家都知道他是这种人，从不拉拉扯扯，三句话不离工作。”武勇说，“连我找他办点事，他都会拿原则直截了当拒绝，别人的面子更别谈了。时间一长，大家也就理解他了，会觉得自己境界不如他。”

罗志坚是南平市委常委、组织部部长，此前曾任省委组织部二处处长，对全省的县委书记都比较熟。廖俊波是全国优秀县委书记，两人自然更熟。

罗志坚说：“我干组织工作多年，人见多了，像廖俊波这样坦坦荡荡、光明磊落的干部，不多见。他称得上是‘阳光干部’，通体透亮，没有杂质。”

远方，有更美的风景

微笑是廖俊波的招牌。但有一次，他收起了惯常的笑容。

那是2014年，去福建东山，学习谷文昌事迹回来。

他跟政和的同志说：“一名县委书记，身后能受到一方百姓如此爱戴！我问自己，能不能做得到？”

他的日记里，记下了那次参观的感受——“当地百姓‘先祭谷公，后祭祖宗’的习俗，确实在心灵上受到震撼。”“如果把我放到东山那么艰苦的条件下，我有没有毅力坚持14年？”

廖俊波的表情，还严肃过一回。

那年“七一”前夕，在北京接受表彰的那天。

当时还在省委组织部工作的罗志坚，一早在驻地碰上了廖俊波，刚想说句祝贺的话，就被他打断了。

“志坚，昨晚我没睡着。”廖俊波极其认真地说，“优秀县委书记这个称号太重了，我生怕辜负了党，辜负了老百姓。今后只有更加努力地工作，才能对得起这份荣誉。”

“俊波总是为别人着想。”魏万进告诉记者，省委统战系统曾支持政和一辆新车，廖俊波坚持给魏万进用，而他自己经常跑长途，坚持坐一辆旧车。

有一天快下班，政和一中校长魏明彦接到了廖俊波的电话，说想要一张全县乡镇干部子女的期末考试成绩单。拿到手后，廖俊波仔细审看，对几位成绩差的，详细询问了情况。

他紧紧握着魏校长的手说："明彦同志，县里的乡镇干部，现在都扑在一线，他们顾不上关心孩子的学习，就请您和老师们多费心！我拜托了……"

在荣华山时，刘晖明曾提出希望调回市里，原因是家里有好几位病人。知道情况后，廖俊波眼圈红了，对刘晖明说："老哥，这几年苦了你啦，是我官僚主义。我一定努力去办这件事！"

廖俊波从不向领导提自己的事，但刘晖明的事，他找了市领导好多次。事情办成后，廖俊波发了一条短信："老哥，工作要拼，家里也别落下啊！"

在政和工作后期，随着建设步伐加快，需要再征土地。有人劝他，眼看就要换届，你可能调走，犯不着介入矛盾。

廖俊波说："爱华是位女同志，干征地的事会很难，我这人冲锋陷阵惯了，把这事干下来，后面的人就轻松点。我这不还没走吗？"

黄爱华介绍，廖俊波就欣赏实干的人，有两种人他是看不上的，一是闹不团结的，二是不干事的。

他对干部的爱护，表现在严格要求，定出很高的工作标准。特别是注重抓政治学习。为推进武夷新区廉政建设，廖俊波主动找到市委常委、纪委书记陈熙满，邀请他去上党课。

他对干部的培养，表现在言传身教，润物无声。

廖俊波的同事，都说他有一种特别的亲和力，从不发火，从不训人；也有一种特别的感染力，很喜欢看他上台作演示，在投影面前，他声情并茂、豪情万丈，让人激动。

廖俊波外出招商、汇报工作，经常要带上各种图纸。后来图纸越来越多、越来越大，就让身体壮实的新区干部熊华强背着。

熊华强说，这些图纸，都是廖市长的心血。

"做规划，我们眼光可能不够，但要穷尽我们这一代人的智慧。要不留遗憾，不给子孙后代留麻烦。"廖俊波说。

第一眼看到武夷新区软件园初步设计方案，他就觉得有问题。"闽北是山区，为何要推成一马平川？造价高，还把生态优势给抹了。"后来，这个由大城市著名团队设计的方案，被否决了。现在的软件园，园中有山，山间有路，还省下4000万元投资。

……

"人生就像一列火车，不要只盯着车里的那些人和事，要多往窗外看。往远方看，就能看到更大的风景。"在日记里，廖俊波留下了这段诗意的独白。

他的远方，就是闽北的这片热土。

尾　声

廖俊波身上有一个谜——他的微信名，为何叫"樵夫"？

记者问过好多人，找不到确切答案。

有人说，可能他愿意像樵夫那样，四处开山辟路；

有人说，可能寓意他想像樵夫那样，为人们送去温暖；

有人说，可能表示他就把自己当成樵夫，做一个大山之子……

无论哪一种，这位辛劳一生的“樵夫”，永远离开了我们，在闽北桐花盛开的季节，带着他无限的爱和无限的忠诚……

【作者：刘亢、周亮、廖翊、涂洪长、姜潇、危贤锋】

【《人民日报》2017年6月8日第6版】

高凤林：稳准匀，巧焊“火箭心”

高凤林，中国航天科技集团公司第一研究院首都航天机械公司特种熔融焊接工。在运载火箭氢氧发动机焊接岗位上37年来，他放弃了很多机会，拒绝了社会上的高薪聘请，为我国90多发运载火箭提供了稳定可靠的“心脏”。他也因此被评为中国高技能人才“十大楷模”“全国十大能工巧匠”“全国劳动模范”……

1980年，高凤林以优异的成绩从技校毕业，进入到火箭总装厂——首都航天机械公司发动机零部件焊接车间实习。师傅说：“焊接对人的水平要求很高，要做到稳、准、匀。”就为了这三个字，高凤林几乎入了魔。休息时，他举着铁块练耐力；吃饭时，他拿着筷子当焊丝，比划着练习送丝的动作；喝水时，他端着盛满水的缸子练习手臂的稳定性。一边练习，高凤林还一边注意记录心得体会。就这样，高凤林的技艺突飞猛进，连师傅都夸他：“是个好苗子！”

上世纪90年代，为长三甲系列运载火箭设计的新型大推力氢氧发动机，其大喷管的焊接一度成为研制瓶颈。大喷管的形状有点儿像喇叭口，延伸段由248根壁厚只有0.33毫米的细方管组成，焊枪多停留0.1秒就可能把管子烧穿或者焊漏，而这些全部要通过手工焊接而成。在首台大喷管的焊接中，高凤林连续奋战了一个多月，终于凭借着高超的技艺，攻克了烧穿和焊漏两大难关。

然而，高兴劲儿还没散去，X光检测却显示，大喷管焊缝有裂纹达200多处！这台大喷管面临被判“死刑”的命运。高凤林没有被吓倒，他从材料的性能、大喷管结构特点等展开分析，在众多专家的质疑声中大胆直言，裂纹是假的！经过剖切试验，高凤林判断正确。就此，第一台大喷管被成功送上试车台。此后这一新型号大推力发动机的成功应用，使我国火箭的运载能力得到大幅提升。

35岁时，高凤林被评为“全国十大能工巧匠”。因为在多项航天产品焊接攻关中崭露头角，他更是在国际航天领域内也“挂上了号”。

2006年11月的一个晚上，诺贝尔奖得主丁肇中教授的秘书来到车间——原来是世界16个国家和地区参与的AMS—02暗物质与反物质探测器项目，在制造中遇到了一个大难题，他们希望高凤林前往解决。而在此之前，已经去了国内外两拨专家，都因为工程难度巨大，设计的项目实施方案没能通过国际联盟总部的评审。

高凤林到达现场后，抓紧时间了解设计结构、工艺状态和加工手段。丁肇中这次组织研究的AMS—02暗物质与反物质探测器，用的是液流氦低温超导电磁装置。高凤林发现，液流氦具有极强的渗透力，只能使用焊接的方式，但焊接带来的变形目前还无法克服。为此，他冥思苦想了好几天，终于想到一个创新设计方案：采用空间计算和工程补偿的双重方式进行整体无变形焊接。经过论证，高凤林的方案获得了国际联盟总部的认可，他本人也作为美国国家航空航天局（NASA）特派专家，督导项目实施。

数十年如一日的奋斗，终于收获丰硕的果实。2014 年，在德国纽伦堡国际发明展上，高凤林携带自己的 3 项成果参赛，出人意料地全部获得金奖。

现在，高凤林正在努力培养更多的优秀技能人才。在他的班组里，有 5 名全国技术能手、1 名中央企业技术能手和 1 名航天技术能手；2011 年，国家人力资源和社会保障部还以高凤林的名字，命名了国家级技能大师工作室，这也是首批 50 个国家级技能大师工作室之一。

在技能大师工作室的文化墙上，镶有这样一句话：事业为天，技能是地。因为高凤林坚信，人不能没有追求，只有当人生的追求和社会的需要同步时，才能真正体现出自身的价值和人生的意义。

【作者：吴思、张贺】

【《人民日报》2017 年 8 月 18 日第 6 版】

一心为民 一直在线

——追记石家庄市公安局桥西分局原安建桥警务站主任吕建江

2017 年 12 月 3 日，河北省石家庄市殡仪馆内哀乐低回，1500 余名群众和警察冒着冬日严寒赶来送他最后一程。在他生前工作的地方，至今仍有群众不时送来束束菊花，寄托深深哀思。

他就是石家庄市公安局桥西分局原安建桥警务站主任吕建江，一位十三年如一日扎根基层、为民服务，被老百姓称作“不下班的好民警”。2017 年 12 月 1 日，吕建江突发心脏病去世，年仅 47 岁。

“老百姓的事都是分内事”

吕建江毕业于第四军医大学，是不折不扣的“高材生”。2004 年，吕建江从部队转业到石家庄市公安局，成为汇通派出所留村社区一名普通的社区民警，在基层公安工作一干就是 13 年。当时的留村社区是石家庄市治安较差的片区之一，人口流动性大，管理起来难度不小。陌生的工作环境和领域，着实让吕建江这名警营“新兵”吃了不少苦头。

实心眼儿的吕建江使出“笨办法”：当时所里的人员编成了 4 个班，不管轮到哪个班出警，只要有空，他都跟着去，学老民警怎么调解纠纷、怎么处置治安问题，很快他就成了“社区大学”的高才生，开始独当一面。操着一口不太标准的普通话，他每天在社区走街串巷，忙着家长里短。东家有了纠纷，他撂下饭碗就去说和；西家养的牲口不见了，他骑上自行车就去帮忙找；有人来办事，他总是笑眯眯地耐心讲解，贴心地把群众当家里人。

吕建江 13 年从警生涯里，并不只是家长里短和走街串户，也有惊心动魄的“生死时刻”。

2007 年的一天，汇通派出所辖区联通宿舍一名居民报警，邻居家有刺鼻的煤气味。吕建江和同事岳占辉接警后第一时间到达现场，发现一名 10 多岁的女孩在家中割腕并开煤气自杀，屋内一片狼藉、地上血迹斑斑。吕建江伸手去探女孩的鼻息，已经奄奄一息……

救人！吕建江当机立断，将女孩一口气从 4 楼背到了楼下的路边通风处，对女孩进行人工呼吸和心肺复苏按压，直到急救车赶到……女孩的父亲专门找到吕建江表示谢意，还向他深深鞠了一躬。

慢慢地，“有事找吕建江”在石家庄群众中广为流传，许多群众甚至跨区域专程来找他咨询和办理业务。吕建江总向同事们说：“老百姓的事都是分内事，可不能划片。”仅担任安建桥警务站主任的6年里，他就带领同事们抓获犯罪嫌疑人200多名，调解纠纷1600多起，为群众找回和发还物品600多件、现金及借款单合计金额200余万元。

“为人民服务，就得永远保持在线”

吕建江曾说：“网络是虚拟的，服务百姓却是实实在在的。无限的网络可以把我们为人民服务的‘手臂’和‘腿脚’无限延伸。为人民服务，就得永远保持在线。”吕建江在工作中勤于思考，不断运用互联网为民服务。

有天大雨，一位群众来办户口，因为搞不清手续，来来回回已经跑了六七趟。“不能总让老百姓来回跑腿啊！”吕建江知道后心里堵得慌，开始琢磨办一个网上警务室，把业余时间都耗在学做链接、做网页上，一番苦功夫之下，这个“门外汉”愣是成了网络行家。2009年2月，河北全省首个网上警务室——留村社区网上警务室办起来了。

打开网上警务室，警务公开、通知通报、有话您说等几个板块一目了然。吕建江把落户、更名、办证等常办业务需要的资料都列出来，内容详细到在哪下载申请表、用什么纸打印、用什么颜色的墨水填写，为群众办事带来了便利。

2011年9月，吕建江来到安建桥警务站工作，他看到使用微博的人越来越多，便开通了河北省首个民警实名微博“老吕叨叨”。细心的他将微博内容按不同话题分门别类，如“老吕问问”“老吕帮找”“老吕招领”。孩子落户准备哪些材料、丢失物品去哪里登记、在哪儿办理驾驶证换证……打开吕建江的微博，网友的问题五花八门，他的回答细致全面、不厌其烦。直到去世前，他的微博粉丝数达28458名，累计发表博文17357篇，平均每天发表博文约7条。

“没有吕叔，我早就不在这个世界上了。”吕建江追悼会当天，一位山西姑娘凌晨就从太原出发，天还没亮就赶到了石家庄，只为见救命恩人最后一面。3年前的一天，这位姑娘微博私信咨询吕建江“怎么自杀救不活”。吕建江察觉到她有自杀倾向后，在私信里苦苦劝说4小时，直到女孩答应“听叔叔的话”放弃轻生的念头。

吕建江13年的“警察故事”里，记录了河北警界网络服务群众的多个第一：2012年，他创办了第一个警方公益网站“石家庄失物招领网”，如今该网站已经升级拓展为“河北省失物招领网”；2013年，他开发了第一个“代码移车卡”平台；2014年，他又开通了首个民警个人微信公众平台“石门叨叨警”……

“人民警察最大的财富就是群众信任咱”

吕建江的家并不宽裕，全家至今仍住在石家庄滨河街一套小两居里。电视柜掉了漆也没舍得换，除了冰箱、彩电、洗衣机，没什么其他值钱的家用电器。吕建江总说：“人民警察最大的财富就是群众信任咱。不能为挣钱就砸了咱的招牌！”吕建江的警衔是一级警督，所负责的警务站辖区面积也不小，但从没用手中权力为自己谋一点私利。面对金钱诱惑，吕建江有底线；在秉公执法上，吕建江同样有底线。从警13年，吕建江无一次被群众投诉，接处警案件无一起复议。

他对辖区里的困难群众，却是尽心竭力地帮助。

2004年，辖区困难户丁忠光刚搬到留村公婆买的房子里暂住，一家三口靠着丈夫1000多元钱的工资生活。吕建江主动让丁忠光“有难处就找他”。丁忠光本以为“人家就是客套客套”，可没过几天，吕建江就帮他从留村街上争取了一块2米长的摊位。“那块地方不大，位置不错，一个月村里就收我30块钱管理费，一个月能省出一二百，日子松快多了。”2006年前后，摆摊收入减少，吕建江又给丁忠光联系了到留村一家网吧干保洁的工作，一个月能拿1500元。丁忠光领了工钱要请吕建江吃饭，吕建江推辞了：“你快留着好好过日子吧，攒个钱不易……”

如今，安建桥综合警务服务站已更名为“吕建江综合警务服务站”，这是河北省首个以民警个人名字命名的警务站。新年元旦，警务站的同事重启“老吕叨叨”微博，接续吕建江的方式，持续更新着博文，继续着网上的警务为民服务……

【作者：倪弋、乙智、陈建宇】

【《人民日报》2018年2月1日第9版】

一心为集体　湾里富起来

——记陕西省黄陵县索洛湾村党支部书记柯小海

“索洛湾，索洛湾，累死神仙抻不端。吃油筷头数点点，吃水深沟向回担。”十多年前，大山犄角旮旯里的陕西省黄陵县索洛湾，穷得远近闻名。

2000年，在外闯荡的柯小海，突然决定回乡参选村干部，一下子让索洛湾炸了窝。“这可不是娃娃逗鸡闹着玩。”老支书路建民劝说道，“你自个生意正红火，村里人都羡慕你哩!”“索洛湾这块石头太重。”父亲更是担心，“你身子骨嫩，怕扛不起来还伤了自己。”

柯小海却有执念，“我小日子滋润了，看着乡亲们还在受苦，心里不踏实。”

村里正盼领头人。顺利当选，柯小海首先提出修学校、改村道，想把这当成提振乡亲精气神的“第一把火”。

想法很好，钱从哪来?“咱们动员村民义务出工，起码能把工钱省下来。”柯小海已盘算好，“砖瓦、沙灰、石子啥的，由我来出。”

正值暑热，骄阳似火，柯小海带着村里十几名党员率先上阵……

“咱不出力，学校修好了，孩子好意思进校门?”乡亲们看着党员们挥汗如雨，也争相加入集体劳动大军……

填土、拉车、抡铁锹，索洛湾一改多年冷清，变得“热气腾腾”。46天后，学校10间大瓦房修葺一新，柯小海个人垫资3.6万元。不久后，村里街道改造，村民再次参与，热情似火。

心齐就是力量。看着平坦宽阔的水泥路穿村而过，听着明亮校舍里传出琅琅书声，穷惯了的索洛湾人感觉到，村里正生出一股劲儿。“可别小看这俩工程，村里的精气神，完全不一样了!”老村主任张军朝竖起大拇指，“小海发动群众一起干，索洛湾，大有希望!”

村貌焕然一新，可柯小海，另有心事。

“我们索洛湾，三到五年基本脱贫；五至十年，实现小康!”村支部大会上，柯小海一番豪言壮语，惊呆了大伙。见众人神色犹疑，柯小海动了情：“富裕都是勤劳奋斗换来的。索洛湾人不蠢不傻，凭啥不能当富人?”

柯小海带着老支书路建民，自费去杨凌考察，寻找发展灵感。

“吃饭一人一盘面，住宿是私人小旅店。看各种棚菜基地，一天步行几十公里，腿都走肿了。”行程虽然辛苦，路建民心里却很感动，“小海为了乡亲遭这罪，全凭一颗公心!”

眼界一开，收获不小。专家建议，索洛湾可以发展大棚蔬菜、培植蘑菇、养牛养羊，多业并举。“如果挣了钱，是大家的，赔了算我的。”柯小海率先表态：自家腾出二亩地，建蔬菜大棚，再养两头牛。

经过动员，29户愿意尝试。不到一个月，村里建起蔬菜大棚40亩，蘑菇培植面积600平方米；迎来收获季，一筐筐蔬菜、菌菇运往山外，平均每亩地收入超过3000元。

榜样是最好的动员令。第二年，索洛湾建成蔬菜大棚116个，还出现不少养鱼、养鸡、养牛专业户。乘势而上，村里建起一家现代化粮食加工厂，当年盈利50万元。

“过去紧抱玉米，现在烤烟、水稻、棚栽等多元发展。”柯小海说，“思路一转变，就能充分挖掘出土地的经济价值。”现如今，索洛湾村邀请专家，精心培育猴头菇、蜂养殖等多种产业，并对农副产品进行深加工，每位村民每年平均分红7000元。

产业刚有起色，索洛湾人又面临新抉择：2003年，黄陵矿业公司二号煤矿开始筹建，打算征用村东的部分土地。

“这是个打灯笼都难找的好机遇。”村民心里没底儿，可柯小海敏锐地感到这是个好机遇，“年产1000万吨的大矿搁村里，咱的发展机会，只会有增无减!”

随着矿区建设，越来越多车辆无处停放。整日苦想项目的柯小海灵光一闪：何不建个大型停车场？支部会上，柯小海兴奋不已，“村民在家门口就业，一盘棋就活了!”

说干就干。没多久，一座“支部牵头，企业管理，集体控股，村民参股”的大型现代化停车场，正式投入使用。当年，项目收入70万元；次年，利润超过100万元。

村集体经济日渐殷实，柯小海领着村干部，制定了财务管理新规：村集体支出，须经班子集体签字通过，重大支出由村民大会表决，及时公布账务。这项规定，至今都是索洛湾村支两委的铁律。

不到十年间，索洛湾一改“姑娘外嫁喜洋洋，小伙娶妻愁断肠”的恓惶面貌，迈出了“资源变资产、资金变股金、农民变股东”的历史性跨越。“一心为集体，路就不会偏。”柯小海说，“我们索洛湾取得的成就，全靠所有百姓一起奋斗。”

【作者：高炳】

【《人民日报》2018年3月26日第6版】

黎锡康：村民都愿意和他掏心窝

珠三角东岸，东江、东江支流和增江犹如三条美丽彩带，交汇处便是广东东莞市中堂镇潢涌村。

林立的农民公寓、时尚的度假酒店、气派的工业园区、葱郁的绿化林木……潢涌是远近闻名的富裕村。近年来，村集体经济不断壮大，村民的腰包越来越鼓，村容村貌、人居环境也更加美丽。这一切，是潢涌村党工委带领全村干部群众努力奋斗的结果，而“领头羊”，便是十九大代表、村党工委书记、村委会主任黎锡康。

“转型升级，我们才能走得更远”

潢涌村村办企业东莞金洲纸业有限公司二楼会议室外，一幅电子显示屏正滚动播放着工厂的环保实时信息，烟尘、二氧化硫等排放物数据一览无余。对于以造纸作为支柱产业的潢涌村而言，这块显示屏，是集体经济由粗放式发展向集约、节能、增效方向转型升级的缩影。

潢涌村以自办纸厂起家，经过20多年高速发展，本世纪初成为东莞农村集体经济发展的引领者。但多年的粗放式发展也造成了效能不高、产品低端、竞争力不强等突出问题。“不进行产业升级，潢涌的造纸业迟早会被市场淘汰；环境脏乱差，村民的幸福也必然是空中楼阁。”2005年7月，黎锡康接任潢涌村党总支书记。他下定决心，要带领全村忍住阵痛，从产业转型升级中谋求突围。

小富即安的村民对“杀出一条血路”心存顾虑：“现在集体收入2亿多了，我们的保障很不错了。猛然投15个亿搞产业升级，风险太大。”

“小病不治，必成大患。通过转型升级，去除发展中的弊病，我们才能走得更远。”为了开导村民，黎锡康带领团队到江浙、珠三角等先进造纸企业走访调研，与班子成员分片走村入户，把转型发展的道理说细说深说透，最终达成了思想共识，产业升级方案获得了党员干部、村民代表的全票通过。

2007年，潢涌村拉开了造纸产业“经营理念、生产能力、科技人才、管理制度、品牌建设”五大升级的序幕。11年的努力，奠定了潢涌造纸在广东造纸行业中举足轻重的地位。2017年，潢涌村集体可支配收入达5.84亿元，村民人均纯收入5.58万元。

“发展，最重要的是让村民得到实惠”

“为民服务不是空头支票。发展，最重要的是让村民得到实惠。”改善提高村民的居住水平，是黎锡康推动民生改善的第一件事。2006年，村集体投资兴建了第一期500套保障性农民公寓，以成本价出售给村民居住，逐步推动村民上楼。潢涌村还以建设旅游环境的高标准，打造“宜居宜文宜游宜商宜业”社区，推进生态环境与村容村貌优化提升，完善村组小公园、建设村级绿道、村民活动场所等基础设施。

在黎锡康的大力推进下，潢涌村不断完善“高保障、普惠型、适度分红”的保障制度建设，保证村民“幼有所育、学有所教、劳有所得、病有所医、老有所养、住有所居、弱有所扶”，重点照顾好“单亲家庭、家有重大疾病病人的家庭、孤寡老人和残疾人”四类人群，推动发展成果共享。

近年来，一系列民生工程在潢涌村落地生根：促进有劳动能力且愿意就业的村民100%实现就业，村民在集体企业上班的有3800多人；村民股份分红提升到2017年的人均1.2万元，60岁以上老人除享有医疗等保障外，一年享受的分红加各项福利超3万元；村委会建立“重大疾病医疗救助金”和“困难家庭子女助学金”，每年帮扶五保户、特殊困难户、困难单亲家庭解决生活困难、子女就学、医治费用等支出共300多万元……

如今的潢涌村，水清天蓝、绿树成荫，村民生活得舒心、怡心、赏心。2007年，潢涌村被评为全国民主法治示范村、全国绿色小康村，2011年被评为广东省宜居示范村，2014年被评为广东省名村，2017年被评为全国文明村。

“党员应该成为榜样，在群众中起带头作用”

“锡康人好，肯帮人，有担当，对村民都很照顾。”这是潢涌村民挂在嘴边的口头禅。村民们不管大事小事，都愿意和他“掏心窝”，碰到困难都愿意找他帮忙协调。

谈及锡康书记给予的热心帮助，村民谢焕桂热泪盈眶。2005年3月，17岁的谢焕桂正读初一，被确诊患上尿毒症，家庭陷入了困境。“当全家一筹莫展时，村委会一次次伸出援手。我的身体一天天康复，女儿上了幼儿园，老公也有了工作，真心感谢村委会和锡康书记。”谢焕桂说。

由于工作成绩突出，黎锡康2015年被评为广东省优秀村党组织书记，2016年被评为全国优秀党务工作者。

去年，当选十九大代表的黎锡康带着村民的嘱托赴京参会，又带着十九大报告精神回村宣讲。黎锡康说，多年来，村党工委致力抓好潢涌建设，各方面都取得了一些进步，但对照党中央的要求，对比先进地区，在医疗卫生、环境保护、教育等民生领域仍存在短板。围绕基层群众的关切，黎锡康主导村党工委抓紧提升民生领域的工作：推进建设现代化综合型的医院与社区养老院；投资9000多万元推进美丽幸福村居建设；结合创建全国文明村，全面提升小学、幼儿园建设，完善家校社会“三位一体”教育体系建设。

“党员应该成为榜样，要在群众中起带头作用。”黎锡康说，“组织和村民这么信任支持我。为村民谋福利奔小康，是我义不容辞的责任。”

【作者：贺林平】

【《人民日报》2018年4月18日第9版】

李培东：让每个村民都能过上幸福的生活

盛夏时节，边麻沟变成花的海洋，五彩斑斓的鲜花，与远处茂密的天然林交相辉映，用鲜花编织的“幸福像花儿一样”字样立在花海农庄门口，迎接八方游客……

青海省大通县朔北藏族乡边麻沟村，是个以藏族、蒙古族、土族和汉族为主的多民族聚居村。不到三年，这个村子打造了集花卉基地、人文景观、餐饮住宿为一体的乡村旅游品牌，162户村民在村党支部书记李培东的带领下集体实现了脱贫致富。

“乡亲们依旧贫穷，我想帮着富起来”

在2006年乡镇合并前，边麻沟村属于鸾沟乡，而边麻沟村是鸾沟最远最深的一个村子。因为交通不便，发展缓慢，村民极其贫困。

边麻沟村干旱缺水，村民遇到差年景，连肚子都吃不饱。娶不上媳妇，办不起喜事，整个村光棍汉就有90多个。

当年的李培东，已是身价百万的苗木老板，生活富足。“乡亲们依旧贫穷，我想帮着富起来。”这是李培东最初的想法。

2011年村委会选举，李培东全票当选村委会主任，他下决心为村里办实事，先后争取实施了120户环保厕所改造项目、60户畜棚改造项目，统一修建了环保厕所、畜棚、沼气池，改变了村内“脏、乱、差”的环境。危房改造项目实施中，一些贫困户实在拿不出钱，李培东就自己垫资，保证每户村民都住进新房。眼部残疾的村民安全来，单身40多年，在盖了新房的第二年，娶了漂亮的媳妇。

李培东让村民看到了希望，2014年，村民选举他为村党支部书记。李培东开始寻找出路，一条让全村人都富起来的出路。

放眼整个边麻沟村，北边是一片片撂荒坡地，南边是茂密的天然林，李培东带着两委班子考察发达地区，征求村民意见，最终确定了一条依托村里森林资源打造乡村花海、发展乡村旅游的助农增收之路。

有了思路，才有出路。2015年，经过一年多努力，乡村旅游扶贫项目终于落地。购置花苗、平整土地、浇地洒水……李培东带领全村人忙碌了一整年。

2016年花海农庄正式开张迎客，当年，游客达到30多万人次，景点门票收入突破百万元，带动村里农家乐、小超市等其他收入400多万元……家家户户通过花海受益，每户增收5万元以上。

“村子的发展，党支部的作用至关重要”

村里富不富，关键看支部。支部强不强，关键看头羊。“村子的发展，党支部的作用至关重要。”李培东深有感触地说：“支部就像一盏灯，照亮发展前行的道路；党员是一面旗，带领全村人一起干，党员干部要真心愿意担当，还要想办法带领村民脱贫致富。”

村两委做出打造乡村花海的决定后，资金从哪里来成了最大问题。边麻沟村没有集体经济，账面上的钱只能维持村两委日常办公。关键时刻，李培东自掏腰包，将100万元投入花海项目。

党员纷纷带头，不到一个月，流转土地600亩，村民自愿入股60万元。以精准扶贫工作为契机，将贫困户人均5400元的产业扶贫资金吸引进来，贫困户变成了花海的主人。

党员带头筹钱办大家的事，彻底让村民们放了心。“书记一人拿出那么多钱，我们还有什么理由扯后腿?”农家乐老板郑白姐说。

为了让更多村民参与进来，村两委班子成立专业合作社及花海农庄，村民可自愿加入。经过三年发展，合作社已由最初的5户增加到目前的133户，农家院达到41家、家庭宾馆10家，15户村民摆起特色小吃摊位，10户贫困户全部脱贫。

最早经营农家乐的郑玉帮，2016年挣了11万元，最近加盖了两层楼，他说：“花海景区的游客天天爆满，吃饭还得提前一周预定呢。”

“边麻沟村从党建基础工作不规范、组织阵地建设滞后，多数村民没有发展信心的‘典型村’转变成今天的模样，得益于一个能干实事的党支部和全体党员。”大通县委组织部副部长宋生龙说。

“感觉担子更重了，一个边麻沟村富了，还远远不够”

边麻沟花海火起来了，但李培东并没有松懈：为了吸引更多游客，花的品质要更好，餐饮住宿等配套服务得跟上。除了国家拨的项目资金，三年来，李培东先后垫资近千万元，建起了观景台、中心花坛等配套景观，完成了3400米的道路硬化、13000平方米的停车场硬化等基础设施建设，推进景区上档升级。

与此同时，李培东计划利用闲置林地种植药材，将扶贫互助社的15万元扶贫资金利用起来，鼓励村民种植当归、沙棘苗，并帮助联系卖家，让国家的每分钱都用在扶贫上，保证贫困户得实惠。

时下，边麻沟村开始修建民俗文化演艺中心、民俗文化展示区等，以花海为中心带动起边麻沟周边两三个村乡村旅游业的发展。

据李培东介绍，朔北藏族乡的10个村庄已成立联合党委，积极探索共同走向富裕的路子。“过去的心愿只是发展边麻沟村集体经济，带领村民脱贫致富。联合党委成立后，感觉担子更重了，一个边麻沟村富了，还远远不够……党的十九大提出乡村振兴战略，农村发展，我们的路还很长。”李培东说。

如今的李培东，看起来和边麻沟普通村民一样质朴，但骨子里透着果敢和热心，从帮助几个人到全村人，再到更多的人，他的初心始终未改，那就是让每个村民都能过上幸福的生活……

【作者：何聪、王梅】

【《人民日报》2018 年 6 月 1 日第 6 版】

他把最后一程留在了巡边线

——追记新疆阿勒泰青河县委原副书记、政法委书记王红星

青格里的风，吹不干涟涟泪水；青格里的水，带不走绵绵伤悲。在新疆阿勒泰地区青河县，很多干部群众思念他们的好领导、好同事——青河县委原副书记、政法委书记、网信党工委书记王红星。

王红星不幸去世两个月了，青河县的很多人还是没法接受这个令人难以置信的事实：那个年富力强、工作雷厉风行、似乎永不知疲倦的人，怎么不打一声招呼就突然走了，走得那么匆忙……

“要守好边防，一定要留得住人”

8 月 9 日上午，王红星正在中蒙边境巡边踏查途中。

三天来，他与几位同志一起，在边境线上一路颠簸，已经连续赶路 620 公里。8 月 8 日晚，他感到身体不适，但在次日一早，仍奔赴边境剩余点位。

中午 12 点半左右，王红星一行来到新建成的 136－1 号边境便民警务站。看到警务室里热水器等设施安装到位，他很高兴，“这下护边员有热水用了，还可以洗上热水澡了！”走出警务室，他打算再去看看新建的马厩。刚走到院子中间，突然，他身子一斜，一头栽倒在国旗杆旁边的水泥地上，怎么叫都没有任何反应。

下午 3 时，年仅 50 岁的王红星经青河县人民医院诊断为疲劳过度导致心源性猝死，与世长辞。

在新疆，反恐维稳、巩固边防是一场硬仗。2017 年 12 月，刚刚实现脱贫摘帽的青河县，决定由县委副书记王红星再挑重担，兼任政法委书记。从那时起，他夙夜在公、埋头苦干，尽心竭力打好反恐维稳“组合拳”。

“要守好边防，一定要留得住人！”面对青河县边境线长、区域复杂的严峻形势，王红星在多次深入调研后提出，要加快建设边境便民警务站，把坚决打赢一场边境防控人民战争的要求落到实处。为此，他亲赴边境一线选点，夜以继日会商建设方案。在他的统筹协调下，当地克服高寒缺氧等恶劣施工条件，仅用三个月就在边境线上建成 39 座边境便民警务站。

以前，护边员日常生活所需的水、面、油等基本生活用品，都要从 100 公里外的塔克什肯镇运来。每隔三天用马车拉来一桶水，有时在半路上要洒掉一半，护边员洗澡更是不便。对此，王红星提出，“全线警务站要打井取水，要种菜、养鸡、种树，让护边

员生活得更好！”

“如今，边境警务站已全部通了水，王红星书记却没来得及喝上一口。”青河县塔克什肯镇党委书记薛义瑞伤感落泪。

“他把人生的最后一段旅程，永远留在了祖国边防线上。”阿勒泰地委副书记、政法委书记姜晓龙受地委书记张岩委托，赶到青河县为王红星送最后一程。

“不仅让群众搬下来，还要住得好、留得住”

王红星生前的办公室里，桌上的材料还整整齐齐地摆放着。笔记本上最后的日期，停留在他出差前的那一日——2018 年 8 月 6 日。

翻开笔记本，只见他在扉页上用工整的字体书写着入党誓词。不忘初心，牢记使命，他时刻铭记并践行着入党誓言。

王红星出生在兵团第八师石河子市一个团场。1991 年，他从陕西师范大学体育系毕业后，来到阿勒泰富蕴县中学，从一名体育教师成长为县处级领导干部。

2011 年，王红星从阿勒泰地区食品药品监督管理局调到青河县，先后任副县长，县委常委、组织部部长等。2016 年，在青河县脱贫攻坚任务最重的时候，县委决定由时任县委副书记的王红星分管脱贫攻坚工作。

青河县委书记简庭卫告诉记者，全县 6 万多人，哈萨克族超过 70%，贫困人口有 1 万多人，脱贫攻坚任务艰巨。面对困难，王红星不等不靠，全身心投入工作。一年多时间，他每月至少要到 22 个重点贫困村调研一次，攻坚克难，突破了一个个难题。

在采访中，记者发现县扶贫开发办主任曲世元随身带着一本《青河县脱贫攻坚工作日志》，上面密密麻麻地记满各种事项。“这个本子是王红星书记做的，全县科级以上干部人手一册，堪称全县打赢脱贫攻坚战的‘路线图’。”

王红星把易地扶贫搬迁作为脱贫攻坚的首要任务，在阿魏灌区建成全疆最大的易地搬迁点阿格达拉镇，把长期生活在山上、生活条件恶劣的贫困群众，搬迁到交通便利、设施完备的新家园。

“不仅让群众搬下来，还要住得好、留得住。”王红星协调相关部门，完善小额信贷办法，因户施策，为贫困户落实扶贫贷款，由县财政按不高于 5%的年利率予以贴息。同时，积极鼓励动力不足、无技能、创业目标不明确的贫困农牧民，加入合作社入股分红，用好扶贫贷款。

青河县东惠绿叶种植养殖专业合作社负责人于治成告诉记者，在王红星书记的指导下，合作社依托青河梦园公司发展驴奶产业，以贫困户入股分红的方式迅速发展壮大，贫困户入股 5 万元，每年可分红 7500 元，直至贫困户脱贫退出为止。

走进合作社，记者看到一名哈萨克族妇女正在为合作社的毛驴添加饲料。“我们一家原先住在山上，生活很困难。现在不仅住进了楼房，入股合作社，两口子还有了一份稳定的工作。”古丽加瓦尔·阿勒哈别克说，他们两口子现在每月收入在 4000 元以上，这样的生活是以前不能想象的。

2017 年 11 月，青河县脱贫摘帽，成为自治区首批 5 个脱贫县之一。

“等我退休了，再好好陪你们”

王红星的儿子王毅哲是一名边防民警。只见他小心翼翼地从上衣口袋里拿出一枚金光闪闪的党徽，紧紧地攥在手里。他说，这枚党徽，是爸爸去世那天，他含着泪从爸爸胸前摘下来的。“我要戴着这枚党徽，继续走爸爸未走完的路。”

“爸爸是一个有情有义、重诺守信的人。”王毅哲哽咽着讲述他的父亲。

2007年，王毅哲上初二的时候，妈妈不幸患癌去世。临终前，妈妈已经不能说话，她吃力地捏着笔，在纸上歪歪扭扭写下“把儿子照顾好”六个字。此后数年，王红星在繁忙工作的同时，当爹又当妈，给儿子洗衣做饭，一周七天早餐不重样……为让儿子身心健康成长，有人给王红星介绍对象时，他都婉言拒绝。

直到2013年，儿子考上了大学，经人介绍，王红星遇到现任妻子李晓清。“爸爸是带着我一起去跟李阿姨相亲的。”王毅哲告诉记者，2014年，爸爸把李阿姨娶回家，他们才有了一个完整的家。现在，小妹妹不到3岁，爸爸给她取名“多多”，说是今生多得的一份福气。

在王红星的妻子李晓清眼里，他是一个“懂得浪漫的好丈夫”。每年结婚纪念日，她总会收到王红星订的鲜花。说到这里，李晓清满是泪痕的脸上，划过一抹幸福的笑意……

然而，工作繁忙的王红星能陪伴家人的时间实在太少了。“每天要到夜里两三点钟他才能放心入睡，有时一个电话打来，他又急匆匆赶往办公室。”李晓清告诉记者，“有时候，他很多天没回家，我就带孩子过去，在他的单位门口见个面。”

王红星深感对家人亏欠甚多，常对妻子说：“等我退休了，再好好陪你们。”他经常抱着还不懂事的多多说：“等你5岁了，我就教你书法！”……然而，这一次，他“食言”了……

青河县委组织部副部长张建中与王红星共事多年，他说，王红星书记把各族群众当成自己的家人，谁家有困难，他都惦记着。前年毕业的青河县大学生张梦，因家里条件差险些辍学。王红星得知后，每年资助他4000元，直到他大学毕业。张梦说，“我要努力工作，做一个像王红星书记那样热心肠的好人，帮助更多需要帮助的人。”

【作者：杨明方、阿尔达克、周倩郎】

【《人民日报》2018年10月11日第6版】

张保国：坚守排爆一线挑战“死神”19年

张保国拆弹，有个特点。作为济南市公安局特警支队排爆中队负责人，平时端茶倒水、吃饭打球，张保国用的都是右手。但在拆除疑似爆炸物时，他却尽量换成左手。

“万一炸弹炸了，起码能保住常用手，不拖累家人。”张保国微笑着解释道。笑容背后，是他十九年如一日，坚持战斗在排爆安检最前线，带着七级伤残向“死神”挑战，用鲜血和生命捍卫着人民平安。

自1999年从部队转业至今，他一直是团队的第一排爆手，先后成功处置涉爆现场100多次，排除爆炸装置20多个，鉴定排除可疑爆炸物130多个，鉴定、排除、销毁各类炮弹、炸弹等4000多发（枚），完成重大活动防爆安检1200余次。今年5月29日，他被授予“全国公安系统一级英雄模范”称号。

每遇危险任务，他常会说“我的党龄最长，我先上”

常年在刀尖上跳舞，张保国的右手还是没能避免受伤。

2005年3月2日，张保国带着排爆队将废弃弹药运往山里销毁。当张保国在给媒体记者讲解销毁过程时，废弃弹药中的老旧发烟罐突然泄漏起火。“快跑!”张保国大喊一声，用力推开身边的记者和同事，接着飞快冲到火药堆旁踢飞了发烟罐。火药堆瞬间蹿起了10多米高的大火，将他包围……这次事故，张保国全身有8%的面积烧伤，脸部二度烧伤，双手深二度烧伤，落下七级伤残。

从这以后，张保国敬军礼的右手，再也不能完全伸直。

如此严重的烧伤，张保国却笑言自己很“幸运”：我们这个工作，就是和“死神”打交道，像我这种情况，已经算命大了。

济南市公安局特警支队作训处排爆中队民警陈龙是张保国的徒弟，一直跟着他学习排爆技术。“在案件现场，师傅最常说的一句话就是，‘我党龄最长，我先上’。”

排爆服重达40公斤，密不透风，普通人穿一会就会汗流浃背、腰酸背痛。即使穿着防爆服，也仅能保证1公斤炸药在3米外爆炸的基本防护。如果爆炸发生在3米内，就只能与死神赌博——赌自己的拆弹技术、赌炸弹的威力。

2008年8月6日晚上，两家客运公司因为商业竞争，一家公司采取了极端办法，将一个装有爆炸物的黑色塑料袋放在一辆即将由济南发往外地的长途客车上。当晚9点多，张保国和战友急忙赶到现场，还没等同事反应过来，他已经把排爆服套在身上。

大家都知道，谁穿上排爆服就意味着谁要与爆炸物零距离接触。面对同事多次请缨，张保国摇摇头，还是那句铮铮誓言：“我是排爆队长，我党龄最长，有任务我先上。”

新队员入列，他都会连问三个“你真的要干吗”

陈龙刚加入排爆队时，张保国就严肃地问了他们几个新队员一连串的问题：“排爆不是简单地摧毁，作为一个专业排爆手，要掌握的知识和技能很多，你们真的要干吗？排爆不是万无一失的，受伤牺牲都有可能发生，你们真的要干吗？一旦发生爆炸，排爆服对人体的保护是有限的，你们知道那将意味着什么，你们真的要干吗？”

看着他们脸上的表情一个个凝重起来，张保国接着说：“排爆工作虽然危险，但是它更能体现一名警察的担当，更能体现一个男子汉的胆识，如果你们决定了，我以一名老党员的党性向你们保证，我会倾我所学，把你们带成真正的排爆手。我会像保护自己生命那样保护你们，有危险我第一个上！”

从警19年，张保国见证了中国公安排爆事业的长足进步。张保国转业后第一次执行排爆任务，只戴了顶从派出所借来的钢盔，找了床被子，小心翼翼地把爆炸可疑物包起来，用手捧着，稳稳地放到车上，运到郊外销毁。

时代在发展，犯罪分子制造危险爆炸品的手段也在不断更新。周末时间，张保国经常跑到济南的几家电子科技市场，买各种最新的电子元器件回来研究。每当国际国内发生重大爆炸案件时，他都会第一时间收集文字、图片和视频资料，叫上同事一起分析用药成分、装置特点和作案手法。在张保国的影响下，排爆中队形成了良好的学习探讨氛围。

2016年，山东省某市发生一起爆炸案，张保国临危受命奔赴现场。张保国详细地了解了案件经过与爆炸装置情况，到专案组报到的时候，他已经摸清楚了爆炸装置的配方、分量，画出了爆炸装置的电路图，并提出了拆解方案。最终，爆炸物被成功处置。

今年已经54岁的张保国，希望能为国家带出更多排爆人才。希望他的队员能早日成长起来，用他们的专业、能力和自信，去迎接和战胜各种挑战，一次次化险为夷，一次次从容不迫地走出危机四伏的现场。

每当妻子劝他别干了，他总说“这活儿总得有人干”

英雄会害怕吗？

张保国说：“说实话，我第一次排爆的时候，手也颤，腿也软，心里充满了恐惧。”即便承受了如此大的心理压力，张保国回家却绝少提及自己的工作。

张保国的妻子李静说，自从保国转业到济南公安，电话随时会响，他不管在干什么，也不管是深夜还是凌晨，扔下手头的事就走。孩子大半夜发烧，他却有任务回不来；周末，他带着女儿去执行拆弹任务，把年幼的女儿锁在车里，差点哭晕过去……这样的事情，实在是太多太多了，多到李静和女儿都已经习以为常。

张保国受伤后，照顾儿子两天两夜的母亲，回家后一头栽倒在地上，从此半身不遂，生活不能自理。李静难以承受这样的重压，她哭过、闹过，想让张保国自此离开这个岗位。然而张保国却总是在这个问题上寸步不让：“排爆工作是危险，可是能给更多的人带来安全，我觉得我干警察的价值就在这里。”

李静渐渐明白，谁也劝不了张保国。“保国半夜出去执行任务，我都会跟着起来，一句话都不问，看着他出门，然后打开客厅的灯，坐在沙发上，等。”

从警 19 年，张保国一直认为排爆是自己的本职工作，并不觉得自己有多么伟大。但提到父母妻儿，这个汉子却潸然泪下，自觉亏欠他们太多。

“童年的时候，父亲辗转大西北、大西南修建核工业工程，常年都是在自然环境恶劣、工作条件艰苦的状态中度过的，每年只能回来探亲一次。母亲拉扯着我们兄妹三个，白天干农活，晚上还要编炕席到深夜。面对如此清苦的生活，二老从没有一声抱怨，反而觉得能为国家和人民做点事是那么光荣和自豪。”张保国说，这种经历就像一粒种子埋进了他的心里。

在部队里的那 15 年，更是教会了他忠诚、奉献、担当，“这些，都成为支撑我十几年如一日坚守在排爆路上的强大力量。”张保国说。

在“全国公安系统一级英雄模范”授奖仪式上，张保国胸前的奖章熠熠生辉。奖章背后，浓缩着生死之间逆向而行的惊险和坚守，更映照着一个普通生命对信仰和使命的追求。

【作者：肖家鑫】

【《人民日报》2018 年 10 月 19 日第 10 版】

扎根基层就要干出样子

——追记贵阳市公安局贵筑派出所民警马金涛

清明来临，贵州警察学院校园里的山岗上，手持鲜花的人们驻足凝视，面向公安英烈墙鞠躬默哀。黑色墙面的最末端，刻着一位基层社区民警的名字：马金涛。

去年12月20日，如果准时下班，他就能陪生病的妻子一起去医院做检查；如果他不主动请缨参战，抓捕行动或许就要从长计议……

可惜，世上没有“如果”。在当天抓捕涉毒犯罪嫌疑人时，马金涛被对方用弩箭刺破心脏，经抢救无效于当日牺牲，生命永远定格在30岁。这个春天，他被中共贵州省委追授为“全省优秀共产党员”，他的英雄事迹激励着更多人继续前行。

“河南腔贵阳话”
——门外汉成了大伙称赞的“小马警官”

2013年大学毕业，马金涛考进贵阳市公安局花溪分局，成为贵筑派出所的一名民警。“就像鱼入大海、鹰击长空。”新警培训结束后他在朋友圈写下一段话，庆祝自己终于圆了从警梦。

笔录不会记、法律知识不熟悉、矛盾纠纷调解不成功……初入警营，兴奋劲儿还没过，非科班出身的马金涛便陷入不懂业务的困惑。为了早日上手警务工作，他开启疯狂学习模式，买来一堆公安类专业书籍随身携带学习，遇到不懂的问题逢人就问。那段时间，同事们送他一个外号：“十万个为什么”。

除了恶补专业知识，如何与老百姓打成一片，更是让马金涛一筹莫展。“满口普通话，辖区群众不愿意和他交流，更指望不上配合工作。”他的入门师傅朱俊还记得，在一次抓捕毒贩时，不会说当地方言的马金涛当场露了馅，若非同事及时策应，险些让对方逃脱。

“必须要学贵阳话，扎根基层才能干出样子!”他主动要求同事教自己说贵阳话，一字一句地模仿学习。一段时间下来，辖区老百姓记住了这个年轻民警，特别对他那口“河南腔贵阳话”深有好感，社区工作的局面渐渐被打开。

凭着这股韧劲，门外汉变成了大伙称赞的“小马警官”。从警5年，他始终奋斗在服务群众第一线，共办理各类案件100余起，抓捕各类违法犯罪人员80余人，调处各类矛盾纠纷400余起，完成了“一年跟着干、两年单独干、三年成骨干”的蜕变。

“号码百事通”
——老百姓说找他办事准靠谱

“有事打我电话，我一定会尽快赶到。”这是马金涛说得最多的一句话。在当地老百姓印象中，不管遇到什么急事、难事，拨打他的电话准靠谱，比“号码百事通”还管用。

洛平村位于花溪区新区发展中心，辖区内有20多个在建工程项目，社情十分复杂。马金涛来担任社区民警后，长期坚持入户走访，用自己的热心和干劲，竭力为大家排忧解难。

因家庭历史遗留问题无法领取征地拆迁款，81岁的陈老太长期上访依然无果。马金涛到任后，先后走访数十户村民，联系十多个部门，查找土地原始资料，终于在去年初帮老人拿到了赔偿款。

“我们家遭水淹了，麻烦你来帮我们一下。”去年6月19日深夜，贵筑社区云上村五组杨柳塘遭遇暴雨袭击，受灾严重。尽管已经超出辖区范围，但接到群众求救电话后，马金涛还是立即赶往受灾现场，帮助村民及时转移到安全地带。

凡是需要帮忙的事，马金涛来者不拒，但也有“不靠谱”的时候。与妻子刘丽结婚后，夫妻俩一直是两地分居，直到出事前4个月，刘丽才从台江县一所中学辞职，带着不满周岁的女儿来到贵阳与马金涛团聚。

“要是给你办了这样的事，我以后还咋公正执法?”当刘丽希望丈夫能出面，在辖区内为她谋份代课教师的工作时，马金涛严词拒绝，最后刘丽只好自己找到一所离家更远的培训机构上班。

“人民英雄人民爱”
——群众送7个字向他告别

“为你点亮生命的烛光，你在遥远的他乡，点亮爱的光；为你照亮前路的漫长荒凉，你的脉搏、心跳在花溪的土地上流淌……”噩耗传出，一对教师夫妇，谱写出这首《为你点亮》。

“小马，实在对不住了，这里最贵的花圈就是这个，叔叔本来想给你送个更好的。”去年12月24日，马金涛遗体告别仪式现场，面对马金涛的遗像，一对老年夫妇低声哽咽，他们送来的花圈上，写着“人民英雄人民爱”7个大字。

马金涛牺牲后，近10万群众，或手持白菊，或高举“英雄一路走好”的横幅，冒着严寒自发前往殡仪馆，只为送“小马警官”最后一程。在互联网上，网民发起了“向英雄致敬，为民警马金涛点亮蜡烛”的悼念活动，短短几天，参与人数高达40余万人。

“以前只知道他很忙，但不知道到底在忙什么，现在终于明白，他却走了……”时至今日，刘丽还时常收到从各地寄来的信件。一封封陌生人的来信，讲述着许多她不曾听说的故事，原来丈夫也是这座城市的光，温暖了很多人。

“你未走完的路，我们会一直走下去!”贵筑派出所辅警唐立平是马金涛的徒弟。在师徒最后一次执行任务的途中，马金涛还答应他，完成任务就一起去吃涮羊肉。虽然承诺再也无法兑现，但唐立平心中，师父的最后一堂课，值得自己牢记一辈子，因为他用生命诠释了“人民警察为人民”的使命担当。

【作者：万秀斌、程焕】

【《人民日报》2019年4月6日第4版】

用生命诠释初心和使命

——记抗洪中牺牲的广西乐业县驻村第一书记黄文秀

暴雨如注、电闪雷鸣，汹涌的洪水漫过道路，眼前是黑压压的模糊世界……这是广西壮族自治区百色市乐业县新化镇百坭村第一书记、30 岁的壮族女干部黄文秀生前传回的最后视频画面。

6 月 16 日深夜，一心想早点回村部署抗洪的黄文秀，途中遭遇山洪，不幸牺牲。

牵挂灾情，深夜冒险返村不幸殉职

“现在这么晚了，天气预报说有暴雨，你一个女孩子开车不安全，明早再回吧?”

“不行，我今晚必须赶回去，我也看天气预报了，百坭村那用屯可能发生洪涝……”

6 月 16 日，利用周末刚刚回到百色市田阳县探望病重父亲的黄文秀，不顾家人劝阻，还是决定当晚开车返回乐业县。在回百坭村途中，她还着急地向村干部了解村里山塘、水利设施受损等情况。

在黄文秀 16 日深夜发回的那段视频中清晰可见——她驾驶的车辆陷入滚滚洪流，倾盆大雨浇在挡风玻璃上发出恐怖声响。

“她发信息说，被困住了。两头都走不了，雨越来越大。”黄文秀的哥哥黄茂益回忆。

此时，凌云县交警大队副大队长席道怀和同事开车途经，黄文秀向他们求助，“两位大哥能不能帮我开一下车，前面水太大，我不敢开。”

席道怀决定自己帮黄文秀把车驶离积水路段，让黄文秀坐上同事的车。等他把车开到安全地带，却发现黄文秀乘坐的车辆没跟上来。

17 日 6 点多，席道怀再次前往失联路段，发现塌方。18 日 11 时 32 分，救援人员在下游河道发现了黄文秀的遗体。席道怀的同事也一同殉职。

一心为民，把扶贫路当作长征路

“在我驻村满一年的那天，我的汽车仪表盘的里程数正好增加了两万五千公里，我简单地发了一个朋友圈：‘我心中的长征，驻村一周年愉快’。”不久前，黄文秀在她的扶贫心得里这样写道。

黄文秀是百色田阳县人，2016 年北京师范大学哲学学院硕士研究生毕业，作为定向选调生到百色市工作，曾挂职田阳县那满镇党委副书记，2018 年 3 月任乐业县百坭村第一书记。

百坭村建档立卡贫困户分散居住在不同的山上，对黄文秀这个外乡人来说，要在最短时间内掌握全村贫困户的详细情况相当困难，而且还面临群众的疑虑。

“要想让老百姓愿意接近我，就得让老百姓觉得我和他们是一样的。”黄文秀碰了钉子后，从自己身上找原因。再到贫困户家里时，她不再拿着个本子问东问西，而是脱下外套帮忙扫院子；贫困户一次不让她进家门，她就去两次、三次；贫困户不在家，她就去田里，边帮他们干农活边聊天。“你这个女娃娃还真是难缠得很哩！”村民们慢慢接受了她。听到这样的玩笑，黄文秀很开心。

“靠山吃山，靠水吃水”，一年多来，黄文秀团结村两委干部，通过考察学习、请专家指导、挨家挨户宣传、党员带头示范等方式，带领群众摸索并发展了适合本村的产业——种植砂糖橘、八角、杉木等。这些产业，如今已成为百坭村的支柱产业和群众脱贫致富的主要来源。

11月是乐业砂糖橘的上市时间，果农最头疼的是滞销。怎么打开销路？黄文秀学习电商知识，建立了百坭村电商服务站。仅去年，经百坭村电商服务站销售出去的砂糖橘就达4万多斤，销售额约22万元，为30多户贫困户创收，每户增收2500元左右。

经过一年多锻炼，黄文秀已从“扶贫新手”转变为群众最信赖的人。她到任之时，百坭村的贫困发生率为22.88%，2018年百坭村103户贫困户顺利脱贫88户，贫困发生率降至2.71%，实现了贫困户户户有致富门路，村集体经济项目收入翻倍。她还协调完成了1.5公里的道路硬化，新建蓄水池4座，完成两个屯47盏路灯的亮化工作。

言传身教，党员示范作用处处显现

“送钱送物，不如建个好支部。”第一书记抓什么？黄文秀很清醒，特别注重加强党支部自身的战斗力、凝聚力和创造力。她以乐业县开展的村干部职业化管理工作为契机，大抓基层党组织建设。黄文秀上任后走访了百坭村的38名党员，充分征求党员的意见建议，并将他们划分为3个党小组开展各项活动，经常列席指导。

黄文秀在走访中了解到，群众原来对村里的工作不积极配合，一个重要原因就是村两委为群众办事不够主动，有时群众办事找不见人。黄文秀就从抓实抓严村干部坐班值班制度开始，白天落实专人负责接待群众，晚上与村干部一起开展走访贫困户工作，群众满意度大幅提升。

原乐业县至凤山县二级路征地拆迁工作进展缓慢，在她的积极走访动员下，项目顺利推进，仅两个月时间就完成了57户征地拆迁工作。

她还组织村规民约吟诵比赛，开展全村道德模范人物评选和文明家庭评选活动。去年，百坭村获得百色市“乡风文明”红旗村称号。

作为一名党员，黄文秀始终牢记初心和使命，在工作中处处作表率。村民黄仕京承担不起儿子的学费，黄文秀了解情况后及时为他家申请了“雨露计划”，解了燃眉之急。黄仕京非常感谢，又问她：“你是在北京读的研究生，怎么会来我们这么边远的农村工作？”

黄文秀说："百色是全国脱贫攻坚的主战场之一，也是我的家乡，我想为家乡建设出份力。而且，党号召我们年轻人到基层建功立业，我是党员，就要积极响应党的号召。"黄仕京听后，表示也要让孩子争取在学校入党，以后回来建设家乡。

同乐镇龙门村第一书记严彬航和黄文秀是同一批到乐业县的。"她很努力，有韧劲，驻村以后几乎把所有个人物品都搬到了村里。"严彬航说，脱贫攻坚进入冲刺阶段，黄文秀作为第一书记深感责任重大。她很喜欢那句话："让扶过贫的人像战争年代打过仗的人那样自豪！"

噩耗传来，新化镇林立村第一书记张胜根泪如雨下："在扶贫攻坚路上我们会不断鼓励自己，不获全胜决不产生撤退的想法。我们会用自己的实际行动践行共产党员的初心和使命。我想这是你想看到的，也是大家共同的愿望！"

【作者：刘华新、庞革平、李纵】

【《人民日报》2019 年 6 月 23 日第 6 版】

欧阳海：勇推惊马 保护列车

在湖南省桂阳县，欧阳海的英雄事迹家喻户晓。家乡人民将水库、广场、学校、道路等冠以“欧阳海”之名，寄托对这位爱民模范的无限崇敬。

欧阳海，1940 年生，湖南桂阳县人。1959 年 3 月参加中国人民解放军。1960 年 5 月加入中国共产党。入伍前，在农村任记工员、会计，他热心助人，经常帮助没有劳动力的家庭干活，并用自己的粮食救济本村困难户。入伍后，欧阳海在广州部队某部 1 营 3 连 7 班任战士、班长。工作积极，训练刻苦，哪里有困难，就往哪里冲。他曾两次抢救溺水儿童，一次参加灭火，并救出一位老人。三次荣立三等功，多次被树为标兵。

1963 年 11 月 18 日清晨，欧阳海所在部队野营训练沿铁路行军，行至湖南省衡山车站南峡谷时，满载旅客北上的 288 次列车迎面急驶而来，一匹驮着炮架的军马突然受惊，窜上铁道，横立双轨之间。就在火车与惊马将要相撞的危急时刻，欧阳海奋不顾身，跃上铁路，拼尽全力将军马推出轨道，避免了一场列车脱轨的严重事故，自己却被卷入列车下壮烈牺牲，年仅 23 岁。

1964 年，中国共产党广州军区委员会追授他“爱民模范”荣誉称号。同年 1 月 22 日，中华人民共和国国防部命名他生前所在班为“欧阳海班”，并号召全军指战员学习他的崇高品质，全心全意为人民服务。朱德、董必武、贺龙、徐向前、聂荣臻、叶剑英等党和国家领导人分别题词，高度赞扬他的英雄行为。1988 年，他生前所在部队修建了欧阳海纪念馆。

欧阳海的英雄壮举，实践了他自己的人生格言：“如果需要为共产主义的理想而牺牲，我们每一个人，都应该也可以做到脸不变色心不跳。”

【作者：谭畅】

【《人民日报》2019 年 8 月 14 日第 13 版】

处处以身作则　事事为了人民

——“共和国勋章”获得者申纪兰

青青太行，劲松屹立。

山西省平顺县西沟村，自古就是要与河道抢耕地、与老天抢粮食的地方。沧海桑田，曾经撂荒的山坡上，如今或已披绿，或梯田成片……

这里有一位执拗的耄耋老者，年复一年，仍坚持着自己劳作。春天播种，下地秋收，冬天除雪，步履日渐蹒跚，但她干起活来仍充满力量。除了不时整理行装进京开会，几乎没什么能把她和普通农妇一眼区别开。

她是申纪兰，山西省平顺县西沟村党总支副书记，第一届至第十三届全国人大代表，“共和国勋章”获得者。

“男女干一样的活，应记一样的工分”

申纪兰 1929 年出生于山西省平顺县山南底村。抗战时期，她就担任过村里纺花织布小组的组长。一嫁到西沟村，她就积极参加劳动。1951 年西沟村成立初级农业合作社时，她成了副社长。这对奉行“好男人走到县，好女子不出院”古训的山里人来说，已让人刮目相看。但在她心里，有一个坎始终过不去：为啥妇女的劳动报酬要少一半？

申纪兰介绍说，按照当时的分工计酬方式，如果男人干一天活记 10 个工分，那么妇女只能记 5 个。不平等的报酬挫伤着妇女的劳动积极性，很多妇女只愿意干“家里活”，不愿出门参加社会劳动，而这又成为阻碍妇女地位提高的关键。

为了让妇女得到真正的解放，申纪兰走家串户，向妇女宣传“劳动才能获得解放”的道理，同时努力做男社员的思想工作，积极争取男女同工同酬。开始，男社员很多不同意。申纪兰认为，只有干出成果，才能让妇女不再受歧视。

村里本来是男女共同协作劳动的。经申纪兰申请，社里专门给女社员划出一块地，和男社员进行劳动竞赛。男社员认为稳操胜券，该休息就休息；被发动起来的妇女为了争取自己的权益，始终在田间争分夺秒。最后，女社员赢得了竞赛。

这场劳动竞赛在西沟村产生了意想不到的效果，许多男社员都开始支持男女同工同酬。

不久，全国妇联、山西省妇联的同志来到西沟村：一是考察；二是帮着申纪兰出谋划策。在妇联的支持下，申纪兰带领西沟村妇女提高劳动技能，还设立了农忙托儿所，使妇女能专注劳动。

到 1952 年，西沟村已经实现了“男女干一样的活，应记一样的工分”。1954 年 9 月，在中华人民共和国第一届全国人民代表大会上，申纪兰提出的“男女同工同酬”倡议被写入了中华人民共和国第一部宪法。

“当人大代表，就要代表人民，代表人民说话，代表人民办事”

1983年，西沟村全面推行家庭联产承包责任制，但其中也出现了许多新问题。1984年，申纪兰从村民的根本利益出发，大胆进行改革。

她主张：成林和有林山坡地仍归集体管理；耕地仍然包产到户、自主经营，但实行三年一小调、五年一大调，添人增地、减人减地，确保土地不撂荒。最终，改革宜统则统、宜分则分，统分适度，实现优势互补。

1985年，结合申纪兰外出考察的经验，利用当地的硅矿资源优势，西沟村建立起第一个村办企业铁合金厂，当年实现利润150万元。此后，西沟村又建立起磁钢厂、石料厂、饮料厂，村办企业成了西沟村的经济支柱。

但为了响应党中央保护环境的号召，不把污染留给子孙后代，2012年，申纪兰和西沟村民决定，拆除了不符合国家产业政策和环保要求的铁合金厂，重新寻找发展定位。几年间，西沟村的红色旅游基础设施一一兴建，新产业基地拔地而起，引进的知名服饰公司开工生产。

作为唯一连任十三届的全国人大代表，申纪兰通过建议和议案将老区脱贫振兴带入了快车道。中西部开发、引黄入晋工程、太旧高速公路、山西老工业基地改造等促进了经济发展；平顺县提水工程，平顺县二级公路建设，平顺县集中供热、集中供气工程等改善了当地群众的生活。

“当人大代表，就要代表人民，代表人民说话，代表人民办事。”申纪兰是这样说的，也是这样做的。

“按照党的要求干，就没有什么干不成的事情”

她的“学历”是扫盲班毕业，她一辈子坚持自己只是个农民。1973年至1983年担任山西省妇联主任期间，她坚决不领厅级领导干部的工资，不转干部身份。女儿去省城太原看她，辛苦坐了一路卡车，她也只在单位院外匆匆见了一面，就让孩子回去了。

她曾荣获“全国劳动模范”“全国优秀共产党员”“全国脱贫攻坚‘奋进奖’”“改革先锋”等称号。但她只把荣誉看作一种鞭策。她“勿忘人民、勿忘劳动”的话语，成了自己对人生的一种诠释。

每有团体到西沟村参观学习，她总会在西沟村的会堂给大家介绍：半个多世纪里，在党的带领下，农村发生的翻天覆地变化。申纪兰说：“我的话，就是一个农民对党的恩情由衷的感激。”永远跟党走是申纪兰不变的初心。“共产党就是要全心全意为人民服务，要立党为公，两袖清风，一身正气。”申纪兰说，“按照党的要求干，就没有什么干不成的事情。”

【作者：许雄】

【《人民日报》2019年9月20日第6版】

张富清：紧跟党走，做党的好战士

1948年3月，他在陕西宜川县瓦子街参加革命，开启了自己的英雄之旅。

壶梯山战斗、永丰战役中，他任突击组长，先后炸掉敌人3个碉堡，立下赫赫战功。

1955年1月，他退役转业，告别军营，扎根湖北来凤县，锁住荣誉，尘封战功，为当地发展和群众过上好日子不懈奋斗。

1985年1月，他站完最后一班岗。人离休了，思想却不离休，他坚持学习，三十多年如一日。

无论何时、何地、何境，他都把组织的要求摆在第一位。作为一名有着71年党龄的老党员，他精神上追求卓越，物质上毫无所求。他，就是"共和国勋章"获得者张富清。

从革命战场到人生战场不改本色

1924年12月，张富清出生于陕西汉中洋县马畅镇双庙村一个贫农家庭。兵荒马乱的年月，他在家种过地，给地主当过长工，没有上过一天学。1945年下半年，家中唯一的壮劳力二哥被国民党抓壮丁，为了维持一家人生计，他用自己将二哥换了出来。

宜川战役中，国民党军整编第九十师在瓦子街落入我军伏击圈被歼，作为该师杂役的张富清，选择参加革命，成为王震所领导的英雄部队——359旅718团的一名"人民子弟兵"。

1948年7月，壶梯山战斗打响。这是1948年9月我军转入战略决战前，西北野战军为牵制胡宗南部队而发起的澄合战役中的一场激烈战斗。在这场战斗中，张富清荣立师一等功，被授予师"战斗英雄"称号。

1948年11月，永丰战役打响。此时，我军已转入战略决战，西北野战军配合中原野战军、华东野战军作战。在战斗中，张富清带着2个炸药包、1支步枪、1支冲锋枪和16个手榴弹，攀上寨墙，炸掉了敌人两个碉堡，在身受重伤的情况下，独自坚守阵地到天明，数次打退敌人反扑。他因此荣立军一等功，被授予军甲等"战斗英雄"称号，并被西北野战军加授特等功。

一次特等功、三次一等功、一次二等功，两次"战斗英雄"称号，这就是张富清在战场上向党和人民交出的答卷。

1953年3月至1954年12月，张富清进入中国人民解放军防空部队文化速成中学学习。1955年1月退役转业时，张富清坚决服从组织安排赴湖北最偏远的来凤县工作。

他带着爱人孙玉兰扎根来凤县，一口皮箱，锁住了他在战场上获得的全部荣誉。

每一个岗位都担当作为竭尽所能

到来凤县后，张富清先后任城关粮油所主任，三胡区副区长、区长，建行来凤支行副行长等职务。每一个岗位，他都脚踏实地，竭尽所能，担当奉献。

为了带头示范，他让爱人孙玉兰从自己分管的三胡区供销社下岗，让大儿子张建国到卯洞公社万亩林场当知青。

面对工作中的困难，他不躲不绕，想方设法，克服解决。刚开始进驻生产大队时，群众不买账、不认可。为了让群众接受自己，他住进最穷的社员家，白天与社员一起干重体力活儿，晚上开完会后，帮社员挑水扫地。

他想群众之所想，急群众之所急。进驻卯洞公社高洞管理区，群众反映出行难、吃水难后，他带着社员四处寻找水源，50多岁的年纪腰系长绳，下到天坑底部找水。他带着社员修路，与社员一起在绝壁上抡大锤打炮眼。

任三胡区副区长、区长期间，他推动水电站建设，让土苗山村进入“电力时代”。

1961年至1964年期间，张富清主导修建了三胡区老狮子桥水电站，供附近的两个生产队照明。这是三胡区历史上第一座水电站。“从一个区来讲，能够照上电灯是祖祖辈辈多少年来都没有的事，电灯更明亮，比照桐油灯好多少倍呀!”讲起这件事，张富清高兴地说。

从群众中来，到群众中去。心中无我，付此一生。这就是战斗英雄张富清，在工作岗位上向党和人民交出的答卷。

深藏功名六十余载连家人都不知情

1985年1月，张富清站完最后一班岗，从建行来凤支行副行长岗位上退下来。

离休后，张富清保持艰苦朴素的作风，住老房子、穿老衣服、用老家具、过老生活。

虽然离休了，但他未有一丝懈怠，时时处处严格要求自己。卧室的书桌上，摆着成堆的学习资料。书桌右侧的抽屉里，放着他的药——享受公费医疗待遇的他，为了防止家人“违规”用自己的药，甚至锁住了抽屉。

2012年，张富清因病左腿截肢。为了不影响子女“为党和人民工作”，88岁的他装上假肢顽强站了起来。

60多年里，张富清将赫赫战功深埋心底，从不提起，他的老伴儿和儿女都不知情。2018年底，国家开展退役军人信息登记，张富清隐藏半个多世纪的战功才得以发现。

讲起登记的初衷，张富清说：“我起初不想把这些奖章和证书拿出来，但考虑到如果不拿出来，那就是对党不忠诚，是欺骗党的行为……”

战斗英雄的事迹披露后，诸多光环加身，他依然是老样子，一切都没有变，还是那个坚守初心、保持本色的张富清。

“我要在有生之年，坚决听党的话，党指到哪里，我就做到哪里，党叫我做啥，我就做啥。”张富清说。

【作者：谭元斌、程敏】

【《人民日报》2019年9月24日第5版】

“共和国勋章”获得者袁隆平

——把对祖国的热忱结成饱满的稻穗

（国家勋章和国家荣誉称号获得者）

确保中国人的饭碗要牢牢端在自己手中，这是 90 岁的“杂交水稻之父”袁隆平认为自己应该为国家担负的责任。他对杂交水稻和它背后维系的国家粮食安全怀有的赤诚初心，从过去到现在，始终未变。

获得过首届国家最高科学技术奖、“改革先锋”和未来科学大奖等荣誉的袁隆平，在新中国成立 70 周年之际，又获得“共和国勋章”。从超级稻第一期到第四期，以及每公顷 16 吨、17 吨和 18 吨攻关目标的实现，中国杂交水稻的科研工作水平始终领先于世界。袁隆平一直认为，自己热爱的中国的富强，既是他永攀新高的动力，也是所有梦想的终极目标。

“高产对于我来说，是一个永恒的主题”

“要想不受别人欺负，国家必须强大起来。”袁隆平从小就意识到了这一点，因此他始终将个人前途与国家利益紧紧相连。他有过体育救国的梦想，也曾打算参军报国，最终，他将自己对祖国的热忱，结成了一串串饱满的稻穗。

“我们国家人口多、耕地少，保障国家粮食安全，唯一的办法就是提高单产。因此，高产对于我来说，是一个永恒的主题。”袁隆平说，新中国成立前，自己亲眼见到倒伏在路边的饿殍，这让他感到痛心……于是在 1949 年，他报考了西南农学院。

1956 年，为了响应国家“科学发展规划”，之前还在学校代教俄语的袁隆平，带着学生们开始了农学实验。几年时间，完全靠自己摸索经验的袁隆平发现水稻中有一些杂交组合有优势，并认定这是提高水稻产量的重要途径。培育杂交水稻的念头，第一次浮现在他的脑海。为此，他两次自掏腰包，前往北京拜访育种学家鲍文奎。

1966 年，袁隆平发表了论文《水稻的雄性不孕性》，拉开了中国杂交水稻研究的序幕。1970 年，在海南发现的一株花粉败育野生稻，让杂交水稻研究打开了突破口。袁隆平给这株宝贝取名为“野败”。1973 年，在第二次全国杂交水稻科研协作会上，袁隆平正式宣布籼型杂交水稻三系配套成功，水稻杂交优势利用研究取得了重大突破。

回忆起那段攻坚克难的日子，袁隆平记忆里最深刻的细节之一，是背着足够吃好几个月的腊肉，倒转好几天的火车，前往云南、海南和广东等地辗转研究，只为寻找合适的日照条件。袁隆平说，这样的经历“就像候鸟追着太阳”。

“杂交水稻还有很大潜力，我会不断攀登新的高峰”

1981年，国务院将“国家技术发明奖特等奖”授予以袁隆平为代表的全国籼型杂交水稻科研协作组。“欧美、日本等都在开展相关研究，但只有我们应用到了大面积生产中。”时至今日，袁隆平还清楚记得当时在接受奖项时说的话，“杂交水稻还有很大潜力，我会不断攀登新的高峰。”

1986年，袁隆平正式提出杂交水稻育种战略：由三系法向两系法，再到一系法，即在程序上朝着由繁到简但效率更高的方向发展。经过多年努力，两系法获得成功，它保证了我国在杂交水稻研究领域的世界领先地位。

1984年，湖南省杂交水稻研究中心成立，大批优秀人才从基层单位进入中心，袁隆平还积极争取经费把他们送到国外深造。

“国家下拨的第一笔经费就高达500万元。”袁隆平回忆，中心因此迅速建起了温室和气候室，配置了200多台仪器。那个曾经简陋的海南南繁基地，被标注在了三亚地图上，从一个偏远小农场，变成具有国际重要影响的科研基地。

1996年，农业部正式立项了超级稻育种计划。4年后，第一期每亩700公斤目标于2000年实现。随后便是2004年800公斤、2011年900公斤、2014年1000公斤的“三连跳”。

“我对祖国的未来充满信心，我要为祖国的繁荣做出更多贡献”

“从党的十九大开始，我们国家进入全面建成小康社会的决胜期。从我的角度来说，小康社会就是要从‘吃饱’向‘吃好’转变。”袁隆平说，国家强盛了，老百姓生活提高了，自己的研究当然不会止步不前。

袁隆平领衔、已实施10多年的超级杂交稻“种三产四”丰产工程开始从过去强调产量，向兼顾绿色优质的目标转变。2018年，“种三产四”丰产工程最显著的变化是：在30多个参与品种中，优质稻占比超过30%，其中不少品种的米质达到国家二级标准，同时还具备广适性、高抗性和低成本等特点。目前，他正在攻关的第三代杂交水稻，争取在未来几年时间内通过审定，进行大面积推广，并逐步替代三系杂交稻和两系杂交稻。

“我现在已经从‘80后’变成了‘90后’，我希望自己能活到100岁。”刚刚度过自己90岁生日的袁隆平说，“我对祖国的未来充满信心，我要为祖国的繁荣做出更多贡献。”

【作者：周勉、陆波岸】

【《人民日报》2019年9月27日第6版】

“人民艺术家”王蒙

——热情澎湃地书写时代书写生活
（国家勋章和国家荣誉称号获得者）

“人民艺术家”王蒙——一位与新中国共同成长起来的作家，见证了中国当代文学的发展之路。他以辉煌的创作实绩和多方面的工作，参与并推动了中国文学事业的繁荣和中国特色社会主义文化事业的发展。

从少年到耄耋，从中学生党员到新中国的文化部部长，那颗“少年布尔什维克”的初心始终在王蒙的胸中跃动。

1948 年，年仅 14 岁的王蒙加入了中国共产党，以一名“少年布尔什维克”的身份参加革命活动。

“新中国成立对我的意义非常大，那是完全进入一个新的时代和世界。我亲眼看见旧中国和旧社会是怎样分崩离析的，到处是危机，百姓没法生活下去。”

王蒙激动地说，新中国像朝阳一样，有诸多的可能性和期待；在革命战争胜利凯歌声中建立起来，社会焕然一新。

“新中国的成立、发展、建设是我一生的经历，也是创作的主题，我是见证者也是参与者。新中国的命运也是我的命运，她的辉煌成绩我分享了，她的曲折和坎坷我也有经历。”

王蒙的文学创作与新中国的行进步履紧紧相连。

从上世纪 50 年代的《青春万岁》《组织部新来的青年人》，到改革开放后的《蝴蝶》《布礼》《活动变人形》等，到进入新世纪后的《这边风景》及“季节”系列长篇小说……王蒙始终敏锐地捕捉着时代的脉搏，关注现实、反映现实。他的作品清晰描绘了新中国半个多世纪的社会生活变迁，深刻剖析人们的内心世界。

在 67 年的文学创作历程中，王蒙创作了 1800 多万字文学作品，出版近百部小说、散文、诗歌和学术著作，作品被译成 20 多种文字在国际上出版，获得过茅盾文学奖等国家级文学大奖和多项国际性文学大奖，显示了中国当代文学的创作高度。

王蒙的文学创作横跨中国当代文学史的各个时期，与时代、现实相呼应。

1953 年，王蒙以长篇小说《青春万岁》开启了自己的创作生涯，刻画了新中国新一代青年人积极明朗、热情洋溢的精神风貌；

1956 年，发表短篇小说《组织部新来的青年人》，显示出他对现实问题的关切和思考，以及在选材立意上的新意和勇气；

依托上世纪六七十年代在新疆生活劳动的丰富经历，王蒙创作的长篇小说《这边风景》生动表现了多民族共同生活的火热图景，并于 2015 年获第九届茅盾文学奖；

上世纪八九十年代，小说《表姐》《布礼》《蝴蝶》《杂色》等，显示出王蒙对历史与人生的回顾和思考，在新时期之初的文学图景中十分具有代表性。

此外，王蒙在文学创作的艺术手法上不断创新探索。

“王蒙既是中国当代主流文学思潮的重要人物，也是中国当代文坛的一面镜子。”有人这样评价。

谈及自己取得的文学成就，王蒙认为主要在于自己广泛的兴趣爱好以及丰富的人生阅历。

“我的兴趣广泛，热情持久，对各个阶段的各种情况都有浓厚的关注。我的少年、青年时代赶上革命成功和新中国成立，这给我的人生奠定了光明的底色，即使我日后遇到了一些曲折和挑战，也始终热情澎湃地书写时代、书写生活。”王蒙说。

在任职《人民文学》主编、中国作协副主席、文化部部长期间，王蒙关注文学发展、鼓励艺术创新，发掘和扶助了一大批优秀的青年作家。其人生经历、精神状态、探索活力和情操品行，也影响和感染了后辈作家。

“曾经有一篇被编辑否定掉的稿子，我看了觉得不错，就让它‘起死回生’，给发表出来了。”王蒙回忆说，这篇作品的发表影响了作者的一生，他从此走上了文学的道路。

对于当下越来越多的年轻人选择手机浏览的现象，王蒙相信，人们终将会重新燃起对书本阅读的热情，这要求文学作品拥有经典、深刻、永恒的价值，要经得起时间和历史的考验。

“网络上有大量写得很好、引起读者兴趣的书，但是仍然显得追求数量，比较平面化。”

在王蒙看来，新中国的历史经验、光辉成绩和痛苦探索无与伦比。“这样的时代应该留下文学代表的杰作、经典，应该有更多深刻的作品出现，有成就更大的作家出现，有对这段历史的更多的咀嚼、消化、记忆和加工出现。我相信会有这样更好的作品和作家。”

王蒙希望，青年作家们能以最高标准摆脱畅销市场的诱惑，为国家、民族和历史创造新时代的经典。

如今，85 岁高龄的王蒙依旧笔耕不辍，今年以来，发表了《生死恋》《邮事》《地中海幻想曲》和《美丽的帽子》等多部小说。作为中央文史馆馆员，他还承担比较文学、古典文学等研究工作。

“我希望能多写一点，一直写下去。”王蒙说。

【作者：王思北、周玮、李文】

【《人民日报》2019 年 10 月 9 日第 6 版】

王曙群：30 年一线钳工成“航天工匠”

2011 年 11 月 3 日凌晨，“神舟八号”与“天宫一号”在茫茫太空中圆满完成对接。这场堪称完美的“太空之吻”轰动世界。中国航天科技集团上海航天设备制造总厂特级技师王曙群，作为国内唯一一个载人航天对接机构总装组组长，就是练就太空“搭积木”绝活的“航天工匠”。前不久，他被授予“第七届全国道德模范”荣誉称号。

从“神舟八号”至“神舟十一号”、天宫、天舟，王曙群及其团队研制装调的对接机构历经 7 次飞行试验考核，圆满完成 13 次交会对接试验任务；对接机构上的自主研发技术已达 99%以上，广泛用于多型号航空器制造领域。为此，我国首位航天员杨利伟给出了“能够让航天员放心地去执行任务”的高度评价。

“脚踏实地、仰望星空”，王曙群工作室墙上的这句话，昭示了一名航天一线技师 30 年的奋斗历程。

1989 年王曙群从技校毕业后参加工作，从事工装模具的装配维修工作。没有高学历的他，踏踏实实拧紧每一颗螺钉，确保不因工装问题影响产品生产。1996 年，上海航天设备制造总厂举办高级工培训班，规定工龄 10 年以上的职工才能参加。当时王曙群工作才 7 年，但得益于中级工考试全厂第二名的好成绩，单位破格让他参与了培训，在培训过程中正好赶上对接机构产品研制……

“新的任务、新的技术，一下子激发了我的热情！我想好好学，恨不得想把对接机构研制初期遇到的问题统统在培训班里找到答案。学到的新知识点，我也想赶紧在生产过程中实践起来……”王曙群说。

但随着时间推移，遇到的问题越来越多……1998 年对接进入初样产品研制阶段，王曙群回忆：“当时遇到的问题都是第一次见识到，有的问题想归零都不知从何入手，感觉工作越来越难，甚至对自己的能力产生了怀疑：到底能不能做出来?”不过，王曙群和团队选择了坚守，想尽办法攻关。为保证试验连续性和测试数据准确性，王曙群带领团队每次都坚持连续工作 37 小时。半夜睡意袭来，就用冷水擦一把脸；饿了就啃几块饼干。就这样，31 套单机每次 37 个小时的试验，他们连续做了 31 次。

对接锁系同步性装调质量决定了航天员能否在太空生存和能否安全返回地面，是交会对接任务中的重中之重。12 把锁的锁钩必须实现同步锁紧、同步分离，这就好比在太空中“拧螺丝”。为做到这两个同步，王曙群在装配过程中必须边装配、边调整、边试验。经多次试验发现，分离姿态与设计要求产生了严重偏差，而且这种偏差毫无规律可循。从那天起，他便和这个问题铆上了劲……通过近一年的反复试验，他终于找到问题症结，马上提出了改变钢索旋向以及对钢索进行预拉伸处理的工艺方案，同时将判断锁钩同步性的测量方法进行调整，一举解决了困扰团队近两年的对接锁系同步性协调难题。

在航天这个大工程里，王曙群钻研的是细节。有一次，班组成员在产品装配过程中发现 5 个螺钉中有一个表面有些锈蚀，料想可能是储存过程中没有保存好，准备重新换一个进行装配。王曙群知道后，提出要复检螺钉的原材料，确保原材料批次没有问题以后才能再使用。后来复测确实没问题才把表面锈蚀的螺钉替换后再装配。“产品装上去后，很多地方没办法进行破坏性考核。它的终极考核只能在发射中进行，而且机会只有一次……”王曙群这样解释他的“较真儿”。

30 年间，王曙群牵头研发了 50 多台套专用装备，使对接机构总装周期从 3 个多月缩短到 40 天，装配可靠性有效提升；同时，他还完成了 15 篇论文，获得 5 项国家发明专利，成为对接机构技术国家专利主要发明者之一。

当前，我国正在规划建设空间站，王曙群和他的组员们已经投入到了紧张研制生产当中……“航天事业大发展的好时代，给我们带来了更多展示自己技能的舞台。”这位中国“航天工匠”自豪地说。

【作者：沈文敏】

【《人民日报》2019 年 10 月 22 日第 6 版】

只要莫高窟存在，就要把它陪好

——“文物保护杰出贡献者”樊锦诗

获得“文物保护杰出贡献者”国家荣誉称号后，81 岁的樊锦诗一直很忙，从北京到香港、从厦门到巴黎……但她心里惦念的，全是敦煌。

“只要一息尚存，就要为敦煌努力。”她说。

从“挖宝贝”到“守宝贝”
“老祖宗留下了世界上独有的、多么了不起的东西”

樊锦诗中学时就爱逛博物馆。1958 年填报北京大学历史系考古专业时，她以为自己以后成天“挖宝贝”。不想此后大半生待在了大漠，成了莫高窟的守护人。

在莫高窟 9 层楼旁的敦煌研究院院史陈列馆里，有一个不大的房间。土炕，土桌子，还有一个土“沙发”，这是樊锦诗曾经的住所。

生活是苦的。灰土怎么也扫不完，老鼠窜上床头是常事；一直与远在武汉大学工作的丈夫相隔两地，孩子出生时，身边没有一个亲人，没有一件孩子的衣裳。

有多次离开的机会，樊锦诗最终留在了敦煌。

“对莫高窟，是高山仰止。越研究越觉得，老祖宗留下了世界上独有的、多么了不起的东西!”樊锦诗说。

是吸引，更是责任。这座千年石窟曾历经磨难，成为“吾国学术之伤心史也”。常书鸿、段文杰等前辈白手起家、投身沙海，为保护敦煌倾尽一生心血。

新中国成立后，国家前所未有地重视莫高窟的保护。“文物命运是随着国家命运的。没有国家的发展，就不可能有文物保护的各项事业，我们也不可能去施展才能。”樊锦诗说，“只要莫高窟存在，我们一代代人就要把它陪好。”

从“一张白纸”到“极具意义”
“让保护和管理真正符合国际标准和理念”

1987 年，莫高窟被评为我国“首批世界文化遗产”。时任敦煌研究院副院长的樊锦诗是申遗的主要负责人。梳历史、理保护、讲开放，在填写大量申遗材料的过程中，她看到了更为深广的世界。

“文物保护的国际宪章和公约原来没听过，保护涉及法律和管理从前不知道，怎么处理保护与旅游开放的关系也不清楚。这给我莫大的刺激。”樊锦诗说，在全面了解世界文化遗产体系后，她更深入地认识到了莫高窟的价值。

“世界文化遗产的 6 项标准莫高窟全部符合。我想，一定要保护好莫高窟，让保护和管理真正符合国际标准和理念。”她说。

一幅关于过去、现在与未来的巨大图景，在樊锦诗心里悄然铺开。莫高窟历经千年，壁画彩塑已残损破败。如何让这一人类遗产“永生”？做过文物档案的她想到了用数字的方式。

上世纪 80 年代，敦煌研究院开始尝试文物数字化。就是将洞窟信息拍照，再拼接整理，最终形成能够“永久保存”的数字洞窟。这些数字资源还可以被“永续利用”，成为出版、展览、旅游等的资源。

说时容易做时难。形制改变、颜色失真、像素不足等一个个问题摆在眼前。与国内外机构合作，自己逐步摸索……樊锦诗说，从提出设想到真正做成高保真的敦煌石窟数字档案，他们花了整整 20 年。

这些数字资源显示了价值。2014 年莫高窟数字展示中心投运，数字球幕电影让游客领略了石窟风采，也缓解了保护的压力。

此外，敦煌研究院还在立法保护文物、制定《中国文物古迹保护准则》等诸多方面进行了探索、总结了经验、推广了成果。莫高窟的管理与旅游开放创新模式，获得联合国教科文组织世界遗产委员会的认可，称其是“极具意义的典范”。

“莫高精神”成大漠“第二宝藏”
“这是我们源源不断的精神动力”

自 1944 年敦煌研究院建院以来，一批批学者、文物工作者来到大漠戈壁中的敦煌。今年国庆前夕，樊锦诗为工作 30 年以上的敦煌人颁发奖章。她那一头白发，写照着岁月的流逝，见证着一代代传承。

建院 70 周年之际，樊锦诗在总结前辈创业历程后，总结出了“坚守大漠、甘于奉献、勇于担当、开拓进取”的“莫高精神”。

“老先生们明明可以拥有很好的生活工作环境，偏偏历经千辛万苦留在敦煌，他们就是精神符号。东西坏了还可以再造，‘莫高精神’垮了就啥也没有了。这是我们源源不断的精神动力。”樊锦诗说。

如今，莫高窟发生了翻天覆地的变化，但与大城市比还有不小差距，却仍有年轻人不断踏着前辈的足迹来到敦煌，甘愿奉献。他们说，“莫高精神”已经成为文物以外的“第二宝藏”。

“干了一辈子，总是不由自主地想敦煌。”“敦煌女儿”樊锦诗充满感情地说。

【作者：张玉洁、孙志军】

【《人民日报》2019 年 12 月 3 日第 6 版】